中国書法年鑑

沈鹏题

图书在版编目（CIP）数据

中国书法年鉴. 2009 / 赵长青主编. -- 长沙:湖南文艺出版社, 2010.10
ISBN 978-7-5404-4662-8

Ⅰ. ①中… Ⅱ. ①赵… Ⅲ. ①汉字—书法—中国—2009—年鉴②汉字—篆刻—中国—2009—年鉴 Ⅳ. ①J292-54

中国版本图书馆CIP数据核字(2010)第197468号

中国书法年鉴（2009）

ZHONGGUO SHUFA NIANJIAN (2009)

主编：赵长青　副主编：陈洪武　周用金

执行副主编：高庆春　汤厚松

出　　品：姚社初
特约编审：杨　茹
特约校对：姜来福　蒙建军
特约编辑：彭西敏
编　　务：王　芳
封底篆刻：李　砺
中国书法年鉴编辑部
地址：北京市10053信箱51分箱　邮政编码：100053
电话：010-59455667　13261854321　13501008915

出 版 人：刘清华
责任编辑：欧阳强
整体设计：厚　松　昌　荣
湖南文艺出版社出版、发行
地址：长沙市雨花区东二环一段508号　邮编：410014
网址：www.hnwy.net
湖南竭诚印务有限公司印刷
湖南省新华书店经销

开本：889mm×1194mm　1/16　印张：24.125
2010年10月第1版　2010年10月第1次印刷
印数：1～3500
ISBN 978-7-5404-4662-8
定价：198.00元

中国书法年鉴

（2009）

主　　编：赵长青
副 主 编：陈洪武　周用金
执行副主编：高庆春　汤厚松

中国书法家协会 编
湖南文艺出版社

《中国书法年鉴》编辑委员会名单

目　录

年度名家新作 257

活动剪影

1月6日，沈鹏、吴东民书画作品展在三亚隆重开幕

1月12日，中国书协第五届八次主席团会议在北京召开

1月13日，中国书协2009年新春联谊会在北京隆重举行。李铎、覃志刚、布赫、张海、韩启德、李金华、李牧、段成桂（从左至右）等领导在新春联谊会上

联谊会上，中国书协主席团成员集体向书法界拜年并展示贺新春作品

1月13日，2008年中国书法进万家工作总结会在北京举行

1月16日，全国第六届篆刻艺术展在深圳隆重开幕

1月19日，中国书协“送欢乐、下基层”走进北京昌平麻峪房民俗村送春联活动出发仪式在中国书协机关院内举行

1月19日，北京书法家赴韩国大使官邸开展文化交流。图为中国书协副主席、北京书协主席林岫（右）向辛正承（左）大使赠送作品

2月11日，中国书协分党组书记、驻会副主席兼秘书长赵长青一行看望中国书协顾问王学仲

2月11日，孙其峰从艺82周年暨90华诞“孙其峰师生书画作品展”在天津隆重开幕

2月23日，中国书协分党组在国家图书馆古籍馆文津楼召开中国书协深入学习实践科学发展观活动总结大会

2月28日，《中国千名书家精品走进奥运场馆志愿活动作品集》首发暨为第24届世界大学生冬季运动会捐赠仪式在人民大会堂隆重举行

3月21日，“吴门书道——中国书法名城苏州作品展”在京举行

4月2日，赵长青出席在日本千叶县成田山书道美术馆举行的日本第25回成田山全国竞书大会和书法展的颁奖仪式及展览开幕式

4月7日，中国书协名誉主席沈鹏出席第六届中国嵊州国际书法朝圣节，并在朝圣仪式上宣读祭文

4月7日，中国书协、北京书协组织书法家清明节祭扫启功先生墓

4月9日，全国第二届隶书艺术展在洛阳开幕

4月20日，全国政协副主席、中国文联主席孙家正出席李铎先生八十华诞暨《李铎书法集》首发式

4月30日，“创造力的实现——张海书法展”在杭州隆重开幕

5月8日，中国书协五届九次主席团会议在合肥召开

5月8日，纪念中国书协成立28周年理事作品展在合肥开幕

5月9日，中国书协五届五次理事会议在合肥召开

5月12日，张飙为汶川灾区学生捐赠仪式在河北唐山举行

5月17日，海峡书法论坛暨中国书法家海峡两岸创作交流基地揭牌仪式在厦门隆重举行

5月25日，中日自作诗书法展20周年纪念大展在京举行

5月28日，传承与原创——中国国家画院沈鹏书法工作室作品展在京开幕

5月14日，第三届中国书法兰亭奖新闻发布会在京召开

6月19日，全国第六届楹联书法作品展评审在大庆揭晓

6月21日，由中国文联、中国书协主办，中国文联理论研究室学术支持，中国书协研究部承办的“张海书法展学术研讨会”在北京京西宾馆举行

6月23日，2009年中国书协组联工作会议在哈尔滨召开

6月27日，邵秉仁书作展暨《邵秉仁谈书法与传统文化》首发式在中国美术馆举行

7月17日，在纪念中国文学艺术界联合会成立60周年大会上，中国文联向从事新中国文艺工作60年的文艺工作者颁发了荣誉证书，书法界沈鹏、欧阳中石等30多人获此殊荣。图为欧阳中石（左二）、夏湘平（右一）、李铎（右二）、佟韦（右三）、刘艺（右四）等上台领奖

7月24日，申万胜书法展在贵阳美术馆隆重开幕。图为申万胜将义卖作品款项捐与贵州金沙中学设立“万胜奖学金”

7月30日，中国书协慰问解放军总医院

8月11日，“向祖国汇报”——中国书法名城（之乡）国庆巡礼活动在京举行

8月14日，走进西藏——中国书协第五届理事精品展开幕式在西藏博物馆广场隆重举行

8月14日，中国书法进万家——走进西藏采风团的书法家们在布达拉宫前展示赠送给西藏自治区党委、人民政府的书法长卷

9月5日，中国书法名城（之乡）国庆巡礼书法展暨“兰亭小学”授牌仪式在湘潭举行。图为中国书协分党组成员、副秘书长戴志祺出席授牌仪式

9月9日，张飙书歌颂祖国诗词书法展在中国人民革命军事博物馆隆重开幕

9月16日，全国第二届青年书法篆刻作品展在宁波美术馆隆重开幕

9月24日，庆祝新中国成立60周年暨纪念中国文联成立60周年美术、书法、摄影、民间艺术精品展在北京民族文化宫展览馆开幕

10月13日，纪念中蒙建交60周年书法展在中国社会科学院隆重开幕

10月16日，全国第八届书学讨论会在郑州召开

10月19日，中国书协在国家图书馆举办学习贯彻十七届四中全会精神培训班暨2009中国书法文津大讲堂

10月30日，第三届中国书法兰亭奖评审委员会（监审委员会）第一次全体会议在河南平顶山召开

10月30日，第三届中国书法兰亭奖编辑出版奖评审在河南平顶山举行

10月31日，第三届北京国际书法双年展在京举行

11月15日，庆祝澳门回归祖国十周年·中国书法名家作品邀请展在澳门回归贺礼陈列馆隆重开幕

12月2日，“荆楚墨象——湖北省书法篆刻展”及“荆楚书道研究中心”揭牌仪式在中国美术馆举行

12月3日，“意义追寻——陈振濂书法大展”在中国美术馆开幕

12月5日，由中国作家协会创研部主办的赵长青诗词——《飞翔的乐章》研讨会在京召开

12月25日，“中国书法”列入《人类非物质文化遗产代表作名录》新闻通报会在京举行

12月27日，第三届中国书法兰亭奖颁奖晚会暨作品展开幕式在平顶山隆重举行。

全国政协副主席李金华（左二）在中国文联党组副书记、副主席覃志刚及河南省有关领导陪同下参观第三届中国书法兰亭奖作品展

在第三届中国书法兰亭奖作品展颁奖晚会上，到会领导和嘉宾为书法艺术奖作者颁奖

第三届中国书法兰亭奖作品展开幕式现场

12月31日，“中国书法进万家——走进金门暨中国书法名家精品展”在金门举办

文件选编

中国书法家协会
2008年工作总结和2009年工作安排

2008年，中国书协按照中国文联八届三次全委会、中国书协五届六次、七次主席团会和五届四次理事会的总体部署，积极组织和带领广大书法家及书法工作者，以党的十七大和全国八次文代会精神为指导，坚持科学发展观，坚持“二为”方向和“双百”方针，坚持在全局中定位、在大局下行动的工作理念，围绕中心，服务大局，认真履行职能，全面加强队伍建设，整个书法界的凝聚力、战斗力不断增强，在构建社会主义和谐社会中的地位作用得到明显提升，为巩固和发展书法界的大团结大发展大繁荣的良好局面做出了积极努力。2009年，中国书协要紧紧围绕中宣部和中国文联的工作部署，坚持以科学发展观为统领，以庆祝新中国成立六十周年和中国文联成立六十周年为重点，积极发挥各团体会员和广大书法家的主体作用，充分调动一切积极因素，统一思想，凝聚力量，扎实工作，继承创新，为弘扬中华文化、更加自觉更加主动地兴起社会主义文化建设新高潮做出新的更大贡献。

一、关于2008年工作的简要总结

（一）坚持围绕中心，服务大局，大力弘扬中华文化，为北京奥运和构建和谐社会发挥了积极作用

1．以纪念改革开放30周年为重点，全面展示书法艺术取得的辉煌成就。中国书协是伴随着改革开放的春风应运而生的，经过几届领导集体和广大书法工作者的共同努力，取得了令人瞩目的成就。2008年我们举办了纪念改革开放30周年、启动当代书坛名家系统工程全国千人千作书法大展，与总政治部联合举办纪念改革开放30周年全军第四届书法篆刻展；同时还举办了当代书法30年学术征文活动，评选出优秀论文，并在《中国书法》开辟专栏进行推介，为歌颂改革开放30年的丰功伟绩营造了良好文化氛围。

2．以2008北京奥运为契机，努力营造良好的文化氛围。充分利用举办第八届国际书法交流大展这一平台，组织全球代表性书家开展同书奥运主题活动，通过创作并展示百米书法长卷的形式，构建了中国书法长城。为配合奥运圣火传递活动，与中国楹联学会、沈阳市政府联合举办百城迎圣火联墨大展。组织全国千名书家在鸟巢举办书法精品进奥运场馆捐赠仪式，展示书法艺术的独特魅力，为北京奥运营造了良好的氛围。国际奥委会主席罗格和北京奥委会主席刘淇联名为此发来感谢信。

3．中国书法进万家行动计划已成为围绕中心、服务大局，回报社会、奉献人民的品牌性活动，影响愈来愈广泛。在继续组织广大书家和书法工作者进社区、进乡村、进企业、进校园、进军营的同时，全面深化活动形式和内容，在全国范围内开展了中国书法名城、书法之乡等考察命名工作。依据申报工作暂行办法，首批命名江苏省苏州市、河南省安阳市等七个城市为中国书法名城，山东省汶上县、宁夏隆德县、浙江省桐乡市等十个县（市）区为中国书法之乡，并在《中国书法》杂志和《中国书法通讯报》进行专题宣传。各地紧紧抓住创建中国书法名城这个契机，结合实际，采取措施，全力推进书法事业发展。临沂市已建成一座有丰富文化内涵的书法公园，由中国书协唯一命名的中国书法主题公园已在沈阳市奠基开工；湘潭市委市政府高度重视中国书法名城的创建工作，专门为市书协解决了办公场所、人员编制、预算经费和车辆等实际问题。这些举措有力提升了地方书协组织及广大书法家、书法工作者的社会地位，产生了良好社会效果。为纪念彭德怀同志诞辰110周年，举办了

“缅怀彭大将军、奉献湘潭人民”全国名家邀请展；开展了中国书法进万家——走进淮安、走进龙泉、走进广西、走进湖北、走进宝鸡、走进沙家浜、走进荥阳等活动，受到当地党委政府的高度重视，得到了广大干部群众的普遍欢迎。同时，还参与承办“我们的节日”全国首届清明节书法名家邀请展，会同中国楹联学会举办了“我们的节日”2009年春节百位著名书法家网上送春联活动。为引导全社会认知传统、尊重传统、继承传统，不断确立社会主义核心价值体系的指导地位做出了积极努力。

4．全力组织和倡导全国广大书家积极参加抗震救灾的伟大斗争，有力地提升了书法界的良好社会形象。“5·12”汶川特大地震灾害发生后，中国书协迅速向全国书法界发出了积极为抗震救灾奉献爱心的倡议。5月16日中国书协理事抗震救灾义捐大型笔会在海口举行，与会理事倾情挥毫，场面感人，仅半天时间就收到作品587幅。5月18日中宣部、文化部、中国文联等在中央电视台联合举办了“爱的奉献”——2008宣传文化战线抗震救灾大型募捐晚会，中国书协现场捐款100万元。据不完全统计，中国书协名誉主席、原顾问、顾问、主席团、分党组成员及知名书家累计捐款1200多万元，作品2000余件。目前中国书协已与四川绵竹达成为其捐建一所具有抗震防灾能力兰亭小学的协议，筹备工作正在进行当中。同时，张海主席还通过四川省书协对在地震灾害中，部分受灾严重的书法家、书法工作者和基层书协给予资助。各团体会员也组织本省市广大书法家以不同形式踊跃参加抗震救灾活动。此外，还积极参与中国文联组织的“送欢乐，下基层”慰问湖南革命老区、广西钦州、甘肃兰州和天水、情系大别山以及中国扶贫基金会主办的社会公益活动，为南方冰冻灾害最严重地区捐款100万元，捐赠作品数百幅，表达了广大书家的强烈社会责任感。

（二）继续推进展览、学术和培训工作格局，开展书法艺术宣讲年活动，促进书法事业实现可持续发展

按照《中国书法发展纲要》的总体要求，不断推进展览、学术、培训三位一体的工作格局。围绕书法艺术本体成功举办了全国首届册页书法展、全国第六届新人新作展、全国第二届草书艺术展、全国第六届篆刻艺术展、全国第七届刻字展等展示活动，营造了多出精品、多出人才的良好环境。在评审工作中，注重主旋律，兼顾多样化，严格遵循阳光、规范、学术与和谐评审的原则及“两权分离”的工作机制，进一步树立中国书协的良好形象。与江苏省政府共同举办“林散之奖”书法双年展，与胶南市联合举办“2008中国琅琊旅游文化周”全国书法名家作品邀请展，与蚌埠市联合举办“大禹颂”全国名家邀请展。

开展书法艺术宣讲年活动，既是对读书年活动成果的巩固和扩展，也是中国书协和书法界全面落实十七大精神，用党的文艺理论推进书法学术和理论建设，促进书法艺术繁荣发展的具体实践。今年开创性地设立中国书协学术研究课题，全面开展了08－09年度的课题申报工作，对专家评审确定的年度重点课题予以扶持。同时按照宣讲年方案的总体部署，首次举办了中国书法（金陵）论坛，在国家图书馆设立中国书法文津大讲堂，开展书法系列讲座。同时举办了中国（苏州）书法史论坛、海派书法国际研讨会，均产生良好反响，为引导书坛不断创新书学理论，丰富学术成果，繁荣书法艺术提供了学术理论支持。书法培训教育工作不断加强，培训中心实行的导师工作室已取得良好进展，书法培训质量不断提高。《中国书法》杂志质量得到有效提升，学术含量不断增强，影响进一步扩大。《中国书法通讯》报在围绕和服务中心、推介会员方面做了大量工作。中国书法家协会网的服务功能不断完善，为会员服务提供了良好平台。

（三）坚持科学发展，认真履行职能，不断拓展工作领域，进一步完善协会的整体服务功能

1．坚持以人为本，全面提高会员管理和服务水平，努力建设和谐书协。一是根据《中国书法家协会章程》的规定和书法事业发展的实际需要，进一步整章建制，印发《会员管理制度》、《个人会员入会条件细则（试行）》和《申报审批中国书协会员程序》等文件，规范了会员的发展和管理，努力适应新形势新任务的要求。二是中国书协会员重新登记取得实质性进展。通过召开会员发展及会员数据库建设工作会议，开发会员数据库管理软件，为团体会员免费配

备电脑等措施，大大增强协会的服务和调控能力。目前实现了静态资料管理向动态管理模式的转变，并完成近八千名会员的资料录入，已进入试运行阶段。三是书法人口普查工作接近尾声。据不完全统计，目前全国共有省级会员49491名，市级会员91984名，书法爱好者将以千万来计算。四是举办了以“同建和谐、共求发展”为主题的2008年迎新春联谊会，书法家和社会各界知名人士通过互致祝福，结为朋友，进一步密切了中国书协与各团体会员的关系，营造了团结和谐、积极向上的良好氛围。

2．通过捐建命名兰亭小学等形式，将书法普及向中小学延伸，为书法事业发展积攒后劲。一是为周恩来总理的家乡淮安市捐助命名兰亭中学和兰亭小学各一所，在毛泽东主席家乡湘潭市命名了两所兰亭小学。到目前为止，已在全国捐建和命名了九所兰亭小学及兰亭中学。二是通过与中国教育学会、宁夏吴忠市联合举办第二届全国中小学生书法节，在全国中小学生中广泛开展“从小写好中国字，长大做好中国人”主题系列活动，积极实施“十一五”期间教育部重点课题《书法普及：优化德育教育的有效载体和方式》等形式，着力推进在全国中小学开设书法教育课工作。目前广东、海南、重庆等省市已经和正在全面恢复中小学生书法课，为书法艺术培养源源不断的后备力量奠定了基础。

3．加强理事会建设，发挥理事会作用，不断提高服务水平和决策能力。中国书协五届四次理事会于2008年5月17日至18日在海口市召开。会议以全面贯彻落实中国文联八届三次全委会精神为重点，认真总结五届三次理事会以来的工作，分析当前书坛面临的新形势、新任务和新要求，研究部署工作，完善理事会决策机制，充分发挥理事会在书协全面工作中的重要作用。中国文联党组副书记、副主席覃志刚出席会议并作重要讲话，对中国书协围绕中心、服务大局、求真务实、继承创新，推动书法事业发展所取得的显著成绩给予充分肯定。各位理事结合领导讲话和大会工作报告展开热烈讨论，提出了宝贵的意见和建议。为进一步统一思想、凝聚力量，努力开创书法工作新局面，构建繁荣和谐、创新有为的当代书坛发挥了积极作用。会议通过了吸收中国金融书协和中国铁路书协为团体会员、增补中国书协理事的议程。

4．专业委员会工作全面展开，活动有声有色，成为今年协会工作的一大亮点。中国书协楷书、行书、草书、隶书、篆书、篆刻、学术专业委员会及教育、出版委员会，都结合各自特点相继召开了工作会议，开展了内容丰富、形式多样的展览培训、研讨采风等活动。楷书专业委员会创办了《今楷》报，为探索当代楷书的发展方向和创作规律提供了平台。林岫副主席带领教育委员会的书家深入甘肃、宁夏等偏远贫困地区，义务开展讲座培训和辅导，得到了当地书家和书法爱好者广泛欢迎。这些举措，为加强专业委员会建设、繁荣专业创作发挥了重要作用。

（四）继续实施中国书法环球行计划，发挥书法大国作用，有效地扩大了中国书法的国际影响

在外交部的大力支持下，经中国文联同意，文化部批准，国际书法发展联络会于2007年11月11日由新加坡正式移交给中国，成为落户中国的第一家国际性文化组织机构。2008年6月28日中国文联、中国书协和北京市文联在北京隆重举办第八届国际书法交流大展，成为文化部“相约北京”和人文奥运活动之一。在此期间召开了国际书法联络会工作会议，一致通过将该组织正式更名为“国际书法家联合总会”，为充分发挥该组织的作用，提升中国书法的国际形象，巩固汉字书法母国地位，提高我国文化的国际竞争力奠定了坚实基础。举办了第十九届中日自作诗书展暨第四届中日诗书论坛，圆满完成中国书法环球行——走进非洲活动和中国女书法家代表团的访日交流任务。特别是中国书协代表团于4月初对全日本书道联盟进行友好访问，首次为成田山全日本少年少女竞书大会的获奖学生颁发了“兰亭新星奖”，扩大了中国书协的国际影响。在此基础上，中日双方已达成一致，将从明年开始建立互访机制，使中日书法交流进入到孩子们中间，为中国书法在国际上后继有人奠定了基础。

（五）深入学习实践科学发展观，大力加强自身建设，为构建繁荣和谐、创新有为的当代书坛做出积极努力

根据中央和中国文联的统一部署，积极开展深入

学习实践科学发展观活动。通过召开动员大会、制定实施方案、举办两次专题讲座、编印《百题问答》及《百题问答书法作品集》、有奖考试、组织专题调研等活动，特别是经过认真准备，召开了有文联领导参加的民主生活会，查找了滞碍书法事业发展的突出问题和不足，并从主观和客观两个方面分析原因，有针对性地制定了整改措施和努力方向，收到了实实在在的成效，使学习实践活动实现了“规定动作不走样，自选动作有创新”的要求，做到了工作学习两不误、两促进。

继续组织开展以“学、创、树”为主要内容的教育活动，不断健全规章制度，加强党的组织建设和作风建设，认真执行民主集中制原则，使机关工作秩序良好，行为更加规范，服务意识、服务能力明显增强，整体素质普遍有所提高。认真落实老干部政策，真心实意地关心他们生活，周到热情地提供服务，解决实际困难，使他们老有所养、老有所乐、老有所为，受到老干部的一致好评，也得到了中国文联的充分肯定。

中国书法事业发展基金已筹集资金300余万元。本着整合资源、业务指导、效益共享的原则，中国书法艺术发展中心在开拓培育书法市场，扩展书法事业发展空间方面做了有益尝试。经过与文化部中国书法院共同努力，书法已列入国家非物质文化遗产名录，作为申报世界非物质文化遗产项目，国家有关部门已将书法“申遗”报告送达联合国教科文组织。与香港《文汇报》合作、以宣传当代德高望重的老书家为主的“丹青中华”专版已产生较好影响。筹备全国书法考级、编辑《中国书坛纪事》等各项工作稳步推进，《中国书法年鉴（2007）》已正式出版发行。

回顾一年的工作，我们深深感到，这些成绩的取得是中央和中国文联党组坚强领导、亲切关怀的结果，是主席团、各团体会员和社会各界密切协作、大力支持的结果，是广大书法家、书法工作者和协会机关全体人员奋发努力、共同参与的结果。在肯定成绩的同时，我们也清醒地看到，面对着新形势新任务和新要求，对照学习实践活动分析检查情况，还存在着问题和不足：一是对科学发展观的科学内涵和精神实质学习认识还不够深入，把握还不够全面。二是对制约科学发展的一些重大问题研究不够深入，具体措施和推进力度还不够到位。三是实现书法事业全面协调、统筹兼顾的措施不够有力。四是在坚持正确的创作导向、出精品力作方面还有待进一步加强。五是在出人才、出大家和队伍建设方面，尚缺乏具体措施和长远规划。六是协会自身建设仍存在着薄弱环节。这些问题虽然是发展中、前进中遇到的问题，但须引起我们的足够重视，并认真加以研究和解决。

二、关于2009年主要工作安排

2009年是深入贯彻落实党的十七大、中国文联八届四次全委会精神和学习实践科学发展观的重要一年。根据中宣部和中国文联的总体部署，结合协会工作实际，确定2009年工作总的要求是：坚持以科学发展观为统领，以庆祝新中国成立六十周年和中国文联成立六十周年为重点，以全面贯彻《中国书法发展纲要》、推进中国书法进万家、中国书法环球行两项行动计划和实施“当代书坛名家系统工程”为主线，继续推进“展览、学术、培训”三位一体的工作格局，不断巩固提高“读书年”、“宣讲年”、“交流年”成果，围绕中心，服务大局，继承创新，推动书法事业的全面协调和可持续发展，努力实现书法界的大团结大发展大繁荣，为更加自觉、更加主动地兴起社会主义文化建设新高潮做出新的贡献。遵循这一总体要求，2009年主要做好以下几个方面工作：

（一）以科学发展观为统领，解放思想，转变观念，创造性地落实科学发展观对文化工作的新任务、新要求

在全党开展深入学习实践科学发展观，是用马克思主义中国化最新成果武装头脑、指导工作的重大举措，也是在新的历史起点上推动书法事业和协会工作创新发展的必然要求。2009年，中国书协及各团体会员要按照中央和中国文联的统一部署及学习实践活动方案的安排，坚持把转变思想观念、创新发展理念作为一项重要任务来对待，认真落实“贯彻科学发展、促进书法繁荣、服务社会和谐”这个实践载体，充分运用学习实践活动的成果，坚持在全局中定位、在大局下行动，按照党员干部受教育、科学发展上水平、

人民群众得实惠这个总要求，采取切实有效措施，着力转变不适应不符合科学发展要求的思想观念，着力解决影响和制约书法事业发展的突出问题，着力构建有利于书法事业全面协调和可持续发展的体制机制。进一步提出和树立体现科学发展观的本质要求、体现书法艺术的时代特征、体现协会工作的鲜明特色、体现全社会对书法事业的新期待、能为广大书法家和书法工作者所理解、所掌握、所熟知的科学发展新理念。把学习实践活动与当前工作机密结合起来，把改造主观世界与改造客观世界结合起来，把提高思想认识与破解改革发展的难题结合起来，努力把书法界的思想和行动统一到科学发展观的要求上来，以实现更加自觉、更加主动地用科学发展观统领协会工作，实现书法事业的全面协调和可持续发展。

（二）以庆祝新中国成立六十周年为重点，继续坚持围绕中心、服务大局，为构建社会主义和谐社会提供良好服务

1．精心设计，精心组织有品位、有影响的活动，为新中国成立60周年和文联成立60周年献礼。一是拟与文联共同举办庆祝新中国成立60周年和文联成立60周年为主题的全国名家邀请展，将组织100名当代有代表性书家进行命题创作并展出，歌颂党的丰功伟绩，反映共和国60年所取得的辉煌成就，全力为新中国成立60周年和文联成立60周年烘托喜庆祥和气氛、营造良好文化氛围。二是拟于9月份组织中国书法名城巡礼活动，通过举办书法联展、成果图片展、经验交流会，全面展示书法名城的建设成果和精神风貌，提高中国书法名城的社会影响，为迎庆中国文联成立60周年、发挥书法名城的辐射带动作用搭建平台。三是编辑《当代中国书法论文选（1949—2008）》，集中展示新中国成立60年来书学研究的成果，分书史卷，理论卷，技法、创作、教育卷，批评卷和印学卷五卷。力求做到学术性、权威性、包容性、文献性。四是编辑出版《中国当代书法大典》，并于国庆前举行首发式和作品展览开幕式。

2．深入开展中国书法进万家活动。积极组织广大书家和书法工作者，更加广泛地开展进社区、进乡村、进企业、进校园、进军营活动。以庆祝西藏民主改革50周年为契机，开展走进西藏、走进新疆等中国书法边疆行活动。继续开展中国书法名城和书法之乡命名工作，建立中国书法名城联谊组织，健全完善命名程序和规则，提高管理水平，强化指导力度。通过继续在西部和贫困地区捐建和命名兰亭小学、兰亭中学，努力从根本上解决书法艺术和中华优秀文化的传承问题。通过与威海市联合举办“福文化”书法展、与中国艺术研究院等单位联合举办首届中国江南文化节书法作品展，合力打造城市文化品牌，努力为地方经济和文化发展服务。为发扬成绩，总结经验，扩大成果，将通过召开总结表彰会等形式，对当前和今后一个时期的书法进万家活动再做深入的动员部署，把中国书法进万家活动不断引向深入。

（三）进一步健全和完善“展览、学术、培训”三位一体的工作格局，促进书法界整体创作和学术水平的提高

展览、学术、培训是协会的重要职能，是书法事业繁荣发展的主要标志。要通过树立服务意识，健全运行机制，提升工作水平，提高活动质量等行之有效措施，促进协会工作登台阶、上层次，进一步树立中国书协的良好形象。

1．以全面贯彻《中国书法发展纲要》为总抓手，努力营造多出精品、多出人才的良好环境。根据《当代书坛名家系统工程实施方案》的总体安排，拟举办500名中青年书法作品展和当代书坛百名老书家精品展，为推出中青年名家和书坛大家、弘扬德艺双馨精神营造良好环境。积极协调有关部门完成名篇名家名作书法展的国家立项工作，把一批具有鲜明的时代性、民族性和创新性、符合人民群众审美需求的当代有代表性书家的精品力作，通过国家博物馆这个有效平台呈现于世人面前，并做永久性展示和陈列。在继续举办好西部书法篆刻展的同时，积极开展调查研究，按照不同省份、不同地区、不同群体的特点，有针对性地研究措施，制定对策，通过发达省份与西部地区对口支援，逐步缩小地区差异，实现共同繁荣和均衡发展。

2．努力健全展览评审工作机制。按照《改进提高展览工作方案》要求，充分运用在以往展览活动中

取得的成功经验，集中精力办好第三届中国书法兰亭奖、全国第二届青年书法篆刻展、全国第三届扇面书法艺术展、全国第二届隶书作品展和全国第六届楹联书法展，正式启动年度书法精品评审工作。继续严格遵循阳光评审、规范评审、学术评审与和谐评审的原则，坚持“两权分离”的评审机制，发挥展览的导向和激励作用。要强化对评委产生、评审原则、评审程序的完善力度，充分考虑地域性、专业性、结构性等要素，最大限度地实现评委人员组成的合理配置；要制定《监审委员产生原则和办法》，充分调动各团体会员的积极性，加大评审的监督力度，把“大书协”的理念贯彻到实际工作中。要积极维护书法家的合法权益，逐步建立维权组织和维权机制，尊重书法家和书法爱好者的创作，完善展览评审的后续工作，不断增强评审工作的权威性和严肃性。

3．继续深化读书年、宣讲年活动，全面提升书法艺术的学术水平，充分发挥书法艺术在弘扬中华文化中的特殊作用。开展读书宣讲活动得到了书法界的普遍认可，对全面落实十七大提出“建设和谐文化、弘扬中华文化”要求，用党的文艺理论推进书法学术和理论建设，为提高广大书家的思想素质和国学修养发挥了积极作用。在加大对此项活动的组织、指导和协调力度的基础上，今年要重点对已确定的中国书协08—09年度的学术研究课题进行跟踪服务，通过实施分阶段管理的科学办法和有效激励机制，逐步引导更多的书家投入到学术研究之中。要全力办好全国第八届书学讨论会、第二届中国（苏州）书法史论坛、厦门海峡两岸读书论坛，继续举办文津大讲堂系列书法学术讲座，促进当代书法理论研究的发展与提高。

4．采取有力措施，加大推进书法培训和普及力度。进一步巩固书法导师工作室取得的成效，不断改进创新培训方式，提高培训层次和质量，促进书法家整体创作和学术水平的提高。通过与国家教育学会联合举办第三届全国中小学生书法节，在全国范围开展“从小写好中国字、长大做好中国人”主题系列活动，积极发挥书法界人大代表、政协委员的社会影响和作用，继续推进恢复中小学生书法课、提升大学书法专业的学科地位等基础性工作，为书法事业培养源源不断的后备力量。

（四）加强理事会建设，认真履行协会职能，充分发挥理事和会员在繁荣书法事业中的主体作用

理事会和会员队伍建设是协会的基础性工作。一是要始终把提高服务水平作为履行职能的出发点。加快推进数据库建设，力争年底前全面实现对会员的微机化管理；充分运用中国书协会员重新登记和“书法人口普查”的数据资料，科学分析书法队伍的整体状况，制定出台队伍发展总体规划，为逐步实行分层次管理奠定基础，以增强协会的服务和调控能力。二是坚持以人为本和积极稳妥的方针，严格按照条件、程序和规则，把会员发展重点放在中青年骨干、专业书法教师和国家公务员上；认真做好年度的会员发展工作，不断优化会员队伍的整体结构。三是适时召开五届五次理事会，依据书法事业发展需要，建立健全理事会工作规则和决策机制，不断强化理事会在推进书法事业发展中的“理事、议事”作用，为建设和谐书协和繁荣书法艺术贡献力量。四是拟在适当时机召开组联工作会议，加强对团体会员的协调指导，促进团体会员之间的交流，不断提高团体会员工作水平和凝聚力，形成上下互动、共同发展的良好局面。

（五）努力提高国际书法交流年活动的质量和影响，加大对外交流力度，不断扩大中国书法环球行计划的活动成果

2009年，我们要在以往取得良好成效的基础上，深化活动形式，拓宽工作领域，扩大活动成果，全方位、多层次地开展书法外交，使环球行动计划成为中国书协又一项重要的品牌性活动。一是牢固树立为党和国家“大外交，大外宣”战略服务的理念，通过实施中国书法环球行——走进欧洲、走进联合国、走进越南等活动，努力扩大中国书法的国际影响，提高国家文化的软实力。二是以举办第二十届中日自作诗书展暨第五届中日诗书论坛为重点，扩大对日交流范围。努力促进中日个展、联展协议的达成，力争今年成行一个赴日书法展。继续为日本学生颁发“兰亭新星奖”，做好中日青少年间的书法交流活动，为进一步加强中日两国的睦邻友好关系做出贡献。三是大力强化国际书法家联合总会的基础建设，积极协调有关部门争取成立该组织的常设

机构，起草总会章程，建立工作规则，为筹备召开首届国际书法组织大会做好准备，推动书法艺术走向世界提供保证。四是加强与台湾、澳门地区之间的书法交流。经有关部门原则同意，拟于今年秋季举办以国宝熊猫“团团圆圆”为题的海峡两岸诗书展、庆祝澳门特别行政区回归十周年书法展，为实现祖国统一大业贡献力量。此外，要积极做好各国书法组织来华举办交流展的协调服务工作，进一步展示汉字书法母国的良好形象和艺术风范。

（六）突出宣传重点，巩固舆论阵地，充分发挥专业媒体在弘扬主旋律和德艺双馨精神中的导向作用

随着我国科学技术的迅猛发展，信息传媒方式的不断丰富，给书法事业发展注入了新的活力。因此，加强对专业媒体的正面引导是当前和今后一个时期需要认真研究的问题。一是通过制定《中国书法家协会新闻宣传工作管理办法》，把握宣传导向，扩大正面声音，巩固宣传阵地，建立符合书法事业发展需要、符合广大书法家创作需要的工作机制，引导社会上书法类网站提高认识、端正态度、凝聚力量，广泛团结和联系书界媒体，为营造书法界新气象，形成团结和谐的氛围做出努力。二是要努力提升一报一刊在书法界媒体中的影响。树立人文书法理念，提高《中国书法》的学术品位，扩大发行数量；加大与国家新闻出版部门协调力度，借鉴成功经验和做法，力争早日实现《中国书法通讯》报的公开发行。三是加大投入力度，尽快完善中国书法家协会网的服务功能，健全栏目版块设置，提高信息时效性，以全新的面貌呈现在书法界面前，架通为会员服务、为书法界服务的桥梁。四是积极做好书法界重大活动的宣传报道工作，特别是要加大对当代书坛名家系统工程的推介力度，为弘扬主旋律和德艺双馨精神发挥重要作用。五是加强与香港《文汇报》、《今日中国》、《团结报》、《民族》杂志等主流媒体的合作，向海内外推出当代书法名家，宣传中华传统文化和书法艺术。

（七）大力加强协会的自身建设，为构建繁荣和谐、创新有为的当代书坛做出积极努力

努力建设和谐书协，全面提高队伍整体素质，是中央领导对我们提出的希望和要求，也是我们必须长期坚持抓好的基础性工作。一是按照科学发展观的要求完善决策机制。进一步健全完善领导班子议事规则，严格执行民主集中制原则，规范重大决策程序，实现科学民主决策。对涉及书法事业全局的重大事项，虚心听取主席团的意见建议，广泛进行咨询论证，使决策更加符合科学发展观的要求，进一步提高驾驭重大局面的能力。二是按照科学发展观的要求完善执行机制。继续开展以“学、创、树”为主要内容的教育活动，坚持用制度管人、用制度管事的原则，使全体人员养成按程序办事、按制度办事、按规矩办事的良好意识和工作习惯，不断增强服务能力和服务水平。要建立每月工作例会和督办机制，确保各项工作扎实推进。三是按照科学发展观的要求完善用人机制。认真贯彻《党政领导干部选拔任用工作条例》，全面落实“民主、公开、竞争、择优”原则，树立和落实注重品行、科学发展、崇尚实干、鼓励创新、群众公认的用人导向，做到给坚持科学发展的人以激励，给善于体现科学发展的人以舞台，给阻碍科学发展的人以惩戒。

不断巩固中国书法事业发展基金的成果，在主席团的正确指导和大力支持下，拓展资金渠道，完善管理办法，强化组织领导，健全工作机构，力争实现到2010年基金总量达到或突破1000万元的目标，为增强协会的整体调控能力夯实基础。同时，要继续做好全面推进书法考级及世界非物质文化遗产和“书法日”申报工作；继续采取合作的方式，编辑出版《中国书法家协会大事记》和《中国书法年鉴（2008）》，为书法事业的繁荣发展提供史料依据，以不断提高书协的工作水平；继续探索中国书法事业发展新途径，大力培育书法市场，积极整合社会资源，不断壮大中国书协的资金实力。紧紧抓住“两会”这个难得契机，通过提交议案、提案的有效办法，引起国家有关部门的重视和支持，力争完成中国书法馆的立项工作，为提升中国书法的社会地位和国际影响奠定基础。

总之，2009年我们要以深入学习践行科学发展观为统领，站在这个历史的新起点上，更加紧密地团结在以胡锦涛同志为总书记的党中央周围，高举中国特色社会主义伟大旗帜，按照中央和中国文联的统一要

求，以认真负责的态度，开拓创新的精神，求真务实的作风，紧紧围绕“贯彻科学发展，促进书法繁荣，服务社会和谐”这个实践载体，为更加自觉、更加主动地兴起社会主义文化建设新高潮，进一步开创书法事业新局面，努力构建社会主义和谐社会做出新的更大贡献，以优异的成绩向新中国成立60周年和中国文联成立60周年献礼。

（原载于《中国书法通讯》报2009第2期）

中国书法家协会新闻宣传工作管理办法

第一章　总则

第一条　根据《中国文学艺术界联合会新闻宣传工作管理办法》的规定，为切实加强和规范中国书法家协会（以下简称“中国书协”）新闻宣传管理工作，扩大书法界的社会影响，推动书法事业大发展大繁荣，结合实际，制定本管理办法。

第二条　中国书协新闻宣传工作要坚持高举旗帜、围绕大局、服务人民、改革创新，坚持以正面宣传为主和团结、稳定、鼓劲的方针，遵循客观、及时、准确的原则，积极宣传党的文艺方针政策，及时报道中国书协工作取得的新进展、新成就。

第三条　本办法所称的新闻宣传工作，主要包括起草宣传报道方案，组织新闻发布会、记者招待会，联系新闻媒体，协助记者进行采访，提供新闻宣传材料及有关业务活动中新闻报道的现场组织，重要新闻材料的收集、归档和保存等。

第二章　工作机构

第四条　中国书协研究部是中国书协新闻宣传工作的综合协调机构，具体负责新闻宣传的组织、联络、协调、服务等工作。新闻发布稿由承办部门提供，对其真实性负责。需要新闻发布时，按程序由承担此项活动的分管领导或承办部门负责人负责对外发布。

第五条　中国书协所属各部室负责人负责组织本部门相关业务的新闻宣传工作。各部室要确定一名新闻宣传联络员，具体负责本部门新闻宣传的日常工作，经常保持与研究部的沟通、联系，各负其责，共同做好新闻宣传工作。

第三章　工作规则

第六条　凡适合对外宣传的重大活动、重大决定、重要会议、重要举措等，经中国书协领导批准，及时组织宣传报道。

第七条　中国书协年度新闻宣传工作计划由研究部负责制定，并报协会领导同意，经会议集体讨论批准后实施。各部室要制定本部门年度重大活动、重要会议等新闻宣传计划，并及时报送研究部。

第八条　凡以中国书协名义单独举行的新闻发布会、重大活动、重要会议，记者招待会，由承办部门提出新闻宣传工作方案，经研究部按程序上报协会领导和有关部门批准后，由承办部门具体组织实施。方案及相关材料提前一周报送研究部。

凡以中国书协和有关地方、部门、单位共同召开的新闻发布会、重大活动、重要会议，记者招待会，须由协会具体负责的承办部门会同地方、部门、单位提出新闻宣传工作方案，研究部按程序上报协会领导和有关部门批准后，由承办部门会同地方、部门、单位具体组织实施。方案及相关材料提前一周报送研究部。

凡邀请境外媒体记者参加新闻发布会、记者招待会的，承办部门须提供现场翻译，新闻发布稿和相关宣传材料要求译成英文。由承办部门提出新闻宣传工作方案，研究部按程序上报上级新闻、外事主管部门批准后，由承办部门负责具体组织实施。有关涉外新闻宣传工作要严格执行国家及中国文联涉外宣传工作的规定。方案及相关材料提前一周报送研究部。

第九条　中国书协机关各部室邀请新闻媒体采访，对外发布涉及中国书协全局性工作、重大活动、社会敏感问题等内容，须与研究部协商一致，由研究部报协会领导审批。

新闻采访须事先向书协业务承办部室及当事人沟通，征得同意后方可进行；新闻报道稿件刊发或播出前，须经书协业务承办部室和被采访者审核同意。

第十条　中国书协机关报刊、网站等新闻出版单位要明确自身性质、定位和职能，坚持正确导向，努力在服务大局、服务群众、服务书法工作者等方面发挥更大的作用。

第十一条　中国书协各部室要重视新闻宣传工作，注意发现、培养和宣传书法界先进典型。研究部要加强与新闻主管部门的联系，建立健全请示、报告、协商等有关制度，努力争取新闻主管部门的更大支持和帮助。对重大典型的宣传由研究部提出具体方案，报经协会领导批准，以中国书协名义上报中国文联。

第十二条　中国书协每年原则上举办一次与新闻媒体的联谊活动，各部室要加强与新闻媒体和记者的联系，进一步加强沟通和协作。

第十三条　中国书协新闻宣传工作经费列入年度财务预算，切实给予保障。

第四章　附则

第十四条　本管理办法适用于中国书协及所属各部室、单位开展的新闻宣传活动。

第十五条　本管理办法由中国书协负责解释，自2009年3月16日起施行。

（原载于中国书法家协会《工作手册》）

中国书法家协会展览评审管理制度

第一条　总则

为贯彻党的文艺方针和大力发展文化产业的精神，落实五次书代会关于围绕中心，服务大局；履行职能，深化服务；提升学术形象，全面推动书法艺术繁荣的思想，进一步加强对中国书协立项、主办展览的管理，完善展览机制，提高综合效益，制定以下制度：

第二条　展览项目和周期

1．中国书法兰亭奖，二年。

2．全国书法篆刻展，四年。

3．全国青年书法篆刻展，二年。

4．全国书坛新人作品展，二年。

5．全国妇女书法篆刻展，三年。

6．全国当代书坛名家邀请展，不定期（配合学术讨论会举办）。

7．全国楹联书法艺术展，三年。

8．全国扇面书法艺术展，三年。

9．全国篆书大展，三年。

10．全国隶书大展，三年。

11．全国楷书大展，三年。

12．全国行书大展，三年。

13．全国草书大展，三年。

14．全国篆刻展，三年。

15．全国刻字展，二年。

16．全国大字艺术展，三年。

17．全国公务员书法作品展，不定期。

18．全国“书法之乡”书法大展，不定期。

19．全国电视书法大展，二年（立项）。

20．西部书法篆刻展，三年。

21．国际性书法展，根据需要每年制定计划。

22．配合中心，服务大局的主题性展览，不定期。

23．落实《中国书法发展纲要》需举行的展览，不定期。

24．应邀参与主办和艺术指导性展览，临时确定。

第三条　主办与承办

1．书法展览活动是当前推动书法创作繁荣和书法事业发展最活跃的因素，展览的主办和承办要相对集中，归口管理。

2．中国书法兰亭奖，由中国文联、中国书协联合主办，地方省（市）级政府可作联合主办。省书协协办，原则上在省会城市评奖和展出。

3．中国书协立项的专业展览由中国书协主办，地方单位承办，省书协协办，原则上在地级市以上具备条件的城市举办，不冠名。

4．展览的承办由中国书协职能部门归口负责。

5．适合专业委员会承办的展览，可委托专业委员会承办，职能部门负责指导。

6．第二条第六项，第七项分别由组联部、研究部承办，展览部负责指导。

7．展览出资方可作承办或协办单位，特殊情况协商确定。

第四条　承办单位职责

1．根据展览周期，在展览征稿之前半年制定并上报展览计划和方案。

2．制定展览经费预算方案并筹集展览资金。

3．起草展览征稿启示，经批准后发布。

4．负责布展、展览设计、展签制做等具体工作。

5．组织实施展览的宣传、评选、评论、出版和展出方案。

6．组织展览开幕式，监督落实作品集、奖金、证书、收藏费等展后工作。

7．总结汇报展览工作和经费收支情况，写出总结报告。

第五条　展览评审

1．成立中国书协展览评审领导小组，办公室设在展览部，负责组织评审工作。

2．评委会由中国书协专业委员会协调小组按照《评审委员产生暂行办法》产生评委。

3．评审工作执行《中国书协评审工作细则》和《评委守则》。

第六条　评审监督

1．请政府公证部门监督评审全过程，并公证评审结果。

2．重大展览评审视需要请新闻观察团进行舆论监督和宣传报道。

3．设置评审计票大厅，公开计票，电脑统计，当场出结果，评审过程有关情况及时上网。

4．重大展览评奖，先产生获奖提名作品，可采取一定方式公开听取意见，而后进行现场创作和文化素质考核。

5．设立举报电话，对投稿和评审中违规违纪和利用职权营私舞弊行为的举报进行查处。

第七条　作者权益

1．建立展览缮后工作机制，保障作者权益。要保证获奖和入展作者在展览开幕式后一个月内收到应得的奖金、收藏费、证书和作品集。

2．凡要求退稿并寄退稿费者，如其作品未入展，则保证退稿。此类作品若丢失，由收稿单位负责赔偿，标准参照入展收藏费。

3．凡中国书协主办的展览，入展作品颁发收藏费，标准不低于300元。

4．65岁以上作者投稿不收报名费。

5．作者权益和待遇分别写入《展览合同》和《征稿启事》条款。

第八条　展览管理费和风险金

1．管理费。为推动书法事业发展，中国书协主办的展览，须收取管理费，收取标准根据展项的艺术含量和展览工作需要确定。

2．风险金。为保证展览、评审、出版、开幕式各项工作的落实，保障获奖和入展作者、投稿作者权益，各项展览均收足风险金。展览开幕式结束半年后，如乙方履行合同无误，则风险金原数（含利息）退回出资方。若出现疏漏，以风险金处理缮后事宜。风险金剩余部分50%作为罚金，50%退回出资方。

3．展览管理费和风险金，由书协财务统一管理。

4．各展项坚持按标准收取管理费和风险金，不得以个人名义许诺减免，特殊情况按程序报批。

5．协会领导及承办部门以外的工作人员主动筹集的展览经费，按政策给予一定比例的奖励，奖励办法另行制定。

6．管理费参考标准：（略）

第九条　支持西部展览

为全面贯彻科学发展观，支援西部书法发展，对国家确定的西部省份举办全国性展览，给予政策性倾斜与支持。

1．西部省份举办中国书协立项的展览及有关展览。

2．设立西部九省书法联展项目，三年一届，每届入展作品300件左右，入展作者具备入会条件之一，免收管理费，不收报名费。评委费和展出、出版等经费由西部九省分摊，评审工作由中国书协组织、协调。

（原载于中国书法家协会《工作手册》）

中国书法家协会全国书法篆刻展评审细则及评委守则

评审原则和标准

一、坚持文艺的“二为”方向和“双百”方针，弘扬主旋律，提倡多样化。

二、遵循书法艺术规律，坚持传统，鼓励创新，兼顾不同风格。

三、坚持民主集中制原则，实行阳光评审、学术评审、和谐评审和规范评审，评审结果要反映评委会集体意愿，做到公开、公平、公正。

四、符合展览征稿启事的要求和规定。

五、凡抄袭他人作品者，或由人代笔的作品不得入选。

六、符合汉字字法，并具有专业识读性。

七、文意不宜、文法不当、文学知识错误或有明显错字的作品不得入选，明显的繁简同篇作品不得入选。

评审程序和办法

评审设指挥组，负责组织指挥评选全过程的工作，协调解决评审过程中的疑难和重大问题。评审设监审组，负责评审全过程的监督审查工作。

评审设复查组，对初评、复评时落选的作品进行复查。

评审请公证处公证，对每阶段评选出的作品均当场封存，续评时现场启封。对评选、评奖、计票、登记名单等全过程进行监督。

一、初评

1．初评分组进行，三人一组。初选作品数量为入展作品数量的3-4倍左右。

2．初评一名以上评委同意即可入初选。

3．入初选作者的其他投稿不再进入复查组复查，单独存放备用。

4．初评不设存疑类作品，仅分入围和淘汰两种类型。

二、复评

1．复评分组进行，从入初选的作品中筛选出入展作品数量的1.5-2倍左右进入终评。

2．复评二位以上评委（含二位）同意方可入选。

3．复评按入围、淘汰、存疑三类处置。出现议而难决的作品时，提请评委会主任、副主任和秘书长以少数服从多数的原则作出决定。

4．对复评淘汰及存疑作品由复查组进行复查。

5．对就进入终评的作品进行编号并录入电脑。

三、终评

1．评选以投票方式进行（投票前确定入选比例），从进入终评的作品中选出入展作品，数量不足亦不补。

2．全体评委对入选的作品进行复查，对文法、字法有明显错误的予以剔除。

3．评委对入选作品有二件“较差作品”的复议权，对未入展作品有一件较好作品的复议权，并提交评委会审议决定取舍。

4．每位作者只允许一件作品入展，对重复者予以剔除。

四、评奖

1．全体评委每人预选N件获奖提名作品，提交评委会投票，选出获奖作品，并从中评出获奖等级。

2．评委不得提名本省作品，提名作品实行评委实名制并进行登记。

3．评审结束后，当场宣布获奖名单和入展名单，由全体评委签字后交公证员公证。

4．评奖过程中遇到疑难问题，由指挥组提交评委会领导裁决或由全体评委决定。

五、计票

评审设置计票大厅，现场随投票进度即时计票统计，电脑跟进，当场出结果。有关领导、监审、公证人员、评委等可在场监督。

评审委员守则

一、评委由中国书协按照《评审委员产生暂行办法》推选产生。必须本着对书法事业负责，对主办单位、组委会、评委会负责的态度投入工作，自觉接受评审委员会的领导。

二、评委必须树立大局意识，善于容纳不同风格，不以个人审美理念取舍作品。

三、评委应站在维护作者创作权益和当代书法创作导向的高度认真负责地做好工作。

四、评委必须廉洁自律、主持公道、不徇私情、不谋私利。

五、评委的直系亲属作品如果进入获奖范围，该评委应予以回避。

六、评委对于集体通过的评审标准、评审办法、评审委员守则，必须无条件遵守。

七、评委对于评审过程中的工作情况和细节不得以任何方式对外传播，在现场评审时须关闭移动电话，不得在评审期间与投稿作者进行联系或互通情况，自觉维护评审委员会集体形象。

八、评委必须遵守评审工作的相关纪律，无特殊情况不能缺席，有事必须事先向主任请假。

九、评委如违犯本守则，将视情节，给予相应处理，直至取消评委资格。

十、本细则和守则解释权为中国书法家协会评审委员会。

（原载于中国书法家协会《工作手册》）

中国书法家协会评审委员产生暂行办法

第一条　为认真贯彻“二为”方向和“双百”方针，构建和谐繁荣、创新有为的当代书坛，增强评审工作的专业性、公正性和权威性，多出精品，多出人才，促进书法事业的全面繁荣和可持续发展，结合评审工作实际，特制定本暂行办法。

第二条　推荐产生评审委员必须坚持德才兼备、民主择优、依法办事和工作需要的原则。

第三条　评审委员人选应当具有履行职责所需要的职业道德、专业水平和社会公信度。

第四条　坚持评审委员的结构、专长、地域和年龄等综合构成的原则。一个团体会员参加同一次评审的评委人数，最多不得超过2人，确保评审工作的客观性、公正性和严肃性。

第五条　评审委员会由主任、副主任、秘书长、委员组成，其人员数量视当次展览需要确定。

第六条　主任委员从中国书法家协会主席团成员中产生；副主任委员从相关专业中的专家、相关专业委员会副主任和驻会副秘书长中产生；秘书长从相关专业委员会中的秘书长和协会相关职能处室负责人中产生；评审委员会委员从相关专业委员会委员中产生，必要时也可扩大范围择优选拔。

第七条　建立协商确定评审委员人选制度。根据评审性质、规模和评委人数，事先征求相关专业委员会主任的意见，协商提出建议人选。建议人选人数应多于拟聘评委人数。

评审委员会委员名单由中国书法家协会专业委员会协调小组研究确定，并按照评审工作管理权限办理。

第八条　实行当次评审当次聘任评委制度。一次一聘，动态管理。凡担任评审委员的，原则上不得连续超过两次。

根据工作需要，评审委员会主任、副主任、秘书长成员不受此限制。

第九条　建立评审委员回避制度。如评审委员或评审委员直系亲属的作品参评，该评委应事先申明，实行回避。

第十条　坚持评审委员名单事先保密制度。评审前评审委员和相关工作人员不得泄露评委名单和信息，评委名单须在评审结果确定后向社会公布。

第十一条　建立评委档案。在评审工作中，评委应自觉接受监督。如发现舞弊行为，经调查核实后，视情节轻重给予相应处理，直至取消其评委资格和专业委员会委员职务，并在以后的评审中不予聘用。每次评委的表现均应如实记录档案。

第十二条　本办法从2006年9月5日起开始执行。

第十三条　本暂行办法由中国书法家协会负责解释。

（原载于中国书法家协会《工作手册》）

中国书法家协会会员管理制度

为维护本协会会员的合法权益，建立良好的工作秩序，完善会员管理手续，根据《中国书法家协会章程》（以下简称《章程》）和有关法律法规，制定本制度。

第一章　入会

申请加入本会的个人，应当具备本协会《个人会员入会条件细则（试行）》规定的条件。

个人会员入会的程序：符合规定条件的申请人，由本人提出申请，两名本会会员介绍，向申请人所隶属的团体会员领取申请表并如实填写，经申请人隶属的团体会员推荐，报本会批准并履行手续后，可成为本会个人会员。本会个人会员只隶属一个团体会员。

个人会员提交申请表时须附身份证复印件和照片及两件作品。

第二章　会员的权利和义务

会员有被选举权。

会员可以免费获得协会编辑出版的会刊《中国书法通讯》报。

会员有向协会咨询、批评、建议并要求书面回复的权利。

会员在参加协会组织的书画大赛等活动中，有免初评的权利。

《章程》规定的其他权利。

会员须按时向所隶属的团体会员交纳规定的会费。

会员应积极参与本协会组织的各项活动，关心协会的发展现状和发展方向。

会员变更地址应及时书面通知本会。

本协会《章程》规定的其他义务。

第三章　会员日常规范管理

会员登记表要编号整理成册，录入计算机存盘，以便保存管理和查索。

会员随申请表交来的作品及照片，要及时拍照存入数据库。原稿存档。

会员所交的会费要有登记，并及时交财务，收费开具收据，以备查询。

会员证要标准化、规范化。

会员变更地址要及时录入计算机，并通知《中国书法通讯》报。

协会要严格尊重会员权利，会员要认真履行自己的义务。

第四章　退会

会员无特殊原因不交会费，本会视为自动退会。

（原载于中国书法家协会《工作手册》）

中国书法家协会个人会员入会条件细则

（试 行）

根据《中国书法家协会章程》规定，为贯彻科学发展观，推动书法事业繁荣发展，结合工作实际，拟定个人入会（条件附后）细则如下：

一、在创作上有较高水平者，应符合下列条件之一

1．由中国书协主办的“全国届展”（全国第X届书法篆刻作品展览）参展一次；“全国专项届展”参展二次（全国单项书法届展、中国书坛新人展、全国妇女展、全国青年展、全国楹联展、全国扇面展、全国册页展、全国老年展、全国大字展、西部书法篆刻展等）。

2．由中国书协书法培训中心举办的学员教学成果展获一、二等奖二次。

3、由中国书协参与主办的“全国性展览”获优秀奖以上二次（含全军书法篆刻作品展等），以征稿启事的规定为准。

4、为体现以人为本和对老年书法创作群体的关爱， 65周岁以上作者作品参展“全国专项届展”一次即可。

二、在理论研究上有较高成就者，应符合下列条件之一。

1．由中国书协主办的“全国书学讨论会” 论文入选一次。

2．由中国书协主办的专题书学研讨会论文入选二次。

3．论文发表于由中国书协认可的专业书法报刊（如《中国书法》、《书法》、《书法丛刊》、《书法导报》、《书法报》）等，发表有较高学术水平和影响的论文三篇，每篇字数不少于5千字。

4、有省级以上（含省级）出版社出版的书法学术专著，该专著应有中国书协学术委员的推介评价，由中国书协学术委员提出明确意见。

三、从事教育、编辑、组织工作等有显著成绩或有突出贡献者，应符合下列条件之一。

1．在大专院校、中小学校和非全日制教育机构从事书法教育工作20年以上，有副高以上专业职称并取得显著成绩者。

2．在省级以上专业书法报刊、出版社担任编辑工作20年以上，有副高以上专业职称并有突出成绩者。

3．在省级以上专业书法报刊、出版社或各省、自治区、直辖市团体会员网站担任专职记者工作10年以上，有一次作品入展中国书协主办的“全国专项届展”。

4．各省、自治区、直辖市团体会员副秘书长以上的组织工作者任职5年以上；地市级书协主席在书协工作方面成绩突出（任职5年以上）。在中国书协和各省、自治区、直辖市、产业行业团体会员专职从事书法组织工作10年以上者。

四、对各省、自治区、直辖市、产业行业团体会员书法事业发展有特殊贡献者，每年可推荐2-3名，上报中国书协审批。

五、个人会员发展工作原则上每一年进行一次，每年第一季度审批上一年申报的新会员。各团体会员应于11月30日前将《入会申请表》及相关材料报送组联部，逾期可列入下一年度审批程序。

六、依据中国文联函[2001]021号文件规定，会员发展工作由协会秘书长办公会议按本细则严格审批，并向主席团通报。

七、本细则经中国书协五届九次主席团讨论通过。

八、本细则解释权属中国书法家协会。

（原载于中国书法家协会《工作手册》）

中国书法家协会关于申报审批中国书协会员程序

根据《中国书法家协会章程》规定，为积极稳妥地做好会员发展工作，在总结经验和调研的基础上，特制定申报审批程序如下：

一、申报程序

个人申请加入中国书协，必须由各团体会员，即各省、直辖市、自治区、各行业书法家协会初审并推荐，中国书协组联部负责对申报材料的管理和审核工作。

二、申报时间

自2008年起，会员申报时间定为第四季度，即每年12月底以前。

三、填表要求

1．由申报人向所在省、直辖市、自治区、行业书协领取《中国书法家协会会员申请表》表格申报。获得申请表后，申报人要认真阅读填表须知。在参加展览栏中，要填写由中国书协主办的《历年与入会条件相关展览目录》中的展览项目。此目录由中国书协组联部向各省、直辖市、自治区、行业书协提供。

2．从事书法理论、教育、编辑（含组织工作者）等工作的申报人，须提供省厅级以上人事部门盖章印制的高级职称证书复印件，及含申报人姓名的获得高级职称的批件复印件，以备审核中参考。

四、报送要求

1．申报材料必须完整、详细，个人申报资料照片、公章、作品、证书复印件齐全。

2．所有材料要统一登记造册，并将申请人名单（需加盖协会公章）、申请人登记表（电子表格）、新会员申报软件登录数据（软件已发至各团体会员，新团体会员可向中国书协组联部索取）随申报材料一同报送中国书协组联部。

3．中国书协组联部在收到申报材料后，将对照名单进行核对。如申报材料完整，则将名单复印并盖章后发还申报单位作为凭证。如申报材料不完整将不予审批。

4．各省、直辖市、自治区、行业书协严格按《中国书法家协会个人会员入会条件细则（试行）》并参照《历年与入会条件相关展览目录》对申请人做入会资格的初步审核。对符合入会条件的申请人表格及材料、申报费统一在规定时间内上报给中国书协组联部，逾期不予受理。

五、审批程序

1．中国书协组联部对申报人进行资格审核并将结果编辑成材料上报秘书长会议，由秘书长办公会统一审核批准，并向主席团通报。

2．中国书协组联部将年度批准入会名单通过各省、直辖市、自治区、各行业书协通知到新会员本人，最终结果须在中国书法家协会主办的媒体进行发布。

3．申报材料仅在本年度审核期间有效。已经公布本年度入会人员名单，未批人员材料自行终止有效期。申请人及各团体会员须自留原稿复印件，以备再次申报。

（原载于中国书法家协会《工作手册》）

讲话与论述

传承、繁荣和发展中华书画艺术

——在《中华书画家》创刊座谈会上的讲话

(2009年8月20日)

◎ 马 凯

各位参事、馆员，各位专家，各位朋友：

首先，热烈祝贺《中华书画家》杂志正式出版发行。

刚才宣读了温家宝总理致孙天牧、欧阳中石、傅熹年、靳尚谊四位老先生的亲笔信。这封信言简意丰、情真意切，体现了对德高望重老先生们的敬重和关怀，也对办好《中华书画家》杂志提出了殷切希望，我们要深刻领会和认真贯彻落实。会上几位馆员和有关部门负责同志讲了许多很好的意见和建议，表达了对刊物的关心、支持和爱护，请编辑部的同志们认真研究并加以采纳。

中国书画艺术博大精深，是中华民族特有的传统艺术形式，在光辉灿烂的中华文化宝库中占有重要位置，也是对世界文化的重要贡献。几千年来，历代书画大家为我们留下一大批弥足珍贵的传世经典、艺术瑰宝。当今中国书画艺术也获得很大发展，涌现出一大批富有时代气息、各具风格的优秀书画作品，为弘扬民族精神，振兴民族文化，提高国民素质，满足人民群众日益增长的精神文化需求发挥着重要作用。办好这样一份杂志，能为传承、繁荣和发展中国书画艺术做出我们参事室、文史馆应有的贡献，是一件可庆可贺的事情。

说实在话，参事室、文史馆策划要办这样一个刊物，问到我时，我是一则亦喜，一则亦忧。喜在，参事室成立60年、文史馆建馆58年来，第一次有了向社会公开发行的刊物，在为参事、馆员服务的内容和形式上有了新的拓展，办好了能为弘扬中华书画艺术做出积极的贡献。忧在，现在全国专门的书画类报刊有上百种，市场竞争十分激烈且多数日子并不好过。面对如林的书画报刊，我们新办的杂志作为一棵幼苗，能否存活下来、成长起来、最后成为参天大树，心有疑虑。再仔细一想，我们这支队伍还是有独特优势的，参事室、文史馆是敬老崇文之所，名流耆宿汇聚之处。以文史馆为例，已故的有齐白石、陈半丁、沈尹默、启功等，健在的有孙天牧、黄均、许麟庐、欧阳中石、沈鹏、靳尚谊等书画大家，地方馆也有不少大家。从建馆开始，全国延聘的从事书画创作和研究的馆员累计有一两千人，再加上成立书画院以后，又聚集了一大批这方面的专家，这些都是我们的宝贵资源。想到这些，又增加了信心，支持办这样一个刊物。同时，我对陈进玉同志讲，不办则已，要办就要办好，努力办成一流的书画杂志。看了创刊号，觉得把“弘扬经典、推崇大家”作为办刊宗旨，立意很好，刊物内容平实，是一份学术性、欣赏性兼备，厚重典雅的刊物，虽还有可改进之处，但总体上看，起步是好的。

我不是书画家，也不是书画评论家。或许是由于在中华传统文化中，诗书画印是四位一体、难解难分的，我作为中华诗词的业余爱好者，也经常去看一些书展、画展，很愿意听一些书画界的专家、友人们谈书论画，工余时间也翻看一些相关书籍报刊，耳濡目染，渐渐对书画有了一点儿粗浅了解。既然来参加这个座谈会了，不能不发言，我就借此机会，从一个读者的角度，对要把《中华书画家》办成什么样的杂志谈点建议，其中也涉及对书画艺术的一些初步思考。在我心目中，《中华书画家》应当办成一份怎样的杂志呢？

首先，希望把《中华书画家》杂志办成展示书画艺术精品和经典的园地。

刊物的生命在于质量。这不但是指刊物的外在质量,即编排、装帧、印制等要精美考究、赏心悦目,更重要的是指刊物的内在质量,即要有好的书画作品,有属于我们这个时代的精品乃至经典。那么什么是好的书画作品呢?衡量艺术作品的好坏,可以说“仁者见仁,智者见智”,不同艺术门类又有不同的艺术标准。对于书画艺术来说,好的作品,至少要有三个要素,即:积极健康、形神兼备、雅俗共赏。

积极健康,是指作品的思想性。中华书画作为中华传统文化的一个部分,同其他文化形式一样,客观上都承载着一定的社会功能。书画家不但要有艺术追求,而且要有社会责任。好的作品,会给人以心灵的震撼、思想的启迪,促使人们积极向上、崇善尚美,促使人们热爱自然、热爱生活、热爱祖国,促使人们不断提高审美情趣和文明素养。健康无害,应是称得起好作品的思想性的底线。

形神兼备,是指作品的艺术性。什么是“形神兼备”?一言半语很难定义,似乎有些只可意会,不可言传。但对一件作品来说,是否形神兼备,受众是有体味的。就拿书法而言,像王羲之的《兰亭序》、颜真卿的《祭侄稿》、毛泽东的诗词手书、于右任、郭沫若和林散之等的行草;就绘画而言,就更多了,像张择端的《清明上河图》、齐白石的虾、徐悲鸿的马、李苦禅的鹰、黄胄的驴、李可染的水牛,黄宾虹、潘天寿、傅抱石、张大千的山水,以及在座的和不在座的许多大家的人物、山水、花鸟等作品,还有最近中央有关部门又推出一系列纪念新中国成立60周年的重点文化精品工程的作品,都是形神兼备、形式和内容的高度和谐统一,都给人以强烈的视觉冲击和美的艺术享受。

雅俗共赏,是指作品的观赏性。书画作品要有多样性,以适应和满足不同层次、不同情况受众(也包括艺术家自身)的精神文化需求。要有“雅赏”的作品,也要有“俗赏”的作品,更应提倡多些“雅俗共赏”的作品。这里所讲的“雅俗共赏”,不是从受众角度指“雅士”和“俗人”,而是从作品本身讲既“雅”又“俗”。所谓“雅”,是指高雅,不低俗、不庸俗、不媚俗,相反,给人以“真”的感动、“善”的感染、“美”的享受,有很高的艺术性。所谓“俗”,是指通俗,不玄虚、不晦涩、不难懂,相反,植根生活、源于真情、贴近大众,使人明白晓畅,有很强的观赏性。大凡好的作品,特别是精品和经典,都是雅俗共赏、艺术性和观赏性高度统一的作品。以丑为荣,不能给人以美的享受,反而让人倒胃口,显然不是好作品;故作高深,使人看了一头雾水,不知所云,也不能称为好作品。特别是书画艺术更应强调雅俗共赏,那种把书法和绘画变成书画界小圈子的玩物、个人的孤芳自赏,渐渐疏离广大受众的倾向,是不可取的。就拿书法来说,一位中央领导同志参观一个书法展览时就曾问道:“书法界是不是有一种‘潜规则’,字写得清秀雅致,别人可以认识的,只能称为‘写字匠’,而字写得潦草怪异别人不认识的,才是‘书法家’?”这幽默一问,切中时弊。我也有类似经历,我经常同胡振民同志结伴看书法展,几位书家一起观赏有的作品时,对有的“字”是什么,大家猜来猜去,有时还猜不对。试想,连多数书法家都不认识,更不用说一般大众了。还有的书家,将自己的书法作品送给别人,过了一段时间,别人来问其中某个“字”是什么字时,自己也说不出来了,反问道:“当时你为什么不问我?”如果我们的书画作品走到了这一步,别人都看不懂了,没有了受众,生命也快终结了。

总之,好的书画作品,应当是思想性、艺术性和观赏性和谐统一的作品。希望我们的刊物,能更多地推出一些意境高远、自然大雅的,给人以艺术享受、心灵震撼的,并为大众看得明白、喜闻乐见的书画作品。

第二,希望把《中华书画家》杂志办成推出书画艺术新人和大家的平台。

创新是艺术的生命。创新停止了,艺术生命也就停止了。不断创新,是中华文化永葆活力、得以延绵数千年的重要原因。在中华书画领域,就有“笔墨当随时代”之说。这不但是指书画的内容要反映时代,而且是指书画的艺术形式和表现技法也要与时俱进。每一时代,都要有新的精品和经典,新的大家和大师。齐白石老先生说过“学我者生,似我者亡”,就是鼓励后来人,对先贤包括自己既要继承,更要超越,否则没有前途。但是,真正意义上的创新并不是一件容易的事。它不但要超越古人,而且要超越今人,还要不断超越自我。这里不但需要个人的天赋和勤奋，也需要外部环境的宽容呵护和鼓励支持。我们的杂志应当成为鼓励创新、力荐新人、推崇大家的刊物。要善于发现人才，当好“伯乐”。既要弘扬经典，又要推出新人。凡是好的、创新的、有才气的书画家，不管年龄，不排辈分，不论门派，可能在某些方面还不是很成熟，也要给予热情的支持和宣传，为他创造一些探索的条件，使他有可能成为大家。文史馆有非常好的人才成长环境，许多德、才兼备的馆员很注重培养和举荐人才，有的书画大家和弟子同案作画、写字，共同举办书画展；有的甘作人梯，全心全意地扶持年轻人成长。这个好传统要进一步发扬光大。希望《中华书画家》杂志能够成为中青年书画家向大家、大师冲刺的加油站和助推器。

对于创新问题，我想多说几句。我们这里所鼓励的创新，是在继承传统基础上的创造和发展；我们所力荐的新人，是站在巨人肩膀上更上一层楼的新人和大家。中华书画艺术作为中华民族文化艺术智慧的结晶，是经过数千年文人墨客一代又一代艰辛探索的结果。它所形成的书道、画法，凝结着中华书画艺术的基本规律。在扎扎实实继承的基础上勇于创新，是产生精品、经典和大家、大师的必由之路，概莫能外。这里没有捷径。欧阳中石先生在谈到书法创作时，说要懂得“从何处来，到何处去”。“从何处来”就是要继承；“到何处去”就是要创新。不知“从何处来”，很难走正、走远。他还说，我发现一个现象，喊创新的人，老也创不出来，老喊保守的人，可他怎么也保守不住，这是个怪现象。其实也不怪，只有在继承基础上才能有真正意义上的创新。最近北京画院举办了李可染先生的画展。他用自己的毕生精力实践了自己的座右铭，即：“用最大功力打进去，用最大勇气打出来”。“打进去”，就是要继承传统，下苦功夫把传统吃透、研究透；“打出来”，就是又不拘泥于传统，要跳出来，敢于创新、勇于超越。这些就是大师们的成功之路。人们普遍感到当今的书画领域创新不足，特别是能够达到和超越历史高峰的作品不是没有但仍显缺乏。究其原因是多方面的，其中一个重要的原因不在于缺乏想象力，而在于继承不足、功底不深，从而使创新无根和乏力。轻视和脱离传统，心浮气躁，不肯潜心研究和继承传统，终难有大成。

我还想说的是，鼓励创新，并不是说新出现的东西都是符合艺术规律的、有生命力的东西。艺术作品的水准，不能以“新”、“老”为尺度。“老”的东西，不等于都是落后的、没落的东西。王羲之的《兰亭序》作于东晋年间，距今已1600多年历史，你能说它不老吗?但你又能说它不美，说它没有生命力吗?同样，“新”的东西，也不都是先进的、有生命力的东西。上个世纪八十年代，在我国艺术领域出现被称为“新潮美术”或“前卫艺术”的新现象，其中也包括了一批绘画新作。其有些新作在拍卖市场上的价格忽而飞涨，忽而暴跌，在海内外艺术界引起高度关注，并颇有争议。这种“新现象”、“新作品”情况相当复杂，良莠不齐、鱼龙混杂，应当具体分析、区别对待，有的应保护和鼓励，有的则应批评和抵制。其中：对于那些运用现代艺术手段，丰富公共艺术语言，进而为社会及大众服务的创作，是应该大力鼓励和支持的；对于那些搬用现成的西方艺术语言去表达对中国政治及现实的不满，或者从商业利益出发，迎合西方某些人的胃口，从而恶搞中国，把中国人描绘成呆傻无聊、呲牙咧嘴，以及对中国领袖进行丑化、亵渎的“作品”，则是必须坚决批判和抵制的。这些带有明显错误政治和意识形态倾向的所谓“作品”，受到西方某些人的刻意追捧，应当引起高度警惕；对于那些并无不良意识形态只是执着追求艺术个性而标新立异的作品，其所作的艺术探索是应该保护和鼓励的，至少作为多元艺术形式是应当包容的；还有些所谓“创新”作品，说不上有明显不良意识形态，但它是对真善美艺术本质的反叛和变态，则也是不可取的，是应当反对的。我看到一篇报道，讲到一个所谓前卫艺术家，手持利刃，现场剖开一头活牛的胸膛，然后自己钻进去，再血淋淋地钻出来，说是要体验一下“出生”的感觉，宣称这就是自己的艺术作品。大家可以想一下，这里除了血腥和恶心，哪有半点艺术享受?一位评论家说得好，如果这也是艺术的话，那么，将会有越来越多的屠夫变成艺术家，也会有越来越多的艺术家变成屠夫。这种“作品”尽管自称为“艺术”，但背离了艺术本质，已经游离于艺术领域之外，尽管打着“创新”的旗号，但实际不过是“西方糟粕，中国仿造”。我讲这句话是有根据的。最近我向王文章同志借了一本书《艺术的阴谋》，一读才发现，刚才讲的“剖牛”艺术作品，国外早已有之，不过是上世纪六十年代维也纳“行为画派”的简单翻版。

第三，希望把《中华书画家》杂志办成倡导艺术批评新风的论坛。

文艺批评，是对文艺作品的内容和形式、思想和风格、传承与创新、个性与规律等进行理论探讨、解读鉴赏、分析评价的品评，鉴别其表现出的美丑善恶，说明其客观的社会价值和美学价值，分析其艺术形式的长短得失，进而揭示文艺创作规律和发展趋势。这种正确的文艺批评，是促进文艺不断创新和永续发展的重要动力，也是联系创作与欣赏、艺术家与受众的桥梁和纽带。在这个意义上讲，文艺批评与文艺创作，共同构成推动文艺繁荣和发展的两个轮子。两者不可或缺，互相依存，互相促进，共同推动文艺不断创新和发展。对于文艺批评问题中国文联很重视，最近召开了专门的研讨会研究如何推动文艺批评。

当前，有不少关于书画批评的专著、文章，座谈会、研讨会的发言以及书画展的讲解很有见地，读后、听后常有“顿悟”的兴奋。这些品评不断提高着人们的审美水平，引导人们发现美、体味美，这本身就是一种艺术享受，同时也促进了创作者水平的提高。对此，我就有深切的体会。比如，对一件书法作品的欣赏，过去只看“黑”的部分、“实”的部分。后来，听了沈鹏老先生的一句点拨：“黑白相生，虚实互济，白与黑同样重要，虚比实更可贵”，一下子豁然开朗，不但提高了自己对书法的鉴赏能力，也找到了自己的习字毛病。其实，中国水墨画中，“虚”和“白”就更重要了，也更神奇。一幅画的留白处，可以是无际的天空，可以是绕山的白云，可以是直泻的飞瀑，可以是无际的江河湖海……，给人以无限的想象空间。这也是中国画魅力无穷的重要之点。

但是，无论是艺术家、文艺批评家，还是普通的欣赏者，对于目前文艺批评的现状也提出了一些批评意见。概括起来，一是文艺批评缺位，一是文艺批评缺信。

所谓“文艺批评缺位”，就是严肃认真、深刻而有影响力的艺术批评少了。这里既有对优秀作品弘扬不够的问题，也有对不良倾向抵制不力的问题，还有对艺术发展的内在规律、通过个案艺术品探讨艺术现状以及未来趋势等研究不深的问题。这些已直接影响到艺术的发展。以书法为例，目前书法界存在着渐离大众的倾向，究其原因，重要一条是对书法本质的研究不够。书法作为中国特有的文化，是以笔墨为工具、以汉字为载体的线条结构及其运动形式的艺术。“汉字载体”和“线条运动”，共同构成书法艺术的质的规定性，缺一不可。作为“线条结构及其运动形式的艺术”，书法与音乐、小说、诗歌、散文等文艺形式区别开来；作为“以汉字为载体”的艺术，又使其与绘画、雕塑等其他以线条结构及其运动形式为基础但又不是以汉字为载体的艺术形式区别开来，也与孩童的任意涂鸦区别开来。我的外孙两岁半了，他的涂鸦也是线条运动，但不是书法作品。有些“书法作品”偏离了书法的本质规定性，离开了“汉字载体”，只追求线条的形式运动，汉字被肢解或被扭曲，使得受众不认识了，“书法”将不复存在，而异化为其他东西如“线条组合图形”等等。可见，深入研究和正确把握书法的本质规定性，关系到书法艺术的前途。

所谓“文艺批评缺信”，就是人们普遍反映文艺批评的社会公信力下降。这里有两种倾向都是应当反对的。一种倾向是过于苛刻，甚至一棍子打死，这对文艺发展是有害的。文化艺术是一个以不断创新为生命、以个性化为显著特征的领域，也是一个受众“仁者见仁，智者见智”、“萝卜白菜，各有所爱”的领域。因此，文艺批评尤其要讲“宽容”，只要不存在错误的政治观点，不是有损国格、丑化人性的作品，我们都要采取鼓励创新、支持探索、包容多样、尊重个性的态度。只有这样才能为不断推陈出新，形成百花齐放的繁荣景象创造良好的外部环境，使文艺的生命力永不枯竭。另一种倾向是一味吹捧，特别是陷入人情之中甚至物欲之中无原则的吹捧，这对文艺发展同样也是有害的。包括书画在内的文艺作品，作为商品进入艺术市场，既实现一定的经济价值，又体现一定的艺术价值，古已有之，本无可厚非。这也是解决书画艺术品供求矛盾的基本途径。好的书画作品是稀缺资源，社会需求绝对地超过社会供给，怎么办?只能通过市场来解决。问题在于，艺术作品可以进入市场，但艺术批评不宜进入市场。艺术品一旦成为商品进入市场，必然会受到商业规律的支配，因而商业包装和炒作也在所难免。而艺术批评有着自身的使命和操守，它以揭示和反映艺术规律从而促进文艺发展为己任，以真善美为判断是非、衡量优劣的准绳。如果艺术批评也进入了市场，也受市场规律支配，文艺批评就失去了独立存在的价值。在有些书画评论中，平庸甚至有害的作品被戴上了“精品”、“经典”的桂冠，其作者也成了这个“大家”、那个“大师”。在这种无原则的吹捧背后，往往有着某种利益。精品和经典，大家和大师，都不是自吹出来的，也不是被捧出来的，而要接受艺术实践、大众和历史的选择和检验。文艺批评贵在崇美求实、真诚坦荡，但这需要有一双明亮的眼睛和一颗公正的心。

希望我们这本杂志，把书画艺术批评作为刊物的重要内容，倡导一种尊重艺术、尊重作者、尊重读者和客观公正、宽容平等、百家争鸣的文艺批评新风。希望我们这个杂志，对书画创作的规律进行深入研究，对书画普遍性、倾向性的问题展开深入讨论，对书画界关心的重大理论问题有自己的声音和形象。

以上意见，作为一家之言，未必成熟，但我愿意谈出来作为抛砖引玉以期引起讨论。我想，通过探讨和争鸣，对办好我们这本刊物和推动书画事业的繁荣发展总会是有益的。

最后，希望大家认真贯彻党的文艺方针，按照胡锦涛总书记提出的“高举旗帜、围绕大局、服务人民、改革创新”的要求，齐心协力，开拓进取，把《中华书画家》杂志真正办成特色鲜明、厚重典雅、深受海内外读者欢迎的一流专业期刊。

（原载于《光明日报》2009年8月27日）

在中国书法家协会五届五次理事会上的讲话

（2009年5月）

◎ 覃志刚

各位理事、同志们：

今天，中国书协五届五次理事会在合肥隆重召开，这是全国书法界深入学习实践科学发展观、喜迎新中国和中国文联成立60周年、为推动社会主义文化大发展大繁荣努力作贡献的形势下召开的一次重要会议，我代表中国文联对会议的召开表示热烈祝贺，向中国书协主席团、全体理事以及广大书法家和书法工作者致以诚挚的问候，对你们为文艺事业繁荣发展付出的辛勤劳动表示衷心的感谢！

五届四次理事会以来，中国书协主席团和分党组在中宣部、中国文联的领导下，以邓小平理论和“三个代表”重要思想为指导，深入贯彻落实科学发展观，坚持“二为”方向、“双百”方针和“三贴近”原则，积极响应胡锦涛总书记在十七大报告中提出的更加自觉更加主动地推动社会主义文化大发展大繁荣、兴起社会主义文化建设新高潮的伟大号召，团结带领广大书法家和书法工作者，围绕大局、服务人民、奋发工作、开拓创新，推动了书法事业在各个方面取得显著进步，为我国文艺百花园增添了新的景观。主要成绩集中体现在两个方面。

一是围绕中心，服务大局，大力弘扬中华文化，为人文奥运与和谐社会建设发挥了积极作用。2008年是很不寻常、很不平凡的一年，我国既经受住了南方部分地区低温雨雪冰冻灾害、“5•12”汶川特大地震灾害等难以预料、历史罕见的重大挑战的严峻考验，又夺取了成功举办北京奥运会、完成神州七号载人航天飞行任务等一系列重大胜利，社会主义经济建设、政治建设、文化建设、社会建设以及生态文明建设和党的建设取得新的显著成就。中国书协认真贯彻党的文艺方针政策，通过书法艺术的特有活动方式服务党和国家的工作大局，努力推动社会主义先进文化建设。特别是“5•12”汶川特大地震灾害发生后，中国书协迅速向全国书法界发出倡议，全力组织和引导全国书法工作者积极为抗震救灾奉献爱心，为夺取抗震救灾伟大斗争的胜利做出了应有贡献，有力地提升了书法界在全社会的良好形象。中国书协敏锐把握2008北京人文奥运重大契机，举办了第八届国际书法交流大展等一系列重点艺术活动，为我国成功举办一届高水平、有特色的奥运会营造了良好文化氛围，对于提升中国书法的国际形象，巩固汉字书法母国地位，提高我国文化的国际竞争力产生了积极影响。

二是适应时代发展要求，不断推进工作创新，促进了书法事业可持续发展。创新是一个民族进步的灵魂，是一个国家兴旺发达的不竭动力，同样也是书法艺术保持生机、蓬勃发展的关键所在。中国书协紧跟社会变革步伐，把握时代发展脉搏，以创新的眼光看待问题，以创新的思维认识问题，以创新的勇气解决问题，在继承和发扬优良传统基础上锐意开拓，促进了书法事业的可持续发展。按照《中国书法发展纲要》的总体要求，不断推进展览、学术、培训三位一体的工作格局，相继举办了一系列大型展览展示活动，营造了多出精品、多出人才的良好环境。在评审工作中，严格遵循阳光、规范、学术与和谐评审原则以及“两权分离”工作机制，进一步树立中国书协的良好形象。适时开展书法艺术宣讲年活动，用科学的文艺理论推进书法学术和理论建设，促进了书法艺术的创新和繁荣。

当今时代，社会发展进步为书法事业提供了更加广阔的舞台，党和人民事业的深入推进呼唤书法艺术发挥更大作用。未来征程中，书法艺术工作者任重道远、大有可为。中国书协要在全面学习贯彻科学发展观、推进书法事业大繁荣大发展的进程中实现新的突破，要注意把握好以下几个方面：

第一，以科学发展观为统领，坚持围绕中心、服务大局的指导思想，积极拓展工作领域，大力推进书法事业大发展大繁荣

全党开展深入学习科学发展观活动，是党的十七大做出的一项重大战略部署。科学发展观充分反映了我们党对当今世界发展大势和中国特色社会主义发展方位的科学把握，不仅是我国经济社会发展的重要指导方针，也是我国社会主义文化发展繁荣的重要指导方针。要坚持不懈地用科学发展观武装头脑、指导实践、推动工作，进一步认清形势、统一思想、凝聚力量，坚持在全局中把握方位、在大局下谋划行动的工作理念，贯彻科学发展，促进书法繁荣，服务社会和谐。要坚持以人为本，以实现人的全面发展为目标，从人民群众的根本利益出发谋发展、促发展，不断满足人民群众日益增长的精神文化需要，推进书法事业建设的各个环节、各个方面的相互协调。要坚持理论和实际相结合，因地制宜、因时制宜地把科学发展观的要求贯穿于工作全过程，树立体现科学发展观本质要求、书法时代特征、协会工作特色，体现全社会对书法事业的新期待、为广大书法家和书法工作者所理解、所掌握、所熟知的科学发展新理念，努力把书法界的思想和行动统一到科学发展观的要求上来，努力推动书法事业的全面、协调和可持续发展。

第二，全面加强书法界的思想道德文化素养，建设一支高素质的书法工作者队伍，多出精品、多出人才

加强书法工作者队伍建设，培养和造就一支热爱祖国、热爱人民、德艺双馨、开拓进取的书法工作者队伍，是中国书协工作的重要任务之一。必须加强书法工作者的思想道德文化修养，引导他们牢固树立正确的世界观、人生观和价值观，增强服务社会、服务人民的意识和本领，增强历史使命感和社会责任感。鼓励他们深入基层一线体验生活，深刻体察当今人民群众的思想感情、审美需要和价值取向，加深同人民群众的鱼水之情和血肉联系，从火热沸腾的社会生活中捕捉创作灵感和题材，努力创作出深受人民群众喜爱的作品，以优秀的作品影响人、感召人、鼓舞人，促进社会全面进步和人的全面发展，为构筑中华民族精神大厦增砖添瓦，为全面建设小康社会提供精神动力、智力支持和文化条件。

要在高度重视书法创作的同时，不断加强书法学术研究。去年中国书协设立了中国书协学术课题研究项目，重点推出中国书协2008－2009年度学术课题研究项目申报，同时按照宣讲年方案的总体部署，设立中国书法名家论坛，举办“文津书法系列讲座”等，这些探索和尝试具有开创性意义，在社会上产生了积极反响，对于引导书坛不断创新书学理论，丰富学术成果，繁荣书法艺术提供了支撑。今后要继续加强学术建设，以理论促创作，把理论和创作有机地结合起来，为打造具有时代文化标识意义的精品力作、培养高级专门拔尖人才打下坚实的基础。要加强对领军人才的引导、管理、服务，完善人才培养选拔使用机制，为推动当代书法艺术的创新发展、推动中国书协的各项工作再上新台阶储备开拓人才、中坚人才、后继人才。

第三，全面履行协会职能，巩固当前发展的良好势头，推动书法界大团结大繁荣大发展，努力开创书法事业新局面

中国书协是党领导的人民团体，是党和政府联系广大书法家及书法工作者的桥梁和纽带，在团结和组织广大书法工作者繁荣发展书法事业中担负着重大责任。加强书法工作者队伍建设，首要的是加强书法工作者队伍的团结，要用共同理想、共同事业、共同责任凝心聚力，消除门户之见、恩怨之心，引导广大书法工作者专心致志搞创作、同心同德促繁荣。广大书法工作者都要以大局为重、和谐为贵、奉献为要，相互尊重、取长补短、不断提高。不同风格流派之间要切磋交流、共同进步。中国书协要进一步加强交流、

增进了解、化解矛盾，调动一切积极因素，团结一切可以团结的力量，把广大书法家和书法工作者团结起来、凝聚起来，心情舒畅地干事创业。要改进服务方式，提高服务质量，增强服务本领，努力使书协真正成为“广大书法家和书法工作者之家”。

要不断健全和完善书协体制、机制、方法和手段，适应时代发展变化，进一步探索和创新书协的管理体制、运行机制、组织形式和活动方式，体现时代性、把握规律性、富于创造性，促进书界创作水平、工作水平和学术水平的全面提升。

要切实加强理事会建设，建立健全理事会工作规则和决策机制，不断强化理事会在推进书法事业发展中的“理事、议事”作用。中国书协重视理事会建设，重视发挥理事会在书协工作中重要作用的好做法，得到了中国文联党组的充分肯定。各位理事会成员作为中国书坛的主导力量，要为中国书法的发展积极建言献策出力，在今后工作上要谋新思路、在破解难题上要有新举措，在繁荣发展上要求新成效，为建设和谐书协和繁荣书法艺术贡献智慧和力量。

要继续推进中国书法外交活动，牢固树立为党和国家“大外交，大外宣”工作格局服务的理念，通过实施中国书法环球行——走进欧洲、走进联合国等活动，努力扩大中国书法的国际影响，提高国家文化软实力。

各位理事、同志们，在举国上下深入贯彻落实党的十七大和十七届三中全会精神的重要历史时刻，我们又将迎来中华人民共和国成立60周年盛典。今年的工作任务非比寻常，责任重大而光荣，让我们更加紧密地团结在以胡锦涛同志为总书记的党中央周围，高举中国特色社会主义伟大旗帜，以邓小平理论和三个代表重要思想为指导，深入贯彻落实科学发展观，以坚定的信念、充沛的激情、昂扬的斗志，满怀信心地积极投身于推动书法事业大发展大繁荣中去，为全面建设小康社会、构建社会主义和谐社会创造出新的业绩，做出新的更大贡献。

（原载于《中国书法通讯》报2009年第5期）

在中国书法家协会五届五次理事会上的讲话

（2009年5月）

◎ 张 海

各位理事、同志们：

今天，五届五次理事会在美丽的合肥举行，会议将总结过去一年的工作，深入分析书坛面临的形势，研究部署下一阶段的工作任务，进一步统一思想，凝聚力量，推动书法事业再上新台阶。

自五届四次理事会召开以来，中国书协在中宣部和中国文联的领导下，坚持以邓小平理论和“三个代表”重要思想为指导，全面落实科学发展观，坚持“二为”方向和“双百”方针，遵循“三贴近”原则，围绕中心，服务大局，团结和带领广大书法家和书法工作者，全面贯彻《中国书法发展纲要》，推进中国书法进万家、中国书法环球行两项行动计划，实施“名家系统工程”，以举办两项综合展为依托，以开展宣讲年活动为载体，展览、学术、培训等工作全面推进，整个书坛呈现出繁荣和谐的良好局面。

一年来的工作成绩和经验，我认为主要表现在以下几个方面：一是充分发挥了书法事业在围绕中心、服务大局中的作用。中国书协通过举办第八届国际书法交流大展和一系列以奥运为主题的活动，为北京奥运营造了良好的文化氛围，有效地扩大了中国书协的国际影响。在抗震救灾活动中，积极响应中央号召，组织书家捐赠作品和钱款，模范履行了作为党领导下的人民团体的社会责任。二是书法艺术宣讲年活动取得显著成效，围绕宣讲主题，中国书协开展了一系列活动：启动了中国书协2008－2009年度学术课题研究项目的申报，对评审确定的课题予以扶持；在国家图书馆举办了“文津大讲堂——中国书法系列讲座”；积极参与举办了中国（苏州）书法史论坛、海派书法国际研讨会、中国书法金陵论坛，第二届草书展•草书论坛和第二届隶书展•隶书论坛等具有较高品位的学术活动，对于引导人们深入理解书法艺术，指导书法创作，起到了积极作用。三是实施名家系统工程取得了阶段性成果。全国千人千作书法大展的成功举办，为五百精品展奠定了良好基础。其它单项展览为广大书法爱好者提供了展现才华的平台，为名家系统工程充实了后备力量，显示出书法事业的生机与活力。四是中国书法进万家行动计划向纵深发展，其形式和内涵也在不断地扩展和丰富。在全国范围内有计划逐步展开中国书法名城、书法之乡、书法名山、书法公园、书法培训创作基地的命名和捐建兰亭小学、兰亭中学活动，对积极利用当地书法资源、支持地方文化建设、在全社会营造浓厚的书法艺术氛围起到了不可低估的作用，其意义和影响将随着时间的推移日益显露出来。

以上成绩的取得，是中宣部和中国文联正确领导的结果，是全国书法工作者和书法家团结努力的结果。在这里，我代表主席团，向中宣部、中国文联，向在座的各位理事，并通过你们向全国的书法家和书法工作者表示诚挚的感谢！

下面我谈几点意见，供大家参考。

一、理事会及理事作用的发挥

作为中国书协的领导机构，理事会在书法事业发展中起着十分重要的作用。五届书代会召开以来，中国书协主席团和分党组充分认识到理事会的重要性，为更好地发挥理事在书协工作中的领导和决策作用，恢复了长期没有召开的理事会。先后在郑州、海南召开了五届三次、四次理事会，取得了圆满成功。由于多种原因，理事会不可能在一年内召开多次，因此大家应该借助一年一度的集会，积极为书法事业的发展和书协工作建言献策，集思广益，使我们的理事会能够开得更有效率、更有价值。

各位理事来自不同的工作领域和岗位，是书法工作者中的骨干，具有很强的代表性。大家在一起交流思想，研究部署书法发展中的大计，形成共识之后，关键要把理事会的精神和决策落实好解决好。理事在书界是一种荣誉，更意味着责任和义务。要将这种责任和义务扎扎实实地贯穿到日常的工作和活动中。

理事的作用一方面体现在组织工作中，另一方面也要不断提高理论水平和创作水平，以自身的表率作用推动书法艺术的发展，努力创造时代的经典。经典和大家的出现是一个时代书法事业繁荣发展的重要标志，时代呼唤中国书法经典和大家。对经典和大家要有正确的认识，避免两种偏向：一是对经典和大家的认识流于肤浅，人为降低了经典和大家的标准，将经典和大家庸俗化；二是妄自菲薄，将经典和大家神秘化，认为经典和大家高不可攀，丧失进取的斗志，以致无所作为。

创造经典是时代赋予我们书法家的艰巨而光荣的使命，每一个有责任感、有抱负的书法家都应该自觉地担当这一历史使命。经典和大家并非神秘莫测，遥不可及，经典和大家说不定这一代或下一代中会出现。今年书协将推出评选年度佳作的新举措，有关条文已在《中国书法》、《中国书法通讯》报刊登，希望多多参与，通过各种渠道推荐优秀作品，强化代表作和精品意识。各位理事一方面要做好事务性的工作，另一方面还须不断加强道德修养，在业务水平、艺术创作两方面都有突破和超越，赢得书法家和书法爱好者的尊重，努力做到德艺双馨。

二、正确认识形势，坚定信心，积极面对书法事业所面临的挑战

今年正值新中国成立60周年，这在党和国家的发展历程中具有重要意义，也是中国书协在五次书代会以后经过统一思想、明晰思路，在新的起点上应该有重要收获的一年。

目前，从整个情况来看，我们国家的政治、经济、文化和社会建设正处在一个全面发展的大好时期，综合国力不断增强，人民生活显著改善，中国特色社会主义事业蓬勃发展，这为广大的艺术家提供了施展才智的广阔空间以及坚实的物质基础。尤其是近年来，中国在国际上的影响力不断提高，对外文化交流日益丰富频繁，关注和了解中国文化成为世界性的热点，为中国艺术进一步走向世界、扩展影响提供了舞台。但同时我们也应当看到，随着全面建设小康社会和构建社会主义和谐社会的不断推进，人民群众在物质生活改善的同时，对书法艺术的消费需求也在迅速提高，对书协工作也相应提出了更多更高的要求。另外，受国际金融危机的影响，我国经济增速减缓，在一定程度也会影响到书法事业。

面对上述形势，发展是唯一的出路。我们的事业不仅要发展，还将尽快发展。我们完全有信心、有条件、有能力克服困难，战胜挑战。我们的信心和力量，来自于中央对形势的科学判断和准确把握；来自于已经制定并实施的应对挑战、着眼长远的一系列举措；来自于长期以来书法发展的良好积累；来自于日趋科学和理性的计划安排。我们欣慰地看到，经过三十年来的发展，我国书法事业拥有了一支规模庞大的书法家和书法工作者队伍，不同层次的书法家、理论家、教育家、书法工作者形成较为完善合理的金字塔结构，时代正呼唤着经典和大家的出现，呼唤着大家登上金字塔的巅峰。我相信，事在人为，人是决定事业发展的最重要的因素，只要我们紧密团结社会各界，调动一切可以调动的力量，精诚团结，开拓进取，就一定能够创造出更加突出的业绩。

三、抓住重点，带动全局，在创新的基础上稳步前进

书协工作千头万绪，但根本性的工作还是推出精品和人才。这是推动书法艺术大繁荣大发展的首要任务。

中国书协将继续花大力气为人才和精品的涌现提供良好的氛围和体制保证，为经典和大家的出现培育肥沃的土壤。要坚持展览、学术、培训三位一体的工作思路，积极探索创新，谋求三者的有机结合。近年来，中国书协举办了一系列展览活动，这是形势发

展的需要，也是书法繁荣的表现。但也存在活动过于密集，重点不够突出的现象。在下一步工作中，中国书协将借纪念新中国成立60周年和中国文联成立60周年的大好形势，注意突出工作重点、亮点，使各项活动发挥出更好的效果，有力地展示和引领书法创作。重点办好第三届兰亭奖评选、名家系统工程五百精品展、翰墨春秋——百位老书家作品展等重大活动。要拓宽展览思路，紧密结合学术及培训，将展览办出特色，办出水平，办出良好声誉。过去的一年，我们在展览与学术的结合方面下了很大功夫，取得了不少成绩。今年要以筹备第八届全国书学讨论会为契机，继续引导和促进书学研究，在书法界营造浓厚的学术氛围。要加强培训辅导，一方面充分发挥书协培训机构的作用，另一方面联合高等院校等相关机构，动员多方力量，采取多种形式加大培训的广度和力度，为广大书法家和书法爱好者提供学习的机会和条件。在各项评审活动中，要不断创新和完善评审机制，切实做到评审的公平、公正。这直接关系到广大书法家和书法爱好者的利益，也关系到书协的形象。

随着时代的发展，书法事业日益成为社会关注的热点。互联网已成为人民生活中不可缺少的一部分，中央领导同志不断关注，为宣传书法艺术和书法活动起到了不可低估的作用。但同时也出现了一些不和谐的声音。对于网络信息要正确对待，首先要尊重民意，将其视作我们了解书坛的一个重要窗口。对于一些不负责任的言论，我们要善于分析，冷静对待。

各位理事，同志们，自上次理事会召开以来，在各位理事和广大书法工作者的共同努力下，书法事业在新的起点上稳步发展，取得了显著成绩。希望各位理事继续为书法事业建言献策，奉献才智和力量，努力开创书法事业新局面，以丰硕的成果迎接中华人民共和国成立60周年和中国文联成立60周年。让我们紧密地团结在以胡锦涛同志为总书记的党中央周围，高举邓小平理论和“三个代表”伟大旗帜，以科学发展观为统领，进一步解放思想，明确思路，扎实工作，锐意进取，为更加自觉更加主动地兴起社会主义文化建设新高潮，构建社会主义和谐社会做出新的更大的贡献。

（原载于《中国书法通讯》报2009年第5期）

坚持科学发展 发挥职能作用 为构建繁荣和谐创新有为的当代书坛而努力

——中国书法家协会五届五次理事会工作报告

（2009年5月）

◎ 赵长青

各位理事、同志们：

中国书协五届五次理事会，是在中宣部的亲切关怀和中国文联党组的高度重视下，在迎庆新中国和中国文联成立60周年的新形势下召开的重要会议。这次会议的主要任务是：坚持以科学发展观为统领，认真贯彻党的十七大、全国宣传部长会议精神和中国文联八届四次全委会的总体部署，总结回顾五届四次理事会以来的工作，认真分析当前形势，研究部署当前的主要任务，进一步提升理事会在书法事业中的主体地位，为弘扬中华文化、更加自觉更加主动地兴起社会主义文化建设新高潮做出新的更大贡献。值此，向亲临会议的中国文联党组副书记、副主席覃志刚同志表示衷心感谢！向为本次会议提供热情服务的安徽省委宣传部、省文联、省书协的领导和书法同道致以崇高的敬意！

下面，我受中国书协主席团的委托，向理事会报告工作。

一、关于对五届四次理事会以来的简要回顾和总结

近几年来，中国书协坚持在全局中定位、在大局下行动的工作理念，围绕中心，服务大局，继承创新，不断进取，各项工作都取得了突破性进展，广大书法家的社会地位不断提高，书法界大团结大发展大繁荣的喜人局面正在形成，书法事业全面协调和可持续发展的良好态势正在呈现，书法艺术在兴起社会主义文化建设新高潮中的地位作用明显提升。在此期间，中国书协理事发挥了不可替代的重要作用。换届后已连续召开了三次理事会，有效地建立和规范了理事会的工作机制，“理事、议事”和决策作用得到有效发挥，这一点是有目共睹的。实践证明，注重发挥理事会群策群力的应有作用，适时增加理事会力量，扩大理事会队伍，是完全正确的，也是书法事业科学发展的必然选择。

（一）坚持围绕中心，服务大局，大力弘扬中华文化，为北京奥运和构建和谐社会发挥了积极作用

1．以纪念改革开放30周年为重点，全面展示书法事业所取得的辉煌成就。先后举办了纪念中国改革开放30周年、启动当代书坛名家系统工程全国千人千作书法大展，全军第四届书法篆刻展，适时开展了当代书法30年学术征文活动，既为歌颂改革开放３０年的丰功伟绩营造了良好文化氛围，又为弘扬书法艺术，提升书协社会地位创造了有利环境。

2．以2008北京奥运为契机，努力营造良好的文化氛围。充分利用举办第八届国际书法交流大展这一平台，组织全球代表性书家开展同书奥运主题活动，通过创作并展示百米书法长卷的形式，构建了中国书法长城。为配合奥运圣火传递活动，举办百城迎圣火联墨大展。组织全国千名书家在鸟巢广场举办书法精品进奥运场馆捐赠仪式，展示书法艺术的独特魅力。国际奥委会主席罗格和北京奥委会主席刘淇联名为此发来感谢信。

3．中国书法进万家行动计划已成为围绕中心、服务大局，回报社会、奉献人民的品牌性活动，影响

愈来愈广泛。开展考察命名中国书法名城、书法之乡工作成效明显，依据申报工作暂行办法，首批已命名苏州、安阳市等七个城市为中国书法名城，山东省汶上县、宁夏隆德县、浙江省桐乡市等十六个县（市）区为中国书法之乡，并在《中国书法》杂志和《中国书法通讯》报进行专题宣传。命名活动得到地方党委政府的高度重视，临沂市已建成一座有丰富文化内涵的书法公园，由中国书协唯一命名的中国书法主题公园已在沈阳市奠基开工；湘潭市在创建工作中，专门为市书协解决了办公场所、人员编制、预算经费和车辆等实际问题，有力提升了地方书协组织及广大书法家、书法工作者的社会地位。为进一步规范对此项工作的管理和指导，发挥书法名城的辐射带动作用，在开封召开了中国书法名城（之乡）联席会，通过了章程，推举产生了组织机构，对中国书法名城国庆巡礼活动做了安排部署。举办了纪念彭德怀同志诞辰110周年“缅怀彭大将军、奉献湘潭人民”全国名家邀请展和纪念于右任诞辰130周年书法展。按照中国文联送欢乐、下基层的要求，开展了中国书法进万家——走进广西、走进湖北、走进宝鸡、走进常熟、走进荥阳、走进绵竹，慰问首都交警、华益慰医疗救援队、三军仪仗队及网上送春联等活动。

4．全力组织和倡导广大书家积极参加抗震救灾伟大斗争，有力地提升了书法界的良好社会形象。继中国书协理事抗震救灾义捐大型笔会，参加中央电视台“爱的奉献”抗震救灾大型募捐晚会现场捐款后，全国书法界通过不同形式踊跃为灾区人民奉献爱心。仅名誉主席、主席、顾问和主席团成员为灾区捐款就达千万元；全体理事为四川绵竹捐建的兰亭小学已于4月25日举行了奠基和授牌仪式，在灾区广大干部群众中引起强烈反响。

（二）继续推进展览、学术和培训工作格局，开展书法艺术宣讲年活动，促进书法事业实现可持续发展

按照《中国书法发展纲要》的总体要求，围绕书法艺术本体，成功举办了全国首届册页书法展、全国第六届新人新作展、全国第二届草书展、全国第六届篆刻展、全国第二届隶书展、全国第七届刻字展等活动，营造了多出精品，多出人才的良好环境。在评审工作中，注重主旋律，兼顾多样化，严格遵循阳光、规范、学术与和谐评审的原则及“两权分离”的工作机制，评出了公正，评出了水平，进一步树立了中国书协的良好形象。同时还相继举办了“林散之奖”书法双年展、“2008中国琅琊旅游文化周”和“大禹颂”全国名家邀请展等项活动，为支持地方文化建设，繁荣书法创作起到了重要作用。

大力推进书法艺术宣讲年活动。开创性地设立中国书协学术研究课题，完成了08－09年度课题申报，对重点课题予以扶持。首次举办了中国书法（金陵）论坛，在国家图书馆设立中国书法文津大讲堂，开展书法系列讲座。举办了中国（苏州）书法史论坛、海派书法国际研讨会，为引导书坛不断创新书学理论，丰富学术成果，繁荣书法艺术提供了学术理论支持。书法培训教育工作不断加强，实行的导师工作室已取得良好进展。《中国书法》杂志质量明显提升，学术含量不断增强，影响进一步扩大。《中国书法通讯》报在围绕和服务中心、把握舆论导向、服务会员方面做了大量工作。中国书法家协会网的服务功能不断完善，为会员服务提供了有效平台。

（三）践行科学发展，认真履行职能，不断拓展工作领域，进一步完善协会的整体服务功能

1．坚持以人为本，全面提高会员管理和服务水平，努力建设和谐书协。一是根据《会员管理制度》、《个人会员入会条件细则（试行）》和《申报审批中国书协会员程序》的规定，按照严格程序、严格标准的原则，完成了2008年度个人会员发展工作。同时，经中国文联同意，主席团审议通过，有铁路、煤炭等四家行业、产业书协被吸纳为团体会员。二是中国书协会员重新登记取得实质进展，完成近八千名会员资料的录入，基本实现了静态管理向动态管理模式的转变。三是书法人口普查工作接近尾声。据不完全统计，目前全国共有省市级会员近20万名。四是举办了以“同建和谐、共求发展”为主题的2009年迎新春联谊会，营造了团结和谐、积极向上的良好氛围。

2．通过捐建命名兰亭小学等形式，将书法普及向中小学延伸，为书法事业发展积攒后劲。一是在毛泽东主席家乡湘潭市命名了两所兰亭小学，在河南新

安县命名了一所兰亭中学。到目前为止，已在全国捐建和命名了9所兰亭小学及兰亭中学。二是举办了第二届全国中小学生书法节，在全国中小学生中广泛开展“从小写好中国字，长大做好中国人”主题系列活动；通过积极努力，恢复中小学生书法课的项目已引起全国政协等有关部门的高度重视，为书法艺术培养源源不断的后备力量奠定了基础。

3．专业委员会工作全面展开，活动有声有色，成为协会工作的一大亮点。五种书体专业委员会和篆刻、学术、教育、出版、鉴定评估委员会，都结合各自特点相继召开了工作会议，开展了内容丰富、形式多样的展览培训、研讨采风等活动。楷书专业委员会创办了《今楷》报，为探索当代楷书的发展方向和创作规律提供了平台。林岫副主席带领教育委员会的书家多次深入甘肃、宁夏等偏远贫困地区，义务开展培训和辅导，受到了当地书家和书法爱好者广泛欢迎。

（四）继续实施中国书法环球行计划，发挥书法大国作用，有效地扩大了中国书法的国际影响

为充分发挥国际书法组织的作用，由中国文联、中国书协和北京市文联共同举办的第八届国际书法交流大展产生良好反响，成为文化部“相约北京”和人文奥运活动之一。在此期间召开了国际书法组织工作会议，一致通过将该组织正式更名为国际书法家联合总会，为提升中国书法的国际形象，巩固汉字书法母国地位，提高我国文化的国际竞争力奠定了坚实基础。举办了第十九届中日自作诗书展暨第四届中日诗书论坛，圆满完成中国女书法家代表团的访日交流任务。中国书协代表团于4月初再次为全日本少年少女竞书大会的获奖学生颁发了“兰亭新星奖”，并签署中日两国青少年书法交流合作备忘录，使中日书法交流领域不断扩展。

（五）深入学习实践科学发展观，大力加强自身建设，有效提升了干部队伍素质和协会的良好形象

根据中央和中国文联的统一部署，积极开展深入学习实践科学发展观活动。按照“规定动作不走样，自选动作有创新”的要求，高标准高质量地完成了各阶段工作，收到明显成效，实现了工作学习“两不误、两促进”，得到中央巡视组和文联领导的一致好评。

继续组织开展以“学、创、树”为主要内容的教育活动，不断健全规章制度，加强党的组织建设和作风建设，认真执行民主集中制原则，使机关工作秩序良好，行为更加规范，服务意识、服务能力明显增强，整体素质普遍有所提高。中国书协机关被中国文联评为2008年度先进集体，这是书协成立以来的第一次。

中国书法事业发展基金已筹集资金300余万元；本着整合资源、业务指导、效益共享原则，中国书法艺术发展中心在开拓培育书法市场，扩展书法事业发展空间方面做了有益尝试。经与文化部中国书法院共同努力，书法已列入国家非物质文化遗产名录，申报世界非物质文化遗产报告已送达联合国教科文组织。与香港《文汇报》合作，以宣传当代德高望重老书家为主的“丹青中华”专版已产生较好影响。筹备全国书法考级、编辑《中国书坛纪事》等工作稳步推进，《中国书法年鉴（2007）》已正式出版发行。

回顾一年来的工作，我们深深感到，这些成绩的取得是中央宣传部和中国文联党组坚强领导、亲切关怀的结果，是主席团、各团体会员、全体理事和社会各界密切协作、大力支持的结果，是广大书法家、书法工作者和协会机关全体人员奋发努力、辛勤工作的结果。实践充分证明，我们的书法家和书法工作者是一支忠于祖国、热爱人民、开拓进取、敬业奉献，值得党和人民信赖的队伍。回顾和总结已取得的成绩，我们更加感到协会工作和书法事业责任重大、使命光荣、天地广阔、大有可为。

在肯定成绩的同时，我们也清醒地看到，面对着新形势新任务和新要求，对照学习实践活动分析检查情况，还存在许多问题和差距：一是对科学发展观的科学内涵和精神实质学习认识还不够深入，把握还不够全面。二是对制约科学发展的一些重大问题研究不够深入，具体措施和推进力度还不够到位。三是实现书法事业全面协调、统筹兼顾的措施不够有力。四是在坚持正确的创作导向、出精品力作方面还有待进一步加强。五是在出人才、出大家和队伍建设方面，尚缺乏具体措施和长远规划。六是协会自身建设仍存在着薄弱环节。这些问题虽然是发展中、前进中遇到的问题，但须引起足够的重视，并加以认真研究和解决。

二、当前书法事业和协会工作面临的新形势

书法事业和协会工作始终是同党和国家工作大局、国内国际形势的发展紧密联系在一起的。准确把握国内国际形势的新变化、党和国家的新要求、人民群众的新期待，对于我们统一思想，凝聚力量，坚定信心，推进书法事业繁荣发展，具有十分重要的意义。

当前，我国政治稳定、经济发展、文化繁荣，国际地位日益提高，书法事业在党和国家工作大局中的地位作用日益突出，协会工作迎来了前所未有的大好形势。同时，随着国际国内形势的复杂多变，用社会主义核心价值体系引领书法创作导向，不断繁荣书法艺术的任务更加繁重；书法事业在满足人民群众精神文化需求的任务更加艰巨；互联网等新兴媒体的迅猛发展带来了书法艺术传播方式的深刻变革，巩固阵地、引导发展的难度大大增强。胡锦涛总书记在中央经济工作会议上强调指出："推动经济社会又好又快发展，加大物质投入十分重要，增强精神力量也十分重要。"这既为做好当前书法事业和协会工作指明了方向，又提出了新的更高要求。我们一定要认清形势，抓住机遇，迎接挑战，在党和国家的工作大局中发挥独特的作用。

第一， 2009年是新中国和中国文联成立60周年的喜庆之年，这是全国人民政治生活中的一件大事。如何按照中宣部和中国文联的统一部署，积极有效地组织广大书法家和书法工作者创作出一批反映新中国成立60年光辉历程、伟大成就的优秀作品，鼓舞全国人民以极大的热情投身改革开放和社会主义现代化建设事业，是摆在我们面前的新的重大课题。2009年也是中国文联成立60周年，这是全国文艺界的一件喜事。如何抓住这个有利契机，充分展示60年来文联工作和书法事业所取得的巨大成就，认真回顾60年来书法事业的发展历程和成功经验，积极探索新形势下协会工作的发展规律，增强中国书协的影响力和凝聚力，为繁荣社会主义文艺事业做出积极贡献，也是摆在我们面前的新的重大课题。

第二，2009年是新世纪以来我国经济发展最具挑战和蕴含重大机遇的一年。受国际金融危机的巨大冲击，世界经济环境急剧恶化，我国经济社会发展面临着严重困难和挑战。但从另一个角度看，这场金融危机客观上为提高我国综合国力创造了新的条件，也为书法艺术走向世界，增强中华文化的国际竞争力提供了历史性机遇。中央领导同志在全国宣传部长会议上强调，今年宣传思想文化工作最重要的任务，就是要为党和国家应对更加严峻的经济形势提供强大思想舆论支持，维护好经济发展的大局，维护好深化改革的大局，维护好社会稳定的大局。这就要求我们，深刻领会和全面把握中央对当前经济社会形势的重大判断，以社会主义核心价值观为引领，以增强信心为主线，充分发挥书法艺术的独特优势，引导广大书法家和书法工作者创作更多的优秀作品，组织各种形式的主题活动，鼓舞全国人民增强信心，变压力为动力，化挑战为机遇，为国家繁荣、社会稳定提供精神食粮，营造良好的文化氛围。

第三，2009年是书法事业和协会工作巩固提高的重要一年。三年多的实践使我们深切的认识到，协会工作只有立足于在全局中定位、在大局下行动的工作思路，认真贯彻党的文艺方针，遵循书法艺术发展规律，书法事业才能呈现出大团结大繁荣大发展的局面。只有协会的良好社会形象得到有效的确立，书法家的社会地位得到明显提升，书法艺术的社会影响不断扩大，广大书法家和书法工作者才能成为最大的受益者。因此，我们要面对新形势新任务和新要求，认真总结经验，珍惜大好局面，正视问题和不足，进一步增强责任感和使命感，立足全局，谋划长远，强化对团体会员的指导服务力度，形成上下互动、协调发展的良好态势；要全力配合各地文化大省、文化强省建设，为提升城市文化品位发挥积极的作用。

因此我们一定要从国际国内两个大局的相互联系中科学认识形势的发展变化，深刻体察经济社会发展大势，准确把握党和国家的工作全局及书法事业的发展大局，始终保持清醒头脑，善于统筹兼顾，勇于共克时艰，努力推动书法事业和协会工作再上一个新台阶。

三、关于当前和今后一个时期的主要工作

根据中宣部和中国文联的总体部署，结合书法事业实际，当前和今后一个时期协会工作总的要求是：坚持以科学发展观为统领，以庆祝新中国和中国文联成立60周年为重点，以全面贯彻《中国书法发展纲要》、推进中国书法进万家、中国书法环球行两项行动计划和实施“当代书坛名家系统工程”为主线，继续推进“展览、学术、培训”三位一体的工作格局，不断巩固提高“读书年”、“宣讲年”、“交流年”成果，围绕中心，服务大局，继承创新，推动书法事业的全面协调和可持续发展，努力实现书法界的大团结大发展大繁荣，为更加自觉、更加主动地兴起社会主义文化建设新高潮做出积极贡献。遵循这一总体要求，主要做好以下几个方面工作：

（一）以科学发展观为统领，解放思想，转变观念，创造性地落实科学发展观对文艺工作的新任务、新要求

在全党开展深入学习实践科学发展观，是用马克思主义中国化最新成果武装头脑、指导工作的重大举措，也是在新的历史起点上推动书法事业和协会工作创新发展的必然要求。要按照中央和中国文联的统一部署及学习实践活动方案的安排，认真落实“贯彻科学发展、促进书法繁荣、服务社会和谐”这个实践载体，充分运用学习实践活动的成果，坚持在全局中定位、在大局下行动，按照党员干部受教育、科学发展上水平、人民群众得实惠这个总要求，把学习实践活动与当前工作紧密结合起来，把提高思想认识与破解改革发展的难题结合起来，努力把书法界的思想和行动统一到科学发展观的要求上来，以实现书法事业的全面协调和可持续发展。

（二）以庆祝新中国成立60周年为重点，继续坚持围绕中心、服务大局，为构建社会主义和谐社会提供良好服务

1．精心设计，精心组织有品位、有影响的活动，向新中国和文联成立60周年献礼。一是与文联共同举办庆祝新中国和文联成立60周年为主题的全国名家精品展，将组织100名代表性书家进行命题创作，歌颂党的丰功伟绩，全力烘托喜庆祥和气氛、营造良好文化氛围。二是拟于8月份组织中国书法名城巡礼活动，全面展示书法名城的建设成果和精神风貌，提高中国书法名城的社会影响，为迎庆文联成立60周年、发挥书法名城的辐射带动作用搭建平台。三是编辑《当代中国书法论文选（1949—2008）》，集中展示新中国成立60年来书学研究的成果。

2．深入开展中国书法进万家活动。以庆祝西藏民主改革50周年为契机，开展走进西藏、走进新疆、走进黑龙江等中国书法边疆行活动。继续开展中国书法名城和书法之乡命名工作，积极发挥中国书法名城联谊组织的作用，健全完善命名程序和规则，提高管理水平，强化指导力度。通过继续在西部和贫困地区捐建命名兰亭小学、兰亭中学，进一步弘扬和普及书法艺术。通过与威海市联合举办“福文化”书法展、与常熟市等单位联合举办首届中国江南文化节翁同龢奖书法展，合力打造城市文化品牌，为地方经济和文化发展提供服务。

（三）进一步健全和完善“展览、学术、培训”三位一体的工作格局，促进书法界整体创作和学术水平的提高

展览、学术、培训是协会的重要职能，是书法事业繁荣发展的主要标志。要通过树立服务意识，健全运行机制，提升工作水平，提高活动质量等举措，进一步树立中国书协的良好形象。

1．以全面贯彻《中国书法发展纲要》为总抓手，努力营造多出精品，多出人才的良好环境。根据《当代书坛名家系统工程实施方案》总体安排，举办500名中青年书法作品展和当代书坛百名老书家精品展，为推出中青年名家和书坛大家、弘扬德艺双馨精神搭建平台。积极协调有关部门完成名篇名家名作书法展的国家立项工作，把一批具有鲜明的时代性、民族性和创新性、符合人民群众审美需求的当代代表性书家的精品力作，通过国家博物馆呈现于世人面前，并做永久性展示和陈列。在继续举办好西部书法篆刻展的同时，通过调查研究，针对不同省份、不同地区、不同群体的特点，有针对性地研究对策，制定措施，逐步缩小地区差异，实现共同繁荣和均衡发展。

2．努力健全展览评审工作机制。按照中国书协展览评审制度的要求，集中精力重点办好第三届中国书法兰亭奖，努力办好全国第二届青年书法篆刻展、全国第六届楹联书法展和全国第三届扇面书法展，稳步启动年度书法精品评审项目。继续坚持阳光、规

范、学术与和谐评审的原则和“两权分离”的评审机制，发挥展览的导向和激励作用。要充分考虑地域性、专业性、结构性等要素，强化对评委产生、评审原则、评审程序的完善力度，最大限度地实现评委人员组成的合理配置。要制定《监审委员产生原则和办法》，充分调动各团体会员的积极性，把“大书协”的理念贯彻到实际工作中。要积极维护书法家的合法权益，逐步建立维权组织和维权机制，尊重书法家和书法爱好者的创作，完善展览评审的后续工作，不断增强评审工作的权威性和严肃性。

3．继续深化读书年、宣讲年活动，全面提升书法艺术的学术水平，充分发挥书法艺术在弘扬中华文化中的特殊作用。要重点对已确定的中国书协08－09年度学术研究课题进行跟踪服务，通过实施分阶段管理的科学办法和有效激励机制，逐步引导更多的书家投入到学术研究之中。要全力办好全国第八届书学讨论会、第二届中国（苏州）书法史论坛，继续举办文津大讲堂系列书法学术讲座，促进当代书法理论研究的深入与提高。

4．采取有力措施，加大推进书法培训和普及力度。进一步巩固书法导师工作室取得的成效，不断改进创新培训方式，提高培训层次和质量，促进书法家整体创作和学术水平的提高。通过与中国教育学会、宁夏吴忠市联合举办第三届全国中小学生书法节，继续开展“从小写好中国字、长大做好中国人”主题系列活动，积极发挥书法界人大代表、政协委员的社会影响和作用，坚持不懈地推进恢复中小学生书法课、提升大学书法专业的学科地位等基础性工作，为书法事业培养源源不断的后备力量。

（四）加强理事会建设，认真履行协会职能，充分发挥理事和会员在繁荣书法事业中的主体作用

理事会和会员队伍建设是协会的基础性工作。一是进一步健全完善理事会工作机制，不断提升理事会在书法事业发展中的主体地位，为建设和谐书协和繁荣书法艺术贡献力量。二是要始终把提高服务水平作为履行职能的出发点。加快推进数据库建设，力争年底前全面实现会员资料的微机化管理；充分运用中国书协会员重新登记和“书法人口普查”的数据，科学分析书法队伍的整体状况，制定出台队伍发展总体规划，逐步实行分层次管理，不断增强协会的服务和调控能力。三是坚持以人为本和积极稳妥的方针，严格按照条件、程序和规则，把会员发展重点放在中青年骨干、专业书法教师和国家公务员上；认真做好年度会员发展工作，不断优化会员队伍整体结构。四是通过开好组联工作会议，加强对团体会员的协调指导，促进团体会员之间的交流，不断提高团体会员工作水平，形成上下互动、共同发展的良好局面。

（五）努力提高国际书法交流年活动的质量和影响，加大对外交流力度，不断扩大中国书法环球行计划的活动成果

中国书法环球行动计划是中国书协的一项品牌性活动。我们要在以往取得良好成效的基础上，深化活动形式，拓宽工作领域，扩大活动成果，积极开展书法外交工作。一是牢固树立为党和国家“大外交，大外宣”战略服务的理念，通过实施中国书法环球行——走进欧洲、走进联合国等活动，努力扩大中国书法的国际影响。二是以举办第二十届中日自作诗书展暨第五届中日诗书论坛为重点，扩大对日交流范围。努力促进中日个展、联展协议的达成，力争成行赴日书法展。继续为日本学生颁发“兰亭新星奖”，做好中日青少年间的书法交流活动，为进一步增进中日两国的睦邻友好关系做出贡献。三是大力强化国际书法家联合总会的基础建设。积极协调有关部门争取成立该组织的常设机构，起草总会章程，建立工作规则，为筹备召开首届国际书法组织大会做好准备，推动书法艺术走向世界。四是加强与台湾、澳门地区之间的书法交流。经有关部门同意，积极参与、全力办好首届海峡论坛，重点做好两岸书法论坛和两岸书法家创作交流基地揭牌活动。拟于今年冬季举办以国宝熊猫“团团圆圆”为题的海峡两岸诗书展、庆祝澳门特别行政区回归十周年书法展、中国书法家走进金门等活动，为实现祖国统一大业贡献力量。

（六）突出宣传重点，巩固舆论阵地，充分发挥专业媒体在弘扬主旋律和德艺双馨精神中的导向作用

随着我国科学技术的迅猛发展，信息传媒方式的不断丰富，给书法事业发展注入了新的活力。因

此，加强对专业媒体的正面引导已提上协会工作重要议程。一是大力实施《新闻宣传工作管理办法》，把握宣传导向，扩大正面声音，巩固宣传阵地，建立符合书法事业发展、符合广大书法家创作需要的工作机制，广泛团结和联系书界媒体，为营造书法界新气象做出努力。二是着力提升一报一刊的社会影响。树立人文书法理念，提高《中国书法》的学术品位，扩大发行数量；加大与国家新闻出版部门协调力度，借鉴成功经验和做法，力争早日实现《中国书法通讯》报的公开发行。三是加大投入力度，健全栏目设置，提高信息时效，尽快完善中国书法家协会网的服务功能，架通为会员和书法界服务的桥梁。四是加强与香港《文汇报》、《今日中国》、《团结报》、《民族》杂志等主流媒体的合作，向海内外推出当代书法名家，宣传中华传统文化和书法艺术。

（七）加强协会自身建设，提高队伍整体素质，为书法事业繁荣发展做出积极努力

努力建设和谐书协，全面提高队伍整体素质，是中央领导对我们提出的希望和要求，也是我们必须长期坚持抓好的基础性工作。一是按照科学发展观的要求完善决策机制。进一步健全完善领导班子议事规则，严格执行民主集中制原则，规范重大决策程序，实现科学民主决策。对涉及书法事业全局的重大事项，虚心听取主席团和理事会的意见建议，广泛进行咨询论证，使决策更加符合科学发展观的要求，进一步提高驾驭重大局面的能力。二是按照科学发展观的要求完善执行机制。继续开展以“学、创、树”为主要内容的教育活动，坚持用制度管人、用制度管事的原则，使全体人员养成按程序办事、按制度办事、按规矩办事的良好意识和工作习惯，不断增强服务能力和服务水平。通过完善每月工作例会和督办机制，确保各项工作扎实推进。三是按照科学发展观的要求完善用人机制。认真贯彻《党政领导干部选拔任用工作条例》，全面落实“民主、公开、竞争、择优”原则，树立和落实注重品行、科学发展、崇尚实干、鼓励创新、群众公认的用人导向。

不断巩固中国书法事业发展基金的成果，在主席团的正确指导和大力支持下，拓展资金渠道，完善管理办法，强化组织领导，健全工作机构，力争实现到2010年基金总量达到或突破1000万元的目标，为增强协会的整体调控能力夯实基础。同时，要继续做好全面推进书法考级及世界非物质文化遗产的申报工作；采取合作的方式，编辑出版《中国书法家协会大事记》和《中国书法年鉴（2008）》，为书法事业的繁荣发展提供史料依据；继续探索中国书法事业发展新途径，大力培育书法市场，积极整合社会资源，不断壮大中国书协的资金实力。通过文艺界、书法界政协委员的积极支持，整个书法界期待已久、几代书法人为之付出辛勤努力的中国书法馆的立项工作已经列为全国政协的重点提案。我们将举全国书法界之力，依靠上级领导和有关部门的重视支持，争取一两年内取得突破性进展，为提升中国书法的社会地位和国际影响奠定坚实基础。

各位理事，党和国家对书法事业高度重视，人民群众对书法家和书法工作者充满期待，我们面临的任务重大而艰巨，肩负的使命神圣而光荣。我们要站在新历史的起点上，更加紧密地团结在以胡锦涛同志为总书记的党中央周围，按照中宣部和中国文联的统一要求，以认真负责的态度，开拓创新的精神，求真务实的作风，为构建繁荣和谐创新有为的当代书坛，更加自觉、更加主动地兴起社会主义文化建设新高潮做出新的更大的贡献，以优异的成绩向新中国和中国文联成立60周年献礼。

（原载于《中国书法通讯》报2009年第5期）

在2009年中国书法家协会组联工作会议上的讲话

（2009年6月）

◎ 赵长青

这次中国书协组联工作会议是在全国上下深入学习贯彻科学发展观、喜迎新中国和中国文联成立60周年的新形势下召开的。会议的主要任务是，根据中央的统一部署和中国文联的具体要求，深入学习实践科学发展观，进一步统一思想，明确任务，凝聚力量，狠抓落实，全面贯彻中国书协五届五次理事会的工作部署，为圆满完成今年的各项任务，更加自觉、更加主动地推动书法事业大发展大繁荣，兴起社会主义文化建设新高潮做出更大的贡献。

在此，我受张海主席的委托，代表中国书协向出席会议的同志，并通过你们向全国的广大书法家和书法工作者致以崇高的敬意和亲切的问候！

下面，我讲两个问题。

一、上半年已经完成和正在进行的工作

年初以来，根据中宣部和中国文联的总体部署，中国书协积极组织和带领广大书法家及书法工作者，坚持以科学发展观为统领，以庆祝新中国和中国文联成立60周年为重点，以全面贯彻《中国书法发展纲要》、推进中国书法进万家、中国书法环球行两项行动计划和实施“当代书坛名家系统工程”为主线，继续推进“展览、学术、培训”三位一体的工作格局，不断巩固提高“读书年”、“宣讲年”、“交流年”成果，通过采取一系列行之有效的措施，各项工作正在稳步推进，并取得初步成效。

（一）坚持围绕中心，服务大局，大力弘扬中华文化，为构建和谐社会发挥了积极作用

1．以庆祝新中国和中国文联成立60周年为重点，全面展示书法事业所取得的辉煌成就。先后启动了纪念中国文联成立60周年美术书法摄影展、迎庆新中国成立60周年中国书法名城（之乡）国庆巡礼活动、编辑出版《当代中国书法论文选（1949—2008）》等项筹备工作，并取得实质性进展。

2．中国书法进万家行动计划影响愈来愈广泛，已成为中国书协的品牌性活动。一是继续开展中国书法名城、书法之乡等考查命名工作，依据《申报工作暂行办法》和各地的申请，对厦门申报书法名城、河南固始和新安等申报书法之乡，江苏镇江市拟建“中国米芾书法公园”进行了考查。并分别命名江苏常熟市、陕西三原县和厦门中华儿女美术馆为中国书法家培训创作基地及中国书法家海峡两岸创作交流基地。在开封召开了中国书法名城（之乡）国庆巡礼活动联席会，对国庆巡礼活动做了安排部署，进一步发挥了书法名城（之乡）的辐射带动作用。为支持地方文化建设，与陕西省联合主办的纪念于右任诞辰130周年国际书法大赛、与江苏省联合举办的首届中国江南文化节——翁同龢奖书法展相继取得圆满成功。开展了中国书法进万家——走进黑龙江大庆油田，此次会后开展走进大兴安岭漠河等活动，标志着中国书法边疆行已正式启动。

3．全力为抗震救灾重建家园作贡献。中国书协筹资100万元在四川绵竹捐建的兰亭小学已于4月25日举行了奠基和授牌仪式。同时在校园举行了大型笔会，向学校师生捐赠作品百余件，在灾区广大干部群众中引起强烈反响。

（二）继续推进展览、学术和培训的工作格局，开展书法艺术宣讲年活动，促进书法事业实现可持续

发展

按照《中国书法发展纲要》的总体要求，成功举办了全国第二届隶书展、张海书法巡展。相继启动了第三届中国书法兰亭奖、全国第二届青年书法篆刻展、全国第六届楹联展等活动，为多出精品，多出人才营造了良好环境。按照读书年、宣讲年活动的安排，与厦门市政府联合举办的海峡书法论坛取得圆满成功，并产生较大影响，成为海峡论坛的八项重大活动之一。海峡论坛是经中央政治局研究确定，国家26个部委共同参与主办的两岸民间最高层次的交流活动。上半年，我们还重点对已确定的中国书协08－09年度学术研究课题进行跟踪服务，并启动了全国第八届书学讨论会、第二届中国（苏州）书法史论坛的筹备工作。

（三）践行科学发展，认真履行职能，不断拓展工作领域，进一步完善协会的整体服务功能

1．坚持以人为本，全面提高会员管理和服务水平，努力建设和谐书协。一是根据有关规定和程序，完成了2008年度个人会员发展工作，并吸纳铁路、煤炭、电力等三家行业产业书协为团体会员。二是中国书协会员重新登记取得实质进展，书法人口普查工作接近尾声。三是举办了以“同建和谐、共求发展”为主题的2009年新春联谊会，营造了团结和谐、积极向上的良好氛围。

2．中国书协五届五次理事会取得圆满成功。会议得到了中宣部、中国文联的高度重视和亲切关怀，覃志刚亲临会议并作了重要讲话，胡振民在会议总结报告上作了重要批示，对理事会建设给予充分肯定，并提出明确要求。

3．通过捐建命名兰亭小学等形式，将书法普及向中小学延伸，为书法事业发展积攒后劲。一是在湖南湘潭市和河南新安县各命名了一所兰亭小学。目前已在全国捐建和命名了9所兰亭小学及兰亭中学。二是启动了第三届全国中小学生书法节，继续在全国中小学生中推进“从小写好中国字，长大做好中国人”主题系列活动；通过积极努力，恢复中小学生书法课的项目已引起部分省市党政领导和有关部门的高度重视，为书法艺术培养源源不断的后备力量奠定了基础。

（四）继续实施中国书法环球行计划，发挥书法大国作用，有效地扩大了中国书法的国际影响

为积极配合党和国家“大外宣，大外交”战略，中国书协代表团于４月初再次为全日本少年少女竞书大会的获奖学生颁发了“兰亭新星奖”，并签署中日两国青少年书法交流合作备忘录，使中日书法交流领域不断扩展。成功举办了第二十届中日自作诗书展暨第五届中日诗书论坛，并产生较大反响。积极组织著名书家为我国驻非洲部分使领馆创作书法精品。大力加强国际书法家联合总会的基础建设，为弘扬中国优秀传统文化，提升我国文化的国际竞争力做出了积极努力。

（五）深入学习实践科学发展观，大力加强自身建设，有效提升了干部队伍素质和协会的良好形象

根据中央和中国文联的统一部署，积极开展深入学习实践科学发展观活动，收到明显成效，得到中央巡视组和文联领导的一致好评。继续组织开展以“学、创、树”为主要内容的教育活动，不断健全规章制度，加强党的组织建设和作风建设，机关人员的服务意识、服务能力明显增强，整体素质普遍提高。中国书协机关被中国文联评为2008年度先进集体，这是书协成立以来的第一次。

中国书法事业发展基金已筹集资金300余万元；中国书法艺术发展中心在开拓培育书法市场，扩展书法事业发展空间方面做了有益尝试。经与文化部中国书法院共同努力，书法已列入国家非物质文化遗产名录，申报世界非物质文化遗产的报告已送达联合国教科文组织。与香港《文汇报》合作，以宣传当代德高望重老书家为主的“丹青中华”专版已产生较好影响。筹备全国书法考级、编辑《中国书坛纪事》和《中国书法年鉴（2008）》等工作稳步推进。

回顾前段的工作，我们深深感到，这些成绩的取得是中央宣传部和中国文联党组坚强领导、亲切关怀的结果，是整个书法界和社会各界密切协作、大力支持的结果，更离不开在座同志的奋发努力和辛勤工作。在肯定成绩的同时，我们也清醒地看到自身还存在许多问题和差距。这些问题虽然是发展中、前进中

遇到的问题，但须引起足够的重视，并在今后的工作中加以认真研究和解决。

二、当前书法事业面临的新形势和下半年的主要任务

今年适逢新中国和中国文联成立60周年，这是全国人民政治生活中的一件大事，也是全国文艺界的一件喜事。这不仅为充分展示60年来书法事业所取得的巨大成就提供了平台，更为我们积极探索新形势下协会工作的发展规律，增强中国书协的影响力和凝聚力，为繁荣社会主义文艺事业做出积极贡献提供了难得的机遇。

今年是新世纪以来我国经济发展最具挑战和蕴含重大机遇的一年。如何以社会主义核心价值为引领，充分发挥书法艺术的独特优势，引导广大书法家和书法工作者创作更多的优秀作品，组织各种形式的主题活动，鼓舞全国人民增强信心，变压力为动力，化挑战为机遇，为国家繁荣、社会稳定提供精神食粮，营造良好的文化氛围，是整个书法界肩负的神圣历史责任。

今年也是书法事业和协会工作巩固提高的重要一年。三年多的实践使我们深切地认识到，协会工作只有立足于在全局中定位、在大局下行动的工作思路，认真贯彻党的文艺方针，遵循书法艺术发展规律，书法事业才能呈现出大团结大繁荣大发展的局面。只有协会的良好社会形象得到有效的确立，书法家的社会地位得到明显提升，书法艺术的社会影响不断扩大，广大书法家和书法工作者才能成为最大的受益者。因此，面对新形势新任务和新要求，我们要准确领会党和国家的工作全局，准确把握书法事业的发展大局，始终保持清醒头脑，善于统筹兼顾，共同推动书法事业和协会工作再上一个新台阶。

放眼书法事业面临的机遇和挑战，遵循今年工作指导思想和总体安排，下半年，我们要重点做好以下几方面工作，并需要各团体会员全面把握和积极配合。

（一）提高认识，精心组织，全力打造三大亮点项目

第一，要全力办好中国书法名城（之乡）巡礼活动和《当代中国书法论文选（1949—2008）》的编辑工作，为新中国和中国文联成立60周年营造良好文化氛围。经过近半年的组织筹备，这项大型展示活动已定于8月11日在军事博物馆举行开幕式。按照中国书法名城（之乡）联席会的总体安排，中国书协在活动的整体布局、展板形式、内容要求等方面都做了精心的策划设计。此项活动的各参展单位已于本月17日进行了实地考查，使筹备工作正在紧张有序中推进。希望各相关团体会员要切实履行职责，积极做好组织、协调和指导，努力提高书法名城（之乡）的社会影响和辐射带动作用，以实际行动和良好的业绩展现书法名城的整体风貌，向新中国和中国文联成立60周年献礼。要积极配合中国文联共同举办以庆祝新中国和中国文联成立60周年为主题的美术书法摄影展和全国名家精品展。要全力做好已被中国文联列为重点支持项目、集中展示新中国成立60年来书学研究成果的《当代中国书法论文选（1949—2008）》的编辑出版工作，并在人力物力财力等方面给予充分保证，力争今年九月份正式出版发行。

第二，要集中精力重点办好第三届中国书法兰亭奖，为推出人才、推出精品搭建更加广阔的平台。中国书法兰亭奖是中宣部批准、中国文联和中国书协联合主办的全国性书法专业奖，是备受书法界和文艺界关注的书法艺术最高奖。在6月14日召开的第三届中国书法兰亭奖新闻发布会上，我们对奖项设置、评审展览、新闻宣传等工作做了全面部署，标志着这项活动的全面启动。希望各团体会员要从思想上高度重视起来，充分发挥兰亭奖的导向作用，使其成为推动当前书法艺术创作和学术水平全面提高的重要载体。要达到这一目的，必须把兰亭奖作为今年工作的一件大事来抓。一是加强组织，上下配合。各团体会员要根据组委会的统一部署，结合本地实际，成立组织领导机构，落实专人负责组织本地书法家积极备战兰亭奖，把筹展过程变成激发书家创作热情、繁荣书法创作的过程，成为多出人才、多出精品的过程，使整个活动成为展示中国书协会员和书法爱好者总体创作水平的有效平台。二是统筹兼顾，协同推进。在积极抓好专业创作的同时，下大气力组织动员书法界和社会各界积极参加书法理论奖、教育奖、编辑出版奖等活动，严肃认真地做好终身成就奖候选人的推荐工作。三是

加大宣传，营造氛围。从现在起，组委会和中国书协将源源不断地给媒体输送信息，希望各专业媒体和各团体会员能正确地把握宣传导向和报道的方式方法，全程参与，开辟专栏，跟踪报道，充分发挥舆论监督作用，共同构筑一个客观、公正、真实、有序的舆论平台，为兰亭奖的圆满成功推波助澜。

第三，要全面推进《中国书法发展纲要》的贯彻落实，认真实施好“当代书坛名家系统工程”。经过与河南书协和安阳市的积极协调，当代500名中青年书法作品展和当代书坛百名老书家精品展，初定于今年底在安阳新落成的中国文字博物馆举行。目前，根据活动的总体安排，500人展的作品已征集完毕，百名老书家展的作品征集工作将于7月初全面启动。这项工程必将为推出中青年名家和书坛大家，弘扬德艺双馨精神，促进书法事业全面协调和可持续发展做出积极贡献。

（二）统筹兼顾，群策群力，积极推进书法事业全面协调和可持续发展

1．深入开展中国书法进万家活动。以庆祝西藏实行民主改革50周年为契机，积极开展中国书法边疆行——走进西藏，与兰州军区联合开展走进新疆、走进甘肃等活动。继续开展捐建命名兰亭小学、兰亭中学活动，进一步弘扬和普及书法艺术。要努力做好与威海市联合举办的“福文化”书法展准备工作，为打造城市文化品牌，支持地方经济和文化发展提供优质服务。

2．健全完善“三位一体”工作格局。一是努力办好全国第二届青年书法篆刻展、全国第六届楹联书法展、第二届西部书法篆刻展，启动全国第三届扇面书法展；积极做好中国书法年度精品的论证工作，稳步启动年度书法精品评审项目。继续坚持阳光、规范、学术与和谐评审的原则和“两权分离”的评审机制。充分调动各团体会员的积极性，维护书法家的合法权益，推动书法创作的全面繁荣。二是积极协调推进百部名篇百位名家百件名作“三名工程”的国家立项工作，旨在为时代留下经典。三是继续深化读书年、宣讲年活动。着力做好中国书协08－09年度学术研究课题的评审，举办全国第八届书学讨论会、第二届中国（苏州）书法史论坛，促进当代书法理论研究的深入与提高。四是加大推进书法培训和普及力度。通过与中国教育学会、宁夏吴忠市联合举办第三届全国中小学生书法节，继续在全国中小学生中广泛开展“从小写好中国字、长大做好中国人”主题系列活动，进一步巩固书法导师工作室取得的成效，为书法艺术的普及和提高做出努力。

3．全面加强书法队伍建设，认真履行协会职能，充分发挥会员在繁荣书法事业中的主体作用。一是以贯彻落实《中国书法家协会个人会员入会条件细则（试行）》为重点，认真做好会员发展工作。各团体会员要本着以人为本和积极稳妥的方针，认真领会此细则的精神，严格执行有关推荐上报的条件程序和时限要求，确保会员发展工作的质量。二是要加快推进会员数据库建设，为中国书协会员建立档案，力争年底前全面实现会员资料的微机化管理。希望没有完成会员资料上报工作的团体会员抓紧时间，务于7月底前完成。三是按照中国文联的统一要求，认真做好中国书协与各团体会员的网络链接。没有网站的团体会员要开辟渠道，通过合作的方式尽快建立自己的网站，以此来架通交流平台，实现资源共享。这项工作要在今年底全部完成。

4．加大对外交流力度，不断扩大中国书法环球行计划的活动成果。一是积极配合党和国家“大外交，大外宣”战略，努力完成中国书法环球行——走进欧洲、走进联合国等活动，不断扩大中国书法的国际影响。二是努力促进中日个展、联展协议的达成，为进一步增进中日两国的睦邻友好关系做出贡献。三是大力强化国际书法家联合总会的基础建设，推动书法艺术走向世界。四是加强与台湾、澳门地区之间的书法交流，积极推进以国宝熊猫“团团圆圆”为题的海峡两岸诗书展、庆祝澳门特别行政区回归十周年书法展、中国书法家走进金门等活动，为实现祖国统一大业贡献力量。

5．突出宣传重点，巩固舆论阵地，充分发挥专业媒体在弘扬主旋律和德艺双馨精神中的导向作用。一是大力实施《新闻宣传工作管理办法》，把握宣传导向，扩大正面声音，巩固宣传阵地，为营造书法界新气象做出努力。二是着力提升《中国书法》的

学术品位，扩大发行数量，力争早日实现《中国书法通讯》报的公开发行。三是加强与香港《文汇报》、《今日中国》、《团结报》、《民族》杂志等主流媒体的合作，向海内外推出当代书法名家，宣传中华传统文化和书法艺术。

6．加强协会自身建设，提高队伍整体素质，为书法事业繁荣发展做出积极努力。继续深入学习实践科学发展观，努力做好各项整改工作，不断提高服务能力和水平。巩固推进中国书法事业发展基金的成果，力争实现基金总量有新突破。全面推进书法考级和世界非物质文化遗产的申报工作。继续做好《中国书法家协会大事记》和《中国书法年鉴（2008）》的编辑出版工作，为书法事业的繁荣发展提供史料依据。继续探索中国书法事业发展新途径，大力培育书法市场，积极整合社会资源，不断壮大中国书协的资金实力。积极推进落实全国政协的重点提案——中国书法馆立项工作，争取一两年之内取得突破性进展，为提升中国书法的社会地位和国际影响奠定坚实基础。

总之，我们将按照中宣部和中国文联的统一部署，积极组织广大书法家和书法工作者，以歌颂新中国成立60周年的辉煌成就、展示中国文联成立60周年所取得的丰硕成果为重点，通过采取一系列切实可行的措施，举办符合时代精神和发展要求、深受地方党委政府和书法家欢迎、广大干部群众喜闻乐见的活动，进一步开创书法事业的新局面，为更加自觉、更加主动地兴起社会主义文化建设新高潮，努力构建社会主义和谐社会做出新的更大贡献！

（原载于《中国书法通讯》报2009年第7期）

专题活动综述

2008年中国书法进万家工作总结会在北京举行

2009年1月13日下午，2008年中国书法进万家工作总结会在北京京海大厦举行。中国书协主席张海，分党组书记、驻会副主席兼秘书长赵长青，副主席申万胜、言恭达、吴善璋、张业法、陈永正、林岫，分党组副书记、副秘书长陈洪武，分党组成员、副秘书长戴志祺以及各团体会员负责人出席会议。

会议由陈洪武主持。戴志祺宣布《中国书协关于2008年先进集体、先进个人的表彰决定》。到会的中国书协主席、副主席、副秘书长分别为受表彰的61个先进集体代表和121个先进个人代表颁发了奖牌。

赵长青发表讲话。他说，中国书法进万家活动已得到中国文联的肯定，成为社会公认的品牌性活动。按照中宣部和中国文联的总体部署，在前两年取得良好经验和广泛影响的基础上，2008年，我们通过加强领导、健全机制，丰富形式，扩展领域，强化指导，进一步加大对中国书法进万家活动的推进力度，使中国书法进万家活动由广泛的群众性，逐步向规范有序、组织严密、主题突出、特色鲜明的高度迈进，其特点是：活动的影响面进一步扩大，并已深入人心；在全国范围内开展了中国书法名城、书法之乡等考察命名工作产生较好的社会反响；支持地方文化发展的专题活动受到广泛欢迎；书法艺术的社会地位明显提高，书法家和书法工作者成为最大受益者；中国书法进万家活动已经成为文艺界的知名品牌，成为提升书法艺术和书法家良好形象的重要平台。赵长青向与会同志介绍了2009年中国书协重点工作，并对2009年中国书法进万家活动进行安排部署。他希望在新的一年里，主席团、各团体会员与社会各界密切协作，继续加强组织、积极引导、广泛发动，推动中国书法进万家活动向纵深发展。

2008年中国书法进万家活动先进集体、先进个人名单

先进集体（61个）：

北　京：北京大兴区书协

天　津：静海县书协

上　海：上海静安区书协

河　南：开封市书协　安阳市书协

内蒙古：赤峰市书协　和林格尔县书协

宁　夏：吴忠市书协　固原市书协

总　政：广州军区政治部群工局

黑龙江省军区第一边防巡逻大队

贵　州：福泉市书协　印江土家族苗族自治县书协

山　西：运城市书协　平遥县书协

福　建：厦门市书协

广　西：河池市书协　武宣县书协

江　西：萍乡市书协　新余市书协

新　疆：昌吉州书协　乌鲁木齐市书协

吉　林：长春市书协　柳河市书协

云　南：红河州弥勒县书协

曲靖市富源县书协

浙　江：龙泉市书协　桐乡市书协

重　庆：垫江县书协

青　海：乐都县书协　青海石油书协

广　东：广州市书协　珠海市书协

安　徽：埇桥区文联

四　川：德阳市书协　什邡市书协

海　南：儋州市书协　文昌市书协

黑龙江：牡丹江市书协　大庆市书协

陕　西：咸阳市书协

甘　肃：天水市书协　陇南市书协

江　苏：淮安市书协　苏州昆山巴城镇人民政府

河　北：河北省妇女书协　张家口市书协

辽　宁：鞍山市书协　沈河区文化馆

山　东：济南市书协　淄博市书协　汶上县书协

湖　北：荆州市书协　孝感市书协
兵　团：兵团农四师书协　兵团农八师石河子市书协
石　油：大港石油书协　辽河油田书协
金　融：河南省金融书协
铁　路：哈尔滨铁路局书协　石家庄铁路书协

先进个人（121人）：

北　京：田伯平
天　津：赵伯光　陈启智　贾玉山　丁其明
上　海：杨继光　李　俊
河　南：段正敏　尹先敦　赵家义　王　岩
湖　南：吴　萍
内蒙古：李　力　王云山　王吉庆　包星光
宁　夏：魏　沁　唐宏雄　舒英义　尹文博
总　政：谢少承　吴正前　路世明　周剑初
贵　州：包俊宜　陈加林　郭晓莉　杨　健
山　西：阎接园　贾双平　宋富盛　岳福豹
福　建：陈秀卿　方松峰
广　西：黄家城　石　峰　刘炳玉　邬文康
江　西：张建华　赵定群　张　灵
中　直：邹德忠　朱守道　严太平
新　疆：李志顺　闫玉川　郭　际　马亚飞
吉　林：汪鹏辉　吕　昕
云　南：陈鸿翎　李显于　朱兴贤　朱从凯
浙　江：傅林林　沈岩松　蓝伶俐
重　庆：漆　刚　周庶民　王昌明　张裕纲
青　海：高海源　姚忠宝　董世仁　谢全胜
广　东：骆培华　陈广权　郑荣明　陈　良
安　徽：张业建
四　川：张志武　王昌宁　洪景安　陈立新
海　南：许达干　万唯新　江寿男　黄承利
黑龙江：胡志平　王晓凤　何　鑫　郑文艺
陕　西：史星文　邓宇春
甘　肃：孙开仁　王训端　丁兆庆　张惠中
江　苏：张筱宁　黄之金　张伟刚
河　北：秘锡林　任桂子　李根茂　秋　雨
辽　宁：宋慧莹　熊洁英　王　宏　李兴臣
山　东：王升峰　张福桥　杨炳云　李宝安
湖　北：张明明　张炳绍
兵　团：孙　峰　张　琦　运其瑞　孙朝军
石　油：张显东　李占会　赵　飚　田　虹
金　融：郭永琰　韩启超　张铜彦　左晓杰
铁　路：刘晓斌　任云程　陈宇龙　何清青

（摘自《中国书法通讯》报2009年第1期）

创造力的实现

——张海书法展

“创造力的实现——张海书法展”在杭州隆重开幕

在草长莺啼的初夏时节，在美丽的西子湖畔，由中国文学艺术界联合会、中国书法家协会主办，浙江省文学艺术界联合会、浙江省书法家协会协办的“创造力的实现——张海书法展”于2009年4月30日上午在浙江西湖美术馆隆重开幕。全国人大常委会副委员长桑国卫，中国文联党组书记、副主席胡振民，浙江省政协主席周国富，中国文联党组成员、副主席冯远，浙江省委常委、宣传部部长黄坤明，武警部队原政委徐永清上将，中国书协分党组书记、驻会副主席兼秘书长赵长青，浙江省文联党组书记林晓峰，中国文联国内联络部主任夏潮，中国书协副主席、浙江省书协主席朱关田，中国书协副主席、宁夏书协主席吴善璋，中国书协分党组副书记、副秘书长陈洪武，分党组成员、副秘书长戴志祺，浙江省书协主席团成员和文艺界知名人士以及来自全国各地的书法家和书法爱好者参加了开幕式。

开幕式上，冯远代表中国文联、赵长青代表中国书协致词，林晓峰代表浙江省文联致辞，张海先生致答谢辞。桑国卫、胡振民、周国富、冯远、黄坤明、徐永清、冯波声等为展览剪彩。开幕式上张海向浙江省博物馆捐赠了作品。

冯远在讲话中说，张海先生是当代书法家和书法工作者的杰出代表。近年来，张海先生在中国书协主席这一重要岗位上，凭借其优秀的领导能力和组织才华，有力地推动了书法事业的大繁荣和大发展。作为书法艺术家，张海先生注重加强自身修养，深入领会传统精神，锐意创新。其创作以隶书为基，兼及行草和其它书体，整体风格端庄典雅，神清骨峻，一派正大气象，堪称时代风格的典型代表。

赵长青在致辞中说，张海主席在当代文艺界，特别是书法界有着重要的地位和影响。第五次书代会张海当选中国书协主席后，带领中国书协主席团坚持党的“二为”方向和“双百”方针，提出了建设“繁荣和谐、创新有为”的当代书坛的新思想，与中国书协分党组密切配合，实施了改革专业委员会、完善展览评审机制、加强理事会建设等一系列重大措施，为繁荣书法创作，提升学术形象，建设和谐书坛发挥了重要作用，得到了中宣部、中国文联和书法界的广泛认可。我们为有这样一位好主席感到欣慰和自豪！

这次展览的50件（近百幅）作品，多为其近年新作，小至扇面，大至八尺十三条屏，形式丰富，全面反映了作者多年对书法艺术的探索和追求。展览分为四个部分，作品间又穿插有作者的论艺语录和创作手记，整个展览具有鲜明的个人艺术语言，表现出强烈的个人风格，既全面展示了作者四体书的丰富性，又突出了其隶书与行草书的亮点。

张海，1941年9月生，河南省偃师市人。现任第十一届全国政协常委，中国文联第八届名誉委员，中国书协主席，河南省文联名誉主席，河南省书协名誉主席，国务院批准有特殊贡献专家。曾任全国第八、九、十届人大代表，河南省文学艺术界联合会主席、河南省书法家协会主席等职。

15年前，沈鹏先生应邀为张海书法作品集作序，即以“创造力的实现”为题，对张海在书法艺术和组织两个方面的创造性作了准确而精辟的概括。创造力贯穿了他40年来书法创作和书法组织工作的全过程。他以巨大的热情、独特的思维视角和令人信服的才华给当代书坛以影响。作为一位富有创造性且成绩斐然的书法艺术家，他继承传统，于篆、隶、草、楷四体书打下坚实基础。他深入传统，但又绝不是一位艺术上的守成者，他对各种经典的继承，是他创造出更新艺术语言的基础。几十年来，他求新求变，以己之审美追求不断地改造着、融会着历史上他所钟情的经典作品，从中抽绎出与时代大文化思潮相呼应、与历史接轨的、又能强烈表现个性的艺术语言。

最能代表其风格、体现其成就的是隶书和行草书。早年他的隶书融《封龙山》、《礼器碑》等汉碑意，刚健婀娜，清隽多姿。近年他的隶书愈来愈显示出强烈的个性：结体的夸张变形，用笔的连绵，草体意味的强化，转折处楷书笔法的掺入，用墨干湿浓淡的丰富变化，似不经意而又十分严谨的书写过程，使其作品在当代隶书中独树一帜，书法界称之为“草隶”。他的书法始终坚持豪放、博大的气象及充满激情和对生命自由张扬的主体精神，并不断地进行修正深化和丰富。

张海的草书成就可与其隶书相颉颃。他的小草结体简炼，用笔轻健，在典雅隽秀中又蕴涵着独特的奇逸之气。其草书结体源自张旭、怀素，而又加以简化，形成雄强豪放、雅健清新的风格，既有深厚的传统功力，又有鲜明的个性特征。

也许因为张海原籍在偃师，距离洛阳龙门不远，其楷书始终游弋于魏碑中。多年浸淫于此，后得《张猛龙碑》神髓，并参以行草之势，融而化之，自成一格。

篆书在他并非为主要书体，但所取得的成就却不逊于当代一些专擅篆书者。其结体主要取自小篆，而用笔却以大篆笔法为之，并充满草意，加之独特的用墨，故其篆书显得苍涩、老辣而高古，且不乏灵动之气。

作为书法组织工作者，张海所取得的成绩早已为书界所认可。在河南书协工作期间，他的每一步、每一项工作，均能提出符合其时其境的策略和措施，适时而变，与时俱进，使河南省从一个中游偏下的书法地区到全国公认的书法大省。担任中国书协主席以来，提出了建设“繁荣和谐、创新有为”的当代书坛的新思路，并为此采取了多项改革措施，取得了显著成效。

张海并非以理论家名世，但几十年来他在每个关键时期都能提出影响书坛全局的观点。上世纪，80年代初，他提出深入传统、在传统基础上创新的艺术观念，并采取多项措施，使河南书法水平在十年间出现了奇迹，一步步进入创作和理论大省行列。80年代末，他提出“让我们沉下来”的口号，号召全省书法界将自己沉入到中外大文化和书法本体的深层之中，以增强整个书坛的文化底蕴。90年代后期，他又提出“出精品，出代表作”的观念，并主持举办代表作书法展，将人们泛泛的创作心态引入到一个更高更深的层次上来。近来，他又撰文提出在我们这个时代呼唤“出经典、出大家”的富有战略性的命题，受到了文艺界领导及广大书法界的重视。这是一个将当代书坛引入到中国书法史上又一高峰的战略思想，必将对今后书法进入到全面复兴起到重要作用。

张海在繁忙的工作之余，从未放弃或淡化书法创作在他生命中的地位，其操管染翰、悉心创作之勤奋也是常人难以想像的。近20年中，出版过各种形式、各种书体的作品集，受到书法界广泛好评。最近，出版的以“创造力的实现”为主题的《张海书法选》，作品多是他任中国书协主席三年期间的新作。是他努力异于今人、异于古人、古今融汇后所取得的重要成果。其中的一些作品，堪称是张海的代表之作。这些作品集中地体现了他的艺术追求和理想，也彰显了时代的主旋律。

张海，2004年曾在北京中国美术馆举办个人书法作品展，在书法界引起很大反响。本次展览展出张海先生近期力作近50件，是张海先生首次在南方举办的个人书法作品展。此展在杭州展出后，将相继在上海、南京等地举办。

（原载于《中国书法通讯》报2009年第5期）

“创造力的实现——张海书法展”移师上海南京展出

“创造力的实现——张海书法展”于2009年5月20日上午在上海美术馆隆重开幕。全国政协副主席李金华，中国文联党组副书记、副主席李牧，上海市委常委、副市长屠光绍，中国书协主席张海，中国书协分党组书记、驻会副主席兼秘书长赵长青，中国书协顾问、上海书协主席周慧珺，中国书协副主席申万胜、何应辉，上海市人大常委会副主任胡炜，上海市政协副主席钱景林，原河南省人大常委会副主任王明义、张世军，河南省政协副主席靳绥东，上海市委宣传部副部长陈东，上海市文联党组书记杨益萍，上海市文联党组副书记迟志刚，中国书协分党组副书记、副秘书长陈洪武，中国书协分党组成员、副秘书长戴志祺，副秘书长白煦，河南省书协主席宋华平，以及来自各省市书协的领导和书法爱好者1000余人出席了开幕式。开幕式由中央电视台节目主持人朱军主持。杨益萍、赵长青、李牧先后致辞。张海在开幕式上致辞，并向上海美术馆捐赠了一件作品。

前来观展的上海书家及书法爱好者对此次展览表现出极大热情，对张海先生的书法作品给予充分肯定。

又讯 初夏时节，秦淮河畔，风雅无尽。5月30日，由中国文联、中国书协主办，江苏省文联、江苏省书协协办的“创造力的实现——张海书法展”在江苏省美术馆开幕。全国政协副主席、中国文联主席孙家正，江苏省政协主席张连珍，中国文联党组副书记、副主席覃志刚，中国书协主席张海，江苏省委副书记、组织部部长王国生，江苏省委常委、政法委书记林祥国，河南省委常委、宣传部部长、副省长孔玉芳，江苏省人大常委会副主任李全林，河南省人大常委会副主任王菊梅，江苏省文联党组书记、副主席王慧芬等出席了开幕式。赵长青、段成桂、尉天池、吴东民、张业法、陈永正、言恭达、聂成文、陈洪武、戴志祺、白煦等书法界人士出席了开幕式。覃志刚、赵长青、王慧芬、张海在开幕式上致辞。在开幕式上，张海向江苏省美术馆捐赠了一件书法作品，江苏省文化厅副厅长、江苏省美术馆馆长高云代表江苏省美术馆接受了捐赠。

本次展览汇聚了中国书协主席张海的50余件力作，通过笔情墨趣表达他对书法艺术新的理解和创造，同时呈现了中国当代书法30年走过的繁荣发展历程中，他的书法创造力来源于对经典的传承力和艺术创作的想象力；面对书法，他的心中充满激情，他的笔端充满生机。本次展览是继杭州、上海之后，“创造力的实现”展览的第三站，也为本次活动画上圆满句号。

（原载于《中国书法通讯》报2009年第6期）

张海书法展学术研讨会在京举行

2009年5月21日，由中国文联、中国书协主办，中国文联理论研究室学术支持，中国书协研究部承办的“张海书法展学术研讨会”在北京京西宾馆举行。中国文联党组成员、副主席杨志今，中国书协主席张海，中国文联理论研究室主任董耀鹏，副主任刘国强，中国书协副主席申万胜，分党组副书记、副秘书长陈洪武，来自全国的著名书法家、书法理论家、专家学者王岳川、胡抗美、周俊杰、陈振濂、孙晓云、刘一闻、赵学敏、徐利明、吴震启、刘恒、蔡祥麟、胡传海、李庶民、衡正安、李刚田、戴小京、西中文、刘宗超、吴振锋、倪文东、赵雁君、于曙光、王荣生、潘善助、蒋力余等，以及在京各大媒体、专业媒体记者50余人参加了研讨会。杨志今、董耀鹏在研讨会上讲话。陈洪武致辞。张海在研讨会上畅谈自己的创作感想，并致答谢词。申万胜主持研讨会并作学术归纳。北京大学、北京师范大学、中央美院、首都师范大学等高校的书法专业博士生、硕士生代表与会旁听。

杨志今首先代表中国文联向前来出席研讨会的各位专家及新闻媒体的朋友们表示感谢，向张海先生表示祝贺。他在讲话中高度评价了张海书法创作和在书协组织工作方面取得的成就。他说张海先生是我国当代著名的书法家和优秀的书法工作者。从20世纪70年代开始，张海先生从事书法组织工作和书法创作，几十年来，躬耕砚田，潜心钻研，为书法事业的发展和自身书法艺术的提高倾注了大量心血，取得了丰硕的成果。自担任中国书协主席以来，他坚决贯彻执行党的文艺方针政策，坚持书法艺术的正确方向，带领和团结广大书法家，有力地推动了全国书法艺术事业的繁荣发展。他的书法是一个从不断探索到逐渐成熟，从长期积累到风格形成的过程，具有广泛的包容性，并结合时代审美需求，融入个人的才思激情，融会贯通，达到了相当高的艺术境界。尤其值得肯定的是，他在书法创作的同时，还进行了诸多理论方面的探索，就书法事业的长远发展、人才的培养及精品的推出等，提出了一系列独特而深邃的艺术见解，在书法界引起了广泛关注，对当今书法的创作产生了积极的影响。我们相信，张海先生的书法展及其学术研讨会，将对全国书法的创作起到积极的引领与推动作用，张海先生也将继续以他的自信与谦虚、豁达与勤谨不断向更高的标准迈进。

陈洪武在致辞中说，张海主席以其独特的创造精神，在当代书坛影响深远。第五次书代会张海先生当选中国书协主席之后，团结和带领中国书协主席团，坚持党的“二为”方向和“双百”方针，创造性地提出了建设“繁荣和谐、创新有为”的当代书坛的发展思路，积极与中国书协分党组密切配合，实施了改革专业委员会、完善展览评审机制、加强学术研究和理事会建设等一系列重大举措，为繁荣书法创作、提升学术形象、建设和谐书协发挥了重要的推动作用，得到了中宣部、中国文联和全国书法界的广泛认可。

此次学术研讨会是针对“创造力的实现——张海书法展”分别于2009年4月30日、5月20日、5月30日在江、浙、沪三地成功巡展后的一次回顾与总结。

研讨会上回顾播放了张海先生三地展览的开幕式盛况以及作品录像。研讨会上，各位专家畅所欲言，就张海先生的书法艺术成就、当代书法经典与大家、当代书法艺术的继承、发展与创新、当代书法展览等方面展开深入研讨。通过热烈讨论，大家对张海“创造力的实现”进行了解读；畅谈了从张海展览中获得的启示；对他于书法艺术充满激情和创造性的思路和工作状态表示赞赏；对张海在书法艺术的继承和创新发展上所做出的贡献给予肯定；强调了将张海放在当代书法界的领军地位和大文化背景下来认识的问题。

与会专家、学者认为，张海先生孜孜以求的勤奋精神，谦虚严谨、笔耕不辍的创作态度是他成功的基础；张海有一种激情，有一种创新的精神，堪称书坛楷模；研究张海的书法要从整体上把握，要把个人的书法成就，与中国书法事业贡献结合起来，要把他的书写思想和创造力实现结合起来，从更深层次把握，从总体的角度把握。

张海在谈到创作感想时说，展览之所以选择在南方，大体上有以下几方面的原因：一是2004年在北京举办过个展。二是80年代初期，河南书法刚刚起步，我们把北京和江浙沪诸省市视为榜样，我们曾多次到南方寻师会友，近三十年过去了，现在再去会师友，是一件很向往的事情。三是历史上南北书风有一些差异，南北书家审美追求有所不同，这是正常的，但有些人把这种差异看成不可逾越的鸿沟，从而影响到不同艺术风格间的正常交流，我认为即使风格不同，在碰撞相互切磋，互相借鉴，这并非意味着消解书家不同的风格和追求。四是即使在信息时代，南方朋友对于北方一些书家的了解相对较少（包括对我本人在内），当然北方朋友对南方朋友了解也不是太多，尤其见到原作较少。加上市场上造假泛滥，也给书家带来许多无奈。这些不真实的印象无疑对书家的形象是一个严重损害，经过慎重考虑，决定在江浙沪三地巡展。巡展规模大、时间长，千头万绪涉及方方面面，凝结着许多朋友的心血。中宣部、中国文联的领导关注和支持，江浙沪文联书协和中国书协各个部门的配合，也包括多家媒体的支持，是这次展览成功的重要保证。

张海在研讨会结束时以一首现代长诗作为答谢词，向所有关心支持他的领导、同道和广大书法爱好者表示诚挚的感谢。

（原载《中国书法通讯》报2009年第7期）

庆祝新中国成立60周年暨中国文联成立60周年活动纪实

翰墨歌盛世 挥毫书繁荣

——中国书法家协会工作的回顾和总结

自上世纪80年代起，全社会渐渐形成了蔚为壮观的“书法热”并持续发展。仿佛有一支倚天巨笔，正在历史的册页上和我们每个人的心中，挥写下一个庄严而神圣的结论：中国书法属于历史，也属于时代；属于民族，也属于世界。

书法是中华文明的载体。或许可以这样说，中国书法是中华民族的龙脉，书法艺术是与每个中国人最亲近也最温暖的艺术。有文字就有了书法，有书法就有了文明史。

当中华先祖把自己创造的某个文字第一次刻在甲骨上，中国书法艺术的长河就悄悄起源了。当每个人从孩提时代开始学写汉字，中国书法艺术的光辉就在他的生命中闪耀了。

书写着中华民族自强不息、开拓进取的奋斗历程，记述着中华文明生生不息、波澜壮阔的发展历史，传承着炎黄子孙实现民族伟大复兴的追求与梦想，同时展示着自己千姿百态的独特魅力，这就是中国书法艺术至高无上的光荣。

一、中国书协——诞生和成长于“书法热”的伟大时代

艺术是时代之花。正是波澜壮阔的改革开放的伟大实践，极大地激发了中国书法艺术的生命力、创造力和想象力。“忽如一夜春风来，千树万树梨花开”，在继承中创新，在创新中继承，中国书法艺术在书写大时代的同时，也铸就了自己的辉煌。

中国书协是在改革开放的第3年，即1981年成立的。创办之初，十分热爱书法艺术的王震、谷牧、方毅、周扬、赵朴初、张爱萍、舒同、许德珩等老一辈革命家和文化大家对成立中国书协给予了热情支持。中国书协的成立，标志着书法家有了自己的组织，书法艺术发展的专业性、理论性、群众性以及社会影响力自此有了历史性的提升。随着中国书协的成立，我国书法组织确立了以各级书协组织为核心，团结广大书法家和书法工作者的组织模式，建立了国家、省、市、县、乡以及部队和各大行业、企业等多级书法组织网络。28年来，沐浴着改革开放和现代化建设的春风，全国广大书法艺术家和书法工作者努力弘扬传统书法艺术，积极响应时代召唤，充分发挥创造活力，以激情昂扬的精神状态和异彩纷呈的艺术劳动，热情讴歌改革开放和现代化建设的伟大实践，把满足人民群众日益增长的精神文化需求和创造书法艺术新高峰作为奋斗目标，使古老而寂寞的书法艺术从衰微走向复兴，从复兴步入繁荣，跃上中国文化艺术史上的新高峰。今天，随着国民思想文化素质的普遍提高，书法艺术作为中华文明的传承载体和精神文明建设的重要组成部分，日益受到全社会的关注和热爱。“书法热”已经持续多年，名家与佳作之盛，具有相当书艺水准的民间书家、参与书法活动的群体和习字学生之多，张挂在全国各地宾馆、公共场所及千家万户的书法作品之广泛，以及书法艺术的实用性和观赏性之拓展，在中国历史上都是前所未有的。1980年举办第一届全国书法篆刻展时，征收到的投稿作品仅1000多件，而第九届全国书法篆刻展（2007年）跃升到56000余件。“旧时王谢堂前燕，飞入寻常百姓家”，书法艺术已经从文人雅士的书斋中解放出来，成为公众广泛参与的艺术创作活动。中国书协成立的28年，是书法艺术大

跃升、大发展的28年。28年来，中国书法事业取得了长足的发展，现已进入历史上最好的发展时期。

2004年，在时任中国书协主席沈鹏的倡导下，中国书协制定了独具特色的《中国书法发展纲要》，从当代文化发展的趋势和中国国情的实际出发，提出了当代中国书法发展的内涵和方向，这就是：使祖国的传统书法艺术得以传承、创新和发展，成为国民的基本素质构成，为当代中国经济发展和社会全面进步提供精神动力和智力支持；努力推动祖国书法艺术跃上时代高峰，以光耀于民族与世界艺术之林。

“书法热”的形成，首先得益于改革开放的伟大时代，政治稳定，经济发展，人民安居乐业，使得群众有了研习和欣赏书法的时代氛围。其次，从党和国家领导人到社会各界的广泛参与，中国文联的高度重视，以及以中国书协为主体、以各团体会员为骨干、以基层书法组织和广大书法家为基础的书法家组织的积极推动，使得中国书法艺术从以往的个体行为和自由的无序状态，进入团结协作、组织有力，活动频繁、队伍壮大、创作繁荣、基础雄厚的黄金发展期。中国书协现拥有14个专业委员会，31个省、市、自治区及新疆兵团、中石油、金融、铁路、电力、煤矿、总政等团体会员，形成了一支规模庞大的书法工作队伍，更加坚实了书法艺术发展的基础。目前，仅中国书协会员近万人，再加上省级及其以下各级书协会员和书法爱好者已逾千万人。在这庞大的书法队伍中，既有高级知识分子、干部、教师，也有私营企业家、个体工商业者、农民、士兵等。一批代表当代书法水平的名家大家如舒同、赵朴初、沙孟海、启功、刘炳森等德高望重、艺术成就卓著的老一代书法艺术家，为中国当代书法事业的发展做出了不可磨灭的贡献，为广大书法工作者树立了学习榜样。

理事会的建设同样也是协会的基础性工作，中国书协通过多种举措加强理事会建设。自第五次书代会后，中国书协已相继召开四次理事会，改变了近20年来未开理事会的局面。适时召开的理事会，依据书法事业发展需要，建立健全理事会工作规则和决策机制，不断强化在推进书法事业发展中的“理事议事”的力度，为建设和谐书协和繁荣书法艺术发挥了重要作用。

第五次书代会后，中国书协在过去的基础上，成立了楷书、行书、草书、隶书、篆书、篆刻、学术、教育、出版等专业委员会，各委员会结合各自特点，开展了内容丰富、形式多样的展览培训、研讨采风等活动，活动有声有色，成为协会工作的一大亮点。各委员会相继举办了各书体名家展或单项展及相关学术研讨活动。教育委员会的书家深入甘肃、宁夏等偏远贫困地区，义务开展讲座培训和辅导，得到了当地书家和书法爱好者的广泛欢迎。这些举措，为加强专业委员会建设、繁荣专业创作发挥了重要作用。

中国书协在引领书法艺术发展中不断加强自身建设，充分发挥联络、协调、服务职能，为繁荣发展我国书法艺术事业提供了重要保障。多年来通过切实转变职能，改进工作方式，多办好事实事，满腔热情地与广大书法工作者交朋友，为会员和书法工作者提供了多方面的服务；有效地发挥了人民团体的独特优势，进一步增强了协会的凝聚力和影响力。

为加强同会员和广大书法家的联系，中国书协创办了《中国书法》杂志、《中国书法通讯》报和中国书法家协会网。《中国书法》从1983年创刊迄今已出刊196期，《中国书法通讯》报已出版73期。《中国书法》杂志质量不断得到提升，学术含量不断增强，影响进一步扩大。《中国书法通讯》报在围绕和服务工作中心、推介名家、会员方面作了大量工作。中国书法家协会网的服务功能不断完善，为会员服务提供了良好平台。各级书法组织和会员通过“一报一刊一网络”三个平台，及时了解、掌握书法界的艺术发展走向，了解各地书法创作成果，实现了信息共享、创新共享、成果共享，为推动书法界大团结大繁荣、开创书法艺术新境界新局面起到良好作用。近年来，中国书协在做好各项工作的同时，不断加强和改进机关建设，相继开展学习实践科学发展观活动、开展以“学创树”活动为主要内容的自身建设，有效地提高了机关人员的思想政治素质和业务素质，树立了良好的社会形象。

二、书法热潮——热在围绕中心服务大局，热在回报社会、奉献人民之中书法要热在中心、热在大局之中，书法艺术只有与社会同热才能引起关注，大放异彩。

改革开放以来，特别是第八次文代会以来，中国书协围绕“解放思想、实事求是、与时俱进”和全面贯彻科学发展观，在中国书协进行了多次学习讨论。大家认识到，“书法热”仅仅停留在书斋里和书案上是不能持久的，必须把书法艺术更广泛地推广到群众中和社会上，才能让“书法热”真正和持久地热下去。基于这样的认识，中国书协坚持围绕中心、服务大局，把社会生活的“重点”当作书法艺术的“热点”。近几年来，在纪念中国共产党成立80周年、85周年，邓小平同志100周年诞辰、抗日战争胜利60周年、红军长征胜利70周年、纪念改革开放30周年等重大纪念活动中，中国书协举办了多次大型书法展览。以书法艺术的形式书写宣传科学发展观、树立社会主义荣辱观，并相继举办了主题性书法展。为响应党中央“西部大开发”的战略部署，中国书协又先后两次举办了中国书协理事作品走西藏展览、走进青海书法展览和首届西部书法篆刻展等，大大增强了书法家的社会责任感，同时也扩大了书法艺术的社会影响力。

艺术是属于人民的。用书法艺术服务人民、回报社会，是近些年来中国书协工作的一大亮点。在1998年抗洪救灾、2003年抗击“非典”以及援助东南亚海啸灾害的过程中，中国书协多次组织书法家捐赠作品、举办义卖，树立了书法家的良好社会形象。在建设社会主义新农村的活动中，中国书协举办了主题鲜明的展览和有声有色的创作笔会。2008年初，面对我国南方严重冰雪灾害，中国书协发动所有理事积极行动起来，短时间就收到作品千余幅，所得善款全部捐给灾区。“5•12”汶川特大地震灾害发生后，中国书协迅速向全国书法界发出了积极为抗震救灾奉献爱心的倡议。5月16日中国书协理事抗震救灾义捐大型笔会在海口举行，仅半天时间就收到作品587幅。5月18日，在中宣部、文化部、中国文联等在中央电视台联合举办了“爱的奉献”——2008宣传文化战线抗震救灾大型募捐晚会上，中国书协现场捐款100万元。据不完全统计，中国书协名誉主席、原顾问、顾问、主席团成员、分党组成员及知名书家累计捐款1200多万元，作品2000余件，捐建了一所具有抗震防灾功能的兰亭小学。各团体会员也组织本省市广大书法家以不同形式踊跃参加抗震救灾活动。

第五次全国书代会召开以来，中国书协新一届领导班子在推动书法艺术“回报社会、服务人民”方面做出更为积极的努力。“中国书法进万家”行动计划在北京启动后，迅速得到全国各地团体会员和广大书法家的积极响应，很快形成上下互动、丰富多彩、高潮迭起的良好态势。迄今为止，在全国范围内参加此项活动的书法家、书法工作者和书法爱好者已达百万人次以上，全国各大媒体均作了专题报道。“书法进万家”正成为中国书协的品牌性活动并引起社会的高度赞誉，同时也使书法艺术的魅力获得更大范围的提升。

“中国书法进万家”行动计划已成为围绕中心、服务大局，回报社会、奉献人民的品牌性活动，影响愈来愈广泛。在继续组织广大书家和书法工作者进社区、进乡村、进企业、进校园、进军营的同时，全面深化活动形式和内容，在全国范围内开展了中国书法名城、书法名山、书法之乡等考察命名工作。依据申报工作暂行办法，首批命名江苏省苏州市、河南省安阳市等7个城市为中国书法名城，泰山为中国书法名山，宁夏隆德县、浙江省桐乡市等16个县（市）区为中国书法之乡，并在《中国书法》杂志和《中国书法通讯》报进行专题宣传。为庆祝新中国成立60周年，近日在北京举行了中国书法名城（之乡）国庆巡展活动，掀起创建工作新高潮。各地紧紧抓住创建中国书法名城这个契机，结合实际，采取措施，全力推进书法事业发展。临沂市已建成一座有丰富文化内涵的书法公园；由中国书协命名中国米芾书法公园的合作意向已明确；湘潭市委、市政府高度重视中国书法名城的创建工作，专门为市书协解决了办公场所、人员编制、预算经费和车辆等实际问题。这些举措有力提升了地方书协组织及广大书法家、书法工作者的社会地位，产生了良好社会效应。为纪念彭德怀同志诞辰110周年，举办了“缅怀彭大将军、奉献湘潭人民”全国名家邀请展；开展了“中国书法进万家”——走进淮安、走进龙泉、走进广西、走进湖北、走进宝鸡、走进沙家浜、走进荥阳、走进西藏等活动，受到当地党委政府的高度重视，得到了广大干部群众的普遍欢迎。

在全国兴起文化建设新高潮之际，中国书协不失时机地开展了捐建捐助兰亭中学（小学）等影响广泛的活动。在中国书协的积极组织和运作之下，书法家捐献了总价值近300万元的作品和资金，先后在宁夏、内蒙古、四川、西藏、新疆、云南、甘肃等地区捐建或资助兰亭小学，获得广泛欢迎。建在宁夏吴忠市马莲渠回族自治乡的一所兰亭小学，那里原是一片寸草不生的低洼地，通过书法家的努力与奉献，一个新型小学在那里建立，一个绿色梦想在那里实现。当地领导和书家们倍感欣喜，连续承办了3届全国中小学生书法节。没有兰亭小学的筹建，哪有这样的激情和壮举！

通过捐建命名兰亭小学等形式，将书法普及向中小学延伸，为书法事业发展积攒后劲。为周恩来总理的家乡淮安市捐助命名兰亭中学和兰亭小学各一所，在毛泽东主席家乡湘潭市命名了两所兰亭小学。到目前为止，已在全国捐建和命名了9所兰亭小学及兰亭中学。通过与中国教育学会、宁夏吴忠市联合举办第二届全国中小学生书法节，在全国中小学生中广泛开展“从小写好中国字，长大做好中国人”主题系列活动，并广泛动员社会力量，积极呼吁着力推进在全国中小学恢复书法课。目前广东、海南、重庆等省市已经和正在全面恢复中小学生书法课，为书法艺术培养源源不断的后备力量奠定了基础。

此外，中国书协与各地方联合举办的“红枣红了”、“桃子熟了”等书法慰问活动，还有书法作品走进奥运场馆等活动，使中国书法艺术焕发出巨大的魅力与活力，并大踏步、大范围地走向社会。特别是以2008年北京奥运为契机，努力营造良好的文化氛围。充分利用举办第八届国际书法交流大展这一平台，组织全球代表性书家开展同书奥运主题活动，通过创作并展示百米书法长卷的形式，构建了中国书法长城；为配合奥运圣火传递活动，与中国楹联学会、沈阳市政府联合举办百城迎圣火联墨大展；组织全国千名书家在鸟巢举办书法精品进奥运场馆捐赠仪式，向世界展示书法艺术的独特魅力，为北京奥运营造了良好的氛围。国际奥委会主席罗格和北京奥组委主席刘淇为此联名发来感谢信。

三、“三位一体”——促动“书法热”持续升温，书法事业出现大繁荣、大发展

任何一门艺术的发展，都取决于它的价值、意义和魅力。改革开放以来，特别是进入新世纪以来，中国书协积极引导广大书法家坚持走“贴近实际、贴近生活、贴近群众”的创作道路，同时坚守“民族化、精品化、大众化”的创作方向，使得书法艺术在创作质量上达到新的高度，在群众性推介影响上达到新的广度，在书法史学、美学和理论研究上达到新的深度。近些年，中国书协一直以人才和精品为核心，以展览评奖和学术研究为两翼，继续推进展览、学术和培训“三位一体”的工作格局，开展书法艺术读书年、宣讲年活动，促进书法事业实现可持续发展。在发现人才、培养队伍和繁荣创作、催生精品上狠下功夫，由此形成了书法界百花齐放、万紫千红的生动局面。

28年来，我国书法活动从民间走向社会，从单一走向多样，从国内走向国外。特别是书法展览活动系列化、多样化，形成了以“全国展”、“中青展”（后更名为“青年展”）、“新人展”三大展览为主导，各项主题展览和专项展览齐头并进的格局。经过多年努力，逐步探索出了一套既有现代特色又符合传统精神的书法活动模式，形成了一套行之有效的方法，有力推动了书法艺术的交流、书法事业的发展。多年来，中国书协克服了资金短缺等各种困难，连续成功地举办了9届全国书法篆刻展览、8届中青展（两届青年展）、6届新人展，充分展示了书法艺术创作的重要成果和繁荣发展的良好势头，展示了当代书法创作的最高水准和发展创新的主流趋势，在全国形成一以贯之的高规格影响。展览从申办、征稿、评选、展出再到评奖，每个环节都制定了一整套规范、成熟的操作方法，形成了阳光评选、学术评审、规范评审、和谐评审等一整套以公平、公正、公开为原则的科学评审机制，在全国书法界树立了广泛认同的权威性。一大批书法大家和书坛新秀正是在这样的全国性展览中被发现和成长起来的。为引导书法界关注弱势群体，先后举办了全国妇女书法展、全国老年书法展等，凝聚了不同的创作群体，体现出各具特色的审美追求，适应了社会各界的多样需要。正书展、行草书

展、楹联展、扇面展等单项展，更是各施所长、生动活泼、异彩纷呈。在此基础上，中国书协与中国文联共同主办了当代书法艺术的最高奖项——中国书法兰亭奖，从第二届“兰亭奖”开始，除创作奖外，增设了学术、教育、出版、终身成就等各类奖项，成功推出了一批优秀作品和人才，获得书法界普遍认同，并成为广大书法家心目中至高无上的荣誉和追求。目前全国第三届书法“兰亭奖”征稿工作正在进行中。同时，通过举办西部书法展，对扶持西部书法事业给予政策倾斜。

遵照中国文联的总体要求，中国书协启动了“纪念中国改革开放30周年•当代名家系统工程”，举办了全国千人千作大展，为打造书坛劲旅奠定了坚实的基础。今年底将举办在此基础上精选出来的五百人名家展，并拟定在明年之内推出以书写经典之作的“三名工程”。展览评奖活动不仅全面展示了当代书坛所取得的巨大成就和千姿百态的艺术风格，同时也为广大书法家不断提高书艺水平、探索继承创新之路和书法爱好者迈入艺术殿堂，提供了施展聪明才智的机会和平台。人才辈出、佳作迭现，是“书法热”持续走高的重要标志。

随着书法组织的建立和完善，书法理论研究越来越受到重视。学术研究是书法艺术实现学科建设的支撑，中国书协成立以来，已连续举办了8届全国书学讨论会，并经常性地组织专题性学术研讨活动，使得当代书学研究已经成为包括书法史论、书法理论、书法美学、书法批评在内的较为完备的理论体系。蓬勃发展的书法类报刊杂志、书籍出版，为书法理论研究提供了广阔的阵地和舞台。近30年来发表、出版的书法理论研究文章和专著，在数量上超过了过去1000多年书论文章的总和。在研究的范围和方法运用上，利用多种学科的理论成果，在更广阔的视野下对古今书法的发展、异同、走向、特质进行更全面的观照，既出现了一批意义非凡的研究成果，也涌现出了一批卓有成就的理论家，初步形成了我国书法的学术研究机制和书法学科的基本框架。

开展书法艺术宣讲年活动，既是对读书年活动成果的巩固和扩展，也是中国书协用党的文艺理论推进书法学术和理论建设，促进书法艺术繁荣发展的具体实践。2008年开创性地设立中国书协学术研究课题，全面开展了2008至2009年度的课题申报工作，对专家评审确定的年度重点课题予以扶持。同时按照宣讲年方案的总体部署，首次举办了中国书法（金陵）论坛，在国家图书馆设立中国书法文津大讲堂，开展书法系列讲座。同时举办了中国（苏州）书法史论坛、海派书法国际研讨会，均产生良好反响，为引导书坛不断创新书学理论，丰富学术成果，繁荣书法艺术提供了学术和理论支持。

改革开放以前，由于社会对书法艺术认识的局限，导致书法教育基本上没有纳入教育体系，仅有极少数院校开设书法专业。这种情况在改革开放以来有了根本的改变。陈云等党和国家领导人专门就书法教育问题做出重要批示，不少高校开展了从本科直到博士后的书法专业教育，培养出的书法人才不仅有实践能力，而且有较高的理论素养和多方面的知识积累，为书法艺术的发展增加了浓厚的学术色彩和丰富的文化内涵。书法的社会教育也得到了长足的发展，由各级书协以及书法家个人举办的各种形式的书法培训班、工作室，在培养书法人才尤其是创作型人才方面发挥了积极的作用。

教育培训在书法事业发展中具有基础性的意义和地位。中国书协成立之初即创办了函授培训中心，连续举办了16期面向全国的书法函授学习班，培养学员21000余人，其中高级班学员8600人，初级班学员12400人，并举办了13期学员作品展。中国书协通过与中国人民大学联合举办书法硕士生课程班，招收学员近百名，这一开历史先河的义举，为培养青年书法人才做出了重要贡献。书法培训教育工作不断加强，中国书协培训中心实行的导师工作室已取得良好进展，书法培训质量不断提高。这些措施，为培养书法带头人，提高书家、书法爱好者的审美能力和创作能力起到了一定作用。

顺应书法事业的发展，本着整合资源、业务指导、效益共享的原则，中国书法艺术发展中心在开拓培育书法市场，扩展书法事业发展空间方面做了有益尝试。中国书法事业发展基金已筹集资金300余万元。

经过与中国书法院的共同努力，积极开展资金积累与申报，书法已列入国家非物质文化遗产名录，作为申报世界非物质文化遗产项目，国家有关部门已将书法“申遗”报告送达联合国教科文组织。与香港《文汇报》合作、以宣传当代德高望重的老书家为主的“丹青中华”专版已产生较好影响。《中国书法年鉴》工作稳步推进，自2006年起已连续编辑出版3年，这一基础性工作真实记录了书法事业的发展变化。编辑《当代中国书法论文选（1949—2008）》，集中展示新中国成立60年来书学研究的成果，分书法卷，理论卷，技法、创作、教育卷，批评卷和印学卷五卷，力求做到兼具学术性、权威性、包容性、文献性。同时编辑出版《中国书坛纪事（1949—2007）》、《中国当代书法大典》，拟于国庆前后举行首发式。

四、走向世界——推动“书法热”热到海外 显现书法艺术的软实力、感染力

胡锦涛同志指出：“当今时代，文化在综合国力竞争中的地位日益重要。谁占据了文化的制高点，谁就能够更好地在激烈的国家竞争中掌握主动权。”改革开放30年来，随着中国国际地位的提高，世界各国人民对源远流长、博大精深的中华文化的兴趣也日益提升。中国的“书法热”已经热到海外。据中国人民大学海外文化调查表明，近年来，中国书法第一次超过京剧成为海外人士辨识中国的文化符号。书法艺术作为国家软实力的重要组成部分，正在海内外发挥着广泛而重要的影响。

多年来，中国书协坚持不懈，一直在为中国书法艺术走向世界而积极努力，通过“请进来”、“走出去”等各种方式，广开交流渠道。在纪念中国书协成立20周年、纪念邓小平同志100周年诞辰等重要活动中，中国书协邀请了国外名家及作品参会参展。1999年1月10日，中国书协在巴黎举办了现代中国书法展，江泽民同志为展览题词，时任法国总统希拉克参观了展览，并称赞“在中国，书法乃艺中之艺”此外，中国书协还举办了中日女书法家优秀作品展、一年一度的中日诗书交流展和中日诗书论坛等多次国际性展览。

在第五次书代会上，中国书协明确提出了中国书法环球行计划，并从2006年开始实施。近几年来，中国书法代表团先后访问了东南亚以及澳洲、非洲等地区的8个国家，使古老的中国书法艺术逐步走向世界并为世人所知。中国书协还采取多种方式，通过多种渠道，进一步加强了与港澳台地区的书法交流，有力增强了“同种同文”的民族认同感和国家凝聚力。

在外交部的大力支持下，经中国文联同意，文化部批准，国际书法发展联络会于2007年11月11日由新加坡正式移至中国，成为落户中国的第一家国际性文化组织机构。2008年6月28日，中国文联、中国书协和北京市文联在北京隆重举办第八届国际书法交流大展，以“同一个世界 同一个梦想”为主题，展出了来自中国、日本、美国、加拿大、巴西、泰国、英国、比利时、意大利、埃及、摩洛哥等18个国家的583件书法作品，成为文化部“相约北京”和人文奥运活动之一。在此期间召开了国际书法联络会工作会议，与会者一致通过将该组织正式更名为“国际书法家联合总会”，为充分发挥该组织的作用、提升中国书法的国际形象、巩固汉字书法母国地位、提高我国文化的国际竞争力奠定了坚实基础。举办了第二十届中日自作诗书展暨第五届中日诗书论坛，圆满完成“中国书法环球行——走进非洲”活动和中国女书法家代表团的访日交流任务。特别是中国书协代表团对全日本书道联盟进行友好访问，为成田山全日本少年少女竞书大会的获奖学生颁发了“兰亭新星奖”，扩大了中国书协的国际影响。在此基础上，中日双方已达成一致，开始建立互访机制，使中日书法交流进入到孩子们中间，为中国书法在国际上后继有人奠定了基础。

坚持“请进来”、“走出去”，积极开展书法对外交流活动，一方面邀请国外名家来我国参会参展；另一方面以“中国书法环球行”品牌为载体，以“国际书法家联合总会”秘书处为依托，多次在国外组织中国书法展，先后与20个国家和地区的书法组织建立了长期稳定的友好交流关系，大大扩展了中国书法艺术的国际影响，充分发挥了书法艺术在国际交往中的独特魅力和特殊作用。

五、承前启后——书法事业繁荣发展 必须遵循的基本经验和把握的原则

作为中国文艺事业重要组成部分的书法艺术进入了一个快速发展时期，并以其丰硕的成果见证了中国改革开放的伟大进程。中国书协带领广大书法家和书法工作者，坚持党的文艺方针，不断推动当代书法艺术的发展，并取得了令人瞩目的成绩，积累了宝贵的经验。这些成绩的取得，得益于中宣部、中国文联的正确领导，得益于整个书法界和广大书法家、书法工作者的积极参与和大力支持，得益于改革开放创造的良好社会环境。回顾中国书协的成长历程，总结中国书协和整个书法界的工作实践，可以概括出几条基本经验。

（一）必须坚持“三个代表”的重要思想和科学发展观，坚持“二为”方向和“双百”方针。中国的书法艺术之所以能够传承不息，并且在今天焕发出更加旺盛的生命活力，主要原因是在于它与人民大众的文化精神生活紧密相连，是人民群众喜闻乐见的一门艺术形式。中国书协作为党领导下的专业性人民团体，必须始终坚持以马列主义、毛泽东思想、邓小平理论和“三个代表”重要思想为指导，坚持科学发展观，坚持为社会主义服务，为人民大众服务和“百花齐放、百家争鸣”的方针，弘扬主旋律，提倡多样化，繁荣创作，多出精品，多出人才，为社会提供健康高雅的精神食粮，以满足人们日益增长的精神文化需求；绝不能闭门造车，孤芳自赏，更要抵制和杜绝低级趣味。只有这样，书法艺术才能真正贴近实际、贴近生活、贴近群众，受到广大人民群众的欢迎和喜爱；才能真正体现先进文化的前进方向，显示出旺盛的生命力和服务现实的重要作用。

（二）必须坚持围绕中心，服务大局，为构建和谐社会贡献力量。中国书协既是党和政府联系广大书法家的桥梁和纽带，也是联系书法界的桥梁和纽带，这一性质决定书协组织必须自觉接受党的领导，自觉维护国家利益。只有将书法事业纳入到党和国家事业的整体发展当中，紧紧围绕党的中心工作，牢牢树立大局意识，才能产生广泛积极的社会影响，书法艺术的发展才能彰显出丰富和独特的价值。实践证明，在当前构建社会主义和谐社会的伟大实践中，文化建设是不可缺少的重要组成部分，书法艺术已经并将继续发挥出其特有的作用。因此，作为书协组织必须进一步开阔思路，不断进取，真抓实干，务求实效，真正做到让党中央放心，让人民群众满意。

（三）必须遵循艺术规律，力争多出精品，多出人才。书法作为一门特殊的艺术形式，其自身具有深厚的传统和严格的规范。对于中国书协来说，能否团结和带领广大书法家和书法工作者一起，共同推动创作水平的不断提高，营造出繁荣活跃的良好局面，是衡量我们工作成绩的一个重要标准。在中国书协举办的各项艺术活动中，必须提倡尊重艺术规律，尊重艺术家的创作劳动，多在思想和创作上给予关怀和爱护，为他们施展才华搭建宽广的平台。鼓励艺术家认真学习和继承传统经典，大胆探索创新，创造出能够反映当代审美需求的佳作，造就出能够代表我们这个时代书法成就的大家、名家，以无愧于历史，无愧于这个伟大的时代。

（四）必须认真履行协会职能，不断提高服务意识和服务能力。协会的工作千头万绪，最根本的职能是服务。联络、协调是手段，服务才是目的。作为中国书协，必须牢固树立以服务为中心的思想，全心全意地服务于党和国家的大局，服务于整个社会，服务于团体会员，服务于广大书法家和书法爱好者。认真履行联络、协调的工作，不断增强协会的凝聚力和向心力。书协机关工作人员必须自觉地加强学习，提高艺术修养和业务能力，不断提高服务质量与工作水平，使协会真正成为名副其实的“书法家之家”。

（五）必须重视协会机关的自身建设，造就一支政治可靠、业务精通、作风过硬的干部队伍。正确的政治路线确定之后，干部就是决定性的因素。实践证明，书法事业的发展需要诸多的条件提供保障，但最根本的起决定性的因素是干部队伍。因此，必须重视干部队伍建设。坚持以人为本的科学发展观，通过深化改革，大力实行新的用人机制和激励机制，积极创造条件，把政治素质好、艺术水平高、管理能力强、甘愿奉献、善于团结的人才调整充实到书协的管理和工作岗位上来。通过各种方式提高机关干部的思想道德素质与艺术修养，确立以业绩为取向的人才价值观，造就一支政治可靠，业务精通、作风过硬的干部队伍。同时要善于在工作实践中发现人才，培养人才，使人才能够不断地脱颖而出，真正做到人尽其才、才尽其用。

（六）必须坚持党的领导，推进党的自身建设，牢牢把握正确的政治导向。中国书协的发展历史证明，书法艺术的繁荣发展必须依靠党的领导，这一点到任何时候都不能动摇。只有坚持党的领导，协会工作才不会偏离正确的方向，书法事业才能兴旺发达，蓬勃发展。必须坚定不移地贯彻党的思想路线和各项方针政策，执行党的决议，团结和带领广大的书法家和书法工作者跟党走。工作中要坚持党的先进性，把书法界的思想统一到党的立场上来，要在书界形成奋发有为、昂扬向上的精神风貌和团结和谐的艺术环境；把推进党的先进性建设、践行科学发展观和建设和谐书协结合起来；把加强领导班子建设、提高领导水平和密切联系群众、改进工作作风结合起来，牢牢把握正确的政治导向，在思想上和行动上与党中央保持高度一致，大力弘扬先进文化，为构建“和谐繁荣、创新有为”的当代书坛而不懈努力。

回顾中国书法家协会成立28年来所走过的不平凡的发展道路，我们深切体会到，改革开放决定了当代中国的发展命运，也为中国书法艺术的繁荣发展开辟了广阔的空间和前景。坚持改革开放，是实现中国书法艺术伟大复兴的必由之路。毫无疑问，影响广泛、持之以衡的“书法热”必将造就中国书法艺术的新辉煌！

（原载于《中国艺术报》2009年9月29日）

“向祖国汇报”——中国书法名城（之乡）国庆巡礼活动在京举行

为迎接新中国和中国文联成立60周年，根据中国文联的总体安排，由中国书法家协会主办，江苏、河南、山东、浙江、湖南、内蒙古、广东、安徽、宁夏、上海、陕西省书协协办，中国书法名城（之乡）联谊会承办的“向祖国汇报”——中国书法名城（之乡）国庆巡礼活动于2009年8月11日在北京中国人民革命军事博物馆隆重开幕。这是书法界向新中国成立60周年、中国文联成立60周年献上的一份厚礼，也是7座书法名城、1座书法名山、1座书法城、16家书法之乡向新中国成立60岁生日献上的一份厚礼，向伟大祖国的一次集中汇报，一次集中展示。

出席开幕式的领导和嘉宾有：全国政协副主席李金华，中国文联党组成员、副主席冯远，中纪委副书记黄树贤，中直机关纪工委副书记梁潮平，公安部政治部主任蔡安季；中国书协主席张海，分党组书记、驻会副主席兼秘书长赵长青，顾问刘艺、李铎、张飙，副主席吴善璋、邵秉仁，分党组副书记、副秘书长陈洪武，分党组成员、副秘书长戴志祺，副秘书长白煦，理事、书法名城之乡联谊会会长、河南省书协主席宋华平等。

冯远在开幕式上讲话。他指出：作为中国书法进万家的品牌性活动，中国书法名城（之乡）的命名工作，不仅得到中国文联的关注和支持，也得到了地方各级党委政府的高度重视，并列为地方经济社会发展的总体规划。这次活动规模之大、参与城市之多、影响之广泛，足以证明这一举措完全符合党的十七大精神，符合科学发展观，符合文艺工作和书法事业发展的需要，是深得民心、深受广大干部群众欢迎的实事好事。衷心希望已命名的书法名城、书法之乡，要充分发挥辐射带动作用，加强沟通交流，相互取长补短，为推进书法事业全面协调和可持续发展贡献智慧和力量。

赵长青在开幕式上讲话。他说，书法名城（之乡）行动计划是第五届中国书协领导集体提出来的中国书法进万家品牌性活动之一。书法名城（之乡）从2007年正式开始实施，目的是为贯彻落实科学发展观，进一步整合书法资源，充分发挥书法名城（之乡）在文化建设中的辐射带头作用，扩大书法艺术的社会影响，更好地推动书法事业的繁荣发展。经中国书协秘书长办公会研究，成立中国书法名城（之乡）联谊会。联谊会以增进中国书法名城（之乡）之间的友谊、开展多方面交流与合作为基础，以为书法事业服务、为地方文化建设服务为宗旨。相信这样一个高规格、高水平的展览，对于促进名城之乡书法艺术的繁荣，推动中国书法进万家活动的不断深入，扩大书法在社会上的认知度，必将产生更加广泛而深远的社会影响。

巡礼展览开幕式由戴志祺主持。陕西省三原县县委书记刘涛代表参展单位发言。名城（之乡）所属团体会员的代表及苏州、徐州、开封、安阳、临沂、绍兴、湘潭、泰安、乌海、东莞、楚州、常熟、埇桥、桐乡、绍兴（县）、义乌、隆德、邹平、汶上、曲阜、临邑、郸城、偃师、七宝、三原等各书法名城、书法城、书法名山、书法之乡的地方党委政府负责人，地方文联、书协的负责人也出席了开幕式。

本次展览荟萃了中国文联领导、著名艺术家以及中国书协顾问和主席团成员，各书法名城（之乡）的书法精英的400多幅书法精品，内容丰富，风格各异，代表了这些参展单位的整体创作水平，具有极强的艺术表现力和感染力。这次展览的一大特色是各个名城（之乡）都采用图片的形式集中展示了各地丰富多彩的书法活动，可谓图文并茂，形象生动。巡礼活动的成功举办，是对开展书法名城（之乡）考察命名活动的阶段性总结，是对关心支持书法事业的各级领导、社会各界人士和书法界同道的一次集中汇报。

（原载于《中国书法通讯》报2009年第9期）

“向祖国汇报”——中国书法名城（之乡）国庆巡礼活动综述

为迎庆新中国及中国文联成立60周年，展示改革开放30多年以来我国书法艺术事业所取得的辉煌成就，“向祖国汇报”——中国书法名城（之乡）国庆巡礼活动于2009年8月11日在北京中国人民革命军事博物馆隆重举行。此次活动是由中国书协主办，江苏、河南、山东、浙江、湖南、内蒙古、广东、安徽、宁夏、上海、陕西书协协办，中国书法名城（之乡）联谊会承办的 。在这个举国欢庆日子到来之际举办这样一个活动，是书法界向全国人民进行的一次书法艺术集中展示和全面汇报，是7座书法名城、1座书法名山、1座书法城和16个书法之乡向祖国母亲60华诞献上的一份厚礼，也是书法界献给新中国及中国文联60岁生日的一份特殊礼物。

此次巡礼活动组织周密，展示充分，立体形象。巡礼活动以展览为主。展览分书法作品和图片两个部分进行展示。书法展览荟萃了400余位中国文联领导、著名书法家、中国书协顾问和主席团成员，以及各书法名城、书法之乡的当地有影响的代表性书法家的精品。作品形式多样，内容丰富，风格各异，代表了参展书法城、乡的整体创作水平。图片部分图文并茂，生动直观，详细展示了各市、县的文化历史概况、当代书法活动情况，以及书法名城（之乡）的创建、申报、命名挂牌过程。

参加此次巡礼活动的书法名城（之乡）均是经中国书协严格考察后正式挂牌命名的市、县，有书法名城苏州、徐州、开封、安阳、临沂、绍兴、湘潭，书法名山泰安，书法城乌海，书法之乡东莞、楚州、常熟、埇桥、桐乡、绍兴（县）、义乌、隆德、邹平、汶上、曲阜、临邑、郸城、偃师、七宝、三原。

此次巡礼活动是中国书协工作围绕中心、服务大局的重要举措，是中国书法进万家活动取得的丰硕成果的集中展示。近年来，书法名城（之乡）命名活动已经成为中国书法进万家活动计划的品牌性活动，在社会各界赢得了良好的口碑并产生了深远影响。中国文联党组成员、副主席冯远出席开幕式时如此评价此次活动：“这次活动规模之大、参与城市之多、影响之广泛，足以证明这一举措完全符合党的十七大精神，符合科学发展观，符合文艺工作和书法事业发展的需要，是深得民心、深受广大干部群众欢迎的实事、好事。”

此次巡礼活动受到各参展书法名城、名乡及社会各界的充分肯定和高度评价。他们认为书法名城（之乡）命名活动是中国书协领导班子认真贯彻落实科学发展观的创新性活动，是进一步整合各地书法资源，充分调动、发挥各地书法艺术、书法人才在文化建设中的带头作用，扩大书法艺术的社会影响，促进书法艺术的不断普及和繁荣，从而全面推动书法事业的繁荣发展的有效举措。在巡礼活动开幕式上，中国书协理事、河南省书协主席宋华平代表河南书法名城开封、安阳谈到：这个巡展活动很有意义，一方面名城书法是中国书法进万家活动的组成部分，在这个活动过程中，把过去的书斋艺术推向了社会，这样向群众普及书法的面拓宽了；另一方面，各省各市都在抓文化建设，如此一来，书法就成了一个有力可施的工作抓手，地方政府就更加重视；再者，这次活动全面展示各地书法名城（之乡）的实力，其实是在总结当代、现代的书法资源。泰安文联主席江济源说：开展命名书法名城（之乡）活动是中国书协把书法艺术与时代发展相结合，是中国书协统率领导与基层工作相结合，是广大文艺书法家创作与回报社会相结合。苏州市书协副主席王伟林谈到：中国书法家协会近年来在全国范围内广泛开展的中国书法名城（之乡）考察命名活动是推动当代书法事业可持续发展的创新之举，也是书法界贯彻落实科学发展观，整合书法艺术资源，弘扬中华优秀文化，推动书法事业大发展大繁荣的有力措施，利在当代，功在千秋。作为一名基层书协工作组织者和参与者，我真真切切地感受到这一活动带来的福音和普惠。这次国庆巡礼展示汇集了书法多样的地域风貌，同时折射出强烈的时代特征，足称当今中国书法创作展示的一大窗口，不但为广大书法爱好者带来一份高雅的文化大餐，也为研究当代书法及其地域书风提供鲜活的实例，更为当代书法艺术的传承与发展留下一份弥足珍贵的历史档案。

此次巡礼活动将中国书协所有命名的各书法名城、名山、名乡集结在一起，为各创建单位提供了相互交流学习的平台和新的合作发展机遇。此次活动既是书法名城、名乡自命名以来从不同侧面和角度展示当地书法创作、书法人才培养、文化建设所取得的阶段性汇报、总结，同时也是在全面接受全国书法界、社会各界的一次监督和检阅。通过这种巡展交流、现场观摩和联络合作，各书法名城、名乡既学到了成功经验，也找到了尚存在的差距和问题。各参展单位负责人都纷纷表示，以后要加强城与城、乡与乡间的交流合作，互相学习，取长补短，使书法名城、名乡更加名副其实，使当地的书法事业发展再创新佳绩，再上新水平。书法之乡绍兴县委宣传部副部长黄锡云就谈了自己的收获：绍兴县历届政府都十分重视、鼓励开展书法活动，并在政府工作报告中明确提出“大力开展书法艺术的提高和推广活动”。通过参加本次活动，绍兴县书法界加强了与各地书法之乡的联谊与交流，看到了绍兴县自身的优势，同时也发现了有待进一步努力的地方；在具体的活动交流中，我们学到了不少先进地区扎实有效推进本地书法建设进程的做法，使我们进一步明确了协会下一阶段的中心工作重点和努力方向。书法之乡七宝创作基地负责人杨耀扬则介绍了七宝开展书法活动的情况：作为书法之乡很受社会重视，今年上海将举办世博会，我们七宝书法之乡就与世博会世博局联手，举行了七宝书法家共同创作2010米书法长卷活动，用这种传统文化形式支持世博会的召开，同时也借世博会这个国际舞台宣传我国的书法艺术。另外，在世博会上我们还将举办一个书法之乡著名书法家作品展览，为世博会增色。谈到今后的打算，宋华平说，作为河南书协的代表，今后再提高书法名城建设，进一步抓好创建活动，以此为契机推动整个河南书法事业的发展。江济源谈及泰安的发展时信心十足地说：时代的发展推动着文化的发展，新形势下必须把传统文化与时代发展结合起来，这方面，中国书协走在了前面，我们愿意在这方面发挥应有的作用。

此次巡礼活动通过各书法名城、名乡之间的全方位展示和交流，为今后书法名城（之乡）创建工作积累了成功经验。现在中国书法进万家活动已吸引越来越多的城市及书法组织和书法家参与进来，书法名城（之乡）活动也成为了中国书协回报社会、奉献人民、为构建和谐社会服务的品牌性活动。随着中国书法进万家活动的不断深入，及其形式和内涵不断的扩展和丰富，命名中国书法名城、书法之乡活动将越来越深入民心。中国书法名城（之乡）活动的顺利进行和成功举办，标志着中国书法进万家活动已进入新的发展阶段，而命名活动也成为了中国书法进万家活动中最闪亮、最耀眼的重要组成部分，成为了书法事业繁荣发展的最直接、最有效的推动力。

此次巡礼活动受到全国各地党政机关、政府部门的普遍重视和支持，受到书法界的广泛好评和肯定，原因其一是此项活动在创办之初中国书协就以突出围绕中心、服务大局为主导思想，把创建命名活动作为促进书法事业全面协调和更之可持续发展的实践途径，充分发挥书法艺术在建设和谐文化、弘扬中华文化、构建社会主义和谐社会中发挥独特的作用，以满足人们日益增长的精神文化需求；并且坚持在全局中定位，在大局下行动，让书法事业在党委政府的总体布局中占有一席之地，使命名活动产生更加强大的生命力。其二是中国书协紧紧依靠了广大干部群众的理解和支持，把群众满意不满意、高兴不高兴作为行动的出发点和落脚点，同时，在工作中紧紧依靠中国书协主席团和书界知名专家的指导把关，依靠各级书协组织、广大书法家和书法工作者的热情参与支持，使创建命名工作更加符合书法事业发展的实际。其三。不断完善管理、逐步健全科学合理的工作机制，把服务作为推进活动深入开展的前提，保证了这项活动深入持久地成功开展。

中国书协将在进一步认真总结经验的基础上，进一步健全下一步的考察命名机制，完善申报命名的程序和措施，强化命名工作的权威性和公信度，以确保这项活动深入持久地开展下去；通过切实有效的途径充分发挥书法名城、名乡活动在推进书法事业大发展大繁荣中的重要作用；以命名工作为载体，继续推动书法教育、普及、创作、学术和书法产业的同步发展。

为了使创建命名活动真正促进书法事业全面协调和可持续发展，中国书协将对已命名的书法名城（之乡）不断加强领导，积极完善管理机制，并经常开展有针对性的督导、总结推动工作，为他们创造一个良好的书法事业发展环境。

（原载于《中国书法通讯》报2009年第9期）

“向祖国汇报”——庆祝新中国成立60周年暨纪念中国文联成立60周年美术书法摄影民间艺术精品展在京举办

为庆祝新中国60华诞，纪念中国文联成立60周年，由中国文学艺术界联合会、中国美术家协会、中国书法家协会、中国摄影家协会、中国民间文艺家协会共同主办的“向祖国汇报”——庆祝新中国成立60周年暨纪念中国文联成立60周年美术、书法、摄影、民间艺术精品展，于2009年9月24日在北京民族文化宫展览馆举办。中国文联党组书记、副主席胡振民，党组副书记、副主席覃志刚，中国文联党组成员、副主席杨志今，中国文联党组成员、书记处书记廖奔，中国书协主席张海，中国文联副主席、中国美协主席刘大为，中国文联副主席、中国书协副主席段成桂，中国摄协分党组书记、驻会副主席兼秘书长李前光，中国书协分党组副书记、副秘书长陈洪武，副秘书长白煦等出席开幕式。开幕式由覃志刚主持。

胡振民在开幕式上讲话。他说，中国文联成立于新中国诞生前夕1949年7月，伴随着新中国的发展走过了60年光辉历程。60年来，特别是改革开放以来，中国文联在党的文艺理论、路线方针政策指引下，认真覆行联络协调服务职能，充分发挥党和政府联系文艺界的桥梁和纽带作用，团结带领广大文艺工作者响应人民和时代的召唤，以昂扬的精神状态，出色的艺术劳动，热情歌颂我国各族人民进行社会主义革命建设和改革开放的伟大实践。我国文艺创作更加积极活跃，文艺队伍更加意气风发，文艺界呈现出大团结、大繁荣、大发展的生动局面，为探索、开创和发展中国特色社会主义事业做出了积极贡献。衷心希望通过这次展览，更好地礼赞祖国、讴歌时代、振奋民心，大力唱响共产党好、社会主义好、改革开放好、伟大祖国好、各族人民好的时代主旋律；衷心希望通过这次展览，努力为新中国成立60周年大庆营造浓重热烈、喜气祥和的浓厚氛围，增强广大人民群众的民族自豪感和战胜困难的信心，为切实维护好经济发展、深化改革和社会稳定大局，展示我国繁荣发展、民主进步、文明开放的良好形象做出积极贡献。

本次展览以“庆六十华诞、展大家风采、汇各方神韵、促文艺发展”为主题，共展出400多幅艺术作品。其中书法有已故著名书法家舒同、启功、沙孟海、林散之、刘炳森等作品，还有中国书协主席张海、著名书法家欧阳中石等知名书法家的作品。这些作品主题鲜明、形式多样、题材广泛、技艺精湛，多层次、多角度、多侧面地展现了新中国60年，特别是改革开放30年的辉煌成就，充分反映了中国人民精神面貌发生的巨大变化，生动展示了社会主义文艺事业欣欣向荣的发展前景。作品给人们以思想启迪、精神鼓舞和艺术熏陶，表达了广大文艺工作者对中国共产党和社会主义祖国的热爱之情，蕴含着伟大的民族精神，承载着人民的美好期望，是进行爱国主义教育生动形象的教材。

（原载于《中国书法通讯》报2009年第10期）

庆祝中华人民共和国成立60周年全国残疾人书法绘画大赛作品展在京开幕

由民政部、广电总局、中国文联和中国残联共同主办，中国美协、中国书协、中国残疾人福利基金会、中央美院、中国国家画院协办，《中国残疾人》杂志社承办的庆祝中华人民共和国成立60周年全国残疾人书法、绘画大赛历时8个月，首展开幕暨颁奖仪式于2009年9月25日上午在北京中国国家画院美术馆隆重举行，同时还举办当代中国书画名家邀请展。

中国残联党组书记、理事长王新宪、中国残联党组副书记、常务副理事长王乃坤、中国文联国内联络部主任夏潮、中国国家画院副院长解永全、中央美院党委副书记孙红培、中国书协顾问张飙等领导出席了开幕式，并与获奖的残疾人画家、书法家、北京和各地的残疾人、残疾人工作者、首都新闻界的朋友们济济一堂，共同庆祝展览的成功举办。

本次大赛在征稿过程中得到了广大残疾人的积极响应，参赛者中汇集了肢残人、聋人及盲人和智力残疾人等各类残疾人艺术家。本次展览展出的获奖作品是从全国31个省、市、区及香港、澳门特别行政区选送的2万余幅参赛作品中，经大赛评审委员会14位专家严格评审评选出来的，代表着我国残疾人书画艺术创作的最高水平。大赛最终评选出入围作品355幅，其中评出书法类、国画类、油画及相关类金奖各1名、银奖各2名、铜奖各5名；书法优秀奖121名、鼓励奖各100名、儿童特别奖10名、组织奖12个。

首展开幕暨颁奖仪式由王乃坤主持。仪式上，中国国家画院副院长、本次大赛评委解永全宣读了获奖名单。中国残联党组书记、理事长王新宪为张明学、史晓慧、王琨三位金奖获得者颁发了特别定制的煤精石奖杯和奖状。其他领导嘉宾等主办方领导为银奖获得者颁了奖。获组织奖的单位代表也先后上台领奖。国画组金奖获得者聋哑人史晓慧代表所有参赛的残疾人书画家表达了心声。

本次大赛是新中国成立60年来规模最大的残疾人书画艺术赛事，是残疾人为共和国奉献的一份厚礼，不仅展现了残疾人文化事业60年的发展历程，更是60年来残疾人文化艺术成就的缩影，对中国当代文化艺术发展具有特别的重要意义。

（原载于《中国书法通讯》报2009年第10期）

中国书法、篆刻申遗活动纪实

中国书法、篆刻“申遗”成功

联合国教科文组织保护非物质文化遗产政府间委员会第四次会议，于2009年9月28日在阿拉伯联合酋长国首都阿布扎比开幕，来自全球114个国家和地区的400多名代表与会。这次会议于9月30日审议并批准了列入《人类非物质文化遗产代表作名录》的76个项目，“中国书法”名列其中。此次中国共有22个项目被批准列入该名录。

“书法申遗”受到了书法界和全社会的广泛关注。几年前，中国艺术研究院中国书法院就根据年度工作计划开始研究该课题的可行性，并邀请专家学者进行前期论证。自2006年起，中国书协与中国艺术研究院中国书法院达成共识，密切配合、精诚合作，开始有条不紊、卓有成效地组织专家进行“书法申遗”的相关工作。2008年6月7日，经国务院批准，“中国书法”被正式列入《第二批国家级非物质文化遗产名录》；中国书协、中国艺术研究院中国书法院也首次被国家明确定为书法传承与保护的直接责任单位。同年9月8日，中国非物质文化遗产保护中心召开“中国向联合国教科文组织申报‘人类非物质文化遗产代表作名录和急需保护的非物质文化遗产名录’动员大会”。由此，“中国书法”向联合国教科文组织申报“人类非物质文化遗产代表作名录”的工作全面正式启动。2008年9月底，“中国书法”申报人类非物质文化遗产的正式文本和申遗片等相关材料以中华人民共和国的名义正式提交给联合国教科文组织。

又讯：2009年9月30日，从阿联酋首都阿布扎比传来喜讯，在此召开的联合国教科文组织保护非物质文化遗产政府间委员会第四次会议审议并批准了将中国篆刻艺术列入《人类非物质文化遗产代表作名录》。

2008年9月8日至9月11日，中国国家非物质文化遗产保护中心在北京外国专家大厦召开了关于向联合国教科文组织申报中国的《人类非物质文化遗产代表作名录》和《急需保护的非物质文化遗产名录》的紧急会议。中国艺术研究院中国篆刻艺术院向中国国家非物质文化遗产保护中心提出申请，联合西泠印社共同申报。

经国家非遗中心批准，2008年9月12日，中国艺术研究院中国篆刻艺术院联合西泠印社以“共同申报单位”的名义将“中国篆刻艺术”作为世界“人类非物质文化遗产代表作”向联合国提出申请。

2008年9月24日，申遗全部材料呈送联合国教科文组织，不久获得正式受理与回复。

2009年9月30日，联合国教科文组织保护非物质文化遗产政府间委员会第四次会议在阿联酋首都阿布扎比审议并批准了世界各国列入《人类非物质文化遗产代表作名录》的76个项目，其中中国的项目有22个。“中国篆刻艺术”成功入选。

（原载于《中国书法通讯》报2009年第11期）

“中国书法”列入“人类非物质文化遗产代表作名录”新闻通报会在京召开

2009年12月25日，“中国书法”列入《人类非物质文化遗产代表作名录》新闻通报会在京举行。中国书协主席张海，中国文联国内联络部主任夏潮，中国文联理论研究室主任董耀鹏，中国书协分党组书记、驻会副主席兼秘书长赵长青，中国艺术研究院中国书法院院长王镛，中国书协分党组副书记、副秘书长陈洪武，中国艺术研究院书法院常务副院长李胜洪等出席通报会。张海、王镛、赵长青在通报会上讲话。会议由赵长青主持，李胜洪作申遗工作汇报。

张海在讲话中说，“中国书法”被联合国教科文组织审议并批准列入《人类非物质文化遗产代表作名录》，这是中国书法载入史册、值得称颂的一件大事。中国书法申遗的成功，即反映了世界文化对中国文化的认同，也反映了对中国书法艺术的赞赏。对于中国书法走向世界，更好地让世界各国认识中国书法艺术，对于推广汉语在世界的影响力，有着深远的意义，也为中国书法与世界其它艺术的交流搭建了一个很好的平台。中国书法申遗工作，在中宣部、国家文化部、中国文联的领导下，中国书法家协会、中国艺术研究院中国书法院经过几年的精诚团结，联手合作，密切配合、全力推进，并以高度的责任感、使命感和敬业精神，克服种种困难，完成了中国书法申遗的各项工作。特别是中国艺术研究院中国书法院的同志们，站在事业的高度，全心投入，做了大量卓有成效的工作，他们的努力为书坛做出了榜样。在申遗过程中，中国文联给予了经费上的大力支持，文化部给予了强有力的业务指导。中国书法申遗工程的结束，意味着中国书法保护工程的开始，意味着书法艺术的一个崭新时代的来临，中国书法申遗成功，是中国书法的一个新起点，需要我们重新审视，高度重视。书法界目前面临着三个任务，第一是保护好珍贵的书法遗产，第二是传承好书法艺术，第三是努力推动书法艺术的创新。

王镛说， 中国书法申报人类非物质文化遗产代表作，从设想、立项、论证到具体实施，历时四年、跨越五个年头。在政府相关部门的主导下，在全社会的普遍关注下，“中国书法申遗工程”终于取得了圆满成功，这是一件令书法界振奋、令中国人振奋的大喜事。今后，历史悠久、源远流长的书法艺术不再仅仅属于中国，也属于全人类。对整个中国书法发展史来说，这都将是一个具有非常意义的历史性事件。今天，中国书法家协会、中国艺术研究院中国书法院作为书法传承和保护的直接责任单位，共同承担了“中国书法申遗”这份光荣而又艰巨的任务。对中国书法家协会和中国艺术研究院中国书法院来说，这次联手申遗成功，充分体现了中国书法界的团结，它将极大地推动中国书法的保护、传承和发展。

“中国书法”申报联合国“人类非物质文化遗产”工作启动于2005年11月。自2006年起，中国书协与中国艺术研究院中国书法院共同开始组织进行“中国书法”申遗的相关工作。2008年6月7日， “中国书法”被正式列入“第二批国家级非物质文化遗产名录”。同年9月8日，中国非物质文化遗产保护中心召开“中国向联合国教科文组织申报‘人类非物质文化遗产代表作名录和急需保护的非物质文化遗产名录’动员大会” 2008年9月底，“中国书法”申报人类非物质文化遗产的正式文本和申遗片等相关材料以中华人民共和国的名义正式提交给联合国教科文组织。2009年9月28日，联合国教科文组织保护非物质文化遗产政府间委员会第四次会议在阿联酋阿布扎比举行。2009年9月30日，会议审议并批准了列入“人类非物质文化遗产代表作名录”的76个项目，“中国书法”列入其中。

通报会上，由中国书法家协会、中国艺术研究院中国书法院联合主编的《人类非物质文化遗产代表作——中国书法》一书同时发行。

（原载于《中国书法通讯》报2009年第10期）

世界的认同　历史的担当

——中国书法申遗成功访谈录

王文章（文化部副部长、中国艺术研究院院长）：

随着近几年来我国非物质文化遗产保护工作的有力推进，人们对民族优秀传统文化艺术价值的认识更科学、更充分。由中国艺术研究院中国书法院和中国书法家协会共同联合申报的中国书法艺术，被联合国教科文组织公布为世界“人类非物质文化遗产代表作名录”，就是民族艺术遗产精粹被自身珍视并被世界认同的一个证明。

中国书法艺术是以书写汉字为主，抒发作者情怀，具有鲜明民族性和艺术感染力的传统艺术形式。中国书法透视着民族的审美情趣、气度和品格，体现着中华民族的文化精神，既是优秀的民族文化遗产，也是人类共同的精神财富，我们有责任在新的历史发展时期将它很好地传承发扬。

在今天这个现代化进程加快的计算机网络时代，像书法艺术这样类型的不少非物质文化遗产项目，都面临消解的危险。以笔手写汉字的人会越来越少，手写基础的瓦解，对书法艺术的冲击可以想象。在这样的背景下，我们应该以一种紧迫感来传承书法艺术。首先要从小学教育开始正式学习书法，中学、大学都要有课程。书法艺术的学习不是单纯知识性教育，同是书写，不同阶段会有不同的境界，最终对人的审美、性情、素养会有很好的提升。

中国书法艺术列入世界“人类非物质文化遗产代表作名录”，是书法界艺术家、理论家和广大书法爱好者多年来共同努力传承弘扬的结果。申遗成功，是更好地传承的开始。相信书法界同仁和中国书协等各有关机构会继续携手、共同努力，在书法艺术提高和普及，以及国际交流方面不断做出新的成绩。

覃志刚（中国文联党组副书记、副主席）：

联合国教科文组织保护非物质文化遗产政府间委员会9月30日审议批准中国书法艺术和篆刻艺术列入“人类非物质文化遗产代表作名录”之中，这是文学艺术界的一件可喜可贺的大事、盛事。中国书法经过三千年不断的继承与创新，成为最具中华文化特色、历史积淀丰厚、深受中国人民乃至世界所喜爱的传统艺术门类，书法甚至成为中国文化的象征。书法和篆刻列入“人类非物质文化遗产代表作名录”中，说明世界文化对中国传统文化的一种认同，也说明中华民族以自己历史悠久的独特文化，使世界文化变得更加丰富多彩。中国为世界文化做出了不可替代的贡献。

书法与篆刻艺术申遗成功，增强了我们的自信心与自豪感，同时也增强我们的使命感。我们要努力呵护好传统的书法、篆刻艺术，同时也要借申遗成功的东风，努力弘扬和发展书法篆刻艺术，与时俱进，不断创新，使古老的书法、篆刻艺术焕发出时代的青春活力，为丰富人民群众日益增长的文化生活，构建社会主义和谐社会，为使世界文化更加丰富多彩而努力工作。

中国书协和中国书法院的同志们，在申遗过程中作了大量工作，付出了辛苦和智慧，向在这次申遗工作中做出贡献的同志们表示感谢！并致以敬意。

张　海（中国书法家协会主席）：

中国书法申遗成功，不仅仅是书法界的一件大喜事，同时也是社会各界和全国人民的一件大喜事。此时此刻，我在这里向长期以来关心中国书法的各级领导和社会各界人士，以及在书法申遗中辛勤工作的同志们表示衷心的感谢和诚挚的敬意！

中国书法作为人类非物质文化遗产代表作当之无愧。它完全符合联合国教科文组织对人类非物质文化遗产代表作的定义和要求。中国书法申遗成功应是书法艺术的一个崭新时代的来临，我们应该怎么办？我认为书法界有三个任务：第一是如何保护好珍贵的书法遗产；第二是传承书法艺术；第三是发展书法艺术。

关于保护书法遗产。应该说，改革开放以来，对于书法遗产保护各地领导比较重视，投入比过去有所增加。但整体上来说，保护还没有到位。特别是有些碑刻，由于缺乏保护，自然风化严重，甚至还遭到人为的破坏。地方政府部门虽然有各种法令法规，但执行起来往往以罚代刑，罚的钱不如得到的利益大，这样从某种意义上讲，有滋长破坏文物的作用。我们的书法，特别是碑刻，其意义尚未被广大民众认识，所以有些地方碑刻遭到了破坏。有一些人知道碑刻的价值，为了谋取私利不择手段据为己有。现在中国书法申遗成功了，书法遗产应该得到全社会的保护。从中国书法家协会来说，要积极配合文物部门，进行大力宣传对书法遗产等文物的保护，使人们认识到书法遗产的珍贵性和不可再生性，引起各界的重视。

保护的目的是要应用，物尽其用。如何把书法遗产传承下去，我觉得是很重要的。在传承方面，现在有些人认为当代书法面临着一定的危机，由于电脑的冲击，写字的人越来越少了，这并不是传承存在着危机的问题。电脑普及了，人们有更多业余时间从事自己的爱好。因此，如何更好地把书法传承下去，要坚持两条腿走路：一条腿就是必须依靠政府的力量，教育部门开设书法课，特别是小学阶段开设书法课。开设书法课的目的不仅仅是为了传承书法，它的意义更加深远。现在已经有六、七个省市的教育部门要求小学开设书法课，但大多数省份的小学还没有。我们希望尽快出台法令、法规使小学开设书法课；另一条腿就是靠我们专业人员、书法教育部门和广大书法家、书法工作者通过另外一种途径来培养书法人才。这两方面缺一不可。我们应自觉地承担起传承书法的责任。如果对书法文化遗产的意义认识了，又培养了大量优秀的专业人才，我们的书法艺术就会得到新的发展。

保护书法、传承书法的终极目的，应该是书法艺术的繁荣和发展。我们的祖先留下来许多珍贵的文化遗产，是他们智慧的结晶，但我们绝不能坐吃山空，这是没出息的，更重要的是我们这一代应该创造出无愧于我们时代的书法经典，为后人所珍惜。

沈　鹏（中国书法家协会名誉主席）：

中国书法申遗成功，几年来中国书法家协会、中国艺术研究院中国书法院以及有关同志为此共同努力，全社会受到鼓舞。

我赞扬这样的观念：“中国书法被列入‘人类非物质文化遗产代表作名录’，并不是最终目的，中国书法申遗工程的结束，也意味着中国书法保护工程的开始。”

当然“保护”早已开始。保护，不是捧在手里不让损坏，不使丢失。真正的保护，立足被保护对象的可持续发展。大熊猫如不采取措施适度繁殖，就谈不上保护了。科学家还设想从远古生物化石中提取基因，甚至使其复生哩！中国书法之所以要列入遗产，要保护，缘于它的文化语境受到严重威胁，我们不能坐视它的衰退，我们要使它发扬光大。

“非物质”也是以物质形态为载体的。比如《石鼓文》、《散氏盘》，比如王羲之、颜真卿等宗师的墨迹，它们的物质存在，都是中国文化极其宝贵的遗产。但是不要忘记其中的非物质成分，其中积淀的美学理念、人文精神，对后世的启发，其价值是无可估量的。

中国书法必定会循着历史的规律延续下去。按联合国《保护非物质文化遗产公约》所说，保护为“促进文化多样性和激发人类的创造力”。中国书法就是这样一门艺术。强调原创性，不排除继承，而是突出传统中精粹部分的价值；不排除共性，而是真正认识到没有个性即无所谓共性。王羲之后来倘若没有孕育那么多流派，王羲之的价值就无从谈起。遗产的价值在启发个性，开启多元创造。

今后中国书法之路是多元的，融合古今，交会中西，是必然趋向。中国书法不排除并且吸收西方艺术中的精华；西方艺术也吸收中国书法中可取部分（如米罗的某些画作，器乐曲《草书》）。我们无需担心改变基因，遗产中真正精粹的部分具有永恒的意义。

欧阳中石（首都师范大学教授、博士生导师）：

获悉中国书法列入联合国教科文组织设立的“人类非物质文化遗产代表作名录”，非常高兴，衷心祝贺书法艺术申遗成功。这说明中国的书法艺术得到了世界的认知与认可，得到这一称号是当之无愧的。

我们的祖国有许多了不起的学问，祖宗给我们留下了丰厚的文化遗产，中国文化将立于世界文化之林中，比别人毫不逊色。中国文化的标志是什么？是汉字，是源远流长的汉字。汉字摆脱了语言的时序与节奏，创造了以象形为主要特征的符号，又从象形的符号走向会意，使具体走向抽象，在有限中表现无限。中国文字的分类反映着客观世界事物的分类规律，是科学的文字，同时又是生动的文字，是世界上其他文字所不可替代的。书法是以汉文字为凭借的艺术，汉字的象形之美及抽象之意都能表现出来，蕴含着中国传统文化的无穷魅力，所以书法作为人类非物质文化遗产的代表作是当之无愧的。在我们欣喜之余，又深感历史使命的沉重，我们应努力弘扬书法艺术，不辜负祖先给我们留下的遗产，不辜负这一光荣的称号。

赵长青（中国书协分党组书记、驻会副主席兼秘书长）：

联合国教科文组织审议批准中国书法名列“人

类非物质文化遗产代表作名录”之中，是整个书法界和文艺界值得庆贺的一件大事。书法申遗的成功，与我国综合国力不断增强，在国际社会的影响力日益扩大是分不开的，同当代书法艺术的繁荣发展也是分不开的。这同样是中宣部、中国文联关怀重视的具体成果，是中国书法家协会和中国艺术研究院中国书法院携手并肩、共同努力的结果，也是中国传统文化走向世界的重要标志，更是书法艺术得到世界普遍认可的关键所在。

书法艺术源远流长，有着独特的艺术魅力，正焕发出时代的光彩。书法艺术的民族性为人类文明做出了不可替代的贡献。此次申遗的成功使书法人感到责任重大、使命光荣、任重而道远。多年来，中国书法家协会一直注重书法的普及与提高。我们所做的一切，就是为了弘扬书法艺术，满足人民群众日益增长的精神文化需求。中国书法进万家、中国书法环球行两项行动计划，已成为书法界围绕中心、服务大局、回报社会、奉献人民的品牌性活动，深受各级领导和广大人民群众的普遍欢迎。

书法申遗的成功，既是对我们过去工作的充分肯定，也为书协今后的工作提出了更高的要求，同时也意味着书法艺术的明天将会更加美好。让我们借此东风，承上启下，继往开来，为实现书法事业的更大繁荣而努力。

王　镛（中央美术学院教授、博导，中国艺术研究院中国书法院院长）：

书法申遗成功了，消息传来万分兴奋。这对国内外热爱书法艺术的人们来说，是一个历史性的时刻，它将极大地推动对源于中国的源远流长的书法遗产的保护、传承和发展。

书法有着悠久的历史，参与者最广泛，最为大众所喜爱，是最具中华民族特色的艺术形式，也是中国文化的代表性符号，曾对其他门类艺术产生过深远影响。历史上，书法传承有序，稳定发展，每个时代都形成了自己鲜明的特色，从而在书法史上占据了一个应有的位置。但是，由于社会的发展，书法在当代的生存环境发生了重大变化，而这种变化的深刻性是以往历朝历代的更迭都无法比拟的，这无疑给书法在当代的发展带来了严峻的挑战。当代书法要给历史留下怎样的印记，能在书法史上占据怎样的位置？是从此一蹶不振，只能逐渐走入博物馆；还是努力变革，积极参与到当代文化建设中去，从而在新的时代焕发新生？对于一个有历史使命感的书法工作者来说，这是一个不得不思考的严峻问题。

2004年成立的国家级书法学术研究与创作中心——中国艺术研究院中国书法院，体现了国家在当代书法如何发展问题上的高瞻远瞩。书法院建院以来，从自身的特点出发，始终以书法的传承和保护为宗旨，举办了一系列学术活动，在书法界引起了良好反响。书法院在成立之初，就把书法申遗作为工作的重点，与中国书法家协会精诚协作，从设想、立项、论证到具体实施，历时四年。现在，凝聚着许多人心血的这一重大系统工程终于开花结果了，这的确是一件令书法界振奋的大事。

但是，申遗的成功只是一个开始，它只是为书法的当代发展提供了一个绝佳的历史契机，接下来对书法的传承和保护才是一个更艰巨更具体的系统工程。中国书法院将依托研究员这一雄厚的学术队伍，结合自身的特点，联合其他单位，逐步落实在申遗文本中对联合国教科文组织所作的承诺，为中国书法的发展贡献出自己的力量。

最后，感谢中国书协与中国书法院申遗工作组全体成员付出的辛勤劳动。希望今后全国书法界同仁进一步增强团结合作，将书法申遗之后的未竟事业进行到底。

张庆善（中国艺术研究院党委书记、中国非物质文化遗产保护中心常务副主任）：

这一次中国书法等成功入选联合国教科文组织公布的“人类非物质文化遗产代表作名录”，是中国文化发展中的一件大事。中华文明五千年，文化遗产丰富多彩，目前国家级非物质文化遗产项目就有1028项，当然我们不可能把1028项都作为人类非物质文化遗产代表作向联合国教科文组织申报。到底选择哪些项目申报人类非物质文化遗产代表作，专家评审委员会在评审中，根据联合国教科文组织通过的《保护非物质文化遗产公约》和我国非物质文化遗产存续及保护的实际情况，确定了几项原则：（1）对中国的文明进程、文化发展有重大影响的，具有杰出性、代表性的项目；（2）关系到国家文化主权、文化安全的项目；（3）中国有56个民族，多元一体是中华文化的特点，因此要重视少数民族的项目，要有利于民族团结，体现文化的多元性；（4）重视台湾、港澳地区的项目，有利于国家的完整与统一。这次公布的22项人类非物质文化遗产代表作和三项急需保护的非物质文化遗产名录项目，基本上体现了以上四项原则的精神。

例如，对中华民族文化进程具有重大影响的有中国雕版印刷技艺、中国传统蚕桑丝织技艺、中国传统木结构建筑营造技艺、中国书法、龙泉青瓷等。在22项人类非物质文化遗产代表作中，少数民族有七项，如藏戏、中国朝鲜族农乐舞、侗族大歌、呼麦等。海峡两岸有许多人信仰的妈祖信俗，这一次也成功入选。

中国书法入选人类非物质文化遗产代表作，是从国家、民族的大局出发考虑的。我们常说中国有几大发明，在我看来，中国的方块字就是对人类文明最伟大的贡献之一。在人们常说的世界上四大文明古国中，只有中华民族生生不息五千年，没有中断自己的文化，其中一个重要原因就是我们的文字没有中断，一脉相承。伴随着中国文字的产生，出现了我们的中国书法。书法是从实用书写中产生的。过去实用性写字，如写信、写报告等，只是为了把字写漂亮一点。今天的书法中的文字实用功能退化了，但产生了更重要的两个功能：第一，它是中华文化的代表性符号。不管到全世界的任何地方，只要看到书法，看到中国字，那就与中国联系在一起；第二，生动地体现了中国人特有的思维方式、人文精神和性情志趣，具有很高的审美价值。任何艺术都没有像书法那样，与老百姓的生活联系得那样紧密、有那么样的广泛性。

有一种说法，认为那么多人在写书法，书法现在很繁荣，还需要保护吗？这是由于对非物质文化遗产保护不了解产生的疑问。我们对非物质文化遗产保护有一个认识的过程。保护非物质文化遗产，是为了维护人类文化的多样性，是为了文化的发展与繁荣，是为了和谐社会的建设。联合国教科文组织公布人类非物质文化遗产代表作，并不是以濒危性作唯一条件。有一些珍贵的文化遗产，它没有濒危，同样需要保护。今天没有濒危，不能保证明天就不会遇到问题。我们不能等到濒危了再去保护。因此，联合国教科文组织设立了两个名录：“急需保护的非物质文化遗产名录”和“人类非物质文化遗产代表作名录”。中国书法列入了代表作名录。

中国书法申遗成功，意义重大，是中国书法发展历史性的里程碑，是我们中华民族的荣誉，有利于在世界彰显中华文化。当然，申报不是目的，保护传承才是目的。当我们向联合国教科文组织申报的时候，就是向国际社会做出了庄严的承诺，那就是保护、传承中国书法是我们的神圣责任。

夏　潮（中国文联国内联络部主任）：

中国书法在今年九月底联合国教科文组织保护非物质文化遗产政府间委员会第四次会议上，被批准列入“人类非物质文化遗产代表作名录”，这是很有意义的一件事情。在这次中国被批准列入名录的２２个项目中，中国书法可以说是一个最具中华民族特点、历史悠久，而且在当代中国社会拥有最深厚群众基础、深受最广大中国人热爱的一个传统艺术形式。书法申遗的成功，说明了国际社会对中国文化的一种理解和认同，某种程度上也可以说是中华民族优秀传统文化走向世界的一个具有里程碑意义的事情。所以，中国书法申遗的成功不仅仅对于中国的书法家来说是一件可喜可贺的事情，而且对于一切中国人、对于一切热爱中华文化的人们都是一个值得庆幸的事情。中国书法申遗的成功首要的前提当然是中国书法本身就是一个历史久远、具有优秀的人类非物质文化遗产内核的项目，同时，也是与中国政府和中国社会对中国传统文化保护的高度重视，与中国书法界的团结和努力，与中国改革开放以来经济社会的发展和国际地位的提高紧密相关的。书法申遗的成功将会进一步推动全社会对中国书法的重视和保护；将会使包括中国书法艺术在内的中华文化更好地走出国门、走向世界，从而进一步增强我国的文化软实力；将会进一步促进中华文化与世界其他文化的交流交融，为中华民族对人类文化多样性发展做出更大贡献开辟新的途径。

中国文联所属的中国书法家协会和文化部所属的中国艺术研究院中国书法院共同为这次书法申遗的成功做出了艰苦努力和重要贡献。多年来，中国书协和全国各级书协组织团结广大书法家，努力提高群众的书法文化意识，努力营造当代书法文化氛围，努力提升当代中国书法艺术水准；这些，为书法申遗的成功创造了良好条件。书法申遗的成功，对于被国家明确为书法保护与传承的直接责任单位之一——中国书协来说，并不意味着一桩事情的了结，而是意味着更大的责任和更新的使命。中国书协近年来研究制定《中国书法发展纲要》，开展中国书法进万家、中国书法环球行活动，举办各类书法艺术展，深化书法学术研究，推动中国书法进校园、进课堂，呼吁和推动建立中国书法博物馆等所做出的努力，都为中国书法的传承与创新提供了良好的基础保障。中国文联将以书法申遗成功为新起点，一如既往地支持中国书法家协会为书法艺术的繁荣和发展继续做出不懈的努力。

李胜洪（中国艺术研究院中国书法院常务副院长）：

这次中国书法申遗获得圆满成功，成为全人类非物质文化遗产的代表作，意义重大而深远，必然载入中国书法的史册。作为书法申遗工作的全程参与者之一，我有几点特别深切的感受：

一是申遗之路非常艰辛。申遗是在完全没有经验、没有任何参照的情况下展开的，任务繁重、难度极大。过程之中也打了不少遭遇战，如去年最紧张的时候，在不到20天的时间内，严格按照联合国近于苛刻的技术要求，高质量地完成了申报文本和申遗片文本的起草、送审、反复修改、翻译，还有申遗片的拍摄、后期制作等一系列相关工作。大家夜以继日、废寝忘食，吃盒饭，有时只能啃面包、睡沙发，忙得“人都快要疯了”。后来连我们想起来都觉得不可思议。

二是中国书法很幸运。联合国以前规定：申遗每两年一次，每个国家一个项目，不是国家级的非遗项目也不能报。我们中华民族五千年文明，文化遗产何其多？如果按照这个进度，书法恐怕还要再等一两个世纪！而且报上去也未必能够批下来。这次联合国才开了个口子，中国书法就“挤”了进去！据说联合国最近已有新的限制。而我们这些书法人也很幸运，因为能够参与这个具有历史意义的工作。最重要的是：这种千载难逢的历史性机遇被我们紧紧地抓住了！我曾想过，如果韩国、日本真的走在前面了，我们该如何向国人，还有后人交代？

三是团结就是力量。申遗成功是国家重视、全社会关注共同努力的结果。其中，作为书法传承与保护的直接责任单位，中国书法家协会、中国书法院从国家民族的文化利益出发，为了一个共同的目标，优势互补、密切配合、同心协力。几年来，中国书协、中国书法院从领导到具体工作人员，从材料准备、人员调配、技术支持、资金筹措、各方协调等方面都反映出一种空前的团结和力量。这种合力对于中国书法事业的繁荣和发展，具有十分深远的意义。

四是书法的保护比申遗更重要。申遗成功，只是万里长征走完了第一步。接下来还有更多、更重要的事情需要我们去做。如形成健全、完备的书法保护体制；提高全社会对书法文化、书法艺术的全面认识；引导人们以正确的观念进行书法学习、鉴赏和创作；促使书法在当今社会能够按照其艺术规律健康地发展等等。这是一项比申遗更加重要、复杂、浩大的工程，也是一条漫长而艰辛的道路。

申遗成功，使我们又站在一个新的历史起点上。我深信中国书法的明天会更加辉煌。

陈洪武（中国书协分党组副书记、副秘书长）：

中国书法是中华民族特有的艺术样式，是中华传统文化的重要组成部分，积极申报中国书法成为人类非物质文化遗产，是中国书法家协会义不容辞的责任。自五次书代会以来，在中宣部和中国文联的领导下，中国书法家协会分党组和主席团十分重视中国书法的申遗工作，在张海主席和赵长青书记的直接领导下，将此项工作纳入到重要的议事日程并着力实施。2006年12月中国书法家协会和中国艺术研究院中国书法院正式联手，精诚团结，密切合作，共同开展申遗工作。中国书法家协会依托拥有的丰富资源，联合各方力量，展开调研论证，参与撰写修改申遗报告及相关文本。在具体的推进过程中，中国书法院充分发挥专业学术机构的力量，组织各方面的专家学者，克服种种困难，按时按质完成申报的具体工作，做出了贡献。他们为书法事业所付出的努力令书坛感动。在申遗过程中，中国文联给予了经费上的大力支持，文化部给予了强有力的业务指导。可以说，申遗成功是中宣部、文化部、中国文联，以及书法界和社会各界共同努力的结果。

申遗成功对中国书法的发展和传承具有重要意义。我们要增强忧患意识，不断进取。为此，中国书法家协会在当前和今后一段时期内，将进一步落实《中国书法发展纲要》，坚持学术、创作、教育三位一体的工作格局，不断推进书法的普及与提高，不断地推出精品和人才，推进书法进入中小学课堂，为书法人才的培养夯实基础。同时，继续开展调研，与中国艺术研究院中国书法院等单位积极合作，有计划地启动中国书法的保护工程，促进书法艺术的可持续发展，让中国书法这一古老的艺术焕发出更加绚丽的光彩。

（原载于《中国书法通讯》报2009年第10期）

重大展览学术活动纪实

全国第二届隶书展在洛阳开幕

牡丹盛开，雅士咸集。2009年4月9日上午，全国第二届隶书展在十三朝古都洛阳开幕。国花与国粹相映，成为今年洛阳牡丹花会崭新的亮点之一。中国书协主席张海，中国书协分党组书记、驻会副主席兼秘书长赵长青，中国书协副主席何应辉、段成桂、聂成文，中国书协展览部主任白煦等，河南省副省长李克，中共河南省委宣传部副部长刘少宇，河南省文联主席吴长忠，河南省书协主席宋华平，中共洛阳市委常委、副市长吴中阳等有关领导出席了此次大展开幕式。

作为中国历史文化名城，洛阳与中国书法的创作及书法艺术的发展有着不解之缘。洛阳也有着厚重悠久的书法文化传统。为了光大这种传统，为牡丹花会增添文化色彩，洛阳市人民政府与中国书法家协会等单位联合举办了这次活动。活动期间，正逢中国2009世界邮展在洛阳召开，这是继北京之后，我国又一次举办此类世界性邮展活动。同时，一年一度的河南省第二十七届洛阳牡丹花会也盛大开幕。书展与世界邮展、牡丹花会同时结缘，这在中国书法史上迄今为止是第一次。

此次隶书大展自2008年5月征稿启事刊发以来，共收到来稿17000余件。来稿作者年龄最长者93岁，最小者刚满18岁，其中女性作者达30%以上。获奖、入展作品共411件。群众的投稿热情之高、稿件数量之大、影响之广，在全国书法艺术单项展中是空前的，开创了新纪录，充分反映了新时期书法艺术的繁荣与昌盛，也标志着隶书艺术创作进入了一个崭新的时代。

大展期间，与会书法家们还参与了“花和天下•全国百名书法家洛阳笔会”，河南省副省长李克为笔会挥毫开笔。展会间隙，大家对龙门石窟、白马寺、天子驾六博物馆等进行了参观考察，兴致勃勃地欣赏了享誉天下的洛阳牡丹。

全国第二届隶书展获奖、入展名单

获奖名单

一等奖（5人）

崔胜辉（北京） 王乃勇（河南） 许晓斌（山东）
汪　钧（河北） 张圆满（海南）

二等奖（11人）

张永乐（河南） 曹　洪（山西） 郭彦飞（四川）
赵炳坤（福建） 程　度（北京） 徐伟平（江西）
钱松君（黑龙江） 马俊达（天津） 刘　斌（河北）
王　墉（河北） 顾宇驰（江苏）

三等奖（19人）

卫　玮（甘肃） 崔勇波（北京） 周红军（河南）
刘建丰（北京） 高　岩（山东） 黄东光（浙江）
王羲吾（河北） 芦　荻（河南） 胡克龙（江西）
戴　文（重庆） 覃业文（湖南） 孙培严（四川）
李俊平（河南） 刘聚森（河南） 董士林（天津）
郭堂贵（贵州） 季　平（河南） 张华武（江西）
郝　军（天津）

获奖提名（40人）

袁　诚（安徽） 鞠闻天（内蒙古） 于唯德（陕西）
杨少辉（内蒙古） 高虎英（四川） 江松璐（广西）
龚子猛（福建） 欧新中（安徽） 曾宪良（湖南）
陈绍禹（黑龙江） 吕伟涛（陕西） 董江源（河南）
杨　勇（陕西） 陈怀远（甘肃） 徐　健（北京）
李浩文（湖南） 史焕全（河南） 邵玉祥（安徽）

武文全（山西）　汲朝军（河北）　孙　健（北京）
李京鹏（山东）　刘胜民（山东）　马　可（河南）
高　凡（黑龙江）　伍　剑（湖南）　赵丰杰（河南）
冯明威（河南）　王付利（河北）　肖庆党（河南）
龙　杰（河北）　杜鹏飞（安徽）　陈萧仰（山东）
张　伟（江苏）　王铁刚（河南）　刘佃坤（山东）
何志斌（广东）　黄正非（福建）　王增军（河北）
吴国雄（福建）

入展名单

安徽(15人)

马　腾　万福礼　文耀辉　王　锰　王绍先
司　峰　史文涛　刘爱玉　李　明　范士华
周茂健　周继中　战　斗　郭敬丹　蔡登高

北京(11人)

马军鸿　刘宝柱　许金学　李　建　李肇麟
苏　哲　杨承伟　应　杰　张　珞　侯锡瑜
童孝镛

福建(3人)

叶韶霖　何巧忠　吴耿阳

甘肃(11人)

牛　忠　王兰香　王亚斌　王来才　王怀罡
杨顺林　张　勇　郭鸿俊　陶耀文　程传发
穆　钧

广东(14人)

宁树恒　刘乃明　杜海军　陈守斌　陈苗夫
李武耀　李德利　吴鸿发　余立宗　张利平
张清标　彭　捷　谢云飞　孙凤刚

广西(6人)

李上智　李勋海　陆远怀　余乐军　杨世全
廖炳智

贵州(2人)

李茂江　谢安辉

河北(19人)

马耀信　王　永　王子逸　王旭初　关建洲
程　健　李国胜　李松涛　李献忠　吴英昌
杨树龙　张永萍　张忠勇　张剑南　孟　浩
黄金元　郭亚林　郭建民　刘晓明

河南(65人)

马健中　王志立　王建国　王鸿斌　王雪梅
冯中新　冯印强　冯东志　兰新刚　申一勤
池现平　米启伟　刘静元　任奎杰　许　维
许建康　杜　为　杜国库　陈占梅　樊子阳
何绍碧　何晓东　李　劼　李　峰　李　维
李　彬　李文晋　李业茂　李红普　李孝正
李孟才　李俊旭　李贵阳　连瑞卿　宋士军
吴学习　余西威　严　忖　杨　城　张立新
张朵聪　张存玉　张利安　张寿子　张学成
张英俊　孟昭立　郑　旭　段琳卿　姚晓琳
赵红修　赵兴华　吕舟根　党　鸿　贾云臻
唐国颖　袁景林　曹向春　常文艺　黄　平
康胜德　熊　舞　禄国平　斯　萧　谭振声

黑龙江(16人)

于远民　于德昌　朱禹璇　李庆玉　金泽珊
郑长华　姚捍东　赵学礼　郭建峰　栾金广
程晓海　焦宝成　鲁建飞　谢　飞　阚泽煜
荆　戈

湖北(3人)

李俊杰　杨　刚　熊　峰

湖南(6人)

刘宜民　刘晓辉　李建人　宋立斌　晏　云
詹利亚

海南(1人)

朱雷刚

吉林(14人)

马玉宝　马有林　宰令石　王晓利　吕　昕
刘　成　刘彤宝　刘福生　宋旭安　杨金华
周任赤　姜荣华　赵彦辉　夏　磊

江苏(31人)

丁　坤　韦金大　韦晓风　王大文　王湘平
冯建国　冯宗兵　刘山林　许　强　陈巧令
苏险峰　沈　正　张东明　张建荣　张建祥
张其凤　范　青　翟立新　季雪忠　郑必厚
贺　进　胡海云　赵逸群　顾春阳　高卫平
曹元伟　曹正羊　常　秦　储　逸　程娇龙
裴元庆

江西(10人)

马建民　邓懿媛　刘小平　胡中良　夏　云
曹端阳　黄　丰　廖承武　熊长龙　张登强

辽宁(7人)

丁　斌　马云鹏　李　凭　李　琪　张爱国
赵永辉　高　波

内蒙古(1人)

田　朴

宁夏(2人)

牛尔惠　刘建明

青海(2人)

王春生　李炳筑

山东(39人)

万　力　王升峰　王友杰　王秀莲　王春泉
田九亭　刘　磊　刘舫溪　魏会昌　董伟国
陈云翔　陈希军　李　明　李　莹　李华超
汪　雷　杨　雯　杨　键　杨宝波　张　剑
张志鸿　张秀岭　张彦卓　张继泉　林瑞兴
周新国　郑　罡　郑志群　侯颜丽　柳扬堂
赵　锐　赵善亭　高　建　耿伦元　徐　强
徐公正　曹立山　崔悦亮　常　明

山西(6人)

冯少鹏　孙存锦　武玉平　郭淑慧　姬江波
翟振邦

陕西(10人)

王　林　王亚林　陈云龙　李　晔　宋宝群
杨锁强　张安彪　张铜峰　罗小平　高军鹏

上海(1人)

陈培站

四川(18人)

马　林　尹　杨　代明道　卢　君　吕　楠
庄为充　陈拥军　陈敦良　李在兵　杨　进
张　强　林　峤　周杰峰　唐典贵　徐右冰
龚晓斌　游　韬　魏向阳

天津(5人)

李占会　李祥平　张文达　墨　僧　赵桂中

新疆(5人)

马亚飞　王纪林　卢　赤　刘建新　任生举

云南(2人)

太玉国　李自云

浙江(11人)

叶里青　孙　宁　孙新龙　朱小胜　李　杰
李方富　胡中福　姚　斌　夏军寅　楼子海
谭大庆

全国第六届楹联书法展评审在大庆揭晓

为庆祝新中国成立60周年，大庆油田发现50周年，大庆建市30周年，6月19日至22日，由中国书协主办，大庆市委、市政府、大庆油田有限责任公司联合主办，黑龙江省书协协办，大庆市文联、大庆油田文联、大庆市书协承办的全国第六届楹联书法展作品评审工作在大庆师范学院举行。22日下午，主办单位召开新闻发布会宣布评审结果。出席新闻发布会的有中国文联副主席、中国书协副主席段成桂，中国书协副主席聂成文，中国书协分党组成员、副秘书长戴志祺，大庆市委常委、政法委书记阮殿龙，大庆市文联主席柳庄，大庆师范学院副校长杨瑞峰及全体评委、监委。发布会由中国书协副秘书长白煦主持。

柳庄同志介绍了本届楹联展筹备工作情况。本届楹联书法展共收到全国各省、自治区、直辖市及海外书法作品30944件，其中来稿数量排在前几位的省份是：河南、山东、江苏、广东、浙江、黑龙江。此次展览是近两年来中国书协举办的单项展来稿数量最多的一次。大庆市有关方面为本次展览的评审积极创造条件，并及时通过电脑登记来稿。大庆师范学院为本次评审提供了场地及相应的服务，确保了评审顺利进行。

戴志祺同志介绍了本次评审的情况。他指出，本次楹联书法展的评审过程体现了公开、公平、公正的原则，体现了“阳光、规范、学术、和谐”的原则，严格遵循评审流程进行评审；在评审中，体现了评和议相结合的原则。在最后获奖作品的投票过程中，增加了复议的程序，充分让每个评委发表意见，最后以票数决定取舍；监审委员自始至终参与评审过程的监审。因此，本次展览评审充分体现了评委的集体意见，充分发挥了评委的民主权利，是一次成功的评审范例。

聂成文宣布获奖名单，其中获得本次楹联书法展的一等奖5名，二等奖10名，三等奖19名，入展作品402件。

阮殿龙、段成桂分别在发布会上讲话。

据悉，本届楹联书法展将于8月下旬在大庆市展出。

全国第六届楹联书法展
获奖、入展作者名单

获奖名单

一等奖（5人）

林玉梅（福建）　左奇志（广东）　黄岳洲（浙江）
王　墉（河北）　谢部生（江西）

二等奖（10人）

王大禾（浙江）　钱松君（黑龙江）　李大旺（海南）
李　杰（河北）　顾春阳（北京）　赵　恩（浙江）
龙　友（江西）　郭堂贵（贵州）　贺　进（江苏）
张明利（河北）

三等奖（19人）

杨建中（陕西）　闫　安（安徽）　黄东光（浙江）
孟　浩（北京）　张雅森（黑龙江）　林启猛（福建）
李传圣（安徽）　王　昱（河南）　李祉良（河南）
李敬伟（江苏）　姜　勇（辽宁）　林景辉（福建）
栾金广（黑龙江）　万　力（山东）　井桂生（河北）
孙学辉（辽宁）　王友杰（山东）　傅泽宇（河南）
苏德永（辽宁）

入展名单 （共402人）

艾　青	白　驰	包玉林	卞文东	蔡昌正
蔡海啸	蔡森华	曹景超	曹玉才	岑　岚
车　帅	车运隆	陈安职	陈城明	陈花容
陈克年	陈立志	陈亮男	陈　祺	陈　伟
陈文波	陈萧仰	陈　旭	陈旭东	陈炎城
陈永君	陈虎志	陈　征	陈子强	程　度
仇必鳌	楚　石	崔长武	崔发昌	崔　武
崔武清	梅祥华	戴永芳	单晓光	邓云良
丁同良	丁　斌	董友民	董江源	杜国库
杜　洋	杜占存	段全景	范学刚	范振平
范兴民	冯建国	付维学	傅周平	高风勇
高　泓	高虎英	高金艳	高　岩	葛光蓬
耿艳春	龚　俊	龚子猛	顾满明	关澍钧
郭　迪	郭建峰	郭金晓	郭君飞	郭献军
郭小书	郭亚林	郭延兴	郭永清	郭永生
韩振东	何继贵	何利民	何巧忠	何世新
何　鑫	胡海峰	胡中福	胡中良	黄阿六
黄红灯	黄金文	黄景中	黄敬东	黄卫东
黄正非	霍　超	姬　超	姬江波	汲朝军
纪　龙	纪　松	贾占强	焦宝成	康　平
金国成	金　弋	荆立新	居　然	柯振海
来常新	赖昌平	兰志勇	劳建忠	李　彬
李　闯	李　峰	李贵阳	李国华	李汉峰
李汉涛	李　健	李鉴峰	李金栋	李京臣
李俊岳	李　鹏	李启龙	李乾山	李松涛
李潭泓	李　涛	李向军	李旭东	李学敏
李义清	李有春	李原野	李月贵	李云龙
李道文	李耘莉	李再联	李占山	李镇锐
李自云	廉继东	林桂芹	林李阳	林树森
林　伟	林知林	刘步蟾	刘长龙	刘福生
刘国礼	刘红卫	刘洪洋	刘建新	刘京文
刘景芳	刘聚森	刘开华	刘　磊	刘明涛
刘生东	刘树静	刘祥喜	刘晓军	刘晓明
刘兴贵	刘伊明	刘永发	刘秉祥	刘远武
刘仲明	柳清芬	廖理邦	卢　君	鲁秀舫
吕海强	简　杰	罗海东	罗良福	骆鸿鑫
马广华	马怀忠	马建民	马健中	马金标
马永林	马有林	马于强	孟　薇	苗立军
母传勇	慕鹏军	牛超群	牛煦评	牛　耕
潘应照	彭洪顺	彭　彤	强国胜	乔堃龙
乔　荣	秦良静	曲奎萍	曲志刚	任根元
任奎杰	阮　群	阮宪镇	桑文才	邵楚群
邵永治	申　光	沈晓洪	盛俊艺	盛　敏
施旭辉	石志军	史庆华	舒玉春	宋满昌
宋寅鹏	孙德胜	孙建芳	孙　健	孙蒋贤
孙　敏	孙万有	孙文佳	孙香军	孙晓悦
孙旭东	孙占峰	孙中伏	谭念宗	唐红伟
唐日辉	唐少平	唐卫东	唐小军	田应祥
田镇亚	汪川博	汪国金	王大春	王凤炜
王官平	王国羽	王河云	王洪权	王洪岩
王厚孝	王家飞	王嘉宁	王建军	王　荐
王金魁	王京国	王奎公	王宁波	王乾立
王　勤	王胜文	王世业	王铁军	王铁山
王为军	王文轩	王显红	王绪生	王子逸
王玉锟	王兆卿	王永军	王　铮	王志坚
王　渺	魏绪明	温尚萍	文子千	沃恒洲
吴锋飞	吴洪春	吴平均	吴伟义	吴武庆
吴学清	吴正前	武传国	夏仕勇	肖小梅
谢　超	谢　飞	谢观球	谢洪傑	谢辉旺
谢佳银	谢小伟	谢和平	辛　宏	熊长龙
熊　愚	修　丹	徐炳波	徐　鹏	徐亚思
许晓斌	薛　清	延志超	闫胜利	闫文禄
颜世君	燕淑芝	杨宝泉	杨昌刚	杨　城
杨国欣	杨恒旗	杨宏敏	杨洪斌	杨建虎
杨　洁	杨树玉	杨　雯	杨　雪	杨亚友
姚捍东	姚亭奎	姚晓刚	叶城铭	叶国俊
叶慧敏	叶　靖	叶韶霖	叶效良	叶枝校
殷启东	尹开桂	伊文奇	于永江	于远民
余国联	俞伟文	袁　诚	袁少厚	袁忠学
满文斗	张兵民	张登强	张东昌	张　峰
张凤娟	张福有	张广敏	张海同	张汉溪
张　煌	张俊庆	张　磊	张林忠	张日安
张伟民	张文杰	张显东	张　新	张彦峰
张永乐	张永清	张永忠	张玉权	张召究
张　照	张　征	张子旭	张遵峰	张永刚
张　财	赵炳坤	赵培峰	赵　仓	赵鸿昌
赵丽丽	赵旋伊	赵逸群	赵英文	赵振文
郑百从	郑文义	钟启和	钟全昌	周红军
周华军	周建军	周立志	国利辉	周少剑
周世恒	周泽波	朱广贺	朱　利	朱　敏
庄绍英	曾昌盛			

全国第二届青年书法篆刻作品展在宁波开幕

全国第二届青年书法篆刻作品展2009年9月16日上午在宁波美术馆隆重开幕。中国书协分党组书记、驻会副主席兼秘书长赵长青，中共宁波市委副书记唐一军，中国书协副主席陈永正、聂成文，分党组成员、副秘书长戴志祺，中国书协副秘书长白煦等出席开幕式。出席开幕式活动的还有刘恒、张陆一、李松、魏哲、何昌贵、杨西湖等全国著名书法家、艺术家、获奖作者和宁波市文艺界有关人士。本次活动协办单位浙江前程投资股份有限公司董事长沈志军也参加开幕式。开幕式由宁波市政协副主席、市文联主席傅丹主持。

全国青年书法篆刻作品展是中国书协针对广大青年书法篆刻爱好者而设置的专项展览，不仅集中反映了当今全国青年书法篆刻创作的状态，而且对于弘扬书法艺术，提高书法艺术水平，促进书法艺术可持续发展，推出书法艺术人才，繁荣书法事业有着积极的推动作用。本次展览由中国书协、宁波市人民政府主办，宁波市文联、宁波市书协承办，浙江省书协、浙江前程投资股份有限公司、宁波美术馆协办。这次展览共展出书法篆刻作品409件，这些作品都是通过向全国征集、专家评审，从17000多件作品中评选出来的入展作品，代表了当今全国青年书法篆刻创作的整体水平。

开幕式上，中国书协分党组书记、驻会副主席兼秘书长赵长青在讲话中高度肯定宁波市的筹备组织工作。他说，在这次活动的筹备工作中，宁波市领导重视，组织严密，流程细致，工作热情周到，是中国书协多年来各项大型书法活动中较为方便、舒畅、惬意的一次，给人留下了深刻而难忘的印象。

唐一军代表市委、市政府致辞。他说，经过改革开放30多年特别是近年来的快速发展，城市综合实力明显增强，城乡面貌日新月异，人民生活水平显著提高，社会事业协调发展。承蒙中国书协的关心支持，全国第二届青年书法篆刻作品展由宁波承办，这是我市文艺界的一件大事，也是全市560万人民的一件喜事，为宣传推介宁波、扩大宁波知名度和影响力提供了一个良好的机遇和重要平台，必将对促进宁波经济、社会、文化发展产生重要的推动作用。

为配合本次展览，主办方出版了《全国第二届青年书法篆刻作品集》和纪念邮册。

全国第二届青年书法篆刻展
获奖、入展作者名单

获奖名单

一等奖（5人）

徐　强　林　峰　刘银鹏　邱朝剑　杜延平

二等奖（10人）

吴炜栋　李　明　李茂江　彭　彤　卿三彬
刘京文　蔡　毅　周剑初　刘建丰　曹恩东

三等奖（19人）

王厚祥　许沛波　蒋乐志　朱国平　柯学刃
朱晓海　余继忠　赵家兴　衣　然　马天天
贾梦强　朱国振　王永静　俞者新　黄乐辉
罗惠义　张洁明　杨建荣　王道义

入展名单（375）

万　力　丁　斌　于永江　于江涛　马于强
马东明　马东骅　马　可　马有林　马泽平
马秉海　马健中　马德田　文耀辉　毛国典
王乃勇　王小宇　王孔瑞　王冬亮　王　伟
王　华　王华君　王有舵　王　江　王志坚

王　凯　王建元　王建民　王　勋　王厚孝
王春泉　王　昱　王青松　王　峰　王　涛
王　盛　王　渺　王　瑞　王锡良　王　靖
王毓峰　王　巍　邓天伟　韦建光　冯云飞
冯　伟　冯学军　冯宝麟　冯建国　冯泽松
古　伟　叶韶霖　宁金鹏　母传勇　甘文锋
白云飞　白　翎　石军海　石志军　石树海
石　锋　龙　友　龙　杰　龙春雷　伍　强
关建洲　刘东亚　刘　立　刘仲明　刘兴贵
刘佛吾　刘孝美　刘宏卫　刘灿辉　刘命清
刘宝柱　刘　波　刘恒章　刘洪洋　刘炳玉
刘晓军　刘珠利　刘　萌　刘银鹏　刘　斌
刘朝辉　刘跟弟　吕伟涛　吕雪峰　孙云层
孙元富　孙长明　孙　立　孙宏伟　孙志勇
孙明建　孙　博　孙　新　巩海涛　师彦伟
曲庆伟　朱子敬　朱小诱　梁炳伦　毕雪锋
江建荣　汤忠辉　许晓斌　许　晨　邢　伟
闫　安　闫明勇　闫胜利　闫　仑　何永康
何利民　何其健　吴加想　吴自标　吴应森
吴前琪　吴振宇　吴旖旎　宋旭安　宋春青
宋高峰　岑　岚　张一冰　张卫东　张书魁
张　开　张　丰　张平均　张永乐　张永锋
张汉溪　张　立　张立华　张军文　张　弛
张成强　张兵民　张利安　张呈军　张志军
张志庆　张志鸿　张良明　张建祥　张明利
张　欣　张英群　张　俣　张　剑　张剑南
张铁伟　张海同　张培超　张　辉　张雄华
张煦阳　张聪明　张遵峰　李中华　李云峰
李太亮　李生祥　李亚静　李传辉　李在兵
李江平　李志远　李国月　李宗洪　李　杰
李松涛　李武耀　李俊岳　李炳筑　李晓光
李继祥　李　彬　李敬伟　李　琪　李道文
李锐（广东）　李锐（山东）　李　鹏
朱　平　杜国库　来永岐　杨小刚　杨小琪
杨占军　杨宇力　杨　庆　杨国欣　杨学堂
杨建民　杨建华　杨　波　杨信鸽　杨树龙
杨树岳　杨　洁　杨　容　杨　雯　汪　钧
肖庆党　肖洪波　芮新丰　邱　红　邵路程

陆爱国　陈才坤　陈　仁　陈业文　陈　刚
陈　宇　陈守斌　陈　旭　陈伯舸　陈怀远
陈　征　陈明德　陈绍禹　陈俊艺　陈显丰
陈祥生　陈　辉　陈锦平　陈　鹏　单永辉
周小华　周立志　周亚贤　周兆利　周　红
周红军　周　芳　周　斌　孟　浩　季雪忠
林　伟　林志明　林浩湖　林景南　欧阳柳枝
武　政　罗超阳　范　青　范科进　范鹏军
郑人凤　郑长华　郑长安　郑　伟　郑百从
郑志群　郑南贞　郑　频　金泽珊　金恩楠
侯锡瑜　俞伟文　俞科钱　哈斯喜贵　姚　锋
姜　纯　姜宝平　施文浩　洪　涛　胡中良
胡中福　胡文辉　胡永庆　胡克龙　胡炳华
胡海云　胡海峰　荆　戈　贺东祥　贺建波
贺炜炜　贺显亮　贺溪阳　赵成建　赵技峰
赵　亮　赵炳坤　赵彩秀　赵鸿昌　逄春伟
郝　军　钟全昌　唐小荣　唐伟明　徐正升
徐伟平　徐轰轰　徐　健　徐晓玲　徐崇尧
徐雅平　桑宝安　秦　健　莫金龙　袁少厚
袁文琨　诸葛丽娜　贾石璧　郭亚林　郭洪涛
郭　峰　郭振坤　郭堂贵　高　杰　高湃丹
崔宝国　崔胜辉　曹元伟　曹向春　曹　峰
曹端阳　曹　瑾　梅家红　章庆文　章国新
萧　翰　鹿守璋　黄正非　黄庄富　黄宗杰
黄金通　黄彦平　黄济阁　龚小膑　傅如明
傅宏志　傅泽宇　傅振羽　喻世才　彭双龙
彭俊龙　温家远　游世学　程　忠　葛秀峰
蒋君慧　谢利疆　谢佳华　谢洪杰　韩　袒
鲁建飞　楼子海　楼金辉　简　杰　蒲元辉
蓝兴龙　赖梓文　雷　伟　熊华禹　蔡长远
蔡　宁　蔡泓杰　谭　毅　樊子阳　潘芳华
稽小军　薛天喜　薛明泓　魏会昌　魏向阳
詹利亚　孙建明

第三届中国书法兰亭奖颁奖晚会暨作品展开幕式在平顶山隆重举行

中国书法兰亭奖是经中宣部批准的书法界唯一的综合性奖项，也是中国书法艺术的最高专业奖。第三届中国书法兰亭奖由中国文学艺术界联合会、中国书法家协会主办，中共河南省委宣传部、河南省文学艺术界联合会、中共平顶山市委、平顶山市人民政府联合主办，河南省书法家协会、中共平顶山市委宣传部、平顶山市文学艺术界联合会承办。

第三届中国书法兰亭奖自2009年6月启动以来，平顶山市委、市政府高度重视，精心组织，成立了第三届中国书法兰亭奖平顶山组委会，面向全国各省（市、区）文联、书协及行业书协发出征稿启事和邀请函，并设立了专门的收稿办公室，制定了工作制度，设立了咨询电话。到10月10日征稿截止日期，共收到艺术奖参赛作品5900多件，“尧山杯”新人展参赛作品20800多件，参赛作品数量为历届之最。

2009年10月30日至11月4日，第三届中国书法兰亭奖评审工作在平顶山市举行。经过专家评审，评出了艺术奖、理论奖、教育奖、编辑出版奖、终身成就奖五大奖项。其中艺术奖31人、获奖提名64人、入展作品350人；理论奖30人，其中一等奖5人，二等奖10人，三等奖15人；教育奖15个，其中一等奖1个，二等奖1个，三等奖个人12个，集体奖1个；获奖提名12个（个人10个、集体2个）；编辑出版奖15个，其中一等奖2个，二等奖5个，三等奖8个。刘江、沙曼翁、孙其峰、姚奠中获得终身成就奖。“尧山杯”新人展共有入展作品350件。

2009年12月27日晚8时，第三届兰亭奖颁奖典礼和文艺晚会在平顶山新城区会议中心举行。出席颁奖典礼的领导和嘉宾为4位获得终身成就奖，以及艺术奖、理论奖、教育奖、编辑出版奖一等奖获得者颁奖。颁奖典礼由平顶山市长李恩东主持，文艺晚会由著名主持人周涛、著名相声演员邹德江主持，并邀请了孙中山扮演者邓建壮、豫剧表演艺术家王希玲、著名女歌手毛阿敏、著名相声演员丁广泉、海政文工团青年女高音歌唱家常思思等表演了精彩的文艺节目。

12月28日上午，第三届中国书法兰亭奖作品展暨“尧山杯”新人展开幕式在平顶山博物馆隆重举行。共有1080幅作品参加展出。

全国政协副主席李金华，河南省政协主席王全书，中国文联党组副书记、副主席覃志刚，中宣部副局级巡视员路侃，河南省委常委、河南省副省长兼宣传部部长孔玉芳，中国书协主席张海，中国书协分党组书记、驻会副主席兼秘书长赵长青，河南省人大常委会副主任张程峰，河南省政协副主席靳绥东、邓永俭，中国书协副主席申万胜、吴善璋、聂成文，中国书协分党组副书记、副秘书长陈洪武，中国书协分党组成员、副秘书长戴志祺、中国书协副秘书长白煦，平顶山市委书记赵顷霖，市长李恩东，市委副书记冯昕，市人大常委会主任薛新生，市政协主席裴建中，以及中国书协、河南省委宣传部、文联等单位领导同志出席颁奖晚会和开幕式。

在颁奖晚会上，张海代表中国文联、中国书协讲话。他说，第三届中国书法兰亭奖的组织和评审工作，经过精心策划，精心组织，群策群力，密切配合，取得圆满成功。为推出精品、推出人才、弘扬德艺双馨精神和中华传统文化起到了重要作用。这是中宣部大力指导，河南省及平顶山市各级领导重视支持，全国书法界共同努力的结果。也充分证明，书法事业的社会地位和国际形象有了明显提升，中国书协确立并始终一贯坚持“在全局中定位，在大局下行动，团结和带领广大书法家跟党走”这一总体思路是完全正确的，取得了新进展、新成就。他还说，河南省委提出了加快河南文化资源大省向文化强省跨越的战略举措，在文化体制改革、文化事业投入、人才队伍建设等方面做出了重大部署，也取得了可喜成就。

覃志刚在开幕式上作了书面讲话。他指出，第三届中国书法兰亭奖坚持把握正确的艺术导向，遵循传统、鼓励创新、多种风格的创作规律；坚持时代性、学术性、多样性、创新性及公开、公平、公正的原则。纵观艺术、理论、教育、编辑出版和终身成就等五个奖项的获奖作品和书法家，代表了当代书法创作、理论研究、书法教育和编辑出版的最高水平，展现了中国书法事业繁荣发展的整体风貌。对于继承和弘扬传统文化，提高中国书法艺术的地位，提升书法的人文品格，促进书法事业的繁荣发展起到了积极的推动作用，必将在当代中国书法发展史上留下浓重而绚烂的一笔，标志着中国书协已进入到了成立以来最好的发展时期。

赵长青在开幕式上致辞。他说，此次兰亭奖评审注重在评审过程中的学术讨论、集体评议，评委在评审中发现问题，及时提出建议或意见，集中商议解决；对存在异议的作品，按照评审原则和规定进行复议，使评审融入学术分析，更有学术性、合理性。通过不断总结经验，完善制度，评审工作机制日趋健全。他指出，第三届中国书法兰亭奖作品展全面展示了当代书法艺术在各个领域、各个层面所取得的成就，琳琅满目，硕果累累。展览是当代书法发展的晴雨表，从第三届中国书法兰亭奖作品展中可以清晰的看到：几千年来世代相传的中国传统书法艺术，在当代文化环境中，在中西文化交融的时代背景下，已经成功地实现了历史转型，基础更加雄厚，思想更加活跃，手法更加多样；书法家锐意革新，使得传统艺术焕发出蓬勃的生机。回顾过去，展望未来，我们满怀信心！最后，他对河南省及平顶山市在筹备第三届中国书法兰亭奖工作中所做出的努力给予了充分的肯定。

孔玉芳也在开幕式上致辞。展览开幕式由戴志祺主持。

第三届中国书法兰亭奖选择由平顶山市承办，一是平顶山有深厚的书法艺术底蕴。现存平顶山的《汝帖》、元次山碑、《幽兰赋》碑、香山大悲菩萨传碑、赵孟頫碑等，都是古代珍贵碑帖和名家传世之作。建于三苏园内的东坡碑林，100位当代书法家书写的《大江东去》碑刻，更是书体各异。二是平顶山市有坚实的书法群众基础。近年来，平顶山市书法队伍不断壮大，现有国家级书协会员30人，省书协会员310人，先后有500多人次获得国家级和省级大奖。此次兰亭奖在平顶山市有关方面的大力支持下，做了充分的准备和组织工作，为展览成功举办提供了保障。

艺术奖获奖、提名、入展作者名单

获奖名单

一等奖（5人）

陈花容　傅亚成　曲庆伟　郑庆伟　徐　强

二等奖（11人）

周　军　卿三彬　龙开胜　张　威　许金学
张一冰　王　浩　季　平　王　瑞　仲伟迅
宇文家林

三等奖（15人）

毛国典　孙万民　蒋乐志　史焕全　曹元伟
曹向春　李贵阳　张信凯　周　斌　万　力
史俊领　薛党军　谷松章　张英俊　彭双龙

获奖提名（64人）

蔡兴洲　曹仕强　陈敦良　陈　捷　陈亮男
程　忠　董伟国　董卫平　董文广　樊利杰
傅如明　龚小膑　巩海涛　顾春阳　顾晓燕
关宁国　郭　庆　郭延兴　郝国斌　黄　明
嵇小军　菅智民　姜　勇　金　弋　李　闯
李洪义　李建明　林景辉　刘　根　吕金光
吕　楠　栾金广　马健中　马雪宝　宁亚林
欧新中　钱松君　沈长波　石　锋　唐永平
涂　君　汪能江　王鸿斌　王厚孝　王　静
王　岚　王文吉　王亚林　魏有永　谢　飞
徐右冰　袁永安　张承宗　张军文　张青山
张雅森　张　玉　刘志骋　赵广付　周少剑

朱国勇　左奇志　王乃勇　欧阳柳枝

入展名单(350人)

白贵锋	蔡佰虎	蔡长远	曹恩东	曹景超
曹新元	岑 岚	陈 刚	陈国鸿	陈洪普
陈 靖	陈 龙	陈 鹏	陈 祺	陈 仁
陈世忠	陈守斌	陈显丰	陈燕丰	陈远鸣
陈 征	程 度	程晓海	池现平	迟 夫
仇高驰	崔寒柏	崔胜辉	崔勇波	邓艳光
丁国朝	丁子同	董士林	杜长荣	杜国库
杜鹏飞	樊子阳	冯宝鳞	冯东志	冯明威
冯少鹏	冯伟智	冯印强	冯 勇	冯泽松
冯宗兵	符 浩	傅爱萍	傅泽宇	高 昂
高建国	高 杰	高 冉	高 岩	耿晓弘
龚子猛	关建洲	郭春峰	郭 峰	郭堂贵
郭 阳	郭永生	郭月亭	哈森高娃	韩 东
韩少辉	韩振东	贺溪阳	洪 权	侯和平
胡焯渠	胡海云	胡 晖	胡一舟	胡永庆
胡中福	胡中良	华续先	黄传峰	黄继革
黄小宝	黄岳洲	黄正非	黄志农	汲朝军
贾占强	江寿男	姜宝平	姜 黎	姜苏海
姜新初	蒋君慧	荆立忠	鞠闻天	李 彬
李炳筑	李德会	李 峰	李洪波	李耀中
李吉东	李建春	李 杰	李洁冰	李敬伟
李 琪	李 锐	李尚才	李胜春	李守卫
李守银	李树财	李树祥	李 文	李文灵
李向军	李晓光	李学敏	李延庆	李 岩
李义清	李玉江	李耘莉	李运熙	李占山
廉世和	梁 冰	梁启忠	梁文斌	梁晓庄
林 峰	林秋宏	林万里	刘炳玉	刘灿辉
刘畅之	刘佃坤	刘堆来	刘福生	刘跟弟
刘国强	刘洪洋	刘建丰	刘建新	刘京文
刘路军	刘 石	刘士业	刘小平	刘晓军
刘晓玲	刘颜涛	刘银鹏	刘月卯	刘尊法
龙 杰	龙 友	娄红卫	楼金辉	楼子海
卢和华	陆家衡	鹿守璋	路 工	吕铁元
罗惠义	罗 群	马建钧	马 靖	马 可
马青春	马 武	马亚飞	马永林	蒙麓舟
米 刚	米启伟	倪和军	牛家湘	彭洪胜
楚 石	蒲 剑	蒲元辉	齐建霞	邱朝剑
曲修诚	任继军	容浩然	邵跃晰	沈永贵
晓 峰	石海松	石月晨	史文涛	司俊杰
宋国军	宋 琰	孙长明	孙道俊	孙光松
孙志勇	覃业文	谭必清	汤文俊	唐国颖
唐绍禄	唐 毅	汪川博	王保庆	王炳建
王春昉	王春新	王大武	王道义	王道雨
王德志	王峰涛	王国柱	王海明	王慧生
王 江	王金泉	王奎公	王冷石	王 猛
王敏学	王 勤	王铁成	王文禅	王绪生
王 涯	王永静	王 勇	王雨生	王 昱
王云龙	王云山	王兆卿	王忠海	魏兵然
魏晓伟	温家远	吴朝晖	吴东庆	吴洪伟
吴继宏	吴 健	吴平均	吴前琪	吴志仲
吴智勇	谢部生	谢全胜	熊华禹	徐 键
徐曼娜	徐启刚	徐为零	徐伟平	徐于群
许广丽	许贻群	薛明泓	薛英杰	薛兆东
闫胜利	闫玉川	严昭裕	杨宝波	杨 帆
杨浩奇	杨宏伟	杨建永	杨 剑	杨剑锋
杨昌刚	杨占军	姚志军	叶城铭	叶韶霖
叶 文	衣 然	殷旭明	游建新	于绩伟
于谋勇	于唯德	于远民	余中元	袁 波
曾 广	张 磊	张 斌	张 沧	张 锋
张国永	张海潮	张红春	张洪波	张 挥
张家祥	张建祥	张金国	张 靖	张 立
张 利	张 铭	张日安	张胜伟	张寿子
张炜羽	张文佑	张煦阳	张永乐	张钰明
张跃飞	张 征	张志刚	张志庆	章文灿
赵 仓	赵 恩	赵红修	赵鸿昌	赵会科
赵 亮	赵社英	赵守义	赵彦林	赵 雍
赵永辉	赵友章	郑虎林	郑 频	郑育辉
钟 成	钟国友	钟全昌	钟显金	周光喜
周红军	周玛和	周亚贤	朱宝玉	朱金明
朱 桥	朱绍俭	朱亚群	朱银富	朱子敬

尧山杯新人展入展名单
(350人)

白金尧 蔡泓杰 蔡建明 曹进增 曹静阁
曹仕红 曹文宏 晁亚洲 陈刚 陈安祥
陈超勇 陈崇山 陈高杰 陈汉春 陈红善
陈怀安 陈基忠 陈俊艺 陈俊哲 陈世忠
陈思杰 陈显明 陈晓辉 陈业文 陈玉娟
陈远东 成宏耀 成纪元 程共飞 程贵平
程文华 崔林 崔鑫 戴志松 单峰
党鸿 邓立武 邓文冲 邓懿媛 董小宁
窦效民 杜一清 杜占存 范海波 范科进
范振平 房东辉 冯明威 冯学军 逢春伟
傅勇 高建 高湃丹 巩同海 顾淦清
郭洪涛 郭金辉 郭金晓 郭克耀 郭圣君
郭淑慧 郭玉姝 郭志民 韩灿秋 韩存利
韩东 韩建军 韩振东 何敏 何永钧
何志瑞 贺红 胡斌 胡炳华 胡迪军
胡海利 胡红专 胡俊楷 胡宗江 华强
黄河 黄千里 黄强 黄卫东 姬超
纪龙 纪敏 贾长庆 姜雷 兰勇刚
雷平 李保亭 李步宁 李长忠 李大庆
李根 李光文 李华 李华超 李继作
李建水 李江 李金杰 李俊旭 李克谦
李茂兴 李琦 李麒 李仕明 李树祥
李桃增 李伟军 李旭东 李尧林 李义友
李云峰 李占山 李志平 李中华 李卓
廉继东 梁松 梁镛 林惠瑜 林景南
林双全 刘秉祥 刘步蟾 刘大川 刘海波
刘怀彬 刘建文 刘开华 刘立 刘林蔚
刘全新 刘舒 刘桐 刘祥喜 刘晓玲
刘晓清 刘笑尘 刘延福 刘迎春 刘影仪
柳东浩 柳清芬 鲁金盛 陆华凯 吕程
罗晖 马春林 马力 马龙 马维富
马志刚 孟春晗 闵锐 倪和勇 聂政
牛似宝 欧阳烈旺 潘继垣 潘永斯 庞东华
庞南 彭金华 彭胜利 乔成成 任峰
任旭华 戎月文 阮为真 阮晓慧 沈惠强
沈可 盛云蛟 万玲 石以品 石樟永
宋德桢 宋杰 宋延来 苏芬兰 苏海东
苏开科 孙宝发 孙健 孙立军 孙兴泉
孙振刚 覃业文 唐郭媛 唐小荣 唐云联
田洪宝 汪得洋 王保菊 王斌 王波
王朝磊 王成泉 王大庆 王定国 王芳
王芳能 王峰 王洪波 王嘉宁 王健林
王金梅 王金强 王金柱 王靖 王然可
王少宇 王守本 王为军 王伟 王献杰
王向阳 王孝福 王彦 王业 王友璧
王有军 王玉刚 王泽勇 闻毅敏 邬晨晖
吴耿阳 吴宏江 吴建军 吴界和 吴贤军
吴学习 吴玉德 武言申 萧翰 肖春光
谢部生 谢超 谢和平 谢洪涛 谢佳银
谢如意 谢秀申 邢国强 邢宗仁 熊愚
徐传国 徐公正 徐启华 徐清志 徐荣伟
徐玮 徐晓玲 许雅颖 徐战文 徐中华
许春光 许继华 许磊 薛连桐 荀海
闫文禄 闫振 严文学 杨本学 杨斌
杨长辉 杨帆 杨华祥 杨建民 杨树玉
杨喜明 杨贤淼 杨晓辉 姚志军 叶靖
阴胜国 殷国珍 银雁 尹波 于淼
余继忠 余乔 余西威 袁会 袁永安
院少华 曾祥军 张宝军 张波 张朝忠
张春晓 张国强 张红杰 张鸿 张继华
张继平 张建荣 张柳松 张明贵 张培志
张平生 张清标 张剡 张绍锋 张天诚
张文亮 张西宽 张向峰 张阳 张铁伟
张召兖 张忠华 赵纯洁 赵法宏 赵剑
赵禁 赵立宾 赵亮 赵培峰 赵泉有
赵小永 赵同 赵云龙 赵中勇 郑伟
钟建良 钟全昌 周飞彪 周静合 周亮
邹涛 周延忠 周志华 周志伟 朱杰
朱连昌 朱明德 朱权 朱先平 朱小诱
朱星星 朱一虹 邹立军 邹卫东 左晓杰

理论奖获奖名单

一等奖

方爱龙　《南宋书法史》　（浙江）
曹宝麟　《抱瓮集》　（广东）
徐　畅　《先秦玺印图说》　（江苏）
王元军　《汉代书刻文化研究》　（北京）
张金梁　《明代书学铨选制度研究》　（吉林）

二等奖

陈方既　《中国书法美学思想史》　（湖北）
薛龙春　《郑簠研究》　（江苏）
徐　清　《二十世纪中国书学疑古考辨之研究》　（浙江）
蔡显良　《宋代书法研究系列论文》　（广东）
程章灿　《石刻刻工研究》　（江苏）
陆明君　《魏晋南北朝碑别字研究》　（北京）
盛东涛　《书法形式美学》　（江苏）
杨　军　《北宋汴京书法文化研究》　（北京）
吴慧平　《书法文化地理研究》　（广东）
邱世鸿　《理学影响下的宋代书论研究》　（江苏）

三等奖

王焕林　《书法史论丛稿》　（湖南）
方　波　《宋元明时期"崇王"观念研究》　（浙江）
陈中浙　《一超直入如来地——董其昌书画中的禅意》　（北京）
吕金光　《关于晚明、清代、民初时期的碑学帖学发展问题新论》系列论文　（四川）
李　放　《苏轼书法思想研究》　（河南）
靳　永　《书法研究的多重证据法——文物、文献与书迹的综合释证》　（山东）
赵生泉　《燕赵书法史稿》　（河北）
姜寿田　《中国书法理论史》　（河南）
赵维红　《道光之际"宣南"书家行迹考辨》　（山西）
迟志邦　《书法——在象、数、理的对应中寻求适度之美》　（山东）
邱才桢　《〈古诗四帖〉与晚明鉴藏家的"张旭"概念》　（北京）
白　锐　《唐宋〈兰亭序〉接受问题研究》　（北京）
杨庆兴　《千唐志斋馆藏唐代墓志研究》系列论文　（河南）
金学智　《书概评注》　（江苏）
廖　科　《陪都重庆书法研究》　（重庆）

编辑出版奖获奖名单

一等奖

《颜真卿书法全集》（八卷）　天津人民美术出版社
《书法导报》（二00八年合订本）　书法导报社

二等奖

《汉碑全集》（六卷）　河南美术出版社
《篆刻学》（上、下）　江苏教育出版社
《傅山书法全集》（八卷）　山西人民出版社
《书法》杂志（二00八年合订本）　上海书画出版社
《周亮工全集》（十八册）　凤凰出版社

三等奖

《中国古代砖刻铭文集》（上、下）　文物出版社
《二十世纪书法研究丛书》（七册）　上海书画出版社
《中国书坛名家手卷系列丛书》（十二函）　安徽美术出版社
《书法研究博士文库》（七册）　南方出版社
《刘春霖书法集》　花山文艺出版社
《书法报》"五体十家"、"书法报上展"栏目　书法报社
《篆刻三百品》　上海书画出版社
《共和国书法大系》（六册）　江西美术出版社

教育奖获奖、提名名单

获奖名单

一等奖（1人）

丛文俊

二等奖（1人）

于明诠

三等奖 （12人、 1集体）

朱世杰 闭理书 李 江 李文宝 李鼎峰

陈天民 沈长波 张 玫 张国朝 寇学臣

黄承利 黄鸿琼

陕西西安工业大学书法教学团队

获奖提名（10人、2集体）

周庶民 史向阳 仇必鳌 辛济仁 李鹤云

庆 旭 黄建新 陈若海 王建国 李乾山

广东深圳市石岩公学

浙江省绍兴县教师发展中心

全国第八届书学讨论会在郑州召开

2009年10月16日至18日，由中国书法家协会主办、河南省总工会、河南省文联、河南省书法家协会承办的全国第八届书学讨论会在河南郑州召开。

全国第八届书学讨论会是书法界的重要学术性活动。自3月初发布征稿启事以来，共收到论文1173篇。经严格评审，共评出一等奖论文5篇，二等奖论文9篇，三等奖论文26篇，入选论文65篇。

17日上午，讨论会举行开幕式。中国书协主席张海，中国书协分党组书记、驻会副主席兼秘书长赵长青，中国文联理论研究室主任董耀鹏，河南省总工会党组书记、常务副主席桑金科，中国书协副主席、学术委员会主任朱关田，中国书协分党组副书记、副秘书长陈洪武，河南省文联副主席、书协主席宋华平，中国书协学术委员会副主任陈振濂、周俊杰，中国书协研究部主任、学术委员会秘书长刘恒，河南省书协副主席李强，中国书协学术委员会委员曹宝麟、侯开嘉、叶鹏飞、朱以撒、姚国瑾、李一、吴振锋、姜寿田等以及获奖和入选作者共60余人参加了讨论会。桑金科、宋华平代表承办单位致欢迎辞。开幕式上，张海、董耀鹏、赵长青分别讲话。朱关田宣布获奖名单。陈洪武主持会议。

会议为获奖作者颁奖。一等奖论文作者祝帅、向彬、邱才桢、杨二斌介绍了获奖论文。陈振濂、曹宝麟、刘恒、朱以撒四位专家分别为四位发言作者做了精辟点评。学术讨论会由周俊杰主持。

17日下午，与会人员分书法史和书法理论两组就书学研究的诸多问题进行了深入探讨和交流。刘恒对会议讨论做了总结。

全国第八届书学讨论会前期筹备工作充分、细致。论文评审工作以邓小平理论和“三个代表”重要思想为指导，全面贯彻落实科学发展观，坚持党的“二为”方向和“双百”方针，把握正确的学术标准，坚持公平、公正的原则，严格评审程序。获奖、入选论文具有较高水平，为讨论会的成功举办奠定了坚实基础。

本届讨论会得到了河南省总工会、河南省文联、河南省书法家协会的大力支持和积极配合。张海先生个人为本届讨论会捐资20万元。此次讨论会的成功举办对深化书学研究，弘扬学术风气，不断壮大书学研究队伍，推动书法事业进一步的繁荣与发展将起到积极的作用。

全国第八届书学讨论会论文获奖、入选名单

获奖名单

一等奖（5人）

杨宝林　大文艺观视阈下的刘熙载书论略说　（辽宁）

祝　帅　书法何以成为社会议题——中国书法社会学研究二十年反思（1989—2008）　（北京）

向　彬　西晋至北宋书学设置沿革管窥　（山东）

邱才桢　《古诗四帖》与晚明鉴藏家的“张旭”概念　（北京）

杨二斌　西汉官文书运行书体研究　（山西）

二等奖（9人）

杨开飞　宋人胸次论　（宁夏）

赵维红　从“齐罍论辩”、“碑学”“帖学”之辩看吴云折中之书法观念　（山西）

方　波　宋元文人对王羲之政治、道德形象的建构　（浙江）

付　强　史游官职索析及其他　（北京）

杨　军　北宋翰林御书院研究　（北京）
李慧斌　从补史到新证——唐宋“院体”书法研究　（山东）
卢光文　坚守与重构——关于当下书法批评存在问题的思考　（河南）
李阳洪　清末民初中小学书法教育研究　（重庆）
张晓林　从卫恒之“势”之“伫思”书学思想看其对书法“尚意”理论的贡献　（河南）

三等奖（26人）

叶康宁　明代嘉隆万时期的书法价格——以江南为讨论中心　（江苏）
陈　岩　明代篆刻艺术市场发微初探　（山东）
陆明君　《肥致碑》的真伪问题及碑中“封”字考说　（北京）
王学雷　晚清书法家的字帖收入及版权保护——以《姚氏松下清斋摹古镌本》为例　（江苏）
王亚辉　唐代墓志书法文献价值探析　（北京）
杨庆兴　唐代主流书风影响下的千唐志斋馆藏墓志楷书研究　（河南）
颜廷军　《春雨杂述》真伪辨　（江苏）
孟庆星　晚明清初山左集古刻帖考论　（湖北）
段大宾　论“北魏洛阳邙山体”的成因与渊源　（河北）
张恒奎　草书体的形成及其相关问题　（辽宁）
王亚兵　从“技”到“道”再到“通道”　（陕西）
吴占良　北宋保州书法考实　（河北）
吴高歌　沈曾植、康有为之交游及书学异同　（北京）
任小平　吐鲁番文书史论　（新疆）
杨锁强　中国书法审美境界论——兼谈当代中国书法在审美境界上的若干误区　（陕西）
李正庚　“六书”本义与古代书法教育　（湖南）
黄俊俭　论书法批评家的主体建构　（河南）
李中超　欧阳修、蔡襄、苏轼及其书法交往与北宋尚意书风之形成　（河南）
杨疾超　“书道”与“书法”——中国古代书法观念变迁考察　（湖北）
王德志　碑帖变奏——论当代帖学的进新与责任担当　（山东）
颜以琳　观念—技法—工具——清人书法“运心”与“运身”实践之剖析　（广西）
刘思凯　精神的高蹈——当代书法发展模式与精神重建的文化追问　（陕西）
竺　捷　图像复制时代下书法批评的视角融合　（江苏）
梁培先　涅槃与新生——试析现代艺术背景下的汉字（书法）创作的方法论问题　（江苏）
李静月　中晚唐狂草书僧的社会文化心理特征及其成因　（北京）
彭砺志　“各得一体”——王羲之以降主流书法偏正摇摆取向的历史考察　（陕西）

入选名单

俞　丰　黄庭坚《华严疏》卷释文与考证　（上海）
孙　哲　文徵明书风分期特点及成因　（辽宁）
刘天琪　隋唐墓志盖题铭字体杂糅现象及相关问题　（陕西）
胡长春　程瑶田与邓石如——邓石如书法师从考论　（安徽）
刘维东　面对傅山——祁寯藻活动考论之一　（山西）
赵永金　论影响清初帖学衰微的几个因素　（广东）
叶　俊　断裂与契机——“二王”书法在宋代的传播与接受　（四川）
冯　瑾　先秦两汉图形印研究　（江苏）
张　函　明末遗民变异书风研究　（山东）
周　侃　唐代民间书手考察　（北京）
王连富　实用思潮　士人心态　尚意书风——北宋尚意书风成因新探　（浙江）
朱彦民　八大山人书作中异写字之辨析　（天津）
李吾铭　宋湘与伊秉绶、阮元交游考略——兼论碑学思想传播的复杂性　（广东）
张胜利　倪　峰　钱泳《书学》研究　（山东）
贾砚农　徐渭书法真面考辨　（江苏）
麦穗丰　从广州南越简看岭南秦汉时期书法　（广东）
尹冬民　庾信《哀江南赋序》“胡书”考辨　（北京）
罗尚武　碑学背景下的帖学名家——清代鉴藏家吴荣光书法简论　（广东）
逄成华　南北朝碑志的书人及其书写心态辨析——

兼及《瘗鹤铭》署名“陶弘景”、《郑文公碑》署名“郑道昭”问题的探讨（江苏）
冯岁平 被误读已久的汉代摩崖——以汉《石门颂》为例（陕西）
蔡显良 学书须学颜真卿——颜真卿与宋代书法新探
张锦伟 东周盟书及其书法艺术（河南）
王佑贵 《张猛龙碑》的接受史：一件无名氏书刻的“经典化”历程（浙江）
蔡副全 论中国古代题壁书——以陇右题壁遗存为例（甘肃）
欧玉珉 多元文化境遇中的当代书法（山东）
周正康 意为体形为用：“神采为上”与“形式至上”的论辩反思（云南）
白林坡 明末清初关中“前碑学”研究（陕西）
吴晓明 书法屏条源流述略（浙江）
江锦世 王江 新出土《唐冯承素墓志》考释（陕西）
范秋晗 吴昌硕、黄牧甫“印外求印”风格比较研究（北京）
张远晴 汉末前后书法史中国家政治与书法的纠结——兼论书法史的通观写作（北京）
王晓亮 宋代书法发展特点与雕版印刷关系之研究（北京）
周斌 试论阮元金石观与其书学思想的联系（上海）
王春林 沈子善书法教育思想对当前书法教育的借鉴和启示（江苏）
邱红日 试析黄宾虹的“内美”艺术观对当代书法创作的启示（浙江）
李景新 “知白守黑”书法美学思想之综论（海南）
刘洪辉 试论篆刻的“遒媚”境界（重庆）
吕文明 心理剧变与创造力的实现——从晚明书家心理变化看书法心理学的当代性意义（山东）
吴慧平 魏晋南北朝时期河淮书法文化区研究（广东）
杨海蛟 “体用不二”与书法创作（河南）
刘小毅 宋代岭南书法史钩沉（广东）
孙广举 “尚意”：中国书法的本性（河南）
杨加深 论当代草书创造中的视觉冲击意识与对比手法——以“首届行草展”和“九届国展”为视角（山东）
薛帅杰 论明清幕府好士新风与布衣书法篆刻家的命运——以徐渭、何震、邓石如、包世臣为例（浙江）
张韬 晋尚韵、崇逸与魏晋玄学（山东）
毛万宝 走出尘封的“序言”——张荫麟书法美学思想探微（浙江）
李德才 构建“醇雅”书法艺术审美价值的现代意义及其视觉效果新探索（内蒙古）
赵佑铭 浅论“碑学”概念对中国书画艺术形式自律的遮蔽——兼议晚明及清代书画艺术形式自律演进的内在一致性及其中介性意义（辽宁）
盛剑成 古代法书考鉴的几个重要问题（上海）
王世霖 游离于感觉的传统书法批评原则与现当代书法批评（湖北）
奚白 试论“弘体”的佛学意蕴及其助道价值（北京）
孙永玉 欧体险峻风格形成机理及其美学意蕴（安徽）
吴川淮 书法的审美经验及其分析（陕西）
高洪贤 论吴宽在明代书法史上的特殊地位（吉林）
耿广敏 三十年“国展”篆书作品之数理分析（江苏）
姚俊卿 书法创作中的重审与内省（新疆）
吕金光 晚明金石碑刻书学意识下的倪元璐书风形成之阐释（四川）
左国华 重识“意在笔前”与“无意于佳”——兼论“意”与书学三境界之关系（湖北）
刘东芹 嘉兴项氏的古印收藏及影响（江苏）
杜约孔 赵君平 唐东海徐氏书家考述（河南）
王自力 选择·观念·出新——潘天寿、沙孟海、来楚生三家取法黄道周行草探论（浙江）
徐惠 谈书法之“势”蕴含的中国古典美学范畴（山东）
黎东明 与传统对话交流机制在书法教学实践中的建构（广西）
盛东涛 宋元文稿书法的学术价值与审美价值（江苏）
陈方既 创造生动的艺术形象是书法之为艺术的根本（湖北）

工作大事记

中国书法家协会工作大事记

1月3日 中国书协组织书法名家慰问三军仪仗队

1月3日是农历十二月初八，俗称腊八节。上午八时，中国书协主席张海，中国书协分党组书记、驻会副主席兼秘书长赵长青，中国文联机关党委书记徐宝玉，中国书协顾问张飙，副主席申万胜、林岫，中国书协分党组副书记、副秘书长陈洪武，中国书协理事苏士澍、白煦、刘恒、刘文华、张陆一、李刚田、高庆春、田伯平、杨明臣、苗培红、高军法、彭利铭、梁永琳、张杰，特邀代表高宝玉以及中国书协工作人员、新闻媒体一行50余人参加了这次慰问活动。

张海和三军仪仗队大队长刘士胥共同为石碑“军威”揭幕，为此次慰问活动拉开了序幕。

刘士胥在欢迎仪式上介绍了仪仗队的基本情况。赵长青作了热情洋溢的慰问讲话。

仪式后书法家观看了反映三军仪仗队工作、生活、训练的纪录片。张飙、申万胜、林岫代表中国书协向仪仗队赠送了100副春联。

慰问活动中，书法家们兴致勃勃地挥毫泼墨，在30米的书法长卷上，张海题写了“振羽摩天”，赵长青、张飙、申万胜、林岫、陈洪武分别题写了“观海听涛”、“中华雄风”、“民族精英”、“礼仪威德”、“我武维扬”等。书法家在完成长卷后还创作了50余件书法精品，场面热烈，气氛融洽。一件件、一幅幅的作品，汇聚着书法家对仪仗队官兵的深情厚意。笔会结束后，书法家与部队官兵展示书法长卷集体合影，留下了庄严难忘的印象。

1月6日 沈鹏、吴东民书画作品展在三亚开幕

1月6日上午，沈鹏、吴东民书画作品展在三亚市图书馆隆重开幕。这场高规格的书法艺术盛宴，为美丽的三亚增添了浓浓的文化艺术氛围。

此次展览，旨在弘扬祖国优秀文化艺术，吸纳更多艺术家长驻海南，为促进海南和谐文化建设发挥积极促进作用。沈鹏、吴东民、三亚市委宣传部部长张萍及相关领导出席开幕式并为活动剪彩。中国曲协分党组书记、驻会副主席姜昆也兴致勃勃地前来参观展览。

1月12日 中国书协五届八次主席团会议在北京召开

1月12日，中国书协五届八次主席团会议在北京京海大厦召开。中国书协主席张海出席并主持会议，中国书协分党组书记、驻会副主席兼秘书长赵长青，中国书协副主席申万胜、朱关田、旭宇、吴东民、吴善璋、何应辉、言恭达、张业法、陈永正、邵秉仁、林岫、段成桂、聂成文，分党组副书记、副秘书长陈洪武，分党组成员、副秘书长戴志祺参加会议。中国文联人事部干部处处长郑更生到会。中国书协有关部室负责人白煦、张陆一、刘恒、蔡祥麟、李刚田、刘文华、高庆春、周志高列席会议。

会议首先由赵长青同志传达中国文联八届四次全委会精神。

赵长青同志代表中国书协做《中国书法家协会2008年工作总结和2009年工作安排的报告》。这个报告分两部分，一、关于2008年工作的简要总结和回顾。一是坚持围绕中心，服务大局，大力弘扬中华文化，为北京奥运和构建和谐社会发挥了积极作用。二是继续推进展览、学术和培训工作格局，开展书法艺术宣讲年活动，促进书法事业实现可持续发展。三是

坚持科学发展，认真履行职能，不断拓展工作领域，进一步完善协会的整体服务功能。四是继续实施中国书法环球行计划，发挥书法大国作用，有效地扩大了中国书法的国际影响。五是深入学习实践科学发展观，大力加强自身建设，为构建繁荣和谐、创新有为的当代书坛做出积极努力。二、关于2009年工作思路和安排。2009年主要做好以下几个方面工作：一是以科学发展观为统领，解放思想，转变观念，创造性的落实科学发展观对文化工作提出的新任务、新要求。二是以庆祝新中国成立六十周年为重点，继续坚持围绕中心、服务大局，为构建社会主义和谐社会提供良好服务。三是进一步健全和完善“展览、学术、培训”三位一体的工作格局，促进书法界整体创作和学术水平的提高。四是加强理事会建设，认真履行协会职能，充分发挥理事和会员在繁荣书法事业中的主体作用。五是努力提高国际书法交流年活动的质量和影响，加大对外交流力度，不断扩大中国书法环球行计划的活动成果。六是突出宣传重点，巩固舆论阵地，充分发挥专业媒体在弘扬主旋律和德艺双馨精神中的导向作用。七是大力加强协会的自身建设，为构建繁荣和谐、创新有为的当代书坛做出积极努力。

与会的主席团成员一致认为，赵长青同志的工作报告实事求是地总结了2008年的工作及存在的问题、不足，立足客观实际，明确了2009年的工作任务和工作目标，对做好今年工作进行了周密部署，具有指导性、可行性和可操作性。

会上，中国文联人事部干部处处长郑更生同志作《关于免去张旭光同志中国书协副秘书长职务，任命戴志祺同志为中国书协副秘书长的建议》和《关于增补戴志祺同志为中国书协理事的建议》，与会主席团成员举手表决，一致同意这两个建议。

会上，通过了《关于接纳中国电力书协、中国煤炭书协成为中国书协团体会员的建议》。

张海主席作总结讲话。他说，本次会议所作的《关于2008年工作总结和2009年工作安排的意见》我完全赞同，对于大家提出的意见和建议，秘书长办公会还要进一步归纳研究，逐步将这些意见和建议纳入具体工作中去。他指出，一要正确认识形势，充分看到书法事业和书协工作所面临的挑战；二要以学习实践科学发展观为统领，推进书法事业全面协调与可持续发展。三要抓住重点，带动全局，在创新的基础上稳步前进。他还就一些具体工作提出加快推进的意见。

1月13日　中国书协2009年新春联谊会在北京隆重举行

1月13日上午，在中华民族传统的牛年新春佳节即将来临之际，人民大会堂宴会厅，灯火辉煌，群贤毕至，欢歌笑语，墨韵琴声，场面热烈，气氛祥和。由中国书法家协会主办，中国书协中央国家机关分会、东莞市长安镇人民政府协办，东莞市创丰贸易有限公司承办的2009年中国书法家协会新春联谊会在这里隆重举行。全国人大常委会副委员长韩启德、全国人大常委会原副委员长布赫，全国政协副主席李金华，中宣部副秘书长王晓辉，中国文联党组副书记、副主席覃志刚、李牧，中国文联党组成员、副主席杨志今，外交部、文化部、人事部、公安部、中直机关等有关领导，著名文艺家、各界嘉宾，中国书协顾问、主席团成员、团体会员代表、在京中国书协理事，广东中山东莞市长安镇有关方面负责同志，中国文联机关各部室负责人、各文艺家协会负责人，以及首都各界友好人士共八百余人，欢聚一堂，共迎2009年新春的到来。

出席联谊会的中国书协领导有：中国书协顾问刘艺、李铎、佟韦、张飙、钟明善，中国书协主席张海，中国书协分党组书记、驻会副主席兼秘书长赵长青，副主席申万胜、朱关田、旭宇、吴东民、吴善璋、何应辉、言恭达、张业法、陈永正、邵秉仁、林岫、段成桂、聂成文，分党组副书记、副秘书长陈洪武，分党组成员、副秘书长戴志祺等。

赵长青主持了新春联谊会。张海代表中国书协在联谊会上致辞，他向应邀参加新春联谊会的领导以及社会各界的朋友们表示衷心的感谢！向出席活动的书法家朋友并通过他们向全国广大书法家和书法工作者致以新春的祝福！

覃志刚代表中国文联致新春贺词。他首先代表中国文联党组对各位领导和嘉宾的到来表示热烈欢迎和亲切的问候！向广大书法家和书法工作者致以新春的祝福！他在致辞中特别强调，中国书法家协会的工作顺应了科学发展观的时代潮流，巩固发展了书法界大团结、大繁荣、大发展的良好局面。他希望中国书协把为新中国成立60周年和中国文联成立60周年营造良好的文化氛围作为2009年书法工作的主题。围绕中心，服务大局，繁荣书法创作，培养书法人才，整合社会资源，壮大书法队伍，加强协会管理，增强服务功能，进一步解放思想，明晰思路，团结和带领广大书法家和书法工作者，在中国特色社会主义伟大实践中书写新的篇章。

联谊会上，中国书协主席团、分党组展示了新春寄语长卷，向全国广大书法家，书法工作者，爱好者致以节日的慰问。

联谊会上，由田伯平和周颖主持了精彩的文艺节目。雷佳、宋立忠、王丽达、马子玉等歌手纵情放歌，京剧演员张佳春、张馨月、杜蜇、于兰、王嘉庆、李宏、马力等艺术家献上了精彩唱段，吴震启满怀激情的诗朗诵，均赢得全场观众的阵阵喝彩，

联谊会进行过程中，穿插进行的抽奖活动，更是让大家沉浸在浓浓的节日喜庆气氛中。

1月13日 2008年中国书法进万家工作总结会在北京举行

1月13日下午，2008年中国书法进万家工作总结会在北京京海大厦举行。中国书协主席张海，分党组书记、驻会副主席兼秘书长赵长青，副主席申万胜、言恭达、吴善璋、张业法、陈永正、林岫，分党组副书记、副秘书长陈洪武，分党组成员、副秘书长戴志祺以及各团体会员负责人出席会议。

会议由陈洪武主持。戴志祺宣布《中国书协关于2008年先进集体、先进个人的表彰决定》。到会的中国书协主席、副主席、副秘书长分别为受表彰的61个先进集体代表和121个先进个人代表颁发了奖牌。

赵长青发表讲话。他向与会同志介绍了2009年中国书协重点工作，并对2009年中国书法进万家活动进行安排部署。

1月15日 中国书协分党组看望在京中国书协名誉主席、顾问

1月15日，中国书协分党组书记、驻会副主席兼秘书长赵长青，分党组副书记、副秘书长陈洪武，分党组成员、副秘书长戴志祺分头带队来到在京的中国书协名誉主席沈鹏、老顾问欧阳中石、权希军、中国书协主席张海、中国书协顾问佟韦、谢云、李铎、刘艺、张飙等家中，向他们致以亲切的问候和节日的祝福。

在走访慰问中，沈鹏先生深情地说，书协这几年工作不错，你们现在的一些想法做法挺好，我早说过，对你们的工作我会支持的。赵长青同志说，您当年领着制定的《中国书法发展纲要》，现在看完全符合科学发展观的要求，符合书坛的实际。沈鹏先生高兴地说，书法事业需要大家一起来推动，需要大发展；欧阳中石先生深有感触地说：中国书协这几年的社会影响越来越大，机关形象越来越好，这个局面来之不易，希望大家共同珍惜。并表示愿意为中国书协和书法事业多做些事情；李铎先生竖起了大拇指激动地说：中国书协现在的发展和影响是响当当的，所开展的品牌性活动中国书法进万家和中国书法环球行计划在社会上产生了很好反响。并对由于身体原因不能和大家一起参加进万家活动感到遗憾。在刘艺先生家中，他畅谈了书协的变化和书法创作的古今对比，对当前展览评审工作和草书创作取得的成绩给予了高度评价。张海主席对书协分党组的工作非常关心，同时希望书协在牛年里有更大的发展。权希军、谢云、佟韦、张飙等老艺术家们对书协分党组领导在百忙之中挤时间看望他们，给他们拜年，感到十分高兴，对书协这几年开展的工作，取得的成绩给予充分肯定，表示全力支持分党组把书协的工作做得更好，齐心合力推进书法事业的繁荣发展。

1月16日 中国书协为首都一线交警送春联

1月16日下午，中国书协机关全体人员“送欢乐、下基层”来到北京公安局公安交通管理局丰台交警支队慰问基层一线公安交通民警。慰问首都交警已是中国书协每年坚持开展的一项中国书法进万家“送欢乐、下基层”的活动。

中国书协分党组书记、驻会副主席兼秘书长赵长

青，中国书协展览部主任白煦，组联部主任张陆一，研究部主任刘恒，培训中心主任刘文华，副主任章巧珍，《书坛纪事》办公室主任周志高，办公室副主任张艺群，中国书协理事张杰，原中国书协研究部主任、老干部王景芬等，书协机关、直属各单位工作人员和有关新闻媒体等一行30余人参加了这次慰问首都一线交警活动。

北京市公安交通管理局丰台交警支队政委孟宪忠主持了欢迎仪式，中国书协组联部副主任张陆一介绍了中国书协的主要领导。丰台交警支队支队长雷军介绍了丰台交警支队奥运交通保障、支队建设的基本情况。北京市公安交通管理局副局长翟双合，中国书协分党组书记、驻会副主席兼秘书长赵长青分别致辞。

随后，赵长青和随行书法家来到执勤岗位，把刚刚创作的数十副春联送到正在执勤的一线交警手中。同时还创作书法作品数十幅赠送给了基层交警，受到了热烈欢迎。

1月19日　中国书协送欢乐下基层送春联到农民家

1月19日，中国书协“送欢乐、下基层”活动走进北京昌平麻峪房民俗村送春联下乡出发仪式在中国书协机关举行。中国文联党组副书记、副主席覃志刚，中国书协主席张海，中国书协分党组书记、驻会副主席兼秘书长赵长青，副主席申万胜，中国楹联学会会长孟繁锦等出席出发及授旗仪式。中国书协分党组副书记、副秘书长陈洪武主持授旗和出发仪式。

覃志刚代表中国文联党组对中国书协举行形式多样的送欢乐、下基层活动给予充分肯定和高度评价。赵长青在出发仪式上讲话。

仪式上，覃志刚、张海、赵长青、申万胜、孟繁锦分别为送春联下乡的五个小分队书法家代表授旗。中国书协在京理事、北京书协、中国楹联学会、中国书协机关、直属单位工作人员、新闻媒体朋友一行80余人参加了这次送春联下乡活动。

昌平区旅游局局长李万伯在麻峪房民俗村举行了隆重的欢迎仪式。昌平区文联主席周振华致辞并介绍了民俗村的情况及麻峪房民俗村改革开放三十年来取得的巨大成就。昌平区委常委、宣传部长戴维宣布送春联活动开始。书法家们为北京昌平麻峪房民俗村创作春联600余副，受到了广大农民朋友的喜爱。

张海、孟繁锦和赵长青、申万胜还分别带领小分队深入村屯把春联贴到了农民的家中，受到了村民的热烈欢迎。

2月5日　中国书协召开中心组学习扩大会对学习实践科学发展观活动“回头看”

2月5日中国书协召开中心组学习扩大会，认真贯彻学习实践活动“回头看”。中国书协分党组书记、驻会副主席兼秘书长赵长青，分党组副书记、副秘书长陈洪武，分党组成员、副秘书长戴志祺，吴震启、白煦、张艺群、张陆一、刘文华、章巧珍、王冰、王彦、李国明等12名党员干部参加了讨论会。会议由赵长青主持。赵长青首先带领大家学习了《毛泽东、邓小平、江泽民论科学发展》、《科学发展观重要论述摘编》和《深入学习实践科学发展观活动领导干部学习文件选编》等学习实践活动必读书目的主要内容，并要求没有通读以上书目的党员干部要抓紧补课。会议站在贯彻科学发展观的高度，联系书法界、书协工作实际，就如何实现书法事业的科学发展展开讨论。赵长青还就增强党性修养、加强作风建设提出了明确要求。

会议确定了当前和今后一个时期，进一步贯彻落实科学发展观的总体目标。

2月11日　赵长青一行看望中国书协顾问王学仲先生

2月11日，中国书法家协会分党组书记、驻会副主席兼秘书长赵长青带领铁道部政治部宣传部部长、中国铁路书法家协会主席王勇平，中国书协展览部主任白煦，《中国书法》主编李刚田等赴天津，在天津书协主席唐云来、副主席张建会等陪同下，在黾园王学仲艺术研究所看望了中国书协顾问、天津大学教授、中国书法兰亭奖终身成就奖获得者、84岁的著名书画家王学仲先生。赵长青代表书协分党组和主席团向王老致以亲切的问候，对王老为当代书法事业做出的杰出贡献表示崇高的敬意。王学仲先生对赵长青一行代表中国书协专程来看望他表示感谢，对书协的工作表示满意，希望书协工作能百尺竿头更进一步，努力取得更大的成就，使我们的书法艺术对日本乃至世界产生更大的影响。赵长青感谢王学仲先生对书协工作长期以来的关心和支持，表示以王老为代表的老一辈书法家对当代书法事业的大繁荣、大发展做出了历史性的贡献，书法界不会忘记他们的特殊成就与贡献，将沿着老一辈铺平的道路继续推进书法事业，一代一代把老一辈的高超艺术和高尚情怀传承下去、发扬光大，为构建和谐书坛，为书法艺术事业的可持续发展而努力工作，不辜负老一代的厚望。

2月11日　孙其峰从艺82周年暨90华诞孙其峰师生书画展在津隆重开幕

2月11日上午，天津美术学院美术馆外鲜花锦簇、人头攒动，馆内气氛热烈、宾客云集。由中国美术家协会、中国书法家协会、中共天津市委宣传部主办，天津市文联、天津美术学院、天津市美术家协会、天津市书法家协会和天津玲珑阁文化传播发展有限公司承办的“祝贺著名书画家孙其峰从艺82周年暨孙其峰师生书画展”在这里隆重开幕。

中共中央政治局委员、天津市委书记张高丽专门致信，对孙其峰先生几十年来在书画艺术和美术教育方面所取得的卓越成就给予了充分肯定。中国文联党组书记、副主席胡振民专门致电，向孙其峰先生表示祝贺。中共天津市委常委、市委宣传部部长肖怀远为展览发来贺信。

天津警备区政委谢建华，中国文联副主席、天津市文联主席冯骥才，中国美协分党组书记、驻会副主席吴长江，中国书协分党组书记、驻会副主席兼秘书长赵长青，铁道部政治部宣传部部长王勇平，中共天津市委宣传部副部长于景森等，各主、承办单位负责同志以及全国和天津市书画界知名人士近千人出席了开幕式。

“孙其峰师生书画展” 共展出书画作品400余幅，其中包括孙其峰先生数十年来创作的精品力作120幅，特邀作品和孙其峰先生弟子的作品300余幅。

当日下午，“孙其峰教授教育思想和艺术成果学术研讨会”在天津美术学院召开。与会专家对孙其峰先生多年来潜心创作，耕耘不辍的精神给予了高度赞扬，并就他在中国花鸟画、山水画和书法篆刻艺术领域，以及中国美术教育方面取得的卓越成就展开研讨。

孙其峰早年毕业于国立北平艺术专科学校国画科，曾先后从师于徐悲鸿、黄宾虹、李苦禅、王友石、汪慎生等名家。

2月23日　中国书协召开深入学习实践科学发展观活动总结大会

2月23日下午，中国书协分党组召开中国书协机关各部室、所属各单位开展深入学习实践科学发展观活动总结大会。中国书协分党组书记、驻会副主席兼秘书长赵长青代表中国书协开展深入学习实践科学发展观领导小组对开展深入学习实践科学发展观活动进行总结。大会对学习实践科学发展观整改落实方案满意度进行群众问卷测评。中国书协分党组副书记、副秘书长陈洪武主持会议，分党组成员、副秘书长戴志祺传达了胡锦涛总书记、贺国强同志在中纪委十七届三次会议上的重要讲话。

赵长青就学习实践活动情况从五个方面进行了总结：

一、开展学习实践活动的基本情况。按照《中国文联开展深入学习实践科学发展观活动实施方案》的要求，中国书协开展深入学习实践科学发展观活动主要围绕学习调研、分析检查、整改落实3个阶段和11个重点环节进行。

二、开展学习实践活动的主要特点。回顾中国书协的学习实践活动，主要有以下五个特点：（一）始终坚持班子成员带头；（二）始终坚持深入群众；（三）始终注重组织领导；（四）始终坚持突出实践特色。学习实践活动的根本目的是统一思想，提高认识，推进工作上水平上台阶；（五）始终注重营造舆论氛围。中国书协十分注重运用多种形式，加强宣传报道，积极营造良好的舆论氛围。根据书法事业的实际需要，制定了《中国书协新闻报道管理办法》。同时还充分发挥书协一刊、一报、一网与简报的作用，积极引导社会上的书法专业媒体进行广泛的信息交流和宣传报道。

三、学习实践活动的主要成效。（一）提高了党员干部对科学发展观的思想认识。（二）明确了协会服务科学发展的工作思路。（三）初步解决了一些实际问题。按照工作学习“两不误、两促进”的要求，边学习边实践边推进工作，将两者有机结合，收到了很好的效果。（四）党员干部精神振奋。一是党性观念进一步增强。二是工作作风进一步转变。三是干群关系进一步融洽。四是工作效率进一步提高。

四、存在的主要问题。虽然我们能严格按照中央和中国文联的要求，较为圆满地完成了开展深入学习实践科学发展观活动的任务，做到规定动作不走样、自选动作有创新、整个活动没有死角。但通过认认真真地回头看，我们感到仍然还有一些问题需要我们在今后的工作中认真思考和研究解决。一是学习的深入程度和效果还不够平衡。二是个别党员干部对科学发展观的深刻内涵和科学本质的领会把握尚存在差距。三是在践行科学发展观上缺乏长期思想准备，应注重建立长效机制。四是有的同志对党员干部受教育、科学发展上水平、人民群众得实惠这个总要求的理解存在着误区。五是还存在浮在上面多，深入基层少。这些问题和不足，需要我们通过抓好学习实践活动长效机制妥善加以解决。

五、继续巩固和扩大学习实践活动成果的办法。（一）进一步建立落实学习实践科学发展观长效机制；（二）进一步树立在全局中定位、在大局下行动的理念，不断开创书法事业新局面；（三）进一步全力落实整改工作方案。学习实践科学发展观，是我们当前以及今后长期坚持和贯彻的指导方针，也是一项常抓常新的工作。集中学习实践活动虽取得了明显成效，但不少还是阶段性的。我们还要紧紧依照贯彻科学发展、促进书法繁荣、服务社会和谐的思路，进一步巩固和扩大学习实践活动成果。

2月28日　《中国千名书家精品走进奥运场馆志愿活动作品集》首发暨为第24届世界大冬会捐赠仪式在人民大会堂隆重举行

2月28日上午，《中国千名书家精品走进奥运场馆志愿活动作品集》首发暨为第24届世界大学生冬季运动会捐赠仪式在人民大会堂隆重举行。中纪委副书记、北京奥运监督委员会主任黄树贤，北京奥组委执行副主席蒋效愚，中国文联党组成员、书记处书记廖奔，司法部纪检书记韩亨林，公安部消防局政委谢模乾，中国书法家协会分党组书记、驻会副主席兼秘书长赵长青，国家林业局原副局长赵学敏，新华社原副社长何东君，中国华电集团原总经理贺恭，北京市委副秘书长李福祥，中国书法家协会分党组成员、副秘书长戴志祺，中国美术家协会分党组成员、副秘书长张旭光，第２４届世界大冬会组委会代表纪志新，以及罗杨、张荣庆、吴震启、张陆一、李刚田、高庆春、周志高、刘洪彪、朱守道、田伯平、王学岭、张继、苗培红、李一、李洪海、叶培贵、于恩东、张杰等有关方面领导、书法家、新闻记者150多人出席。

中国千名书家精品走进奥运场馆志愿活动由中国文联、中国书协主办，招商银行协办，中国书法家协会艺术发展中心、北京新海谣影视文化传播有限公司承办。它是2008年全国书法界迎接北京奥运会最具标志性的活动。全国各省千名书法家为奥运会场馆捐赠1000件书法精品，沈鹏、张海、欧阳中石、李铎等著名书法大家均无偿提供巨幅佳作，这些作品已在北京奥运会开幕前在鸟巢举行了隆重的捐赠仪式，在海内外引起较大反响。为了全方位地记录这一活动盛况，中国书协编辑了《中国千名书家精品走进奥运场馆志愿活动作品集》。

为了进一步弘扬奥运精神，推动人文奥运发展，在此第24届世界大学生冬季运动会将在中国举行之际，中国书协将24册《中国千名书家精品走进奥运场馆志愿活动作品集》和24件中国书法名家的作品捐赠给第24届世界大冬会组委会，第24届世界大学生冬季运动会组委会代表纪志新接受了捐赠。

3月13日　42名全国政协委员联名提案呼吁建立中国书法馆

全国政协十一届二次会议收到一份重要提案，42名全国政协委员联合提案建立中国书法馆。这一提案由全国政协委员、国家林业局原副局长、中国书法家协会理事赵学敏作为第一提案人发起，得到了沈鹏、欧阳中石、靳尚谊、覃志刚、张海、刘大为、邵秉仁、王明明、申万胜、周海婴、潘公凯、陈建功、李瑞英、刘长乐等42名全国政协委员的积极响应。

建立中国书法馆，是几代书法家的梦想。赵朴初、启功、沈鹏、欧阳中石、张海等几代书法大家曾先后在不同场合呼吁，邵秉仁、申万胜、唐双宁等书法家曾向国家有关部门正式申请立项或在全国两会上提案，并得到国家有关领导人的重视和国家发改委、财政部等部委的积极回应。

2009年初召开的中国书法家协会主席团会议，确定将建立中国书法馆作为年度向国家申请的重点项目。中国书法家协会分党组书记、驻会副主席兼秘书长赵长青特委托全国政协委员、中国书法家协会理事赵学敏负责组织、联络多名政协委员向全国政协十一届二次会议提案。建立中国书法馆的提案在政协会上得到了各方的热烈响应，沈鹏先生不仅愉快签名，还对提案内容提出修改意见；欧阳中石、张海先生认真审阅提案内容，给予充分肯定；覃志刚、申万胜、言恭达、白煜章等对此案高度重视，积极参与；许多政协委员闻讯，主动签名。短短几天的时间，一份凝聚着42名全国政协委员大力弘扬中华优秀文化、提高国书地位和作用的强烈愿望的提案终于诞生了。此提案由赵学敏代表42名政协委员正式提交全国政协提案委员会。42名政协委员联合提案，成为本次会议政协委员签名最多的提案之一，引起了全国政协提案委员会的高度重视，认为提案内容反映了社会各界的意见和呼声，已列入重点提案加以重视和上报。

3月17日　中国书法家协会刻字研究会2009年度工作会议在河南郑州召开

3月17日至19日，中国书协刻字研究会2009年度工作会议在郑州市召开。中国书协副主席、刻字研究会主任吴东民，中国书协分党组成员、副秘书长戴志祺，中国书协刻字研究会副主任唐云来、王志安、陈秀卿、张之，中国书协理事、组联部主任、刻字委员会秘书长张陆一以及王凯霞、刘硕海、孙璘、孙肖嘉、李胜洪、李庶民、汪德龙、沈岩松、陈洪、罗江、周斌、林建勋、崔志安、崔宝堂、康新民15位委员出席会议。中国书协理事、研究部主任刘恒，中国书协理事、《书法导报》总编王荣生，河南省书协副主席云平应邀列席会议。

会议由吴东民主持并做总结。张陆一作《中国书法家协会刻字研究会2006年至2008年工作总结和2009年至2010年工作计划》工作报告，重点汇报了第六届和第七届全国刻字艺术展和开展国际刻字艺术交流活动的情况；介绍了即将在江苏无锡举办的全国第三届刻字理论研讨会和2010年在日本举办的国际刻字交流展，以及第八届全国刻字艺术展的筹备工作等情况。各位委员对《中国书法家协会刻字研究会2006年至2008年工作总结和2009年至2010年工作计划》给予充分的肯定，并各自结合本省情况介绍了当地刻字艺术的发展现状和下一步的工作计划。刘恒从理论研究和学术规范上，结合即将举办的全国第三届刻字理论研讨会提出了意见。本次会议应部分省市书协的推荐，还增补了委员。戴志祺代表中国书协对会议的召开表示祝贺并发表讲话。

3月18日　方祖岐将军《爱我中华》诗书画展在北京开幕

3月18日上午，由解放军总政宣传部、解放军美术书法研究院、南京军区政治部、江苏省委宣传部、江苏省文化厅、江苏省文联联合举办的方祖岐将军《爱我中华》诗书画展，在中国人民革命军事博物馆隆重开幕。全国政协副主席、中国文联主席孙家正，中央军委原副主席张万年、曹刚川，全国人大常委会原副委员长布赫等领导出席了开幕式。参加开幕式的解放军高级将领还有：于永波、周克玉、刘精松、隋永举、周坤仁、杨国屏、吴铨叙、张志坚、杨怀庆、于振武、李景、李来柱、张工、戴学江、赵可铭、李宣化、王成斌、康成元等也出席了开幕式。中国文联副主席、中国美协主席刘大为，中国书协顾问李铎、张飙，中国书协分党组书记、驻会副主席兼秘书长赵长青，中央电视台书画院院长赵立凡等参加了开幕式。开幕式由解放军总政宣传部王建伟部长主持，赵长青代表中国书法家协会发表了热情洋溢的祝辞。

方祖岐将军曾参加过抗美援朝战争，历任广州军区、北京军区政治部主任，南京军区政委等领导职务，1998年被授予上将军衔。此次《爱我中华》主题诗书画展，共收录了他近年来创作的200多幅佳作，其中绘画作品63幅。开幕式上，中国人民革命军事博物馆接受了方祖岐将军捐赠的绘画长卷《黄山四季图》、书法长卷《飞天梦》、巨幅榜书《和》三幅作品。

3月21日 “吴门书道——中国书法名城苏州作品展”在京举行

3月21日，由中国书法家协会、江苏省文学艺术界联合会、苏州市人民政府共同主办，苏州市文学艺术界联合会、苏州市书法家协会承办的“吴门书道——中国书法名城苏州作品展”在中国美术馆隆重开幕。全国政协副主席、中国文联主席孙家正，文化部副部长、中国艺术研究院院长王文章，中国文联名誉主席周巍峙，中国文联党组成员、书记处书记廖奔，中国书协主席张海，中国书协分党组书记、驻会副主席兼秘书长赵长青，中国曲协分党组书记、驻会副主席姜昆，中国音协分党组书记、驻会副主席兼秘书长徐沛东，中国文联国内联络部主任夏潮，中国书协副主席言恭达，分党组副书记、副秘书长陈洪武，中国美术家协会副主席、中国美术馆馆长范迪安，中国文联国内联络部副主任周雪静，中国美术馆党委书记钱林祥等出席开幕式。展览共展出苏州已故书法篆刻家作品（1949年后健在者）、海内外苏州籍当代名家特邀作品和当今活跃在书坛的苏州市书法篆刻家作品180件。

4月1日 李铎捐资30万元为家乡建农民图书馆

4月1日至5日，李铎先生携老伴一行，专程回到家乡湖南醴陵市捐资30万元创建了当地首家农民图书馆，4月3日在该市新阳乡青泥村正式开馆。此次李铎回湘还特地为捐建的家乡农民图书馆赠送图书1956册。这些捐赠的图书中，既有他自己的多种著作和各种各样的书画作品集，也有适合农民兄弟阅读的科普致富实用技术之类的图书，还有一些涵盖了文史哲等门类的相关书籍，从而使该馆所藏图书达15000余册。此外，他还赠送家乡10个砚台41刀宣纸。

4月2日 赵长青为日本第25回成田山全国竞书大会获奖者颁发“兰亭新星奖”

4月2日，中国书协分党组书记、驻会副主席兼秘书长赵长青，中国书协外联部主任蔡祥麟，办公室副主任张艺群一行三人应邀出席在日本千叶县成田山书道美术馆举行的日本第25回成田山全国竞书大会和书法展的颁奖仪式及展览开幕式.中国驻日本大使馆文化参赞张爱平、全日本书道联盟理事长新井光风，日本书法界的同道和中小学生150多人参加了展览开幕式和颁奖活动。

赵长青向日本东京都私立巢鸭中学学生和田勇佑颁发了由中国书协精心设计制作的“兰亭新星奖”奖牌并致祝辞。

访问期间，代表团一行还到成田山新胜寺拜访了竞书大会的组织者桥本照稔贯首，双方还达成了合作备忘录。在成田高等学校附属中、小学校校长大泽浩一的陪同下，代表团一行参观了附属中、小学校。同时还参加了新胜寺笔魂碑供养法会，感受了谢恩墨笔的妙用，祈念书法文化的兴隆。当晚，成田山新胜寺桥本照稔贯首宴请了代表团一行，并和日本书道界的50多位朋友进行了书艺交流，场面热烈，气氛和谐，双方留下了难忘而深刻的印象。

4月7日 第六届中国嵊州国际书法朝圣节在嵊州隆重举行

由中国国家画院、浙江嵊州市人民政府主办的第六届中国嵊州国际书法朝圣节于4月7日在王羲之晚年归隐地浙江嵊州市金庭隆重举行。

中国书协名誉主席、中国国家画院沈鹏书法精英班导师沈鹏先生，中国书协分党组副书记、副秘书长陈洪武，中国书协理事曾来德、周祥林、刘洪彪、高庆春、梁永琳，《书法》杂志执行主编胡传海及沈鹏书法精英班的学员，电视连续剧《书圣王羲之》的主创人员，嵊州市委副书记、市长盛秋平，市委宣传部部长何国英等出席朝圣仪式。朝圣仪式上，沈鹏先生宣读祭文，随后沈鹏先生及主办单位中国国家画院、嵊州市人民政府等向书圣墓敬献花篮。参加朝圣的书法家在王羲之墓前行鞠躬礼，深切地表达了对书圣的无限仰慕之情。

朝圣活动后，书法家们在金庭王羲之故居书圣殿举行“金庭笔会”。沈鹏先生首先开笔，即兴赋诗，泼墨写下《己丑祭书圣王羲之》七绝一首：“笔塚墨池惊鬼神，换鹅写扇性情人。一千六百余年后，书圣陵前师本真。”随后，到场的书家纷纷挥毫，缅怀书圣。当日下午，电视连续剧《书圣王羲之》的主创人员通报了该剧筹备的基本情况。

4月7日 中国书协、北京书协等清明节祭扫启功先生墓

清明来临之际，中国书法家协会、北京书法家协会、中华书局、西泠印社、《羲之书画报》社、文物出版社等多家单位，采取多种方式来共同缅怀中国书坛泰斗、国学大师启功先生。以上单位的有关负责同志和部分在京书法家以及启功先生的家属、学生一同来到位于北京香山的万安公墓，在松柏环绕的启功先生墓碑前，大家用鲜花、诗歌以及无尽的哀思来祭奠这位德高望重的艺术大家。中国书法家协会副主席、北京书协主席林岫，中华书局主编柴剑虹，西泠印社副社长、《中国书法》杂志主编李刚田，中国书协理事、北京书协副主席彭利铭，《羲之书画报》社社长毛同恺，启功先生家属章景怀，在京部分书法家王献坤、龙开胜等以及启功先生生前部分高足参加了此次祭奠活动。

启功先生生前为中国书法家协会名誉主席、北京书法家协会名誉主席，艺高望重。于2005年6月30日故去，至今三载余。在幽静的万安公墓里，一座墨玉色、形同巨大砚池的墓碑引人注目，启功先生就安葬在这里，墓盖上镌刻着启功先生为自己书写的墓志铭，碑的背面刻着启功先生的恩师陈垣先生为他题写的砚池铭。鲜花和翠柏伴着这位万人敬仰的前辈长眠于此，当代国学界和书画界永远不会忘记这位平易近人、谦和幽默、大智大慧的艺术大师，他的大量遗作和他所体现出来的精神必将昭示一代代的艺术爱好者，不断继承传统，开拓创新，把中华民族的优秀文化发扬光大。

林岫代表书法界讲话。她即兴赋诗一首，道出了在场所有人的心声：己丑清明偕京华书友于香山万安公墓诗祭启功先生：三岁荷残从忆别，鹅黄又值暮春寒。修行耕砚原非易，酬世沉吟愈是难。教诲铭心树三气，仰瞻遗墨感千端。酹浆清洒年年事，忍泪联衿祈万安。

4月9日 全国第二届隶书展在洛阳开幕

4月9日上午，全国第二届隶书展在十三朝古都洛阳开幕。中国书协主席张海，中国书协分党组书记、驻会副主席兼秘书长赵长青，中国书协副主席何应辉、段成桂、聂成文，中国书协展览部主任白煦等，河南省副省长李克，中共河南省委宣传部副部长刘少宇，河南省文联主席吴长忠，河南省书协主席宋华平，中共洛阳市委常委、副市长吴中阳等有关领导出席了此次大展开幕式。

此次隶书大展自2008年5月征稿启事刊发以来，共收到来稿17000余件。来稿作者年龄最长者93岁，最小者刚满18岁，其中女性作者达30%以上。获奖、入展作品共445件。群众的投稿热情之高、稿件数量之大、影响之广，在全国书法艺术单项展中是空前的，开创了新纪录，充分反映了新时期书法艺术的繁荣与昌盛，也标志着隶书艺术创作进入了一个崭新的时代。

大展期间，与会书法家们还参与了“花和天下•全国百名书法家洛阳笔会”，河南省副省长李克为笔会挥毫开笔。展会间隙，大家对龙门石窟、白马寺、天子驾六博物馆等进行了参观考察，兴致勃勃地欣赏了享誉天下的洛阳牡丹。

4月17日 中国书法名城（之乡）国庆巡礼活动联席会在开封召开

4月17日上午，中国书法名城（之乡）国庆巡礼活动联席会在开封召开。中国书协分党组书记、驻会副主席兼秘书长赵长青，中国书协副主席、宁夏回族自治区书协主席吴善璋，中国书协分党组成员、副秘书长戴志祺，河南省文联副主席何白鸥，中国书协理事、河南省

书协主席宋华平及来自7个中国书法名城、1个中国书法名山、1个中国书法城、15个中国书法之乡的领导出席会议。开封市委常委、宣传部部长张勇，中国书协理事、开封市人大常委会副主任、开封市书协主席王宝贵，开封市政协副主席陈传智及开封市委宣传部、市文联、市书协的有关领导出席会议。会议由戴志祺主持。会议讨论并原则通过了《中国书法名城联谊会章程》，研究了中国书法名城（之乡）国庆巡礼活动的有关事项，并就相关展览活动作了说明。

会上，中国书法名城联谊会成立，中国书法名城联谊会第一届理事会同时成立。大家一致推举中国书协副主席申万胜、吴善璋、邵秉仁、林岫、聂成文、段成桂为中国书法名城联谊会名誉会长；中国书协理事、河南省书协主席宋华平为会长；中国书协理事、江苏省书协驻会副秘书长李啸，中国书协理事、山东省书协常务副主席兼秘书长顾亚龙，浙江省书协副主席兼秘书长赵雁君，中国书协理事、上海市书协副主席兼秘书长戴小京为副会长；中国书协理事、中国书协组联部主任张陆一为秘书长；中国书协理事、开封市人大常委会副主任、开封市书协主席王宝贵等为常务理事；开封市委宣传部副部长、市文联党组书记高树田等为理事。

4月20日　李铎八十华诞暨《李铎书法集》首发式在京举行

4月20日下午，中国书法家协会、北京世纪名人国际书画院在全国政协礼堂隆重举行恭贺李铎先生80华诞暨《李铎书法集》首发式。中共中央政治局常委、全国政协主席贾庆林专为此批示祝贺。全国政协副主席、中国文联主席孙家正出席活动并讲话。中央军委委员、总政治部主任李继耐上将题词祝贺：“巨毫光春秋，厚德誉墨川”。全国政协原副主席杨汝岱，全国政协常委、中国书协主席张海，全国政协原副秘书长张道诚等发来贺信、贺词。中国书协分党组书记、驻会副主席兼秘书长赵长青，全国政协委员、中国书协副主席申万胜，中国书协分党组副书记、副秘书长陈洪武，书法界人士李翔、苗培红、朱守道以及首都新闻媒体记者共40余人出席活动。中国书协理事、办公室主任吴震启主持仪式。

孙家正发表了热情洋溢的致辞。

仪式上，赵长青代表中国书协讲话，祝贺李铎先生80华诞和《李铎书法集》首发。

4月20日　中国艺术研究院中国篆刻艺术院“首届篆刻艺术研究生课程班及访问学者”毕业创作展在京举办

4月20日，由中国艺术研究院研究生院和中国艺术研究院中国篆刻艺术院联合举办的“首届篆刻艺术研究生课程班及访问学者”毕业典礼、“首届篆刻艺术研究生课程班及访问学者毕业创作展”开幕式、“首届篆刻艺术研究生课程班”师生展览作品集首发仪式以及“第二届篆刻艺术研究生课程班及访问学者”开学典礼在中国艺术研究院隆重举行。仪式由中国艺术研究院中国篆刻艺术院常务副院长骆芃芃主持。

中国艺术研究院副院长高显莉，中国艺术研究院党委副书记杨化玉，中国艺术研究院研究生院院长张晓凌以及文化部恭王府管理中心主任谷长江等领导出席了典礼。中国书协分党组书记、驻会副主席兼秘书长赵长青，中国艺术研究院中国篆刻艺术院院长韩天衡分别在典礼上讲话。导师代表刘绍刚、两届研究生课程班学员代表也分别发表了感言。中国艺术研究院中国篆刻艺术院研究员、西泠印社理事熊伯齐，中国艺术研究院中国篆刻艺术院副研究员朱培尔、冯宝麟等以及社会各界知名人士也出席了典礼。

本次展览展出了导师近创书画作品30件、篆刻作品47方，学员书法作品11件、篆刻作品43方。此展是中国篆刻艺术院一年教学工作的全面展示，同时也是向社会各界的一次汇报。

4月25日　5•12汶川大地震一周年中国书法名家走进灾区暨中国书协捐建绵竹市“兰亭小学”奠基仪式在绵竹举行

4月25日上午，由中国书协、四川省委宣传部、四川省文联主办，四川省书法家协会承办的“5•12汶川大地震一周年中国书法名家走进地震灾区”暨绵竹市“兰亭小学”奠基仪式，在绵竹市大西街小学的废墟上举行。中国书协分党组书记、驻会副主席兼秘书长赵长青、中国书协副主席申万胜、吴善璋、何应辉、邵秉仁，四川省文联党组书记、常务副主席黄启国、德阳市委宣传部部长郝跃南、四川省委宣传部平志英、王骏飞等出席了奠基仪式。

在奠基仪式上，邵秉仁代表中国书协向绵竹大西街小学捐款100万元。申万胜、吴善璋代表中国书协向该校授牌，并将绵竹大西街小学命名为“绵竹市兰亭小学”。何应辉受聘为绵竹市兰亭小学名誉校长。随后，参加仪式的领导、书法家及学校师生代表，为学校重建奠基培土。

中国书协分党组书记、驻会副主席兼秘书长赵长青在奠基仪式上讲话。

黄启国代表四川省委宣传部、省文联对中国书协的善举表示感谢。

参加奠基仪式的书法家还有于小山、白煦、刘恒、李洪海、杨西湖、张陆一、顾亚龙、郭伟、翟万益、魏哲、张景岳、戴跃、徐德松、郭强、舒炯、刘新德等。来自全国各地近40名书法名家还举行了现场笔会，当场向孩子们展示了书法的魅力。

棉竹兰亭小学占地面积10032平方米，建筑面积6741平方米，今年5月中旬正式动工。

4月30日 “创造力的实现——张海书法展”在杭州隆重开幕

4月30日，由中国文学艺术界联合会、中国书法家协会主办，浙江省文学艺术界联合会、浙江省书法家协会协办的“创造力的实现——张海书法展”在浙江西湖美术馆隆重开幕。全国人大常委会副委员长桑国卫，中国文联党组书记、副主席胡振民，浙江省政协主席周国富，中国文联党组成员、副主席冯远，浙江省委常委、宣传部部长黄坤明，武警部队原政委徐永清上将，中国书协分党组书记、驻会副主席兼秘书长赵长青，浙江省文联党组书记林晓峰，中国文联国内联络部主任夏潮，中国书协副主席、浙江省书协主席朱关田，中国书协副主席、宁夏书协主席吴善璋，中国书协分党组副书记、副秘书长陈洪武，分党组成员、副秘书长戴志祺，浙江省书协主席团成员和文艺界知名人士以及来自全国各地的书法家和书法爱好者参加了开幕式。

开幕式上，冯远代表中国文联、赵长青代表中国书协致词，林晓峰代表浙江省文联致辞，张海先生致答谢辞。桑国卫、胡振民、周国富、冯远、黄坤明、徐永清、冯波声等为展览剪彩。开幕式上张海向浙江省博物馆捐赠了作品。

这次展览的50件（近百幅）作品，多为其近年新作，小至扇面，大至八尺十三条屏，形式丰富，全面反映了作者多年对书法艺术的探索和追求。展览分为四个部分，作品间又穿插有作者的论艺语录和创作手记，整个展览具有鲜明的个人艺术语言，表现出强烈的个人风格，既全面展示了作者四体书的丰富性，又突出了其隶书与行草书的亮点。

张海，2004年曾在北京中国美术馆举办个人书法作品展，在书法界引起很大反响。本次展览展出张海先生近期力作近50件，是张海先生首次在南方举办的个人书法作品展。

5月8日 纪念中国书协成立28周年理事精品展在合肥开幕

5月8日，由中国书协主办，安徽省书协承办的“纪念中国书协成立28周年理事精品展”在安徽省博物馆隆重开幕。出席开幕式的领导有：中国书协主席张海，分党组书记、驻会副主席兼秘书长赵长青，中国书协副主席申万胜、朱关田、旭宇、吴东民、吴善璋、何应辉、言恭达、张业法、陈永正、邵秉仁、林岫、段成桂、聂成文，分党组副书记、副秘书长陈洪武，分党组成员、副秘书长戴志祺，中国文联人事部副主任郑更生，中宣部干部局专家处处长张鑫，安徽省政府副省长唐承沛，省政协副主席田唯谦，省委宣传部副部长庄保斌，安徽省文联党组书记杨屹等。

赵长青、庄保斌分别致辞。开幕式由杨屹主持。

本次理事精品展共展出中国书协理事作品150余件，作品书体齐备，风格各异，具有扎实的传统功力和鲜明的时代特点，反映了理事们在书法艺术创作领域上的最新成果。此展受到各界观众的欢迎和好评。

5月12日　张飙为汶川灾区学生捐赠仪式在河北唐山举行

5月12日上午，在“5•12”四川汶川大地震一周年之际，著名书法家张飙把自己的善款２０万元及作品、书籍捐赠给了河北唐山玉田县银河中学。

捐赠仪式在银河中学操场上举行。唐山市委宣传部副部长方成田，市教育局局长李全民，玉田县委常委、宣传部部长孙青生等出席了捐赠仪式。方成田代表唐山市委讲话，对张飙的善举表示感谢。来自汶川灾区的学生代表接受了张飙捐赠的“中华精神”书法作品和为101名科学院院士而作的书法作品集。张飙在捐赠仪式上讲话。

5月17日　海峡书法论坛暨中国书法家海峡两岸创作交流基地揭牌仪式在厦门隆重举行

由中国书法家协会与厦门市人民政府联合主办的“海峡书法论坛”和“中国书法家海峡两岸创作交流基地”的揭牌仪式于2009年5月17日在厦门中华儿女美术馆举行。中国文联党组副书记、副主席覃志刚，中国文联副主席、中国书协副主席段成桂，中国书协分党组书记、驻会副主席兼秘书长赵长青，中国书协副主席吴善璋，福建省人大侨务委员会主任何锦龙，福建省文联党组书记范碧云，中共厦门市委常委、副市长詹沧洲，厦门市人大常委会副主任曾国玲，福建省文联副主席、省书协主席陈奋武等出席了仪式，大陆及中国台湾书法界的书家、学者以及众多书界同仁参加此次活动。

赵长青在论坛开幕式上讲话。

两岸著名书法家、学者登坛演讲。

下午，“中国书法家海峡两岸创作交流基地”揭牌仪式在厦门中华儿女美术馆隆重举行。中国文联党组副书记、副主席覃志刚讲话。

5月20日　“创造力的实现——张海书法展”移师上海南京展出

“创造力的实现——张海书法展”于5月20日上午在上海美术馆隆重开幕。全国政协副主席李金华，中国文联党组副书记、副主席李牧，上海市委常委、副市长屠光绍，中国书协主席张海，中国书协分党组书记、驻会副主席兼秘书长赵长青，中国书协顾问、上海书协主席周慧珺，中国书协副主席申万胜、何应辉，上海市人大常委会副主任胡炜，上海市政协副主席钱景林，原河南省人大常委会副主任王明义、张世军，河南省政协副主席靳绥东，上海市委宣传部副部长陈东，上海市文联党组书记杨益萍，上海市文联党组副书记迟志刚，中国书协分党组副书记、副秘书长陈洪武，中国书协分党组成员、副秘书长戴志祺，副秘书长白煦，河南省书协主席宋华平，以及来自各省市书协的领导和书法爱好者1000余人出席了开幕式。开幕式由中央电视台节目主持人朱军主持。杨益萍、赵长青、李牧先后致辞。张海在开幕式上致辞，并向上海美术馆捐赠了一件作品。

5月30日，由中国文联、中国书协主办，江苏省文联、江苏省书协协办的“创造力的实现——张海书法展”在江苏省美术馆开幕。全国政协副主席、中国文联主席孙家正，江苏省政协主席张连珍，中国文联党组副书记、副主席覃志刚，中国书协主席张海，江苏省委副书记、组织部部长王国生，江苏省委常委、政法委书记林祥国，河南省委常委、宣传部部长、副省长孔玉芳，江苏省人大常委会副主任李全林，河南省人大常委会副主任王菊梅，江苏省文联党组书记、副主席王慧芬等出席了开幕式。赵长青、段成桂、尉天池、吴东民、张业法、陈永正、言恭达、聂成文、陈洪武、戴志祺、白煦等书法界人士出席了开幕式。覃志刚、赵长青、王慧芬、张海在开幕式上致辞。在开幕式上，张海向江苏省美术馆捐赠了一件书法作品，江苏省文化厅副厅长、江苏省美术馆馆长高云代表江苏省美术馆接受了捐赠。

5月25日　中日自作诗书法展二十周年纪念大展在京举办

5月25日，由中国书协主办的第20届中日自作诗书法交流展在北京炎黄艺术馆开幕。全国政协副主席李金华，中国文联党组成员、副主席冯远，中国书协分党组书记、驻会副主席兼秘书长赵长青，中国书协顾问李铎、刘艺、张飙，中国书协副主席申万胜、张业法、邵秉仁、林岫、段成桂等出席了开幕式。日中友好会馆理事长村上立躬、日本代表团团长富樫翠云等日方代表及安藤丰村、及川菱成等日本书法家参加了开幕式。

冯远在开幕式上讲话。赵长青、村上立躬和富樫翠云在开幕式上讲话。 开幕式由中国书协外联部主任蔡祥麟主持。

此展是中日自作诗书法展20周年系列纪念活动的一部分。纪念活动还包括5月26日在北京大观园省亲别墅举行的“当代诗书大兰亭——‘诗书东方’第五届中日诗书论坛”和“诗书东方——古诗词即兴创作咏唱” 等活动。活动分“理论精研”、“经典吟诵”、“见物咏怀”、“文墨相辉”、“诗书合璧”五章进行。两国诗人书法家共同游园赏景，借景抒怀，赋诗吟咏，现场挥毫，充分领略、享受艺术与大自然天人合一的美好境界。

展览共展出中日双方书法作品近280件。其中中方121件，分别为邀请作品28件、诗书佳作15件，入选作品78件。日方作品内容包括古体诗和俳句、短歌、诗文、画赞等。此次论坛入选12篇论文，均为中方作者，其中优秀论文5篇。

今年正值新中国成立60周年、中国文联成立60周年，展览于此时举办，更具深远的纪念意义。展览将中日书法家、诗人的自作诗以书法作品的形式展现在大众面前，全面诠释了东方文化大融合、艺术大融合的活动主题。

5月28日 传承与原创——中国国家画院沈鹏书法工作室作品展在京开幕

5月28日下午，“传承与原创”——中国国家画院沈鹏书法工作室作品展在中国美术馆举行开幕式。国务委员兼国务院秘书长马凯，中国文联党组书记、副主席胡振民，中国书协名誉主席、书法精英班导师沈鹏，中国国家画院院长杨晓阳，中国书协分党组书记、驻会副主席兼秘书长赵长青等出席开幕式。

本次展览展出沈鹏先生近十年来的力作38件和40位学员最新创作的作品140余件，集中展示了当代书法大家沈鹏先生的书法创作成果，展示了沈鹏工作室书法精英班开办两年来，40位学员对书法本体以及个人风格的最新探索。此次展览既是一次书坛中坚力量创作成果的群体亮相，也是沈鹏工作室书法精英班教学成果的展示。

沈鹏先生的展览作品以草书为主，同时还包括了少数篆、隶、楷、行书精品，许多作品是第一次和公众见面，从中可以看出沈鹏先生在书法文本上的多维度探索和全面的书法成就。而40位学员的作品，几乎涵盖了当代书坛的各个流派。

6月8日 中国书法家协会组织终审《当代中国书法论文选》

6月8日，中国书法家协会组织编辑的《当代中国书法论文选》在北京康铭大厦举行第三次编辑工作会议，对入选论文逐一进行终审。此项工程是中国书法家协会成立28年来书学研究成果的一次集中展示。《论文选》分为书史卷，理论卷，批评卷，技法、创作、教育卷，以及印学卷共五卷。论文选录的时间范围是1949年至2008年期间的优秀学术论文，基本要求是从公开发表的书学论文中选取。《论文选》由中国书法家协会主编，学术委员会和编辑出版委员会共同组织选编，荣宝斋出版社出版。

6月15日 张稼人同志在京逝世

张稼人（张志忠）同志，因病医治无效，于2009年6月15日凌晨在北京逝世，享年58岁。张稼人，1951年8月生于上海，中共党员，大学学历，研究员；中国书法家协会学术委员会委员，北京书法家协会理事。生前曾任北京台港澳交流促进会副秘书长兼研究部主任，《中国书法通讯》报编辑，《北京书法》、《北京书法艺术年鉴》编委、编辑。张稼人同志为人平和谦诚，不计名利，不计得失；潜心研习书法及理论四十余年，功力扎实，治学严谨。有社会科学著述约二百万字出版或发表。有专著《书法美的表现》及文章数十篇发表。《创造性思维的缺乏与书法理论的贫困》入选全国第三届书学讨论会，《论书法艺术的非线条特征》获北京市文联文艺评论二等奖。曾获北京市社科研究二等奖，北京市首届中青年文艺工作者德艺双馨奖、北京市优秀教师称号。

6月19日　全国第六届楹联书法展评审在大庆揭晓

6月19日至22日，由中国书协主办，大庆市委、市政府、大庆油田有限责任公司联合主办，黑龙江省书协协办，大庆市文联、大庆油田文联、大庆市书协承办的全国第六届楹联书法展作品评审工作在大庆师范学院举行。22日下午，主办单位召开新闻发布会宣布评审结果。出席新闻发布会的有中国文联副主席、中国书协副主席段成桂，中国书协副主席聂成文，中国书协分党组成员、副秘书长戴志祺，大庆市委常委、政法委书记阮殿龙，大庆市文联主席柳庄，大庆师范学院副校长杨瑞峰及全体评委、监委。发布会由中国书协副秘书长白煦主持。

柳庄介绍了本届楹联展筹备工作情况。戴志祺介绍了本次评审的情况。聂成文宣布获奖名单：获得本次楹联书法展的一等奖5名，二等奖10名，三等奖19名，入展作品402件。

阮殿龙、段成桂分别在发布会上讲话。

6月21日　张海书法展学术研讨会在京举行

6月21日，由中国文联、中国书协主办，中国文联理论研究室学术支持，中国书协研究部承办的“张海书法展学术研讨会”在北京京西宾馆举行。中国文联党组成员、副主席杨志今，中国书协主席张海，中国文联理论研究室主任董耀鹏，副主任刘国强，中国书协副主席申万胜，分党组副书记、副秘书长陈洪武，来自全国的著名书法家、书法理论家、专家学者王岳川、胡抗美、周俊杰、陈振濂、孙晓云、刘一闻、赵学敏、徐利明、吴震启、刘恒、蔡祥麟、胡传海、李庶民、衡正安、李刚田、戴小京、西中文、刘宗超、吴振锋、倪文东、赵雁君、于曙光、王荣生、潘善助、蒋力余等，以及在京各大媒体、专业媒体记者50余人参加了研讨会。杨志今、董耀鹏在研讨会上讲话。陈洪武致辞。张海在研讨会上畅谈自己的创作感想，并致答谢词。申万胜主持研讨会并作学术归纳。北京大学、北京师范大学、中央美院、首都师范大学等高校的书法专业博士生、硕士生代表与会旁听。

此次学术研讨会是针对“创造力的实现——张海书法展”分别于4月30日、5月20日、5月30日在江、浙、沪三地成功巡展后的一次回顾与总结。

研讨会上回顾播放了张海先生三地展览的开幕式盛况以及作品录像。研讨会上，各位专家畅所欲言，就张海先生的书法艺术成就、当代书法经典与大家、当代书法艺术的继承、发展与创新、当代书法展览等方面展开深入研讨。通过热烈讨论，大家对张海“创造力的实现”进行了解读；畅谈了从张海展览中获得的启示；对他于书法艺术充满激情和创造性的思路和工作状态表示赞赏；对张海在书法艺术的继承和创新发展上所做出的贡献给予肯定；强调了将张海放在当代书法界的领军地位和大文化背景下来认识的问题。

张海在研讨会结束时以一首现代长诗作为答谢词，向所有关心支持他的领导、同道和广大书法爱好者表示诚挚的感谢。

6月23日　2009年中国书协组联工作会议在哈尔滨召开

6月23至24日，中国书协2009组联工作会议在黑龙江哈尔滨召开。中国书协分党组书记、驻会副主席兼秘书长赵长青，中国文联副主席、中国书协副主席段成桂，中国书协分党组成员、副秘书长戴志祺，中国书协副秘书长白煦，中国书协组联部主任张陆一、研究部主任刘恒，黑龙江省文联主席付道彬，中国书协各团体会员单位的有关负责人参加了会议。会议由白煦主持。

会上，赵长青作了专题报告，主要讲了两个方面问题：一是上半年已经完成和正在进行的工作。二是当前书法事业面临的新形势和下半年的主要任务。

各团体会员单位的负责人就赵长青书记的报告谈了各自的收获，大家一致认为，这个报告实事求是，中国书协的工作有章可循，有据可依，工作扎扎实实，一年上一个台阶。会议在团结、务实、高效、活泼的气氛中圆满结束。黑龙江省委宣传部常务副部长潘春良、省文联主席付道彬到会致辞并看望与会人员。

6月26日　中国书法家漠河创作培训基地

正式挂牌

6月26日，中国书法家协会漠河创作培训基地举行了挂牌仪式。中国书协分党组成员、副秘书长戴志祺，中国书协组联部主任张陆一、研究部主任刘恒，中国书协各团体会员单位的有关负责人出席了挂牌仪式。黑龙江省漠河县常务副县长张东彪主持了揭牌仪式。

张陆一宣读了中国书协关于批准中国书法家漠河创作培训基地的决定，黑龙江省书协副主席张戈代表省书协致答谢辞；漠河县委副书记杨永革代表县委县政府致辞。

戴志祺代表中国书协向漠河县县长计斌授牌，标志着中国书法家漠河创作培训基地正式挂牌。

6月27日　邵秉仁书作展暨《邵秉仁谈书法与传统文化》首发式在中国美术馆举行

6月27日上午，由中国书法家协会和全国政协书画室共同主办的邵秉仁书作展在中国美术馆隆重举行。展览开幕式上，还举行了《邵秉仁谈书法与传统文化》首发式。

6月30日，中共中央政治局常委李长春来到中国美术馆，参观了正在这里展出的邵秉仁书作展。文化部部长蔡武，中国文联党组书记、副主席胡振民陪同参观。李长春认真观看了每一幅作品。中国书协主席张海，中国书协副主席邵秉仁，中国美协副主席、中国美术馆馆长范迪安，中国书协分党组副书记、副秘书长陈洪武等也陪同观看展览。

出席6月27日开幕式的主要领导和嘉宾有：全国政协副主席白立忱；全国政协原副主席李贵鲜、张思卿；中国文联党组书记、副主席胡振民；全国政协常委、中央文献研究室原主任滕文生；全国政协常委、国家发改委原副主任刘江；文化部党组副书记、常务副部长欧阳坚；中国科学学会会长、中央党校原副校长刘海藩；中央党校教育长郝时晋；中国作协党组副书记王巨材；中央文献研究室副主任董宏；著名书法家欧阳中石，中国书协顾问刘艺、李铎、佟韦、张飙；中国书法家协会主席张海；中国书协分党组书记、驻会副主席兼秘书长赵长青；中国书协副主席申万胜、旭宇、吴东民、吴善璋、何应辉、言恭达、林岫、段成桂、聂成文；中国书协分党组副书记、副秘书长陈洪武，中国书协副秘书长白煦；著名艺术家与知名人士韩美林、姜昆、徐沛东、唐国强、郁钧剑、朱军等。开幕式由中国书协分党组成员、副秘书长戴志祺主持。

开幕式上，赵长青同志代表中国书法家协会，对邵秉仁的诗文书法给予了高度评价。

6月27日下午，举行了邵秉仁书作展学术研讨会。

7月18日　中国书法史苏州论坛开讲

7月18日至21日，由中国书法家协会、江苏省文学艺术界联合会、苏州市文学艺术界联合会、吴江市人民政府主办，苏州市书法家协会、吴江市文学艺术界联合会承办的中国苏州书法史讲坛，在水乡名镇同里开讲。来自海内外书法史研究领域的5名一流学者为200余名书法史研究人员和爱好者作学术讲演，开创了当代书法研究人才培养的新模式，被学术界誉为“具有里程碑式的意义”。中国书协副主席言恭达、中国书协分党组副书记、副秘书长陈洪武、中国书协研究部主任刘恒参加了此次活动。

7月24日　申万胜书法展亮相贵阳美术馆

由中国书法家协会、中国人民解放军美术书法研究院和贵州省书法家协会联合主办，贵阳市文联、贵州省毕节地区行署和金沙县人民政府承办的申万胜书法展于2009年7月24日在贵阳美术馆开幕。参加开幕式的领导与嘉宾有：贵州省委常委、宣传部部长谌贻琴，省人大常委会副主任傅传耀，省政协副主席左定超，省军区原政委喻忠桂，贵阳市人大常委会副主任黑卫平，省政协副主席、教育厅长孔令中，贵州省文联党组副书记、副主席刘世杰等；中国书协分党组书记、驻会副主席兼秘书长赵长青，分党组成员、副秘书长戴志祺，副秘书长白煦，组联部主任张陆一，《中国书法》杂志主编李刚田，中国书协理事刘洪彪、王学岭等。开幕式由贵州省书法家协会主席包俊宜主持。

申万胜将这次展览中的部分精品力作公开义卖，并用所得款项在贵州金沙中学设立“万胜奖学金”，专门用来资助从金沙中学考上大学，但家庭困难的优秀学生。申万胜热爱故乡、情系桑梓的赤子之心令人感动。贵州美吉瑞矿业公司董事长罗仕湘先生出资50万元人民币认购申万胜书法作品，如此义举为黔中首例，为更多企业献身公益事业慷慨解囊做出表率。开幕式上申万胜与贵州金沙中学举行了捐赠仪式并向罗仕湘亲自颁发作品《收藏证书》。24日下午，主办单位召开了“申万胜书法展座谈会”。会议由贵州省书协副主席兼秘书长陈加林主持。与会专家学者30余人就申万胜的书法艺术及当代书法创作的热点问题进行了广泛而深入的研讨。

7月25日　中国书协命名沧县为“中国书法之乡”

7月25日下午，河北省沧县“中国书法之乡”命名授牌仪式在沧县文化艺术中心隆重举行。中国文联副主席、中国书协副主席段成桂，中国书协分党组书记、驻会副主席兼秘书长赵长青，中国书协副主席、宁夏书协主席吴善璋，中国书协副主席、河北省书协主席旭宇，中国书协组联部主任张陆一，山东省书协副主席兼秘书长顾亚龙以及河北省文联、河北省书协、沧州市、沧县各级领导出席了命名授牌仪式。

命名授牌仪式由沧县县委副书记张立堂主持。县长毛长军首先代表县委、县人大、县政府、县政协致欢迎词。吴善璋代表中国书协宣读了命名沧县为中国书法之乡的决定。旭宇致辞。

沧县各乡镇、县直属各部门主要负责同志、部分干部群众和学生代表800余人参加了命名授牌仪式。

7月26日　中国书协命名临邑县为“中国书法之乡”

7月26日上午，山东省临邑县中国书法之乡命名揭牌仪式在临邑县恒源大厦隆重举行。中国文联副主席、中国书协副主席段成桂，中国书协分党组书记、驻会副主席兼秘书长赵长青，中国书协副主席、宁夏书协主席吴善璋，中国书协副主席、山东省书协主席张业法，中国书协组联部主任张陆一，河北省书协副主席郭永利、张之，山东省书协副主席兼秘书长顾亚龙以及山东省书协、德州市、临邑县各级领导出席了命名揭牌仪式。

命名揭牌仪式由临邑县县委副书记、县长刘长民主持。县委书记玄祖香致欢迎词，吴善璋代表中国书协宣读了命名临邑县为中国书法之乡的决定，张业法代表山东省书协致辞。赵长青代表中国书协在仪式上讲话。

段成桂与德州市政协主席田玉茂共同为临邑县“中国书法之乡”揭牌。

7月30日　中国书法家协会慰问解放军总医院

为庆祝“八一”建军节，促进军民共建，2009年7月30日上午，中国书法进万家——走进解放军总医院活动在京举行。出席此次活动的有关方面领导、书法家有：中国书法家协会主席张海，中国书法家协会顾问李铎，中国书法家协会分党组书记、驻会副主席兼秘书长赵长青，中国楹联学会会长孟繁锦，中国书法家协会副秘书长白煦，解放军总医院政委文德功，副院长陈晓红、李书章、张保全、韩进，医务部主任郭渝成、院务部部长杨洛渝，中国工程院院士卢世璧，著名医学教授周桂民、梁发启，中国书法家协会理事张陆一、刘恒、刘文华、李刚田、高庆春、张坤山、张继、王学岭、周祥林、李一、苗培红、罗杨、梁永琳、高军法、李洪海、杨明臣、张杰等。

在欢迎仪式上，文德功政委代表解放军总医院对中国书法家协会领导和书法家的到来表示欢迎和感谢；赵长青代表中国书法家协会向解放军总医院致以诚挚慰问。张海、李铎、赵长青、白煦等近20位书法家将精心创作的50多件作品赠送给了医院一线工作的院士、教授、劳模和医务战士，并集体创作了50米长卷一幅。

7月30日　中国书协与镇江丹徒签约共同打造米芾书法公园

7月30日，中国书协与镇江丹徒区政府签订协议，决定共同打造即将开工的中国米芾书法公园。中国书协分党组书记、驻会副主席兼秘书长赵长青，中国书协副主席、江苏省文联副主席言恭达等出席签约仪式。赵长青、言恭达分别为本次签约题字“书画千秋”和“艳阳”。 签约仪式由镇江丹徒区政协主席毕增立主持。规划建设中的中国米芾书法公园，位于丹徒十里长山的西北侧，占地总面积约40.5公顷，园区内建筑面积约1万平方米，首期投资约6000万元。公园建设将以弘扬米芾书法文化为核心，以丹徒山水文化为延展，集展示、创作、交流、培训、旅游和休闲等功能于一体，将其建成文化产业和休闲相结合的现代服务业基地。

8月2日 第25届中日友好少年书法交流大会在京举行

为进一步促进中日两国少年书法交流与友好合作，培养书法艺术后继人才，由中国书法家协会与日本全国少年少女竞书大会共同举办的第25届中日友好少年书法交流大会，于2009年8月2日在北京京都信苑饭店举行。

文化部外联局副局长于兴义，中国文联国际联络部副主任董占顺，文化部外联局国际处处长杨治，中国文联国际联络部处长赵平，中国书协分党组书记、驻会副主席兼秘书长赵长青，中国书协顾问刘艺、张飙，中国书协副主席、北京书协主席林岫，日本驻华文化参赞川上文博，日本成田山全国竞书大会会长桥本照稔，中日友好少年书道交流团团长田中节山，副团长山根互清，中国书协理事、外联部主任蔡祥麟，中国书协理事、《中国书法》杂志主编李刚田，中国书协理事、《中国书法通讯》报执行主编高庆春，中国书协培训中心副主任章巧珍等，中日两国少年书法代表30人以及在京媒体记者参加了交流大会。

会上，赵长青、桥本照稔分别代表中日两国主办单位致辞，并介绍了各自的情况。

参加此次交流中国的15名少年分别来自北京、四川、浙江、河南等省市，是经过严格程序选拔出来的；日本派出参加交流的15名少年是从全日本15万名书法爱好者中层层选拔出来的。他们都是在读的中小学学生，基本上代表了中日两国少年书法创作的整体水平。仪式之后，中日两国少年当场挥毫泼墨，展开笔会交流，每一位小作者分别即兴创作了一幅书法作品，然后逐一进行展示。随后由中日两国著名书法家刘艺、张飙、林岫、桥本照稔、田中节山面对面逐一为两国少年书法作者点评作品，他们对中日两国小作者的书法作品，在注重于传统的吸收和借鉴中所彰显的稳健书风给予了好评，同时还指出了他们书法学习的努力方向，并逐一与中日两国少年书法作者合影留念。

在当晚举行的中日交流宴会上，张飙、桥本照稔分别致辞，他们对中日两国少年书法交流会多年来的成功合作和所取得的成果给予高度赞扬，同时对中日两国书法交流的美好前景给予了积极评价。

中日两国少年儿童书法交流会已成功举办了24届，通过中日双方的交流互动，彼此建立了深厚的友谊。此次交流会是中日双方签订友好合作协议以来第二次由中国书法家协会在北京举办的交流活动。今后将每年定期举行书法交流和互访活动，这对于加强两国少年的了解和友谊，促进中日友好和两国书法事业的可持续发展将起到积极的作用。

8月8日 全国邮政书法美术家协会成立

全国邮政书法美术家协会8月8日在西安召开成立大会。中国邮政集团公司党组成员、副总经理冯新立、国家邮政工会常务副主席刘建辉、中国集邮总公司党委书记、副总经理赵春原及全国各省邮政系统有关领导、代表出席会议。会上通过了《全国邮政书法美术家协会章程》，讨论通过了工作计划。选举产生全国邮政书法美术家协会领导机构:主席冯新生，常务副主席刘建辉、马凤炯，副主席赵春原等10人，秘书长张继政、柏言，常务理事21人，另聘请赵长青等13人为顾问。当日下午，全国首届邮政书法美术作品展在陕西省美术博物馆开幕。

8月9日 旭宇师生书法展在石家庄举行

“向祖国汇报——旭宇师生书法作品展”于2009年8月9日上午在石家庄市时光街六度园开幕。中国书法家协会分党组书记、驻会副主席兼秘书长赵长青，副秘书长白煦，省政协主席刘德旺，省委常委、省军区政委张彦欣，省人大常委会常务副主任柳宝全，副省长孙士彬，省委宣传部常务副部长杨永山等领导出席开幕式并为展览剪彩。

旭宇作为中国书法家协会副主席、河北省书法家协会主席，团结带领广大会员，组织开展了一系列在全国产生重大影响的展事、赛事活动，提升了河北书法的影响力和知名度。旭宇的学生，秉承师风，刻苦精进，涌现出不少颇具潜力的书法人才，成为河北书坛的中坚力量。此次师生展，共展出旭宇和陈茂才、李尚才、牛惠宾、郎岗峰、郭永利、刘金凯、胡立民、付殿川、魏兵然、鉴克、赵险峰、刘月卯、张纬东、李智永、吴占良、萧依等学生的数百幅作品。

赵长青在开幕式上首先代表中国书法家协会向展览的举行表示热烈祝贺。

8月11日 “向祖国汇报”——中国书法名城（之乡）国庆巡礼活动在京举行

为迎接新中国和中国文联成立60周年，根据中国文联的总体安排，由中国书法家协会主办，江苏、河南、山东、浙江、湖南、内蒙古、广东、安徽、宁夏、上海、陕西省书协协办，中国书法名城（之乡）联谊会承办的“向祖国汇报”——中国书法名城（之乡）国庆巡礼活动于8月11日在北京中国人民革命军事博物馆隆重开幕。这是书法界向新中国成立60周年、中国文联成立60周年献上的一份厚礼，也是7座书法名城、1座书法名山、1座书法城、16家书法之乡向新中国成立60岁生日献上的一份厚礼，向伟大祖国的一次集中汇报，一次集中展示。

出席开幕式的领导和嘉宾有：全国政协副主席李金华，中国文联党组成员、副主席冯远，中纪委副书记黄树贤，中直机关纪工委副书记梁潮平，公安部政治部主任蔡安季；中国书协主席张海，分党组书记、驻会副主席兼秘书长赵长青，顾问刘艺、李铎、张飙，副主席吴善璋、邵秉仁，分党组副书记、副秘书长陈洪武，分党组成员、副秘书长戴志祺，副秘书长白煦，理事、书法名城之乡联谊会会长、河南省书协主席宋华平等。

巡礼展览开幕式由戴志祺主持。陕西省三原县县委书记刘涛代表参展单位发言。名城（之乡）所属团体会员的代表及苏州、徐州、开封、安阳、临沂、绍兴、湘潭、泰安、乌海、东莞、楚州、常熟、埇桥、桐乡、绍兴（县）、义乌、隆德、邹平、汶上、曲阜、临邑、郸城、偃师、七宝、三原等各书法名城、书法城、书法名山、书法之乡的地方党委政府负责人，地方文联、书协的负责人也出席了开幕式。

本次展览荟萃了中国文联领导、著名艺术家以及中国书协顾问和主席团成员，各书法名城（之乡）的书法精英的400多幅书法精品，内容丰富，风格各异，代表了这些参展单位的整体创作水平，具有极强的艺术表现力和感染力。这次展览的一大特色是各个名城（之乡）都采用图片的形式集中展示了各地丰富多彩的书法活动，可谓图文并茂，形象生动。巡礼活动的成功举办，是对开展书法名城（之乡）考察命名活动的阶段性总结，是对关心支持书法事业的各级领导、社会各界人士和书法界同道的一次集中汇报。

8月14日 中国书法进万家——走进西藏活动在当地引起热烈反响

8月14日上午，位于拉萨市的西藏博物馆广场，彩旗招展、鼓乐齐鸣，一派喜庆热闹的节日气氛。由中国书法家协会和西藏文联共同主办的中国书法进万家——走进西藏活动“中国书法家协会第五届理事精品展”开幕式在这里隆重举行。中国书协分党组书记、驻会副主席兼秘书长赵长青，分党组成员、副秘书长戴志祺，西藏自治区党委常委、宣传部长崔玉英，自治区党委常委、纪委书记金书波，自治区副主席甲热洛桑丹增、刘庆慧，西藏军区副政委杨双举，武警西藏总队副政委刘成俊等领导参加了开幕式。开幕式由西藏文联党组书记索朗石达主持。赵长青在开幕式上讲话。他指出，作为今年中国书协的重点工作之一，中国书法进万家——走进西藏活动，就是要用书法艺术的形式，唱响共产党好、社会主义好、民族区域政治制度好、改革开放好的时代主旋律，讴歌新西藏的新生活、新变化，为庆祝西藏民主改革50周年营造良好的文化氛围，为迎庆新中国60华诞献上一份厚礼。自治区领导在致辞中指出，这是在热烈庆祝西藏民主改革50周年、喜迎中华人民共和国成立60周年的大喜日子里，继2005年中国书协理事精品展在拉萨展出之后再次进藏举办展览。相信此次展览能为进一步繁荣西藏的文艺事业，增进各民族的团结友爱，推动西藏社会各项事业的跨越式发展和长治久安发挥积极的作用。开幕式上，中国书协向自治区党委、政府捐赠了名家书法长卷，赵长青、李刚田、王学岭还分别向劳模代表、援藏干部代表和文学艺术家代表赠送了自创的书法作品。

这次参展的140余幅书法精品代表了当今中国书法创作的总体水平，反映了当代中国书坛的整体风貌，受到了众多书法爱好者的热烈欢迎。中国书协分党组成员、副秘书长戴志祺，自治区党委常委、纪委书记金书波等四大班子领导，采风团全体成员和各界代表300多人出席开幕式并参观书法作品展。开幕式前，书法长卷在布达拉宫广场进行了展示。中央驻藏各大媒体和当地主要媒体对活动进行了全程报道。

14日下午，中国书协在拉萨举行了兰亭小学的捐建命名和授牌仪式，为在2008年地震中受损严重的拉萨市当雄县宁中乡第二中心小学捐赠50万元，用于新建教学楼，让孩子们能在宽敞明亮、安全温馨的教室里读书学习。学生代表向19位采风团成员敬献了红领巾，用他们纯真、感激的目光表达了对党和国家的感恩之情，现场沉浸在一片温暖、和谐的气氛当中。自治区党委常委、拉萨市委书记秦宜智，市县乡各级党委政府、有关部门主要领导，师生和学生家长代表近百人出席了捐赠仪式。19日，采风团成员驱车200多公里，来到了海拔在4300米的校址进行实地考察了解，与当地少数民族干部群众、教师学生做了交谈，鼓励藏族孩子们积极参加“从小写好中国字，长大做好中国人”主题系列活动。大家感到，通过面对面的接触，都受到了一次难忘的民族教育课。

15日，代表团成员不顾高原反应和旅途疲劳，驱车近10个小时，来到了距离拉萨近500公里的林芝市。于当晚7点半为中国人民解放军某部官兵举行了中国书法进万家——走进军营活动笔会。长期战斗在高海拔地区、文化生活相对单调的100多名官兵们，排列整齐地在部队大礼堂内，用热烈的掌声迎接采风团的到来。

按照活动总体安排，采风团一行 还深入到拉萨、林芝、日喀则、江孜等地乡村、民间文化示范基地、革命传统教育基地，考察民俗民风，开展采风、调研、参观活动。所到之处，受到了当地党政军主要领导、干部群众和文艺工作者的普遍欢迎。尤为让大家欣喜的是，十一世班禅额尔德尼确吉杰布得知中国书法进万家——走进西藏采风团来到他家乡的消息，非常高兴地在日喀则行宫接见了采风团一行。他感谢书法家们对他家乡的关心，并说他正在学习书法，希望以后能有机会在一起交流。班禅大师与采风团团长赵长青互赠了书法作品。

书法家于小山、王学岭、戴跃、运其瑞、李刚田、李有来、杨西湖、张建会、赵雁君、徐利明、李木教、高宝玉以及中国书协机关有关人员参加了此次走进西藏活动。

8月18日 “八桂书风”优秀作品晋京展在北京开幕

由中国书法家协会、广西壮族自治区党委宣传部、广西文学艺术界联合会主办的庆祝新中国成立60周年“八桂书风”优秀作品晋京展，于2009年8月18日上午在北京中国人民革命军事博物馆举行开幕式、研讨会暨《“八桂书风”优秀作品晋京展作品集》发行仪式。

全国政协副主席李兆焯，国家发改委副主任任穆虹，新华社副社长鲁炜，中国文联党组成员、书记处书记白庚胜，中国出版集团总裁聂震宁，中国书协顾问张飙，副主席林岫、邵秉仁，分党组副书记、副秘书长陈洪武，副秘书长白煦，广西壮族自治区党委副书记陈际瓦，广西壮族自治区政协副主席、中国美术家协会副主席黄格胜，广西壮族自治区人大常委会原副主任、广西文联主席潘琦等领导出席了展览开幕式。白煦、广西壮族自治区党委常委、宣传部部长沈北海分别致辞。

此次展出了广西书法家近300件作品，不仅向我们再现了中国传统书法的精髓，也向我们展现了广西书法艺术继承传统而又勇于进取的变革精神。展品既有深厚的传统根基，又表现了多彩的时代特点，基本上反映了广西书坛的创作现状，代表了广西书坛整体水平。

9月5日　中国书法名城（之乡）国庆巡礼书法展暨《中国书法名城》杂志创刊首发式在湘潭举行

9月5日，在举国上下喜迎共和国60华诞之际，中国书法名城（之乡）国庆巡礼书法展暨《中国书法名城》杂志创刊首发式在湘潭举行。中宣部原秘书长沈一之，湖南省人大常委会原副主任罗海藩，中国书协分党组成员、副秘书长戴志祺，组联部主任张陆一，研究部主任刘恒，中国书法名城（之乡）联谊会会长宋华平，湖南省文联党组副书记江学恭，中国书协理事、湖南省文联副主席、省书协主席何满宗，中国书协理事、湖南省书协驻会副主席陈曦明，湖南省纪委原副书记、省诗词学会会长赵焱森，湘潭市领导彭宪法、余爱国、周巧艺、彭中泽、苏健全、杨雄赳以及全国各地书法名城（之乡）的代表出席了活动。

由中国书协等单位主办，中国书法名城（之乡）联谊会等单位承办的中国书法名城（之乡）国庆巡礼书法展，在北京展出后，第一站来到湘潭展出。《中国书法名城》杂志创刊首发式和湘潭书画名城文化艺术有限公司开业典礼同时举行。

受中国书协分党组书记、驻会副主席兼秘书长赵长青的委托，中国书法名城（之乡）联谊会会长宋华平在会上讲话。湘潭市委书记彭宪法致开幕词。出席活动的有关领导为湘潭书画名城文化艺术有限公司揭幕和剪彩，饶有兴致地参观了中国书法名城（之乡）国庆巡礼书法展，部分领导和嘉宾共同出席了兰亭小学的授牌仪式。

9月9日　张飙书歌颂祖国诗词书法展在京开幕

由中国书协主办、中国书协中直分会承办的“献给祖国母亲的歌——张飙书歌颂祖国诗词书法展”，于9月9日上午在北京中国人民革命军事博物馆开幕。

出席开幕式的领导有：中国科学院、中国工程院两院院士、全国政协原副主席宋健，全国政协原副主席张思卿，中央统战部常务副部长朱维群，国家体育总局局长刘鹏，中央统战部副部长楼志豪，全国政协副秘书长卢昌华，司法部原副部长岳宣义，中宣部秘书长官景辉，中国文联党组成员、书记处书记廖奔，海军副政委李俊琏，中华爱国工程联合会副主席贾文先，中国书协分党组书记、驻会副主席兼秘书长赵长青，顾问刘艺、李铎、佟韦，副主席、北京书协主席林岫，新华社原副社长何东君，中国记协书记处书记肖东升、李贤德，中国书协原顾问权希军，分党组副书记、副秘书长陈洪武，分党组成员、副秘书长戴志祺，副秘书长白煦等。

赵长青在开幕式上讲话，戴志祺主持，张飙致答谢词。

本次展览展出120件书法作品。书写内容分为八个部分：祖国万岁、精彩奥运、征途脚步、征天英雄、中华人物、华夏雄风、大好河山、长城之歌。

广西、甘肃、金融、铁路等书法家协会发来了贺信和贺电。张飙的家乡唐海县委县政府等地发来了贺电。

9月12日　第三届黄河明珠中国乌海书法艺术节开幕

9月12日上午，由中国书协、团中央青少年发展中心、内蒙古书协主办的中国首届少儿书法艺术节暨第三届黄河明珠中国乌海书法艺术节在内蒙古乌海市举行。中国书协主席张海，副主席申万胜，内蒙古自治区党委常委、统战部长伏来旺，全国人大常委、民族委员会副主任委员哈斯巴根，自治区人大常委会副主任柳秀、赵忠，自治区副主席连辑、刘新乐，中国博物馆馆长吕章申，北京大学新闻与传播学院院长邵华泽，团中央少年部副部长张哲，乌海市委书记白向群，乌海市委副书记、市长侯凤岐，中国书协分党组成员、副秘书长戴志祺，组联部主任张陆一，以及在内蒙古自治区工作过的部分离退休老领导，来自全国各地的书法家、爱好者数万人参加了艺术节。

一万零一百名少年儿童在兰亭广场同时用不同字体书写了“热爱祖国、建设家乡”等字样。开幕式当天下午，第二届乌海中国书法城建设高峰论坛在乌海图书馆报告厅举行。戴志祺应邀在论坛上发言。晚上8时，中国首届少儿书法艺术节暨第三届黄河明珠中国乌海书法艺术节大型表演活动在兰亭广场举行。张海为百名书法家长卷题名，并为“中国书法城乌海”

揭幕。张陆一宣读了关于命名乌达区团结路小学为“兰亭小学”的决定，申万胜为学校授牌。

13日上午，中国书法名城书法作品巡回展在乌海市科技馆开幕，张海、申万胜、戴志祺以及内蒙古自治区领导、乌海市领导为展览剪彩。

9月15日　《中国当代书法大典》首发式暨作品展在京举行

9月15日，《中国当代书法大典》首发式在全国政协礼堂隆重举行，200余位共和国将军部长和书法家，以及首都文化界、新闻界代表近500人参加了首发式。

首发式上，第十届全国人大常委会副委员长、中华炎黄文化研究会会长许嘉璐发表了重要讲话。

中国书法家协会主席张海在首发式上讲话。中华炎黄文化研究会常务副会长、编委会副主任赵德润致开幕词。

《中国当代书法大典》由中华炎黄文化研究会、中国书协联合组成编委会，谭泽民任主编。《大典》遵循积极健康、雅俗共赏的原则，着力推出了一批反映时代精神、为广大人民群众所喜闻乐见的书法作品，努力做到思想性、艺术性、观赏性三者和谐统一。首发式上首先推出《将军部长卷》、《中国书协理事卷》，《后续卷》在续编中。

9月16日　全国第二届青年书法篆刻作品展在宁波开幕

全国第二届青年书法篆刻作品展于9月16日上午在宁波美术馆隆重开幕。中国书协分党组书记、驻会副主席兼秘书长赵长青，中共宁波市委副书记唐一军，中国书协副主席陈永正、聂成文，分党组成员、副秘书长戴志祺，中国书协副秘书长白煦等出席开幕式。出席开幕式活动的还有刘恒、张陆一、李松、魏哲、何昌贵、杨西湖等全国著名书法家、艺术家、获奖作者和宁波市文艺界有关人士。本次活动协办单位浙江前程投资股份有限公司董事长沈志军也参加开幕式。开幕式由宁波市政协副主席、市文联主席傅丹主持。

本次展览由中国书协、宁波市人民政府主办，宁波市文联、宁波市书协承办，浙江省书协、浙江前程投资股份有限公司、宁波美术馆协办。这次展览共展出书法篆刻作品409件，这些作品都是通过向全国征集、专家评审，从17000多件作品中评选出来的入展作品，代表了当今全国青年书法篆刻创作的整体水平。

为配合本次展览，主办方出版了《全国第二届青年书法篆刻作品集》和纪念邮册。

9月20日　《共和国书法大系》出版座谈会在京召开

在全国上下喜迎新中国60华诞之际，由中国艺术研究院和江西出版集团主办的《共和国书法大系》出版座谈会于2009年9月20日在中国艺术研究院召开。文化部副部长、中国艺术研究院院长王文章，中国艺术研究院党委书记、副院长张庆善，中国书协名誉主席沈鹏，中国书协分党组副书记、副秘书长陈洪武，江西省出版集团党委书记、董事长钟健华及有关专家学者出席了座谈会。座谈会由文化部非物质文化遗产司副司长、中国艺术研究院科研处处长马盛德主持。王文章、沈鹏在座谈会上讲话。陈洪武和钟建华发言。

与会专家高明光、陈绶祥、陈醉、张荣庆、邱振中、李刚田、刘守安、刘恒、梅墨生、骆芃芃等分别就《共和国书法大系》出版的意义、编撰结构及当前书法现象发表了建设性意见。

《共和国书法大系》由沈鹏任名誉主编，李一、陈政、任平任总主编。此书共有六卷，分《书史卷》、《书家卷》（上下）、《篆刻卷》、《书学卷》（上下），约180万字、1000幅图版。此书近日已由江西美术出版社出版。《共和国书法大系》被国家新闻出版总署列为庆祝新中国成立60周年百种重点图书、国家“十一五”重点出版规划项目。

9月24日　“向祖国汇报”——庆祝新中国成立60周年暨纪念中国文联成立60周年美术书法摄影民间艺术精品展在京举办

为庆祝新中国60华诞，纪念中国文联成立60周年，由中国文学艺术界联合会、中国美术家协会、中国书法家协会、中国摄影家协会、中国民间文艺家协会共同主办的“向祖国汇报”——庆祝新中国成立60周年暨纪念中国文联成立60周年美术、书法、摄影、民间艺术精品展，于9月24日在北京民族文化宫展览馆举办。中国文联党组书记、副主席胡振民，党组副书记、副主席覃志刚，中国文联党组成员、副主席杨志今，中国文联党组成员、书记处书记廖奔，中国书协主席张海，中国文联副主席、中国美协主席刘大为，中国文联副主席、中国书协副主席段成桂，中国摄协分党组书记、驻会副主席兼秘书长李前光，中国书协分党组副书记、副秘书长陈洪武，副秘书长白煦等出席开幕式。开幕式由覃志刚主持。

9月25日 庆祝中华人民共和国成立60周年全国残疾人书法绘画大赛作品展在京开幕

由民政部、广电总局、中国文联和中国残联共同主办，中国美协、中国书协、中国残疾人福利基金会、中央美院、中国国家画院协办，《中国残疾人》杂志社承办的庆祝中华人民共和国成立60周年全国残疾人书法、绘画大赛历时8个月，首展开幕暨颁奖仪式于9月25日上午在北京中国国家画院美术馆隆重举行，同时还举办当代中国书画名家邀请展。

本次大赛在征稿过程中得到了广大残疾人的积极响应，参赛者中汇集了肢残人、聋人及盲人和智力残疾人等各类残疾人艺术家。本次展览展出的获奖作品是从全国31个省、市、区及香港、澳门特别行政区选送的2万余幅参赛作品中，经大赛评审委员会14位专家严格评审评选出来的，代表着我国残疾人书画艺术创作的最高水平。大赛最终评选出入围作品355幅，其中评出书法类、国画类、油画及相关类金奖各1名、银奖各2名、铜奖各5名；书法优秀奖121名、鼓励奖各100名、儿童特别奖10名、组织奖12个。

9月26日 加拿大华人书法艺术大展在士嘉堡隆重开幕

由加拿大书法家协会主办的“隆重庆祝中华人民共和国成立60周年加拿大华人书法艺术大展”于2009年9月26日在加拿大士嘉堡市政中心隆重开幕。这次大展展出的作品包括楷、行、草、隶、篆的条幅、对联及扇面佳作210余幅，300余名多伦多市民参加了开幕并观看了展览，堪称盛况空前。

加拿大联邦政府国会议员詹嘉礼、中华人民共和国驻多伦多总领事馆侨务领事姜殿昌和黄新华、安大略省公民及移民厅厅长陈国治、大多伦多市议员李振光、香港特别行政区政府香港经济贸易办事处处长肖显扬、全加华人团体联合总会主席陈丙丁、大多伦多华人团体联合总会名誉主席伍卓生、加拿大书法家协会会长何镜贤为大展剪彩。

中国书法家协会致贺信。中华人民共和国驻多伦多总领事馆总领事朱桃英和大多伦多市市长苗大伟也发来了贺信。

展出作品中，不仅有十多幅以“龙”字为主题的书法作品，还有传达当地华人思乡之情的“游子吟”等经典唐诗。

9月27日 中央数字电视书画频道在京落地

在中华人民共和国诞辰60周年之际，为庆祝中央数字电视书画频道在北京落地播出暨庆祝北京歌华有线电视成立10周年，中央数字电视书画频道携歌华有线于2009年9月27日在北京歌华大厦举办了《歌颂中华》大型书画笔会。笔会邀请了24位全国著名书画艺术家挥毫泼墨，共同创作了一幅30米长卷的书法作品，作为向祖国60华诞的献礼。长卷被北京歌华有线电视网络股份有限公司收藏。中国书协顾问李铎、张飙，分党组副书记、副秘书长陈洪武等参加笔会。首都各界文化艺术名家，以及各大新闻媒体记者200余人出席仪式。

书画频道开播以来，策划、拍摄、制作、播出了涵盖新闻资讯、专题、教学、鉴赏、访谈、拍卖、直播等八大类24个栏目内容，真正实现了全方位、大容量、立体式地向全国的广大电视观众推出国内外书法界、美术界的各类内容。本次书画频道在北京落地播出，用户除了能通过机顶盒收看之外，还可通过歌华有线的交互式平台，通过点播的方式收看书画艺术教学、鉴赏等节目内容。

9月30日 中国书法、篆刻被正式列入“人类非物质文化遗产代表作名录”

9月28日，联合国教科文组织保护非物质文化遗产政府间委员会第四次会议胜利召开，9月30日，会议审议并通过了2009年“人类非物质文化遗产代表作名录”和“急需保护的非物质文化遗产名录”的报告，中国书法、篆刻被正式列入“人类非物质文化遗产代表作名录”。

中国书法申报联合国“人类非物质文化遗产代表作”，是书法界和全社会共同关心的问题。在中国书法家协会、中国艺术研究院中国书法院通力合作和全社会的大力支持下，经过几年来的共同努力，申遗终于获得圆满成功。

10月13日　纪念中蒙建交60周年书法展在京举办

10月13日，为纪念中蒙建交60周年，蒙古国驻华大使馆与中国书协共同在中国社会科学院主办纪念中蒙建交60周年书法展。蒙古国外长中苏巴特宝力德、中国外交部副部长李金章、蒙古国驻中国大使巴图苏赫、中国文联党组成员、书记处书记廖奔、中国书协分党组书记、驻会副主席兼秘书长赵长青、外交部亚洲司副司长吴江浩、中国文联国际部副主任董占顺、蒙中友好协会会长那姜苍诺罗布、中蒙友好协会会长张德麟、中国社科院国际研究部主任张蕴岭等出席开幕式。开幕式上，巴图苏赫、赵长青分别代表蒙古国驻中国大使馆、中国书协致辞。开幕式由中国书协副秘书长白煦主持。

李金章、巴图苏赫、廖奔、吴江浩、董占顺、赵长青、那姜苍诺罗布为开幕式剪彩。蒙古国驻中国大使馆、中国书协、中国社会科学院有关领导、工作人员参加开幕式。

10月16日　全国第八届书学讨论会在郑州召开

10月16日至18日，由中国书法家协会主办、河南省总工会、河南省文联、河南省书法家协会承办的全国第八届书学讨论会在河南郑州召开。

全国第八届书学讨论会是书法界的重要学术性活动。自3月初发布征稿启事以来，共收到论文1173篇。经严格评审，共评出一等奖论文5篇，二等奖论文9篇，三等奖论文26篇，入选论文65篇。

17日上午，讨论会举行开幕式。中国书协主席张海，中国书协分党组书记、驻会副主席兼秘书长赵长青，中国文联理论研究室主任董耀鹏，河南省总工会党组书记、常务副主席桑金科，中国书协副主席、学术委员会主任朱关田，中国书协分党组副书记、副秘书长陈洪武，河南省文联副主席、书协主席宋华平，中国书协学术委员会副主任陈振濂、周俊杰，中国书协研究部主任、学术委员会秘书长刘恒，河南省书协副主席李强，中国书协学术委员会委员曹宝麟、侯开嘉、叶鹏飞、朱以撒、姚国瑾、李一、吴振锋、姜寿田等以及获奖和入选作者共60余人参加了讨论会。桑金科、宋华平代表承办单位致欢迎辞。开幕式上，张海、董耀鹏、赵长青分别讲话。朱关田宣布获奖名单。陈洪武主持会议。

会议为获奖作者颁奖。一等奖论文作者祝帅、向彬、邱才桢、杨二斌介绍了获奖论文。陈振濂、曹宝麟、刘恒、朱以撒四位专家分别为四位发言作者做了精辟点评。学术讨论会由周俊杰主持。

17日下午，与会人员分书法史和书法理论两组就书学研究的诸多问题进行了深入探讨和交流。刘恒对会议讨论做了总结。

10月18日　中国书协为章丘、开封、固始、新安授牌

10月18日上午，“中国书法之乡—章丘”授牌仪式在山东省章丘市百脉泉广场举行。同时举行“清照故里词意章丘”——李清照文化周开幕式。中国书协分党组书记、驻会副主席兼秘书长赵长青，中国书协副主席、山东省书协副主席张业法，中国书协理事、组联部主任张陆一，中国书协理事、山东省文联副厅级巡视员、山东省书协常务副主席兼秘书长顾亚龙以及济南市委常委、宣传部长谭延伟，山东省文联党组书记于钦彦，济南市副市长巩宪群，章丘市委书记毕筱奇、市长江林等领导嘉宾参加了授牌仪式。

10月23日上午，“中国翰园书法名园——中国翰园碑林”命名授牌仪式在河南省开封市轩辕黄帝广场举行。赵长青、张陆一，河南省文联党组书记吴长

忠，省文联副主席、书协主席宋华平，开封市委常委、宣传部部长张勇，市人大常委会副主任、文联主席王宝贵，市政协副主席陈传智，中国翰园碑林创建人李公涛等领导和嘉宾出席了授牌仪式。 开封市副市长陈国桢代表市委、市政府致欢迎词。

张陆一宣读中国书协命名中国翰园碑林为“中国书法名园”的决定。 赵长青讲话，并向翰园碑林授予“中国书法名园”牌匾。

10月24日上午，“中国书法之乡——固始”命名授牌仪式在河南省固始县根亲博物馆举行。授牌后，来自全国的书法家代表和各级领导、来宾，参观了“中国书法之乡——固始”书法汇报展和固始60周年成就展。

10月27日上午，“中国书法之乡——新安”命名授牌仪式在河南省新安县世纪广场隆重举行。

10月19日 中国书协举办传达贯彻十七届四中全会精神培训班暨2009中国书法文津大讲堂

10月19日至21日，中国书协在国家图书馆举办学习贯彻十七届四中全会精神培训班暨2009中国书法文津大讲堂。中国书协分党组书记、驻会副主席兼秘书长赵长青，副书记、副秘书长陈洪武，分党组成员、副秘书长戴志祺，副秘书长白煦出席开班仪式。赵长青讲话并开讲第一课，陈洪武主持开班仪式。中国书协各部门负责人、全体工作人员及中国楹联协会、北京书协、中直书协、金融书协、铁路书协等书法家代表300余人参加了培训班。

此次培训班是中国书协根据中央及中国文联的统一部署，为认真学习贯彻党的十七届四中全会精神，深入理解领会党在新的历史时期加强和改进自身建设的重大意义而举办的。旨在统一思想，凝聚力量，明确任务，协调发展。大力开展以学理论、学业务，创新、创一流，树正气、树形象为主要内容的“学创树”教育活动，全面加强自身建设，努力营造良好工作环境，为构建繁荣和谐、创新有为的当代书坛提供有力的保障。

赵长青在开班首讲上，按照中央及中国文联的要求，结合中国书协实际，讲了两个方面的问题。第一方面要充分认识，深刻领会十七届四中全会的重大意义。第二方面要以十七届四中全会精神为指导，紧密联系实际，采取有效措施，全力抓好“学创树”活动，不断加强协会自身建设。

为期三天的培训，中国书协特邀北京大学教授、博士生导师张辛、国家行政学院副院长周文彰授课。张辛主要就中国传统文化、艺术哲学及其与书法艺术的相关问题进行阐释讲解；周文彰讲述了文化建设在贯彻科学发展观中的作用、地位，他回顾了新中国成立以来中国政治、经济、文化等社会各领域发生的巨大变化，通过生动具体的实例，深入浅出地阐明了社会主义文化建设的价值意义。

通过名家讲座，进一步开阔了视野，增长了见识，对于大力加强自身建设、繁荣发展书法事业明确了思路，增强了信心。

10月31日 第三届北京国际书法双年展在京举行

备受国际书坛关注的第三届北京国际书法双年展于10月31日和11月1日在北京市劳动人民文化宫太庙广场和中国人民革命军事博物馆隆重开幕。

本次展览特别邀请了中国书协名誉主席沈鹏、中国书协顾问欧阳中石、李铎等一大批老一辈书法家的精心之作。展览的最大看点是中韩大家沈鹏、赵守镐的联袂展出，为大展平添了一道亮丽风景。

历时一年多的充分准备和不懈努力，此展共征集了来自马来西亚、新加坡、印度尼西亚、日本、韩国、越南、菲律宾、文莱、意大利、德国、荷兰、法国、澳大利亚、英国、美国、巴西、加拿大、比利时等全球20多个国家以及我国港、澳、台地区的7178件作品。大展涉及范围广、参与人数多、作品质量高，是中国传统文化艺术的一次大展示、大检阅，既为中国艺术家与世界各国艺术家携手共进提供了广阔的平台和交流展示的良机，又为祖国母亲60华诞生日献礼，更为“人文北京”赋予了更加丰富多彩的内容。

开幕式当天的太庙广场，红旗招展、彩球飞舞，洋溢着欢乐祥和的气氛。开幕式上，演员表演了川剧变脸、中国武术表演，身着整齐军装、飒爽英姿的女子军乐团器乐进行歌曲联奏，歌唱家们放情经典民歌，丰富多彩的节目，盛况空前，倾情奉献给来自世界各地的朋友。

11月6日　第四届中韩书法名家邀请展在京开幕

11月6日，由中国人民大学艺术学院和韩国驻华文化院联合主办、中国人民大学东方艺术研究所与韩国东方文化发展交流协会联合承办的“第四届中韩书法名家邀请展”在北京韩国驻华文化院开幕。

韩国驻华大使辛正承、驻华韩国文化院院长金翼谦、韩国国际书法联盟常任会长金荣基、韩国书道协会常务副会长文官孝、中国书法家协会副主席申万胜、中国人民大学艺术学院院长徐庆平、中国人民大学哲学院教授张法、中国书协理事周志高、《中国书法通讯》报执行主编高庆春等嘉宾以及中国人民大学艺术学院学生、韩国留学生近200人参加了开幕式。开幕式由中国人民大学艺术学院党委书记兼常务副院长郑晓华和韩国东方文化交流协会会长文功烈主持。此次展览汇聚了中韩两国82位书法家的优秀作品。

11月15日　庆祝澳门回归祖国十周年中国书法名家作品邀请展在澳门举行

11月15日，为庆祝澳门回归祖国十周年，展现澳门回归十年来的辉煌成就，促进内地与澳门书法家之间的交流合作，由澳门基金会、《中国书法年鉴》编辑委员会和湖南省文化艺术基金会联合主办的“庆祝澳门回归祖国十周年中国书法名家作品邀请展”在澳门回归贺礼陈列馆隆重开幕。

外交部驻澳门特别行政区特派员卢树民、中央人民政府驻澳门特别行政区联络办公室文教部副部长张晓光、澳门基金会行政委员会委员吴志良、湖南省文化厅厅长兼《中国书法年鉴》副主编周用金、中国书协理事高庆春、于恩东、毛国典、戴跃、杨西湖，澳门书法家协会主席连家生，《中国书法年鉴》策划汤厚松、执行编辑彭西敏等出席开幕式。周用金在开幕式上致辞。

此次展览汇集了覃志刚、沈鹏、张海、李铎、张飙、赵长青、申万胜、朱关田、林岫等名家的作品及中国书协理事、各省市书协主席及在全国具有影响力的名家作品70余件。这些作品内涵丰富，表现形式多样，代表了当今书法创作的整体水平。展览使澳门市民在领略到中国书法艺术特色的同时，对祖国的传统文化有了更深入的接触与理解。同时，这些作品已收入近期正式出版的《中国书法年鉴（2008）》中。

11月16日　当代名家系列工程全国百位老书家作品展

11月16日下午，由中国书法家协会和安阳市人民政府主办，河南省书法家协会和中国文字博物馆承办的翰墨春秋——全国百位著名书法家作品展在中国文字博物馆隆重开幕。中国书法家协会主席张海，中国书法家协会分党组书记、驻会副主席兼秘书长赵长青，中国书协研究部主任刘恒，河南省文联副主席、省书法家协会主席宋华平，市领导张笑东、李卫民、郑俊峰等，中国文字博物馆党组书记、常务副馆长冯克坚出席开幕式。

本次展览集中展示了当代书坛百名德高望重、影响广泛的老书法家们的艺术水准、学术修养和精神风貌。

11月20日　中国书法进万家——走进中国石油

在祖国迎来60华诞，中国石油大庆油田发现50周年之际，由中国书法家协会主办、中国石油天然气集团公司政治思想工作部联合主办，中国石油书法家协会承办的“中国书法进万家——走进中国石油”活动于2009年11月20日在中国石油国际化人才培训中心举办。

中国石油集团思想政治工作部副主任贾光生主持了此次活动。中国书协分党组书记、驻会副主席兼秘书长赵长青，中国书协理事、培训中心主任刘文华，中国书协理事、《中国书法通讯》报执行主编高庆春，中国书协理事高军法、王学岭，中国书协网站负责人段军；中国石油天然气集团公司总经理助理、中国石油书协高级顾问李万余，中国石油天然气集团公司老干部局局长、中国石油书协主席樊胜利，中国石油书协执行副主席兼秘书长于恩东参加了此次活动。

会后，书法家们现场挥毫泼墨，以行、草、楷等书体，讴歌了石油精神、铁人精神，现场气氛十分热烈。

11月26日 “我与文联”大型征文活动颁奖座谈会在京举行

11月26日，“我与文联”大型征文活动颁奖座谈会在京隆重召开。中国文联党组书记、副主席胡振民，党组副书记、副主席覃志刚、李牧，中国文联副主席、中国舞协主席白淑湘，中国文联副主席、中国曲协主席刘兰芳，中国文联荣誉委员、中国美协顾问王琦，中国文联荣誉委员、中国曲协名誉主席罗扬，中国文联荣誉委员、中国书协主席张海，中国文联主席团委员、中国摄协分党组书记、驻会副主席兼秘书长李前光，中国书协分党组书记、驻会副主席兼秘书长赵长青，中国曲协分党组书记、驻会副主席姜昆等出席座谈会。座谈会由中国文联理论研究室主任董耀鹏主持。会上通报了征文活动情况，宣读了征文活动获奖名单，并向获奖单位和个人颁奖。张海、才旦卓玛、姜昆等荣获特等奖，张海、刘兰芳、李前光等6位获奖个人和单位代表发言。

今年4月底至8月底，中国文联面向社会开展“我与文联”大型征文活动。征文活动得到社会各界、各团体会员单位、众多知名文艺家、广大文艺工作者、爱好者和文联工作者的热烈响应。

此次征文活动共收到来自全国30个省区市和澳门、台湾地区以及加拿大等海外来稿共662篇，中国文联各团体会员单位2100多篇，共计2700多篇。10月中旬，征文活动办公室组织召开评委会，对优秀征文进行评选，共评出特等奖5名，一等奖10名，二等奖20名，三等奖35名，组织奖5名。

12月 《人类非物质文化遗产代表作·中国书法》出版

12月，由中国书法家协会、中国艺术研究院中国书法院共同编辑的《人类非物质文化遗产代表作·中国书法》一书，由荣宝斋出版社出版发行。该书的出版是对四年来中国书法的申遗历程作一真实记录，也是宝贵的历史资料。

12月2日 共和国部长书画展在京举行

为庆祝中华人民共和国成立60周年，抒发热爱祖国的豪迈情怀，颂扬改革开放的辉煌成就，回顾亲历创业的峥嵘岁月，展示共和国部长们的书法绘画艺术修养和精神风貌，推动共和国文化事业的发展，由中央国家机关工作委员会和中国书法家协会主办，中央国家机关工会联合会、中央国家机关书画协会承办，中国审计书法家协会、全国农业展览馆和江苏盛世花开文化产业有限公司协办的“庆祝中华人民共和国成立60周年共和国部长书画展”于2009年12月2日在全国农业展览馆开幕。

全国政协副主席、中央国家机关书画协会名誉主席李金华宣布开幕，中央国家机关工委副书记、中央国家机关工会联合会主席俞贵麟、部分参展作者和中央国家机关书画爱好者参加了开幕式。开幕式由中央国家机关书画协会副主席、中国人民对外友好协会秘书长罗勤同志主持，中国书法家协会副主席申万胜、全国政协常委、文物出版社社长、中央国家机关书画协会主席苏士澍代表中央国家机关书画协会分别讲话。

展览展出乔石、路甬祥、马凯、李金华、李铁映、布赫、张思卿等领导同志作品7件，部级领导作品164件。作品诸体兼备，真、草、隶、篆、行各有所取；形式多样，内容丰富，凝聚了他们对祖国的挚爱情感和对艺术的不懈追求。

以共和国部长为参展主体的书画展览，在新中国成立60周年来尚属首次。此展在京展出后，为庆祝澳门回归十周年，还将赴澳门展出。《庆祝中华人民共和国成立60周年共和国部长书画展作品集》由文物出版社出版，在展览开幕式上首发。

12月5日 《飞翔的乐章》赵长青诗歌研讨会在京召开

12月5日，由中国作家协会创研部主办的赵长青诗集《飞翔的乐章》研讨会在中国作协会议室举行。中国作协党组成员、副主席、书记处书记陈建功，党组成员、书记处书记杨承志和30多位诗人、诗评家、书法评论家共同研讨中国书协分党组书记、驻会副主席兼秘书长赵长青的诗歌作品。会议由创研部主任胡平主持。

陈建功在致辞中说：赵长青是一个时代的歌者、生活的歌者，他置身于滚滚的生活洪流中，不竭地寻找歌唱的题材。在中华民族朝着复兴之路迅猛奔跑的时刻，这种忘情地投入的歌者和呐喊者，这种把自身的喜怒哀乐和家国情怀相熔铸的精神，显得格外珍贵。

与会专家认为，赵长青诗集《飞翔的乐章》是一部现实主义的抒情之作，诗集中的作品无论是长诗、短章还是歌词，无不体现着诗人明朗而饱满的情怀。他的作品字里行间都散发着忠诚于时代、热爱自己所从事的事业和努力追求社会人文价值的品格与精神。

评论家认为，赵长青的生命中有着他所从属的民族、历史与现实生活中的文化经验，在他作品的字里行间都会体现着来自生命的潜在的经验，不是刻意的制造，而是一种自然的流淌。深入内心的世界，面对现实的生活，这样的作品是值得信赖的。与会者还谈到，赵长青的诗歌多为直抒胸臆之作，情绪高昂饱满，他的语言也是倾向于明快质朴而少修辞雕饰。无论是表现内容还是形式自由等方面，都有着与他自己的艺术理解相互激发、相互提炼的独到之处。

12月9日 著名书法家魏启后逝世

中国书法家协会原理事、山东省书法家协会名誉主席、著名书法家魏启后先生因病医治无效，于2009年12月9日12时5分在济南逝世，享年90周岁。

魏启后先生1920年生于山东济南。他早年就读于北京辅仁大学中文系，受教于溥心畬、溥雪斋、启功诸先生。作为山东书法艺术的领军人物，魏启后先生对当代山东的书法发展产生了重要的影响，他的艺术成就，获得了广泛的社会认同，赢得了良好的国际声誉。

魏启后生前系省书协名誉主席、山东画院顾问。曾获首届山东省泰山文艺奖创作一等奖、山东省泰山文艺奖突出贡献奖、日本白扇书道会最高特别奖。曾任中国书协理事、中国书协创作评审委员会委员、山东书协副主席、中国国际友好联络会山东分会理事、济南市政协常委、济南画院顾问、济南诗词协会副会长等职。出版著作有《魏启后书法选》、《魏启后书画集》等。

12月19日 当代书法研究成果大典——《书法研究博士文库》出版

12月19日中国书法家协会、南方出版社在北京召开的书法研究博士文库出版发行座谈会上了解到，我国第一套以书法为研究对象的博士学位论文丛书——《书法研究博士文库》近日由南方出版社出版发行，并获得国家级书法艺术最高奖——中国书法兰亭奖五项奖项。

该文库第一辑包括《草书流变研究》（李永忠著）、《苏轼书法思想研究》（李放著）、《北宋汴京书法文化研究》（杨军著）、《宋元时期“崇王”观念研究》（方波著）、《清代碑学的兴起与发展》（胡泊著）、《唐宋＜兰亭序＞接受问题研究》（白锐著）、《清代书法批评中对形质的描述及其相关问题的研究》（周勋君著）等7部书法理论著作。

该丛书代表了当前书法研究博士论文的高水平，获得中国文联、中国书法家协会主办的第三届中国书法兰亭奖出版编辑奖三等奖，其中《北宋汴京书法文化研究》、《苏轼书法思想研究》、《唐宋〈兰亭序〉接受问题研究》、《宋元明时期“崇王”观念研究》另获理论奖二、三等奖。

座谈会上，中国书法家协会分党组副书记、副秘书长陈洪武，国家行政学院副院长、本丛书主编周文彰、中国美术馆副馆长杨炳延和书法美术界专家学者刘恒、叶培贵、倪文东、李刚田、李一、高庆春、黄君、古莉等出席座谈会，并就《书法研究博士文库》出版的意义、学术价值等进行了研讨。

12月20日，赵长青在湖南参加书法活动

应湖南省文联的邀请，中国书法家协会分党组书记、驻会副主席兼秘书长赵长青，在长沙举行的湖南文学艺术论坛上，作了题为《关于当前书法艺术的思考》的专题讲座，湖南省文学艺术界、书法界300多人齐聚省文联礼堂听取了讲座。在讲座中，赵长青同志

围绕中国书法事业发展的导向问题、人才问题、展览问题、普及问题及创作问题，总结了中国书法事业近些年所走过的不平凡历程，所取得的主要成就和所积累的基本经验，探讨了中国书法发展的基本规律和基本方向，给与会者很大的启示。同时还就与会书家提出的关于书法的继承与创新、书家的学习与修养等问题进行了现场解答，博得大家热烈的掌声。

在湘期间，赵长青同志参加了由中国书协会员、湖南省企事业书法家协会主席、省国资委副主任王宏先生编著的《三米格草书习字帖》首发座谈会。王宏先生在长期的临帖习字创作过程中，探索草书的创作规律，发明了三米格草书临习方法并获得国家专利，这种方法深得广大书家好评。赵长青同志在首发座谈会上，对王宏先生的创举和贡献给予了充分的肯定。

12月24日 首届罗振玉书学书法国际学术研讨会

12月24日，首届罗振玉书学书法国际学术研讨会在大连开幕。本次研讨会由中国书法家协会学术委员会和大连图书馆、大连市国际人才交流中心联合举办，大连图书馆承办。中国书法家协会，大连市政府、市政协、市委宣传部的有关领导及大连市文化局、大连市文联、大连市书法家协会等同志出席了开幕式。来自国内外的20多名专家学者等及陈洪武、刘恒参加了研讨会。就罗振玉的学术思想、书法创作、书学理论等重要课题展开了深入讨论，推动了国内书学界对罗振玉的研究。

这次研讨会是我国历史上第一次罗振玉学术研讨会，也是国际上规模最大的罗振玉学术研讨会。

12月24日 曲阜市举行“中国书法之乡”命名授牌仪式

12月24日，“中国书法之乡——曲阜”命名授牌仪式在曲阜孔子文化园隆重举行。中国书协副主席、海南省书协主席吴东民，中国书协副主席、山东省书协主席张业法，中国书协理事、中国书协组联部主任张陆一，中国书协理事、山东省书协常务副主席兼秘书长顾亚龙，中共曲阜市委书记、曲阜市人大常委会主任朱庆安，中共曲阜市委副书记、市长刘森以及相关单位的领导、嘉宾出席了命名授牌仪式。

张陆一在授牌仪式上宣读了中国书法家协会关于曲阜市为“中国书法之乡”的命名决定。中共曲阜市委常委、宣传部长李玲代表曲阜市委、市政府致辞。张业法代表山东省书协致辞。吴东民代表中国书法家协会对曲阜市荣获“中国书法之乡”表示热烈的祝贺。命名授牌仪式后，各位领导和嘉宾参观了孔子文化园。

12月25日“中国书法”列入“人类非物质文化遗产代表作名录”新闻通报会在京召开

12月25日，“中国书法”列入《人类非物质文化遗产代表作名录》新闻通报会在京举行。中国书协主席张海，中国文联国内联络部主任夏潮，中国文联理论研究室主任董耀鹏，中国书协分党组书记、驻会副主席兼秘书长赵长青，中国艺术研究院中国书法院院长王镛，中国书协分党组副书记、副秘书长陈洪武，中国艺术研究院书法院常务副院长李胜洪等出席通报会。张海、王镛、赵长青在通报会上讲话。会议由赵长青主持，李胜洪作申遗工作汇报。

通报会上，由中国书法家协会、中国艺术研究院中国书法院联合主编的《人类非物质文化遗产代表作——中国书法》一书同时发行。

12月27日 第三届中国书法兰亭奖颁奖晚会暨作品展开幕式在平顶山隆重举行

12月27日晚8时，由中国文学艺术界联合会、中国书法家协会主办，中共河南省委宣传部、河南省文学艺术界联合会、中共平顶山市委、平顶山市人民政府联合主办，河南省书法家协会、中共平顶山市委宣传部、平顶山市文学艺术界联合会承办的第三届兰亭奖颁奖典礼和文艺晚会在平顶山新城区会议中心举行。全国政协副主席李金华，河南省政协主席王全书，中国文联党组副书记、副主席覃志刚，中宣部副局级巡视员路侃，河南省委常委、河南省副省长兼宣传部部长孔玉芳，中国书协主席张海，中国书协分党组书记、驻会副主席兼秘书长赵长青，河南省人大常委会副主任张程峰，河南省政协副主席靳绥东、邓永俭，中国书协副主席申万胜、吴善璋、聂成文，中国书协分党组副书记、副秘书长陈洪武，中国书协分党组成员、副秘书长戴志祺、中国书协副秘书长白煦，平顶山市委书记赵顷霖，市长李恩东，市委副书记冯昕，市人大常委会主任薛新生，市政协主席裴建中，以及中国书协、河南省委宣传部、文联等单位领导出席颁奖晚会和开幕式。

出席颁奖典礼的领导和嘉宾为4位获得终身成就奖，以及艺术奖、理论奖、教育奖、编辑出版奖一等奖获得者颁奖。

中国书法兰亭奖是经中宣部批准的书法界唯一的综合性奖项，也是中国书法艺术的最高专业奖。

12月28日上午，第三届中国书法兰亭奖作品展暨“尧山杯”新人展开幕式在平顶山博物馆隆重举行。共有1080幅作品参加展出。

此次书法兰亭奖征稿共收到艺术奖参赛作品5900多件，“尧山杯”新人展参赛作品20800多件。10月30日至11月4日，第三届中国书法兰亭奖评审工作在平顶山市举行。经过专家评审，评出了艺术奖、理论奖、教育奖、编辑出版奖、终身成就奖五大奖项。其中艺术奖31人、获奖提名64人、入展作品350人；理论奖30人，其中一等奖5人，二等奖10人，三等奖15人；教育奖15个，其中一等奖1个，二等奖1个，三等奖个人12个，集体奖1个；获奖提名12个（个人10个、集体2个）；编辑出版奖15个，其中一等奖2个，二等奖5个，三等奖8个。刘江、沙曼翁、孙其峰、姚奠中获得终身成就奖。“尧山杯”新人展共有入展作品350件。

12月30日　“中国书法进万家——走进金门暨中国书法名家精品展”成功举办

为弘扬中华民族的优秀传统文化，促进海峡两岸文化艺术交流，由中国书法家协会、金门县政府、金门县议会主办，金门县美术学会、金门县书法学会、厦门闽台书画院承办的“中国书法进万家——走进金门暨中国书法名家精品展”于12月30日在金门隆重举行。中国书法家协会分党组书记、驻会副主席兼秘书长赵长青，　中国书法家协会理事薛铸、张志合、于恩东，厦门闽台书画院院长刘堆来，中央数字电视书画频道总监张明亮、编导缠永明一行7人组成中国书法进万家——走进金门代表团，于12月30日上午从厦门通过厦金小三通到金门举办中国书法进万家系列活动。

12月31日上午10时，中国书法名家精品展开幕式在金门县议会大楼二楼展厅隆重举行。金门县议会议长谢宜璋致欢迎词。

赵长青代表中国书协发表了热情洋溢的讲话，他对金门各界的热情接待和精心安排表示感谢，对金门县这几年书法事业的良好发展给予肯定。

赵长青和李沃士、谢宜璋等共同为开幕式剪彩，赵长青代表中国书法家协会向金门县政府、县议会、县美术学会、县书法学会赠送锦旗及书法作品。宾主互赠礼品。中国书协理事薛铸代表参展书家发言。

本次展出的106件书法精品，全部是四尺精装作品。两岸书法家们在活动期间切磋技艺，交流心得，赠送书作，相互祝福，彼此进行了深入广泛的交流。

代表团一行参观考察了金门最高峰南太武山，眺望金门岛风光；来到水头村落和金门文化民俗村，深入到普通民众和艺术家的家庭里，了解他们的生活和创作情况；来到慈湖湿地自然保护馆，了解金门的生态环境和乡土人文；来到南田盐场，了解金门的农田水利发展情况。所到之处，受到热烈欢迎和热情接待。

“中国书法进万家——走进金门暨中国书法名家精品展”不仅在金门受到欢迎，在台湾也引起热烈的响应，台湾知名人士连战、吴伯雄、郁慕明、王金平为展览活动题词祝贺。台湾“福建省政府”主席薛承泰及各机关团体、知名人士等赠送花篮数十个表示祝贺。

北京书法家协会工作大事记

1．1月7日，北京书协一行12人在北京市文联党组副书记、驻会副主席黎晶和中国书协副主席、北京书协主席林岫的带领下，来到总后勤部直属供应保障局举办新春笔会，慰问部队官兵，并与书法爱好者们进行了书艺交流。书法家们挥毫泼墨，为官兵们书写春联和书法作品60余幅。

2．1月12日，在新春佳节即将来临之际，北京书协举办了2009年新春团拜会。会议在新落成的北京文联大楼礼堂举行。北京市文联副主席吕浩才，北京市文联党组副书记、驻会副主席黎晶，北京书协名誉主席宣祥鎏，中国书协副主席、北京书协主席林岫，中国书协理事、北京书协驻会副主席兼秘书长田伯平，中国书协理事、北京书协副主席张书范、郁志桐、王家新、李有来、彭利铭，北京书协副主席汪良，北京书协艺术顾问张世俊、卜希旸等参加团拜会。

3．1月15日，北京书协、北京曲协的艺术家来到了北京房山区阎村，为农民兄弟带去了精彩的春联作品和相声、快板等文艺表演。此次送温暖慰问活动，也是北京市文联春节前“三下乡”系列活动之一。北京市文联党组副书记、驻会副主席黎晶，中国书协理事、北京书协副主席田伯平、彭利铭，北京书协理事孟繁禧、杨广馨、解小青、刘俊京，以及书法家龙开胜等参加了写春联活动。书法家们共为阎村村委会及广大父老乡亲书写春联50余副，并亲自为群众贴到大门上。

4．3月12日，针对政协北京市第十一届委员会第二次会议上第0277号关于成立北京书法院的提案，北京市文联党组责成北京书协拿出调研意见和可行性报告。该提案由北京市政协委员、北京书协副主席汪良提出。 在北京市文联党组副书记黎晶的指导协调下，北京书协组织部分专家和学者召开了论证会，对该提案内容进行了认真讨论，并对如何办好书法院提出了意见。会后，北京书协办公室根据大家提出的建议，写出了调研报告上报到北京市文联。

5．4月7日，中国书协、北京书协、中华书局、西泠印社、《羲之书画报社》、文物出版社等多家单位，采取多种方式共同缅怀中国书坛泰斗、国学大师启功先生。以上单位的有关负责同志和部分在京书法家以及启功先生的家属、学生一同来到位于北京香山的万安公墓，祭奠这位德高望重的艺术家。中国书协副主席、北京书协主席林岫，中华书局编审柴剑虹，西泠印社副社长、《中国书法》杂志主编李刚田，中国书协理事、北京书协副主席彭利铭，《羲之书画报》社社长毛同恺，启功先生家属章景怀，在京部分书法家王献坤、龙开胜、杜维钧、程同根、刘绍海、贾伟、骆建宏、王靖以及启功先生生前部分高足参加了此次祭奠活动。 林岫代表书法界讲话并即兴赋诗一首，道出了在场所有人的心声。

6．5月7日，由澳门基本法推广协会主办、北京书协协办的“一国两制增活力，澳门十年展鹏程”——京澳百名书法家挥毫《澳门基本法》书法展开幕式在澳门中华总商会隆重举行。 澳门特别行政区行政长官何厚铧展览开幕前接见了北京书协代表团，并在黎晶、田伯平的陪同下认真观看了展览。

中联办秘书长崔国潮，外交部驻澳特派员公署办公室主任刘建波，澳门行政法务司司长陈丽敏，北京市文联党组副书记、驻会副主席黎晶，澳门基本法推广协会名誉会长吴福，副理事长李鹏翥、吴仕明，中国书协理事、北京书协驻会副主席兼秘书长田伯平及北京书协理事孟繁禧、杨广馨、刘俊京和澳门书法家、书法爱好者100余人出席开幕式。开幕式由吴仕明主持。

7．5月12日，在四川·汶川大地震一周年之际，北京市文联、北京书协、北京画院、四川什邡市文联、什邡市书协共同举办的“大爱无疆”——北京什邡心连心书法作品展在北京画院美术馆举行。此展共展出北京书协书法家作品49件，什邡书协书法家作品26件，其中还有一部分抗震英雄的书法作品参展。北京和什邡两地书法家、新闻媒体记者以及百余名首都各界人士参加开幕式并观看了展览。展后移至四川什邡巡展，所有作品将无偿捐赠给地震纪念馆。

8．6月10日，“一国两制增活力•澳门十年展鹏程”京澳百名书法家挥毫《澳门基本法》书法展在北京市文联展览厅举办。全国人大常委会副秘书长、澳门基本法委员会主任乔晓阳，全国人大法工委主任、澳门基本法委员会副主任李飞，国务院港澳事务办公室副主任华建，澳门特别行政区驻北京办事处主任吴北明，澳门基本法推广协会副理事长兼秘书长杨允中，澳门基本法推广协会副理事长吴仕明，北京市文联党组书记、常务副主席朱明德，北京市文联党组副书记、驻会副主席黎晶，中国书协副主席、北京书协主席林岫，澳门书协主席连家生，中国书协理事、北京书协副主席田伯平、张书范、李有来、彭利铭等，以及以杨允中为团长的澳门书法家代表团一行13人、首都各界人士、新闻媒体记者200余名参加了开幕式。

9．7月24日，北京书协第五次会员代表大会在北京怀柔区钟磬山庄隆重召开。中国书协分党组书记、驻会副主席兼秘书长赵长青，北京市委宣传部副巡视员陈建文，北京市委宣传部副调研员杨建英，北京市文联党组书记、常务副主席朱明德，北京市文联党组副书记黎晶、索谦、王德新，北京市文联副主席吕浩才，北京书协名誉主席宣祥鎏，中国书协副主席、北京书协第四届理事会主席林岫以及第四届理事会主席团成员，以及中国书法家协会理事、组联部主任张陆一等出席了7月25日上午举行的开幕式。

第五届北京书协理事会选举产生了79名理事，经过理事会投票选举，林岫当选为北京书协第五届理事会主席，田伯平当选为驻会副主席，王家新、龙开胜、叶培贵、刘守安、刘俊京、李有来、汪良、杨广馨、孟繁禧、彭利铭、黎晶等11人当选为新一届理事会副主席。经市文联党组批准，第五届理事会秘书长为田伯平，副秘书长为严晓明、贾伟，兼职副秘书长为胡滨、郭建勋、弓超、解小青。聘请宣祥鎏为名誉主席，吕浩才、张世俊、张书范、郁志桐为艺术顾问。

10．9月5日，北京书协在北京军区后勤部八一招待所举办了备战兰亭创作骨干培训班。共有40余位北京书协中青年创作骨干参加了培训。中国书协副主席、北京书协主席林岫，中国艺术研究院博士生导师张荣庆，中国书协理事、篆刻专业委员会副主任熊伯齐，中国书协理事、草书专业委员会秘书长刘洪彪，中国书协理事、《中国书法》杂志主编李刚田先后为大家作了专题报告。

11．9月3日，北京书协第五届主席团召开了换届以来的第一次工作会议。会议由北京书协主席林岫主持。北京书协驻会副主席田伯平，副主席龙开胜、叶培贵、刘守安、刘俊京、李有来、杨广馨、孟繁禧、彭利铭、黎晶参加会议。田伯平首先向各位主席团成员汇报了第三届北京国际书法双年展和第四届北京电视书法大奖赛的筹备工作进展情况。

12． 9月28日，北京市文联举办首都文艺家迎国庆书法、美术、摄影、民间艺术精品展，此次展览由北京市文联主办，北京书协、北京美协、北京摄协、北京民协协办。北京书协本次展出60幅作品，绝大部分内容是作者自己撰写的诗词和楹联，字里行间充分颂扬了祖国60年来翻天覆地的变化和人民生活的丰富多彩。

13．10月31日，第三届北京国际书法双年展在北京市劳动人民文化宫太庙广场和中国人民革命军事博物馆隆重开幕。此展共征集了来自马来西亚、新加坡、印度尼西亚、日本、韩国、越南、菲律宾、文莱、意大利、德国、荷兰、法国、澳大利亚、英国、美国、巴西、加拿大、比利时等全球20多个国家以及我国港、澳、台地区的共计7178件作品。大展包括7个展项：国际书法名家“笔歌中国”精品邀请展、国际知名女书家“笔歌中国”精品邀请展、沈鹏•赵守镐书法艺术联展、中国中青年书法家“笔歌中国”书法邀请展、中国少年儿童“笔歌中国”优秀书法展、北京第十四届“笔歌中国”书法篆刻展、北京市四城区书法联展。

出席开幕式的领导：文化部副部长兼中国艺术研究院院长王文章，北京市政协党组副书记、北京市政协副主席沈宝昌，中国书协分党组书记、驻会副主席兼秘书长赵长青，北京市财政局副局长吴素芳，北京市委宣传部副局级巡视员陈建文，北京市委宣传部文化处副处长王珏，北京市文学艺术界联合会主席金铁霖，北京市文学艺术界联合会党组书记、常务副主席朱明德，北京文学艺术界联合会党组副书记、驻会副主席、北京书协副主席黎晶，北京市文学艺术界联合会党组副书记王德新，北京市文学艺术界联合会副主席吕浩才，北京市西城区文联主席张世俊，北京市政协俱乐部主任段续久，山东威海市人大常委会副主任滕宝玉，山东威海荣城市委书记王强，山东省荣城市西霞口有限公司总经理田文科等。来自书法界的嘉宾：中国书协名誉主席沈鹏，中国书协顾问李铎、张飙、佟韦，中国书协副主席、北京书协主席林岫，北京书协名誉主席宣祥鎏，中国书协理事、北京书协副主席王家新、李有来、彭利铭，北京书协副主席龙开胜、刘俊京、杨广馨、孟繁禧等。

出席开幕式的国外贵宾：韩国国际书法联盟会会长赵守镐，日本每日书道会最高顾问稻村云洞，韩国书家协会副会长韩泰相，韩国首尔《月刊书艺》杂志社社长崔光烈，日本每日书道会最高顾问恩地春洋，日本每日书道会理事辻元洋一，日本白扇书道会理事长种谷万城，日本书海社社团法人谷村隽堂，日本中京大学教授邹涛，马来西亚国际现代书画联盟总会长符永刚，新加坡狮城书法篆刻会主席丘程光，新加坡书法家林书香，印尼书艺协会荣誉顾问董樵等。中国港澳台地区书家代表：香港中国书法家协会会长刘才昌，香港书艺会会长戚谷华，中华台北书法家协会代理事长杨静江，澳门书法家协会主席连家生。本次大展共展出作品820件。

14．11月15日，第四届“笔歌中国”BTV北京电视书法大赛圆满结束。本届电视书法大赛是由北京市文学艺术界联合会、北京书协、北京电视台、北京市昌平区文联和北京市昌平区旅游局联合主办的。大赛组委会共收到来稿2000余件。

出席决赛现场的嘉宾有：中国书协顾问张飙，北京市文联党组书记、常务副主席朱明德，著名表演艺术家瞿弦和，著名相声表演艺术家王谦祥、李增瑞，北京市昌平区文联主席周振华，北京市昌平区旅游局局长李万佰，中国台湾绿阳宣纸有限公司总经理陈志勇等。本次大赛的评委有：北京市文联党组副书记、驻会副主席黎晶，中国书协副主席、北京书协主席林岫，中国书协理事、北京书协驻会副主席、秘书长田伯平，中国书协理事、北京书协副主席王家新、李有来、彭利铭、叶培贵，北京书协副主席龙开胜、刘守安、刘俊京、杨广馨、孟繁禧。

青少组获奖者：张梦雪（金奖），张丹怡、肖可杨、慕思雄（银奖），王思涵、刘骏祎、吴艾婕、张路野、李鑫、周云轩、赵祈、郭钰昕（铜奖）。 成人组获奖者：韩东（金奖），丁嘉耕、黄涛、郭淑慧（银奖），王选斌、王雄军、邢光辉、李建伟、杜胜苏、贺凌刚、钟全昌、耿鑫（铜奖）。

15．11月21日，由北京书协、常州书协、常州画院联合主办，常州市武进区文广局、常州市清琪雅苑文化传播有限公司承办，常州市武进区横山桥镇人民政府、宝钢集团有限公司、常州市文博鉴赏学会协办的“书艺缘•北京——常州书法交流展”在常州清琪雅苑艺术馆举行。

此次两地书法交流展共推出80余位书家的100余幅作品，是一次别开生面、独具地域特色的艺术大展示、大交流、大检阅，也以此构建了南北书法艺术的友谊之桥。

16．12月29日，由北京市文联、北京书协主办的宣祥鎏书法作品集研讨会在京召开。朱明德、黎晶、林岫、吕浩才、张世俊、张书范、田伯平、刘俊京、杨广馨、孟繁禧、高庆春、严晓明、卜希旸、王世徵及虞晓勇、崔勇波、杜维钧、宣祥鎏夫人张润辉等出席研讨会。

上海市书法家协会工作大事记

1．2月21日，“从小写好中国字，长大做好中国人”2008文汇青少年书法篆刻大展在上海市明圆文化中心开幕。上海书协主席周慧珺，副主席王伟平、张森、张晓明、钱茂生、刘小晴、戴小京，《文汇报》总编辑徐炯，副总编辑徐春发，摄影美术部主任徐晓蔚，副主任谢震霖，银臣集团董事长陈志雄等800余人出席了开幕式。开幕式由戴小京主持。开幕式上表彰了获得展览一、二、三等奖的青少年作者。

2．3月4日，由中国书协草书专业委员会、上海市书协、上海刘海粟美术馆联合主办的“墨舞神飞——全国草书名家上海邀请展”在上海刘海粟美术馆隆重开幕。

上海市文联党组副书记、专职副主席迟志刚，中国书协分党组成员、副秘书长戴志祺，中国书协顾问、上海市书协主席周慧珺，中国书协副主席、辽宁省书协主席、中国书协草书委员会主任聂成文，中国书协草书委员会副主任、浙江省书协副主席王冬龄，中国书协草书委员会秘书长刘洪彪，刘海粟美术馆馆长张坚，《书法报》执行主编兰干武，上海市书协副主席王伟平、张森、钱茂生、张淳、戴小京，刘海粟美术馆艺委会副主任沈虎和其他社会各界人士、书法爱好者1000余人出席了开幕式。开幕式由戴小京主持。聂成文、周慧珺、张坚分别代表中国书协、上海市书协、刘海粟美术馆在开幕式上作了热情洋溢的讲话。

本次邀请展共展出作品51件，分别由中国书协草书专业委员会委员和在首届、二届全国草书展上获奖作者以及在草书创作上卓有成就的全国草书名家之力作汇集而成。

3．在世博会倒计时400天之际，“中国书法之乡”七宝的书法家激情满怀，精心创作26件书法作品连接成2010厘米象征2010世博会的手卷献给上海世博局，表达了七宝人民迎接世博会的热切期盼。

4．4月8日，由上海市文学艺术界联合会和宣家鑫共同创立、上海市书协承办的“上海青少年书法艺术奖”签约仪式在文艺宾馆举行。宣家鑫和上海市文联党组书记杨益萍，副书记迟志刚，中国书协顾问、上海市书协主席周慧珺，副主席兼秘书长戴小京，市文联办公室、市书办办公室相关人员和媒体记者共30余人出席了签约仪式。仪式由迟志刚主持。戴小京首先介绍了宣家鑫每年出资30万元、计划十年共出资300万元、奖励上海青少年书法人才、推动上海青少年书法发展、设立专项奖金的缘起。而后杨益萍、周慧珺、宣家鑫在协议上郑重签字。签字仪式后，宣家鑫、周慧珺和杨益萍先后讲话。

5．4月28日，由民盟上海市委员会、政协上海市教科文卫体委员会、上海市书协、上海市文史研究馆、上海中国画院共同主办的“濯古来新——胡问遂先生书法艺术研讨会”在民主党派大厦举行。全国人大常委龚学平，上海市人大常委会副主任、民盟上海市委主委郑惠强，上海市政协副主席、致公党上海市委主委吴幼英，上海文广局党委书记陈燮君，上海文史馆馆长吴孟庆，上海文广传媒集团党委书记卑根源，中国书协顾问、上海市书协主席周慧珺，上海中国画院副院长车鹏飞以及本市书法家代表和胡问遂亲属、弟子等100余人出席了活动。纪念胡问遂书法邀请展同时揭幕。展览展出胡问遂和弟子的书法作品100余幅，反映了胡问遂的书法成就和教育成果。

6．6月11日，由上海市书协、嘉定区文学艺术界联合会、上海沸城创意产业园共同举办的上海市书法家协会教学成果汇报展在嘉定陆俨少艺术院拉开帷幕。上海市文联党组副书记、专职副主席迟志刚，嘉定区政协副主席、区文联常务副主席王漪，上海市书协副主席王伟平、钱茂生、刘小晴、戴小京，嘉定区书协主席孙敏和上海市书协书法培训中心学员近200人出席了开幕式。展出的99件学员书法作品精彩纷呈，真草隶篆都有，以行草居多。

开幕式上，上海市嘉定区书协成立揭牌仪式同时举行，上海市文联党组副书记迟志刚和嘉定区书协主席孙敏为协会成立揭牌。

7．6月15日，由上海市精神文明建设委员会办公室、上海市文学艺术界联合会、上海市金山区人民政府、上海市美协、上海市书协主办，上海东方宣传教育服务中心、上海市文艺培训指导中心承办的“精彩世博文明先行——上海著名书画家迎世博作品邀请展”在上海图书馆展厅隆重举行。上海市文明办副主任陈振民、晁玉奎，市文联党组书记杨益萍，副书记何麟，中共金山区委常委、宣传部部长叶汝强，中国书协顾问、市书协主席周慧珺，市美协副主席郑辛遥，市书协副主席王伟平、张森、钱茂生、刘小晴、童衍方、张淳、刘一闻、戴小京以及来自全市的书画家、书画爱好者、社区群众代表共1000余人出席了开幕式。开幕式由陈振民主持，杨益萍致开幕词，周慧珺代表受邀请的书画家讲话。展览展出119位老、中、青书画家的123幅作品。开幕式上还首发了由上海市文联编辑的作品集。

8．5月23日，由上海市书协主办的“纪念谢稚柳百年诞辰暨海上已故名家书法展”在海粟美术馆开幕。上海市文联党组副书记、专职副主席迟志刚，中国书协顾问、上海市文联副主席、上海市书协主席周慧珺，上海市书协顾问陈佩秋，上海市书协副主席王伟平、张森、张晓明、张淳以及谢稚柳先生生前友好、学生和书法爱好者千余人参加了开幕式。迟志刚、周慧珺、陈佩秋先后讲话。大家缅怀了谢先生的艺术生涯，对海派书法曾经的辉煌表示敬仰。展览展出谢稚柳先生各时期的书法作品47件，其他海派代表书家如沈尹默、白蕉、王福庵、潘学固、马公愚、刘海粟、丰子恺、王蘧常、潘伯鹰、来楚生等的作品56件。开幕式上《纪念谢稚柳百年诞辰暨海上已故名家书法作品集》首发。

9．5月30日，“迎接新中国成立60周年——2009年上海市青少年书法篆刻展”在明圆文化中心开幕。上海书协副主席张晓明、戴小京，书协创研室主任李静，常务理事杨永健，培训教育中心主任郑振华等和800余名青少年书法作者及家长出席了开幕式。开幕式上表彰了中小学组的获奖作者，并当场颁发了奖状和奖金。

10．8月28日，已故著名书法家任政作品展在瀚鸿画廊开幕。展览展出任政各时期书法精品50件，真草隶篆四体皆备，比较完整地表现了任政的书法体系。开幕式后举行了任政追思座谈会，张森、张晓明、戴小京以及任政亲属、学生20余人参加了座谈。

11．9月15日，由上海市文联、上海市书协主办的“金秋颂歌——上海市第六届书法篆刻大展”在上海图书馆展厅开幕。1000余人出席了开幕式。

展览共展出书法作品241件，篆刻印屏61件，另有社会各方出借的海派已故书法家沈尹默、白蕉、潘伯鹰、潘学固、刘海粟、谢稚柳、宋日昌、李天马、方去疾、钱君匋、任政、胡问遂、赵冷月等的作品50件。三册一套的《金秋颂歌——上海市第六届书法篆刻大展作品集》在现场首发。

12．9月17日，上海市第三届现代刻字艺术创作培训班在浦东新区青少年活动中心开讲。培训班由上海市书协主办，上海市浦东文化传媒有限公司、上海浦东新区青少年活动中心承办。中国书协顾问、上海市书协主席周慧珺，中国书协组联部主任、中国书协刻字研究会秘书长张陆一，中国书协刻字研究会副主任、中国书协书法培训中心教授王志安，上海市书协副主席刘小晴、戴小京，中国书协理事、上海市书协创作研究部主任李静，中国书协篆刻专业委员会委员、上海市书协理事徐正濂，浦东新区教育局局长助理郭嵘等出席了开班典礼。

13．10月17日，上海市书协2009年书法考级在长宁中学主考场和青浦、松江、南汇、奉贤、浦东新区等25个考点同时展开。参加考级达6500多人，香港地区也有20余位考生参加。考生中年龄最大为65岁，最小者仅4岁。全部考生参加书法、篆刻一到九级的考试，其中参加九级考的410人。上海市书协考级办公室为今年书法考级做了详尽的准备和周到的安排，在各考点相关领导的支持下，在考场工作人员和华东政法学院50位大学生志愿者的共同努力下，上海市书协2009年书法考级工作圆满完成。

14．12月8日，由上海市美协、上海市书协、宝山区文明办、宝山区文广局和上海书画院联合主办、以“翰墨飘香迎世博”为主题的上海书画名家作品邀请展开幕式暨作品集首发在宝山区文化馆隆重举行。中共宝山区委常委、宣传部部长袁鹰，上海市文联党组副书记迟志刚，宝山区政府副区长李原，上海市书协副主席兼秘书长戴小京，上海市美协秘书长陈琪，宝山区委宣传部副部长莫新华，区文广局党委书记曹正兴，区文广局局长、宝山区书协主席彭林，上海市书画院执行院长江宏等120余人出席了开幕式。袁鹰、迟志刚、李原先后在开幕式上讲话。展览共展出海上名家书画精品近百件。《上海书画名家作品集》同时首发。

天津市书法家协会工作大事记

1．1月22日，天津市书协第三届理事会第二次（扩大）会议在天津市美术展览馆召开。天津市书协主席唐云来主持会议。常务副主席兼秘书长张建会宣布书协11个专业委员会成员名单。副主席李锋、李泽润、况瑞峰、顾志新、喻建十、霍然出席会议。

2．1月22日，由天津市团市委、津南区政府、市美术家协会、市书协主办、天津青年宫、市青年美术书法协会、共青团津南委员会承办的“翰墨情”——2009年天津市书画家扶贫助困现场笔会义卖活动在津南区文化中心举行。

3．2月21日，由中国美协、中国书协、中共天津市委宣传部主办，天津市文联、天津美术学院、天津市美协、天津市书协承办的祝贺书画大师孙其峰从艺82周年暨90华诞孙其峰师生书画展在天津美术学院美术馆开幕。中国书协分党组书记、驻会副主席兼秘书长赵长青，中国书协展览部主任白煦，《中国书法》杂志主编李刚田来津出席开幕式。

4．2月29日，天津书协组织委员会召开第一次会议。会议通过了新会员发展工作程序和发展新会员细则。对2008年度新会员个人档案材料进行了审查，通过审批了新会员76名。

5．3月6日，由天津市书协妇女书法委员会承办的天津市妇女书法创作观摩座谈会在天津银行会议厅召开。来自全市妇女书法家40余人参加活动。

6．3月8日，天津市书协顾问王千先生在津逝世，享年83岁。

7．3月30日，天津大学王学仲研究所举办日本詠归会第二回书画展。

8．4月25日，天津市书协在宝坻区长城宾馆举行为期三天备战全国书法展集训班。来自全市各区县书法创作骨干40余人参加活动。天津市书协主席唐云来就备战全国展进行动员讲话。开班仪式由市书协副秘书长邵佩英主持。特邀河北省廊坊市书法家王增军、王厚祥为创作骨干举行讲座并现场挥毫示范，同时还为与会作者的作品进行点评。常务副主席兼秘书长张建会利用多媒体播放并评析全国各大展览获奖作品。

9．5月6日，天津市书协学术委员会工作会议在天津美术学院图书馆召开，20位学术委员会委员参加，会议增补于长水、罗文华为学术委员会委员。

10．6月4日，天津市书协在武清区大运河书画院召开区县书协联席会议，书协主席唐云来作重要讲话。来自全市11个区县书协负责同志参加会议。同日，本会名誉理事陈骧龙书画展在天津博物馆开幕。

11．6月6日，天津市第二届华派书法艺术展在和平区文化中心开幕，市书协主席唐云来出席并讲话。开幕式后举行研讨会，由市书协副主席、学术委员会主任喻建十主持，副主席李泽润、况瑞峰、李锋出席研讨会并发言。

12．6月17日，天津市书协组织书法创作骨干分别赴武清、河东、塘沽、宝坻、北辰、静海、老年大学、青少年活动中心、宁河县、汉沽区、东丽区、大港区等13个区县和有关单位进行书法观摩点评活动。

13．7月8日，由天津市书协主办的“人过花甲”天津市书法名家邀请展在天津市美术展览馆开幕。

14．7月25日，“八·一”建军节前夕，唐云来、张建会、邓英彪、乔强、陶书杰等来到西青区武警消防62支队慰问官兵，向指战员赠送书法作品。

15．8月8日，天津市第六届书法篆刻展览评审工作在天津市美术展览馆进行，26名评审委员对所征800余件作品进行评选，最终评出10名获奖作品和10名获奖提名作品。

16．9月22日，天津市第六届书法篆刻展览在六号院创意产业园开幕。

17．9月24日，天津市书协在天津青少年活动中心举办备战“兰亭奖”看稿会

18．9月28日，“天津书法六十年”学术研讨会在六号院召开。

19．11月12日，天津市书协组织书法家深入到中新药业采风，现场为企业广大职工书写书法作品近百幅。

20．11月22日，天津市书协刻字委员会组织创作骨干和爱好者20余人在汉沽“九方艺术部落”举行备战八届刻字艺术展看稿会。会上大家交流了创作思路并观摩了部分稿件和作品，刻字委员会秘书长张广金对拟参展作品的稿件进行了讲评，刻字艺术家杨强老师做了具体辅导。

21．12月27日，第三届中国书法“兰亭奖”颁奖晚会在河南省平顶山市举行。孙其峰“兰亭奖”获终身成就奖。

重庆市书法家协会工作大事记

1．1月6日，为贯彻落实中国书协倡议的中国书法进万家活动，重庆市书协分别组织部分书家到垫江、江津开展送春联下乡活动，受到两地群众好评。

2．3月8日，重庆市书协举办重庆市首届妇女书法作品邀请展，展览开幕后举行了重庆市首届妇女书法作品邀请展座谈会。

3．4月16日，“书写经典·重庆市书法艺术学校师生现场书写活动”在九龙坡区杨家坪小学举行。活动包括：全市40所书法艺术学校400名师生现场书写经典、重庆市书法艺术学校成果图片展览、书写经典·杨家坪小学师生书法作品展、重庆市书法艺术教育研讨会。

4．4月至9月，重庆市书协承办了以“书写经典，传承文明”为主题的全国首届规范汉字书法大赛重庆选拔赛。此次书写大赛得到了重庆各区、县教委和学校的积极响应，共收到了32个区县、32所高校直属中小学上交作品1674件，并从中择优遴选了100件优秀作品参与全国大赛的评选。

5．5月，重庆市书协在重庆市委党校组织全国第六届楹联书法看稿会。

6．5月18日，在重庆中国三峡博物馆举办重庆百名书家“书写经典”作品展。中共中央政治局委员，中共重庆市委书记薄熙来莅临开幕式讲话并宣布开幕，中国书协副主席申万胜代表中国书协亲临现场表示祝贺。

7．5月24日，为备战全国第六届楹联展和全国第二届青年书法篆刻展，重庆市书协特别邀请中国书协副主席、四川省书协主席何应辉来渝举行学术讲座，200多位书法作者参加了讲座。

8．7月初，重庆市书协与大渝网联合举办“重庆有线书写进万家”活动。该活动依托大渝网为主要平台，通过网络作为市民求名家作品的平台，得到广大网友的热烈欢迎。8月24日，在大渝网演播厅举行

"书写经典，求励志箴言"现场颁奖活动。

9．8月5日，重庆市书协在南岸区南山镇举行书法考级评选工作。通过此项连续性考级活动的举办，达到发现新人、培养新苗、储备人才的目的、起到了重庆市书法艺术教育健康发展的目的。

10．8月，重庆市书协精心组织协办了由市文联主办并纳入第二届中国重庆文化艺术节中的西部书法摄影联展。该展共邀请西部12省区55人（参展作者包括中国书法家协会副主席、理事、各专业委员会委员等）的55件作品。

11．9月25日，首届全国大中小学生规范汉字书写大赛重庆市选拔赛展览及颁奖活动在涪陵举行，涪陵城区师生进行了现场书法表演。

12．10月15日，在四川崇州崇庆中学举行"书写经典"义捐崇州活动，共捐赠200件作品。

13．10月25日，重庆市书协在沙坪坝区文化馆举行重庆青年书家提名展。近两年较为活跃的16名青年书家的80余件作品参展。

14．10月26日，重庆市书协组织书法家来到重庆市老年大学与广大学员进行重阳联谊活动。刘庆渝、缪经纶、漆钢、周庶民、曾学斌、陈册等参加活动。

15．11月17日，重庆市书协联合重庆市语言文字工作委员会、重庆市文联、重庆市教科院举办"重庆市首届青少年书法艺术节"。活动包括：首届全国大中小学生规范汉字书写大赛重庆选拔赛优秀作品展、墨坊杯•重庆市首届青少年书法优秀作品展、育才杯重庆市第二届青少年书法小品展、2009年重庆市书法艺术学校命名、授牌、第25届中日青少年书法竞赛重庆颁奖、重庆市首届书法教育论坛、江苏、重庆书法艺术学校结对签字暨四校书法联展、大渡口区育才小学师生书法展览暨现场表演、渝北区新牌坊小学师生书法展览暨现场表演九项活动。

16．12月19日，重庆优秀书家"书写经典"作品展览在重庆大剧院开幕。中共重庆市委常委、宣传部长何事忠，重庆市人大常委会副主任余远牧等领导参加开幕式。本次展览是继重庆百名书家"书写经典"作品展览后的又一大型展览。展览展出278件入展作品，其中88件获奖。

17．12月22日，重庆市书协协助中国书协中国书法之乡验收组来渝考察，验收永川区申创全国书法之乡工作。

18．编辑出版了《重庆市百名书家书写经典作品集》、《育才杯•重庆市第二届青少年小品书法大赛作品集》、《墨坊杯•重庆市首届青少年书法优秀作品大赛作品集》、《读点经典钢笔字帖》、《杨家坪小学师生书法作品集》、《新牌坊小学师生书法作品集》、书法艺术基础教程丛书、《楷书系列•颜真卿勤礼碑》、《重庆书法家》（共4期）、《重庆书法教育》（共两期）。

河北省书法家协会工作大事记

1．1月16日，河北省书法家"新春联送万家"活动在鹿泉启动，3000多名书法家组成196个小分队奔赴河北省2000多个村庄，现场挥毫为农民书写"新春联"。主办单位从社会征集的9000多幅书法作品中精选700幅集印成册，编辑出版《河北新农村新春联》。

2．1月22日，由河北省委宣传部、河北省文化厅等单位共同主办的"旭宇与书法"展览在省博物馆开幕。本次《旭宇与书法》展共展出46幅书法精品，展览结束后部分作品将被省博物馆永久收藏。

3．4月12日，河北省书协第五届一次主席会议在石家庄某部招待所召开。河北省文联副主席柴志华出席会议并讲话。中国书协副主席、河北省文联名誉主席、河北省书协主席旭宇主持会议。河北省书协副主席刘月卯、刘金凯、孙学东、肖建科、张之、李尚才、陈茂才、范硕、郎岗峰、郭永利出席了会议。旭宇根据河北省书协章程第十五条，提名褚大伟担任河北省书协第五届秘书长。

4．4月30日，河北省篆刻委员会成立大会暨备战“兰亭”点评会在石家庄市举行。名誉主任：杜锡瑞、韩焕峰、杨思远；主任：刘月卯、郭永利；副主任：萧依、艾树池、冯宝麟、古泥、赵工、崔玉华、李俊义、张明君、杨炳余、庞涌湃、李泽成、赵风锁；秘书长：萧依；副秘书长：艾树池、 庞涌湃、成君、李建刚、赵继承、吕铁元。会上，对备战“兰亭”的篆刻作品进行了认真仔细的点评。

5．8月4日 ，河北省沧县被中国书协命名为“中国书法之乡”。目前，河北省沧县全县拥有中国书协会员20人，省、市、县级书协会员3600余人，书法爱好者达15万人。

6．8月9日，由中国书协，中共河北省委宣传部，河北省文学艺术界联合会主办，河北省书协承办的“向祖国汇报旭宇师生书法展”开幕式暨《旭宇师生书法集》首发式在石家庄市举行。本次展览展出了旭宇先生以及17名学生的书法精品近200余件。

7．8月23日，“庆祝新中国成立六十周年《柳营点墨》军旅二十八人书法作品联展”在河北省美术馆开展。展览由河北省书协、河北画院和天津长城书画院联合举办。参加此次书法展的28名书法家，都有军旅生活的经历，他们之中，既有为新中国成立立下汗马功劳的老红军、老将军，也有新中国成立后成长起来的将军、校官，还有一些是转业到地方的各级干部。参展书法家多为中国书协会员，其中省级书协副主席以上6人，省级书协理事7人。此次展出的160余幅作品，均为各位书法家为了庆祝新中国成立60周年而精心创作。

8．8月，《旭宇艺术随谈》由河北教育出版社出版。该书收录了旭宇“兰亭论道”、“生活雅谈”、“诗艺品茗”、“艺外之境”、“传统之美”等五辑33篇艺术随谈。其中《兰亭序当非一稿而成》、《今楷论纲》、《现代书法随谈》等书学思想多见解独到。其关于诗歌戏剧等艺术领域的思想可以看出其对诸艺的学思贯通。

9．9月8日，由河北省委宣传部、河北省文联、河北省书协主办的“向祖国汇报——笔底风云唱祖国——河北省庆祝新中国成立60周年书法展”在河北省美术馆举行。河北省领导白石、马兰翠、省委宣传部副部长、文化厅副厅长王离湘、河北省文联党组书记赵景之、中国书协副主席、河北省文联名誉主席、河北省书协主席旭宇、河北省美协主席祁海峰、河北省书协近百名书家等参加了开幕式。

10．9月30日，首届书法学专业新生开学典礼暨名家贺作展在河北师范大学美术学院展厅举行。河北省书协副主席刘金凯、肖鉴克，省直书协主席杜锡瑞，省社科院研究员蔡子谔，省教育厅高教处副处长林伟，省书协学术委员会副主任王律，河北师范大学副校长戴建兵，以及美术学院师生、书法爱好者百余人出席开幕式。河北师大增设书法学本科专业，不仅是河北师大学科建设的一大突破，也是河北省书法界、教育界的一件大事，开创了河北省书法专业建设的先河。本次贺作展共邀请省内外书法名家作品60余幅。

11．11月29日，首届“梨乡水城杯”全国书法大赛颁奖典礼在邯郸魏县举行。此次大赛由河北省书协，中共河北省委政策研究室主办，魏县县委县政府承办。此次大赛共收到国内外参赛作品11659幅，参赛作品数量多，质量高，风格迥异，各有千秋；参赛人员地域广，从业领域宽，年龄跨度大，书法作品涵盖了楷、行、草、隶、篆各种书体。

山西省书法家协会工作大事记

1．1月22日，山西省书协举办省城书法名家送春联活动。省文联主席、省书协主席李才旺，省文联党组副书记石跃峰，省书协副主席田树苌、李晓林、刘锁祥、沈晓英、宋富盛、张铁锁、姚国瑾、赵长秋、韩少辉，秘书长韩清波，以及张明智、赵社英、郭存魁、阎亚伦等省城书法名家为交警同志们书写春联200余副。

2．2月20日，山西省文联、中国黄河电视台主办，山西省书协、美协承办的《走进书画》电视栏目开播仪式在省文联会议室举行。此次栏目旨在宣传山西省书法美术艺术，为书法美术艺术的普及以及面向社会搭建了一个新的平台。

3．3月6日，山西省书协举办的第四期书法培训班在太原市中铁十七局建筑公司进行。山西省文联主席、省书协主席李才旺出席开班仪式并作了讲话，省书协秘书长韩清波主持了仪式。中国书协书法培训中心主任刘文华，省书协副主席田树苌、李晓林、韩少辉，省书协主席团委员赵社英，省青年书协常务理事王国柱等对60余名学员进行了为期三天的培训。

4．4月21日，由山西省书协主办，朔州市委宣传部、朔州市文联、朔州市书协、美协协办的山西省第八届书法篆刻作品展评选活动在太原市热力公司进行。经过两天的紧张评选与统计工作，共评出获奖作品14件，获奖提名作品16件，入展作品220余件，入选作品100余件。

5．“五一”期间，由山西省书协、难老印社、青云宏公司主办的“难老印社”社员诗书画印作品展览在太原南宫青云宏收藏文化广场开展，共展出24位书画家的百余件作品。

6．5月14日，由山西省书协主办，阳泉石舟印社发起并承办的“‘福彩杯’山西省首届印社篆刻艺术作品联展”在阳泉市开幕。开幕式由省书协秘书长韩清波主持，省书协副主席、篆刻委员会主任沈晓英致开幕词并宣布获奖作者名单。展览共展出入展作品122件，入选作品39件，获奖作品14件。

7．6月8日，“山西省•埼玉县友好省县缔结26周年纪念‘日中书法交流埼玉展’”在日本展出。展览共展出山西省书法作品近20件。

8．7月23日，山西省第五期书法培训班在太原市开班。山西省文联主席、省书协主席李才旺出席开幕式并讲话。省书协秘书长韩清波主持了开幕式。此次培训由中国书协书法培训中心教授崔胜辉，省书协副主席田树苌、李晓林、韩少辉，书协主席团成员赵社英，省青年书协常务理事王国柱担任辅导老师。全省各地近60余名学员参加了培训。

9．8月21日，“山西省备战兰亭展重点作者作品观摩会”在太原市省民俗博物馆举行。活动由山西省书协秘书长韩清波主持。副主席田树苌、李晓林、韩少辉，主席团委员赵社英进行点评辅导。此次观摩会得到了全省各市书法爱好者的积极支持与热烈响应，全省60余名重点作者参加了这一活动。

10．8月24日，由山西省委宣传部、山西省文联、山西省委老干局主办，山西省美协、书协共同协办的“情系三晋”海内外山西儿女书画作品展在山西省文联大厦开展。共展出书画作品300余幅。

11．8月31日，由山西省文联主席、省书协主席、省美协顾问李才旺历经两年用自己辛勤创作的书画作品，筹集巨资、精心兴建的壶关县五集小学暨五集饮水工程竣工剪彩仪式在五集村举行。

12．9月11日，山西省第八届书法篆刻作品展开幕式在朔州文化中心举行。省人大常委会副主任王雅安，省文联党组书记、常务副主席宋新柱，省文联主席、书协主席李才旺，省文联党组副书记石跃峰，省文联党组成员刘廷明，省书协副主席李晓林、王陆、宋富盛、张铁锁、沈晓英、贺寿长、赵长秋、韩少辉，秘书长韩清波，主席团成员岳福豹、郑恩田、胡金来以及获奖、入展作者等书法爱好者400余人参加了开幕式。展览共展出获奖及入展作品400余件。

13．9月21日，由山西省书协、美协、摄协，省煤矿文化体育协会，山西东方文化艺术研究院，山西煤炭系统书法、美术、摄影家协会共同主办，山西晋城煤业集团承办的“晋城煤业杯” 第二届全国书法家精品展览暨“晋城煤业杯”山西煤炭系统职工书法、美术、摄影展览在晋城开幕。展出获奖入展作品300余件。

14．10月下旬，“山西省首届书坛新人展、第二届书法精品展”评审活动在山西省民俗博物馆进行。省书协组织评委参加了评审工作。新人展共评出获奖作品10件，获奖提名作品10件，入展作品180件。精品展评出书法精品近百件。

15．12月14日，由山西省文联主办，省书协、省美协、省摄协、省产业文联共同协办的“庆祝新中国成立60周年暨山西省文联成立60周年名家书画摄影邀请展”在山西省文联大厦开幕。共汇集了全国700多名书画摄影名家的近千幅精品。同时，由山西省书协主办，潞安集团余吾煤业公司协办的山西省第二届书法精品展、山西省首届书法新人展同时开展，两个展览共展出评选出的书法精品及新人展获奖、入展作品300余件。

16．12月18日，“山西书法邀请展”在湖北武汉举行，共展出山西省书法精品140余件。

17．12月23日，由山西省书协、太原市文学艺术界联合会、深圳市文学艺术界联合会、太原市书协、深圳市书协联合主办的“沈晓英书法篆刻展”在深圳博物馆隆重开幕。共展出作品60余幅。

内蒙古自治区书法家协会工作大事记

1．1月16日，内蒙古书协组织书法家一行16人，在内蒙古书协主席何奇耶徒的带领下，冒着严寒，深入到呼和浩特市和林格尔县城关镇盛春园社区开展文化下乡送春联活动。在活动现场，书法家们情绪高涨，精神振奋，挥毫泼墨，在短短3个多小时里，书写春联500多副。

2．2月8日，内蒙古书协在内蒙古政协书画院举行书法学习观摩会，何奇耶徒、朝洛蒙、艺如乐图、包国庆、李力、耿泽峰、李智野、王润成、白羽等参加。

3．4月15日，“内蒙古首届青年书法篆刻作品展”巡展在内蒙古乌海市举行。乌海市委书记白向群，乌海市委常委、宣传部部长兰宇等出席开幕式。

4．7月29日，由中国铁路书协和内蒙古书协主办，呼和浩特铁路局承办的“和谐铁路·吉祥草原”全国铁路·内蒙古自治区书法作品展在内蒙古美术馆开幕。内蒙古自治区党委常委、统战部部长伏来旺，内蒙古自治区政府副主席连辑以及铁道部政治部副主任佟立军，内蒙古书协主席何奇耶徒，中国铁路书协常务副主席兼秘书长潘传贤以及来自全国铁路系统和自治区的50多位书法家代表及呼和浩特铁路局、自治区各艺术团体200余人出席开幕式。中国铁路文联副主席兼秘书长才凡主持开幕式。展览展出了全国铁路系统和内蒙古自治区160位书法家的力作。展览作品集同时出版发行。

5．8月8日，内蒙古自治区首家中国书协创作培训基地在乌审旗嘎鲁图镇揭牌。此次揭牌仪式是第三届中国萨拉乌苏民间艺术节开幕前奏，中国书协副主席吴善璋和乌审旗政府代旗长牧人共同为中国书协乌审旗创作培训基地揭牌。来自全国各地的中国书协书法名家，现场挥毫泼墨，书写了20多幅书法作品。由中国书协的书法家们集体合作而成的一幅长达20米的书法长卷也赠给培训基地。

6．8月8日，为配合乌审旗“第三届中国萨拉乌苏民间艺术节”举办了内蒙古书协作品邀请展。

7．8月17日，内蒙古书协协助第十一届亚洲艺术节在鄂尔多斯举办“塞北祥云•范曾诗书画特展”。内蒙古自治区党委副书记任亚平以及鄂尔多斯市委书记杜梓，内蒙古书协主席何奇耶徒等出席开幕式。

8．9月5日，由《书法导报》、内蒙古书协主办的“八人书法联展”在鄂尔多斯市举行。展览展出申万胜、贺泰、赵学敏、胡忠、连辑、韩亨林、王荣生、何奇耶徒书法作品近百件。

9．9月11日，内蒙古书协四届六次全委扩大会在乌海召开并举办“走进乌海•全区书法篆刻学习观摩展”。中国书协主席张海、内蒙古自治区人大常委会原副主任白音、乌海市委书记白向群、乌海市人大常委会主任刘彪、乌海市政协主席韩琦运、内蒙古文联副主席巴特尔、内蒙古书协主席何奇耶徒等出席观摩展开幕式并剪彩。

10．9月12日，第二届中国书法城建设论坛在乌海市举办。中国书协分党组成员、副秘书长戴志祺、内蒙古书协主席何奇耶徒等就书法城建设与发展等问题作了讲话，并提出建设性意见。

11．9月25日，由内蒙古自治区政协主办，内蒙古书协、内蒙古政协书画院承办的“庆祝新中国和人民政协成立60周年书画摄影展”在内蒙古美术馆举行。内蒙古自治区政协主席陈光林，自治区党委常委、统战部部长伏来旺，自治区人大常委会副主任赵忠，自治区政协副主席郭子明出席开展仪式。自治区政协副主席娜仁致辞。

12．10月5日，内蒙古书协与内蒙古煤炭厅联合举办了内蒙古煤炭系统书画展并出版作品集。

13．10月25日，由内蒙古书协主办、内蒙古老年书画研究会、呼和浩特铁路局协办的“夕阳红”内蒙古首届老年书法作品展在内蒙古美术馆展出。展览共展出书法作品140余件，展览作品有真草隶篆书体兼备、内容丰富、品位高雅，全面展示了内蒙古广大老年同志丰富多彩的晚年生活和积极向上的精神风貌。自治区政协主席陈光林，自治区党委常委、宣传部部长乌兰，自治区副主席连辑，自治区政协副主席娜仁、全国政协常委包俊臣和自治区老领导张廷武出席开幕式。

14．12月12日，内蒙古书协主办，内蒙古教育学会书法教育专业委员会、呼和浩特铁路局协办的“园丁颂•内蒙古自治区教育系统书法展”在内蒙古美术馆开幕。

展览展出特邀及入选作品143幅。参展作者遍及全区教育系统的各个方面，既有大中专院校的学者教授，也有从事基础教育的中小学教师；既有年逾花甲的离退休教育工作者，也有风华正茂的大中小学生；既有专门从事书法教育的各级各类教师，也有教育系统从事行政工作的普通职工和部门领导。

辽宁省书法家协会工作大事记

1．5月26日，与《辽沈晚报》社、沈阳市群众艺术馆联合举办“希望之星”全省少儿书法大赛。千余名少儿参赛，近百人获奖。

2．5月28日，举办“第六届全国楹联书法”作品观摩会，参加人员200余人，作品千余件。

3．6月25日，“第六届全国楹联书法”评选结果揭晓，我省入展作品38件，其中苏德永、姜勇、孙学辉获三等奖。入选、获奖量排全国第四位。

4．8月10日，编撰的《改革开放30年辽宁文艺成果与研究•书法卷》正式出版。

5．8月15日，在市委党校举办“备战第三届中国书法兰亭奖创作培训班暨辽宁省第二十四届临帖班”。历时一周，学员达280余人次。省书协主席团全体成员担任临帖班的教师，同时特邀了中国书协理论研究室主任刘恒、中国书协培训中心教授刘文华和书法作者张维忠、童孝镛等到临帖班为学员授课。省文联党组成员、副主席伊忱到临帖班看望全体学员并讲话。

6. 8月29日，举办“第三届中国书法兰亭奖”作品观摩会，参加人员220余人，作品2000余件。

7. 9月11日，由省文联、省美协、省书协、省摄协共同主办 “庆祝新中国成立60周年暨辽宁省文联成立60周年美术、书法、摄影优秀作品展”，在辽宁美术馆隆重开幕。

8. 9月17日，参加“庆祝新中国成立60周年暨辽宁省文联成立60周年美术、书法、摄影优秀作品展”的92件书法作品经沈阳炎黄拍卖公司组织义拍，将拍卖所得的60%捐给了沈阳市盲童学校，为国庆和文联成立60周年献礼。

9. 9月25日，由中国文联、中国书协、省文化厅、省文联主办，省书协、省博物馆、辽宁美术馆承办的“创造力的实现——张海书法展”在辽宁美术馆隆重开幕。

10. 10月24日，大连金州区被中国书协命名为“中国书法之乡”。中国书协副主席段成桂、聂成文，中国书协组联部主任张陆一，省文联党组成员、副主席伊忱，省书协秘书长胡崇炜，大连市市委副书记里景瑞，大连市书协主席张本义等出席揭牌仪式。

11. 11月18日，“第三届辽宁省书法兰亭奖”已经正式启动。此次活动由省文联和书协共同主办，由盖州市人民政府承办，《辽沈晚报》全程报道。

12. 11月22日，中国书协副主席、辽宁省书协主席聂成文，辽宁省书协副主席朱成国、秘书长胡崇炜等率十多位书法家到沈阳军区空军某导弹旅慰问即将退伍离队的战士，共书写作品150余幅。

13. 11月25日，中国书协考察团吴善璋副主席、白煦副秘书长、组联部张陆一主任等一行十余人对盘锦市申报“书法名城”，大石桥市、盖州市、兴城市申报“书法之乡”进行全面考核。

14. 12月20日，设立“辽宁省书法奖励基金”会。基金会由聂成文提议，经过主席团会议讨论通过，以奖励辽宁省优秀书法人才。

吉林省书法家协会工作大事记

1. 1月19日，吉林省书协主席团五届三次会议在长春市金业大厦召开。会议决定聘请王儒林为省书协名誉主席，对增补的路运忠、毕政、刘成三位省书协副主席进行了工作分工。会议还对2008年书协工作进行了总结，对2009年书协工作作了部署。

2. 1月19日，吉林省书法界在金业大厦举行了“迎新春茶话会”。吉林省文联党组书记杨廷玉率领省文联党组全体成员以及来自社会各界百余人出席了茶话会。吉林省书协主席周维杰、省文联副主席张呈祥分别致辞。

3. 1月23日，吉林省书协组织20余位书法家走访了吉林市交通局、吉林市东福米业，现场为干部群众书写了大批书法作品。

4. 6月，吉林省书协书法家代表团在省直分会主席吴玉珩率领下来到延边，与当地董存瑞部队共同主办了“培育核心价值观”主题笔会，受到了官兵们的热烈欢迎。书协副主席金中浩、夏光江、刘成、李壮、薛军、张志灵等参加了此次笔会。

5. 7月10日，吉林省书协主席团第五届四次会议在省清华宾馆召开。会议确定设立9个专业委员会，决定成立省书协省直分会。

6. 7月23日，吉林省书协与前郭县政府共同举办的“翰墨书盛世——书法进万家”查干湖书法联谊笔会在松原市民族文化宫隆重开幕，中国文联副主席、中国书协副主席段成桂，省文联党组书记杨廷玉、省文联副主席张呈祥、省书协主席周维杰、省书协副主席苏延军、廉世和、刘成等书法家与当地书法家共书百米长卷，为文化节珍藏留念。

7．为庆祝新中国成立60周年、吉林省档案馆建馆50周年，经省委批准，责成档案馆有目的、有系统地征集优秀书法作品为后世永久留存，建立健全吉林省书画名家档案。吉林省书协负责作品征集工作，第一批50件书法作品征集完成，由档案馆负责编辑的馆藏作品集也出版发行。

8．8月20日，为让更多的会员有机会参加兰亭展，为吉林省争取更大的荣誉，吉林省书协举办备战“兰亭展”学习班。学习班由河南省书协副主席许雄志，吉林省书协副主席丛文俊主讲。学习班为期两天，来自全省各地以及外省90余人参加了学习。

9．8月31日，由中国美协、中国书协、中国影协与东北亚博览会共同主办，省美协、省书协、省摄协协办的东北亚国际书画摄影展在东北亚艺术中心开幕。展览作为东北亚博览会的重要组成部分，以期拉动吉林省文化产业发展。中国文化部部长蔡武，中国文联党组副书记、副主席李牧，中国书协分党组书记、驻会副主席兼秘书长赵长青等领导为展览剪彩。

10．9月25日，由吉林省书协承办的庆祝中华人民共和国成立60周年“吉林省书法大展”在省博物院隆重开幕。此次大展共分遗墨展、提名展、临帖展、少儿展四个单项展，比较全面地体现了60年来吉林省的书法全貌与现状。大展由吉林省委宣传部、文化厅、省文联共同主办，吉林省书协承办。同时出版《吉林省书法大展作品集》。

11．10月26日，由吉林省书协省直分会主办、吉林省书协协办的“中国著名书法家书法作品邀请展”在吉林银行总部大楼开幕，省委副书记王儒林出席了开幕式并为展览剪彩。中国书协主席团等20余位全国著名书法家为展览提供了作品，省内中青年骨干60余人的作品参加展览。邀请展作品集同时出版。

12．10月，经吉林省书协主席团研究通过、吉林省文联党组正式批准，吉林省直分会正式成立。分会由吉林省政府副秘书长、办公厅主任吴玉珩担任分会主席，赵志强任秘书长。

13．12月11日，吉林省柳河县被中国书协正式命名为“中国书法之乡”。

黑龙江省书法家协会工作大事记

1．1月5日，由黑龙江省书协主办的“上海书法篆刻作品黑龙江邀请展”在省美术馆开幕。黑龙江省政协副主席陶夏新、省委宣传部常务副部长潘春良、省文联副主席燕鹏、省书协顾问黄秋实、赵佩绂、省书协副主席王立民、张戈、赵隽明、洪铁军、高昆，上海市空军某部副司令员王讯漠，上海市书协副主席张森、王伟平、刘一闻，上海市书协常务理事杨永健、中国书协理事、上海市书协常务理事李静，上海市书协理事田文惠及书法爱好者300余人出席开幕式。张戈、王伟平分别代表黑龙江省书协、上海市书协致辞。黑龙江省书协副秘书长卞云和主持开幕式。展览共展出书法篆刻作品120件。

2．1月11日，2009年黑龙江省书法工作会议在八一宾馆召开。省书协主席、原省政协主席马国良，省委常委、省军区政委、省书协顾问宋凤鸣，省军区政治部主任夏中国，省文联副主席燕鹏，省书协顾问黄秋实、张天民，省书协主席团成员和省书协驻会班子成员王立民、张戈、洪铁军、卞云和、王凯霞、胡志平、高昆、、王斌及来自全省13个地市和省直各系统书协负责人60余人出席会议。会议表彰了先进集体和获奖作者、通过增补理事的决定。会议还表彰了2008年在全国展中获奖的仲伟迅等14位作者。

3．2月9日，由黑龙江省书协、中共尚志市委、尚志市人民政府主办，中国书法文化博物馆承办的第二届“中国•亚布力国际书法节”在尚志开幕，中国书协领导及来自韩国、日本以及四川、广东、吉林等地的20余位书法家在亚布力国际滑雪场挥毫泼墨，展示书艺。书法节还举办了为期两周的大型书法展览。

4．2月25日，《书法赏评》全新改版，力求突出刊物的专业性、专题性、实用性、可读性，雅俗共赏。

5．3月8日，由黑龙江省书协、省妇女书协、伊春市文化局、伊春市文联共同主办的“黑龙江省妇女书法作品邀请展”在伊春市开幕。

6．4月29日，为备战全国第三届兰亭奖、第二届青年展及第六届楹联展，由黑龙江省书协、省书法活动中心主办、大庆市书协承办的“2009年黑龙江省备战国展书法培训班” 4月30日至5月2日在大庆市举办。此次培训班由中国书协副主席、中国书协草书委员会主任聂成文，中国书协培训中心主任、中国书协隶书委员会秘书长刘文华，西泠印社理事、中国书协篆书委员会委员许雄志担纲教学。中国书协展览部主任、中国书协行书委员会秘书长白煦在大庆考察六届楹联展场馆，并亲临培训班指导。张戈在培训班结束时作了总结。

7．5月27日，由省书协主办的“黑龙江省第八届临帖展”在省书法馆开幕。展览共展出作品92件。

8．5月28日，《黑龙江省书法家协会会员资料大全》编辑出版。这是黑龙江省书协成立以来第一次集中刊印的会员资料。

9．6月6日，由黑龙江省书协与省供销社、黑龙江寒地黑土农业物产集团共同主办的“寒地黑土”品牌创立五周年纪念笔会在黑龙江寒地黑土农业物产集团举行。黑龙江省政府秘书长郭晓华主持笔会，省供销总社主任张文明、省书协常务副主席张戈分别致辞。

10．6月14日，由黑龙江省文史馆、省文联、省书协共同主办的省书协副主席、赫哲族哈普都•隽明书法作品集首发式暨书法篆刻作品展在黑龙江省书法馆开幕。本次展览展出哈普都•隽明近期创作的书法篆刻作品共90余件。开幕式后举办了研讨会。

11．6月15日，黑龙江省书协召开2009年第二次主席团会议。中国书协理事、省书协主席马国良主持了会议。副主席王立民、张戈、洪铁军、赵隽明、何昌贵、王凯霞、胡志平、高昆参加了会议。会议由张戈传达了中国书协五届五次理事会议精神，通过了省委宣传部“关于组建第六届黑龙江省文艺奖评奖专家库”推荐专家名单，通报了中国书协2009年组联工作会议在黑龙江省召开的有关情况。

12．6月23日，中国书协组联工作会议在黑龙江省哈尔滨市召开。

13．6月23日，由中国书协主办，中国石油书协和中国石油大庆炼化公司承办，黑龙江省书协、大庆市书协共同协办的“中国书法进万家——走进大庆炼化”活动在大庆炼化公司举行。中国文联副主席、中国书协副主席段成桂，中国书协副主席聂成文，中国书协分党组成员、副秘书长戴志祺，副秘书长兼展览部主任白煦，组联部主任张陆一，研究部主任刘恒，中国石油书协副主席兼秘书长于恩东，中国书协理事、黑龙江省书协常务副主席张戈，大庆市委常委、政法委书记阮殿龙及20余位国内书法名家参加了这次活动。

14．6月26日，中国书法家协会漠河创作培训基地举行了挂牌仪式。中国书协分党组成员、副秘书长戴志祺、组联部主任张陆一、研究部主任刘恒，中国书协各团体会员单位的负责人出席了挂牌仪式。张陆一宣读了中国书协关于批准中国书法家漠河创作培训基地的决定，戴志祺代表中国书协向漠河县县长计斌授牌，黑龙江省书协常务副主席张戈代表黑龙江省书协致辞，漠河县委副书记杨永革代表县委县政府致辞。黑龙江省漠河县常务副县长张东彪主持了揭牌仪式。

15．9月4日，西泠印社诗书画印大展东北选区评选工作在省书协举行。经过评审团的认真评审，最终有150件作品进入终评。其中书法作品75件、篆刻作品58件、国画作品17件。西泠印社于9月中旬对各赛区的作品进行最终评审。

16．9月22日，“祖国颂•庆祝中华人民共和国成立60周年全省老年书画大展”在省老干部活动中心举办。此次展览由黑龙江省委老干部局、省书协、省老年书画研究会主办，省书协老年书法专业委员会、省直机关离休干部书画协会协办。展览共展出书画作品735幅。

17．9月25日，由黑龙江省委宣传部、省画院主办，省书协协办的“庆祝中华人民共和国成立60周年·陈雷书法作品展”在省画院开幕。此次展览共展出了陈雷书法作品78件。

18．9月27日，全国第六届楹联书法作品展在大庆市开幕。

19．9月29日，由黑龙江省书协、省书法活动中心、哈尔滨市南岗区人大共同主办的“庆祝新中国成立60周年金秋笔会”在省书协举行。

20．10月15日，“黑龙江省书法家协会北安创作培训基地”授牌仪式在北安市群艺馆举行。仪式结束后，与会者还在该馆展厅参观了北安市“庆祝新中国成立60周年书画、摄影作品展”并在现场为书法爱好者进行了作品点评和笔会交流。

21．10月28日，黑龙江省书协顾问、著名书画家、老作家利化《风云鉴事》作品研讨会在省文化厅隆重召开。此次研讨会由省文化厅、省文联、省作协主办，省书协承办。来自全省各地的专家、学者60余人参加会议并发言。

22．11月29日，应台湾两岸和平文化艺术联盟的邀请，黑龙江省书法篆刻精品展在台北吉林艺廊举行。以张戈为团长、魏锁亭为副团长、王斌为秘书长、石正军为副秘书长，书家贾振祥、郑文义、张日安、李力钧、钱晓慧、刘庆海、王锋、谢铁军、何鑫、范宝峰、王林平为团员的15人代表团赴台参加开幕式及书法交流活动。开幕式后两岸书家还进行了笔会交流。

23．12月17日，黑龙江省书协在哈尔滨市举办了“黑龙江省迎八届全国刻字展创作培训班”。培训班分别由省书协副主席、省书协刻字委员会主任王凯霞，牡丹江市书协主席、省书协刻字委员会副主任李文宝担任主讲。刻字骨干作者共30余人参加了培训。

江苏省书法家协会工作大事记

1．1月21日，江苏省文联领导王慧芬、言恭达、杨企鹏率江苏省书画名家一行30余人来到武警江苏总队，亲切慰问武警官兵，受到武警江苏总队总队长孙玉义少将、政委姜德福少将和武警总队官兵的热烈欢迎。参加新春慰问武警官兵活动的书法家有：张杰、孙晓云、徐利明、李啸、邵希平、桑作楷、王继安、吴振立、管峻、王卫军、高步明、徐燕、卢力彬等。

2．3月20日，江苏省书协第三届十次理事（扩大）会议在南京召开。

3．3月21日，江苏省书协与苏州市人民政府共同主办的“吴门书道——中国书法名城苏州作品展”在北京中国美术馆隆重开幕。

4．5月6日，徐州举办了“新彭城书派学术论坛”，扩大了两座书法名城在全国的影响力。

5．5月30日，由中国文联、中国书协主办，江苏省文联、江苏省书协协办的“创造力的实现——张海书法展” 在江苏省美术馆隆重开幕。

6．7月18日，由中国书协主办，江苏省书协等单位协办的“向祖国汇报——中国书协名城（之乡）国庆巡礼”活动在北京中国人民革命军事博物馆举行，这是书法界向新中国和中国文联60岁生日献上的一份厚礼。江苏省第一批被命名为“中国书法名城”的苏州、徐州，“中国书法之乡”淮安楚州、苏州常熟参加了本次巡礼活动。展览共展出书法作品80件，充分展示了苏州、徐州、楚州、常熟四地有影响的代表性书家的创作水平。

7．8月15日，由江苏省文联与省法律援助基金会主办，省美协和省书协承办的“真情与正义”——江苏书画名家作品义捐仪式暨书画展开幕式在省美术馆举行。332幅书画作品无偿捐赠给江苏省法律援助基金会，其中书法作品189件。这批精品力作向社会义卖所得善款全部用作法律援助事业。

8．9月5日，由江苏省文联主办、省书协承办的“庆祝中华人民共和国成立60周年江苏优秀书法篆刻作品展”在江苏省美术馆隆重举行。展览展出书法篆刻作品249件。《庆祝中华人民共和国成立60周年江苏省优秀书法篆刻作品集》编辑出版。

9．11月6日，江苏省书协举办“江苏省第二届现代刻字艺术展”。此外，江苏省书协还承办了中国书协刻字研究会举办的全国第二届刻字艺术研究会、中国书协刻字研究会工作会议。

浙江省书法家协会工作大事记

1．1月10日，浙江省书协五届六次主席团（扩大）会议在之江饭店召开。浙江省文联党组成员、书记处书记高克明，省文联巡视员蒋建东，中国书协副主席、省书协主席朱关田，副主席陈振濂、王冬龄、鲍贤伦、杨西湖、陈必武、赵雁君、朱元更，主席团成员朱昆明、汪永江、戴家妙、吴莹、沈浪泳、白砥、胡茂伟、张索、沈伟以及协会副秘书长和各专业委员会负责人、地方书协负责人等出席会议。赵雁君作《浙江书协2008年工作总结和2009年工作计划》报告，推出“浙江书法六十年”系列大展方案；审议发展新会员。

2．1月14日，浙江省书协与《今日早报》联合举办“温暖前行——新年送万福名家送福现场”活动在杭州恒庐美术馆举行，共收到70余位知名书画家的“福”字100余件。浙江书协主席朱关田、书协顾问刘江、副主席陈振濂、鲍贤伦、陈必武、赵雁君、《今日早报》主编来家祥出席现场送福活动，将部分现场创作的作品赠送给来自奋战在交通、消防、医疗、抗震救灾、慈善事业及奥运等战线上的10位“2008难忘人物”。

3．3月8日，浙江省首届女篆刻家作品展在中国印学博物馆举行。此次展览汇集了来自浙江各地123位女篆刻家的精品力作。

4．3月23日，《沙孟海全集》第二次编撰会议在杭州三台山宾馆召开，浙江省书协主席朱关田，副主席兼秘书长赵雁君及分卷主编出席会议。会议就《全集》的体例、分卷法、版式、装帧及各卷交稿、出版时间等事宜进行部署，对《沙孟海研究》杂志的创刊作了专题讨论。

5．3月26日，“浙江省——栃木县书法友好交流展”在西湖美术馆开幕。浙江省对外友好协会会长梁平波，浙江省书协主席朱关田、浙江省对外友协常务副会长陆国灏，浙江省文联党组成员、书记处书记高克明，日本栃木县书道联盟理事长铃木源泉等出席开幕式。这次展览展出双方作品300余件。出版《浙江省•栃木县书法友好交流展作品集》。

6．4月3日，“台北——杭州名家书法交流展”在台北中山纪念馆举行，展出两地书法作品108件。由浙江省书协副主席杨西湖为团长的浙江书协代表团一行14人前往台北参加交流活动，并在中山讲堂举行《风华再现——两岸书法发展学术研讨会》。出版《台北——杭州名家书法交流展作品集》。

7．4月28日，中国书协正式命名义乌为“中国书法之乡”揭牌仪式暨浙中书学研讨会在义乌举行。中国书协分党组书记、驻会副主席兼秘书长赵长青，中国书协副主席、浙江省书协主席朱关田，浙江省文联党组成员、书记处书记高克明，省文联巡视员蒋建东，省书协副主席兼秘书长赵雁君等出席。

8．4月30日，由中国文联、中国书协、浙江省文联、浙江省书协、浙江省博物馆协办的“创造力的实现——张海书法展”在杭州西湖美术馆隆重开幕。全国人大常委会副委员长桑卫国，中国文联党组书记、副主席胡振民，中国文联党组成员、副主席冯远，浙江省政协主席周国富，省委常委、宣传部长黄坤明，武警部队原政委徐永清上将，中国书协分党组书记、驻会副主席兼秘书长赵长青，中国书协副主席、浙江省书法家协会主席朱关田，浙江省文联党组书记林晓峰，文联党组成员、书记处书记高克明，巡视员蒋建东等领导和来自全国各地的书法家近千人出席开幕式。

9．6月4日，以赵雁君为团长的浙江书法代表团一行13人赴日本参加“栃木县——浙江省书法友好交流展”。栃木县知事福田富一等出席开幕式。展览期间，省书协副主席兼秘书长赵雁君作题为《王字风格构成论》的学术报告。

10．6月15日，“备战全国展览作品加工会”首站在温州启动，并于6月16日至18日分别在宁波、绍兴、湖州、杭州等地相继举行。浙江省文联党组成员、书记处书记高克明亲临湖州加工现场，并发表热情洋溢的讲话。省文联巡视员蒋建东，中国书协副主席、浙江省书协主席朱关田、省书协副主席陈振濂、王冬龄、鲍贤伦、杨西湖、赵雁君，主席团委员王永江，连日奔波于温州、宁波、绍兴、湖州、杭州片区为近千名作者点评。

11．7月8日，“浙江书法60年”系列大展之一的“浙江书法精英展”作品评审会在绍兴举行。浙江省文联党组成员、书记处书记高克明，巡视员蒋建东，浙江省书协主席朱关田，副主席王冬龄、鲍贤伦、杨西湖、赵雁君、朱元更及邀请各地市一名书协负责人组成评审委员会。朱关田担任评审委员会名誉主任，鲍贤伦担任评审委员会主任。最终，从全省2600名会员作品中，择优选出493件参展。

12．7月21日，由浙江省书协、台北中华汉光书道学会、书法艺术基金会联合主办的“杭州——台北名家书法交流展”在杭州西湖美术馆举行。浙江省书协主席朱关田，浙江省文联巡视员蒋建东，省书协副主席王冬龄、杨西湖、陈必武、赵雁君，台北中华汉光书道学会会长黄一鸣等领导出席开幕式。

13．8月6日，浙江省书协沙孟海研究委员会在杭成立。百余名来自全省各地的书法界、理论界、史学界人士出席成立大会。朱关田任沙孟海研究委员会名誉主任，赵雁君任主任，楼建军，江吟任副主任。王自力任秘书长，王志刚、羊晓君、陈峰、张哲民、朱晓峰、张忠良、郑利权为副秘书长。

14．8月6日，“浙江书法60年”系列大展之一的“浙江书法新人展”作品评选在金溪山庄举行，共收到参展作品1680件。经初评、复评、终评，评选出入展作品217件，韩瑞等共20人获浙江书法新人奖。

15．10月10日，为庆祝新中国成立60周年，首届浙江省文化艺术节重点展览项目——“浙江书法60年”系列大展在浙江美术馆隆重开幕。5000多名来自全省各地的书法家、书法爱好者参观了展览。

“浙江书法60年”系列大展分为“浙江书法名家遗墨展”、“浙江书法名家展”、“浙江书法精英展”、“浙江书法新人展”四个篇章，共展出761位浙江代表书家的1100余件精品力作。“浙江书法60年”系列大展作品集随展发行。

16．12月8日，中国书协副主席、浙江省书协主席朱关田率领著名书法家赴杭州交通警察支队慰问。用饱含深情的书法作品代表省书协向辛勤为杭州交通事业做出巨大贡献的干警们送上一份敬意。

安徽省书法家协会工作大事记

1．1月，安徽省书协组织开展了“中国书法进万家”活动，部分书法家分赴黄山歙县、淮北杜集区、马鞍山市、滁州市等地，开展为民义务写春联活动，送出印刷或当场书写的春联1万多副。

2．5月8日，由中国书协主办、安徽省书协承办的“中国书法家协会第五届理事会”暨“中国书法家协会成立28周年理事作品展”在合肥隆重举办。中国文联党组副书记、副主席覃志刚、中国书协主席张海、分党组书记、驻会副主席兼秘书长赵长青以及来自全国各省、市、自治区书协负责人150余人出席会议。安徽省张学群、李士杰、张宇三人在本次会议上当选中国书协理事。

3．5月26日，安徽省书法代表团赴日开展“第十三届安徽省•高知县书法交流展”活动。在日期间，代表团到高知县的书法艺术博物馆以及当地的一些文化设施参观学习，并与日方书法家进行了书法艺术交流笔会、座谈。

4．6月4日，安徽省书协举办“安徽省首届临书大展”，展览受到广泛欢迎和好评。展览收到全省各地以及安徽在外书家来稿近2000件，经过认真评选，380件入展，其中获奖作品35件，颁发奖金近10万元。这些作品涵盖碑帖广泛，正草隶篆行诸体皆备，普遍水平较高。

5．8月，两年一次的安徽省书协常规性展览“安徽省第九届少儿书法作品展”在合肥举行。此展是发掘和培养安徽书坛后备人才的重要展事，受到了社会、家长、学生的高度关注，并积极参与，影响面广，意义深远。展览共收到来自全省各地少年儿童来稿千余件，600件作品入展，其中一等奖5件，二等奖10件，三等奖20件。

6．8月19日，“第十三届安徽省•高知县书法交流展”举办。高知县书法代表团回访安徽省。双方共展出作品近200件，进一步加深了安徽省与高知县书家的情感，交流了书艺，增进了友谊。

7．8月，安徽省书协积极参加了由省政协、省民政厅等举办的深入省军区、省武警总队的慰问活动，送去了全省书家对部队广大官兵的问候，并当场创作多幅书法作品，充分体现了军民鱼水之情。

8．9月，为配合安徽省第五届文代会的隆重召开，安徽省书协组织了50位知名书法家为会议代表创作了600余件书法作品，作为纪念品分发所有代表，受到大家的欢迎和高度评价。

9．9月30日，每四年举办一次的“新世纪安徽省第二届书法大展”开幕。此展是安徽书法界的重要展事，是安徽书坛最新创作成果的集中呈现。本届展览收到来稿1200多件，420件作品入展，其中30件作品获奖。这些作品既有鲜明的时代特征，亦不乏清新的审美情趣。

10．10月，为庆祝新中国诞辰60周年，安徽省书协举办了“庆祝新中国诞辰60周年书法特展”，118件参展作品均为邀请作品，省委书记王金山，省政协主席杨多良、副主席田维谦等领导分别为展览题字。展览突出了礼赞祖国、讴歌时代、振奋民心的主题。

11．12月22日，安徽省书协主办的“方茂鸿书画艺术作品展” 在省博物馆举行。展览旨在积极倡导勤奋耕耘、无私奉献的艺术精神，提高广大书法家的创作热情，把精美的艺术作品呈现给社会。

福建省书法家协会工作大事记

1．1月5日，福建省书协主席陈奋武、副主席蒋平畴、方松峰等书法家一行7人赴连江县小仓畲族乡开展写春联活动。

2．1月7日，福建省书协副主席方松峰、李木教、陈朱、陈远、蒋平畴等会同宁德、霞浦等地书法家赴水门畲族乡开展“情系闽东，书法下乡”活动。

3．1月10日，福建省书协联合海峡都市报，组织30余名书法家，在福州冠亚广场开展“挥春”活动，共书写1000余副春联赠送福州市民。

4．1月14日，福建省书协陈奋武、柯云瀚、吴乃光、方松峰、蒋平畴、傅永强、陈朱等主席团成员带领书法家30余人，在福州著名的“三坊七巷”开展中国书法进万家活动，书写春联800余副赠送坊巷居民。

5．1月16日，福建省书协柯云瀚、吴乃光、方松峰等一行10人，赴厦门同安马塘侨乡开展中国书法进万家——走进侨乡活动，为当地书法爱好者举办讲座、点评作品，为侨乡百姓书写春联。

6．1月19日，福建省书协主席团成员陈奋武、柯云瀚、吴乃光、陈朱、方松峰、李木教等带领书协常务理事、理事近20人赴清流县嵩溪镇开展中国书法进万家活动。

7．2月5日，福建省书协组织书法家与台湾台中市文化局长陈志声先生带领的台湾书法家一行开展两岸书家联谊交流活动。

8．2月9日，福建省书协与福建拓福建材有限公司联合举办“迎春拓福百福书法展览”活动，海峡两岸书家共同书写“福”字，祝福国泰民安。

9．3月16日，福建省书协同福州市书协与福州工商银行工会联合开展书法交流联谊活动。

10．5月，福建省书协主动谋划，及早准备，周密安排，在“5·16”海峡论坛期间，参与论坛的全过程，在活动中亮出旗号，体现作为，扩大影响。

11．5月23日，福建省书协主席陈奋武、副主席兼秘书长柯云瀚、副主席方松峰分别带领书法家一行赴泉州、南平、龙岩等地开展 “红色闽西”、“侨乡霞彩”、“闽北路先行”大型中国书法进万家采风活动。所到之处，帮助当地书协协调工作中的问题，看望老书家，指导参加全国性展览作品，举行笔会，开设书法讲座，参观考察红色根据地经济文化发展项目等，在社会上引起较大反响。

12．福建书协参与组织海峡两岸青年书法交流展。此展是以“青春相约海西，携手共创未来”、“从小写好中国字、长大做好中国人”为主题，7月中旬汇集两岸青年书法家300多人书法作品交流展示，并举办“海峡两岸百名书家同写中华百家姓”活动。此展由中国书协、中华全国青年联合会、福建省人民政府、台湾标准草书学会，台湾金鸿中儿童文教基金会主办，福建省书协、省青联、漳州市政府、台湾中华教育交流推广协会承办。中国书协副主席聂成文、吴东民，组联部主任张陆一，福建省书协主席团有关人员参与该项活动。

13．8月25日，福建省书协在历史文化名城泉州召开全省书法创作大会及四届二次常务理事会。会议总结了上半年“中国书法进万家福建行动计划”开展情况，围绕备战第三届“中国书法兰亭奖”，动员、组织全省力量集体冲刺，在全省上下产生重大影响。会议期间，与会书法家还参观了闽台缘博物院、弘一法师纪念馆、蔡襄祠、张瑞图书法研究会。

14．8月，福建省书协与福建省道路交通安全协会、福建省公安厅交警总队联合举办“海西交通安全杯”书法作品大赛。面向全省征集以交通安全为主题的书法作品。全省广大交通警察和书法爱好者积极参与，踊跃投稿，以书法的艺术形式广泛宣传安全交通常识，增强全省市民交通安全意识。

15．9月26日，庆祝新中国成立60周年——“海峡西岸”当代书法精品展在福州举办。此展由省委宣传部、省文联主办，省书协承办。展览征集了包括江西、浙江、广东、福建四省二十个城市的书法家作品约240件。《海峡西岸当代书法精品展作品集》于开幕式上与观众见面。

16．9月29日，举办向祖国汇报、向“海西”献礼——福建省国展获奖书家提名展。此展由福建省委宣传部、省文联主办，省书协、闽台书画院承办。全省36位在中国书协主办的展览中获奖的作者提供力作参展，并特邀省书协主席团成员作品参展。展出前出版了作品集。

17．11月23日，福建省书协组织书法家走进茶都安溪开展大型采风活动。来自全省的30余位书法家集聚一堂，举行联欢笔会，参观安溪经济建设项目。出版《福建省书法家走进茶都安溪书法作品集》，在基层产生良好影响。

18．12月2日，在福州举行了“海西交通杯”书法大展开幕式。同时出版了获奖、入展作品集。

19．12月27日，福建省书协副主席方松峰与省美术馆共同组织书画家一行15人，赴总政福建某部基地，开展书画家拥军慰问活动。

江西省书法家协会工作大事记

1．1月16日，江西省书协在春节期间先后在城乡多处举办送春联下基层活动。在省书协秘书长毛国典同志的带领下，邀请江西知名书法家30余人先后在南昌县、南丰县等地举办送春联下乡活动，在当地为农民书写2000余幅书法作品和春联。

2．7月25日，为迎接“第三届全国‘兰亭奖’书法大展和尧山杯兰亭新人展”，进一步提高本省书法作者的书法创作水平，江西省书协举办全省书法培训班。来自全省各地的110余名学员参加了培训。培训班邀请了全国著名书法家聂成文、高庆春和毛国典就书法创作的一些关键问题作了精彩的专题演讲，并对广大学员的作品作了深入细致的评点.

3．9月16日，为了庆祝伟大祖国成立60周年，表达热爱祖国的情怀，颂扬改革开放的成就，江西省书协举办全省综合性书法展览“江西省第八届书法篆刻艺术大展”。展览共展出全省各地作者的作品330余件。其中一等奖6件，二等奖12件，三等奖32件，优秀奖86件；入展作品200余件。展览作品集同时出版。

4．10月23日，江西省书协主办的60代表书家提名展在江西省文联艺术展览中心开幕。江西省文联党组书记郜海镭、副主席鄢平原、曹杭，江西省书协主席祝新穗、副主席崔廷瑶、喻贵森、张鉴瑞、赵定群和广东省书协副主席李远东以及展览的部分作者、江西省书法家、书法爱好者400余人参加了展览的开幕式。此次展览共展出了120件书法作品，并出版作品集。

5．11月11日，江西省第三届书法临帖展览举办。展览共收到作品300余件。经专家认真评选，本次展览共评出一等奖3名，二等奖4名，三等奖8名，优秀奖21名。

6．12月6日，为展示江西、广西两省的书法创作成果，江西省书协和广西省书协共同举办的“江西——广西书法联展”在江西省文联艺术展览中心举办。

7．12月25日，首届全省老年书法作品展览在江西省文联艺术展览中心举办。展出的作品五体皆备，形式多样，风格各异，展示了江西省老年书法的整体水平和风貌。

山东省书法家协会工作大事记

1. 1月15日，由山东省文联、上海市文联、山东出版集团、上海文艺出版集团主办，山东新华书店集团、朵云轩总公司承办的“朵云轩书画艺术精品大展（济南）暨沪鲁名家创作交流活动”在济南举行，这次活动也是为配合山东新华书店集团与上海文艺出版集团战略合作签约、庆祝朵云轩落户济南而举办的。出席仪式的山东省人民政府副省长黄胜到笔会现场看望了沪鲁两地的艺术家。上海市文联党组书记杨益萍、山东省文联党组书记于钦彦、上海文艺出版集团社长张晓敏、山东新华书店集团董事长刘强等领导出席活动。艺术家们挥毫泼墨，现场精心创作了20余幅美术、书法作品。活动中，两地艺术家举行了创作笔会，进行了深入交流。

2. 1月，山东省书协组织省市书法家走进书法之乡章丘，为当地群众挥毫泼墨，既推动了当地书法活动的热潮，又为新年的到来创造浓郁的节日气氛。

3. 2月10日，“山东省书法家协会2009年迎春晚会暨表彰大会”在济南山东大厦举行。原山东省人大常委会副主任、山东省书协名誉主席王玉玺，原山东省军区政委、山东省书协名誉主席刘国福，山东省文联副主席、党组书记于钦彦，省书协顾问、主席团成员以及社会各界朋友200余人参加了此次活动。晚会在热烈、祥和的气氛中进行。大家回顾了2008年山东省书法事业取得的成绩，共话辉煌、共话发展，共话友谊。晚会上，中国书协副主席、山东省书协主席张业法讲话，书法家们表演了精彩的文艺节目。

4. 2月18日，山东省书协四届十三次主席团会议暨2009年全省书法工作会议在济南军区第五招待所召开。

5. 6月10日，由山东省书协主办、淄博市书协承办的“山东省第二届书学讨论会暨迎第八届全国书学讨论会交流会”在淄博举行。中国书协副主席、山东省书协主席张业法，中国书协理论研究部主任、学术委员会秘书长刘恒，山东省书协常务副主席顾亚龙、省书协副主席郑训佐、于明诠、赵长刚，主席团委员孟鸿声、赖非，副秘书长靳永，学术委员会副主任范国强，以及来自山东各地的50余位书法理论研究者参加了会议。此次交流会共到论文60余篇，论文涉及史论、美学、人物、文献、篆刻和山东地方典籍、碑版、墨迹、史料研究。会议评出入选论文30篇，其中优秀论文奖11篇。会上对获奖作者进行了表彰。

6. 6月29日，为更好地传承我国优秀传统文化，进一步繁荣山东书法事业，培养和发现更多的青年书法艺术人才，山东省青联、省书协、省青年书协、青岛韩青制衣有限公司联合举办了“韩青制衣杯”第七届山东省青年书法篆刻作品展览。山东省青年书法篆刻作品展览自1984年开始，每四年举办一次，已成功连续举办了六届。

7. 8月16日，第二届山东国际大众艺术节期间，山东省书协主办了“第二届大众文化艺术节国际书法名家邀请展”，邀请展荟萃了中、日、韩三个国家具有代表性的书家作品200多件。邀请展作品集同时出版。展览在社会上引起了广泛关注。

8. 8月17日，由中共山东省委宣传部、中国书协、山东省文联主办，山东省书协承办，章丘市文联协办的“第二届山东国际大众艺术节——创造力的实现•张海书法展”在山东省美术馆隆重开幕。中国文联党组书记、副主席胡振民，省委常委、宣传部长李群，省政协副主席齐乃贵，省检察院检察长国家森，省军区原政委刘国福，省人大常委会原副主任王玉玺，中国美协分党组成员、副秘书长李荣海，中国书协副秘书长白煦，辽宁省文化厅厅长郭兴文，河南省文联副主席何白鸥、苗树群等领导，协办单位章丘市文联代表，省文联主席团成员、顾问以及山东省书法界、新闻界、企业界及社会各界朋友近千人参加了开幕式。开幕式由于钦彦主持。本次书法展展出了张海2002年到2008年创作的精品50余件，包括隶书、行草书、篆书、楷书等多种字体风格的书法作品，涵盖条屏、斗方、对联、条幅、册页、扇页等艺术形式，兼具正大气象和阳刚之美，个性鲜明，雅俗共赏，体现了一位艺术家对我国书法艺术可贵的探索精神和巨大的艺术创造力。

9．9月10日，“汶上永续杯”山东省第五届书法篆刻展成功举办。本届书展共收到来稿3600余件，评选出获奖作品36件。

10．12月，在山东省文联党组书记于钦彦、省书协常务副主席顾亚龙的亲自带领下，山东省书协组织书法家来到莱芜钢铁集团和齐鲁石化集团，用两天的时间为劳动模范挥写书法作品和楹联。活动得到了两家企业的全力配合，当地主要媒体也进行了全程跟踪报道。

河南省书法家协会工作大事记

1．1月11日，河南省首届电视书法大赛决赛在郑州市举行。大赛由河南电视台、河南省书协共同主办，河南电视台民生频道、《书法导报》、河南书画协会联合承办。兰新刚、汪雷、黄平、胡宗江、熊愚等5人获一等奖，冯明威、李贵阳等20人获二等奖，曹向春、张良等30人获三等奖，另有77人获优秀奖。宋华平、张继、王学岭、李强、王荣生、赵振乾、许雄志、张剑锋、云平等担任评委，河南省人大常委会副主任王明义、河南省政协副主席靳绥东、著名作家二月河、著名老书家桑凡等出席颁奖仪式。

2．1月18日，由河南省书协主办，《书法导报》、河南长城书画院承办，河南美术馆协办的“为春天放歌”——拳拳五人展年展在河南省艺术中心举行。拳拳五人展自2008年元月开始举行第一回展览，已举办10回，共推出50位河南青年书法作者。

3．2月26日，由河南省书协、河南省美协联合捐款88万元筹建的豫川翰墨博爱小学，在四川省江油市太平镇古柏村开工建设。省文联主席、省美协主席马国强，省书协主席宋华平出席开工仪式。

4．3月7日，河南省书协理事扩大会议在郑州召开。省书协主席团成员及省书协理事、各市书协负责人70余人参加会议。会议对2008年省书协工作进行了总结，对2009年工作进行了安排。

5．3月13日，河南省书协行书委员会工作会议在焦作市云台山风景区举行。省书协主席宋华平，副主席吴行、米闹、张剑锋、谢安钧等出席。

6．3月21日，河南省书协在河南农业职业技术学院高新科技园举办书法理论班，以备战第八届全国书学讨论会。河南省书协主席宋华平，中国书协理论研究部主任、学术委员会秘书长刘恒，河南省书协副主席李强等出席。

7．3月28日，河南省书协与《书法导报》共同发起《关于为尚仁义先生捐款的倡议书》，号召书法界为身患肝癌的开封市著名书家尚仁义捐款。倡议书发出后，收到河南及全国书法界捐款15万余元。

8．4月3日，河南省书协刻字委员会工作会议在中牟县静泊山庄举行。省书协副主席云平出席会议。

9．4月5日，河南省书协篆刻委员会工作会议在禹州市召开。河南省书协主席宋华平，副主席李强、许雄志等出席。

10．4月9日，全国第二届隶书展在洛阳举行。

11．4月11日，河南省书协副主席司马武当书法作品展先后在三门峡市、洛阳市举行。

12．4月19日，河南省书协草书委员会工作会议在郑州举行。省书协主席宋华平，省书协副主席胡秋萍、张建才、谢安钧等出席。

13．5月24日，河南省书协楷书专业委员会工作会议暨备战第三届中国书法兰亭奖作品观摹会在洛阳召开。省书协副主席王鸣、云平，中国书协鉴定评估委员会副主任、省书协顾问陈春思等出席会议。

14．6月4日，河南书法理论研讨会暨第八届全国书学讨论会河南重点作者看稿会在平顶山召开。

15．6月27日，河南省书协在郑州林河大酒店召开第三届中国书法兰亭奖河南重点作者动员会。河南省文联主席马国强，省文联副主席、省书协主席宋华平，省书协副主席李强、胡秋萍、王荣生、赵振乾、许雄志、王鸣、张高山、谢安钧、司马武当等出席。

16．7月25日，河南省书协刻字专业委员会第二次工作会议在登封召开。河南省书协副主席刘安成等出席。

17．7月26日，河南省书协隶书专业委员会第二次工作会议暨备战第三届中国书法兰亭奖作品观摹会在洛阳小浪底召开。省书协副主席张高山、米闹等出席。

18．7月28日，由中国书协主办，河南省总工会、河南省书协承办的全国第八届书学讨论会论文评审工作在郑州市举行。中国书协副主席、学术委员会主任朱关田等参加评审工作，河南省总工会党组书记桑金科，河南省文联副主席、省书协主席宋华平到会祝贺。

19．8月7日，河南省书协在省文联大厦举办中原兰亭星座书法作品展暨河南篆刻提名展。河南省文联副主席、省书协主席宋华平，福建省书协副主席李木教，河南省书协副主席李强、胡秋萍、王荣生、许雄志、张高山、米闹、张剑锋、云平等出席，160余位各地书家参加开幕式。

20．8月21日，由河南省书协、焦作市人民政府主办的“中国百名书法名家咏焦作”书法精品展在焦作市会展中心举办。河南省人大常委会副主任张程锋，中国书协副主席聂成文，河南省文联副主席、河南省书协主席宋华平等出席开幕式。

21．8月30日，由河南省书协主办的“卫华杯”中国书协理事精品展在郑州举办。河南省政协主席王全书，省人大常委会副主任张程锋，省政协副主席王训智，河南省文联党组书记吴长忠，省文联副主席、省书协主席宋华平等出席开幕式。

22．9月21日，由《中国书法》、河南省书协、郑州市建设委员会、郑州市文联、《书法导报》主办的“建文杯”全国书法大展在郑州市建委大厦举行。有关领导丁世显、岳修武、党普选、宋华平、王荣生、李强等出席。展览收到应征作品3000余件，评出获奖作品354件。

23．10月16日，由中国书协主办，河南省总工会、河南省文联、河南省书协承办的全国第八届书学讨论会在郑州召开。

24．10月23日，“中国书法名园——中国翰园碑林”命名授牌仪式在开封举行。

25．10月24日，“中国书法之乡——固始”命名授牌仪式在固始县根亲博物馆举行。

26．10月26日，“中国书法之乡——内乡”命名授牌仪式在内乡县举行。

27．10月27日，“中国书法之乡——新安”命名授牌仪式在新安县举行。

28．12月27日，第三届中国书法兰亭奖颁奖典礼和文艺晚会在平顶山新城区会议中心举行。第三届中国书法兰亭奖由中国文联、中国书协主办，河南省委宣传部、河南省文联、平顶山市委、平顶山市政府联合主办，河南省书协、平顶山市委宣传部、平顶山市文联承办。

湖北省书法家协会工作大事记

1．1月3日，湖北省第六届书法篆刻作品展览于地处武昌的湖北美术学院美术馆开幕。湖北省书协驻会副主席张明明主持开幕式，省书协主席梁清章致辞，省文联副主席朱莎莉在开幕式上讲话。展览展出了457件书法篆刻作品。

2．1月3日，湖北省书协在武昌六合明珠大酒店举行了“湖北省书法家协会2009年新春联谊会”。联谊会由省书协主席梁清章主持，省书协驻会副主席张明明向到会的领导和来宾介绍了湖北省书法家协会2008年的主要工作和2009年工作计划。

3．1月9日，湖北省文联、省书协组织书法家随省直“文化、卫生、科技三下乡”集中示范活动的队伍，来到洪湖市戴家场镇，为老区人民义务写春联。省文联副主席朱莎莉带队，省书协副主席张明明、饶兴成，以及葛昌永、吴长庆和洪湖市书协主席团成员及部分书家参加了活动。

4．1月12日，湖北省书协驻会干部召开工作会议，驻会副主席张明明安排2009年工作。

5．1月16日，湖北省书协、湖北省书协青年书法家联谊会组织书法家前往黄陂区滠口街道办事处，与黄陂及滠口当地的省书协会员一起，在滠口大街上开展向居民义务写春联活动。

6．1月18日，湖北省七届人大常委会副主任、湖北省书协名誉主席、离休干部王利滨同志因突发病抢救无效，在武昌逝世，享年79岁。

7．2月7日．26至27日，湖北省文联八届三次全委会在武汉召开。湖北省书协主席梁清章、副主席张明明、饶兴成、黄德琳参加会议。

8．4月14日，湖北省文联、省书协、《书法报》社联合主办的“荆楚墨象——湖北省书法篆刻作品展览”工作启动。

9．4月29日，湖北省书协举行第四届主席团第24次会议。会议在汉口湖北省通信行业协会会议室举行，省书协主席梁清章主持会议，省书协驻会副主席张明明、副主席金伯兴、饶兴成、涂廷多、黄德琳、刘欣耕、夏奇星、张天弓，秘书长葛昌永出席会议。

10．4月30日， 由湖北省文联、湖北省书协共同主办的“聚艺第一回——金伯兴师生展”在湖北美术学院展览馆开幕，并举行艺术交流座谈会。

11．5月7日，湖北省书协和省老年书画研究会联合举办全省老年书法创作培训班，来自全省的老年书法爱好者共113人参加培训。

12．5月29日，由湖北省文联，孝昌县委、县政府联合主办，湖北省书协、湖北省美协协办的“湖北省书画事业与产业协调发展研讨会”在孝昌青溪书画院举行。湖北省文联党组书记、常务副主席刘永泽，孝昌县委书记高楚元、孝感市文联主席、党组书记曾安忠在会上致辞，湖北省文联副主席朱莎莉、李宁分别讲话。孝昌县政协兼书协主席李传友介绍了孝昌县书画事业与产业的发展情况及规划，孝昌县副县长陈实、湖北省书协驻会副主席张明明分别主持了研讨活动。

13．6月8日，为迎接中国书协举办的全国第二届青年书法作品展览，湖北书协在武昌水果湖就业大厦举办了青年书家作品研讨班，洪厚甜，陈海良、陈新亚授课。湖北省文联党组书记、常务副主席刘永泽，省委宣传部文艺处处长罗丹青，湖北省书协副主席金伯兴、刘欣耕出席了开班式。

14．6月12日，湖北省书协举办的2009年新会员培训班在卫生厅外语培训基地举行。省书协主席梁清章，省书协驻会副主席张明明，省书协副主席金伯兴、饶兴成、黄德琳、夏奇星出席了开班仪式。

15．6月22日，湖北省文联在文联办公楼八楼会议室召开省书协第四届主席团第25次会议，专题研究“荆楚墨象——湖北书法作品展览”筹备工作。

16．7月10日，湖北省书协第四届主席团第26次会议在汉口湖北省通信行业协会会议室举行。省书协主席梁清章主持会议，省书协驻会副主席张明明、副主席金伯兴、饶兴成、涂廷多、黄德琳、刘欣耕、夏奇星，秘书长葛昌永出席会议。

17．7月16日，湖北省书协根据省委宣传部要求，组织书法家随省直文艺界、新闻宣传战线参观团，前往省奥林匹克体育中心参观。省书法家协会副主席金伯兴、 饶兴成、黄德琳，省书协省直分会副会长张家厚、张健，省书协秘书长葛昌永、副秘书长潘昌京、李现品等人参加活动。

18．9月18日，湖北省书协评审委员会在省卫生厅外语培训基地对“荆楚墨象——湖北省书法篆刻作品展”来稿进行评审。梁清章、徐本一、张明明、金伯兴、涂廷多、黄德琳、夏奇星等人参与评审。

19．12月2日，由湖北省委宣传部、湖北省文联、湖北省书协、《书法报》主办的“荆楚墨象——湖北书法篆刻展”在北京中国美术馆隆重开幕。全国政协副主席、中国文联主席孙家正，中国文联党组副书记、副主席覃志刚，中国书协主席张海，副主席邵秉仁，分党组副书记、副秘书长陈洪武，湖北省政协副主席陈春林，省书协主席团成员及全国各地观众近千人出席开幕式，湖北省文联党组书记、常务副主席刘永泽主持开幕式。当日下午，“荆楚书道”研讨会在中国美术馆7楼会议室举行。论坛在京邀请了知名书法家陈洪武、刘恒、蔡祥麟、李刚田、张培元、张铜彦、胡抗美等就“荆楚书道”的艺术流派、艺术风格、传承发展展开理论研讨。讨论会上，湖北省书协驻会副主席铸公介绍了湖北书法艺术的历史，湖北省文联党组成员、副主席朱莎莉主持了研讨会。

湖南省书法家协会工作大事记

1．1月18日，中国书协理事、湖南省书协驻会副主席陈羲明带领省会6名书法家会同衡阳市书法家协会8名书法家走进衡阳某农村和学校，送文化下乡，义务为当地人民群众和学校教职员工书写春联及书法作品800余幅。

2．2月15日，由湖南省书协主办，贵州省湾田煤业集团承办的刘广文隶书展在中国美术馆举行。中国书协主席张海题写了展标。中国书协顾问李铎，中国文联副主席、中国美协副主席刘大为，中国书协分党组书记、驻会副主席兼秘书长赵长青，中国作协副主席、湖南省文联名誉主席谭谈，中国书协副主席、北京书协主席林岫，中国书协分党组副书记、副秘书长陈洪武，湖南省人民政府驻京办主任贺德欣，湖南省文联副主席、湖南省书协主席何满宗，中国书协理事、《中国书法》杂志主编李刚田，湖南省娄底市人民政府副市长、湖南省书协副主席鄢福初，承办单位高级顾问李向群，著名书法家刘彦湖、曾翔、龙开胜、周剑初、吴萍等以及北京、湖南书法界人士200余人出席了开幕式。中国书协理事、北京书协副主席彭利铭主持开幕式。湖南美术出版社出版的《刘广文隶书》在展览开幕式上首发。

3．7月26日，湖南省企事业书法家协会第一次代表大会在长沙举行。省国资委副主任王宏当选为省企事业书协主席，张曙光等十人被选为副主席。

4．9月5日，中国书法名城（之乡）国庆巡礼书法展在湘潭举行。中国书协为湘潭市育才小学正式授牌为“兰亭小学”。

5．9月19日，千里湘江书法长廊艺术工程《国歌》书法碑廊落成暨湖南省书法家协会果园创作基地揭幕在长沙县果园村举行。

6．9月30日，第六届湖湘书法月开幕式及颂祖国•湖南十人书法作品展在湖南美术馆举行。

7．10月8日，三湘青年书法颂祖国活动在湖南美术馆举行。

8．10月17日，颂祖国•首届湖南省企事业书法艺术展在简牍博物馆举行。

9．10月25日，“湖湘书法日暨欧阳询纪念日”座谈会在长沙怡清源举行。

10．10月27日，由省文化厅、省文联、省书法家协会等单位联合举办的“书道湖湘——岳麓书院论坛”活动在千年学府岳麓书院举行。省书协副主席，娄底市副市长鄢福初做了题为“书道湖湘——浅说湖湘书法艺术的审美特质”的专题演讲，与会者给予高度评价。

11．10月29日，《湖南书法年鉴》2009卷在荷风堂艺术中心启动。

12．12月29日，湖南省文联、湖南省书协主办，特邀中国书协分党组书记、驻会副主席兼秘书长赵长青来湘讲学，主讲《关于当前书法艺术的思考》，湖南省文联副主席、省书协主席何满宗主持讲座，湖南各市州书协和省书协各专业委员会都派了书法家代表赶到省会长沙，共有600多余人聆听了讲座。

13．12月31日，中国书协理事、省书协驻会副主席陈羲明带队与省书协副主席刘晓斌、省书协副秘书长吴萍等5人会同常德市书法家3人进军营义务为部队官兵书写春联和作画，共创作作品百余件，受到官兵的一致赞许。省书协秘书长杨远征带队与省书协主席团成员崔国强等5名书法家会同湘潭市和韶山市的7名书法家走进革命圣地韶山，送文化进农村，义务为当地人民群众书写春联和作品200余件，此举受到大家一致好评。

广东省书法家协会工作大事记

1．1月17日，由广东省书协、东莞市文联、东莞市书协联合主办的“和谐春联送万家”活动在东莞市长安镇沙头社区举行。

2．2月5日，广东省书协召开主席团会议，研究布署09年工作，决定围绕新中国成立60周年的主题开展各式各样的书法展览和活动，讨论通过了2008年度批准入会的新会员名单。

3．2月5日，广东省书协在广州南园酒家举行一年一度的新春年会，对2008年在全国书法展事中取得优异成绩的作者、对书法工作有突出贡献的单位进行了表彰奖励。

4．4月，第八届鲁迅文艺奖评选工作全面启动；第三届广东省“南雅奖”书法篆刻展启动，正式进入征稿阶段；第四届广东省青少年书法大赛启动。

5．4月29日，广东省书协组织书法家前往韶关培练基地，慰问广州军区阅兵方队。

6．5月14日，广东省书协召开主席团会议，通报该阶段工作进展，并对下半年各项工作进行具体安排。

7．7月9日，广东省书协召开《广东历代书家研究丛书》编撰人员会议，通报丛书撰写进度，讨论解决编撰过程中遇到的问题。

8．9月3日，“庆祝中华人民共和国成立60周年——广东省书法大展”在广州文化公园开幕。

9．9月10日，广东省书协组织书法交流考察团，应邀前往日本、韩国进行友好交流。

10．9月13日，第四届广东省青少年书法大赛表彰会在广东省政协机关举行。

11．9月26日，第三届广东省新人新作书法展开幕。

12．9月27日，第三届广东省“南雅奖”书法篆刻展开幕。

13．11月5日，广东省书协召开五届二次理事会。

14．11月23日，中国书法家小榄创作培训基地在小榄镇挂牌。

15．12月23日，广东省星河展•第三回书法展暨第三届“南雅奖”书法篆刻展（广州展）开幕。

广西壮族自治区书法家协会工作大事记

1．1月6日，由中国书协、广西壮族自治区宣传部主办，广西文联、广西书协、邕江湾美术馆承办的“第六届中国书坛新人作品展”在南宁市邕江湾美术馆举行开幕式。

2．5月15日，在广西文联八楼会议室举办“八桂书风”晋京展展前培训班，各市县100余名作者参加了培训。

3．5月17日，广西第四届中青年书法篆刻作品展在南宁进行评审。共有115件作品入选，其中一等奖2人，二等奖4人，三等奖9人，获奖提名14人。

4．5月16日，在南宁召开了广西书协六届二次理事会。

5．6月20日，在南宁进行“八桂书风”优秀作品晋京展评审工作。共评出入展作品170件。

6．7月3日，广西书协第一所兰亭小学、巴马书法院揭牌仪式、广西书协首届巴马书法论坛在巴马瑶族自治县举行。这一系列活动，系巴马准备申请“中国书法之乡”称号的前期工作。

7．8月18日，“八桂书风”优秀作品晋京展在北京中国人民革命军事博物馆开幕。这次展览共展出300件作品，是广西书坛创作阶段性成果的大展示，是当今广西书坛优秀人才的大检阅，也是广西书法发展史上一个具有学术研究价值的重大展览。开幕当天上午，还举行了“八桂书风”研讨会及《八桂书风优秀作品晋京展作品集》发行仪式。

8．9月26日，“冲刺第三届中国书法兰亭奖”重点作者签约仪式在南宁市举行。广西文联主席潘琦，广西文联副主席赵如锋出席了签约仪式，广西各市、行业书协主席，全区60余名重点作者参加了这一签约仪式。

9．10月24日，在南宁进行了“广西江西青年书法联展”广西作品评审活动。

10．11月13日，中国书法进万家走进广西巴马暨中国书法之乡考察活动在广西巴马举行。中国书协分党组书记、驻会副主席兼秘书长赵长青，中国书协副主席、山东省书协主席张业法，广西文联党组副书记、副主席黄德昌，中国书协副秘书长白煦，中国书协理事、组联部主任张陆一，中国书协理事、研究部主任刘恒，中国书协理事、广西书协主席韦克义，中国书协理事、贵州省书协主席包俊宜等参加了活动，为巴马书写了100多幅书法作品。

11．12月3日，第四届广西中青年书法篆刻作品展在广西博物馆开幕。本届展览收到852件作品，共评出入展作品152件，其中一等奖2件、二等奖4件、三等奖9件、获奖提名14件。此外还有特邀作品33件、评委作品11件。

12．12月6日，广西•江西青年书法联展在江西省文联艺术展览中心展出。江西省文联主席刘华、广西壮族自治区文联副主席赵如锋、江西省书协主席祝新穗当天到场参观了本次展览。此次展览共展出两省青年书法名家作品100余件。

海南省书法家协会工作大事记

1．1月3日，“湖南省海南省妇女书法作品联展”在海口市开幕，此次活动由湖南省妇女书协和海南省妇女书协共同精心策划组织主办的，旨在加强两省女书家之间的文化和书艺交流。展览共展出两省妇女书法家90余幅作品，作品形式丰富，内容高雅，情趣各异，既有深厚的传统功力，又不乏多彩的时代气息。

2．1月6日，沈鹏、吴东民书画作品展在三亚市图书馆隆重开幕。这场高规格的书法艺术盛宴，为美丽的三亚增添了浓浓的文化艺术氛围。

3．1月10日，海南省书协在海口市召开四届五次理事扩大会议暨新春联谊会。中国书协副主席、省文联专职副主席、省书协主席吴东民，省书协主席团成员、理事会理事、国展入展（入选）和获奖作者、省文联处室领导共100余人参加会议。

吴东民在会上致新年贺词，张文瑞向大会作2008年工作总结和2009年工作计划汇报，总结回顾2008年工作，展望2009年工作计划。文昌市书协主席许达干，儋州市书协主席李龙驹分别代表各市、县书协作书法工作经验介绍。会上还对2008年度国展入展（入选）和获奖的我省23名书法作者进行了表彰和奖励，颁发奖金近三万元。会后，省书协举行了盛大的宴会和歌舞晚会。

4．1月18日，海南省书协组织省内10多名书家前往琼海市、文昌市等地开展送文化下乡、义务为群众挥春活动。中国书协副主席、省文联专职副主席、省书协主席吴东民，中国书协理事、省书协副主席詹冰莹，省书协副主席兼秘书长张文瑞，省书协副主席陈其吉、江寿男，省书协副秘书长陈洪，以及理事苏文殷等书家参加了此次活动。书家们的到来，受到当地政府的热情接待和群众的热烈欢迎。书家们与当地书法家一起为群众义务书写了近万副春联作品。

5．3月27日，海南省教育厅、省书协共同组织了调研组，分三组对全省各市县中小学校的《写字》课开展实施情况进行了翔实的调查，中国书协副主席吴东民带队参加了调研。

6．5月16日，海南省第二届十乡镇书法作品展在海南省书画院展览馆隆重举行。中国书协副主席、海南省文联专职副主席、省书协主席吴东民，海南省文联副主席林渔安，海南省文联秘书长陈茂叶以书画界300余人参加了开幕式。

7．5月22日，为庆祝中华人民共和国成立60周年，纪念毛泽东同志《在延安文艺座谈会上的讲话》发表67周年，海南省组织书画艺术家一行40余人，在中国书协副主席、海南省文联专职副主席吴东民带领下，深入海口、洋浦开发区等地，开展为期3天的集中采风活动。此次采风活动主题围绕庆祝新中国60华诞，深入开展群众性爱国主义教育活动的精神，开展系列文化活动。来自海南省各地的知名书画艺术家代表共40余人，前往大致坡镇海口市未成年法制教育中心开展赠书送欢乐等关爱青少年成长的系列爱心活动。5月23日按照采风的行程，采风团来到海军某舰艇基地。蒙蒙细雨中，官兵们穿着整齐的礼服列队欢迎艺术家们的到来。书画家们在官兵们的热情感染下，创作近50幅作品。

8．6月12日，海南省书协在风景秀丽的琼海官塘召开创作研讨观摩会。海南省书协理事、部分市县书协负责人及创作骨干40余人参加会议。

9．6月18日，万宁市“书法校园”授牌仪式在后安中学举行。中国书协副主席、省文联专职副主席吴东民、万宁市政协主席吴淑香、省书协副主席兼秘书长张文瑞、省书协副主席江寿男、陈其吉，省书画院副院长陈洪以及后安中学领导、师生两千余人参加了授牌仪式。

10．9月5日，由海南省书协、海南青年书协主办的

“海南省第三届青年书法作品展”在海口成功地展出。

展览得到全省书坛及社会各界的广泛关注和响应，共收到500余名作者的700多件作品。共评选出获奖作品18件，入展作品110件，入展提名36件。

11．9月12日，由海南省文联主办，海南省书协、美协、书画院承办的“海南省建国创业老同志书画作品展”在海南省书画院举办，20名书画作品获奖的老同志到现场进行领奖。

本次展出的书画作品132幅，是从海南省各地的老同志创作的470多件作品中精选出来的艺术佳作，入选作品的老同志中，年龄最大的89岁，最年轻的也在56岁左右。本届书法作品展还展出了海南书法名家陈成、吴东民等人的特邀作品，入展作品已结集出版。

12．9月19日，由海南省委宣传部、中国民建海南省委、海南大学和海南省书法家协会联合举办的“王俊岩诗词书法作品展”在海南书画院开幕，共展出170件书法作品。作品书体包括行草楷隶篆，形式多样，且在内容上大多诗词作品均为作者原创，体现出了作者较强的诗词和书法功底。

13．9月29日，海南省知名书画家一行10人，来到省边防海警一支队共同举行现场挥毫笔会活动。

14．11月12日，杨毅书画新作展在海南省博物馆隆重开幕。共展出书画家杨毅2007至2009年间创作的100多幅作品，涵括了海南田园风光、热带鸟虫植被、历代诗家名篇书法、诗歌以及篆刻等。本次书画展由海南省委宣传部、海口市委宣传部、省文联、海口市文联、省博物馆、中央数字电视书画频道、省书协、省美协、海口市书协、海口市美协共同主办。

15．11月14日，由海南省美协、省书协主办，文昌市文联协办的“欧卫珍书画作品展”在省书画院开展。共展出了欧卫珍的国画及书法作品70余幅

16．12月8日，文物出版社、《中国书法》杂志社、海南省文联在北京唐拉雅秀酒店共同主办了“詹氏三代书法作品研讨会”。来自北京书法界、出版界名流苏士澍、张飙、林岫、吴东民、陈洪武、王玉池、谷溪、张有清、张虎、李树声、刘恒、蔡祥麟、李刚田、高庆春、王荣生、王永茂、乔仁和、梁永琳、彭利铭、陈养群、严学章、兰干武、赵磊、李穆、张玮等有关人士参加了研讨并分别作了发言。

四川省书法家协会工作大事记

1．1月5日，四川省书协主席何应辉带队组织全省近20位书法创作骨干，在绵阳市书法家协会的配合下，走进地震灾区安县桑枣中学，为学校创作了近80件书法精品。

2．1月9日，四川省书协组织近40位书法家来到绵阳市安县参加了“四川省科技、卫生、文化赶场”大型惠民活动，为地震灾区的广大老百姓书写春联，他们将写好的近千副春联带到现场，又在现场书写近2000副。

3．1月10日，四川省书协在省美术馆成功举办“四川省第六届新人新作书法篆刻作品展”，全省近2000名书法爱好者及群众参观了展览。四川省委宣传部副部长朱丹枫，省文联党组书记、常务副主席黄启国等领导出席了开幕式并给获奖作者颁奖。

4．3月14日，四川省书协在成都召开2009年度工作会议。

5．3月18日，四川省书协与成都市书协一起在成都召开了成都地区重点创作骨干作者调研座谈会，听取了成都作者对如何有效推进全省书法艺术繁荣发展的意见和建议，与作者共同分析讨论四川省书法创作的优势和存在的问题。

6．4月24日，由中国书协、四川省委宣传部、省文联主办，四川省书协和绵竹市承办的“5•12汶川大地震一周年中国书法名家走进地震灾区暨绵竹市‘兰

亭小学’奠基仪式”隆重举行。中国书协将全体理事义捐作品拍卖所得的100万元款项捐赠给了绵竹大西街小学支持其重建，并将其命名为“兰亭小学”。中国书协分党组书记、驻会副主席兼秘书长赵长青率领全国各地近40位著名书法家走进绵竹为“兰亭小学”动工奠基并举行了现场笔会，为新建的“兰亭小学”书写并赠送书法作品100余件。中国书协副主席何应辉、申万胜、吴善璋、邵秉仁参加了这次活动。

7．6月13日，四川省书协在新都宝光寺成立了“四川省书法家协会书法培训中心”并举行了挂牌仪式。同时开办了为期三天的全省第十二期临帖培训班，全省150名作者参加了培训。

8．8月2日，四川省书协副主席郭强等代表四川书协出席了在韩国青州举办的2009年韩、中、日国际书法展开幕式，并进行了友好交流访问。四川省20位作者携作品参加展出。

贵州省书法家协会工作大事记

1．1月9日，贵州省书协2009年新春联谊会在贵阳隆重召开，来自全省各地的书法家代表100多人参加了会议。会议由省书协常务副主席兼秘书长陈加林主持，会上陈加林总结汇报了2008年贵州省书协的工作，对2009年的工作进行了安排部署，并对2008年贵州省书法组织、书法教育、书法创作中的先进集体和个人进行了表彰，颁发了奖牌、证书。表彰完后举行了2009年新春联谊会，书法界新老朋友欢聚一堂，一起观看了丰富多彩的文艺节目。

2．1月18日，贵州省书协与贵州省文联组联部组织开展送文化下乡活动，组织书法家来到安顺市天龙镇义务给群众书写春联。

3．1月21日，由贵州省书协主办，贵阳市书协承办的贵州省第三届楹联书法大展开幕暨颁奖仪式在贵阳美术馆举行。本次展览开幕式由贵州省书法家协会副主席周运真主持，主席包俊宜致开幕词。贵州省文化厅副厅长邓健、老书家蓝永堂，省书协主席团成员杨昌刚、陈弘等出席了开幕式。展览从800余件作品里经过初评、终评选出作品133件参展，其中20件等级作品。

4．2月15日，贵州省书协主席团在文联会议室举行主席团会议，会议审批通过2008年贵州省书协新会员58名。

5．3月，贵州书协组织征集稿件参加第25届中日青少年书法作品交流展，贵州省5人入展。

6．4月1日，由贵州省书协与中共印江自治县委、印江自治县人民政府联合主办“2008中国梵净山全国书法大赛”，在襟山面水的铜仁举行开展仪式。省文联党组成员、省文联副主席汪信山，原省书协驻会副主席杨霜，省书协驻会副主席、秘书长陈加林出席了开幕式。

7．5月27日，由贵州省书协与中共印江自治县委、印江自治县人民政府联合主办“2008中国梵净山全国书法大赛”，并在贵阳美术馆举行巡展开幕仪式。

8．6月15日，贵州省书协组稿参与贵州省政协举办的庆祝中华人民共和国成立60周年暨人民政协成立60周年书画展。

9．7月，贵州省书协与民政厅合作组稿参与全国“双拥展”。

10．9月27日，由贵州省文化厅、遵义市人民政府、贵州省书协主办，遵义市文联和市书法家协会承办的贵州省第三届“茫父杯”书法双年展颁奖暨开展仪式在名城遵义隆重举行。遵义市政府副秘书长杨升平主持了开幕式。省文化厅副厅长邓健，中国书协理事、贵州省书协主席包俊宜，省书法家协会副主席周运真，中共遵义市委常委、宣传部长张明辉，市人大常委会副主任吴霞，市人民政府市长助理梁冰，市政协副主席谭剑锋，市委宣传部副部长胡凤海，市文联党组书记杨进修、主席李发模、副主席刘中国等领导和嘉宾出席了颁奖暨开展仪式，来自全省的获奖作者、书家及书法爱好者500余人参加了开幕式。

11．9月19日，由贵州省书协、毕节地区文联主办，地区书协、地区乌蒙书画院承办的“金海杯”贵州省第四届行草书大赛在毕节乌蒙书画院成功举办。省委常委、常务副省长王小东，成都军区空军副司令员林杰在毕节地委书记秦如培、行署专员张吉勇和省文联纪检组长李远刚、省书协主席包俊宜、副主席陈加林等领导的陪同下，参观了展览。

12．由中共黔南州委、黔南州人民政府、贵州省文联、贵州省书协主办，黔南州交通局、黔南州文联、黔南州民宗局、黔南州书协等承办的“交通杯”全国书法篆刻展览于9月20日开幕。

13．10月，贵州省书协参与第四届贵州省文艺奖评奖评选工作。

14．11月8日，由中国书协主办、贵州省书协承办的“中国书法进万家——走进贵州毕节”活动举行。

15．11月18日，在热烈庆祝中华人民共和国成立60周年，贵州解放60周年的欢乐气氛中，由贵州省文明办、贵州省文联主办，贵州省书协承办的公民道德建设工程——“满意在贵州”主题活动全省书画展开展仪式在贵阳美术馆举行。

16．12月，编辑出版《贵州书艺》。

云南省书法家协会工作大事记

1．2月12日，为认真落实“中国书法进万家” 行动计划，配合云南省文联关于“送欢乐、下基层、促和谐、树新风”文化下乡开展节日慰问活动，云南省书协在秘书长朱兴贤的带领下，组织我省书法家张斌、尹宝元、叶城铭、潘应照、成联方一行6人远赴禄劝县转龙镇为群众义务书写春联400余副。

2．2月20日，为总结2008年度工作经验，做好2009年度工作安排，云南省书协主席团组织全体理事一行40余人赴楚雄州姚安县召开“云南省书法家协会第四届二次理事会”，对2008年度云南省在全国重大书法展览、中国书法进万家活动中获得优异成绩的单位和个人进行表彰，聘任了省书协发展、艺术、篆刻、刻字、教育委员会委员，并明确具体工作职责。在此期间与会人员还参观了姚安光禄古镇、龙华寺等名胜古迹。

3．4月17日，由云南省文联、云南省书协与韩国海东研书会联合举办的“ 2009•中韩书法交流展暨作品集首发式”在韩国清州艺术殿堂隆重举行。在省书协郭伟主席的率领下代表团一行17人赴韩国出席了开幕式。此次中韩书法交流展，是双方继2008年5月在云南省昆明市博物馆首次展出后的又一次精彩亮相，汇集了中韩两地优秀书法力作200余件。韩国清州电视台、《忠清今日》还对整个交流展览活动进行了系列报道。

4．5月16日，为迎战全国第二届青年书法展、楹联展等重大书法展览，云南省书协郭伟、陈鸿翎、朱兴贤赴曲靖市举办“迎国展”看稿会，对曲靖市、县具有创作实力的30余名书法骨干进行了深入细致的指导性创作。

5．6月，为庆祝新中国成立60周年，讴歌改革开放30年来所取得的伟大成就，推动我国残疾人事业的发展，在国家民政部、国家广电总局、中国文联、中国书协、中国美协、中国残疾人福利基金会联合举办的“全国残疾人书法、美术大赛暨当代著名书画家作品邀请展”之际，云南省书协组织全省20件优秀书法作品参展。

6．7月，为支援楚雄州姚安“7・9”地震灾区，云南省书协在郭伟主席的倡导下，征集省书协主席团成员及部分中国书协会员优秀书法作品100余件，通过书法义卖捐助活动，筹集善款20万元，与中国书协捐赠的30万元共同兴建“雅逸・兰亭希望小学”。

7．8月24日，云南省文联庆祝新中国成立60周年精品成就展在云南省科技馆隆重举行，云南省书协作为书法、美术、摄影精品展的承办单位之一参与了整个展览活动，征集了奖杯、奖牌及出版物40余件，书法佳作66件。为增添展览活动气氛，协会还先后组织云南省在昆明的优秀书法家14人进行现场挥毫，深受好评。

8．8月份，云南省书协与云南省公安厅联合在云南省博物馆举办“庆祝新中国成立60周年公安系统书法、美术、摄影作品展”，展出书法作品100余件。

9．9月21日，云南省书协副主席孙源、王献生，副秘书长孔维俊、张斌在昆明接待了韩国碑林协会访问团一行20余人，双方就进行文化交流达成了初步共识。

10．9月28日，为普及书法教育，由云南省文联主办，云南省书协、云南省现代诗书画院承办，云南美术馆、昆明金殿名胜区协办的“庆祝新中国成立60周年，从小写好中国字，长大做好中国人——云南省首届青少年书法大赛作品展”在云南美术馆隆重举行。此展汇集了云南省青少年及幼儿优秀书法作品 515件。

11．10月，为打造云南书法名家队伍，提升云南书法名家的社会知名度和市场影响力，为广大书法家和书法爱好者提供一个相互学习、相互借鉴、增进交流的平台，云南省书协积极筹措，通过广泛征求和深入考量的基础上，编辑出版了《水墨云岭——云南当代书法名家精萃》作品集，共收录云南当代书法名家作品500余件，入编作者47人。

12．12月份，为检阅云南省广大书法家和书法爱好者学习传统碑帖、感悟书法经典及探寻书法创作本源的能力，提高全省书法创作的综合实力，通过省书协广泛的宣传、积极的征稿和评审，“感悟经典——云南省首届临书展暨《作品集》首发式”在云南省博物馆隆重开幕。

13．12月24日，由云南省书法家协会筹集社会资金100万元，与中国书法家协会联合举办“雅逸——中国当代书法名家邀请展”在云南省博物馆隆重开幕。

14．12月28日,由云南省文联、云南省书协共同主办的“纪念改革开放30周年——云南省首届书法提名展”在云南省博物馆隆重举行。此展经全省各州市书协推荐和面向社会广泛征稿，由省书协专家组成的评委会进行初评、复评，评选出入围作者57名。经过综合评比，最终审定提名作者25人。展出作品显示出云南省书法艺术的最新创作成果，代表了当前云南书法创作的最好水平。

西藏自治区书法家协会工作大事记

1．6月18日，由西藏自治区党委宣传部、自治区文联主办，西藏自治区美协、西藏自治区书协和西藏自治区摄影家协会承办的“西藏民主改革50周年美术、书法、摄影展”在西藏博物馆隆重开幕。西藏自治区党委常委、纪检委书记金书波，自治区人大常委会副主任阿登，自治区政府副主席甲热•洛桑丹增，自治区政协副主席白玛朗杰等领导出席开幕式。本次展览由西藏自治区书法家协会组织评选出50件藏文书法作品和50件汉文书法作品参展。一个星期的时间里，吸引了来自各条战线的干部职工、部队武警官兵、学生、僧人和广大群众参观了展览。

2．8月2日，由西藏自治区书协主办的“刘成俊书法作品展”在西藏博物馆开展，此次展出的120余幅作品中许多作品内容都是他个人的诗词。

3．8月14日，由中国书协和西藏自治区文联主办的“中国书法家协会第五届理事精品展”在西藏博物馆隆重开幕，中国书协分党组书记、驻会副主席兼秘书长赵长青，分党组成员、副秘书长戴志祺，西藏自治区党委常委、宣传部部长崔玉英，自治区党委常委、纪检委书记金书波，自治区副主席甲热•洛桑丹增，自治区政协副主席刘庆慧，西藏军区副政委杨双举等领导参加了开幕式。

4．8月26日，由西藏自治区美协、西藏自治区书协和西藏自治区摄影家协会承办的“第八届珠峰文化旅游节美术、书法、摄影展”在日喀则隆重开幕。此次展出了30多幅藏汉文书法作品。

5．9月12日，由西藏自治区书协主办的“魏富绪书法篆刻艺术展”在西藏博物馆开幕。本次展出的80余幅作品，也是作者身为中华赤子献给祖国60华诞的礼物。

6．10月13日，为配合林芝地区第五届雅鲁藏布大峡谷文化旅游节的开幕，西藏自治区书协组织了近30多幅藏汉文书法作品在旅游节期间举行的美术、书法、摄影展中展出。

陕西省书法家协会工作大事记

1．3月28日，陕西省书协在书院门关中书苑召开权益保障委员会工作会议暨书画经营者联谊会议，与会代表就如何规范书画市场、保障作者、消费者权益进行了广泛而深入的讨论，最后形成《陕西省书法家协会权益保障委员会暂行条例》。

2．4月11日，陕西省书协举办了纪念于右任先生诞辰130周年系列活动。今年4月11日是辛亥革命先驱、著名爱国诗人、书法大师于右任先生诞辰130周年纪念日，由陕西省书协主办、省于右任书法学会和三原县政府协办的系列纪念活动同时在西安和于右任故里三原县举行。系列活动包括三大内容：在省美术博物馆举办于右任书法真迹展暨国际书画邀请展；在西安交大举办于右任书法国际研讨会；在三原县举办纪念大会。系列活动的圆满举行，不仅彰显了于右任的爱国思想，同时使书法同仁受到了大师书法艺术的熏陶。

3．4月12日，中国书协分党组书记、驻会副主席兼秘书长赵长青出席为三原县中国书法之乡的挂牌仪式。

4．4月26日，陕西省书协主办了中韩书法交流展，双方共展作品120余幅，作品集同时推出。

5．5月18日，经过精心策划和积极筹备，陕西、甘肃书法交流展首展在省美术博物馆展出，开幕式后举行了书法研讨会。

6．5月30日，陕西省书协篆刻委员会在西安东方大酒店召开座谈会纪念终南印社成立30周年。会上大家纷纷发言，篆刻同仁共叙印社30年来的巨大变化和陕西省篆刻事业所取得的成就。

7．8月24日，陕西省书协主办的陕西省第四届篆刻艺术展览暨终南印社成立30周年纪念展在省美术博物馆开幕。此次展览展出篆刻印屏200余件及篆刻家的书画作品70余件，评出一等奖3名、二等奖5名、三等奖10名，对获奖作者给予了奖励，书法和篆刻作品集同时出版。

8．8月28日，雷珍民主席一行17人携书法精品赴韩进行交流。展览在韩国首尔艺术馆举行。访问期间双方书家进行了现场笔会。

9．8月28日，陕西省书协主办的庆祝新中国成立60周年陕西省书法篆刻作品展首先在省美术博物馆拉开帷幕。此次展览共展出作品200余件，其中选出60件精品参加了由省委宣传部、省文联举办的国庆60周年纪念展。

10．10月12日，慈善杯书法新人海选活动圆满落幕。此活动从今年5月拉开帷幕，由下而上，经过层层筛选，推出100名选手，于10月12日在革命公园举行现场决赛，由评委和现场观众打分最后确定35名获奖作者，这35名作者直接具备省书协会员资格。

11．10月15日，首次举办了妇女儿童大学生书法展。今年年初省书协成立了妇女儿童大学生专业委员会。专业委员会在李艳秋副主席带领下，积极工作，在学校基层开展多种形式的书法活动。

12．11月27日，陕西省书协成立了关中书法工作委员会。为了进一步整合书法资源，发挥地域书法发展潜力，经省书协主席团研究决定成立关中书法工作委员会。关中书法工作委员会由路毓贤副主席兼主任。

13．12月5日，兰亭小学落户延安。中国书协分党组书记、驻会副主席兼秘书长赵长青为兰亭小学挂牌。

14、12月8日，陕西省书协组织广大书法家积极救助书法家尹玉荣，创作书法作品300余幅，筹得善款30万元。

甘肃省书法家协会工作大事记

1．5月18日，甘肃省书协与陕西省书协共同主办的“陕西•甘肃书法交流”展在陕西省美术博物馆隆重举行。

2．5月30日，甘肃省书协、甘肃省少儿书法学会在甘肃省艺术馆举办第四届青少年儿童书法展，甘肃省文联党组书记、副主席马少青，甘肃省文联党组成员、副主席张永基，甘肃省政协科教文卫体委员会副主任、甘肃省书协主席张改琴，甘肃省书协常务副主席翟万益、甘肃省书协专职副主席兼秘书长林涛，甘肃省书协副主席秦理斌、王大钧、林经文、郝国良、安继越，甘肃省画院院长马国俊，兰州大学党委副书记李恒滨等领导出席开幕式，甘肃省少儿书法学会主席团成员、省内外书法家、各大新闻媒体记者、书法爱好者200余人出席开幕式并参观展览。

3．6月18日，甘肃省书协与陕西省书协共同主办的“甘肃•陕西书法交流展”在甘肃省艺术馆隆重举行。甘肃省内外书法家、各地文艺家代表、各大新闻媒体记者、书法爱好者200余人出席开幕式并参观了展览。

4．6月，甘肃省书协举办了甘肃省第六期书法创作提高班。本期培训班进一步扩大了规模，在嘉峪关设立了教学点，充分展示了书法创作提高班强大的活力和吸引力。这次培训既对普及书法艺术、提高创作水平、发现培养人才起到了重要作用，也为广大书法爱好者创造了一个学习研究的机会，搭建了一个交流切磋的平台。

5．6月23日，甘肃省书协在甘肃省艺术馆还举办了“甘肃省第五期书法创作提高班学员作品展”，同时编辑出版了《作品集》，集中向全社会展现了培训班在教学上取得的优异成绩。

6．9月28日，“庆祝新中国成立60周年——甘肃省第三届‘张芝奖’书法展”在甘肃省艺术馆隆重开幕，甘肃省文联党组成员、副主席张永基出席开幕式并致辞，甘肃省政协科教文卫体委员会副主任、省书协主席张改琴主持开幕式，甘肃省政协副主席张世珍及省有关领导及省书协主席团成员、省内外书法家、各大新闻媒体记者、书法爱好者200余人出席开幕式并参观展览。

7．9月28日，2008年度甘肃省书法奖励基金颁奖大会在兰州举行。甘肃省政协副主席张世珍，甘肃省文联党组成员、副主席张永基，甘肃省政协科教文卫体委员会副主任、省书协主席张改琴，甘肃省书协常务副主席翟万益，专职副主席兼秘书长林涛，副主席秦理斌、王大钧、林经文、郝国良、安继越、陈扶军等领导出席活动，为在2008年度各项国展中获奖、入展，为我省书法界争得荣誉的书法作者们颁发奖金。共奖励作者52人，颁发奖金42500元。

8．10月13日，由甘肃省文联党组成员、副主席张永基带队，甘肃省书协专职副主席兼秘书长林涛、甘肃省书协副主席秦理斌、王大钧、林经文、郝国良、安继越、陈扶军前往景泰县参加了甘肃省景泰川电力提灌工程管理局书画展，共为当地群众书写书法作品共80余幅。

9．针对甘肃书坛在学术理论研究方面相对落后的现状，为了加强理论研究的力度，给广大会员和书法爱好者搭建一个理论研讨的平台，提供一个展示才艺的舞台，形成良好的学术研究氛围，省书协全年出版发行了四期《甘肃书法》。

10．甘肃省书协常务副主席翟万益个人全额出资，与《书法导报》合作，开设52期“陇军书阵”专版，每期推出一个甘肃书家，极大地调动了甘肃广大书法家的积极性。

宁夏回族自治区书法家协会工作大事记

1．1月19日，宁夏文联、宁夏书协联合举办“中国书法进万家”暨宁夏文联送文化下基层——走进丰友化工大型活动。艺术家用歌舞和书法作品向工人师傅表示了慰问，奉献了自己的爱心，增强了友谊，促进企业精神文明建设。吴善璋、郭守中、郭佳荣、李洪义、丁波等15名书法家参加了活动。

2．1月22日，宁夏书协组织书法家赴神宁集团金能公司为一线矿工书写春联，受到广大矿工的热烈欢迎。

3．3月7日，为了推动宁夏书法的持续发展，更好的培养新人、挖掘新人，2009年被宁夏书协主席团确定为“宁夏书法临摹年”。为此，宁夏书法家协会组织举办了 “草书临摹沙龙”、 “行书临摹沙龙”、 “隶书临摹沙龙”系列活动，由近年来在全国各展赛中取得好成绩的中青年书法家和外聘专家担任主讲，利用投影仪等设备对会员开展培训工作。

4．4月20日，为坚持“贴近实际、贴近生活、贴近群众”的原则，宁夏自治区文联组织书协、美协、影协的艺术家来到银川市中级人民法院，参与“法院开放日”活动，艺术家们用作品向法律工作者表达了自己的敬意。书法家郑歌平、郭佳荣、宋琰参与了活动。

5．5月3日，为备战全国第六届楹联书法展览和全国第二届青年书法展，宁夏书协举办了学习点评会。100多名宁夏书协会员和书法爱好者放弃“五•一”假期，参加此次学习班。宁夏书协主席吴善璋为与会人员点评了作品。

6．5月9日，宁夏自治区文联组织书法家参与由宁夏慈善总会等五家单位共同主办的“携手慈善、共创和谐”2009宁夏慈善晚宴，会上，宁夏书协向本次活动捐赠作品12件，奉献爱心，支持慈善活动，书法家刘正谦、吴善璋、郑歌平、柴建方、马学智、郭守中、郭佳荣、李洪义、丁波、朱建设等参加了活动。

7．6月25日，为庆祝新中国成立60周年和宁夏解放60周年，由自治区学习实践科学发展观活动领导小组办公室、自治区党委宣传部、区直机关工委和自治区文联主办，宁夏书协承办的全区学习实践科学发展观活动书法展在宁夏展览馆开幕。此次展览共收到书法作品近千件，经评审选出入展作品256件。《宁夏日报》、宁夏广电总台公共频道、宁夏卫视、《新消息报》、宁夏广播电视台等新闻媒体以专版、专题等形式都进行了报道。

8．7月4日，为迎接即将到来的全国第二届西部书法篆刻展览，提高会员书法创作水平，提升整体创作实力，宁夏书协举办了备战西部展作品点评会。

9．7月30日，为庆祝中国人民解放军八一建军节，自治区文联副主席冯明带领自治区文联各文艺家协会的艺术家们到贺兰山下的驻宁某部慰问，共同庆祝八一建军节，书协组织书法家创作作品赠送给人民子弟兵。

10．8月17日，由中国书协、中国教育学会、自治区党委宣传部等单位主办，吴忠市政府、自治区文联、宁夏自治区书法家协会承办的“盾安杯”第三届中国（吴忠）中小学生书法节在中国回族之乡宁夏吴忠市开幕，来自全国30余个省、区、市的479件中小学生和教师的书法作品参展。本届书法节活动的主题是“从小写好中国字，长大做好中国人”，旨在彰显博大精深的书法艺术，增进全国中小学生书法艺术交流。在书法节活动期间，组委会安排了第三届中国（吴忠）中小学生书法节作品展览、书法教育研讨会、书法名家专题讲座、书法名家点评获奖学生作品、参观全国第一所兰亭小学等活动。

本届书法节在三个月的征稿时间内共收到全国各地的中小学生和教师的书法作品10123件，参展的479

件作品包括290件学生作品和189件教师作品，经书法节评委会评选的50件学生优秀作品、50件学生优秀提名作品、190件学生入展作品；52件教师优秀作品、138件教师入展作品。因连续成功举办三届中小学生书法节，吴忠市被中国书协、中国教育学会命名为“全国中小学生书法节首创地”。

11．为了在兰亭奖各奖项中有所突破，宁夏回族自治区书协认真组织、广泛发动，全区广大中国书协会员和书法家认真对待、积极创作，经过4个月的准备，书协举办了一次经典作品分析会和3次创作作品点评会，并组织专家深入各市、县进行创作辅导。

青海省书法家协会工作大事记

1．1月6日，青海省书协主办的“青海省第二届书法理论研讨会”在西宁开幕。百余名书法家参加了理论研讨活动，孟世强等在会上作了重点发言。青海省委宣传部周贤安副部长、文艺处陶林处长参加了研讨活动。

2．4月29日，青海省美协、省书协联合主办了“王云、李万西、朱拙、段光明书画联展”。

3．5月，编辑出版《青海省第二届书法理论研讨会论文集》。

4．7月15日，青海省书协常务副主席王庆元、副主席蔡永峨、秘书长郭强在门源县参加省文联组织的基层文联工作会议期间，与门源县书协部分创作骨干进行了创作交流并向活动承办方赠送了30余幅书法作品。

5．7月22日，青海省美协、省书协协办的“全国回族书画精品展”在青海省博物馆开幕。

6．8月20日，由青海省文联主办，青海省美协、青海省书协承办的“和谐海西第二届义海杯全国美术、书法大赛在西宁开幕，省书法、美术界人士600余人参加开幕式，参观展览人员达到6000余人次。

7．9月，完成庆祝中华人民共和国暨青海解放60周年美术、书法、摄影展作品集——《大美青海》书法卷的编辑出版工作。

8、10月9日，青海省书协组织创作骨干进行作品点评交流，备战第三届中国书法兰亭奖。

9．12月10日，青海省书协驻会副主席陈治元、秘书长郭强、理事刘惠斌、会员马树声、杨秀昌、李万西等6位同志赴德令哈市义海能源有限公司大煤沟煤矿开展“中国书法进万家”活动，为一线煤矿工人书写了上百幅书法作品，受到煤矿工人的热烈欢迎。在大煤沟煤矿一天的活动时间里，参观了煤矿先进的采煤生产线控制室，深入到2000米以下的采煤生产一线体验劳动。

10．12月20日，由青海省美协、青海省书协主办，西宁市少年宫承办的“培鑫国际杯少儿美术书法展览”在市博物馆展出。

11．12月25日，青海省书协驻会副主席陈治元、秘书长郭强、理事刘惠斌、会员李万西等四位同志赴湟中县田家寨镇开展“中国书法进万家”活动，为农民群众书写书法作品60余幅。

12．12月26日，青海省书协主办的“走进经典——青海青年书法六人展”在青海省博物馆开幕，省委宣传部副部长周贤安、省文联主席樊光明、省文联副主席张民、省书协主席孟世强等领导同志及省垣书法界、美术界、出版界、新闻媒体等500余人参加开幕式并参观了展览。

新疆维吾尔自治区书法家协会工作大事记

1．1月9日，新疆书协组织书法家举行中国书法进万家活动。于小山、李志顺、郭际、李方、张沧、李涛、张汉新、田旭君、闫玉川、程配建等书法家前往乌鲁木齐市政市容管理局为环卫工人书写春联200余副。

2．1月13日，新疆书协组织25位书法家在文庙为乌鲁木齐市民义务写春联450副。

3．1月14日，新疆书协组织李志顺、李涛、闫玉川、刘怀彬、崔逢春书法家到乌鲁木齐市幸福路街道办事处北三巷社区写春联50余副，并将春联送到低保户、社区居民家中。

4．1月16日，新疆书协在乌鲁木齐鸿鑫酒店举办“新疆书法界迎春联谊会”。联谊会上新疆书协主席于小山致新年贺词，副主席郭际主持联谊会，主席团成员、名誉主席、艺术顾问用书法作品形式寄语新春，向全疆广大书法工作者、会员拜年。秘书长李志顺代表书协作2008年工作总结和2009年工作计划。联谊会上，新疆书协拿出25000元对2008年度在中国书协举办的各类书展中获奖、入展的作者进行奖励。自治区文联副主席夏木斯•胡玛尔，自治区文联党组成员、纪检组长刘太海，自治区党委宣传部文艺处处长牛远峰，自治区文联名誉主席哈孜•艾买提等领导、嘉宾和200余名书法家出席了联谊会。

5．2月18日，新疆书协召开四届十次主席团会议，会议研究“自治区第三届天山文艺奖”评奖推荐人员、书协四届二次理事会及其他事宜。会议讨论通过，聘任王全生同志为新疆书协第四届名誉主席。增补梁文源、杨晓刚、马忠民、艾尼瓦尔四位同志为新疆书协第四届理事。

6．3月4日，新疆书协在风景秀丽的南山召开新疆书协四届二次理事会。来自全疆各地州的27位理事和书协名誉主席、艺术顾问参加了会议。自治区文联党组成员、书记处书记、纪检组长刘太海到会讲话，书协主席于小山致开幕词。新疆书协秘书长李志顺受主席团委托，作协会三年来的工作报告。会议增补梁文源、杨晓刚、马忠民、艾尼瓦尔四位同志为新疆书协第四届理事。会议宣布主席团关于聘任王全生同志为新疆书协第四届名誉主席的决定。会上乌鲁木齐市书协、昌吉州书协、哈密市书协分别作了经验介绍。与会者对今后工作和五年规划进行了讨论。

7．4月8日，“一品堂”杯新疆第十三届临书临印展作品评选，此次展览共收来稿600余件，评出入展作品181件，其中民文作品33件，获奖作品9件（含民文2件）。闵荫南、李方、张沧、刘建新、李志顺参加了评审工作。

8．4月18日，“迎国展书法创作班”在新疆军转培训中心举办，中国书协书法培训中心主任刘文华、教授张继授课，来自全疆各地40余位作者参加了学习。

9．5月1日，“一品堂”杯新疆第十三届临书临印展在乌鲁木齐美术馆举办。社会各界人士、书法爱好者300余人参加展览开幕式。此次展览共展出作品181件（含民文书法33件），获奖作品9件。

10．5月19日，新疆书协开展中国书法进万家活动，组织32位书法家创作了60件作品赠送给为乌鲁木齐市环卫工作做出贡献的50位“环卫标兵”和“十佳城市美容师”。新疆书协于小山、郭际、李方、张沧、李志顺以及乌鲁木齐市政市容管理局局长赵双科参加了作品捐赠仪式。

11．6月7日，第三届中•韩国际书法交流展在乌鲁木齐市美术馆举行。来自韩方15位书法家和全疆各地300余名书法爱好者参加了展览开幕式。此次展览共展出作品134幅，其中新疆80幅，韩国大邱54幅。开幕式当天举行了作品集首发式。

12．6月9日，由中国印学博物馆主办，新疆书协协办的“西泠印社”社员作品展在自治区博物馆展出。于小山、李志顺、刘建新出席展览开幕式。

13．7月1日，新疆第三届篆刻艺术展在乌鲁木齐市人民公园朝阳阁展出。此次展览共有来自全疆各地51位篆刻作者的106件作品参展，较全面地展示了目前新疆篆刻界的面貌。

14．8月5日，新疆书协主席于小山、秘书长李志顺前往沙湾县第三小学考察“兰亭小学”情况。

15．8月23日，“新疆第四届书法篆刻展”在新和县评审，评出入展作品120件，获奖作品20件。于小山、翁伯祥、闵荫南、邹光霖、郭际、李方、张沧、刘建新、李志顺参加了评审工作。

16．9月25日，庆祝中华人民共和国成立60周年“新疆第四届书法篆刻展”在阿克苏市隆重开幕。阿克苏地委委员、宣传部长刘宝升、新疆书协秘书长李志顺分别在开幕式上讲话并为获奖作者颁奖。此次展览共展出入展作品120件，获奖作品20件，特邀作品16件，较全面地展示了新疆书坛的创作实力和整体风貌。

17．11月6日，新疆书协组织书法家前往武警某部进行慰问。新疆自治区文联领导刘太海、文联组联部高东红一同前往，新疆书协于小山、郭际、李方、刘建新、李志顺、李涛参加慰问并现场为部队官兵书写书法作品60余幅。

18．11月21日，庆祝新中国成立60周年——新疆第四届书法篆刻展在新疆教育学院艺术展厅举办。共展出156件书法篆刻作品，其中特邀作品16件，获奖作品20件。此展由新疆书协、阿克苏地委宣传部、阿克苏文联共同主办。

中国人民解放军书法工作大事记

1．1月9日，中国人民解放军沈阳军区美术书法研究院揭牌仪式暨首届笔会在沈阳举行。沈阳军区司令员张又侠、政委黄献中为研究院揭牌并分别题写了“百练成兵”、“艺无涯”贺词。

2．2月23日，中国人民解放军空军美术书法研究院成立大会在北京举行。空军副政委王伟、政治部主任王晓龙、副主任宋琨出席成立仪式。解放军总政宣传部艺术局副局长李翔到会指导，中国书协顾问、解放军美术书法研究院书法创作院院长李铎等知名书画家，以及空军部分美术、书法工作者参加了成立仪式。会上，王晓龙为杨明臣等18名空军书法创作研究室的首批艺术委员颁发聘书。王伟和李铎为空军美术书法研究院揭牌。

3．3月18日，由中国人民解放军总政治部宣传部、解放军书法研究院、南京军区政治部、江苏省委宣传部、省文化厅、省文联联合主办的《“爱我中华”——方祖岐将军诗书画展》在北京中国人民革命军事博物馆举行。该展共展出方祖岐书画作品200件。方祖岐曾任南京军区政治委员，上将军衔。

4．4月10日，中国人民解放军书法院院长、中国书协顾问、著名军旅书法家李铎，为其家乡湖南醴陵捐资30万，修建首家农民图书馆，赠送各类图书1956册。多年来，他先后为家乡建设捐资200余万元。

5．4月15日，首届全军美术书法理论培训班在解放军艺术学院举办开学典礼，来自全军和武警部队的30名书画理论专业作者参加为期3个月的集中培训。

6．6月10日，中国人民解放军总后勤部美术书法研究院在北京成立。总后副政委孙思敬中将任名誉院长，政治部郭旭恒少将任院长，政治部副主任陶德平少将、营房部副部长翟充民、政治部宣传部长杨扬大校任副院长，政治部宣传部副部长史全大校任秘书长。该书画院下设美术和书法两个艺术委员会。

7．6月29日，为庆祝新中国成立60周年，由中国人民解放军总参谋部主办的“祖国在我心中——庆祝新中国成立60周年总参美术书法摄影作品展”在京举办，中央军委委员、总参谋长陈炳德出席开幕式并剪彩，副总参谋长葛振峰、刘镇武、马晓天、孙建国，总参、总政有关部门领导，中国美协主席刘大为，中国书法界老艺术家欧阳中石、李铎以及中国书协有关领导参加了开幕式。展览是总参庆祝新中国成立60周年系列文化活动的启动仪式。展览作品全方位、多角度地展示了祖国的巨大变化及总参各项工作和建设的辉煌成就，生动反映了总参广大官兵有效履行使命的崭新精神风貌。

8．7月15日，为庆祝中国人民解放军建军82周年和喜迎伟大祖国60华诞，由解放军总后勤部政治部和北京市海淀区双拥办联合举办的“庆八一、迎国庆，军民鱼水情”书画展在总后礼堂举行。解放军总后勤部政治部副主任陶德平少将、海淀区副区长臧桂武为书画展开幕式剪彩；海淀区武装部、区民政部、区双拥办等有关单位和驻海淀区部队的负责同志和社区书画爱好者200余人参加了开幕式并观摩了展览。这次展览共展出书画作品120幅，作品形式多样、内涵丰富，风格鲜明。

9．7月28日，中国人民解放军书法创作院组织书法家慰问解放军八一军体大队，李铎、康成元、夏湘平、苗培红、张坤山、杨明臣、王学岭、高军法、李洪海、张继、苗再新、倪进祥、龙开胜、郑小成、张开、鲁德林、郭孟祥、刘忠良等18位军旅书法家参加了慰问笔会，为该大队部分世界冠军、一等功臣、英模代表创作书法作品60余件，并共同完成30米书法长卷。

10．9月27日，为庆祝新中国成立60周年暨澳门回归祖国10周年，中国人民解放军首次赴澳门举办大规模艺术展览——“中国人民解放军美术书法精品展”。展览由中国人民解放军总政治部宣传部主办，解放军美术书法研究院承办，澳门文化局协办，中央人民政府驻香港特别行政区联络办公室、外交部驻澳特派员公署和中国人民解放军驻澳部队联合支持。澳门特区行政长官何厚铧、中联办主任白志健、外交部驻澳特派员卢树民、解放军总参谋部作战部副部长王津、总政治部宣传部副部长周涛、驻澳部队司令员王玉仁、政委许进林、中国美协主席、解放军艺术学院美术系主任刘大为以及澳门文化局长何丽等为展览开幕式剪彩。著名军旅书法家李翔、张道兴、张坤山、刘洪彪、杨明臣、张继、苗再新等出席开幕式。筹备半年的精品展，是在全军近千件美术书法作品中，精选出共216件作品，其中书法61件。展览作品为近年来在全国、全军大型美术展览中获奖的艺术精品以及军队一流书法家专为展览创作的书法作品。主要内容分为辉煌历程、军民情深、当代军营、心系祖国四部分。

11．9月28日，由中国人民解放军总后勤部政治部主办的《“向祖国报告”——总后庆祝新中国成立60周年书画摄影展》在总后礼堂举行。中央军委委员、总后勤部部长廖锡龙上将，政委孙大发上将为展览剪彩。该展共展出书画作品200件。

12．10月9日，由中国人民解放军总政治部宣传部主办，解放军美术书法研究院、香港《文汇报》承办的“庆祝新中国成立60周年中国人民解放军美术书法精品展”在香港华润大厦三层的香港展览中心隆重举行。本次到港展出了精选全军百余名美术、书法家的逾200幅作品，作品代表着军队专业创作的最高水平，作品以其深邃的思想性、精湛的艺术性和强烈的感染力，展示国防和军队建设的辉煌成就及人民军队的风采和新一代军人的精神风貌，增进香港民众对人民军队的了解。解放军总政治部艺术局副局长李翔，海军政治部文艺创作室一级艺术师张坤山，空军政治部文艺创作室副主任王界山及武警部队政治部文艺创作室副主任苗再新等到港出席发布会并介绍展览详情。

13．10月20日，由中国人民解放军总政治部、军委纪委举办的“抒清廉新风，固钢铁长城”第二届全军军营廉政文化优秀书画作品展在中国人民革命军事博物馆开幕。中共中央政治局委员、中央军委副主席徐才厚参观展览。中央军委委员、总政治部主任李继耐、中纪委副书记李玉赋、副总参谋长侯树森、总政副主任刘永治、孙忠同、总政主任助理杜金才等领导出席开幕式。这次展出的234件获奖作品，是从全军部队创作的近3万幅书画作品中评审出来的。作者中既有各级领导干部，也有基层官兵；既有老将军、老战士，也有军队普通职员；既有著名专业书画家，也有业余书画爱好者。作品创意新颖、寓意深刻，凸显了反腐倡廉的主题。

14．10月30日，“解放军美术书法研究院年会”

在北京举行。根据总政领导的指示，此次会议主要任务是研究如何进一步加强军队美术书法创作，弘扬民族文化，唱响主旋律，当好排头兵。总政副主任刘永治、总政宣传部部长王建伟、副部长黎国如、中宣部文艺局巡视员陆侃、国家文化部艺术司文学美术处处长安远远等领导到会并讲话。全军各大单位政治部、宣传部副部长和文艺创作室美术书法工作的负责人，解放军美术书法研究院领导和艺术委员会委员，以及部分美术家、书法家代表参加了会议。会议由总政宣传部副部长黎国如主持。

15．11月9日，解放军空军在中国人民革命军事博物馆举行庆祝新中国60华诞美术书法作品展。空军政治委员邓昌友，空军副司令员何为荣、副政治委员王伟以及总部、中国美协、中国书协等单位的领导共同为开幕式剪彩。开展仪式由空军政治部主任王晓龙主持。空军机关四大部领导、军队驻京大单位宣传部门领导、军内外著名书画家共30余人应邀出席了开幕式。总政宣传部黎国如副部长，著名书法家李铎分别致辞。此次参展的170余幅书画作品中， 97幅书法作品包括了领导题词、名言和诗词，和反映人民空军光荣历史和时代风貌的自作诗词、楹联，以及优秀古典军旅诗词等内容。

16．11月10日，中国人民解放军第二炮兵美术书法研究院在北京成立，二炮政委彭小枫、二炮副政委邓天生、总政宣传部副部长黎国如、中国美协主席刘大为、中国书协主席张海、中国书协顾问李铎、二炮政治部主任殷方龙、二炮政治部副主任张西南出席成立大会。出席会议的领导和书法名家为二炮美术书法研究院领导艺术委员会委员和特聘创作员颁发了聘书，并参观了首届院展。

17．11月25日，解放军书法院院长、中国书协顾问李铎获中国文联主办的“第八届造型表演艺术成就奖”。他是2009年全国书法界唯一获此殊荣的书法家。

18．11月29日，由重庆警备区政治部和中国将军书画院主办的《“盛世和谐•爱我重庆”共和国百名将军诗书画展》在中国三峡博物馆举行，共展出共和国将军作品110余幅。

中国书法家协会中央国家机关分会工作大事记

1．2月15日，由张飙、陈洪武带队组织书法家赴中国人民解放军海军总医院进行慰问活动。张飙、陈洪武、于曙光、罗杨、朱守道、杨佐恒、张铜彦、郭永琰、张辛、潘传贤、李鑫华、严太平、章巧珍、胡云富、李 穆、崔志刚、廖廷建、王兴家、彭利铭共19人参加了慰问活动。在慰问座谈会后，书法家们参观了原海军总院冯理达院长生平纪念室，参观了高科技设备高压氧舱。在大礼堂举行的慰问笔会受到官兵们的热烈欢迎。

2、在地震一周年之际，张飙专程赶到唐山市银河中学来看望在这里就读的四川灾区孩子，当场捐助了20万元现金、100套图书，并带来了亲笔书写的巨幅作品“中华精神”。唐山市委常委、宣传部长郭彦洪、市教育局局长李全民等参加了捐赠仪式。

3、5月17日，中直分会与苏州工业园区联合投资公司在北京东交民巷饭店11层多功能厅共同主办了“喜迎国庆60周年书法名家笔会”。参加笔会的有60余名书法家，创作作品120件。

4、9月9日，由中国书协主办、中直分会承办的“献给祖国母亲的歌•张飙书歌颂祖国诗词书法展”在中国人民革命军事博物馆展出。共展出张飙各种书体和形式的书法作品118件。

5、10月28日，中直分会为中直分会名誉会长佟韦举办了一个别开生面的“书友雅集”活动。30余位书法家参加了雅集。每位书法家带来一件书法作品，并就作品的内容进行发言。书法家们对佟韦的艺德和在书法艺术发展方面所做出的贡献进行了高度评价。

6、10月26日，应中共唐山市委书记的邀请，中直分会协助中国文联组织书法家到唐山南湖采风。张飙、于曙光、张铜彦、郑晓华等参加此活动。

新疆生产建设兵团书法家协会工作大事记

1．4月28日，新疆生产建设兵团书协在乌鲁木齐市宏源大厦召开工作会议。讨论研究关于第二届西部书法篆刻展组稿、举办兵团首届篆刻研讨会和兵团庆祝新中国成立60周年书法展览等有关事宜。新疆生产建设兵团书协主席孙峰、副主席王治平、秘书长运其瑞、副秘书长万里明参加了会议。

2．7月22日，新疆生产建设兵团书协在兵团文联会议室评选推荐参加第二届西部书法篆刻展作品，最后确定推荐作品19件。

3．10月25日，由新疆生产建设兵团文联主办，新疆生产建设兵团文联创研部、新疆生产建设兵团书协和农四师文联承办的兵团首届篆刻研讨会在伊宁市农四师召开。新疆维吾尔自治区书协和兵团书协主席团成员参加并辅导授课。兵团篆刻家周静、王怡平、运其瑞、孙朝军、周强、张琦、陈山宏7人先后在大会上发言交流。

4．10月26日，针对兵团农四师篆刻爱好者多和当地盛产伊犁石等有关实际情况，新疆生产建设兵团书协在伊犁举办了首届篆刻研修班，授课老师有张鸿林、张沧、李志顺、王怡平、运其瑞、孙朝军、张琦等，有40余名篆刻爱好者参加了培训。

5．10月28日，新疆生产建设兵团书协组织兵团书法家孙峰、运其瑞、孙朝军、张琦等5人，开展送书法进万家——走进农四师活动，为职工群众创作和赠送书法作品20余件。

6．11月26日，新疆生产建设兵团书协召开年度工作总结准备会议，兵团文联党组书记丰收出席会议并作重要讲话，对新疆生产建设兵团书协明年工作提出了具体要求。兵团书协主席孙峰、副主席王怡平、周静、李鲁豫、秘书长运其瑞、副秘书长孙朝军、万里明、李仁彬参加了会议。

7．12月4日，新疆生产建设兵团书协秘书长运其瑞同自治区书协主席团部分成员一起，到武警某部驻地书写作品，慰问维稳部队。

8、12月9日，新疆生产建设兵团书协秘书长运其瑞、副秘书长孙朝军到新疆军区南山某部驻地慰问，书写作品10余件。

中国石油书法家协会工作大事记

1．3月28日，中国石油书协举行慰问管道石油工人活动。中国书协理事、中国石油书协执行副主席兼秘书长于恩东，副秘书长赵飚一行来到甘肃柳园的国家重点工程西气东输二线西段第7标段施工现场，用书法艺术慰问正在这里施工的管道石油工人。

2．5月14日，为迎接全国第六届楹联书法展、全国第二届青年书法篆刻作品展、第三届中国书法兰亭奖等国家级展览，中国石油书协在锦州石化公司兴城疗养院举办了为期五天的“2009年中国石油书法家协会秘书长工作会议暨迎国展——中国石油书法创作班”，来自全国石油系统的书法创作骨干共计50余人参加了此次会议。会上，中国书协理事、中国石油书协执行副主席于恩东总结了石油书协2008年工作，并对2009年工作进行了部署。此次会议特邀中国书协副主席、辽宁省书协主席聂成文，中国书协理事、辽宁省书协副主席魏哲，中国书协篆刻委员会委员、辽宁省书协副主席王丹授课。

3．6月23日，由中国书协主办，中国石油书协、中石油大庆炼化公司承办的“中国书法进万家”走进大庆炼化公司。20余位来自全国各地的书法家为大庆书法爱好者奉上了一场精彩的书法笔会。段成桂、聂成文、戴志祺、白煦等20余位书法家现场挥毫泼墨，联手创作了一轴气势磅礴的30米长卷。

4．9月30日，为庆祝新中国成立60周年和大庆油田发现50周年，在集团公司范围评选出“新中国60年最具影响力的60句石油名言”。中国石油书协积极响应号召，组织了60名石油系统书法家用不同的形式、书体书写60句石油名言。

5．10月15日，由中国石油书协和东方地球物理公司联合主办的中国书法进万家——走进东方地球物理公司暨“东方物探杯”中国石油书法篆刻大赛在河北涿州拉开帷幕！展览在东方地球物理公司职工活动中心开幕。本次大赛，共收到来自全国石油系统的书法、篆刻作品1000余件。评选出获奖作品60件，优秀作品200余件。

6．11月20日，在祖国60华诞、中国石油大庆油田发现50周年这个值得庆贺的日子里，由中国书协、中国石油天然气集团公司政治思想工作部联合主办，中国石油书协承办的“中国书法进万家——走进中国石油”活动在中国石油国际化人才培训中心举行。书法家们现场挥毫泼墨，以行、草、楷等书体，讴歌了石油精神、铁人精神，现场气氛十分热烈。

中国金融书法家协会工作大事记

1．5月15日，中国金融书协顾问“王希坤书法艺术展”在广西博物馆举办。金融书协主席张铜彦应邀出席展览开幕式，并代表金融书协致辞祝贺。

2．7月26日，中国金融书协在北京中苑宾馆召开第二届全国理事会第一次会议。来自全国金融系统的30名书家代表参加了会议。中国书协副秘书长白煦、中国金融工会副主席王玉祥出席开幕式并讲话。会议审议并通过了《中国金融书法家协会第一届理事会工作报告》，审议并通过了《中国金融书法家协会章程（草案）》，选举产生了中国金融书协第二届全国理事会领导机构成员。张铜彦当选为主席，郭永琰当选为常务副主席，丁永康、李相国、王子忠、肖丽、计承江、崔宝堂、韩启超、江寿男、白秋晨当选为副主席，唐双宁被推举为名誉主席，张瑞龄、王希坤被聘为顾问，韩启超兼任秘书长，张鸣剑、白志军、赵邯平、王春云、马奔任副秘书长，尤全生等26人当选为理事。

3．8月30日，中国金融书协举行“庆祝中华人民共和国成立60周年全国金融系统书法美术展”书法作品评奖工作。中国书协分党组书记、驻会副主席兼秘书长赵长青，中国书协理事、中国书协办公室主任吴震启，中国书协理事、《中国书法通讯》报执行主编高庆春，中国书协理事、中国石油书协执行副主席于恩东参加评审。

4．9月19日，由中国金融工会主办，中国金融书协、中国金融美协承办，中国民生银行、北京炎黄艺术馆协办的“庆祝中华人民共和国成立60周年全国金融系统书法美术展”在北京炎黄艺术馆开幕。中国银监会主席、中国金融工会党组书记刘明康，中国银监会副主席、中国金融工会党组副书记、兼职副主席郭利根，中国文联党组副书记、副主席、书记处书记李牧，中华全国总工会党组成员、书记处书记兼组织部部长李世明，中国光大集团公司董事长唐双宁，中国书协分党组书记、驻会副主席兼秘书长赵长青，中国民生银行董事长董文标，中国民生银行行长洪崎，中国金融工会常务副主席刘承萱，副主席杨树润，以及中国金融书协、中国金融美协的主要领导等出席了开幕式。刘承萱代表主办单位致开幕词，赵长青代表中国书协、中国美协致辞。中国金融工会副主席王玉祥主持了开幕仪式。

这次书法、美术展通过各金融机构总行（会、司）工会报送和自由投稿两种方式，共征集到书法作品1200余件，包括各种书体及篆刻作品。展出前，中国金融工会组织中国金融书协领导专家进行了初评，中国书协领导专家进行了终评，最终产生书法金奖5件、银奖10件、铜奖20件、优秀奖146件。

5．11月4日，中国金融书协召开主席团会议，中国金融工会副主席王玉祥出席会议并讲话。会议根据中国金融工会建议，增补王祁为中国金融书协第二届副主席，增补中青年优秀书法家张一兵、张拥军、王建国、张日安、江毛安、藏振利、彭飞、薛昭东、王涯、肖慧、张利、王蓁、张正杰为中国金融书协第二届理事。会议还审批了17名中国金融书协会员。

6．12月29日，由中国金融工会、中国金融书协、上海市金融工委、上海美术馆等单位联合主办的“光大与上海——祝贺上海光大大厦落成、回报各界支持、唐双宁书法答谢展”在上海美术馆举行。这次展览在展出中国光大集团部分历史图片的同时，展出了中国光大集团董事长、中国金融书法家协会名誉主席唐双宁新近创作的30余幅书法作品。

中国铁路书法家协会工作大事记

1．5月中旬，中国铁路书协组织全国铁路系统的书协会员积极备战第三届兰亭奖的创作。

2．7月29日，由中国铁路书协和内蒙古自治区书协共同主办，呼和浩特铁路局承办的“和谐铁路吉祥草原”全国铁路内蒙古自治区书法作品展览在内蒙古美术馆隆重开幕。应邀参加开幕式的有铁道部、内蒙古自治区领导和中国铁路文联领导，以及来自全国铁路和自治区各盟、市的50余位书法家代表及观众300多名书法爱好者。同时出版发行了作品集。展览结束后，16位铁路书画家到包头铁路客运段，现场为基层职工挥毫献艺。在两个半小时的时间内为铁路职工奉献书画作品200余幅。

3．9月19日，由中国书协主办，中国铁路书协、中铁渤海铁路轮渡公司共同承办的祝福伟大祖国60华诞“中铁渤海铁路轮渡杯”百位名家书法精品展在大连至烟台的铁路轮渡“中铁渤海1号”渡船上举办。中国书协分党组书记、驻会副主席兼秘书长赵长青，分党组成员、副秘书长戴志祺，副秘书长白煦，中国铁路书协常务副主席兼秘书长潘传贤，中铁渤海轮渡公司总经理迟宝璋及百余名来自全国各地的书法家出席了开幕式。展览集中展示了14位中国书协主席团成员以及各省市自治区书协主席等百位书法家的精品力作。中铁轮渡公司做了充分准备，公司员工的业余艺术团还编排了一台精彩的文艺节目，与参会书家和旅客共同欢庆祖国60华诞。莅临展会的书家们乘兴为铁路轮渡员工们奉献百余幅书法作品。

4．12月9日，由中国铁路书协、徐州市文联、徐州市书协共同举办的潘传贤书法展览暨《潘传贤草书〈蜀道难〉墨迹碑拓全集》赠书仪式在其家乡徐州举行，有关领导、各界人士和观众500余人参加了开幕式。展览期间，来自全国铁路的15位书法家深入到徐州、蚌埠铁路地区，为一线职工书写200余幅书法作品。

中国电力书法家协会工作大事记

1．5月22日，中国电力书法家协会三届二次主席团工作会议在北京召开。中国书协副主席、中国电力书协名誉主席邵秉仁，中国电力书协主席贺恭，副主席祝新民、肖鹏、王永干，秘书长魏俊芝，副秘书长孙佩洁、高冉、乐长江参加了会议。会议由贺恭主持。邵秉仁结合行业特点，就电力书协的定位、任务、发展等方面作了发言。贺恭传达了中国书协五届五次理事会会议精神，并就筹备召开中国电力书协三届二次理事会的有关工作和下一步书协工作要点作了部署。

2．6月28日，中国电力书协三届二次理事会在北京召开。中国书协副主席、电力书协名誉主席邵秉仁，电力书协主席贺恭，电力文协主席谢振华，电力书协副主席祝新民、肖鹏、王永干，中国书协组联部主任张陆一，电力书协秘书长魏俊芝等有关领导出席会议。电力书协理事及列席代表50余人参加了会议。会议进行增补理事事宜。

3．7月25日，由中国电力书协主办、周口市供电公司协办的庆祝新中国成立60周年全国电力书法创作活动在北京举行。活动以书法艺术形式庆祝新中国60周年华诞，并结合企业文化的需要，展示了电力行业企业文化精神，宣传了电力企业文化形象，为提高电力行业书法艺术创作水平，促进行业内外的文化艺术交流和合作发挥了积极作用。

4．9月20日，在新中国成立60周年之际，由中国电力书协与华电集团公司企业文化推进会联合举办的庆祝新中国成立60周年“与祖国同行”大型书画笔会在北京举行。来自电力行业的有关领导、书画名家和书画作者百余人参加了笔会活动。笔会共创作近百幅书画作品。

5．12月18日，由中国电力书协主办的“辉煌电力”——庆祝新中国成立60周年全国电力诗词书法作品邀请展”活动，在安徽省合肥市赖少其艺术馆举行。中国书协副主席、中国电力书协名誉主席邵秉仁，中国书协理事、中国电力书协主席贺恭，中国书协理事、中国电力书协副主席肖鹏，中国电力书协副主席祝新民，安徽省电力公司总经理胡平，安徽省文联书记处书记、中国书协理事吴雪，安徽省书协副主席、秘书长方茂鸿等领导和嘉宾出席了开幕式。

中国煤矿书法家协会工作大事记

1．5月，“中国煤矿书法家协会北京活动基地”在北京闹市口大街宿州大厦揭牌。基地占地1000余平方米，集展览、创作、交流等功能为一体。中国煤矿文联副主席庞崇娅，中国煤矿文联副主席、中国煤矿书协主席张宇为基地揭牌，中国煤矿书协副主席、秘书长盛军主持揭牌仪式，中国书协理事刘洪彪、王学岭，中国煤矿书协副主席、中国书协理事李士杰等近百名书法家及各界人士出席揭牌仪式。

2．9月21日，“庆祝新中国成立60周年•第二届全国煤矿书法家精品展”在山西晋城煤业集团开幕。展览展出的150件书法、篆刻作品是从全国32个省、自治区煤炭系统书法家创作的3000余件书法、篆刻作品中评选出来的。同时还邀请国内著名书法家作品60余件参展。《第二届全国煤矿书法家精品展作品集》同时出版。

3．9月21日，中国煤矿书协召开主席团会议，总结书协工作，研究布置下一步工作打算及2010年展事工作安排。会议还研究了发展新会员事宜。

4．9月22日，中国煤矿书协邀请中国书协理事、西泠印社副社长兼秘书长、浙江大学艺术学院院长、博士生导师陈振濂举办“书法艺术讲座”。来自全国煤炭系统书法家200余人参加讲座。

5．中国煤矿书协采取多种形式，按照中国书协的要求开展“中国书法进万家”活动，先后在安徽淮北矿业集团、山西晋城煤业集团、山东枣庄煤业集团集中举办“中国书法进万家”活动，共组织书法家40余人，创作书法作品近百件，把书法艺术送到矿工家中，送到劳模手中，受到广大矿工的称赞。

书法理论

书法的价值取向与本体

◎沈 鹏

自有汉字起，便有了中国书法。中国书法史与汉字形成、发展的历史同步，迄今已3000余年。共和国书法是3000年书法史的一个断面，属于中国的现当代，有着不同已往的特殊性。在历史的大浪里，共和国书法既无足轻重，又渊源深厚；既经历了冷落，又有了非同寻常的繁荣。我们现在很难确切描绘这一书法历史横断面继续向前发展的势态，但是认真地研究、回顾这段我们亲身经历的历史，肯定有益于未来。

回顾60年，得到一个重要的认识：社会文化价值取向，对于书法艺术兴衰存亡至关重要。从20世纪40年代末的历史巨变开始，一切以巩固政权、除旧布新为目的，社会意识形态的价值观锁定在为当下政治服务如何实现工具的作用以及这种作用达到何等程度。在这样的大背景下，书法勉力传承民国时期已趋萎缩的局面，少数从民国时期过来的书法家做出的努力值得肯定，但从全社会看，书法进一步受到冷遇，社会对书法无暇顾及。或许可以促发另一方面思考，书法不能成为政治的直接工具，恰好是它的特点也即优点。书法从本质上说是纯美的，它启示人的心灵，培养人的情操，书法无关功利。从这个意义来说，书法不但没有远离社会，而且有益社会。我国历史悠久的文化，有封建性的糟粕与民主性的精华，然而两种对立因素并非在所有的文化形态中非此即彼。我们毋需过高地评价书法的社会价值，但它对人性的潜移默化，对提升社会精神文明，具有不可忽视的、深层次的作用。

60年间曾经有过把书法列为“封建文化”的时期。书法的本质属性表明它不属于某个阶级。它有时代特征，但相对来说是比较模糊的。文化大革命把“琴、棋、书、画”列为横扫对象，铺天盖地的大字报异化了书法，但是大字报离不开传统的毛笔，书写者一边疏远艺术，一边却无法与书写艺术的要素截然分解。所以文化大革命一旦告终，大字报现象客观上成为书法复兴的契机之一，全国各地陆续成立书法组织，出现一批书法爱好者。由此也可以看到书法的历史情结有深刻的根源，有十分广泛的群众基础。我们现在把1979年以来的30年称为书法复兴时期。这是一个从衰颓到复苏，从被遗弃到繁荣的时代。古老的艺术传统在改革开放的政治、思想文化条件下获得新生命，书法的展览、出版、教育、对外交流都出现了前所未有的新势态、新气象。全国以及各地的书法家协会适应国家体制，在组织领导、统筹策划方面发挥了重要作用。所有这些，我们仍旧要归结到社会文化价值取向在改革开放的大潮下发生的戏剧性的转换。政治对书法放松束缚，不以简单的意识形态的准则苛求书法。在建立新的经济体制的过程中，人民生活水平提高，对文化的需求增长，促进了书法商品化，在流通领域里开始活跃。

呈现在我们面前的是一个色彩斑斓、迅猛多变、错综复杂的局势，用我们常说的话叫作“机遇与挑战并存”。可以说，当书法刚刚进入令人兴奋的复兴期的同时，也就面临着许多前所未有的新现象，滋生出许多新问题。书法面临考验，书法要面对社会，同时也不得不面对自身。

书法出现断层的状况，历史上没有任何一个60年堪与今日相提并论。当代书法处在新的文化背景之下，从事书法所必需的物质条件——笔、墨、纸、砚，在全社会基本上淡出。这种状况，发端于20世纪初钢笔进入文化领域，但是传统文化延续的惯性没有就此止步。时至今日，硬笔早已取代毛笔，而电脑的普及，连硬笔书写也在淡化，变化之速令人惊讶。这种变化，在全球趋向一体，科学迅猛发展的态势下，具有必然性，本应坦然面对。然而就书法而言，所带来的后果显然是文化语境的萎缩。今天凡是从事书法的人，包括极少数以书法为职业者，都在创作、练习书法的时候才拿起毛笔，广大的时间空间都被硬笔、电脑占领，在这个意义上，书法已经成了全民中极少数人从事的“专业”。再说书法的受众，艺术的创造者与接受者本是不可分解的一体，艺术的接受者实际上也参与创造。书法环境的变异，促使书法的受众减少，书法降低了审美效应，社会公众对书法的特征，书法的优劣、高低、雅俗、美与不美……或者木然，或者迷失客观标准。书法环境在量变的同时，起着质的变异。经济上升对书法起了推动作用，提高了市场需求，并且活跃了书法交流，书法在社交活动、国内外文化交流中扮演着角色；书法史论工作者甘于寂寞，勇于探索；书法教育、书法事业建设都取得了重大的、开创性的成就。所有这些都令人鼓舞，但是与此同时我们不得不面对另一方面的事实，那便是社会较少关注书法本体，较少重视书法自身的独立意义。书法在热闹红火的同时，有所失落，价值观向另一些方面转移。这种状况对书法界自身又是严峻的考验。书法家一方面面对繁荣的有利条件，一方面对于那种视繁荣为一切的观念表示忧虑，不放弃长远的、深层的追求；书法家在与社会上平庸、低俗的审美观念划清界限的同时，也不断反思，警惕自身的和光同尘的习气。书法家回归西汉杨雄“书，心画也”及其后许多至理名言，包括梁启超所说，从表现个性的立场看问题，“各种美术，以写字为最高”。现当代的书法实践证明先哲的智慧今天仍在引领我们行进，决不因为“与时俱进”而减退。书法艺术应当以本体为核心确立文化价值取向，在确认本体的恒定性中实现全方位的可持续发展。

纵观历史，中国书法的繁荣期处于汉字字体变化的时代。书体非字体，以字体划分书体只能在相对的意义上成立。书法史，就其本质来说是书法风格的演变史。然而书体变化以汉字为载体，所以字体的变化成为书体变化的原始动力。我国魏晋时代，各种字体完备，隶书向楷书转化，出现了王羲之为代表的大宗师。到唐代，楷书、行草书完全成熟，又推动书法臻于法度齐备严整的局面。反视当今，我们再也不可能期望新的汉字字体出现了，从绝对的意义来说，我们不可能再现晋、唐辉煌。但是，我们的书法家自有聪明才智，事实是我们今天可资取法的前人遗产比以往时代多得无可胜计。甲骨文的发现，仅是1899年的事情；西域汉晋简牍文书的发现，始于1901年。共和国成立以来，我们有幸看到大量新发现的古代金文、文书、经书、陶文、砖瓦文、玺印，还有流散在民间和国外的文物……先人梦见不到的书法遗产，以精致的现代印刷术令人大开眼界，对提高书法艺术起到了有力的推动作用。如果说清代碑学兴起冲破了单一的帖学末流的樊篱，将书法从一元推进到多元，那么今天我们面临的是一个真正开启多元的时代。书法天地不但远远超出了传统意义上的帖学与碑学，而且历史上各种形态的书法与文字都值得继承发扬。多元化的意义，重要的不在于摹仿多种字体与书风，而要善于融会贯通，独辟蹊径。整个书坛的多元化，将因尊重和发扬书法家的个性而得到实现。为此，理论认识有待提高，历史形成的惰性有待克服，尤其是需要长期不断的创造性的实践。书法每前进一步，都是书法家与广大受众共同努力的结果。从长远看，复兴期30年实在太短。我们面临的事情，得失之间也不能简单化。比如书界常说的西方文化对中国传统文化的“冲击”，诚然给书法带来不利影响，但是也要看到有利的一面。西方抽象派艺术与中国书法不属同一个源头，从“流”的意义来说，两者可以并且已经在互相借鉴。至于本来就与书法同源的中国画，我们的借鉴、融合还很不够。书法艺术的专业化，可能使我们变得狭隘。书法如果在深层次上借鉴、融合各种门类的造型艺术以至表演艺术等等，可能会启示新的创造。古典书法仍将长期保持它的魅力，长久不衰；新的创造不脱离书法本体，而是在书法宏大的肢体上增添新的枝叶。为此，既要有理性探讨，又要有赖长期艰苦的实践；在探索中前进。

（原载于《中国书法通讯》报2009年第10期）

成就与启示

——改革开放30年的书法艺术掠影

◎张　海

今年是改革开放30周年。30年来，我国社会主义现代化建设事业突飞猛进，取得了辉煌成就。作为中国文艺事业重要组成部分的书法艺术也进入了一个快速发展时期，并以其丰硕的成果见证了中国改革开放的伟大进程。在全国上下隆重纪念改革开放30周年之际，认真回顾总结我国书法艺术30年来的发展历程、宝贵经验，对于我们深入贯彻落实党的十七大和十七届三中全会精神，在新的历史起点上推进中国书法艺术事业，推动社会主义文化大发展大繁荣具有十分重要的意义。

一、30年书法艺术发展的历程

改革开放30年来我国的书法艺术，其发展历程大体可分为三个阶段：即酝酿期、复兴期和繁荣期。

——酝酿期，主要指1978年党的十一届三中全会召开到1981年中国书法家协会成立之前。这一时期，书法创作处于低谷，书法群体人数很少，还没有官方的全国性的书法组织，书法活动为数不多，直到1980年5月“全国第一届书法篆刻展览”在辽宁沈阳举办，全国性书法展览才正式拉开序幕。1981年5月中国书法家协会的成立，标志着中国书法由酝酿期进入复兴期。

——复兴期，主要指中国书法家协会成立的80年代初到90年代末。在这大约20年的时间里，中国当代书法发展极为迅速，从各级书法家协会的建立，到大型书法展览的举办，从书法人才的选拔到书法艺术市场的培育，从书法组织职能的完善到书法事业的可持续发展，各方面工作都取得了很大的成绩，特别是书法热潮深入发展，书法从业人数大幅增加，书风逐渐走向多元，各种书法现象广为出现。

——繁荣期，主要指进入新世纪以来到目前这一阶段。中国当代书坛在总结前一阶段经验教训的基础上，用更加理性务实的态度对待书法事业的开展，更加审慎地处理组织活动和书家自身创造之间的关系，更加冷静地思考和处理继承传统和艺术创新、坚持主旋律和提倡多样化之间的关系。这一时期书法发展势头迅猛，竞争日趋激烈，艺术风格更加丰富多样，对传统的挖掘也更加深入广泛。

总的看，30年的书法艺术走出了一条不平凡的发展之路，呈现出以下几个显著特点：

第一，书法组织逐步健全。书法作为一门非常特殊的艺术形式，在新中国成立初期曾有过不同的看法，当中国文学艺术界联合会和各个文艺家协会成立的时候，并没有成立“书法家协会”，当时只有一些民间的、地方性的书法组织。30年来，随着中国书协的成立，我国书法确立了以各级书协为核心，团结广大书法家和书法工作者的组织模式，建立了国家、省、市、县、乡以及军队和各大行业、企业等多级书法组织网络。

第二，书法活动不断丰富。30年来，我国书法活动从民间走向社会，从单一走向多样，从国内走向国外。特别是书法展览活动系列化、多样化，形成了以“全国展”、“中青展”（后更名为青年展）、“新人展”三大展览为主导，各项主题展览和单项展览齐头并进的格局。同时，通过举办西部书法展，对扶持西部书法事业给予政策倾斜；通过举办老年书法展，充分发挥老书家的示范作用，引导书法界关注弱势群体。这些都很好地体现了科学发展观的主题。经过多年努力，逐步探索出了一套既有现代特色又符合传统精神的书法活动模式，形成了一套行之有效的方法，有力推动了书法艺术的交流、书法事业的发展。

第三，书法创作日趋成熟。书法是中国传统文化独特的表现形式，很好地表现了东方的哲学思维和人文精神，不仅有着广泛的群众基础，而且具有深厚的艺术传统。30年来，广大书家努力探索进取，互相学习借鉴，不断克服浮躁和虚妄，潜心学习传统，注重艺术创新，创作手法技法都得到了很大的丰富和提高，形成了各具特色、多样并存的创作局面。

第四，书法普及日益广泛。30年来，书法报刊、书籍出版、学校教育、书法社团等都有长足的发展，书法教育和出版宣传体系初步建立，已基本形成稳定的、合理的格局和平衡发展的态势。书法教育的发展有力推动了书法艺术的普及，连续举办的两届全国中小学书法节、开展捐助命名兰亭小学和兰亭中学，使得书法这门古老的艺术得到了发扬光大，开始走入寻常百姓之家，越来越多的人了解书法、认识书法、热爱书法。

第五，书法发展更具理性。30年来，中国当代书法在探索中前进，在创新中发展，由混沌走向清醒，由盲目走向理性。特别是在总结成功经验和失败教训的基础上，制定了《中国书法发展纲要》，就今后20年的书法发展提出了宏观的总体构想和工作思路，使当今书法事业在今后相当一个时期有了明确的发展方向和目标，这标志着中国当代书法发展更趋科学、更具理性。

二、30年书法艺术发展的主要成就

改革开放30年来，在中国共产党的正确领导下，广大书法工作者坚持以邓小平理论和“三个代表”重要思想为指导，深入贯彻落实科学发展观，坚持“二为”方向，贯彻“双百”方针，弘扬主旋律，提倡多样化，以饱满的艺术热情和认真负责精神，积极投入到书法创作之中，为繁荣发展我国当代书法艺术事业做出了积极贡献。当代书法艺术无论是规模还是水平、地位还是影响，都发生了显著变化，取得了显著成绩。

一是建立了一支规模庞大的书法工作队伍，书法基础更加坚实。一定数量的“书法人口”是书法艺术发展的基础。1980年全国第一届书法篆刻展征稿，投稿者还不足千人。假设投稿者的数量是书法人口的百分之一，全国的书法总人口也不过10万。按当时的全国总人口计算，所占比例大约是万分之一。经过30年的发展，现在这种状况已经有了根本的改变。目前，仅中国书法家协会会员的数量即有近万人，再加上省级及其以下各级书协会员和书法爱好者，总数将近百万，占全国人口的比例大约达到了千分之一的水平，比起改革开放初期，提高了10倍。同时，我国当代书法队伍已经形成了比较完善的金字塔结构，广大的书法从业者和爱好者构成坚实的塔基，不同层次的书法家、理论家、教育家、书法工作者构成梯度丰富的塔身，一批代表当代书法水平的名家大家则构成金字塔的塔尖，如舒同、赵朴初、沙孟海、启功等，这些德高望重、艺术成就卓著的老一代书法艺术家，为中国当代书法事业的发展做出了不可磨灭的贡献，为广大书法工作者树立了学习榜样。

二是拓展了书法艺术探索领域，书法风格更加多样。改革开放初期，书法刚刚复兴，在经历了近30年的荒废和隔膜之后，书法的传承出现了一定程度的断裂，尤其是技法的传承，体现到作品上主要以临摹为主，技法上比较幼稚，风格上也较为单一。随着时间的推移，书法艺术日趋成熟，风格日趋丰富，个性日趋鲜明。从上世纪80年代风靡一时、以王铎等明末书家为范本、雄强豪放的中原书风，到九十年代以晋唐手札为底本、娟秀流美的手札风，以及以钟王和明清小楷为楷模、法度森严而又意趣盎然的小楷风，再到世纪之交的“二王”书风、新文人书法、学院派、新古典书风、现代派等种种不同风格、不同流派，当代书法探索的领域越来越广，在继承传统的基础上表现个性、体现当代人的审美诉求也越来越自觉，书法观念也愈来愈趋向多元。同时，各种书法流派相互借鉴、相互融合、共同提高，特别是形成于魏晋、以雅逸洒脱、含蓄蕴藉为主要特征的帖派文人书法和兴起于清末、崇尚稚拙雄强美学趣味的碑派之间壁垒森严的局面发生了根本的变化，由水火不相容的两大阵营走上了互相借鉴、互相取法的道路，使得当代书坛表现得更加和谐、更加宽容、更加开放，书法风格面貌呈现出前所未有的丰富性。

三是举办了一系列的书法展览交流活动，书法活动成效更加显著。30年来，共举办9届“全国书法篆刻展览”，八届“中青展“，六届新人展，各项主题展览和单项展览约数百次，充分展示了书法艺术创作的重要成果和繁荣发展的良好势头。设立中国当代书法最高奖——“中国书法兰亭奖”，两次共评出获奖作品（创作）60件，全国展评出“全国奖”三百余个，推出了一批优秀作品和人才。坚持“请进来”、“走出去”，积极开展书法对外交流活动，一方面邀请国外名家来我国参会参展；另一方面以“中国书法环球行”品牌为载体，以“国际书法家联合总会”秘书处为依托，多次在国外组织中国书法展，先后与20个国家和地区的书法组织建立了长期稳定的友好交流关系，特别是2008年在北京举办的第七届国际书法交流大展和2004、2008年举办的中日女书法家优秀作品展已成为中日文化交流史上重要的一页，充分发挥了书法艺术在国际交往中的特殊作用，扩大了中国书法在国际上的影响。

四是推出了一批书法艺术研究成果，书法理论研究更加深入。30年来，随着书法组织的建立和完善，书法理论研究受到重视。举办了七届全国书学讨论会以及各种专业论坛研讨会，蓬勃发展的报刊杂志、书籍出版，为书法理论研究提供了广阔的阵地和舞台。近30年来发表、出版的书法理论研究文章和专著，在数量上超过了过去一千多年书论文章的总和。在研究的范围和方法运用上，除了继承传统的研究方法之外，还吸纳了现代西方的一些研究方法，利用多种学科的理论成果，在更广阔的视野下对古今书法的发展、异同、走向、特质进行更全面的观照，既出现了一批意义非凡的研究成果，也涌现出了一批卓有成就的理论家，初步形成了我国书法的学术研究机制和书法学科的基本框架。

五是加强了书法艺术教育，书法教育体系更加完善。改革开放以前，由于社会对书法艺术认识的局限，导致书法教育基本上没有纳入教育体系，仅有极少数院校开设书法专业。社会上虽有一些零星的书法教育，但基本上处于自生自灭的状态。这种情况在改革开放以后有了根本的改变。陈云等党和国家领导人专门就书法教育问题做出重要批示，不少高校开展了从本科直到博士后的书法专业教育，培养出的书法人才不仅有实践能力，而且有较高的理论素养和多方面的知识积累，为书法艺术的发展增加了浓厚的学术色彩和丰富的文化内涵。近年来，随着素质教育的实施，很多中小学校也把书法纳入教学体系，让学生从小就得到系统的书法知识教育。这样以来，就初步形成了我国从基础教育到高等教育，包括研究生教育的书法教育体系。同时，书法的社会教育也得到了长足的发展，由各级书协以及书法家个人举办的各种形式的书法培训班、工作室，在培养书法人才尤其是创作型人才方面发挥了积极的作用。

三、30年书法艺术发展的几点启示

改革开放30年来，我国当代书法艺术事业取得了很大的成绩，积累了宝贵的经验，为推动书法艺术大发展大繁荣提供了重要启示。

一是要始终坚持正确的艺术方向。这是推动书法艺术大发展大繁荣的必要条件。30年书法艺术事业发展的实践证明，书法艺术事业发展的方向正确，就能促进该事业的繁荣健康发展；书法艺术事业发展的方向不正确或者错误，就会阻碍或者严重危害该事业的繁荣健康发展。始终坚持正确的艺术方向，要求我们要始终坚持以邓小平理论和“三个代表”重要思想为指导，深入贯彻落实科学发展观，始终坚持“二为”方向和“双百”方针，坚持“三贴近”原则，弘扬主旋律，提倡多样化，把繁荣书法艺术与弘扬时代精神结合起来，与弘扬中华民族优秀文化结合起来，努力创作出更多更好适应人民群众精神文化需求的优秀书法作品。

二是要继承优秀传统、勇于探索创新。这是推动书法艺术大发展大繁荣的重要途径。几千年的书法历史源远流长，给我们留下了举不胜举的名迹法书和书法大家，我国书坛可谓群星璀璨。这些杰出的书法大师连同他们的经典之作，是繁荣发展我国书法艺术极其宝贵的财富。继承优秀传统、勇于探索创新，要求我们要学习书法优秀传统，博采众长，融会贯通，厚积薄发，推陈出新；要适应时代变化，遵循艺术规律，积极推进书法理论、书法教育、书法美学等方面的创新，为书法艺术的发展注入新的生机和活力；要正确处理继承和创新的关系，固本求新，使书法艺术的发展更加绚丽多彩。

三是要坚持贴近实际、贴近生活、贴近群众。这是推动书法艺术大发展大繁荣的根本要求。事实证明，书法艺术只有贴近实际、贴近生活、贴近群众，才能根基牢固，拥有源头活水，才能保持旺盛的生命力。坚持贴近实际、贴近生活、贴近群众，要求我们要坚持以人为本，牢固树立群众观点，从群众火热的创造实践中积累生活、获取素材、捕捉灵感，丰富艺术底蕴，开阔艺术视野，不断提升书法境界；要始终与时代同行，与人民同心，坚持向人民学习，向生活学习，面向基层，服务群众，让书法艺术走进千家万户。中国书法进万家行动计划就是通过组织广大书家和书法工作者进社区、进乡村、进企业、进校园、进军营的同时，开展命名中国书法名城、书法名山、书法之乡等活动，使书法艺术和书法事业与社会发展和人民生活联系的更加紧密。

四是要多出精品、多出人才。这是推动书法艺术大发展大繁荣的重要任务。精品是书法艺术发展水平的重要标志，人才是繁荣书法艺术的关键。经过30年来的努力，我国书坛出现了一批为世人所公认的大家力作，但与推动书法艺术大发展大繁荣的要求相比，无论是大家还是力作，其数量还远远不够。多出精品、多出人才，要求我们要沉下身子，静下心来，专心致志，孜孜以求，不断提高自己的业务水平和精神境界，努力攀登人生和艺术高峰。要进一步增进团结，互相支持，互相学习，共同致力于中国当代书法艺术的繁荣发展。

五是要切实加强协会自身建设。这是推动书法艺术大发展大繁荣的重要保障。30年来，我国的书法组织从无到有、从少到多，在引领书法艺术发展中不断加强自身建设，充分发挥联络、协调、服务职能，为繁荣发展我国书法艺术事业提供了重要保障。切实加强协会自身建设，要求我们要坚持求真务实，切实转变职能，改进工作方式，多办好事实事；要加强调查研究，加强沟通联系，深入探索新形势下履行职能的新途径，探索行业管理职能，制定行业自律规则，为会员和书法工作者提供多方面的服务；要充分发挥人民团体的独特优势，满腔热情地与广大书法工作者交朋友，寓引导于服务之中，寓管理于服务之中，不断增强协会的凝聚力、影响力。

目前，我国书法艺术已进入了历史上最好的发展时期。书法界要紧密团结在以胡锦涛同志为总书记的党中央周围，认真贯彻落实党的十七大和十七届三中全会精神，深入贯彻落实科学发展观，紧密围绕“贯彻科学发展，促进书法繁荣，服务社会和谐”的中心目标，推进书法艺术事业全面协调可持续发展。我们有理由相信，经过书法界的共同努力，书法艺术必将迎来空前的繁荣发展，我们的时代必将在有着数千年深厚传统的书法史上留下绚丽多彩的篇章。

（原载于《中国书法通讯》报2009年第1期）

中国书法六十年

——《中国书坛纪事》编写思路及引发的思考

◎ 赵长青

在新中国60华诞之际，凝聚着心血、汗水、情感的《中国书坛纪事》（以下简称《书坛纪事》）付梓出版了。这是几代书法家的共同心愿，是中国书协、各团体会员、有关专家和工作人员历时1000多个日日夜夜，辛勤耕耘、共同努力的结果，是对中国书法事业近60年发展的一次全面性的回顾和总结。手捧样书，在从头至尾的审读时，欣慰之情油然而生，同时也心生许多的感慨和感动。作为一名《书坛纪事》的组织者，我也想借此机会谈谈个人的感受和思考。

编写《书坛纪事》的起因

人类文明既是创造的过程，也是积累的过程。历史前进的每一个足迹，人们都不会遗忘，也不应遗忘。博大精深的中华文明犹如源远流长的历史长河，历尽千秋，久经磨砺，奔流至今，从未中断。追思缘由，我们便会不约而同地发现，支撑这一伟大民族精神的最重要的如同血脉一样的载体，那便是天人合一、形神相通、意蕴丰富、书写自如的中华汉字。

记录和续写当代中国书法史是中国书协义不容辞的历史性责任。汉字是中华民族智慧的结晶，是中华文明最基本的元素之一，是独步世界艺术之林的中华文化之瑰宝，是国书、国粹，是中国人最亲近、最温暖的艺术。换言之，有汉字就有了书法，有书法就有了文化。一部书法史即是一部文明史。当中华先祖把自己创造的文字第一次刻在甲骨上，以文字记载为标志的中华文明就随着书法艺术的诞生悄悄起源了。它书写着中华民族自强不息、开拓进取的奋斗历程，记述着中华文明源远流长、波澜壮阔的发展历史，传承着炎黄子孙实现民族伟大复兴的追求与梦想；同时展示着书法自身千姿百态、情韵生动的独特魅力，这就是中国书法艺术至高无上的光荣。因此，精心呵护汉字，小心翼翼地珍存书法的历史，既是中华民族的责任，更是中国书法家协会的责任。

编写《书坛纪事》是书法事业发展的客观需要，也是迫在眉睫的当务之急。新中国成立以后，尤其是改革开放以来，中国书法事业日益繁荣兴盛，中国书协不断发展壮大。特别值得一提的是，2006年在沈阳举行的纪念中国书协成立25周年大会上，有的代表提出应对当代书法发展状况做个全面性的回顾和总结，以弥补当代书法史缺憾，这一提议得到与会代表的一致赞成。大家的态度足以说明，这是一项得民心、顺民意、众望所归的举措。作为新一届中国书协领导集体如何面对，是敢于担当，还是以其他理由推延？明知道是艰难之举，但我们深知中国书法属于历史，也属于时代；属于民族，也属于世界。我们有责任有义务将新中国成立以来书法事业发展的足迹真实准确地记录下来，书法人丰富多彩的社会活动和异彩纷呈的创作实践需要向世人展示出来，为后人研究当代书法历史提供一个比较完备和生动的资料。如果中国书协这届班子不作为，把这副担子交给下一届的话，那么在这5年的时间里将会有许多宝贵资料随之流失。我想这会留下永久的遗憾，造成不可挽回的损失。严格地说，不作为就是失职，就是负债。我认为这就是中国书协决定编写《书坛纪事》的初衷。

怎样编写好《书坛纪事》

对书法界来讲，《书坛纪事》的编写可谓是一项前无古人的浩大工程。2006年也是中国书协换届后的第一年，中国书协站在弘扬中华民族传统文化，促进书法事业全面协调和可持续发展的高度，经过认真研究，做出了编纂《书坛纪事》的重大决定，并组成专门的班子，投入足够的人力、物力和财力，广泛调动社会各方面资源，认真收集整理素材。这是历史和时代赋予我们的神圣职责和光荣使命。

确定指导思想，明确了编写《书坛纪事》的总体思路。在老一辈革命家和文化巨匠王震、谷牧、方毅、周扬、赵朴初、张爱萍、舒同、许德珩、胡厥文、郭化若、李一氓等热情支持下，1981年，中国书法家协会沐浴着改革开放和现代化建设的春风，伴随着中华民族实现伟大复兴的步伐应运而生了。中国书协的成立，标志着书法家们终于有了自己的组织，书法艺术发展的专业性、理论性、群众性以及社会影响力自此有了历史性的提升。党的十七大提出了建设和谐文化、弘扬中华文化、提高文化软实力的战略部署，进一步坚定了我们做好书法事业和协会工作的信心与决心。鉴于协会的性质和职能，以及编写《书坛纪事》的初衷，我们确定了编写工作的指导思想：以邓小平理论和“三个代表”重要思想为指导，以科学发展观为统领，坚持“二为”方向和“双百”方针，坚持在全局中定位、在大局下行动的理念，坚持围绕中心、服务大局，回报社会、奉献人民；坚持“大事必录，要事不漏”的编辑原则，力求客观历史地记录书法界激情昂扬的精神状态和异彩纷呈的艺术劳动，热情讴歌改革开放和现代化建设的伟大实践，为努力弘扬传统书法艺术，为更加自觉、更加主动地兴起社会主义文化建设新高潮做出积极贡献。

严密组织协调，为编写《书坛纪事》工作顺利进行提供保障。在编写过程中，本届中国书协领导班子对《书坛纪事》的编辑出版给予了足够的重视，分党组多次专题研究大事记的启动和推进工作，成立了《书坛纪事》办公室，聘请周志高等10多位同志参加编辑工作，并在办公经费和条件等方面做了悉心安排，提供保证。在北京召开了《书坛纪事》全国编辑工作会议，明确提出了《书坛纪事》编写的宗旨和要求；并邀请各省、市、自治区书协有关负责同志、专家和编辑人员对编写工作进行研讨交流。编写工作缜密安排，有序推进。按照《书坛纪事》编写工作总体方案要求，从2006年11月启动筹备，到2007年4月正式发文征稿，进一步明确编写体例、格式和各项具体要求，使此项工作有了良好的开端。各地书协对此也非常重视，纷纷成立了编写班子。在各方面的支持下，经过群策群力，广泛收集，认真组织，使整个工作严密有序地进行，如期于2008年8月收齐书稿。今年4月，在文物出版社的协助下，36本《书坛纪事》征求意见稿寄送到本届书协的主席团成员、顾问和一些曾经在书协工作的多位老同志手中审读，他们给我们提出了宝贵的意见，增补了很多重要的内容。6月召开了《书坛纪事》审校会，聘请了张虎、于曙光、谷谿等有关专家用3天时间对全书逐条逐句进行审读校正。

做好总体设计，确保《书坛纪事》历史和文献价值经得起时间的检验。《书坛纪事》涉及之广，事件之多，参与者之众，是书法史上罕见的。《书坛纪事》站在中国现代书法史的高度，客观而真实地记录历史，以高标准、高质量的图片和文字反映重大事件、重大活动、重要人物、重要作品，推出人才，推出精品。注重全局性、系统性、史料性，文字精炼，条目清晰，图文并茂。提倡继承创新、有所作为，以此推动当代书法事业的繁荣发展。

《书坛纪事》共分三卷，230多万字，以年为序。对新中国成立后到中国书协成立之间这段时期内书坛的大事要事，设立了“1949－1980年中国书法简明大事记”一栏予以记录。中国书协成立后，各项工作逐步开展，采用编年体与分类编辑法相结合。以中国书协职能部门开展的工作为主导，分为12个栏目：（1）重要纪事；（2）展览评奖；（3）学术研究；（4）组织建设；（5）对外交流；（6）教育培训；（7）媒体出版；（8）团体会员；（9）当代书家；（10）书迹新见；（11）书法市场；（12）其他。原设“当代书家”一栏刊载中国书协领导成员和各省、市、自治区书协主席团成员以及联系到的港、澳、台地区的书法团体负责人的作品及其艺术简介，共计670位，难在大事记栏目中安排版面，为此，特抽出汇编成一册，为第三卷。各省、市、自治区书协和有关书法团体以及两刊两报专业媒体所提供的大事记，全部内容不做变动，只做文字上或统一格式上的整理，汇编成第二卷（汇编卷）。其中涉及全国性的重大活动或展览内容等，则摘录充实到第一卷（综合卷）。为了给读者更多的资讯，我们特别在第一卷、第二卷卷后编辑了附录部分：如重要文件、报告、讲话、领导机构名单和高等院校书法教学简介、印社、文房四宝等以供读者查阅。中国书协从2006年起，已成立了书法年鉴编委会，每年公开出版一册年鉴。为此，2008年、2009年的大事均不再收录。

《书坛纪事》引发的几点思考

编辑出版《书坛纪事》，是中国书协贯彻党的十七大精神，落实科学发展观，进一步建设繁荣和谐、创新有为当代书坛的一项重要举措，是响应中国文联号召，推动文艺界大团结、大繁荣、大发展的实际行动，是书法界迎庆新中国成立60周年、中国文联成立60周年献上的一份厚礼。《书坛纪事》的出版发行，对于全面了解新中国60年来，特别是改革开放以来书法事业的发展轨迹，了解当代书法艺术发展的动态、流派、风格以及思想观念的进步与解放，都具有很高的参考价值。同时也将对传播中国书法艺术，让世界更多更全面地了解当代中国书法艺术的发展状态和进程起到重要的桥梁作用。

书法属于历史，更属于这个伟大的时代。在社会主义建设时期特别是改革开放以来，政治稳定，经济发展，人民生活安居乐业，使得群众有了研习和欣赏书法的文化氛围。回首改革开放30年来书法艺术发展道路，我们深切体会到，改革开放是决定当代中国命运的关键抉择，也是决定中国书法艺术命运，实现中国书法艺术伟大复兴的先决条件。毫无疑问，影响广泛、持之以恒的“书法热”必将造就中国书法艺术历史性的新辉煌！书法艺术作为中华文化的精髓与瑰宝，踏着坚实勇敢和富于创新的脚步，一步步走向全面繁荣的历史过程。也正是波澜壮阔的30年改革开放的伟大实践，极大地激发了中国书法艺术的生命力、创造力和想象力。在创新中继承，在继承中创新，中国书法艺术在书写大时代的同时，也重铸了自己的辉煌。胡锦涛同志指出：“当今时代，文化在综合国力竞争中的地位日益重要。谁占据了文化的制高点，谁就能够更好地在激烈的国家竞争中掌握主动权。”据中国人民大学海外文化调查表明，近年来中国书法首次成为海外人士辩识中国的文化符号。特别是2008年的北京奥运会，艺术性地植入中国书法元素，从北京奥运会会徽吸收中国书法篆刻元素的“中国印•舞动的北京”，到上二件中国书法精品装扮奥运场馆，再到梦幻般地以中国水墨画卷形式贯穿整个北京奥运会开闭幕式，中国书法以中华民族文化图腾般的核心形象，引起全世界几十亿人的强烈兴趣和普遍喜爱，成为本届奥运获得巨大成功的重要动因。随着中国书协自身形象的不断提升，深得国际书法组织的关注和信赖。经中国文联同意，国家文化部批准，国际书法家联络组织机构已于2007年11月11日正式由新加坡移交中国。自此书法艺术作为国家软实力的重要组成部分，已经和正在国际舞台上发挥着更加重要的作用，产生更加深远的影响。

书法属于书法家，更属于人民。今天，随着人们思想文化素质的普遍提高，书法艺术作为社会主义精神文明建设的重要组成部分，日益受到全社会的关注和热爱，“书法热”持续走高并蔓延至全国各地和社会各界。名家与佳作之盛，具有相当艺术水准的民间书法家、参与书法活动的族群和习字者之多，书法艺术的实用性和观赏性之拓展，在中国数千年的发展史上是前所未有的。从《书坛纪事》中可以看到，1980年举办第一届全国书法篆刻展时，征收到的作品仅1000多件；到第八届（2004年）全国书法篆刻展时，征收作品已高达33000余件；第九届（2007年）又跃升到56000余件。上述数字充分证明，书法艺术已经从文人雅士的书斋中被解放出来，成为人民群众广泛参与的艺术创作活动。“旧时王谢堂前燕，飞入寻常百姓家”，可以说，改革开放的30年，也是书法艺术大跃升、大繁荣、大发展的30年。这些成绩的取得首先得益于这个伟大的时代，同时也得益于党和国家领导人及社会各界的广泛参与，中宣部、中国文联的高度重视；加之以中国书协为主体、以各团体会员为骨干、以基层书法组织和广大书法家为基础的积极推动，中国书法艺术从以往的个体行为和自生自灭的无序状态，跨入“团结和谐、组织有力、活动频繁、队伍壮大、基础雄厚、创作繁荣”的发展机遇期。

史为今用，方显《书坛纪事》的魅力本色。历史的启示，是宝贵的精神财富。编纂《书坛纪事》，绝不是单纯的为记事而记事，而是“鉴古知今，史为今用”。意大利著名哲学家克罗齐有一句名言：一切历史都是当代史。意思是说当代人通过研究过去的某一历史或某一历史人物，都是为当代人走向未来探索一些有益的借鉴，汲取成功的经验，避免失败的教训。也正如司马光在《资治通鉴》中讲的：鉴前世之兴衰，考当今之得失。这都告诉我们，研究历史和历史人物，绝不仅仅是个单纯的学术问题，而是个很现实的政治问题。《书坛纪事》就是以实事求是的态度来对待书法界的历史，用历史唯物主义的观点看待已发生的事件。让后人知晓，历史的经验来之不易，历史的经验也最有说服力。同时，我们应当珍惜前人走过的路，从历史和现实及正反两个方面的对比中，冷静思考，探索过去，开创未来。“前事不忘，后事之师”，衷心希望《书坛纪事》能更好地发挥它总结历史，承前启后，与时俱进的作用，为推进书法事业繁荣发展，实现中华民族的伟大复兴做出更大的贡献。

尚需说明的是，我们仅用了3年时间就编写近60年的《书坛纪事》，难度之大，不亲自参与其中是难以体会到的。启动之初，就曾有同道提醒我说：做《书坛纪事》这项工作是“劳民伤财”、费力不讨好，看不到政绩。其实，我们也深知这项工作的难度和所要耗费的精力；做了肯定会有说三道四的，肯定会有瑕疵，不可能完美无缺。但责任与良知告诉我们必须做。因此，在此书付梓的同时，我们又组织专人为编写第二版《书坛纪事》做了一些必要准备，以此来拾遗补缺，相信我们的努力会让《书坛纪事》越来越完美的。

总之，历经三载的广泛调研、征询、收集、整理、撰写，现在，这部饱含着书法界辛劳、智慧与爱心的书籍终于付梓出版，我们感到无比的欣慰。这是中国文联领导高度重视、大力支持的结果，是当代书坛近千名书法家和书法工作者、数十名专家和学者辛勤劳动的结晶，是涵盖当代中国书法艺术和事业发展总括性的巨大文化工程，是我们敬重历史、呵护历史、珍存历史并期望把一段完整的历史交给后人的责任心与历史感的体现。相信它的出版，将为后人研究当代书法史提供宝贵而详实的文献史料，将为传承中华文明和中国书法艺术提供颇有裨益的帮助。

（原载于《中国艺术报》2009年9月29日）

“阅读书法”

◎ 陈振濂

从甲骨文开始的中国文字书写史，从张芝、鐘繇、王羲之开始的中国书法艺术史，都是在文字应用与书法美的表现中互为借助互相辉映，书法离不开写字，书写离不开美；这一法则一直延续到清末民国甚至新中国成立后的沈尹默白蕉沙孟海陆维钊林散之王蘧常这一代大师巨匠。当然，直至今天，书法圈里认定书法是实用的写毛笔字的，也大有人在。

改革开放30年，随着中国书法家协会的成立；随着书法展览体制主导的格局形成；百万书法爱好者热情投入的超强氛围；书法评奖中的各种热议与跟风；能够一夜成名的诱惑；种种过去书法所不曾有过的态势与含义，在今天已成为时代的新课题、新现象、新内容而引出无数正面或反面的话题。所谓“书法热”，首先即表现为“展览热”、“评奖热”、“流行热”、“创作热”。

以书法展览为主导的当代书法创作，必然会以展览中展品所必须具备的形式、技巧、风格等可视的因素为追求目标；而让书法原有的文献性、史料性、叙事性的一面退居其次。在一个展厅中，视觉形式是第一位的、是吸引观众的主要依据。而书写的记事叙述文献功能，却未必是不可或缺的。一个观众到书法展厅里来，主要是欣赏，而不是阅读——阅读与思考应该在书斋据案静坐中进行，而观赏才是展览厅里的题中应有之义。这，我们称之为是“观赏书法”。

30年的书法走向观赏化，取得了丰硕的成果。遍观今日的书法展览，形式丰富，技巧扎实、风格独特、笔墨挥洒自如的精心之作比比皆是，将之放置在古代宋元明清，就视觉愉悦快感而言并无逊色。从书写、写毛笔字的半实用状态到今天展览厅书法的艺术创作形式风格观赏，的确是一个亘古未有的伟大的时代进步，谁要是否定它，谁就不是个实事求是者。

但当“观赏书法”走过了30年之后，回过头来看看展厅里那些技法精湛、形式精美的作品，却总觉得还缺少了些什么？清一色的抄录古诗文，使书法的被阅读的传统慢慢被遗忘；书法的文史价值、文献意义也逐渐淡出，再也不是一个被关注的焦点。即使有书家倡导自作诗，其实也大抵是中流以下，无病呻吟居多，不通平仄、不解用典的硬伤比比皆是，甚至半文半白不伦不类的杂体也触目皆见。因此，不仅仅是展览厅书法的把观众引向艺术观赏是“罪魁祸首”，书法家的文史功夫怯弱更是一个致命所在。——读的是古人（古诗文）、赏的是时贤（即时的书法创作）；这种“双重人（书）格”几乎成为当今书法的通病。若说今天书法之不及古人，我以为首先不是输在笔墨技法上，而是输在文献与文史的价值上；古人的书法是历史的承载，书可证史；今天的书法只是观赏品和雅玩，可有可无，两者之间，不可以道里计也。

故尔我才会在2009年“线条之舞”的个展上提出要重新呼唤“阅读书法”。我以为30年书法历程对形式与视觉美的开掘是极其必要的。但它应是个阶段性的目标而不是终极目标。在“形式至上”的理念被充分理解、充分运用之后，提出一个注重记事叙史的“阅读书法”，倡导书法创作中的用一流技法去诠释一流思想，强调书法原有的文史、文献功能，并不是好事之举，而是有着现实针对性的。它告诉我们：仅仅靠抄录古诗文而没有真实自我内容的书法，即使再有妙不可言的形式风格技巧，也很难成为时代的标志。此无他，因为这样的书法中缺少思想与历史的承载力，缺乏文献意义。

过去，我们曾经通过学院派书法创作模式中的“主题先行”“思想领先”的提倡，试图提升书法作品中的文字文献内容的品质；现在，通过书写性书法中的记事叙史功能的重新提倡，来唤醒书法家在艺术创作中展示思想、展示文化内涵的追求意识。两者异曲而同工、殊途而同归，都是基于同一出发点也。

——“阅读”书法

在这个文化快餐时代，“阅读”正在被遗忘、被抛弃，被越来越肤浅地歪解、误解与曲解。在这方面，书法界的努力自振，有可能成为扭转时代颓风的“先行官”——只有我们多读书，多创作一些“我手写我口”而不是抄录古诗文式的“假自己之手去浇古人块垒”，那么当代书法在30年振兴后，一定还会有一个辉煌的未来。

30年书法以展览为中心的“观赏书法”，是今天倡导“阅读书法”的前提与基础，没有它，书法始终还处在“写毛笔字”的低级阶段而毫无艺术创作可言；

30年后的今天，以“阅读书法”为鹄的，则是希望深化书法的内涵，强化书法的历史意识与文献价值。它是在“观赏书法”基础上的再起跳、再出发。以它去否定“观赏书法”大可不必；但没有它的倡导，“观赏书法”也很难有新的可持续发展空间。由是，提出“阅读书法”的新目标，是对30年书法历程的品质提升与目标提升，除此之外，岂有它哉？

（原载于《陈振濂书法创作文献集1990—2009》）

新中国书法的时代特色和历史成就

◎ 李 一

新中国成立以来，书法艺术得到全面发展，呈现出鲜明的时代特色，具有重要的历史地位。

一、 时代特色

在特定的社会文化背景下，新中国书法不同于以往任何朝代的书法，有着鲜明的时代特色。

首先，书法在新中国走近了人民大众，人民大众真正成为书法创造和接受的主体。在古代，舞文弄墨挥毫作书是文人士大夫的“雅事”，在“士、农、工、商”的传统社会分工中，书法的活动包括创作与欣赏，交流和传播主要在“士”阶层中进行。自民国始，中国的知识阶层由传统士大夫向现代知识分子转变，书法也渐渐从过去士大夫的垄断中解放出来走近知识大众。但由于教育的普及程度有限，知识分子的数量有限，又加战乱等因素，书法与人民大众之间还有着一定的距离。只有到了新中国，中国社会底层的工人农民的社会地位才得到提高，经济状况和受教育的程度才有了根本的改善。整个国家政治经济文化的一切举措向人民大众倾斜，国家提倡艺术为人民服务，为社会主义服务。人民成为书法艺术的欣赏者和创造者。如果说，在过去书法是为帝王将相服务的艺术，是文人士大夫的艺术，那么到了新中国，书法则是为人民服务的艺术，人民大众的艺术。这是一个根本的转变，新中国书法的种种变化，都与这个转变有着密切的关系。

当然，书法走近人民大众，人民大众成为书法创作和欣赏的主体取决于人民大众文化层次的普及提高，这在新中国是有一个过程的。新中国成立伊始，还不具备这样的条件。随着现代教育文化普及面的扩大，有文化有品味有追求的劳动者的比重增加和知识阶层的大众化趋势的逐渐形成，特别是改革开放以来，随着物质生活和精神生活的提高，民族自信心和文化自觉意识的增强，喜爱书法参与书法实践者日益增多，书法走进工厂、走进农村、走进军营，走进千家万户，成为参与人数最多、受众面最广的艺术。自书法热兴起以来，选择书法以增加修养提高文化品位者越来越多，社会各阶层各行业都涌现出书法家和大批的书法爱好者。在乡镇、街道、企事业基层单位开展的书法活动中，都有众多人广泛参与并推出了一批书法人才。

书法走近人民大众的重要标志是出现了一批工人书家，农民书家、军旅书家、妇女书家。有文化的工人、农民、解放军官兵、妇女活跃于书坛，成立组织举办书法展览，是新中国书法特有的文化景观。

其次，书法进一步走向社会公共空间，成为当代社会的公共化艺术。与以往的时代相比，新中国的改革开放时期，书法的社会化活动日益繁多。面向社会的书法展示、书法交流研讨、书法拍卖销售等活动，通过精心组织策划和各种媒体广泛而快速的传播，引起社会关注。每逢国家的重大政治经济文化外交活动、节日纪念、扶贫救灾，书法界便迅速组织起来，或举办展览，或举行笔会，积极参与社会服务社会，发挥作用，体现价值。就展示交流而言，新中国书法已由私密性的书斋走向公共化展厅，由三二知己的雅集变为社会性的公共化活动。具有社会影响发挥社会效应的“中国书法艺术节”，“中国书法艺术博览会”，“千人笔会”，“中国千名书家精品走进奥运场馆志愿活动”，规模之大，场面之盛，亘古未有。

曾有人将改革开放以来称为“展览的时代”，所谓“展览的时代”，即书法的公共化倾向的集中体现。展览的频繁举办，将书法作品置于社会的公共空间，由公众观赏而产生社会效应。但凡创作水平、风格流派、群体阵营、个人实力均由展览向社会呈现。“国展”等大型展览通常向社会征稿，由主办者聘请专家评审，然后悬挂于公共展厅，从征稿、评审到展出到媒体传播的过程就是一个书法公共化的过程。

第三，种类丰富、艺术性突显，创作意识强化。新中国书法，除传统的毛笔书法外，着眼于普及实用的钢笔书法和追求视觉表现效果的刻字书法等新的书法种类应运而生，增加了书法的种类和表现形式。传统书法本有实用和艺术的双重性，既“尚用”又“尚美”，在实用中表现艺术的美，在表现艺术美的同时传达出特定的交流信息，发挥着实用的功能。用毛笔记事感怀咏物抒情的同时，“唯笔软而奇怪生焉”，笔气墨韵相互生发出节奏的美。然自钢笔引入以来，毛笔的实用性减弱，尤其到了新中国，硬笔的广泛使用和电脑写作日益普及，基本占领了实用的领域。除用于公共空间的书法牌匾，特殊时期如文革期间的大字报，特别场合下如签名题词，以及少数学者仍坚持用毛笔记事写信外，毛笔在广大的社会实用层面上被废弃。实用功能的减弱迫使书法向审美的空间延伸。也就是说，由传统的“写字”走向“艺术创作”是现实环境逼迫下的选择。在古代，书法是文化的素养，虽然也在不断创作，却殊少自觉的创造意识。近现代以来，特别是到了新中国，在实用的功能被大大削弱的同时艺术创作意识被不断强化。从艺术的立场而非实用的立场看待书法，如何使书法更具表现性，是新中国书法家所重点思考的问题。在新中国成立初期，就有书家从推陈出新、标举时代风格着眼，明确提出书法艺术的创造性问题。至新时期，在新思想新观念驱动下，强调笔墨当随时代，创造时代新风格成为书坛的潮流。1980年后的书坛，突出地强调书法的艺术美表现，强调书法的审美功能，强调笔墨之美、章法之美、结体之美，强调艺术语汇的重要性，强调韵律、节奏、空间构成，强调风格流派艺术个性，对形式化、风格化的追求蔚然成风。

第四，书法的多元共生态势日趋明显。新时期以来，书法在发展格局、当代标准和价值取向上出现了多元共生的倾向。传统的、现代的、后现代的艺术观念对书坛都产生着影响。因观念的不同，出现了不同审美标准不同价值取向的创作模式。各家各派虽然都讲创新，都注重利用传统的书法资源，然而在如何创新、创出什么样的“新”上，有着很大的差异甚至是根本的对立。如“书法新古典主义”和“书法主义”在标准和价值取向上就有着根本的不同，一个要在传统的基础上创新，一个要解构传统重来。如果说民国的现代艺术运动基本未涉及书法的话，那么到了新中国的新时期，现代艺术不仅闯进了书法的领地，而且成为一边风景，但“风景”不是“这边独好”，其他的“风景”更有可观处。实际上，新时期以来的书法流派也好，“主义”也好，是各有各的追求，各有各的标准，各有各的创作主体和接受主体，各走各的路。各有各的发展空间和势力范围，在宽松的社会环境中齐头并进。

书协、院校、创作科研机构、文博系统及一些民间的书法组织，各有归口，各有生存方式、发展目标和侧重点，彼此之间既相互联系，又相对独立。体制内的专业书家、业余书家和体制外的职业书家各有其便利和制约。书法创作、史论研究、专业评鉴、市场营销等各有各道、各有所得，种种新出现的现象反映了书法的多元化倾向。

二、历史成就

在全新、统一、和平并逐步走向繁荣富强的新中国，古老的书法再一次焕发出青春，奏出了新时代的乐章。新中国书法事业开创局面之新，发展速度之快，群众热情之高，专家研究之深，创新意识之强，组织建设之全，交流传播之广，活动规模之大，国际影响之远，风格流派之多，展事之频，成果之丰，均前所未有或少有，在中国书法史上超过了任何一个60年。特别是改革开放30年，书法事业成就更为显著。新中国书法经受住了前所未有的考验，抓住了前所未有的发展机遇，取得了历史性的辉煌成就。

一是书法事业的多方面拓展。新中国特别是改革开放时期，书法的组织建设、交流传播、人才培养、编辑出版等方面均有开创性突破性进展。在党和政府支持下，成立了有史以来全国性权威性的书法专业团体中国书法家协会，从组织建设方面为书法事业的发展提供了有力保障。中国书法家协会成立20余年来，围绕中心，服务大局，形成了书法评奖、展览、学术“三位一体”的专业发展体系，以履行协会职能和提高服务能力为中心的服务体系，以实施“中国书法环球行”为主要内容的对外书法交流体系，形成了以中国书协为主体、以基层书法组织、广大书法家和书法工作者为基础的书法组织体系。为推动书法的普及与提高，传播与交流、创作与理论等各种活动做出了巨大的贡献。新中国扩大了书法的交流传播范围，由国内扩大到国际，由亚洲扩大到欧洲、美洲、大洋洲、非洲。随着国际文化交流的日繁，书法交流在全球范围内展开，开辟了书法交流的国际化道路。书法走遍全球，古人未曾想过，而在改革开放的中国则变为现实。在国家对外交往中，书法作为中国文化的象征、作为国家形象的艺术表率发挥了重要的作用。与日本、韩国、新加坡书法交流展览之频、规模之大、研讨之深均前所未有。新中国初步建立了现代的书法人才培养体系，开创了现代型的高等院校书法专业教育。通过艺术院校、师范院校和综合性大学的专业性书法教学，从专科、本科到硕士、博士，培养了一批书法专门人才。书法专门人才的脱颖而出，壮大了书法队伍，逐步改变着书法队伍的组成结构，并且作为训练有素的生力军，在书法创作和研究方面越来越发挥出应有作用。新中国是书法的编辑出版大发展时代，出版书法典籍之多、类别之全、发表研究成果之多之快前所未有。特别是大量书法专业报刊的创办，有力推动了书法的普及和提高。

二是创作流派纷呈、风格多样、书家辈出。在中国书法史上，从来没有任何一个60年像新中国书法这样风格流派意识如此强烈，书法创作风貌如此丰富和多样。改革开放的三十年，是书法流派纷呈、书体书风多样发展的时期。历史上原有的风格流派都有不同程度的继承和发展，又因改革开放大潮所推动，新创了具有时代特点的风格流派。新中国既是传统帖学复兴的时代，又是传统碑学新发展的时代。“碑”与“帖”两个派系，既有相对的一面，又有相互融合的一面。如果说在清末民国“碑”、“帖”已开始融合，那么到了新中国，二者真正进入了相互兼容、取长补短的时期。突破原有的“碑”、“帖”意识局限，增加了“碑”、“帖”的内涵，在相互兼容中创造新风格，是新中国书法创作的一大特点。新中国书法既注意从传统内部寻找创新的可能性，充分利用原有和新出土的书法资源创造新的风格，又从艺术的立场出发，探索书法的当代形态。汲取姊妹艺术的营养，突破原来的“写字”模式，用新的观念创造了许多现代形态的作品并形成新的流派。

就书体而言，新中国书法的楷、行、草、隶、篆各体相互借鉴，相互渗透，碑与帖相互融合，充分利用新出土书法资源，广泛吸收中国画笔墨之营养，使各种书体的语汇比以往更为丰富，艺术表现意识比以往更为强烈。

新中国是一个书家辈出的时代，书坛可谓群星灿烂，名家荟萃，几代书家共同铸造了新中国书法史碑。以年龄而分，60年间大致有五代书家活跃于书坛。生于清末者为第一代，生于民国前期者为第二代，生于民国后期者为第三代，生于共和国初期者为第四代，生于“文革”前后者为第五代。第一代书家在新中国成立初期的书坛发挥了重要的作用，第二代、第三代是推动“书法热”的中坚力量，第四代、第五代年富力强，尽显后来者居上之势，在21世纪书坛大显身手。五代书家各显其能，各尽其力，前赴后继，薪火相传，各自发挥优势，共谱历史新篇。

仅就谢世的书家而言，毛泽东的狂草，林散之的大草，王蘧常的章草，堪称经典大家。不仅足以代表新中国草书的成就，而且在草书史上竖起新的里程碑。沈尹默、白蕉、吴玉如等对二王帖学书风的再探索，足以炳彪史册。郭沫若行书的率意挥洒，谢无量行书的天真活泼，马一浮行书古淡清疏，徐生翁行楷的生僻怪拙，沙孟海行书的沉雄老辣，陶博吾行书的稚拙纯朴，赵朴初行书的典雅文气，启功行楷的精熟秀美，舒同楷书的自成一体，朱复戡的篆笔行草均在书法史上留下了光辉的篇章。陆维钊的“蜾扁篆”，潘主兰的甲骨文书法，蒋维崧的金文，徐无闻的“中山王器字”书法，对篆书的发展做出了突出的贡献。宁斧成、刘炳森的隶书装饰性强，有继承更有新创，深受人民大众喜欢。

更值得注意的是，妇女书法和画家书法在新中国取得了突出的成就。“时代不同了，男女都一样”，新中国妇女书家之多、水平之高，超过了历史上任何一个时期。继萧娴、游寿等第一代女书家之后，妇女书法群体已崛起并越来越发挥着重要作用，大有巾帼不让须眉之势。画家自古多善书，至新中国，画家书法的创造性更为突显，以画入书，书画互渗，在意趣、理法和精神层面都有新的创造。齐白石、黄宾虹、徐悲鸿、钱瘦铁、潘天寿、丰子恺、来楚生、李可染、陆俨少等画家的书法艺术个性鲜明，水平高超，对书坛影响广泛，为新中国书法谱写了壮丽的篇章。

三是书学研究视野拓宽、范围增大、观念更新、方法多样、队伍壮大、学科初建、硕果累累。与书法创作形成双翼的书学研究，经过几代学人的努力，在新中国特别是改革开放时期有了很大发展。发表论文之多，出版著述之丰，超过了历史上任何一个时期。不仅利用报刊进行了旷日持久的“兰亭论辨”和声势浩大的书法美学大讨论，影响和规模之大前所未有，而且开创了现代大型书法学术研讨会研讨方式，专家学者各抒己见，百家争鸣，研讨之热烈，前所未有。就学术视野和范围而言，不仅对古代书法现象诸如书体、书风、书家、书论、帖学、碑学、墓志、尺牍、摩崖、刻本等进行了重新阐释和解读，而且对当代书法现状和发展趋势诸如继承与创新、学科之建设、当代之标准进行了反思。其学术目光，不再仅仅局限于书法的原创地中国，而是扩大到本土以外的日本书法、东南亚书法等域外书法的研究，中日书法比较研究有了开拓性进展。可以说学术视野和范围囊括了古今中外的书法现象。

就学术观念和方法而言，新中国的书学研究既对古代书学的重经世致用、尚史论结合、尚知人论艺传统有所继承，又于1980年以来尝试运用现代学术观念、术语、方法对书法进行多方位多角度的阐释。新观念新方法的介入，促进了书学研究方法的讲求和研究取向与方法的多元并存。宏观论述与微观分析的结合，自律性与他律性关系的探讨，多学科的交叉研究，深化了书法艺术规律的认识，并导致了研究方法深入而多样的发展。

就研究队伍和学科建设而言，随着书法教育体制的不断完善，各院校不断培养出知识丰富、综合素质较高的专业研究人员，从而使研究队伍由书家兼文史学者开始向专业研究队伍发展。专业研究队伍的不断壮大，为书法的学科化创造了必要的人才条件。

个人单独研究与群体合作研究相结合，汇集专家学者整合学术力量，群策群力，集思广益，协同攻关是新中国书学研究的一个特点。在众多专家学者共同努力下，编辑出版的14卷本《中国书画全书》、17卷本《中国法帖全集》、两卷本《中国书法鉴赏大辞典》、百卷本《中国书法全集》、7卷本《中国书法史》、多卷本《大学书法教程》等书法学术工程，集中体现了新中国书学研究的成果和水平。

（原载于《中国书法通讯》报2009年第10期）

关于中国书法艺术“现代性”问题的探索

——改革开放30年书法艺术的反思

◎ 张天弓

中国书法艺术，是一种在书写汉字中表现人的精神世界的抽象艺术，为中华民族所独有。汉字有近四千年的悠久历史。在书写汉字中自觉地加上艺术的追求，是两汉之际的草书，至今已有两千年。改革开放30年是两千年书法艺术史上最为辉煌的发展时期，有人称之为书法艺术的伟大复兴。

30年来，国家不断对内深化改革，对外扩大开放，发展思路明确，就是参与经济全球化，实现社会主义现代化，实现中华民族的伟大复兴。国家在经济建设、政治建设、社会建设、文化建设诸方面取得的巨大进步，是书法艺术伟大复兴的前提和基础。“现代化”是当今中国的时代潮流。在这种时代大背景下，提出书法艺术的“现代化”或者说“现代性”问题是自然而然的。

什么是书法艺术的“现代性”问题呢？有各种各样的思考和议论，集中起来主要是两个相互关联的问题：一是在现代社会文化条件下，古老的书法艺术能不能生存，二是书法艺术的“现代性”在哪里，如何使书法艺术“现代化”。这两个问题无法回避，而且还会长期存在下去，只是经过了30年的探索、争论、实践，我们解答这两个问题有了更多的现实依据、理由和信心。

书法艺术作为一种艺术文化，30年来的发展成就主要表现为：一是形成了从中国书协到省市自治区书协及市县书协比较完备的书法家组织系统。这是书法艺术被国家承认为一种专门艺术的最重要的标志。二是以专业书法家、业余书法家及书法爱好者为主体的书法人口数以百万计，并且呈逐渐增多的趋势。至此，书法开始成为大众艺术。三是基本确立以展览为主，以报刊出版物、电视、网络为辅的书法作品及其复制品的社会传播方式。四是初步形成书法的学术研究机制与书法学科的基本框架。五是初步形成从基础教育到高等教育，包括研究生教育的书法教育体系。六是书法艺术成果被纳入中央政府、地方政府文化奖励项目的范围。七是书法作品成为艺术市场中一种重要的艺术商品，相关的工具材料（如文房四宝）产业的稳定发展。八是民间书法社团的迅速发展。

从这些方面的成就看，可以说，在当代书法艺术赖以生存的社会文化体制与机制已基本成形。数千年书法艺术发展的历史长河里，这是一种崭新的文化体制，当然还需要调整、改革，不断完善，但它为书法艺术持续发展提供基本的制度保障应该是不争的事实。

初步形成了社会文化体制的格局，并不意味着书法艺术已经适应了现代文化土壤，不存在发展的困境和生存的危机。近20年来，关于这个问题的探讨和争论一直没有停止过。这里仅略述相关的社会文化条件。

一、实用书写基本退出社会用字领域。近代以来，引进西方先进机械印刷术，逐渐取代传统的雕版印刷及手写本书籍。尤其是改革开放以来，以微电子技术及网络为基础的处理、传输汉字的新技术迅猛发展，如激光照排、数码成像、光储存、电视、传真、手机信息、卫星传送等等，使文本的处理、传播更为便捷、准确、高效，基本取代了手工书写。可是在古代漫长的封建社会里，实用书写一直发挥着极其重要的作用，上至皇帝的圣旨、朝廷的文告、法令，下至市井的契约、账目、字据、便条，全是实用书法。实用书法的社会功能要比艺术书法重要得多，广泛得多。东汉大文豪、大书法家蔡邕写了一篇咏赞毛笔的

《笔赋》，无一句涉及书法艺术，全是赞美文字与实用书法的功能，如“书乾坤之阴阳，赞三皇之洪勋。叙五帝之休德，扬荡荡之典文。纪三王之功伐兮，表八百之肆勤。传六经而缀百氏兮，建皇极而叙彝伦。综人事于昧兮，赞幽冥于明神”。这是一种大文化的文字观、书法观，不同于现代语言学简单的语言交际工具论。实用书法也有审美，只是从属于社会功用而已。商周钟鼎铭文、楚简汉碑、北碑、南朝墓志、敦煌遗书中的写经，都有不同的审美表现，其佼佼者完全可以与名家书法比肩。没有这样的大文化的文字观和实用书法的浓厚氛围，产生书法艺术是不可想象的。现在，实用书法退出社会用字领域，艺术书法赖以生存的社会文化条件发生根本性变化。

二、三次“换笔”，毛笔逐渐成为“奢侈品”。毛笔是古代社会最重要的书写工具，书法艺术的特性与魅力与毛笔有直接的关系，可以说，没有毛笔就没有书法艺术。近代西学东渐以来，出现了三次“换笔”运动。第一次“换笔”，是上世纪初引进西方机械生产的钢笔（金属尖，自动注墨水）。有意思的是，引进钢笔与废除科举考试制度几乎在同时，尽管出乎偶然，但个中机缘值得寻味。“废科举，兴西学”，推行“洋学堂”，学习西方先进科学技术，培养经世致用人才，钢笔是最为便捷的书写工具，所以很快得到社会的普遍认同。第二次“换笔”应该说是上世纪60年代普遍使用无需灌墨水的圆珠笔。第三次是改革开放以后的80年代末，与前二次不一样，不是“笔换笔”，而是“笔换电脑”，彻底的“换笔”。适应信息时代的新要求，全民普及电脑，是国家发展战略中的一项基础性工程。“换电脑”使“爬格子”变成了“敲键盘”，彻底改变了书写方式，这也是前面所述实用书法退出社会用字领域的最直接的动因。不仅如此，“换电脑”还深刻地改变着人们的学习方式、工作方式和生活方式。就书法而言，没有书写经验，就不知道“笔顺”；没有毛笔书写经验，就不知道“笔势”、“笔意”，无法欣赏书法艺术。正是基于“换电脑”对于书法艺术生存条件改变，上世纪90年初出现了书法前途“悲观论”。有趣的是，近20年来电脑的逐渐普及，并没有出现毛笔使用者的剧减，反而是在增多，当然毛笔基本上是用在文化消费，成了“奢侈品”。

三、知识分子阶层整体上疏离书法艺术。中国古代的“士”或“士大夫”，被现代知识分子阶层所代替，这是一个复杂的热门话题，暂不具体讨论。一般说来，我们的“知识分子”是指受过一定的专门教育、具有一定的专业知识的脑力劳动者。典型知识分子或知识分子精英，除了在他的专业领域有突出的成就外，还具有强烈的社会责任感和对人类文化价值的关怀。改革开放以来，知识分子在现代化进程中发挥越来越重要的作用，他们往往是新思想、新观念、新知识、新技术的倡导者和传播者。可是，知识分子阶层，整体上是与书法艺术越来越疏远。在中国古代则不然，知识分子是书法艺术的直接参与者，是书法艺术传承、创新、发展的主体，所以传统的书法艺术的主流是士人的书法，高雅的书法。古代知识分子典型，以“道”为自任，特别注重伦理道德，通过内化的道德力量来塑造自己的人格；通过“修身、齐家、治国、平天下”的“内圣外王”之道来实现自己的人生理想。孔子说：“志于道，据于德，依于仁，游于艺。”书艺只是知识分子“修齐治平”之后的一种“余事”，是“游于艺”中的一“艺”。名士书法家的优秀作品，基本上是在“游”的状态下产生的，是“实用”与“审美”的统一，是“技”与“道”的统一。所以，古代书法名家都是业余的，他的主业提升的“余事”。所以“人品高则书品高”，现代知识分子整体上疏离书法艺术，是书法艺术生存与发展的最大困境。

四、专业书法家与“专业水平”的错位。古代名士书法家是业余的，但也要专业书法家，主要是社会上以“佣书”谋生的职业写手，官府中专门从事文书、抄写工作的下层文吏，以及寺庙里的职业写经手等。史籍中偶然出现关于“佣书”者的零星记载，如《北史》提及的“蒋少游”，《梁书•孝行传》提及的“沈崇傃”等，但不详其作品面貌。近代以来出土的青铜器铭文、楚帛书、汉简、敦煌遗书及传世的碑刻墓志等，都是专业书法家的手笔，其佼佼者已成为传统书法经典中的重要组成部分，可是这部分经典不详其作者姓名，可谓是“无名氏书法”。专业书法家是以实用书写为业，整体水平是远远比不上名士书法家的，这是封建社会的文化专制使然。

改革开放以来，随着文化建设的推进，现已初步形成书法专业工作者队伍，人员不多，主要在事业单位。他们在书法复兴中发挥了重要作用，当然也是知识分子中的一部分。其中，专业从事书法创作的是少数，这少数专业书法家往往兼及其它书法社会活动中的组织、教育、普及、传播、出版等工作。另一类专业书法家属于自由文化人及书画市场的经营者。估计以后专业书法家队伍还有较大发展空间，但依存于公共文化事业或文化市场与面向书法大众的基本趋势，不会发生大的改观。

从现代社会分工看，专业化发展有四个主要动因，一是效率，二是技术、技能，三是标准、水平，四是创造、创新。书法艺术专业化也会遵循这个逻辑，只是作为艺术文化中的一个门类，作品处于中心地位。也就是说，通过书法作品才能满足人民群众的精神文化生活的需要，四个动因集中体现在书法作品上，而且在实现过程中，膨胀的艺术市场起到越来越重要的作用。可是在中国古代有一种关于“创作”的“外功”的文化传统，如“诗在功夫外”、“画在功夫外”、“书在功夫外”等等，只要我们不拘泥字面的理解，就会发现“外功”的要求是大体符合传统艺术的发展规律的。书法艺术的“字外功”主要有两项，一是道德修养，二是文化积累。正是这两项“字外功”使书法成为一门艺术，并且保障了书法作品的精神意义和文化品位，用现代的话说，保障了书法作品的“专业水平”。在现代艺术专业化模式中，尤其是在艺术市场机制发挥重要作用的情况下，“字内功”会越来越精细，越来越新奇，越来越“专业”，可“字外功”却得不到保障，所以从整体上看专业书法家与“专业水平”出现错位。

以上主要是从社会文化的变异来看书法艺术的生存和发展。下面再探讨相关的另一个问题，即书法艺术的“现代性”问题。

前面已经说过，书法艺术已有两千年的发展历史，经历了古代、近代、现代三个历史时期。关于“近代书法”，从来没人提过什么“近代性”，为什么对于新时期书法艺术人们热衷于争议什么“现代性”呢？除了书法赖以生存的社会文化环境发生巨变之外，还有一种普遍的思考艺术的逻辑：书法艺术是当代“艺术世界”中的一个成员，与这个大家庭中的其他成员一样，面向社会，面向受众，面向市场，面向国际文化环境。书法艺术如果不是像其他成员一样具有“现代性”，那就是不合格的成员，就应该淘汰出局。在这样的大语境中，书法艺术的文化定位只能在大众艺术与精英文化之间摇摆。把书法艺术看作是大众艺术，长期高高在上的书法传统观念接受不了；而把书法艺术看作是精英文化，当代书法艺术又具有先锋性、前卫性，不可能引领时代潮流。

探究这个问题，还是应该回到书法艺术的原点：书写汉字。汉字字体的演化，依据文字学研究成果，“可以分成两大阶段，即古文字阶段和隶、楷阶段。前一阶段起自商代终于秦代，后一阶段起自汉代一直延续到现代”。前一阶段主要是甲骨文、大篆、小篆，后一阶段主要是隶书、行书、楷书。楷书在魏晋时期基本定型，到唐代完全成熟，此后再也没有出现过新的字体，字体演化基本停止了。现代汉语使用的汉字，仍处于汉代以来的“隶、楷阶段”。

说到这里，有必要回顾一下近百年来关于汉字评价的“否定之否定”过程。上世纪五四时期反封建的新文化运动兴起，“汉字革命”与“诗界革命”、“小说革命”、“文学革命”、“戏曲革命”、“美术革命”、“白话文运动”等社会思潮相互激荡。1923年出版的《国语月刊》“汉字改革”专号，以“废除汉字”为主题。封面是一群挥刀持枪的革命军（注音字母），把青面獠牙的牛鬼蛇神（汉字）杀得仓惶逃窜，革命军后面站着身穿洋服、头戴呢帽的后援部队（国语罗马字母），这形象地反映出当时汉字拉丁化的趋向。汉字拉丁化的标准是西方拼音文字；废除汉字的理由，一是难识、难写，二是“和现代世界文化的格不相入”（钱玄同）。

新中国成立后，继承了五四以来汉字革命的传统，1956年将“走世界文字共同的拼音方向”上升到国家的文字政策，虽然没有采用“废除汉字”的激进主张，但提出“简化汉字”及“推广普通话”、“制定汉语拼音方案”，为拼音化作准备。改革开放以来，文化学术宽松，汉字研究取得重要进展，开始比较客观、科学地评价汉字和以往的汉字改革理论。2000年10月通过的《国家通用语言文字法》，不提“走拼音化方向”的文字政策，明确规定“推行规范汉字”和“以《汉语拼音方案》作为拼写和注音工具”。这是国家面向现代化的正确的文字政策。近些年来，许多学者提出“双文制”的主张，首先，评判汉字的根本标准是看汉字是否与汉语相适应。其次，汉字与西方拼音文字相比互有优劣。第三，汉字将长期使用下去，发挥其优点，解决同音字问题、各方言沟通的问题、传承民族文化问题等，同时克服其缺点，进行汉字规范化，尤其是推行汉语拼音，帮助汉语适应现代化、信息化、世界化的趋势。

汉字评价这“否字之否定”的过程，对于我们明辨书法艺术“现代性”问题具有重要的借鉴意义。新时期书法艺术面临的责难，与20世纪前期汉字面临的责难有些相似，“废除汉字说”的标准是西方拼音文字，“书法衰亡论”的标准，是自觉不自觉地依据西方绘画艺术从“写实”到“抽象”的发展过程。以西方绘画为标准，难道不能从汉字评价的百年沉浮中获取某些教训与启示吗？

我们现代使用的字体字形，与古代是同样的字体字形。2002年笔者曾撰文《关于中国书法艺术“现代形态”问题的思考》提出，字体字形是书法“艺术形态”的基础，书法的“艺术形态”不存在与古代不同的什么“现代形态”，那么“现代性”生根在那里呢？

真理往往是简单的。把王羲之的行书作品与今人的行书作品放在一起，把颜真卿的楷书作品与今人的楷书作品放在一起，让大家看看有什么区别。肯定有区别，但在字形、字象的形态上没有本质的区别。那么，精神层面、文化层面的区别在那里呢，怎么理解呢？笔者又开始对涉及“现代性”的另一个问题，即审美理想问题的思考。

古代书法艺术的审美理想是“儒道释”，士人头脑里装的就是这些东西，当然是个性化的。有论者说，士人的思想文化就是“儒道释”三家，文、史、哲三科，天、地、人三学，这基本上是正确的。书法是抽象艺术，“儒道释”的具体思想观点并不能在作品中直接表现，作品中表现的只是“儒道释”的审美趋向及趣味。所以，书法艺术的表现性是抽象的、模糊的，同时又是可理解、可亲近的。即使是现在，一般群众稍微经过学习，就可以欣赏书法，而且还会产生参与的冲动，动手的乐趣。这一点，与西方现代抽象艺术有很大的区别，西方抽象艺术流派分呈，思想背景复杂，创作主体基本上是艺术精英，在狭小的学术圈、艺术圈中交流，一般大众很难看得懂，而中国书法在汉字文化圈内则可以成为大众艺术。

当代书法创作的审美理想是什么？上世纪90年代，书坛关注的是“现代书法”、“流行书风”，进入新世纪以来，关注的重点逐渐转移到书法创作的精神文化内涵上来。“展厅效应”、“视觉效果”、“制作翻新”，而作品“内涵“缺失，引起有识之士的忧虑。如何提升精神境界、文化品位？环顾周围的书法创作中坚力量，与古代的士人相比，他们思想观念先进，文化知识丰富，艺术素养全面，生活视野开阔，书写技能比较扎实，最欠缺的是什么呢？我个人认为，最欠缺的是深入传统文化，更简单的说，是“儒道释”。妨碍深入传统文化的社会原因很多，有一个重要原因是当代艺术文化圈美学主张、艺术观念多元化，丰富多彩，令人眼花缭乱。对于什么是书法创作的意义，什么是审美理想，感到困惑、犹疑。这是关系到21世纪书法艺术发展前途的重要问题，书法理论研究不能含糊其词，应该给予明确的解答。笔者以为，“儒道释”应该成为当代书法创作审美理想的核心。

书法是抽象艺术，所以是“中性”的，无革命、反动、先进、落后之分，只有高下、雅俗、质妍之别。任何思想、主义都不能在作品中直接表现，连人之常情“喜、怒、哀、乐”也不能直接表现，然而可以娱乐休闲，陶冶情操，和谐心灵，提高文化修养，提升精神境界。这是书法艺术的特色与优势。以“儒道释”为核心的书法审美理想，完全可以融到现代先进文化的建设中。

关心书法创作“现代性”的论者可能会说，以

“儒道释”为审美理想的核心，这是复古守旧，笔墨当随时代，书法要创新，要表现当代的精神风貌、社会生活，人的生存困境、心理状况与精神追求。这种说法是“合情合理”的，当下的这一切新现象、新问题都会对书法创作产生这样或那样的影响，但书法是抽象艺术，林林总总的新东西是不能在作品中直接表现的。有人会问，为什么“儒道释”的审美理想可以在作品中直接表现？我的理解，这种表现是经过一、二千年锤炼出来的。一种封闭的主导思想，一种稳定的字体字形，一种精细的书写技巧，无数文人雅士个性化的反复操作，不断地提炼、调整、简化，使三者融和于作品的字象里，笔墨点划的书写过程之中，从而形成了一批经典作品，代代相传。唐代书法家张怀瓘说：“文则数言乃成其意，书则一字已见（同“现”）其心，可谓简易之道。……可能心契，不可言宣。”“心契”的只是合乎这些审美理想的模糊的审美倾向、意味情趣而已。

那么，能不能创造出一种全新的“表现”呢？不是说没有可能性，而是时间不允许。这是一个加速度发展的时代，瞬息万变，新“表现”没有时间凝固，无法积淀“意味”，无法被接受者理解。笔者在《论书法作品的内容》一文中，把书法作品的“意蕴”比喻为一棵大树，创作是在这棵大树上出新芽，成新枝。如果想在这个“意蕴”的大树之外种一棵新树，则无处生根，因为现代的社会环境太复杂，太丰富，变化太快。

有一个典型的例证。中国百年近代史，文化形态非常复杂，有封建文化、资本主义文化、帝国主义文化、殖民地文化，还有革命文化等。其间，书法创作仍有不凡的成就，最突出的是以复古为创新的“碑学”，影响所及，直至当代，其审美理想的核心仍然是“儒道释”。近代书法史没有不同于古代的“近代性”，当代书法创作哪来的“现代性”呢？

回顾30年，书法艺术开始成为大众艺术，以后越来越成为大众文化。汉字会长期使用下去，硬笔书写、毛笔书写与普及电脑可以并存。随着国民教育的发展，消灭文盲，人人都可以拿笔写字，也可以都使用电脑，所以人人都是潜在的书法人口。书法艺术下降为大众文化，是历史的巨大进步，从前王公贵族、士大夫把玩的高雅艺术，现在“飞入寻常百姓家”。

书法成为大众艺术，受大众文化环境的影响，世俗化、商品化、多元化的倾向会增强，崇高、精神、意义会淡化。现在已看到了这种动向，所以引起有识之士的忧虑。书法艺术的持续发展，必须要有崇高的审美理想，否则，书写汉字不可能成为艺术。树立崇高的审美理想，必须深入传统文化，必须以“儒道释”为核心。这种深入传统、追求理想，肯定是个性化的，肯定带有时代的气息。

一位日本学者说过：“在人类历史上的任何时期，最多人使用的文字，是汉字！在最广大地域使用的文字，是汉字！被最长使用（3000多年）的文字，是汉字！表现最多语言的文字，是汉字！蕴藏书籍最丰富的文字，也是汉字！”随着我国经济发展、国际声望提高，现在许多国家、地区出现了“汉语热”，有人估计，大约有2000万外籍人士。书法艺术会更加频繁地参与国际文化交流。

近几年笔者经常在设想：再过20年，再过50年，或更多的时间，我们实现现代化了，可以平等的与他们交往了。那时，外国朋友说，把你们中国文化的好东西拿给我们看看。如果我们首先拿出书法艺术来，那么，拿什么样的“书法精品”呢？

（原载于《中国书法通讯》报2009年第3期）

中国书法与中国文字关系的几个问题

◎ 周俊杰

中国书法与中国文字关系是个大题目，这里不作教科书式的叙述，仅就有关的几个笔者认为重要的问题提出基本论点。

一、“大书法”史观

“大书法”史观是书法发展到当代必然出现的重要问题，它涉及中国文字、书法理论及创作实践。它的基本论点是：中国书法史不仅限于文人帖学一脉，而是应包括文字刻符、碑、帖以及文人书法和更广泛的民间书法在内的一部大书法史。

何以如此强调一个“大”字？

第一，因为在一些有关权威的书法史论著中，明确提出中国书法史应从魏晋开始，因为魏晋是书法史上艺术“自觉期”的滥觞。为什么如此说？按照教科书上的说法，这个时期出现了书论（包括文论），而三代之前及至两汉，书法理论是一片空白，没有理论论证怎么能将包括汉及汉以前的文字算作“自觉的”书法艺术呢？我很怀疑如此逻辑下所得出结论的可靠性和正确性。

我们考察或研究艺术史，判断一种文化形态是否艺术的根据，不是其时代产生了对其评价、描述的艺术理论，从而由此出现什么“自觉”或“不自觉”之说，而应当是摆在我们面前实实在在的艺术形态：几万年前西班牙山洞中先民们杰出的绘画，中国一万多年前贺兰山栩栩如生的岩画及从文字学的角度看已成熟的甲骨文、金文，古希腊、古罗马时期被马克思称为人类儿童期所创造的高不可企及的雕塑，如《维娜斯》、《胜利女神》等，其时代均无什么文艺理论，而为之描述性的文字也是一片空白，难道能说这些经典作品都因之不成其为艺术、从而将其摒除在什么“自觉期”的艺术史之外吗？

第二，不仅一部分书法史的作者，而当下不少曾撰文或著书者，将汉代隶书及之前的所有书体均视为非书法的“美术字”，无笔法，不可学，从而否定了甲骨、大小篆、隶书的艺术性，进而否定了这些书体的历史及艺术地位，而数量更多的民间书法他们更是不屑一顾。在他们看来，只有魏晋以来“自觉期”书作中存在万古不变的用笔法则和艺术性。也许，在我们看来如此荒谬的论调竟然有一部人信奉很难让人理解，但它们确确实实在我们书法界有一定市场。所以说，以上两种说法均可谓之“小书法”史观，或者说“局部书法”史观，它们对当前书法事业的发展至为有害，是民族文化虚无主义在书法界的反映，当然我们不能同意。

第三，现在提出“大书法”史观是时代的需要。当代中国书坛与伟大的民族复兴步调相一致，从上世纪80年代初至今，出现了一个超越历史上任何时期的书法复兴运动，这运动来势之猛，所包含的内容之广泛、深刻，其意义之重要，使人们甚至没有一个充分的心理准备去理解，去挑战。但近30年来，整个书坛都在积极地迎接这一令人振奋的书法史上又一个书法高峰期的到来。如果说欧洲十四五世纪那场文艺复兴运动是在以家族为背景和后盾的支持下完成的，那么我们现在的书法复兴则是在以整个国家为支撑的强大动力下走过来的。“复兴”的内容包含两个层次：1、我们民族自强不息艰苦奋斗的伟大精神，雄强豪壮的正大气象，充满灵气和童心感的艺术内蕴；2、我们伟大传统中取之不尽的独有的艺术语言。而这一切，不仅容含于魏晋之后的作品中，更多的则体现在从刻符、甲骨、大小篆到汉代已出现的篆、隶、草、真、行五体书中。几千年来，我们的先民们创造了至今令我们惊叹的无数书法杰作，我们必须全面地对其进行总结，而总结历史要有一个正确的史观，而“大书法”史观的提出则正逢其时。

第四，20世纪以来，文物的大量的发掘，包括从上古的刻符、族徽、甲骨、竹木简、残纸、写经、青铜器铭文、碑刻以及大量新的文人书法、民间书法的出土或发现，给我们书法的全面复兴和“大书法”史观的确立提供了丰厚的资料，打下了坚实的基础。它们是文字，也是书法，更是能打开我们追求新的境界、新的高度的书法史上的艺术典范，同时也是我们这个时代远比前人，包括清人和民国时期书家们眼界更为宽广、创造环境更为优越的重要因素。

二、关于刻符

人类历史上，一个极其重要的大突破是将语言变成文字，文字是所有文明国家和地区出现的重要条件。世界文化史上，美索不达米亚两河流域的苏美尔人于6000年前创造了楔形文字，这很让有着5000年文明和3000年文字史的中国人感到钦羡。而1983年至1987年，我国的考古工作者在河南舞阳贾湖经过6次发掘，发现了被学术界称为“舞阳龟刻符号”的20例文字刍形后，中华文明被提前了数千年，这些与甲骨文相近的“符号”已有8000多年的历史。此后仰韶、二里头、二里岗等地区相继发现了许多甲骨、陶器、玉璧等刻画符号，这些可视为从贾湖刻符到殷商成熟甲骨文字之间过渡的重要史料和依据。这些刻符本身具备了文字的基本性质，有着原始线的组合、运动、韵律特征和书写（刻画）运动的过程，有着纯粹的形式美，也暗含了隐喻的内在之美，是中国汉字的最初形态和文字创造的源头，同时也是文字的一种书契。“契”是用刀或硬笔刻画，作动词与锲刻之“锲”为同一意思。《易经•系辞》说：“上古结绳而治，后世圣人易之以书契。”“书契”就是用刀或笔，刻出了早期的线条符号和有着指事、象形意味的文字，在中国文化史上具有开拓性的意义。关于文字前身陶器上的刻画符号，郭沫若先生认为“无疑是具有文字性质的符号”；于省吾先生说：“这种陶器上的文字，考古工作者以为是符号，我认为这是文字起源阶段所产生的一些简单文字。”这些“简单文字”的线条均以直线为主，也偶有圆形，但无论直或圆，均劲俏、刚健、率意，显示出浑朴中透出秀逸的古典美和书法艺术的特征，我们当代的书法创作能从中得到很大的启示。

“大书法”史观的提出，使我们的眼界从纵横时空的角度得到了扩展，我们关注早期文字的图形刻符，将之纳入书法史的范畴之中，而舞阳贾湖符号的发现，使中国文化史上延至8000年，我国的书法史也由此扩展到了8000年以前。

三、书文同源而书画不同源

“书画同源”的命题流行了多年，各种论著及书画界同仁都毫不怀疑地在引用，实际这是一个与实际不符的错误命题，或可称之为伪命题。

无论中外，人类早期的美术史上，只要是以状物为目的的图形，均是形象思维的成果，只能看不能读，属于美术中绘画的范畴。而中国包括刻符、甲骨文、篆书的创造则是人类进行抽象思维的结果。中国文字创造的六法曰“指事”最为重要，而“象形”是文字创造的其中一种因素。但只要是“文字”，这种“象形”就与绘画有着质的区别。如人们打了一只鹿或羊，画一道，猎获两只画两道，而不是画两只动物的图形，这个“一”或“二”则是人们上升到抽象意识的“心性”活动的抽象反映。包括人们认为象形成份最大的鸟、马、山、水等字，也决非对客体的描绘，它们是人们在语义基础对客观物体的抽象概括。它们与现实有联系，但这种文化形态是现实的“符号”化，是人类思维的第二信号系统，它们与“结绳纪事”，伏羲所画“八卦”在质上是一致的，是形而上的抽象符号。这些“象形”因素的文字，在现存8万个汉字中也仅有300个左右，而“象形”成份很微弱，且与真实的客观事物和写实的绘画有着质的区别，它们也只是存在于甲骨文和篆书中，到了汉代的隶书，则完全摆脱了象形因素，成了纯抽象的表意和可读的文字。从符号和文字创造的那一刻起，它们就与绘画分道扬镳，书法与绘画只能说是同流而不同源。也许有人会说，它们都来自社会生活，为什么不同源？这种看似“唯物”的说法在文艺理论中没有任何价值，难道源于社会生活的十几种艺术门类都可以说“同源”吗？普列汉诺夫早就对此庸俗观点予以批驳：这种说法“是含混的，等于什么也没说。”

而“书”与“文”则是同源的，因为从创造文字始，包括 我们先人所契刻的简单符号，它们就充满了先民们的生命力和对线条审美的情感和意味，所以，它们属于书法艺术的范畴，文字创造的开始，也就是书法艺术创造的开始。

我们现在指出这一点，对当下的书法创作和理论研究有着重要意义。当代很有一部分人将文字图画化，也是因为信奉“书画同源”之说，岂不知中国书法史上除了被历史认可的篆、隶、真、草、行五体书外，还出现过一百多种“象形书”，但因它们不能与社会发展相适应，从文字学和书法艺术两个角度均已被历史所淘汰。中国人太伟大了，在数千年的文字发展中一直制约着图形符号向纯象形拟物的倾向发展；另外，它又要保持与现实联系的结构形态，故又一直制约着纯线性的无节制发展，避免了一如苏美尔、埃及人楔形及纯象形文字因与历史发展、社会生活不合步最终出现文字消亡和文化断层的教训。而这些国家和地区的文字此后又走向纯字母化的拼音文字道路，弊病是明显的：一方面失去了艺术审美效应，一方面也完全脱离了现实。

从理论角度看，指出书文同源和书画不同源，则又可避免一些所谓的“唯物”理论家们将书法的抽象线条美与客观具体事物硬性视为同一范畴的失误。这一问题在上世纪80年代初的一场书法美学论战中已得到解决，这里不再作详细论述。

四、中国文字既美且最科学、最先进

中国书法与中国文字是融为一体的，它们体现着中国人独特的思维方式和审美趋向，是世界上独有的艺术门类。林语堂曾在《吾国与吾民》一书中说过：中国书法“供给中国人民以基本的审美观念”，“故谈论中国艺术而不懂书法及其艺术的灵感是不可能的。”然而书法曾于20世纪两次出现危机，这是由于，在20年代及50年代两次关于中国文字的改革而引起的。

因为近一百多年中国落后，“五四”时期新文化战线上的斗士们便将之归为中国传统文化，而文字又是这一文化承载的工具，所以他们多次呼吁取消中国文字，以国外的26个拼音字母替代。20世纪50年代的人们也接受了这一观念，于是成立了“文字改革委员会”，将20世纪20年代的呼吁落实，于是出现了汉语拼音，以达到逐渐取消汉字的目的。汉字要取消，而唯一要依靠汉字的书法艺术则由此走向了书法史上的最低谷期。1949年6、7月份中国文联及作家、美术家、戏剧家等协会已成立，而书法则成立于32年后的1981年，因为到了80年代初人们才认识到书法是中国一门古老的高级艺术。当然，走向低谷的原因还涉及文艺理论、意识形态等多方面问题，这里不再论及。

我们为什么提这一段历史？因为是教训。现在看来，中国的汉字不仅具有独特的审美性，且在电脑上输入的方法最多，速度也最快，在当代的信息社会，它远远领先于其它文字，所以它也是目前世界上最科学最先进的文字。许多国家的文字学者都发表文章，论证并表述了以上观点，并说，21世纪也将是汉语的世纪。当然，汉文字在世界上进一步的影响还要有个过程，但可以肯定的是，随着汉文字在世界范围内影响的不断扩大，也必然促使书法艺术在当代和今后的全面发展。由此我们想说：除保留汉语拼音帮助人们正确发音外，进一步的文字改革必要性恐怕已经不是太大了吧！

（原载于《全国第八届书学讨论会论文集》）

当代书法演进理路的反思

◎ 叶培贵

一

当代中国书法大致可以1977年至1981年间为界分为两大段落。1977年6月上海《书法杂志》、1979年《中国书法》创刊，标志着书法借助现代传媒回到民众的精神生活和学术界；1979年浙江美术学院（现中国美术学院）招收书法研究生，标志着书法进入高等教育体系；1980年12家省级书法研究机构与上海书画出版社联合举办“全国第一届书法篆刻展览”并于当年11月成立“中国书法家协会筹委会”，1981年中国书法家协会成立，标志着书法回归文化体制、开始现代形态的艺术活动。

在此之前，书法也和中国其他艺术一样，遭受了“文化大革命”的摧残，但是情形有所不同。一方面，书法在近代以来情况就不乐观，也没有分享到新中国建立之初文教昌明带来的发展机遇，主要问题是“身份未明”——是否“艺术门类”以及“艺术学科”——因为西方的艺术体系和学制中都没有这一类；另一方面，它以文字书写为艺术实践方式，与生活的关系特别密切，加上接受传统教育的耆宿硕学大量在世，所以虽然被体制和学制所排斥，但是生存空间广阔。这就造成了有趣的现象：官方半官方的文教机构中不见踪影，而文教界中人乃至普通民众对书法的热情依然很高，包括国家领导人如毛泽东在内的书法名家所在多有。这为书法在“文化大革命”后百废重兴的大浪潮中扬帆疾进打下了重要基础，“书法热”持续30年而不衰，与1977年前的状况形成了极为鲜明的对比，实为文化艺术领域的罕见现象。

但是“热”只说明一个问题——书法有深厚的民众基础，是国人文化精神生活中不可缺少的一种方式。至于当代书法取得了怎样的成就，相对于传统获得了多大的新进展，则不能简单地看其“热度”。这是两回事。

二

当代书法的演进理路大约可以分为三种，分别因应于不同的文化诉求，深刻地映现了当代中国的生活和精神状态。第一种，沿着魏晋至宋代以来渐次构建起来的“文人传统”，强调书法的精英文化品格，力图恢复晋唐的辉煌、呈现文化的博大，目标是接续温柔敦厚的伟大民族艺术传统，深含着民族文化复兴的热烈企盼，渴望强盛国家及其文化艺术的再度崛起。第二种，沿着清代构建的所谓“碑学传统”，“文化大革命”后又扩展为所谓“民间书风传统”，其表现是赞美无名书迹的勃勃生机，寻绎突破既有笔墨趣味的新方法，目标是建立野逸自在的另一种传统，潜在地体现出对既有权威秩序的挑战及对人性光芒的呼唤，充溢着肯定个体生命价值的强烈意愿。第三种，借鉴改革开放后从欧美进入的前卫艺术而发展起来的现代书法，其表现是放弃汉字的“制约”，以笔墨的抽象构成（乃至行为、观念）为表现方式，目标是与西方艺术接轨，使书法成为“世界艺术”而非仅仅是“民族艺术”，这是近代以来“亡国焦虑”下寻求西方证明乃至融入西方的祈愿在书法领域的曲折显现，又与改革开放的大形势吻合。这三种演进理路常常又相互借鉴、相互交融，形成纷繁复杂的局面。

每种演进理路都有很强的现实性，也都有其合理性，每一位真诚地在其中探索的艺术家都是值得尊敬的。但是，我们也不能不指出，因“身份未明”而导致的书法在文教体系内的长期“缺席”，对书法的学术研究和艺术实践造成了深远的危害，相比于其他艺术门类，书法的学科基础和理论建设相对薄弱，每一种演进逻辑在学理和艺理方面都存在着有待进一步省思检讨之处。

三

传承上千年的文人书法传统的理念由宋代人最终构建而成，其典范系统包含中国历史上最有创造性的魏晋和唐代，理论和实践遗产最为雄厚，社会接受基础也最好。由于其核心精神与中国数千年文教传统充分融合，按理其发展应当最无问题。

然而并不尽然。“文人”作为中国封建社会后期的重要阶层，有其特定的历史性和文化性，并不简单地等同于现在的“读书阶层”或“知识分子”，在当代其生存环境已然整体性地遭到了损坏。——事实上，这一进程从明代后期至清代已经开始，其典型表现是“布衣文人”、“布衣艺术家”的大量出现，这些被政治体制边缘化、不能为“士”的文人不得不放下身段，与农、工尤其是商等阶层相结合，以“好异尚奇”消解文人书法的“优闲雅逸”，把原本精英的书法艺术拉向世俗生活。于是乎，文人书法最重要的“政治-道德”的“骨子”和“精神逍遥”的“性子”一并被拆解。清代以来所谓“碑学”之所以勃兴，部分地就因其“草根精神”能使边缘化了的文人获得逆反之快，反证其生命的独立价值，也因其“异”其“奇”更有利于走向世俗生活。就此意义上说，康有为等人认为“碑学之兴，乘帖学（略相当于本文所谓‘文人书法’）之坏”，虽然只涉及现象，却有道理。

更现实的是，近代以来因国家积弱而造成的对民族文化的深刻疑虑和传承断裂，特别是“文化大革命”的损毁，使得当代书家总体人文素养和知识构成与宋元以来文人有了巨大的差异，这不是个人的、局部的现象，而是全局性的。失去了人文素养和知识体系的支撑，即使仅从技术层面上说，“文人传统”也是难以企及的。常见的两类浅近而又典型的例子是自作诗词声乖韵谬、繁简转化张冠李戴，古代文人最为基础的文、字修养都不能过关，遑论其他。显然，在文人阶层“整体性”地解体后，重建这一传统，任重而道远。

必须承认，这一传统是中国书法史上含蕴最为深广的部分，它与中国精神文化的关系最为密切。无论是民族文化的振兴还是社会主义新文化的创建，对“文人传统”的挖掘和继承，都应当是重点。因而这不是要不要坚持，而是怎么坚持的问题。其关键是，应有一种开放的态度，这种开放态度，包含三个方面：第一，承认这不是惟一的传统，不谋求一方独大，尊重多元探索；第二，不是简单地坚守，而是放开胸怀，吸纳其他系统资源，着眼继承后的创新；第三，从文化复兴的系统工程入手，而非局部倡导，头痛医头、脚痛医脚。

四

清代后期至民国，何绍基、赵之谦乃至“碑学”理论的主将康有为等即在实践方面吸纳传统文人书风，走碑帖兼综的道路。表面看来，这主要是因为他们自幼接受十分普及的传统文人书法教育，但真正的关键则是认识到文人传统实有其不可替代之价值，所以刘熙载、杨守敬等人即在理论上提出，碑帖二者，各有其骨、各有其韵，合则两美、离则两伤，何绍基更是致力于从史学等角度对二者进行具有超越性的审美解读。这充分说明了“碑学传统”（“民间书风传统”）在精神内容的构建乃至技巧的发展上，不可能离开文人传统的扶持。清代人面对的“书法”，是由魏晋世族至宋代文人逐步“定义”的，其基本原理已成为“书法”之能成为“一物”的基础，不可置换，只可扩展，否则“书法”将异化为“它物”。

“碑学传统”（“民间书风”）由此必然面临追问。旅美学者白谦慎在《与古为徒和娟娟发屋》中即尖锐地提出了问题：“经典是否可以无限度地扩展？”如果北朝的“穷乡儿女造像”（甚至古代的所有字迹）可以无限度地被追认为经典，那么现代人随手书写的字迹是否也应当享有这样的资格？因为它们同样也具有随意、不拘、变化无方等等“形式特征”和“意味”。如果同意这个推理，那么书法的边界将消失，任何随意涂写的字迹，都可能被“阐释”为具有审美价值的书法艺术品。

“碑学传统”（“民间书风”）事实上是一种双向扩充，一方面是对书法的“文人传统”的扩充，另一方面也需要在好异尚奇的同时扩充自身与经典主流文化内涵的关联。前一个扩充完成得极好，书法因之而丰富；但后一个扩充则有待深化。

五

边界问题同样存在于“现代书法”，只不过现代书法走得更远，不仅要脱离“文人传统”、“碑学传统”的畛域，有的甚至取消汉字。现代书法最初借鉴日本墨象派，利用古汉字的象形性以及书画同源等理论作为创作依据，但实践证明这是有疑问的，唐代孙过庭早就指出了“巧涉丹青”之类的做法不足取。于是转而取消汉字，利用西方抽象构成的一系列方法乃至装置、观念、行为等前卫艺术形式。不过，许多从事这种探索的艺术家自己就没有把作品归入书法中，而视作现代艺术，所以邱振中很巧妙地为之拟定了一个名称——“源于书法”。取消汉字、抽象构成，消解了书法与西方现代艺术的边界，书法作为艺术之一门类存在的必要性和可能性就成了问题，因此“现代书法”如果返身回到书法，将是颠覆性的。

在中国古典文化基础上生成的书法艺术，不可能始终保持古典形态，必然也要向现代转化。事实上，国门开放后的中国书法艺术是十分具有包容性的，绝不排斥从世界艺术中获取有益的东西来补充自身，它已经并且还在不断吸收西方现代艺术中有价值的观念和方法，在当代书法的许多展览中都能看到其迹象，有的展览甚至不惜突破边界，吸收“非汉字书作”。但是如果敞开的结果是取消，那无异于自我毁灭。因此，对书法领域内的“现代性”探索，最重要的是掌握“度”，在坚持书法最具本体性的特点的前提下寻求其现代转向。

六

书法在世界各种艺术门类中独一无二，在20世纪的前半段几乎被边缘化的情况下，总体而言其现代进程实际开始才不过短短30多年。许多问题交织在一起，既包括本身固有的——比如文人传统与碑学传统的关系，也有中外之间的——比如书法与抽象艺术的关系，两类问题之间又有交错，可谓千头万绪。如何把握书法艺术的民族文化特性，保持其艺术特质，同时又敞开胸襟吸纳世界艺术和当代生活的诸多养分，使之更好地适应现代社会，持续焕发其绚丽的光辉，这是所有热爱中国文化、中国艺术的人们共同的责任。笔者学浅见狭，以上芹献，谬误必多，愿大雅方家赐教。

（原载于《全国第八届书学讨论会论文集》）

全国第八届书学讨论会一等奖论文摘要

大文艺观视阈下的刘熙载书论略说

◎ 杨宝林

[内容摘要]刘熙载的书论，历来为书界所称道，好评如潮。本文尝试从大文艺观这一角度来研究刘熙载的书论。刘熙载的书论运用了儒家的“诗言志”、道家的技道观和禅宗的悟等大文艺观。在大文艺观视阈下的刘熙载书论具有理论色彩浓厚、辩证论艺和崇尚简约的书论文本等特点。从大文艺观的角度看，刘熙载的书论也有忽略书法的特殊性、书论成为儒家道统的说教和过分强调书如其人等等不足。

[关键词]刘熙载 大文艺观 书论

刘熙载把书法与诗词文赋并称为艺，认为它们都能表现“道”。《艺概》中的《书概》与其它艺术门类一样，都有一致的文艺思想和审美追求。这种文艺思想和审美追求，都是以儒释道为规约的，我们姑且称之为大文艺观。所谓大文艺观是指以儒家为主导的文艺思想，当然也包括道家和佛教。从儒家来看，大文艺观导源于经学，经学中的文艺思想统摄文学艺术的方方面面。从大文艺观角度看，书法的根本是文字，而“文字”又是“经艺之本，王政之始”，因此，书法又有着浓厚的政治色彩。儒家思想在书法上的表现就是经世致用，依据经世致用的原则，在书体上表现为秩序感；在书家楷模上就需要有权威；在书法风格上则讲究含蓄，也就是温柔敦厚的诗教观。从经世致用角度看，就连书如其人也在儒家的大文艺观之内。书如其人可以追溯到孟子的“知人论世”说。《尚书•舜典》的“诗言志”，《毛诗序》的“情动于中，而形于言”，直接开启了书法的抒情观，也都属于大文艺观范畴。与儒家崇尚实用不同，道家和佛教则重视精神层面的追求，道家的有无、技道观，佛教禅宗的顿悟和渐悟等，都给书法以形而上的启示，也都是大文艺观的组成部分。

儒、释、道大文艺观加在一起就是道，无论是文以载道，还是“写字者，写志也”，都表现为道。刘熙载的《书概》、《游艺约言》或多或少都涉及到了上述内容，都是用大文艺观来支撑的。因此，从大文艺观角度来研究刘熙载的书论，无疑是一种有意义的尝试。

一、刘熙载书论中的大文艺观

刘熙载的文艺观以儒家为根基，也就是说刘熙载的文艺思想基本上是属于儒家的，佛、道只是一种补充。刘熙载是著名经师，立身行世始终以儒家信条为指归。《文概》开篇即云：“《六经》，文之范围也。圣人之旨，于经观其大备。”文章要遵从《六经》，圣人的思想贯穿于《六经》之中。书法与诗词文赋一样，都是“艺”，书法也应当体现《六经》的文艺思想。

[……]

二、大文艺观视阈下的刘熙载书论的特点

刘熙载的书论是对中国古代书论的全面总结和理论上的提升。以《书概》为例，全文似可分为书体论、书家论、技法论和审美鉴赏论，是作者精心结撰、自成体系的一部著作。由于刘熙载在大文艺观规约下来谈文论艺，因此，刘熙载的书论又呈现出有别于一般书论的特点。

[……]

三、从大文艺观看刘熙载书论的不足

以大文艺观支撑的刘熙载的书论，固然有很多优长，正如一枚硬币有其正反两面一样，刘熙载的书论也有些许不足。刘熙载对宋明理学、陆王心学均有研究，《艺概》中刘熙载对儒家传承过程中的重要人物都给予激赏，如《文概》中对董仲舒和朱熹，《赋概》中对王守仁均给予很高的评价。董仲舒、朱熹、王守仁在为文作赋上并非一流高手，但由于他们的特殊身份，刘熙载在有限的文字内还不忘褒扬。北宋后期的游酢，书名不显，但由于是理学家，刘熙载论述的80多位书家中他还占一席。凡此既欠公允，又乏科学，这些又都是大文艺观尤其是儒家文艺观折射的结果。

[……]

总之，刘熙载书论的大文艺观是以儒家为主，释道为辅。刘熙载书论之所以常读常新，是因为其背后有沉甸甸的中国传统文化作支撑。当然大文艺观，尤其是儒家文艺观给刘熙载带来众多荣耀的同时，也给他带来几许遗憾，这才是事实。

书法何以成为社会议题（节选）

——中国书法社会学研究二十年反思（1989-2008）

◎ 祝 帅

[内容摘要]书法社会学是近二十年来书法研究的前沿和热点领域之一。受到自然科学实证思维的启发，社会学领域中形成了很多定量研究与定性研究的方法和技术，20世纪下半叶以来，社会研究方法和实验技术更是发生了很大的进展，这些技术使得通过一种科学（可重复）的方式对书法进行社会学式的研究成为可能。书法社会学作为一门学科的建设与发展，带动了整个书法研究范式的革新和发展。本文在对中国书法社会学研究的学术史进行文献回顾和理论梳理的基础上，对书法社会学的研究方法和及其在书法研究格局中的意义进行了反思。

[关键词]书法社会学 实证研究 理论 方法 范式

尽管自从上个世纪八十年代以来，就一再有论者提出“书法学”作为一门独立的人文学科的建设，并且迄今为止已经取得了不可谓不丰硕的学术成果，然而在今天，“书法学”的定位依然模糊而尴尬。不仅1998年国家教育部颁布的《普通高等学校本科专业目录》中没有“书法”的字样，就连1997年国务院学位委员会颁布的《授予博士、硕士学位和培养研究生的学科、专业目录》中也没有为书法设立单独的位置。通常的情况是，高等院校的书法专业，一般设置在艺术系或者中文系，而研究生的招生，则一般依托于“艺术学”一级学科下的“美术学”二级学科。我们基本上可以做出这样的论断：“书法学”作为一门独立的学科，至少在今天还并没有得到国内外学术界的普遍承认和广泛接纳。

然而，事物总是可以一分为二地看待的。书法学科属性的模糊，对于一些从事前沿性和交叉学科研究的学者来说也未尝不是一个契机。书法究竟应该从属于哪门学科，大学书法专业究竟应该放在什么系来招生，关于这些问题的辩论至今仍然不绝于耳，恰好反映出“书法”这个研究领域自身的一些特点：即所谓“书法学”（这里姑且使用这个提法），恰恰就是这样一门很难被贴上标签的综合学科，或者说，这种学科属性至少向我们提示，仅仅从“艺术学”或者人文学科的单一视角来研究书法这种复杂的社会现象，恐怕是远远不够的。近三十年来，“书法社会学”作为书法学分支学科的建设以及在相关领域内所取得的研究成果，即是突破书法研究的传统视角的一种值得注意的努力。

一、“书法社会学”的研究逻辑

所谓“书法社会学”，是一种用社会学的理论视角和研究方法，对“书法”这一现象进行探究的交叉学科。在中国，书法是如此独特和复杂的一种社会现象，以至于仅仅停留在个体的审美和技法的考察，不足以穷尽书法的全部学术底蕴。而与人文学科之关注人性关怀和个人价值不同，社会学是一门关心一个社会整体或一个群体的学科。我国晚清的时候，就曾一度把社会学的英文名称“Sociology”译为“群学”。人文式的书法研究，关心的是作为个体的“风格”、“个性”及“个人”的审美经验，这在很多时候是可以凭借个人的阅读与思辨而达到。但书法作品一旦进入到社会和市场，就必须把思想的单位从一个个“个人”转化成“一类人”或者“一个群体”。因此，社会科学范式下的“书法社会学”研究，恰好与立足于人文学科视角的书法研究形成一种互补的局面。

然而，社会学研究又可以区分为基础理论研究和应用研究两类。社会学应用研究中的实证主义研究范式，与中国书法学界更为熟悉一些的人文学科有很大的差别。如果说一个现代的艺术理论研究者，总是不可避免地对上述社会学理论研究有所阅读和了解的话，那么，相对于社会学理论而言，显然人们相对要对社会学方法更加陌生一些。但由于社会学不接受以个案作出的通则式论述，这就需要通过大规模的调查研究和大量可以重复和检验的数据打交道。而对于群体的测量和分析，是我们在缺乏科学的研究工具的情况下很难精确做到的，必须依赖于科学的社会研究方法。

[……]

二、书法社会学研究的几种进路

回顾近30年来中国书法研究的学术史，不难发现尽管1989年以前已经有一些谈论书法教育或书法行业组织的文献，在一些艺术社会学的相关论著中也会偶尔谈及作为一门艺术的书法，但是作为一个独立的研究领域的“书法社会学”及其自觉，应该是上世纪八九十年代之后发生的事情。最初的一些书法社会学研究，体现为书法社会学的学科建设概要或者学科综述的第一种研究进路。这些最为基础的书法社会学初步研究，大多是作为书法学（而不是社会学）理论体系的一部分，或是书法学理论教材中的一个章节，从而得到书法界和艺术理论界学者的关注与建设的。

[……]

三、呼唤书法研究的范式更新

相对而言，书法社会学的研究目前在书法研究的格局中占有的比重还远远不够，现有的学术规范和学术体制对于实证研究的特点似也缺乏充分的考量。为此，本文拟提出如下建议，从而呼吁当下的书法学术研究对于实证的书法社会学研究提供支持。

首先，应该通过鼓励社会科学背景的研究者与书法研究者的充分合作，或对书法专业研究者加强社会科学研究方法的学术训练等途径，建设书法社会学的研究梯队。

[……]

其次，在书法专业毕业论文选题及各种书学讨论会等场合，在保证传统的书学研究主流地位的同时，在论文选题等方面，对书法社会学方向的实证研究予以适当兼顾。

[……]

再次，在学术研究的分布和学术规范的建设方面，应该进一步充分考虑到书法实证研究的特点，从而以一种更加宏观的视角审视整个书法研究。

[……]

最后，各级行业学术组织、高等院校和研究机构，应该为书法社会学的实证研究在财力、物力等方面提供必要的支持。

[结　语]100多年前，社会学学科奠基人之一涂尔干（一译迪尔凯姆）在其经典的《社会学方法的规则》一书中，曾经提出“一门科学只有在真正建立起自己的个性并真正独立于其他学科时，才能成为一门真正的科学。一门科学之所以能成为特别的学科，是因为它所研究的现象，是其他学科所不研究的。” 在社会学尚未完全从实证主义哲学中独立出来的19世纪末，涂尔干的这番主张是不无道理的。但是在社会学已经成为一门严格的科学的今天，我们就有必要从学科边界的融合角度提出另外一方面的要求，即通过跨学科的交叉研究，拓展我们的学术方法和学术视野。如同华勒斯坦在《开放社会科学》一书中所说的那样：“现在需要做的一件事情不是去改变学科的边界，而是将现有的学科界限置于不顾，去扩大学术活动的组织。……我们不相信有什么智慧能够被垄断，也不相信有什么知识领域是专门保留给拥有特定学位的研究者的。”

因此，与其说“书法”是一门“学科”，不如说它是一个“问题”，从而可以包容各种不同的学术范式对于它的探究。与此同时，对于书法研究的各种范式，彼此之间也不是互相矛盾，而是互相补益的。只是本文更想强调的是，在国内书法理论研究的格局中，相对于传统的艺术学研究范式而言，目前在实证研究方面我们的基础性的工作和学术讨论并不是太多了，而是还远远不够，而这种学术范式有可能在未来几十年中极大地丰富书法研究的格局，拉动书法研究范式的更新。当然，书法社会学学科的基础理论建设和研究成果的积累，不会是一蹴而就的任务。但是，只有意识到这门学科的价值和发展中的问题，并引起整个书法研究领域对书法社会学这门特殊的学科予以足够的支持和关注，才能真正嘉惠于书法社会学的学科建设，进而为未来的书法研究寻求突破和新的理论增长点。

西晋至北宋书学设置沿革管窥

◎ 向 彬

[内容摘要]我国古代作为学习字学和书法教育的专门学校----书学，有文献记载可考的时间始于西晋，南北朝时期也曾设置，但具有比较完整规模的书学始于隋代。唐宋两代的书学虽然经历过几兴几废，但对于书学的设置文献记载更为详细。本文旨在对书学的设置历程作一认真的考察。

[关键词]书学 设置 沿革

一、“书学”概念的界定

“书学”一词在我国古代文献中大量出现。对于“书学”一词的解释，商务印书馆出版的《汉语大词典》给予了三种意义的解释：其一，犹典籍。其二，学习书法和字学；学习书法和字学的学校。其三，关于汉字书法的理论。而上海辞书出版社出版的《辞海》仅仅将“书学”解释为“唐宋培养书法人才的学校”。《辞海》中这样给书学作解释似乎有点片面，没有涵盖中国古代书学所包括的全部内容。而《汉语大词典》认为《后汉书•邓骘传》中“耿氏教之以书学”以及《南史•后妃传上•韩兰英》中韩兰英“教六宫书学”中的“书学”是指犹典籍，这种解释似乎有待进一步商榷。

[……]

本文将论述的“书学”就是指专门的书法教育机构或者学校，其教学内容包括文字学、训诂学、书法技能等方面。书学的设置虽然在中国历史上一度兴起，但终究不能与太学、国子学、四门学等教育相提并论，统治者对于书学的重视程度也随个人喜好和受当时教育大统的影响，所以中国历史上的书学，几兴几废，最终在宋代完全取缔，宋代以后就没有专门的书学设置。笔者在本文中就西晋至北宋书学设置的具体沿革状况作一认真的探究。

二、西晋至隋的书学设置

作为学习书法和字学教育的书学究竟始于何时，没有文献明确记载，很难做出具体的界定。但根据《晋书》的记载，在西晋时就已经设立了书博士。

[……]

从史料可知，西晋时期的书博士招收了专门的弟子，并教他们学习钟繇、胡昭等人的书法，晋秘书阁也有令史掌众书。由此可以推断，书学教育与文学教育、律学教育一样，在魏晋南北朝时期就成为开办较早的专科教育之一。而且，书学在当时的设置，也是有一定的社会基础来支持的。这时的纸张开始流行，这样为书法、绘画等艺术的普及和发展提供了有利条件。加之书法私学在当时非常盛行，出现了不少书法世家。此外，那时多思潮多学科的学术氛围使当时政权把持者对书籍的拥有欲望变得十分迫切，朝廷需要大量抄录经籍的文职人员，所以，抄录经籍的需要促进了官办书学教育的产生。但是，“两晋时期的官办书学教育主要局限于朝廷有关机构，到南北朝时期则可能有了较为正规的学校。”据史书记载，西魏文帝于大统十三（547年）释奠于书学。

[……]

三 唐及五代时期的书学设置

唐代的书学，同样经历了几废几兴。

[……]

四 北宋书学的设置

到了北宋时期，书学被再次兴起，史书有比较明确的记载。然而，北宋的书学究竟何时开始设置，史书记载不明。

[……]

至于宋徽宗在崇宁五年是否将书学废除后又重新设置，文献记载不一。《资治通鉴长编纪事本末》和

《宋会要•崇儒》中都有“更不修盖”的字眼，并记载将当时专门给书、画、算、医四学办学用的住房也还给了原来的使用者。但是那时所招收的生员并没有遣散，而是将这些生员安置到了国子监擗截屋，仍然有博士一人来担任教学任务。而在大观元年（1107年）则对书学和画学进行了修整。

[……]

至于南宋的书学设置情况，有关书学或者书学博士的记载，史书很少记载，或许是由于南宋朝廷苟延于半壁河山，没有足够的精力兴办官学，书学就是有，也如同虚设。可以断定，书学应该是在南宋得到终结的。

五、隋、唐、宋三代书学设置时间简表

为了让隋、唐、宋三代的书学设置时间有一个直观的展现，以便比较其开设时间的状况，笔者特根据上述史料与论述情况，作了一个《隋、唐、宋三代书学设置时间简表》（表略）。

由以上考察我们可以大致得出这样一个结论，作为学习书法和字学教育的专门学校，书学自从开始设置到最后终结，经历了一个兴废交替的发展过程，这种历程的出现应当与当时统治者对于书学的态度有很大关系，同时也与当时的政治局面是否稳定、经济状况是否良好、文化教育的重视程度等诸多因素有关。

《古诗四帖》与晚明鉴藏家的“张旭”概念

◎ 邱才桢

[内容摘要]本文以《古诗四帖》为主要切入点，配合张旭其他作品，通过对大量文献、作品、刻帖的考据爬梳，探讨“张旭”概念是如何在书法史中被建构起来的。通过探讨发现，以董其昌为代表的晚明鉴藏家做出了主要贡献，其鉴定意识、标准也体现其中。通过张旭，董其昌完成自己与古典传统名家如“二王”之间的对接，确立自己在草书史中的地位。希望通过本文，能在视角和方法上对早期书法史的研究提供些许有益参考。

[关键词]《古诗四帖》“张旭”概念 晚明 鉴藏家 生成 趣味 方式 标准

因为早期文献、作品的不完整和不匹配性，我们关于张旭的研究，尽管有当代学者的努力，仍然面临着诸多难以考据还原的困难。事实上，我们所知道的“张旭”，更趋向于概念和符号性质，而非完全的历史真实。我们现在所知的“张旭”概念，是在漫长的书法史、文化史进程中逐渐建构起来的。因此，与其探讨张旭本身，不如探讨“张旭”概念的生成过程和生成方式，更能深入到书法史生成机制的内核。

我们现在所知道的“张旭”概念，从朱关田先生编撰的《中国书法史•隋唐卷》中可知：张旭是著名草书家，在书法史中有着承上启下的重要地位；他留存下来的作品有限，可靠的是碑拓作品，如《郎官石柱记》和新近发现的几种；而能证明他草书家地位的草书作品都很可疑：长期归于他名下的《千字文》、《肚痛帖》被证明是伪作，《古诗四帖》则至今聚讼纷纭，莫衷一是。那么，这些作品在书法史中是什么时候，又是如何归为张旭名下，又是何时被认为是伪作的？从中显示了怎样的书法观念？总之，“张旭”概念是怎样被建构的？

我们现在关于“张旭”的概念，基于晚明鉴藏家的贡献，他们的贡献，也是当代鉴定家的重要支点。因此，本文以《古诗四帖》为主要切入点，结合文献中的“张旭”、作品的“张旭”，探讨聚焦于“张旭”的晚明鉴藏家的赏鉴意识和标准，以及“张旭”概念建构的过程和方式。

一、唐代到晚明：张旭文本、图像的历史境遇

关于张旭的早期的文学性文本是由张旭同时期的诗人完成的，唐朝的很多著名诗人如李白、杜甫、高适、李颀、韩愈、颜真卿在诗文中对张旭都有生动形象的描述；史学文本则见于唐代张固的《幽闲鼓吹》、李肇的《国史补》以及完成于五代后晋的《旧唐书》和北宋的《新唐书》；艺术史的文本则由朱景玄、韩方明、蔡希综、韦续、张彦远等完成。他们提供了张旭的多个侧面形象，通过这些形象，我们可以局部地还原历史中的张旭。

唐代的文本中缺乏我们期待的关于张旭缜密细致的年谱式的历史叙述，诗人们的热情在于描绘张旭奇特的个人行为和书法行为。因此，我们对于张旭所

知有限，我们甚至难以准确得知张旭的生卒年，不知道他具体创作过哪些作品，我们现在津津乐道的《古诗四帖》、《郎官石柱记》，乃至《肚痛帖》、《千字文》，都不见于唐代文献。尽管杜甫、颜真卿、韩愈、僧皎然对于张旭草书的书写方式和书法风格有引人入胜的形容，但缺乏细致的形式构成描述。这些，对于当代学者甚于稍晚于张旭的古代学者而言，都有着考据还原的困难。

通过这些文本，我们可知张旭如下个人信息：1、张旭是吴郡人；2、经常醉酒，被称为“饮中八仙”，与李白、贺知章等人齐名 ；3、因为醉酒而举止奇特，人称“张颠” ；4、曾任常熟尉，得笔法之妙。同时，我们也知道作为书法家的张旭：1、擅长草书，被称为“草圣”；2、其草书与李白诗歌、裴旻剑舞并称“三绝” ，另一种说法是，其草书与吴道子的绘画，裴旻剑舞并称“三绝”；3、其楷法精详；4、更重要的是，他是书法笔法传授史中的重要人物；5、他从公主担夫争道以及公孙大娘剑器舞中悟得笔法之妙；6、书法家颜真卿、怀素，画家吴道子、韩滉都师承于他。

最早出现对张旭作品的著录是北宋徽宗时期的《宣和书谱》，这是作品意义上的“张旭”，也是宫廷内府所收藏的“张旭”。米芾作为书画博士，应该看到过一些张旭作品。而此时的民间收藏家已经很难看到张旭的真迹，黄庭坚就感叹“张长史行草帖多出于赝作，人闻张颠，未尝见其笔墨，遂妄作狂蹶之书，托之长史”。尽管如此，苏轼、米芾和黄庭坚都通过自己经眼的作品对张旭的书法做出了不同的判断；相同的是，他们都没有告知自己到底看过张旭具体哪一件作品。

[……]

至于我们要重点谈到的《古诗四帖》，它最早被刻入法帖的是成书于万历三十一年（1603）的《戏鸿堂法帖》中，题名为《庾开府步虚词二首》、《谢灵运王子晋赞》、《岩下一老公赞》；此外还有《郎官石记序》、《秋深帖》。万历四十年（1612）的《玉烟堂帖》中也刻有此帖，被命名为《张旭虞开府步虚词》；它还以同样的名称出现于明代末年的《泼墨斋法书》之中，同时被刻入的还有《晚复帖》、《十五日帖》和《肚痛帖》。需要提到的是，作为刻帖，它出现在董其昌万历壬寅（1602）鉴定为张旭真迹之后，而在这之前，它陆续与郁逢庆、丰坊、项元汴、王世贞相遇，郁逢庆开始认为：“唐人如欧（阳询）、孙（过庭）、（张）旭、（怀）素皆不及此，唯贺知章《千文孝经》及《敬和上日》等帖气势髣髴”，而后又认为：“抑以唐初诸印证之，则余又未敢必其为贺书矣，俟博雅者定之” ；项元汴是从文辞角度谈到它的：“味其词气，颇不类谢公为，可疑。深媿浅陋，不能考订以破数百年之惑，而使妙迹不遇知音” ；丰坊同样也在作者是否为贺知章而徘徊；而见过其“陕西刻谏灵运书”的王世贞认为“然遒俊之甚，上可以拟知章，下亦不失周越也” 。

以上是我们现在经常提及的张旭作品在历史中的际遇。从上述可知，它们的际遇并不一致。《肚痛帖》和《千字文》在晚明时期就已经被王世贞定为伪作，而《古诗四帖》是被董其昌定为张旭真迹，《郎官石柱记》一直以来无甚疑问。这些，构成了我们现在关于张旭作品的知识。或者说，我们现在所谈论的关于“张旭”作品的概念，是早已在晚明就被规定好的，准确地说，是王世贞和董其昌规定好的。

[……]

从作品角度来看，王世贞和董其昌对于张旭的判断更依赖于他们所看到的“张旭”的作品，而并不在乎它们是否与早期的权威作品著录书如《宣和书谱》之间的对应。这当然只是他们鉴定所依凭的一部分，另一部分的是，前人关于张旭的认识，以及他们关于前人的认识。这些认识，体现在他们的鉴赏标准、标准、方法等多个方面。

二、赏鉴意识、方式、标准与晚明“张旭”概念的生成方式

[……]

三、董其昌的“草书史”与晚明鉴藏家的江南地域、文化背景

[……]

[结　语]晚明的鉴藏家是通过他们所看到的，所认为的张旭真迹来确定《古诗四帖》的归属的，他们

并不在乎作品本身是否与古代经典文献，如《宣和书谱》的对应。在这过程中，作为张旭笔法传人的颜真卿和怀素成为他们的支点，他们借用笔法传授师承的历史脉络，通过“折钗股”、“屋漏痕”等“古法”的笔法概念、以及“古淡”、“平淡天真”等品评标准，完成与古典名家“二王”的对接，确立自己在草书史中的地位。

董其昌对张旭的定位也基于自己书法家的背景，他与张旭共同的江南区域背景，以及更为强大的晚明崇古的文化、历史背景。

西汉官文书运行书体研究

◎ 杨二斌

[内容摘要]官文书处在历史学、文献学、考古学和文书档案学等学科的交叉点上，以往多为档案学所重视。近年来汉代简牍的大量出土，为官文书的研究提供了便利。然而作为西汉行政的主要形式，官文书的运行书体及其影响在书法史研究中并没有引起足够的重视。

本文以官文书的行文方向作为分类的标准，将西汉行政系统中的官文书划分为：由皇帝向下级官府传达的文书、各级官府上奏皇帝的文书、官府间的往来文书、皇帝官府发往民间及民间上诉文书四种类别，其次将每种类别中涉及的官文书书体情况加以论证，得出西汉官文书运行书体具体情况为：“下行”书体中在“策书”的情况下使用“篆书”，仅在“免策”时，使用书体为“隶书”，其余“制书、诏书、戒敕”均用“隶书”；“上行”书体使用以《史籀篇》为底本且非常接近于秦“小篆”的“篆书”——籀文；“平行”书体及官府民间通行书体均为“隶书”，偶见“章草”。

最后，对西汉官文书运行书体对后世的影响进行推论，得出：由于西汉官文书书体的运行机制，“隶书”成为西汉时期的主要使用书体，其应用范围及社会地位得到了极大的提升；“善史书”也是西汉官文书运行书体之一——篆书（籀文）在遭受冲击后的一个“副产品”。

[关键词]官文书　运行书体　下行　上行　平行　官府与民间　隶书地位　善史书

官文书制度作为行政系统和政治制度的一部分，在西汉时期已经确立。近年来，随着汉代简牍的大量出土，特别是在居延汉简和敦煌汉简里，含有大量地方基层官文书，为官文书的研究提供了便利。然而作为西汉行政的主要形式，官文书的运行书体及其影响在书法史研究中并没有引起足够的重视。

本文的立论基点是从政治为主导的“外援因素”来阐明西汉官文书运行书体及其影响，以历史文献资料和新出土的西汉文字书法资料为辅助材料进行论证，因而秦汉之际的文字隶变的“内在理路”并未涉及。由于笔者眼界所限，议论定有未周，阙误在所难免，希望得到专家学者的指正。

官文书的界定与分类

（一）、官文书称谓的界定

官文书，是指在中国古代，中央朝廷以及各级官府在日常工作中使用的一种文书。因此也有人将历代的官文书统称为公文。官文书有广义和狭义之分。广义官文书是官府为处理政治、军事、经济、财政、人事等各类事务而产生、形成的所有文书形式，可以包括通用公文、簿籍、账册、司法文书、律令文书等。狭义官文书则仅指通用公文，它是官府在传达命令、请示、答复以及处理其它日常事务中形成和使用的书面文字材料；它具有成文性，有一定的程式要求，且经过了一定的处理程序；本文以狭义官文书为主要研究对象。

（二）、官文书的分类

关于官文书种类的划分，一直存在多种标准。有以官文书出土地点作为划分依据的，有以官文书涉及内容作为划分依据的，还有以官文书要达到的预期目的作为划分依据的，等等。因为本文是研究官文书在西汉行政系统的运行书体，所以以官文书的行文方向作为划分依据。

[……]

西汉官文书运行书体述略

（一）、西汉官文书的“下行”书体

起点：皇帝；终点：各级王侯及下级官府官吏。

除蔡邕《独断》关于汉代官文书运行书体的记载外，后代史书及文献资料亦可以为《独断》补正。

[……]

（二）、西汉官文书的“上行”书体

起点：王侯、三公及各级官吏，终点：皇帝。

各级官吏上奏给皇帝的文书，可分为章、奏、表、驳议四种。其具体内容和功用此处不再详述，此处仅研究这种章奏文书为何种书体。

[……]

（三）、西汉官文书的“平行”书体

起点：各级官府；终点：各级官府。

这一类官文书是官文书运行中最复杂的。官府间往来文书的种类繁多，薛英群先生在《居延汉简通论》中提到居延出土的官文书就有府书、檄书、应书、牒书、爰书、举书、遣书、报书、病书、治所书、别书、吏宁书、行亭书、变事书、过书、免书、兵书、治书、莫书、次书、余责书、赋书等等。

[……]

（四）、皇帝官府发往民间的官文书及民间的上诉文书

[……]

西汉官文书运行书体对后世的影响

（一）、“隶书”作为实用书体在官文书地位的提升

[……]

第二、从“新莽六书”中看“隶书”地位的提升

[……]

（二）、“善史书”风气的形成

徐学标先生考证“史书”乃是《史籀篇》，“善史书”即为“善于书写《史籀篇》”，这是正确的结论。《后汉书•安帝纪》“史书”下李贤注曰：“‘史书’者，周宣王太史籀所作之书也。凡五十五篇，可以教幼童。”这是可见现存文献对于“史书”较为正确的注解。另外，张怀瓘在《书断》、郑杓的《衍极》等文献中亦有正解。

[……]

[结　语]西汉是官文书运行体制的确立期，而官文书的运行制度直接导致了西汉书法艺术的发展，在西汉政治主导的“外援因素”的影响下，官文书不仅在形制、语辞与格式有了明确规范，而且在运行书体上也有了明确规范。

西汉官文书运行书体具体情况为：“下行”书体中在“策书”的情况下使用“篆书”，仅在“免策”时，使用书体为“隶书”，其余“制书、诏书、戒敕”均用“隶书”；“上行”书体使用以《史籀篇》为底本且非常接近于秦“小篆”的“篆书”——籀文；“平行”书体及官府民间通行书体均为“隶书”，偶见“章草”。

由于西汉官文书书体的运行机制，“隶书”成为西汉时期的主要使用书体，其应用范围及社会地位得到了极大的提升；“善史书”也是西汉官文书运行书体之一——篆书（籀文）在遭受冲击后的一个“副产品”。

编注：

文中“[……]”代表省略部分。

书协组织

中国书协、各省、市、自治区书协名录

协会名称	通信地址	邮政编码	负责人	电话	传真
中国书协	北京市朝阳区北沙滩1号院32号楼B座9层	100083	赵长青		
北京	北京市西城区前门西大街95号	100031	田伯平	010-66415600	010-66415607
上海	上海市延安西路238号上海书协	200040	戴小京	021-62494921	021-62488547
天津	天津市和平区新华路237号天津市书协	300040	张建会	022-23305234	022-23305234
重庆	重庆市江北区建新西路4号拓展大厦26楼	400020	漆　钢	023-67725832	
河北	石家庄市中华大街市庄路66号河北书协	050000	褚大伟	0311-87974027	0311-87041406
山西	太原市迎泽大街378号山西书协	030001	韩清波	0351-4047750	0351-4042525
内蒙古	呼和浩特市飞机场南辅路5.5公里处内蒙古书协	010010	包星光	0471-4915341	0471-4925404
辽宁	沈阳市和平区八经街74号辽宁书协	110003	胡崇炜	024-22863306	024-22863306
吉林	长春市人民街6255号吉林省科技馆吉林书协	130012	金中浩	0431-85261434	0431-85684950
黑龙江	哈尔滨市香坊区文府街6-1号省书协	150040	张　戈	0451-86037099	0451-86037099
江苏	南京市梦都路50号省文联402室	210024	李　啸	025-83716356	025-83724311
浙江	杭州市建德路9号	310006	赵雁君	0571-87020393	0571-87020301
安徽	合肥市芜湖路168号610、609省书协	230001	王亚洲	0551-2860971	0551-2888192
福建	福州市黎明街11号省文联大楼	350002	柯云翰	0591-83712800	0591-83719203
江西	南昌市八一大道371号	330046	毛国典	0791-6269826	0791-6264593
山东	济南市马鞍山路58号9号楼山东书协	250002	顾亚龙	0531-82068527	0531-82902624
河南	郑州市经七路34号省书协	450003	宋华平	0371-63613688	
湖北	武汉市武昌区东湖路翠柳街1号	430077	铸　公	027-68880702	027-68880703
湖南	长沙市八一路227号省文联	410001	陈羲明	0731-4582633	0731-4582633
广东	广州市龙口西路550号广东文艺中心1207室	510635	纪光明	020-38486557	020-38486558
广西	南宁市建政路28号	530023	刘德宏	0771-5624176	0771-5623613
海南	海口市白龙南路38号琼苑宾馆八角楼	570203	张文瑞	0898-65367476	0898-65379498
四川	成都市红星中路二段85号	610012	戴　跃	028-86781746	028-86781746
贵州	贵阳市科学路66号省书协	550002	陈加林	0851-5815288	
云南	昆明市翠湖北路25号云南书协	650031	朱兴贤	0871-5155881	0871-5155881
西藏	拉萨市北京西路85号西藏自治区文联书协	850000	李运熙	0891-6825164	0891-6933802
陕西	西安市小寨东路3号文联大楼4层	710061	史星文	029-87907030	029-87907030
甘肃	兰州市东岗西路586号	730000	林　涛	0931-8866627	0931-8412966
宁夏	银川市文化东街668号省书协	750004	李洪义	0951-3971025	0951-4011903
青海	西宁市西关大街58号北门	810001	郭　强	0971-6128962	0971-6128962
新疆	乌鲁木齐市友好南路22号	830000	李志顺	0991-4514539	0991-4514539
总政	北京市旃坛寺1号总政艺术局	100034	李　翔	010-66736315	010-66738264
中直	北京市南新华街41号清秘阁	100009	于曙光	010-83169799	010-83169399
兵团	新疆乌鲁木齐市光明路15号	830002	运其瑞	0991-2890601	
石油	北京市西城区六铺炕中国石油书协	100724	于恩东	010-62095826	
金融	北京市宣武区康乐里小区3号楼1404室	100053	张铜彦	010-83103398	
铁路	北京市海淀区北峰窝路5号院7-3-1701	100844	潘传贤	010-51844478	
煤矿	北京市朝阳区和平街13区35号楼煤炭大厦1805	100013	盛　军	010-64463708	010-64463592
电力	北京市宣武区白广路二条1号电力书协	100053	高　冉	010-63414843	010-63416422

各省、市、自治区
书法家协会主席团成员名单

北　京

主　席：林　岫

副主席：田伯平　王家新　龙开胜　叶培贵　刘守安　刘俊京　李有来　汪　良　杨广馨　孟繁禧　彭利铭　黎　晶

秘书长：田伯平（兼）

上海市

主　席：周慧珺

副主席：韩天衡　王伟平　张　森　张晓明　吴建贤　钱茂生　周志高　刘一闻　刘小晴　张　淳　戴小京

秘书长：戴小京（兼）

天津市

主　席：唐云来

副主席：李　锋　李泽润　况瑞峰　顾志新　曹柏昆　喻建十　霍　然　张建会

秘书长：张建会（兼）

重庆市

主　席：刘庆渝

副主席：夏昌谦　缪经纶　安为年　毛锡雄　邹鲁滨　郑永松　李文岗　史若飞　刘　阳　曹　建　漆　钢（驻会）

秘书长：张裕纲

河北省

主　席：旭　宇

副主席：刘月卯　刘金凯　任桂子　孙学东　李尚才　陈茂才　张　之　鉴　克　范　硕　郭永利　郎岗峰　韩玉臣

秘书长：褚大伟

山西省

主　席：李才旺

副主席：周命超　田树苌　李晓林　王　陆　刘锁祥　李慧英　宋富盛　沈晓英　张铁锁　姚国瑾　赵长秋　贺寿长　柴建国　韩少辉

秘书长：韩清波

内蒙古自治区

主　席：何奇耶徒

副主席：王德恭　邢　秀　朝洛蒙　刘朝侠　刘国旗　王迺欣　艺如乐图　杨利民　靳秉岩　吴银成　宋永江　梁能伟　朱小砚

秘书长：包星光

辽宁省

主　席：聂成文

副主席：王　丹　王　宏　齐作声　朱成国　宋慧莹　伦杰贤　胡崇炜　张世刚　何连仁　林晓鹏　董　文　魏　哲

秘书长：胡崇炜（兼）

吉林省

主　席：周维杰

副主席：田树元　刘　成　毕　政　张志灵　吴　竟　李　壮　苏延军　金中浩　夏光江　曹伯铭　景喜猷　廉世和　路运军　薛　军　关玉珩　丛文俊（常务）

副秘书长：李济时

黑龙江省

主　席：马国良

副主席：马顺强　王立民　王凯霞　李继纯　张　戈　何昌贵　赵隽明　洪铁军　高庆春　胡志平

高　昆

副秘书长： 卞云和

江苏省

主　席： 尉天池

副主席： 言恭达　王冰石　孙晓云　李大鹏　徐利明
阙长山

副秘书长： 李　啸

浙江省

主　席： 朱关田

副主席： 陈振濂　王冬龄　鲍贤伦　祝遂之　杨西湖
李章庸　陈必武　郑成山　赵雁君　朱元更

秘书长： 杨西湖（兼）

安徽省

主　席： 张学群

副主席： 方茂鸿　王亚洲　韦斯琴　许云瑞　余国松
吴　雪　张兆玉　桂　雍　傅爱国

秘书长： 方茂鸿（兼）

福建省

主　席： 陈奋武

副主席： 方松峰　朱以撒　李木教　吴乃光　陈　吉
陈　朱　陈　远　陈秀卿（女）　柯云瀚
蒋平畴　傅永强　谢钦铭

江西省

主　席： 祝新穗

副主席： 喻贵森　张鉴瑞　崔廷瑶　赵定群　蔡正雅
方国兴　胡忌亮

秘书长： 毛国典

山东省

主　席： 张业法

副主席： 顾亚龙　于明泉　龙　岩　李向东　张仲亭
张铭元　范正红　郑训佐　单国防　赵长刚
段玉鹏　贺中祥　蒯　宪　燕守谷　于茂阳

秘书长： 顾亚龙（兼）

河南省

主　席： 宋华平

副主席： 王宝贵　李　强　胡秋萍　王荣生　赵振乾
许雄志　王　鸣　张高山　吴　行　米　闹
杨　杰　张剑锋　云　平　张建才　谢安钧
刘安成　亍承江　司马武当

秘书长： 宋华平（兼）

湖北省

主　席： 梁清章

副主席： 张明明（驻会）　金伯兴　饶兴成　涂廷多
黄德琳　刘欣耕　夏奇星　张天弓

秘书长： 葛昌永

湖南省

主　席： 何满宗

副主席： 陈羲明（驻会）　王　集　孔小平　刘广文
刘晓斌　张　敏　胡立伟　盛景华　鄢福初
谭秉炎

秘书长： 杨远征

广东省

副主席： 纪光明　丘仕坤　吕伯涛　许鸿基　李小如
李远东　张桂光　陈钦硕　周国城　周树坚

秘书长： 纪光明（兼）

广西壮族自治区

主　席： 韦克义

副主席： 林建勋　石　锋　陆远怀　黄文勇　黄家城
张羽翔　刘炳清

副秘书长： 刘德宏

海南省

主　席： 吴东民

副主席： 王家连　詹冰莹　刘胜角　杨　毅　黄承利
江寿男　李元茂　许西茂　陈其吉　吴永雄
张文瑞

秘书长： 王家连（兼）张文瑞（兼）

四川省

主　席： 何应辉

副主席： 戴　跃　徐德松　舒　炯　郭　强　刘新德

秘书长： 戴　跃（兼）

贵州省

主　席： 包俊宜

副主席： 周运真　陈加林　刘宝静　陈　弘　李维力　倪祖林　杨昌刚　周加加

秘书长： 陈加林（兼）

云南省

主　席： 郭　伟

副主席： 段增庆（常务）　孙　源　陈鸿翎　沈　健　罗　江　王献生　杜建民　王绍尧　王子荣　朱从凯

秘书长： 朱兴贤

西藏自治区

主　席： 巴　珠

副主席： 肖茂光　刘成俊　魏富绪　次　旦　次仁顿珠　乌金群培

秘书长： 李运熙

陕西省

主　席： 雷珍民

副主席： 王　蒙　王改民　邱宗康　李成海　李杰民　李艳秋　王定成　陈建贡　赵大山　张　山　赵　熊　张红春　高　峡　路毓贤　薛养贤　魏　良　曹　科

秘书长： 王改民（兼）　邱宗康（兼）　史星文（驻会）　于唯德　石瑞芳　魏　杰

甘肃省

主　席： 张改琴

副主席： 翟万益（常务）　秦理斌　刘开汉　王大钧　万惠民　林经文　林　涛（专职）　王训端　安继越　郝国良　陈扶军

秘书长： 林　涛（兼）

宁夏回族自治区

主　席： 吴善璋

副主席： 丁　波　马学智　李洪义　朱建设　郑歌平　郭守中　郭佳荣　唐宏雄　魏　沁

秘书长： 李洪义（兼）

青海省

主　席： 孟世强

副主席： 王庆元（常务）　陈治元（驻会）　樊　华　石　力　姚忠宝　王永洲　蔡永峨　高海源　王振宇　徐小江　陆文运　德却加

秘书长： 郭　强

新疆维吾尔自治区

主　席： 于小山

副主席： 尼亚孜·克里木　卡依纳木·加帕尔　李　方　郭　际　刘建新　张　沧　张鸿林

秘书长： 李志顺

中直分会

会　长： 张　飙

副会长： 张　虎　于曙光　邹德忠　苏士澍　罗　杨

新疆生产建设兵团

主　席： 孙　峰

副主席： 王怡平　李鲁豫　周　静　王涌伟

秘书长： 运其瑞

中国石油

主　席： 樊胜利

常务副主席： 贾光生

执行副主席： 于恩东

副主席： 上官建新　石　力　冯尚存　白智勇　齐治欣　曲鲁军　李向阳　李德仁　张二林　何能祯　郑丽芳　周　旭　赵益红　段世民　郭仲军

高栋平　崔北林　梅祥华

秘书长：于恩东（兼）

中国金融

主　席：张铜彦

副主席：郭永琰（常务）　丁永康　李相国　王子忠

肖　丽　计承江　崔宝堂　韩启超　江寿男

白秋晨　王　祁

秘书长：韩启超（兼）

中国铁路

主　席：王勇平

副主席：潘传贤　吕广梁　刘新科　程智勇

秘书长：潘传贤（兼）

中国煤矿

主　席：张　宇

副主席：李士杰　盛　军　阎接囤　王俊昌　阎文升

刘云达　张生赋　刘　宁　马　铭　李海宗

胡定放　吕洪冰　李　剑　吴耀纯

秘书长：盛　军（兼）

中国电力

主　席：贺　恭

副主席：肖　鹏（常务）　祝新民　王永干

秘书长：魏俊芝

中国书法家协会增补理事名单

中国书法家协会第五届五次理事会按照中国书协章程的有关规定，经请示中国文联批准，增补中国书法家协会理事（以姓氏笔画为序）：

马国良　韦克义　王勇平　刘庆渝　李士杰
张　宇　肖　丽(女)　张学群　运其瑞　张铜彦
肖　鹏　周维杰　贺　恭　赵雁君　褚大伟
潘传贤　樊胜利

获奖作品选登

全国第二届隶书展

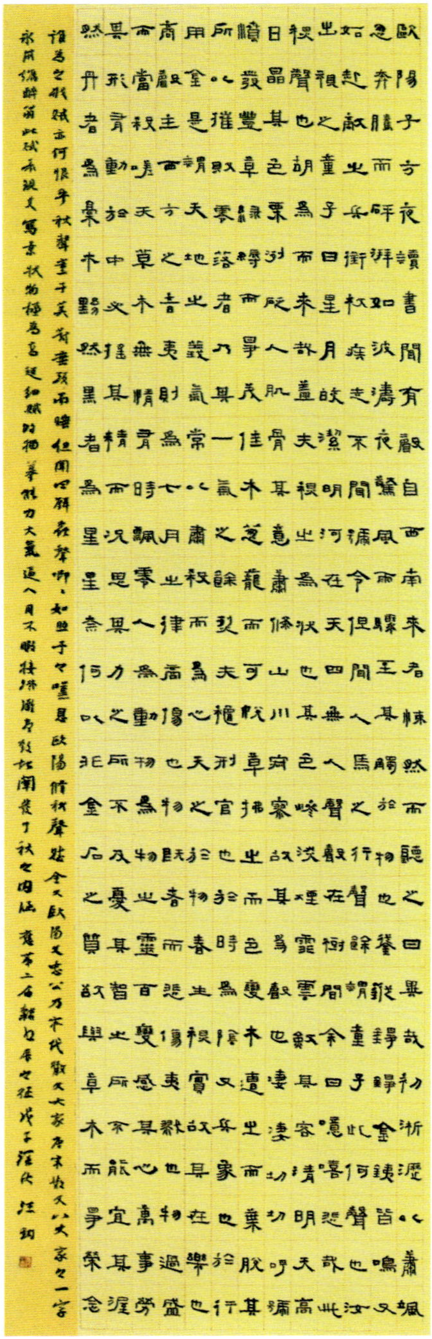

汪钧　一等奖（河北）

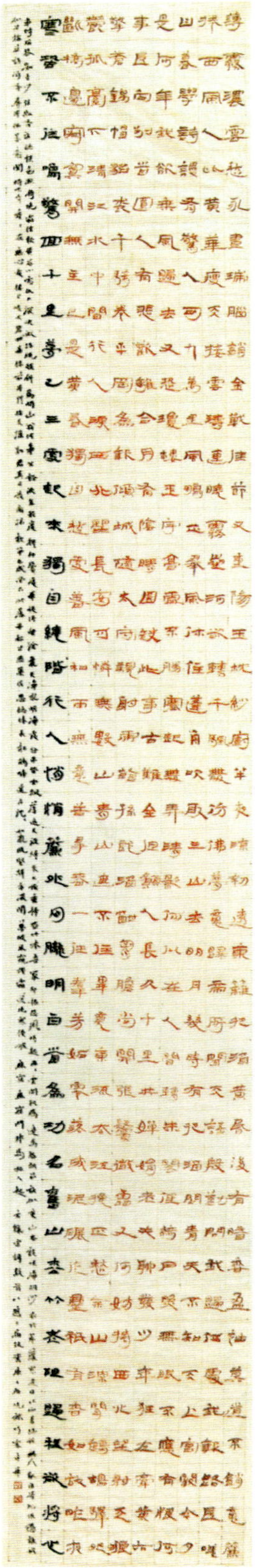

许晓斌　一等奖（山东）

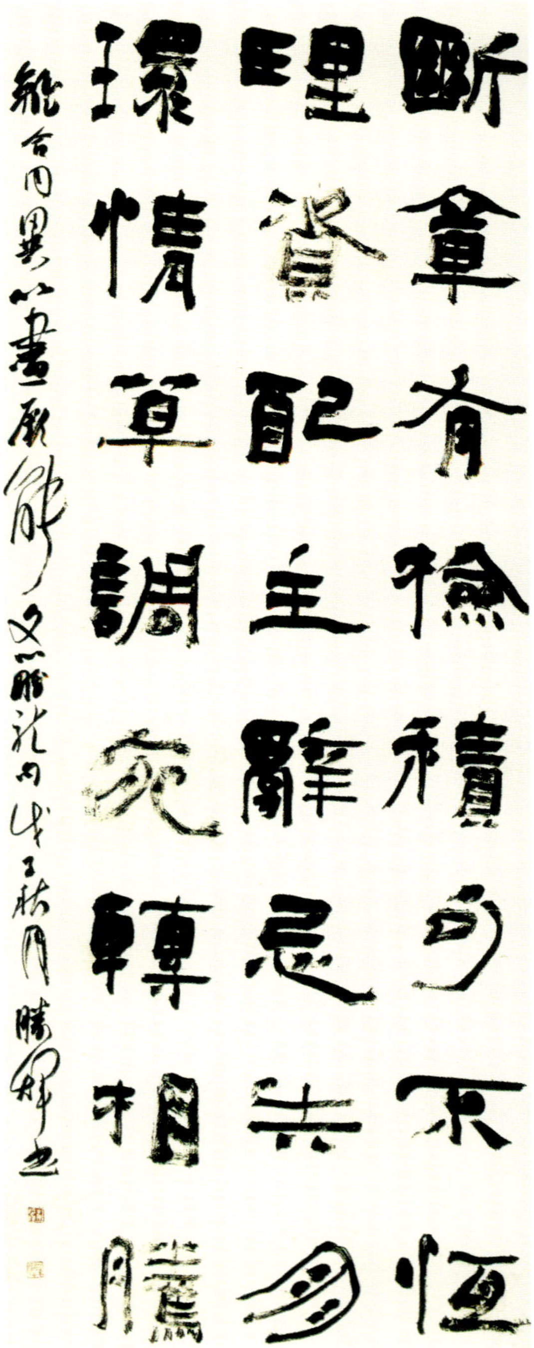

崔胜辉　一等奖（北京）

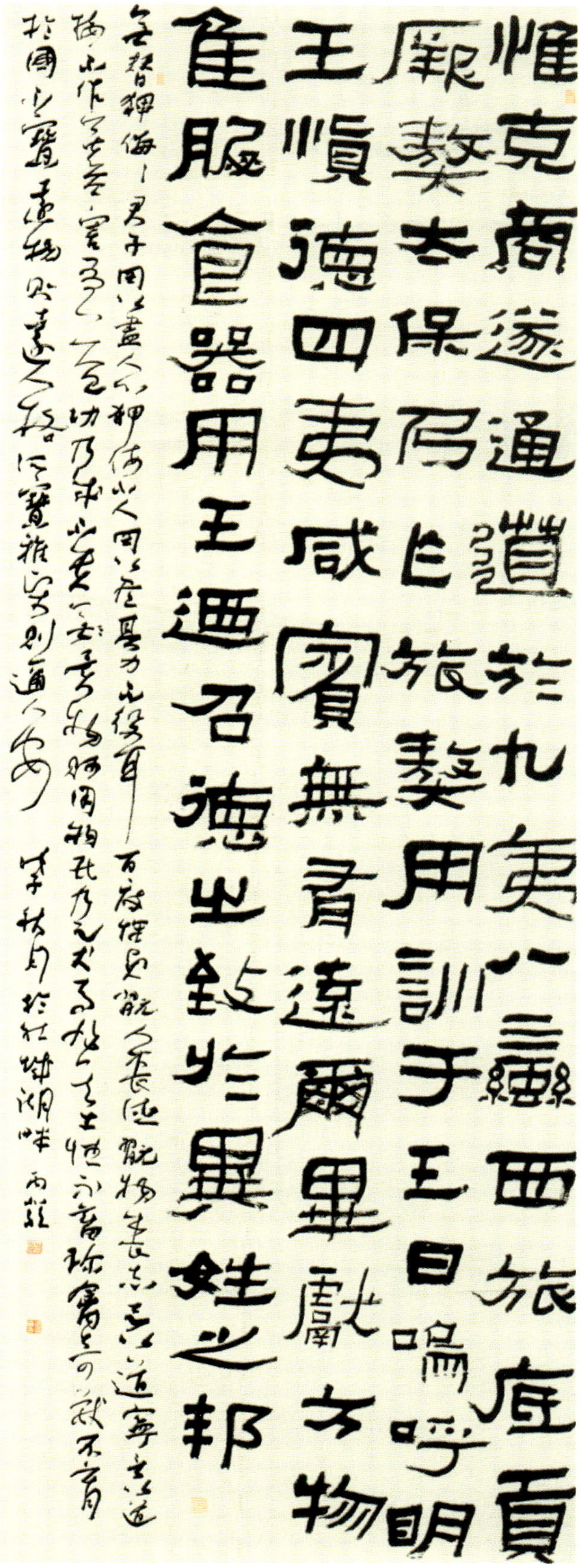

张圆满　一等奖（海南）

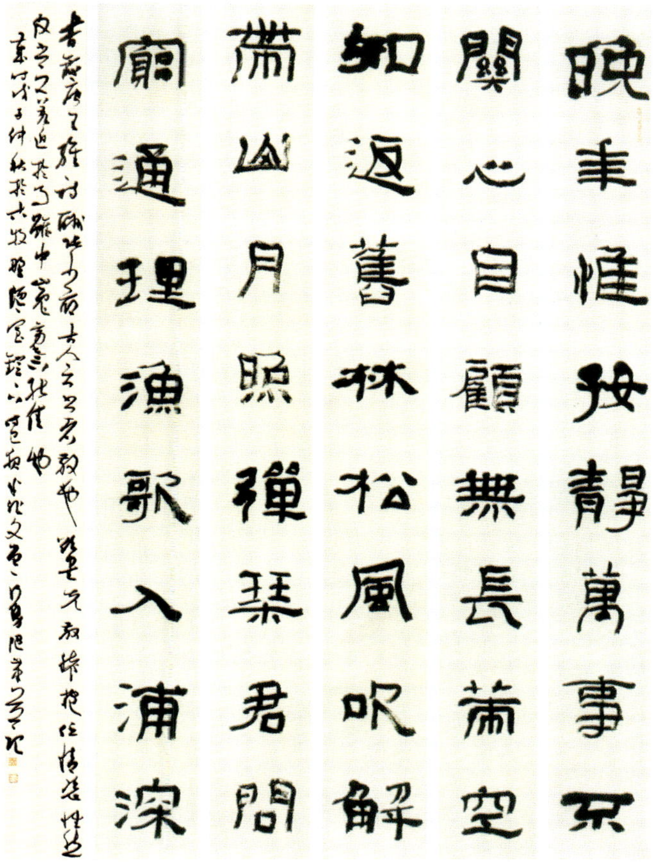

王乃勇　一等奖（河南）

全国第六届楹联书法展

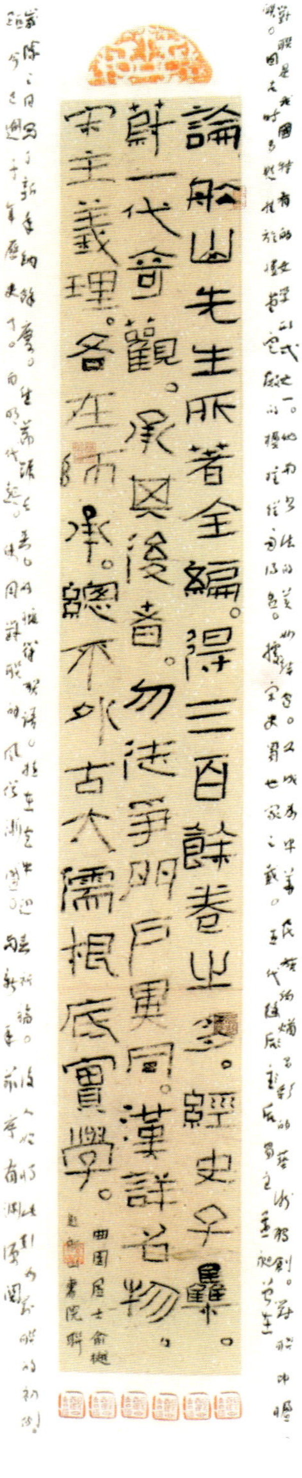

王墉　一等奖（河北）局部

左奇志　一等奖（广东）

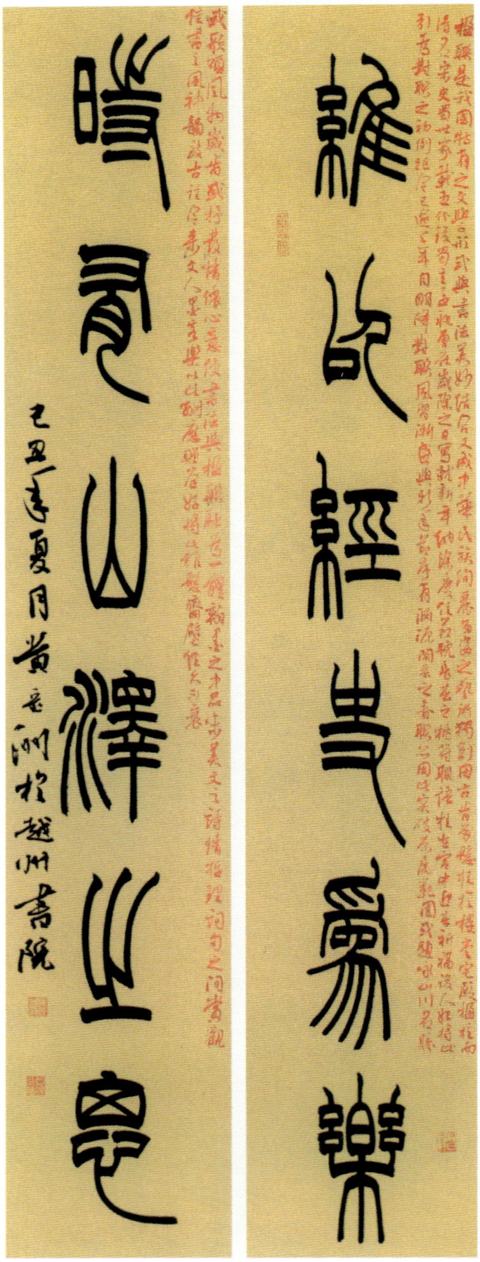

黄岳洲　一等奖（浙江）

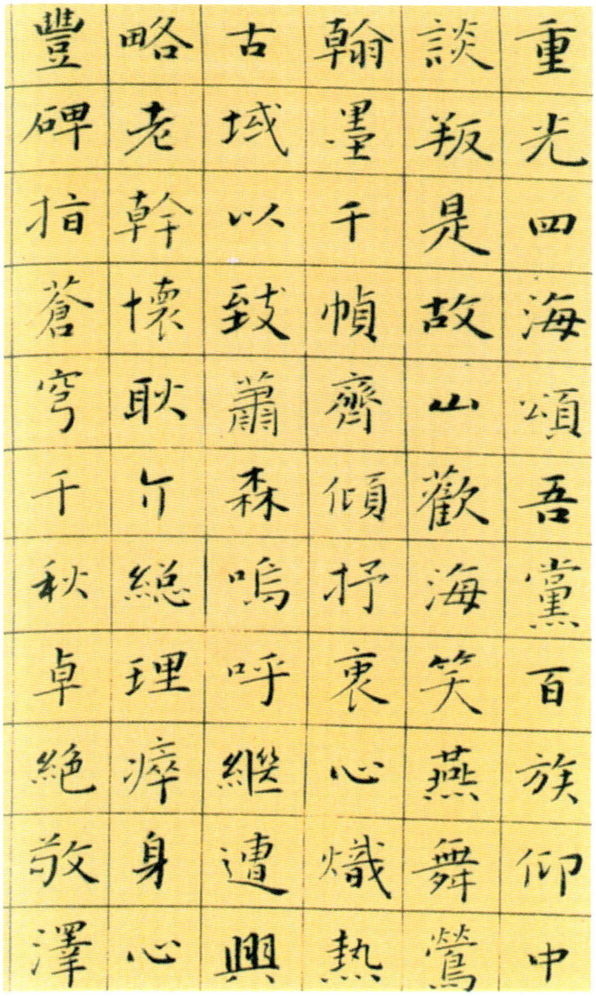

林玉梅　一等奖（福建）局部

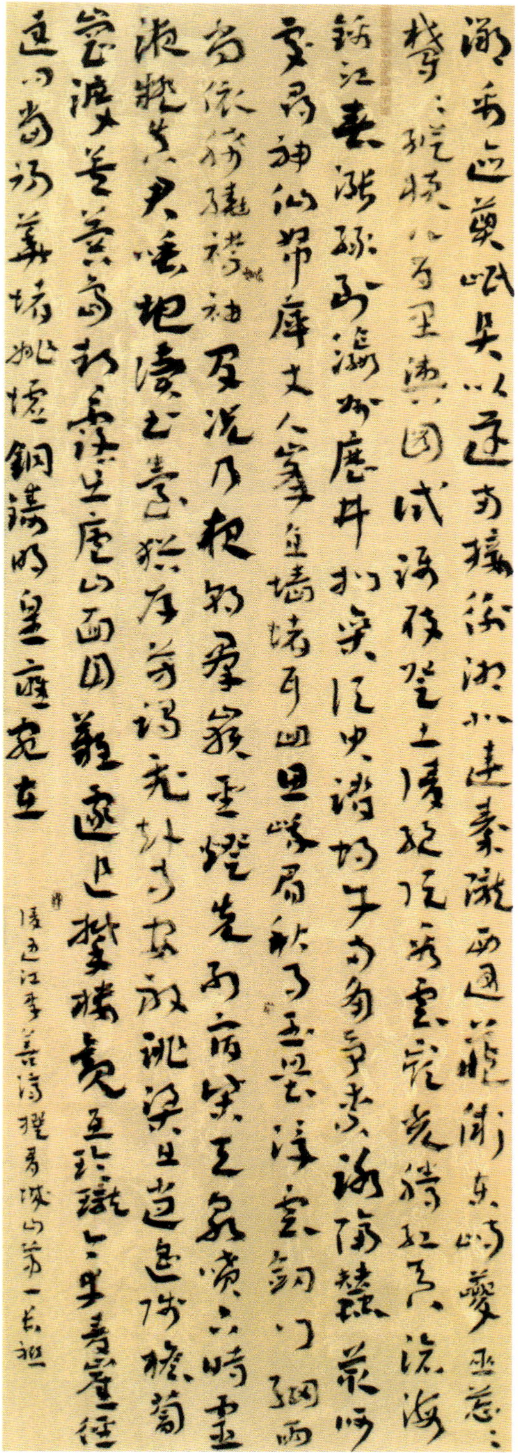

谢部生　一等奖（江西）局部

全国第二届青年书法篆刻展

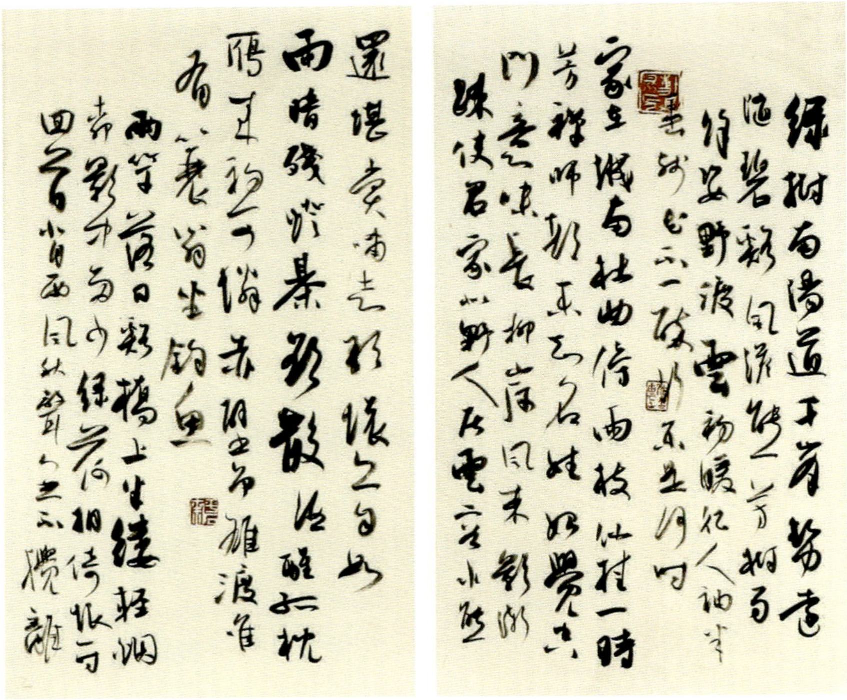

林峰　一等奖（浙江）局部

刀下稻粮

一日不见如三秋兮
杜延平　一等奖（北京）

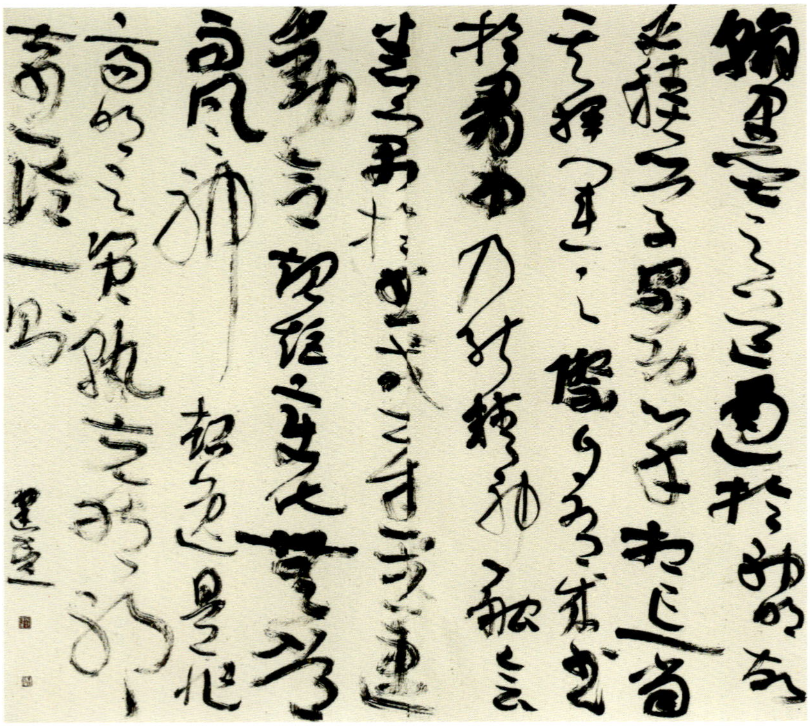

刘建丰　一等奖（北京）

第三届中国书法兰亭奖艺术奖

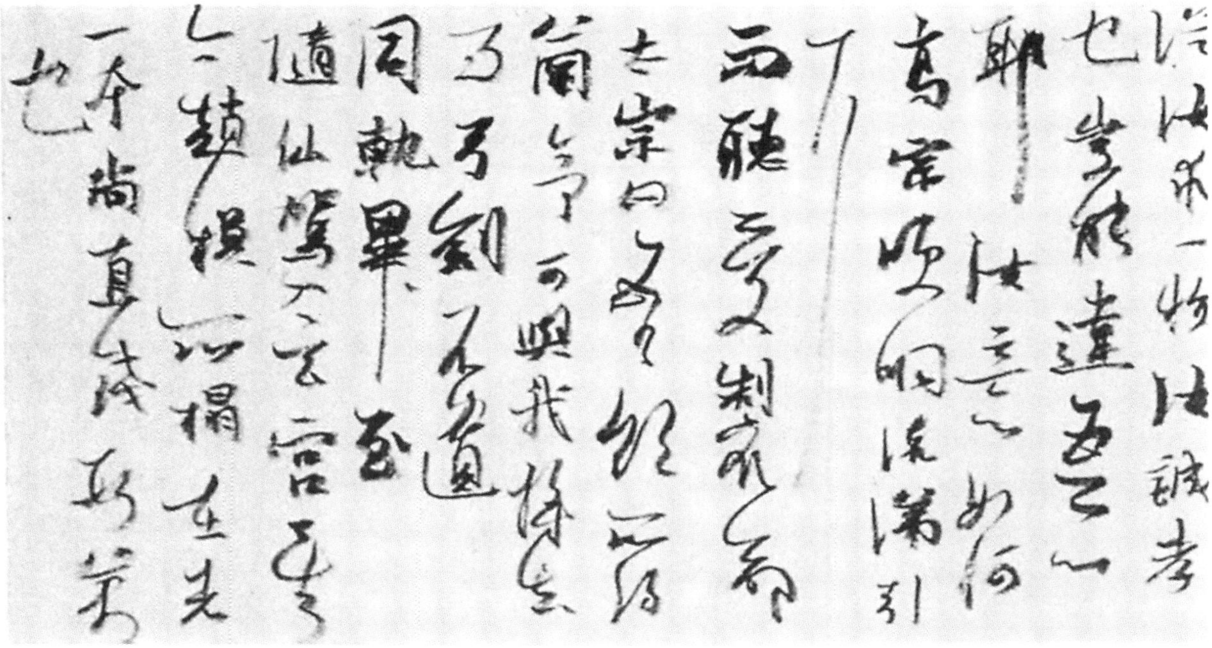

徐 强　一等奖（浙江）局部

陈花容　一等奖（河南）局部

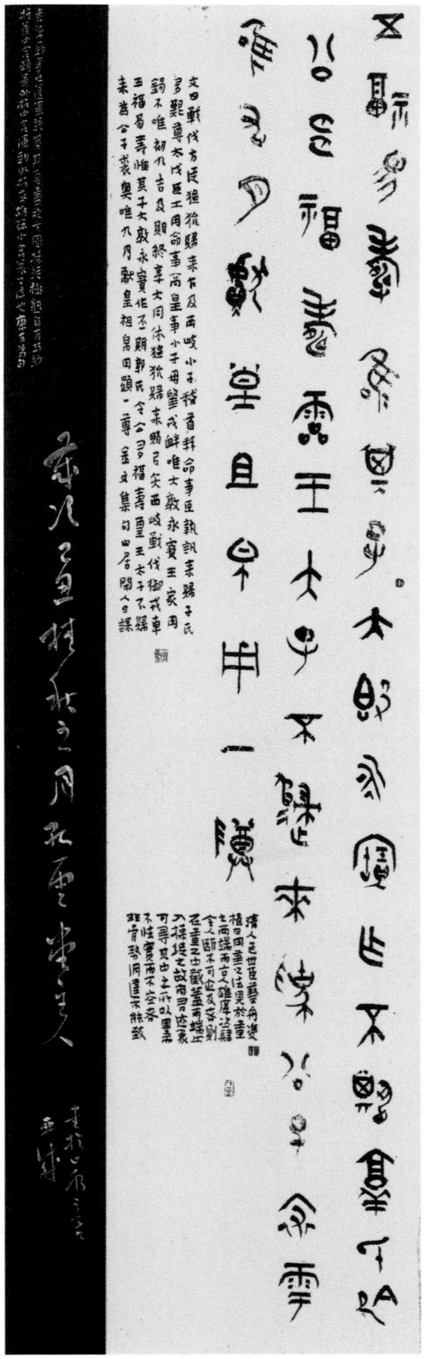

傅亚成　一等奖（河北）局部

曲庆伟　一等奖（黑龙江）局部

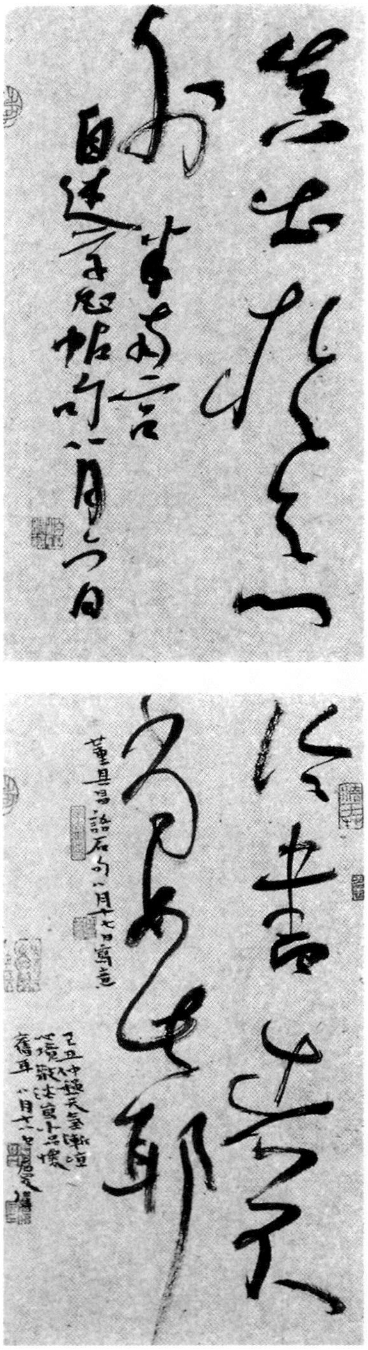

郑庆伟　一等奖（河南）局部

年度名家新作

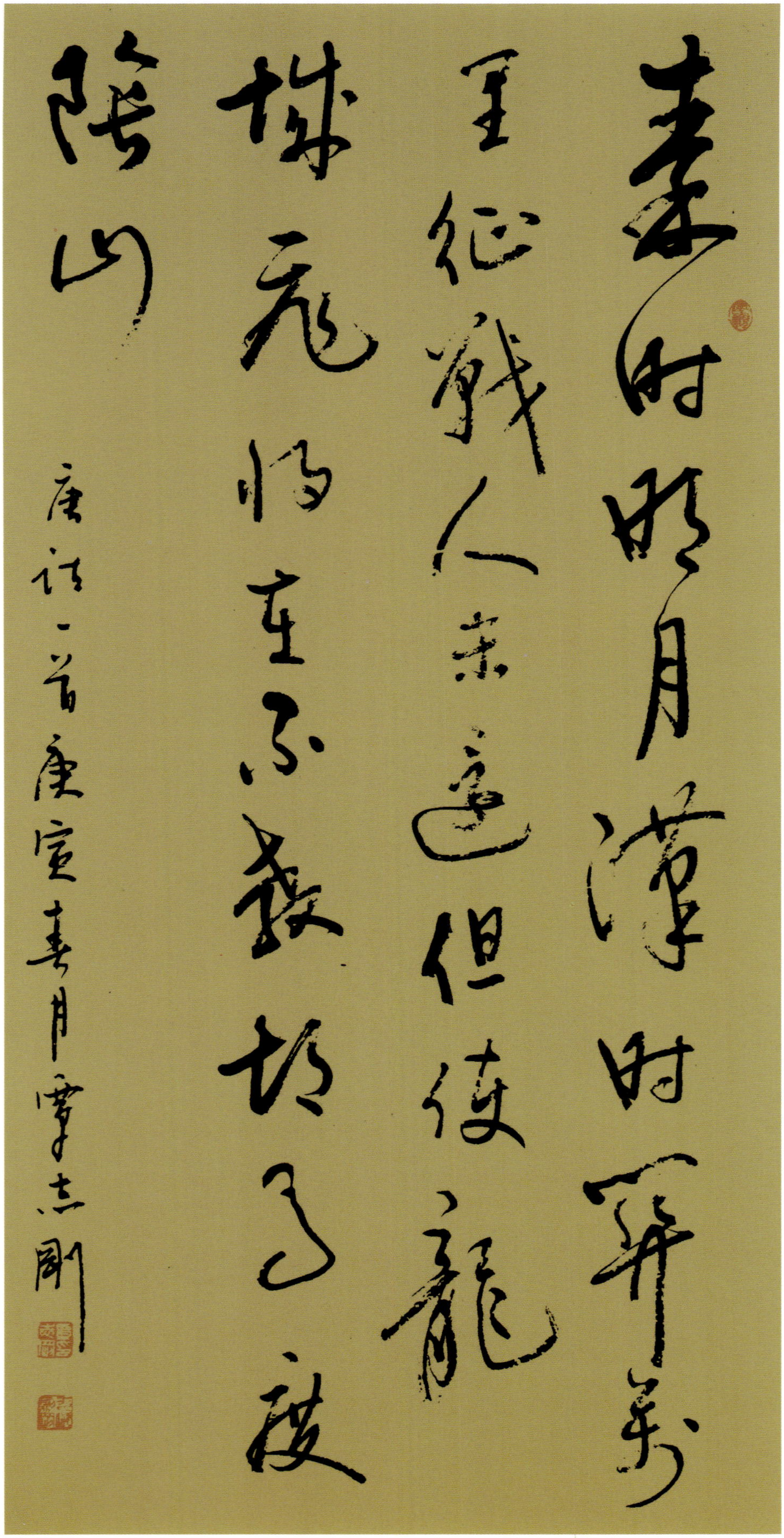

覃志刚

中国文联党组副书记、副主席

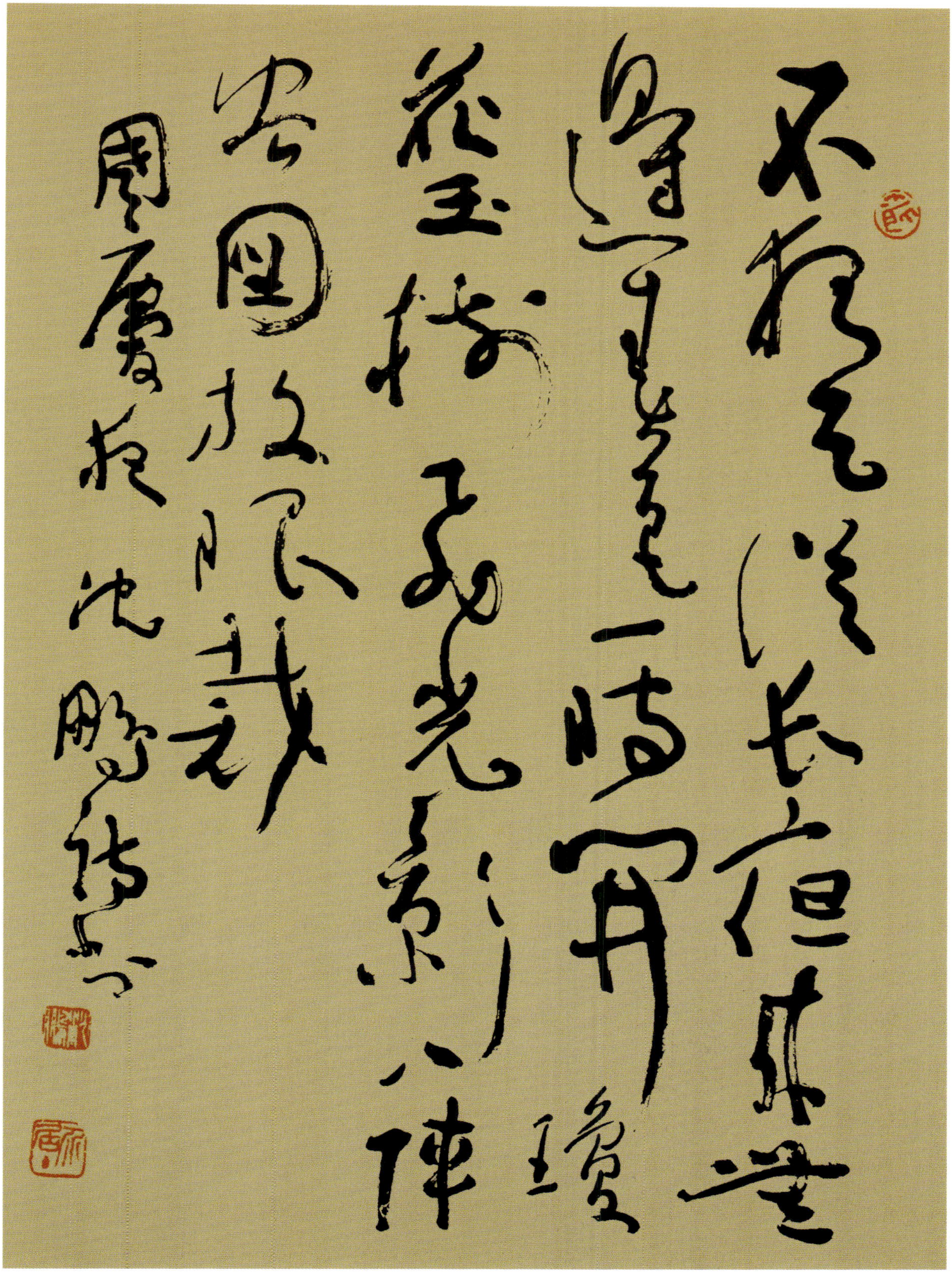

沈 鹏 中国书法家协会名誉主席

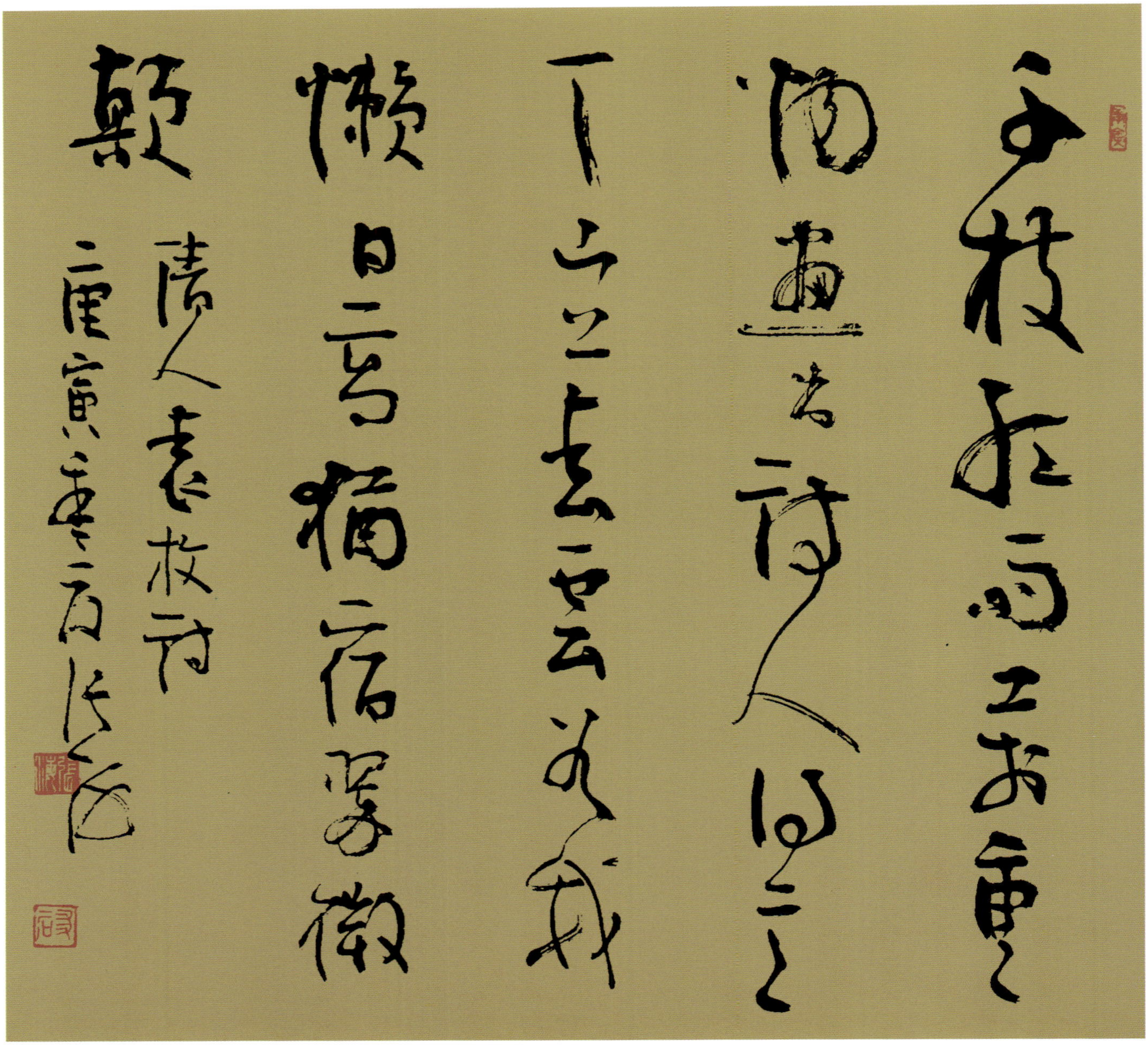

张 海　中国书法家协会主席

李 铎　中国书法家协会顾问

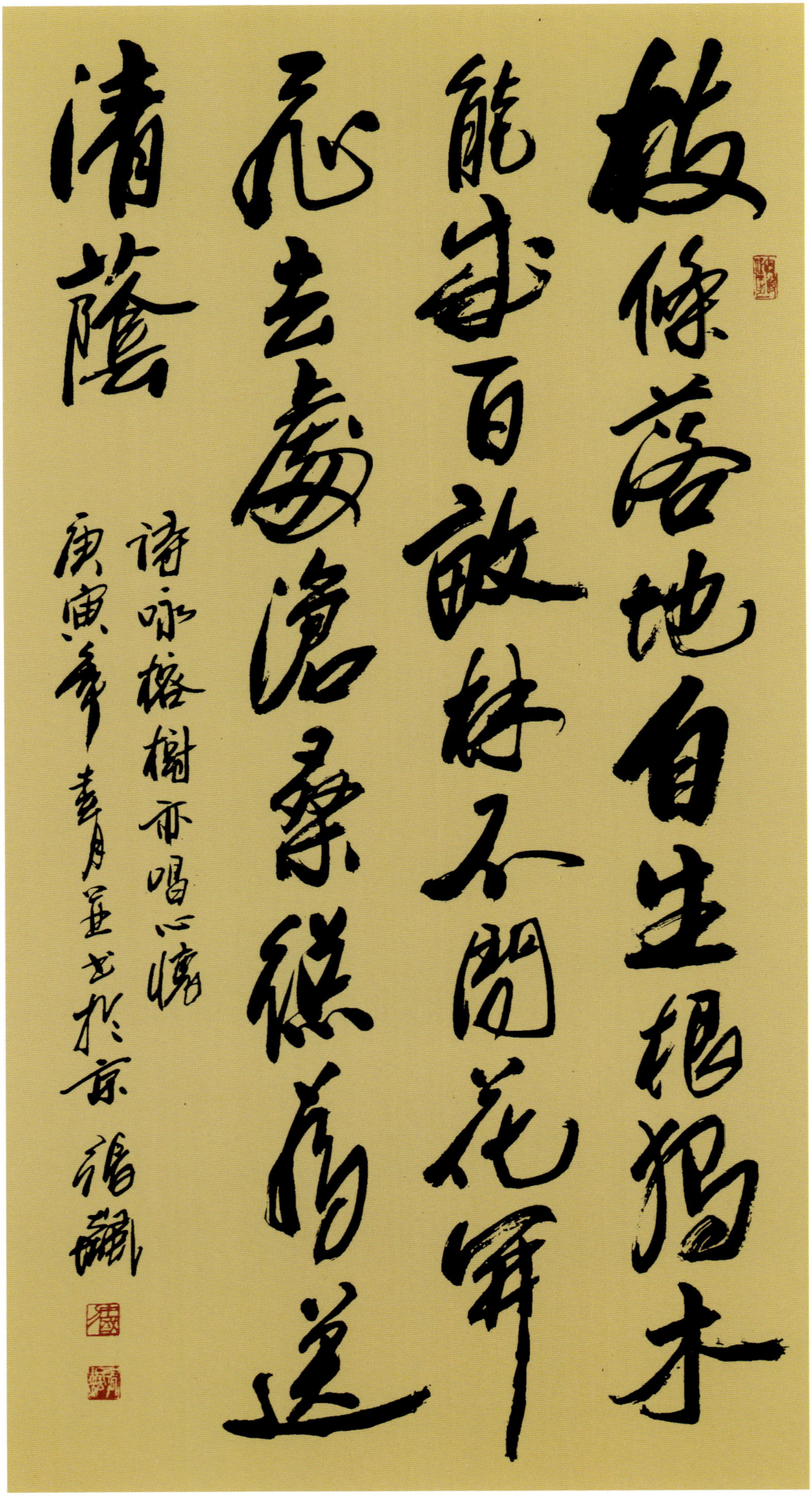

张 飙

中国书法家协会顾问

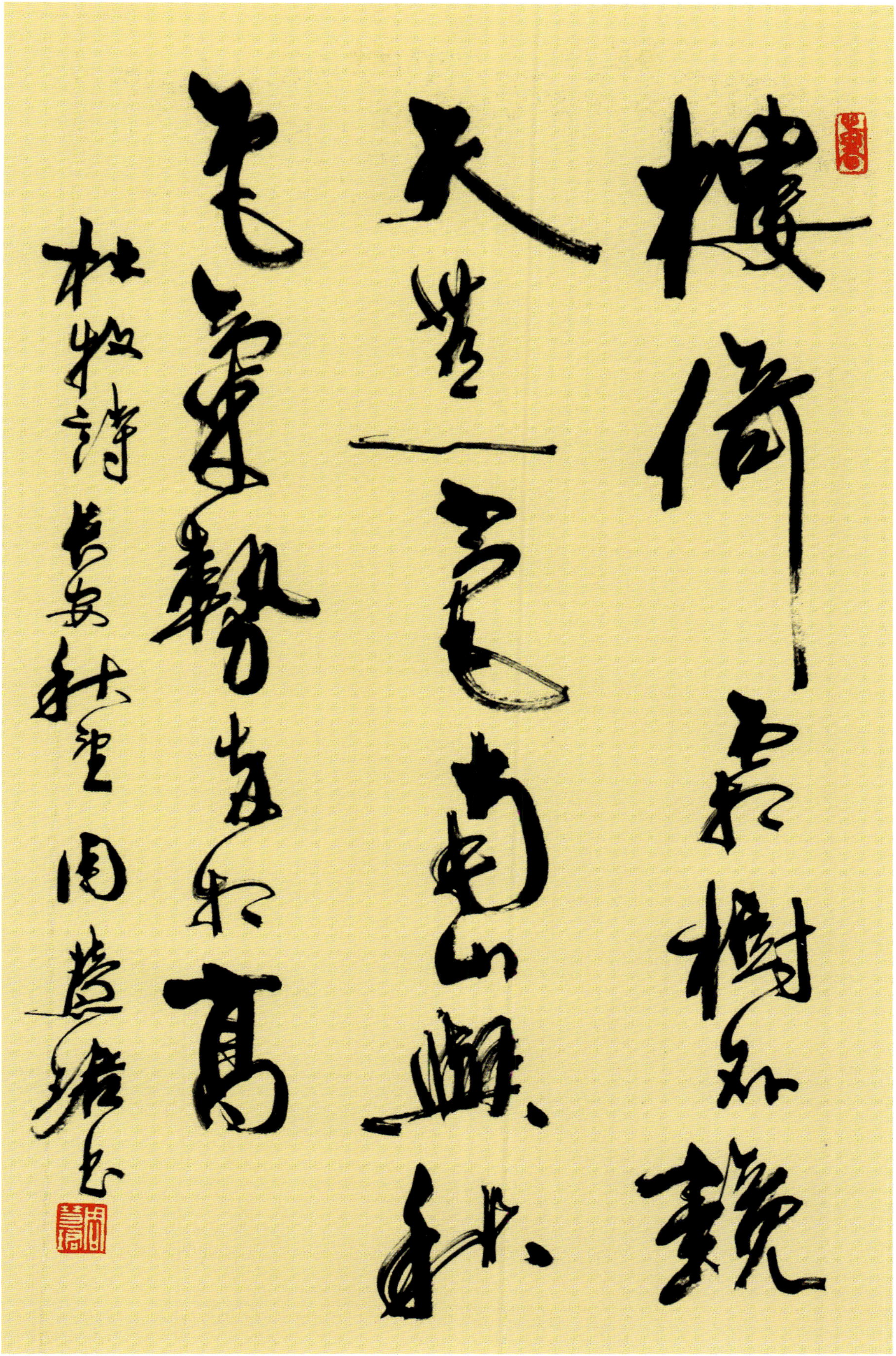

周慧珺

中国书法家协会顾问

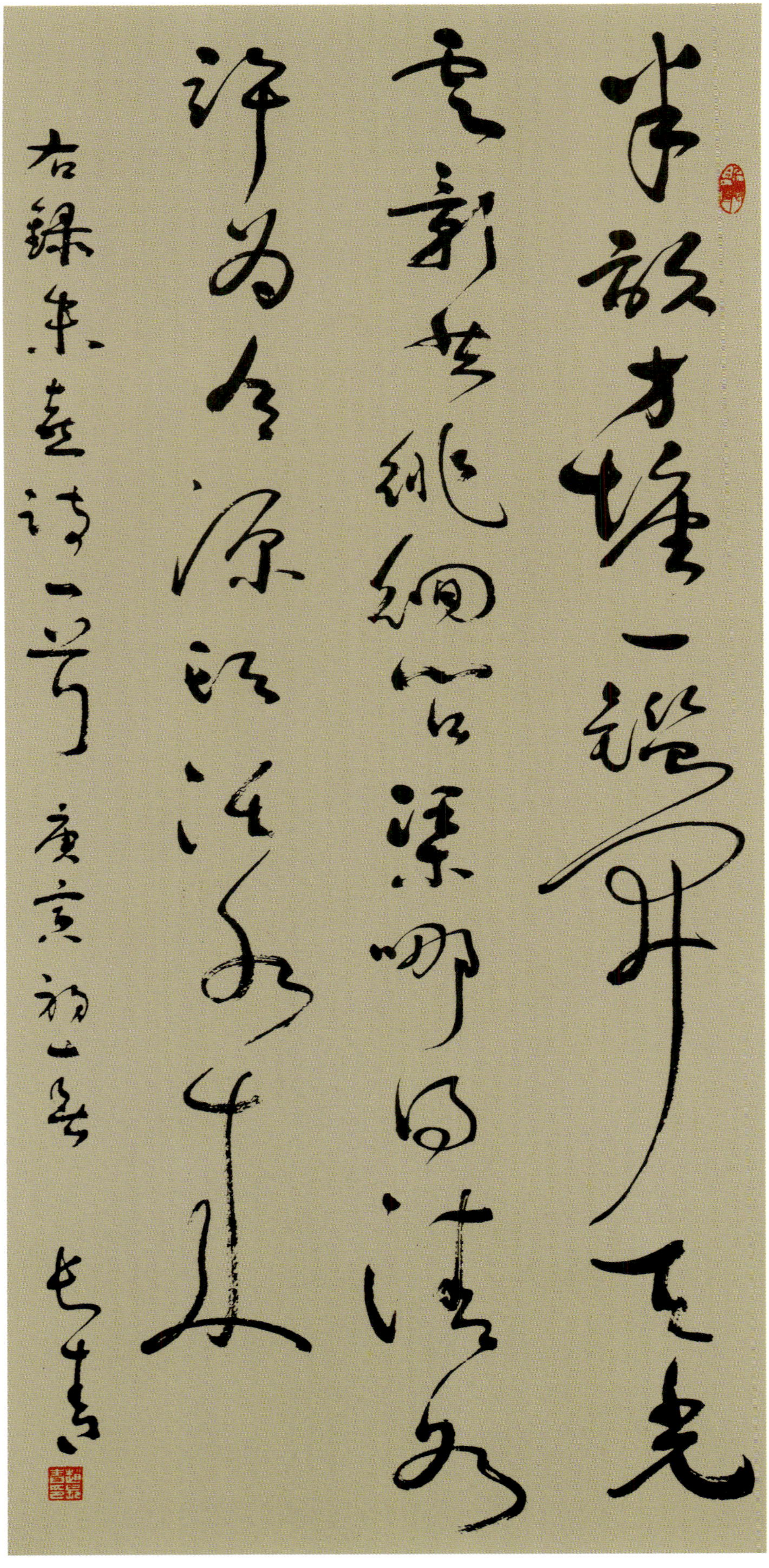

赵长青

中国书法家协会分党组书记、驻会副主席兼秘书长

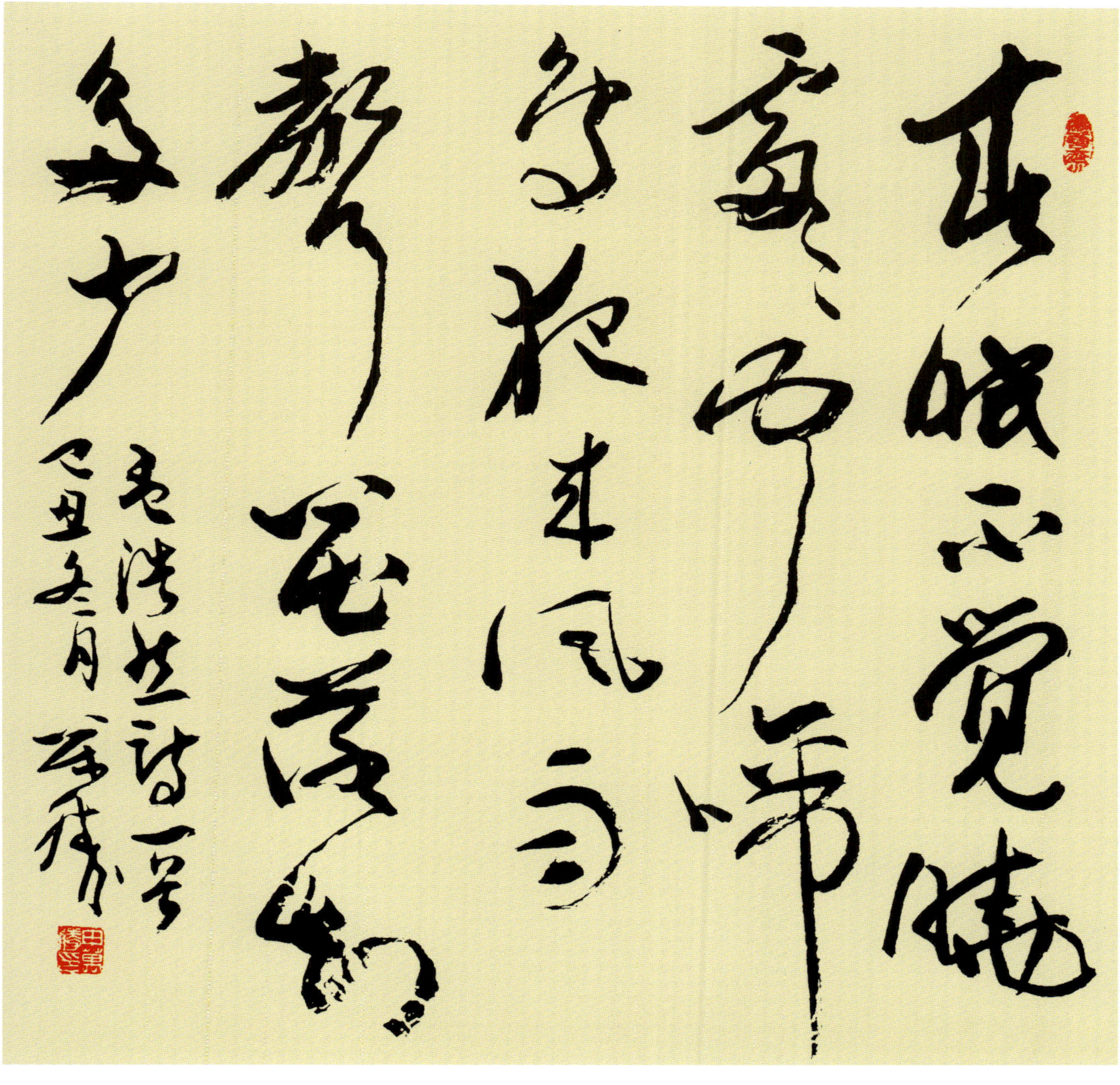

申万胜 中国书法家协会副主席

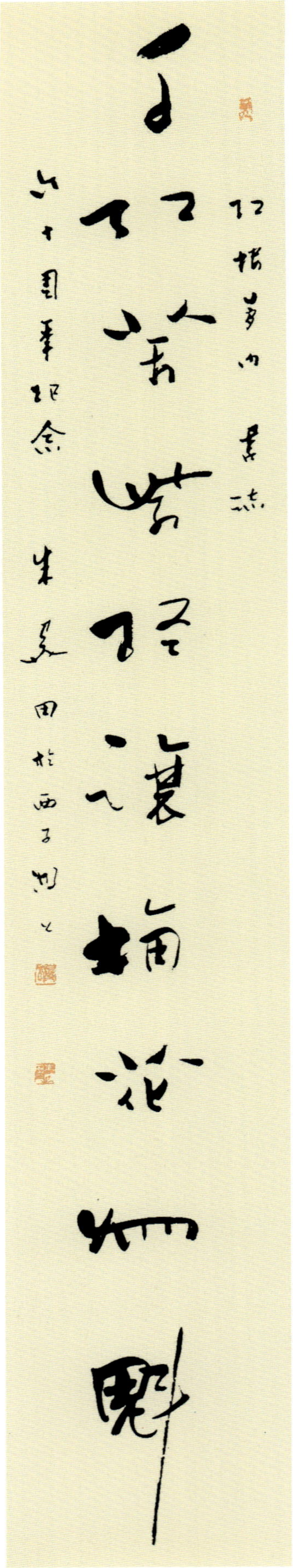

朱关田 中国书法家协会副主席、浙江省书法家协会主席

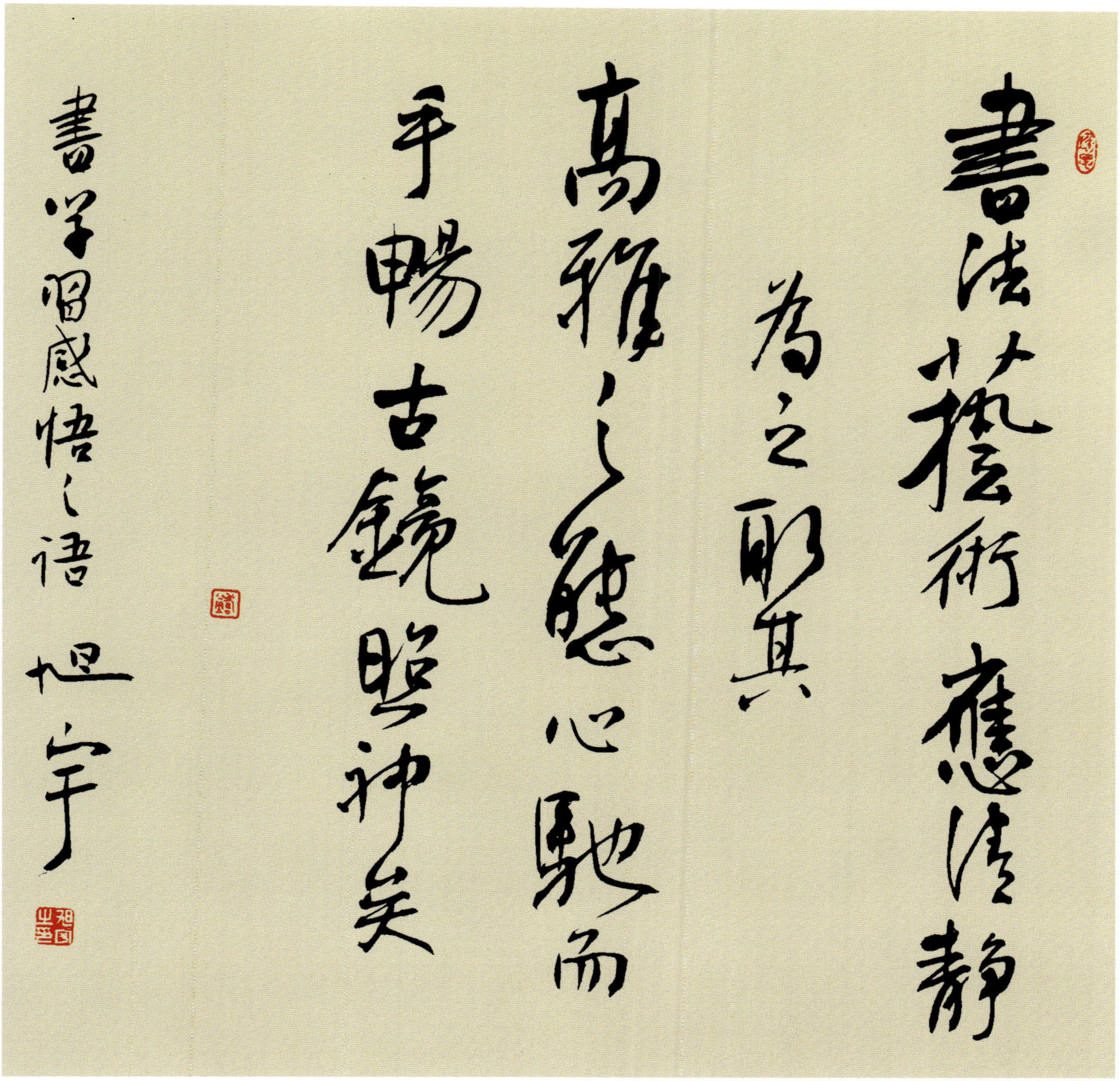

旭 宇 中国书法家协会副主席、河北省书法家协会主席

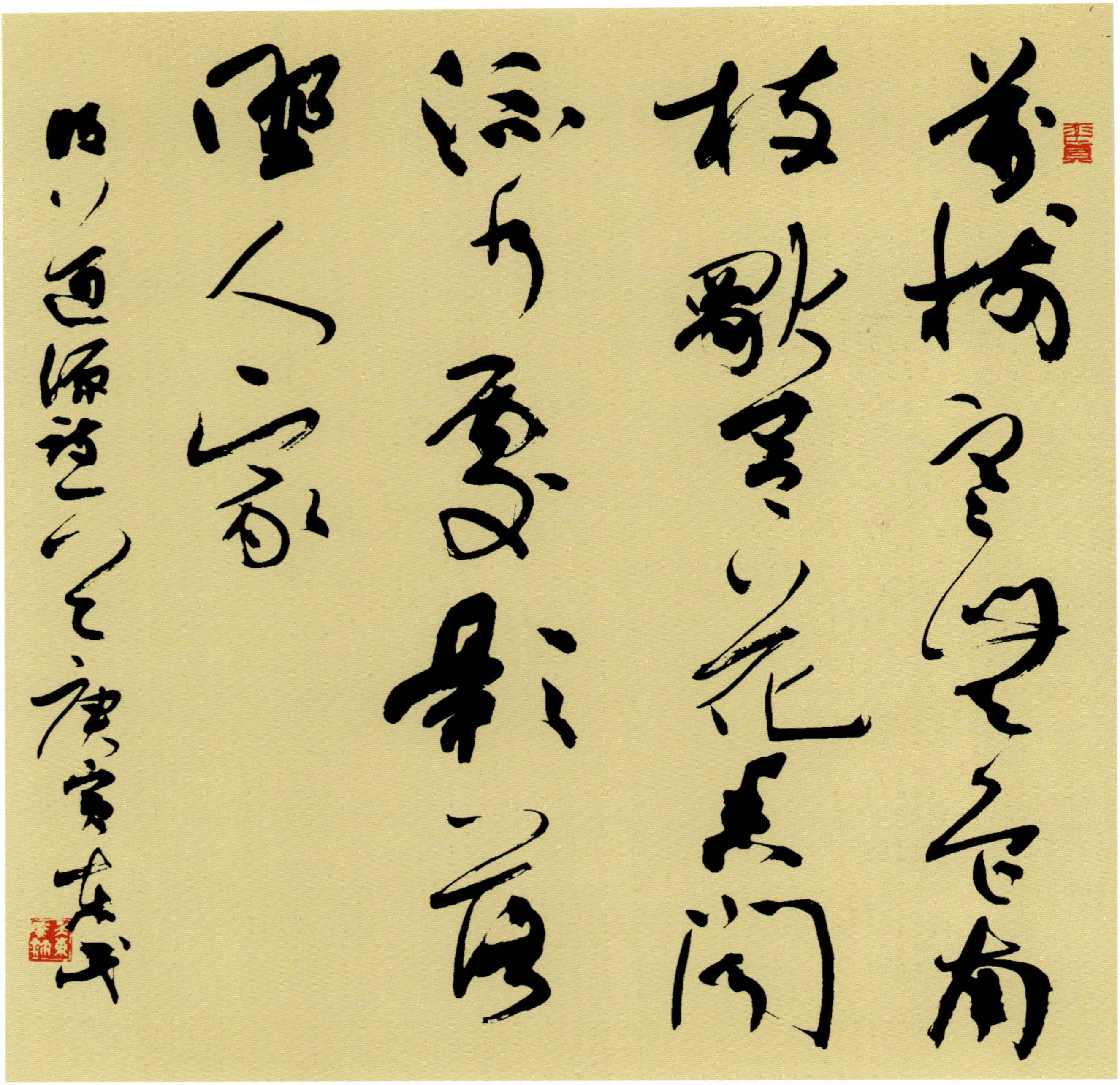

吴东民　中国书法家协会副主席、海南省书法家协会主席

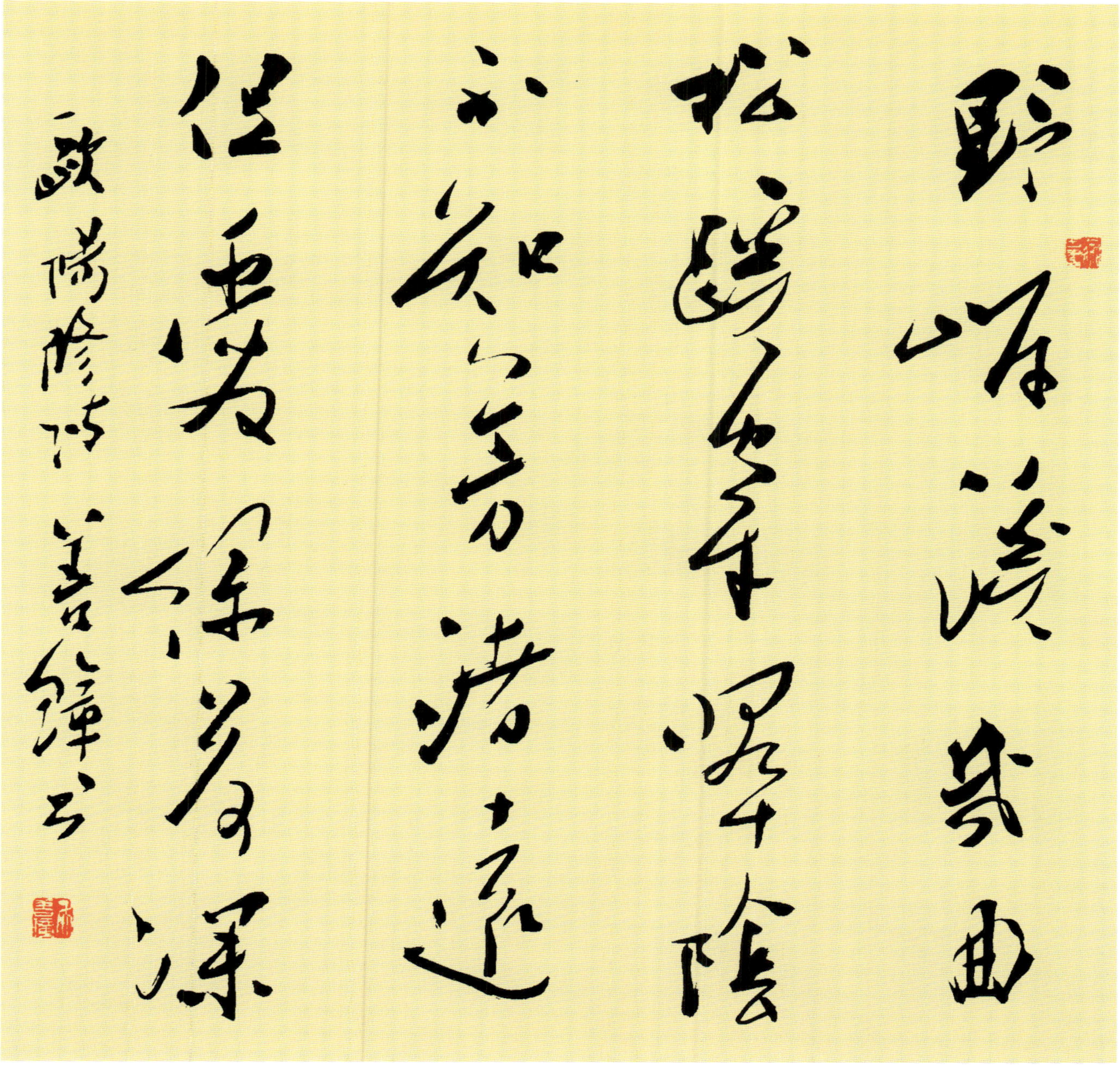

吴善璋 中国书法家协会副主席、宁夏回族自治区书法家协会主席

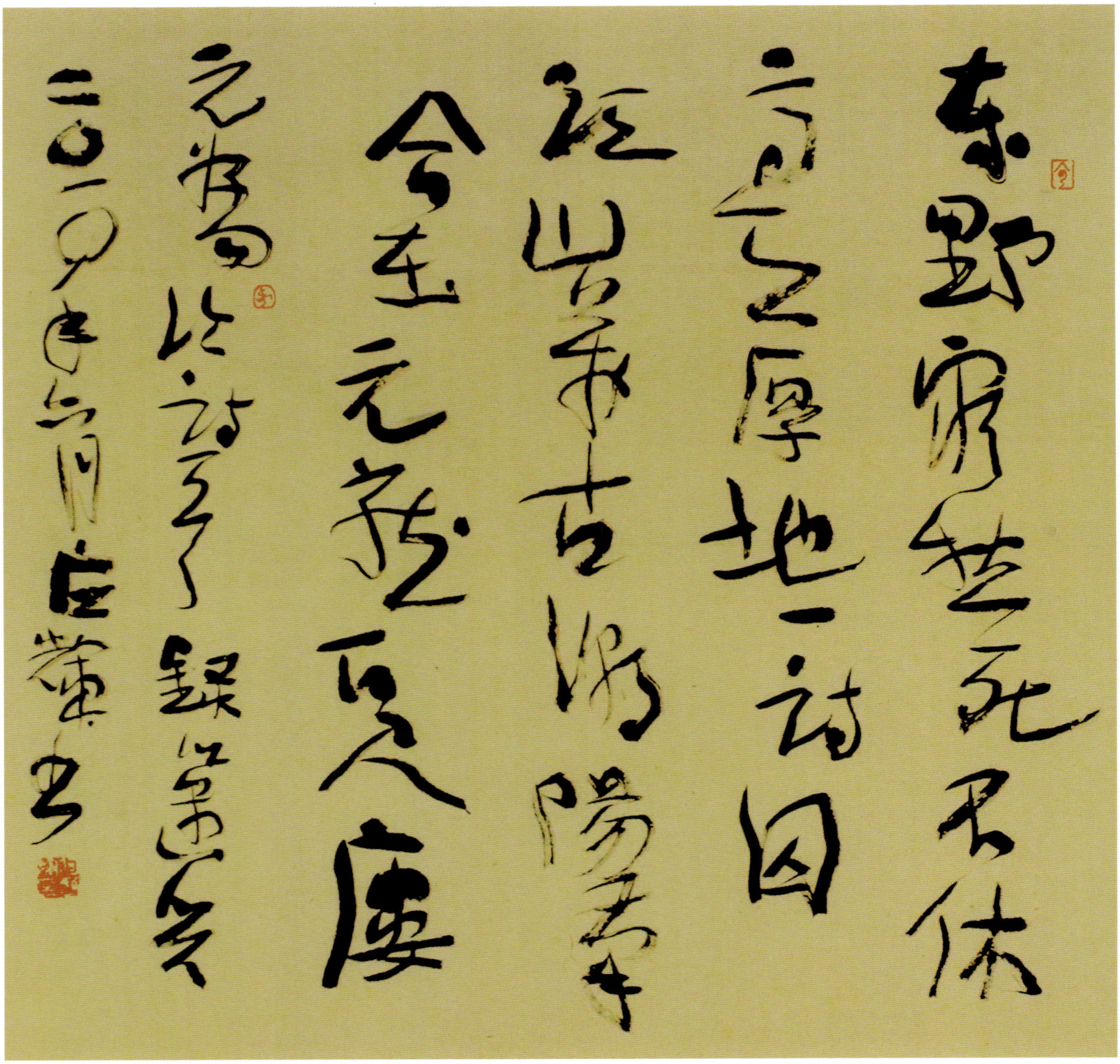

何应辉　中国书法家协会副主席、四川省书法家协会主席

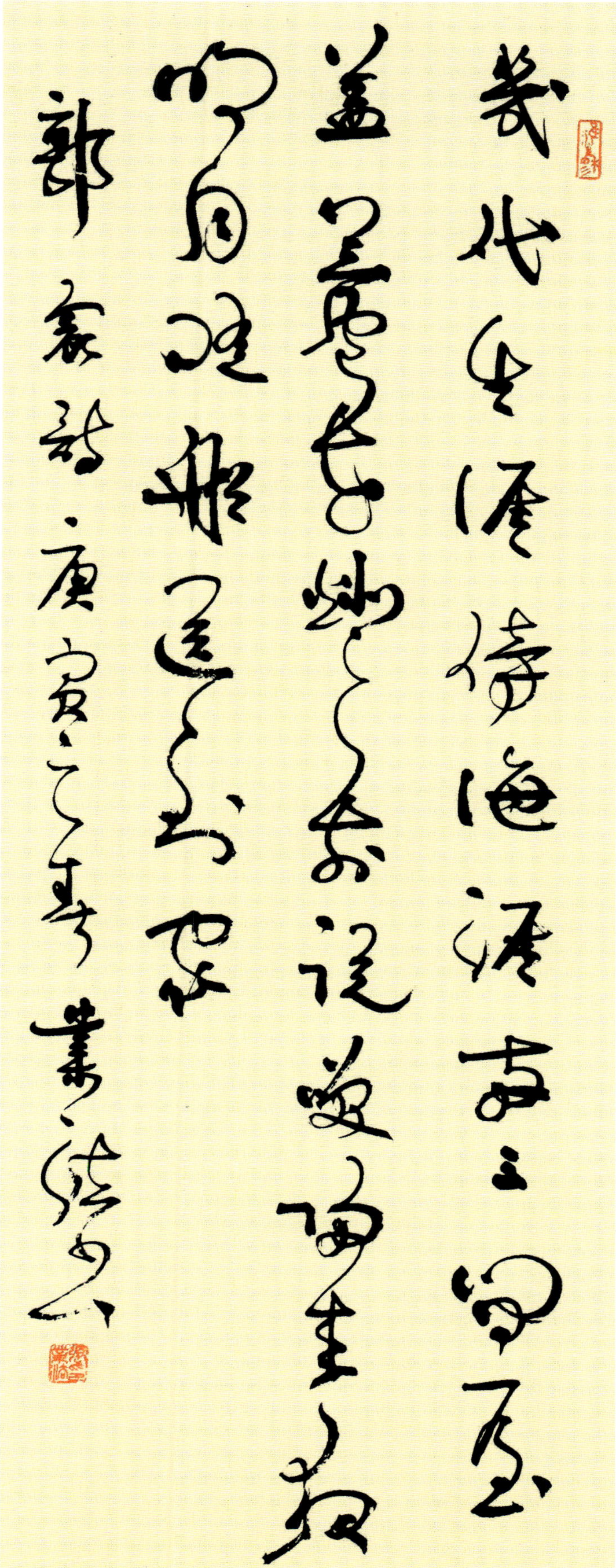

张业法

中国书法家协会副主席、山东省书法家协会主席

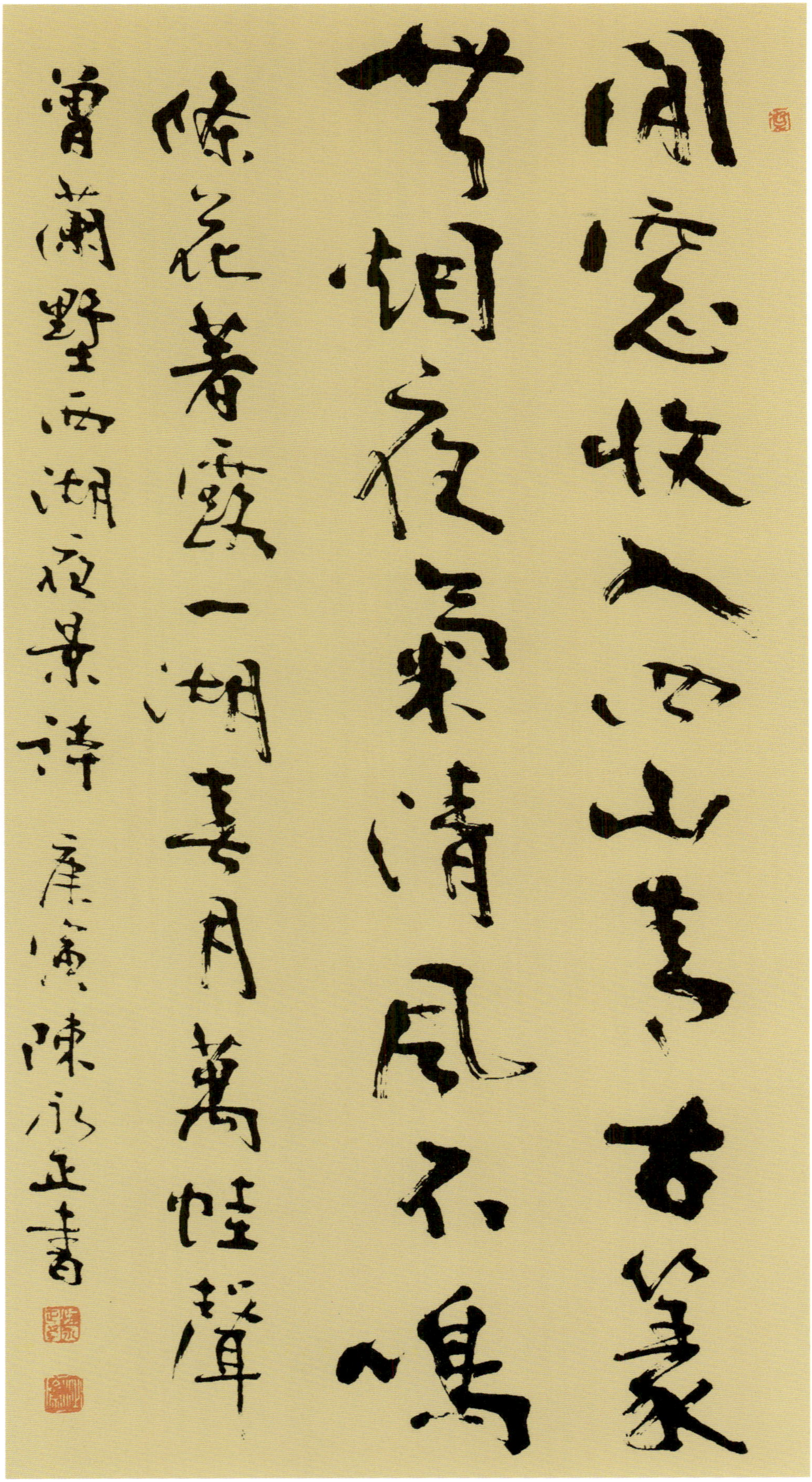

陈永正
中国书法家协会副主席

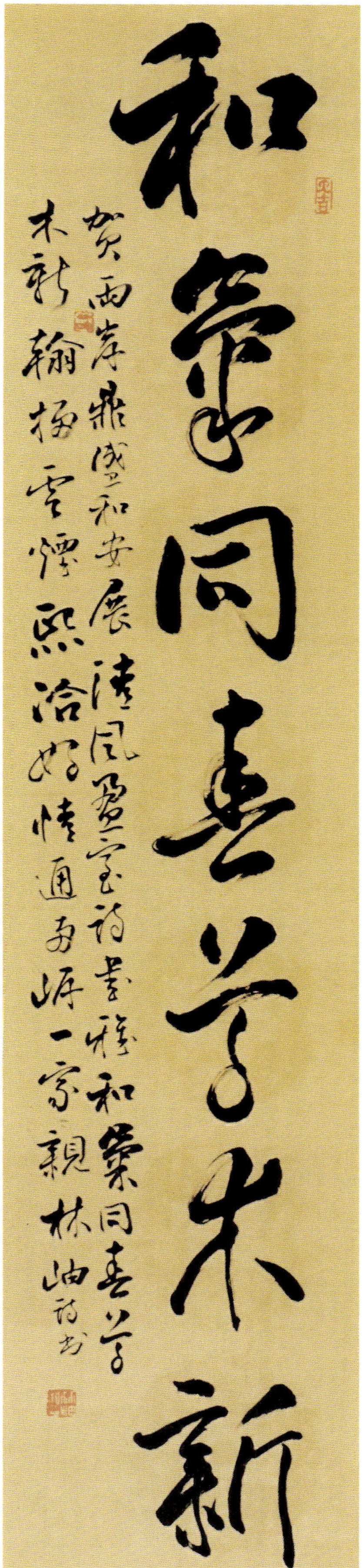

林岫

中国书法家协会副主席、北京书法家协会主席

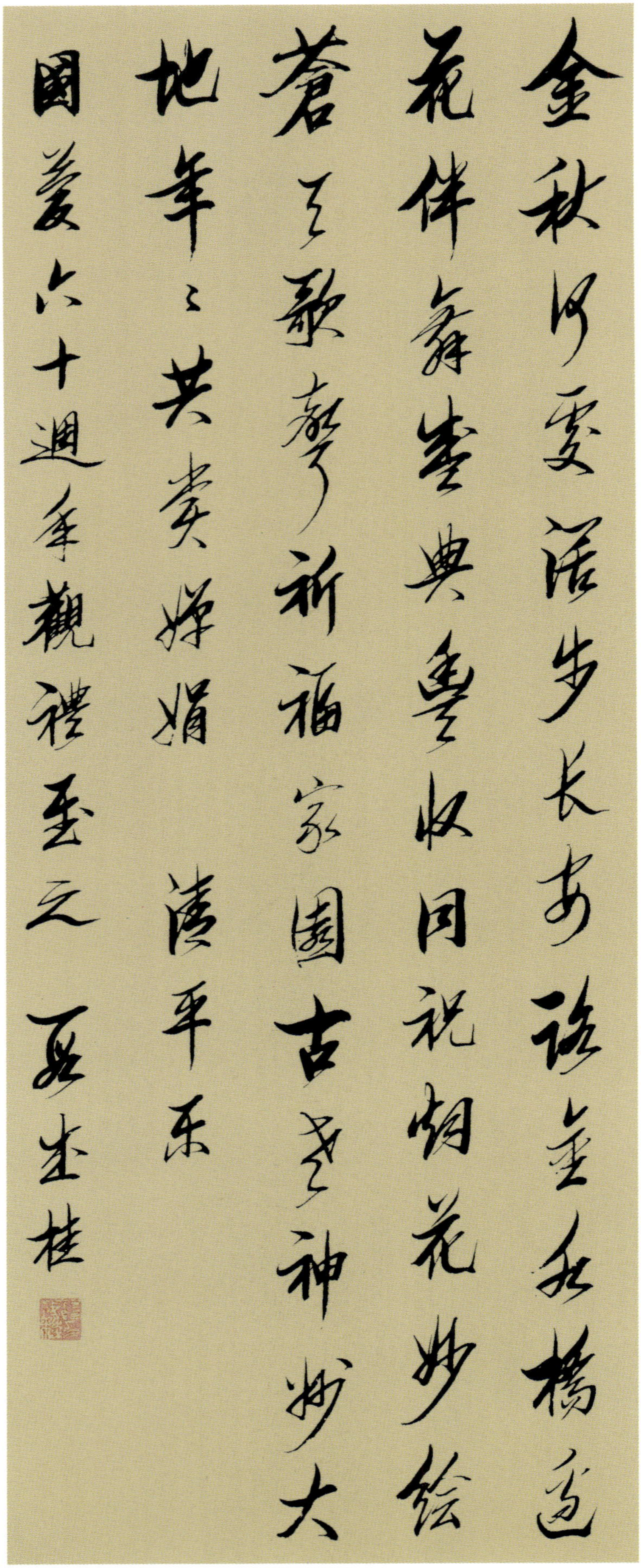

段成桂

中国文联副主席、中国书法家协会副主席

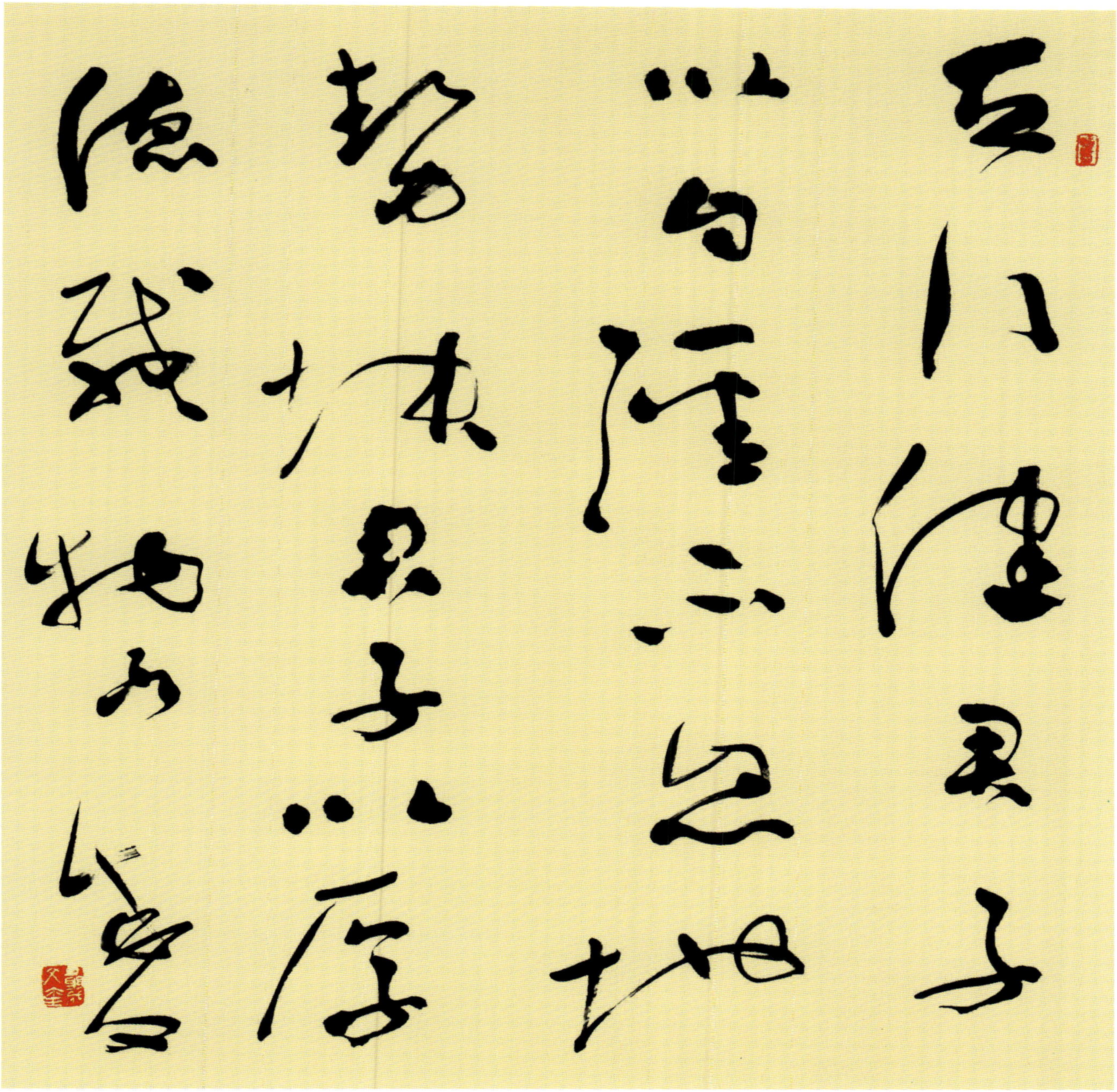

聂成文 中国书法家协会副主席、辽宁省书法家协会主席

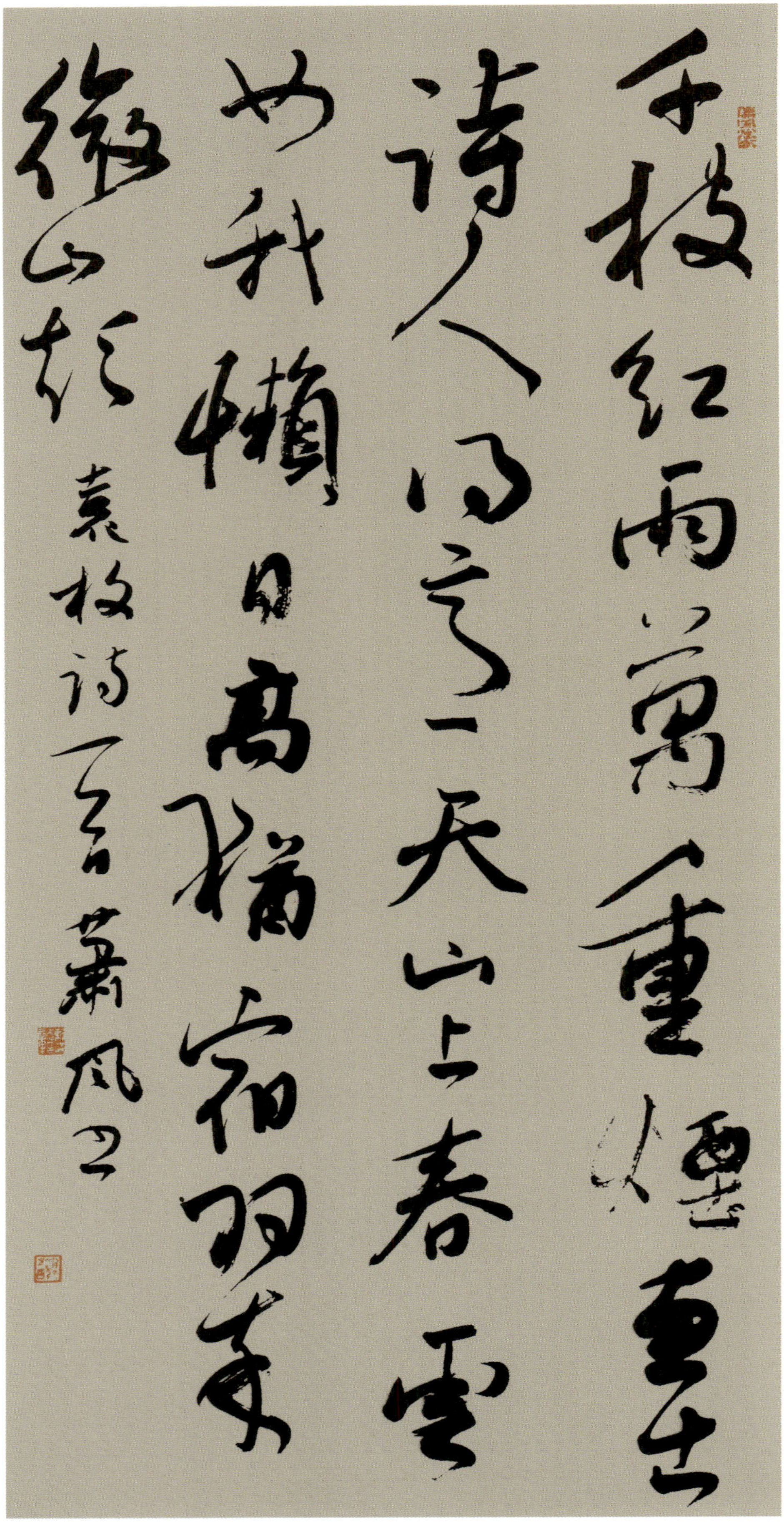

陈洪武

中国书法家协会分党组副书记、副秘书长

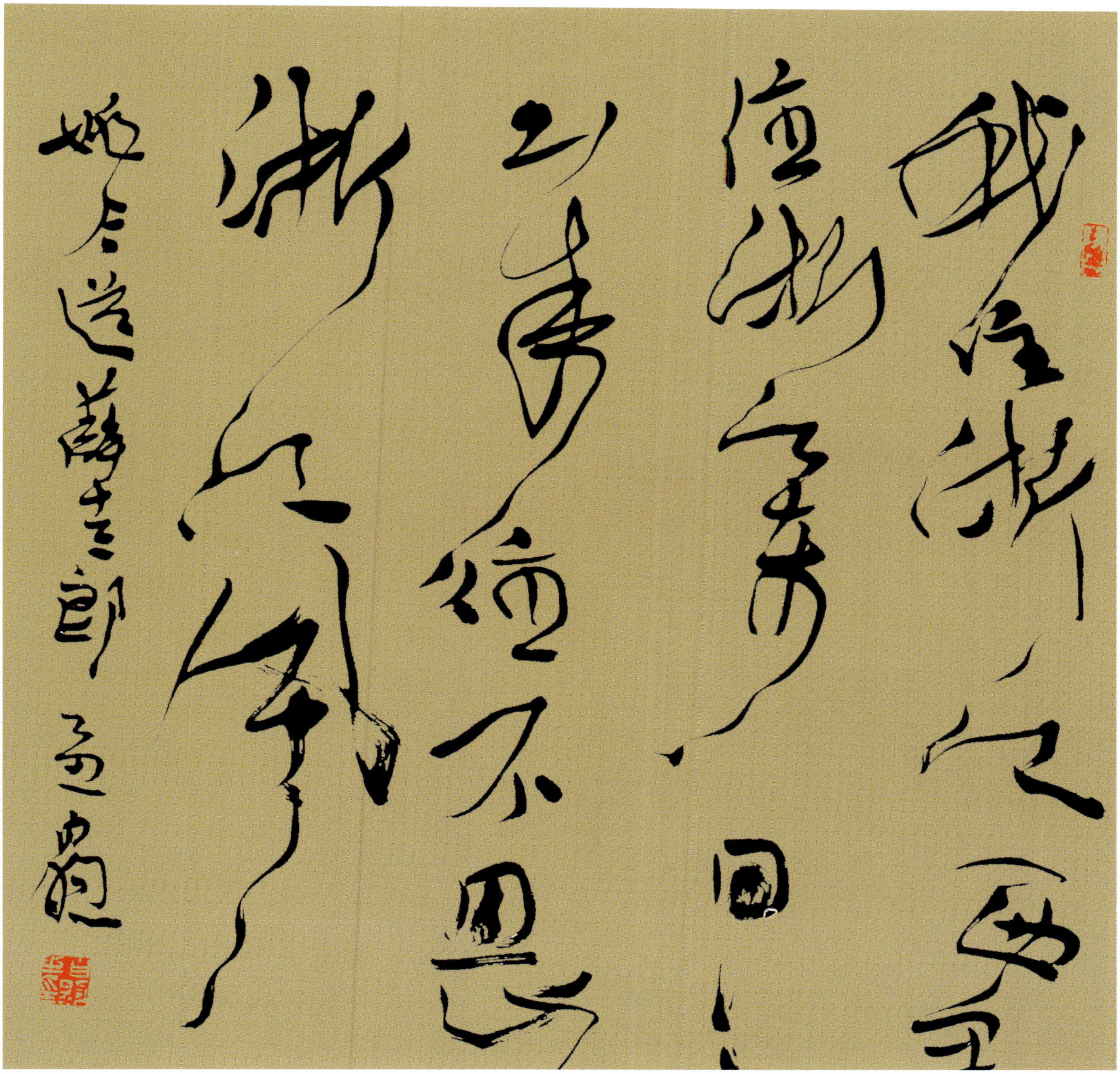

白煦　中国书法家协会副秘书长

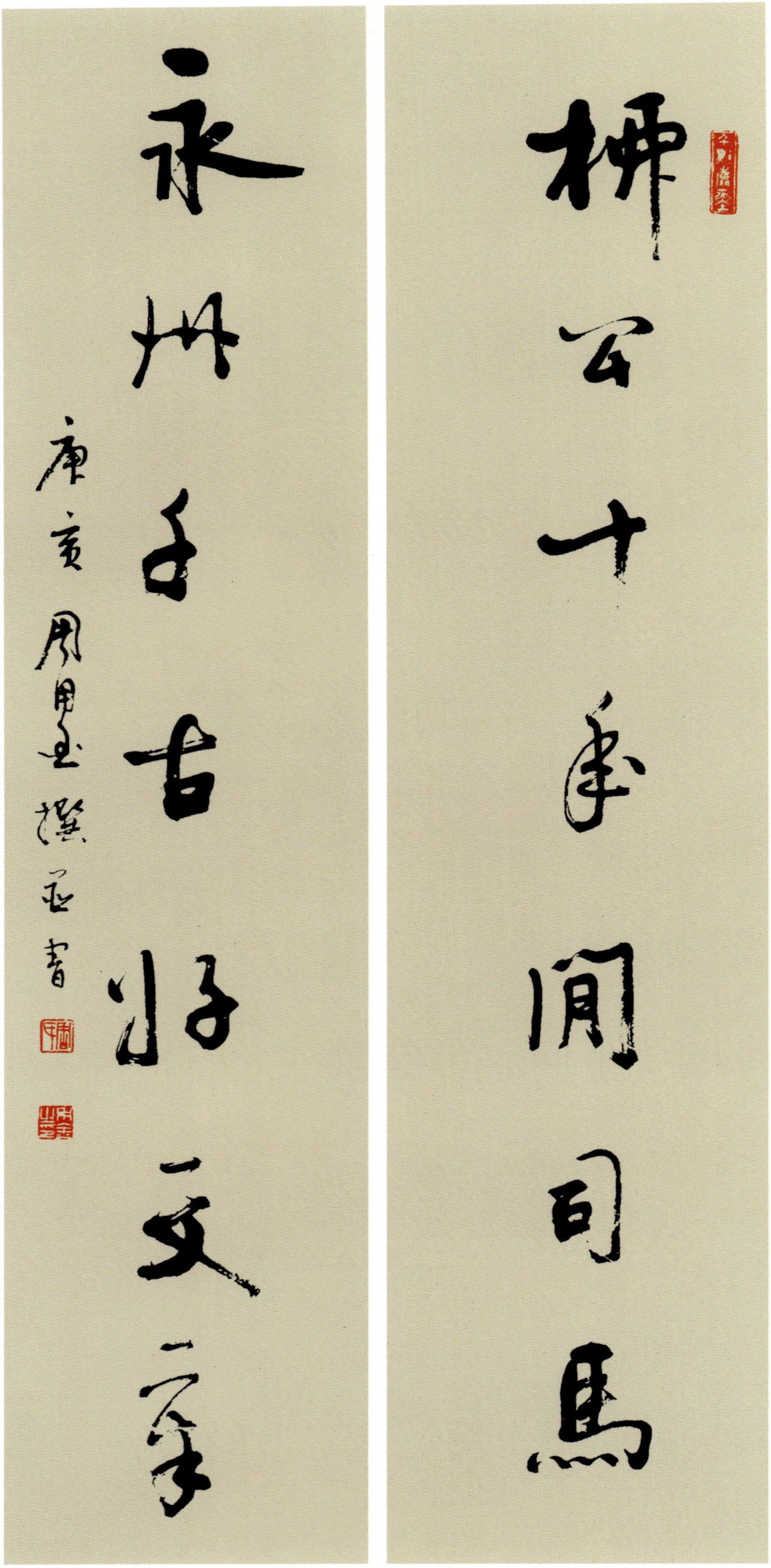

周用金

《中国书法年鉴》副主编

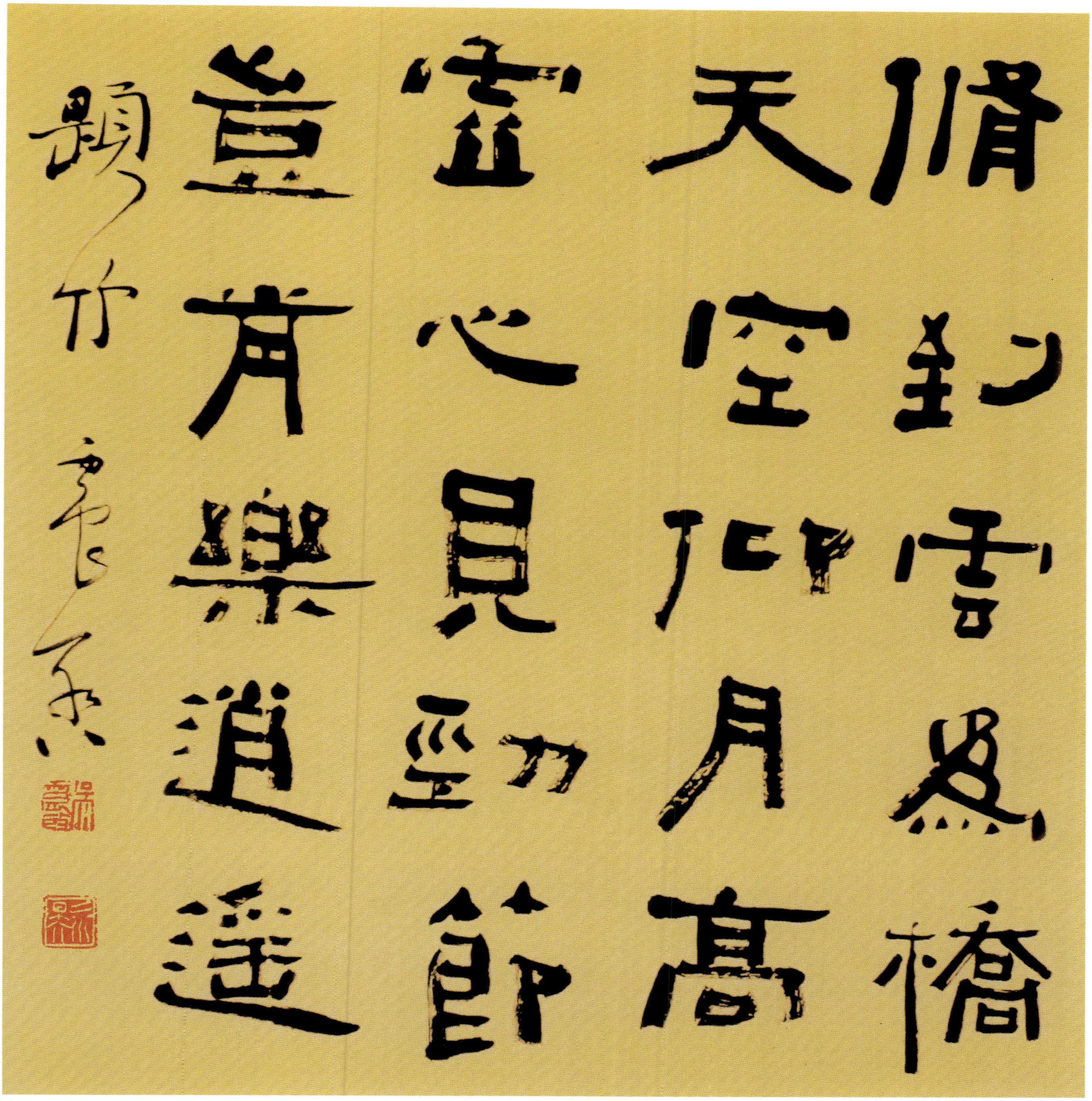

吴震启　中国书法家协会理事、中国书法家协会展览部主任

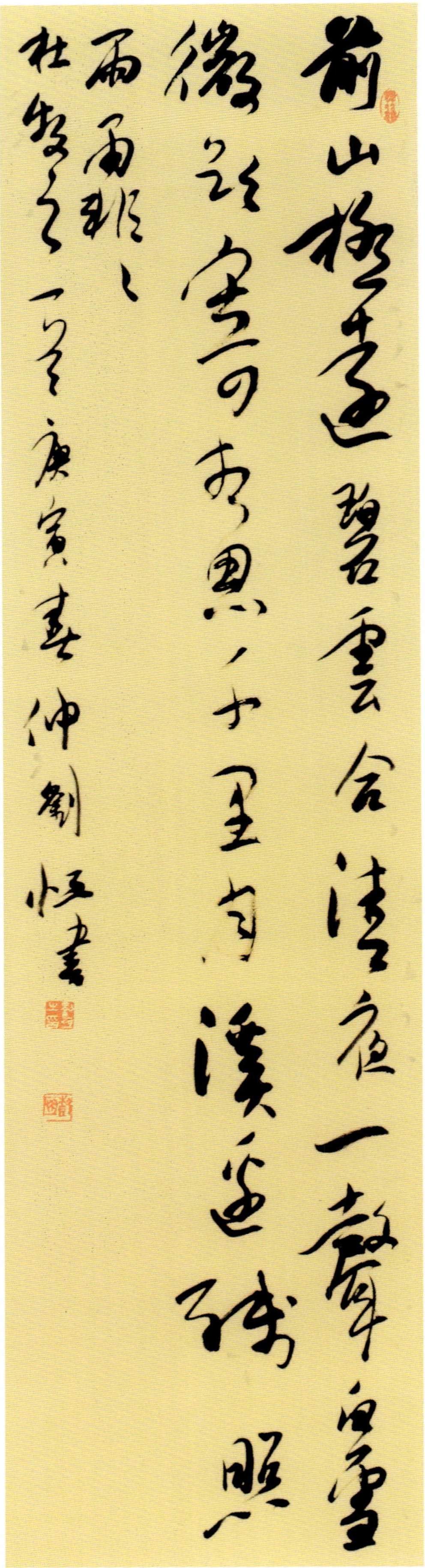

刘 恒

中国书法家协会理事、中国书法家协会研究部主任

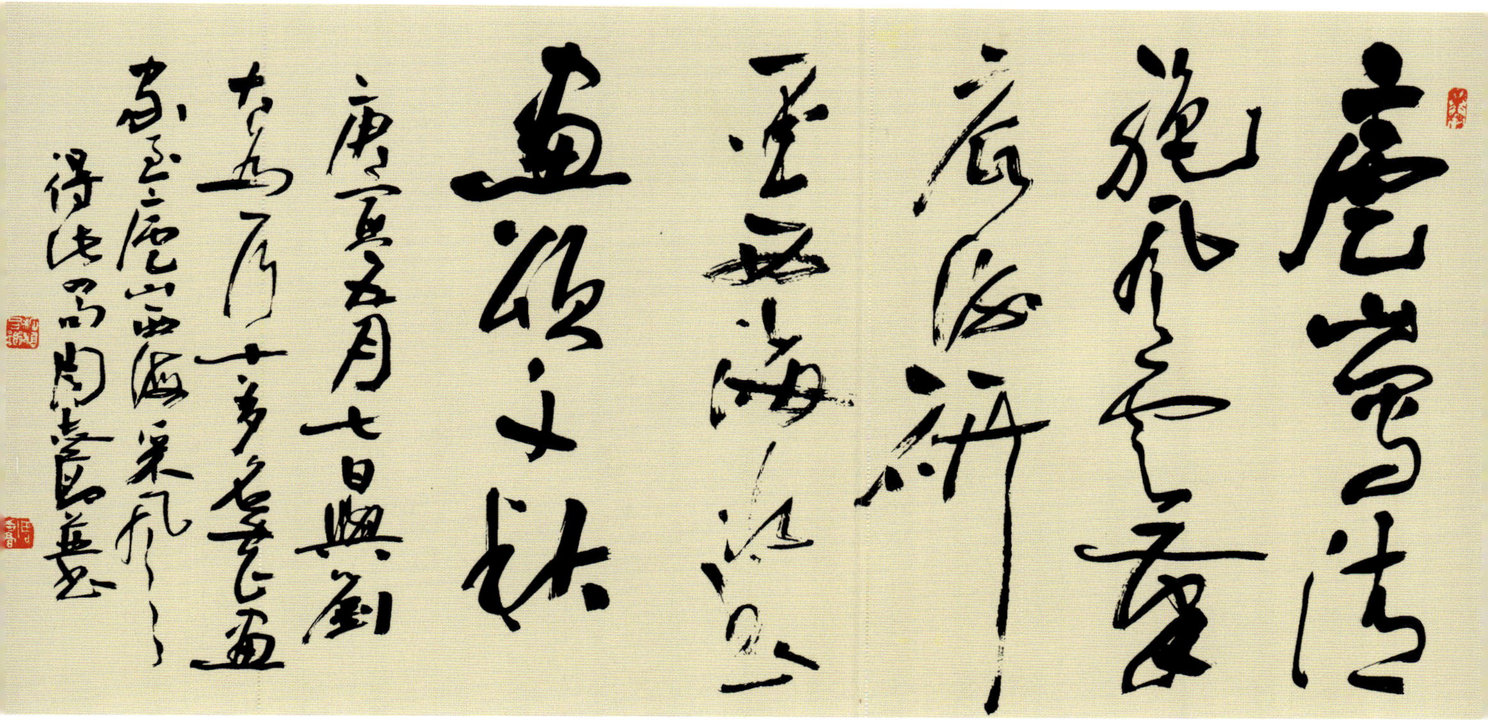

周志高　中国书法家协会理事、上海市书法家协会副主席

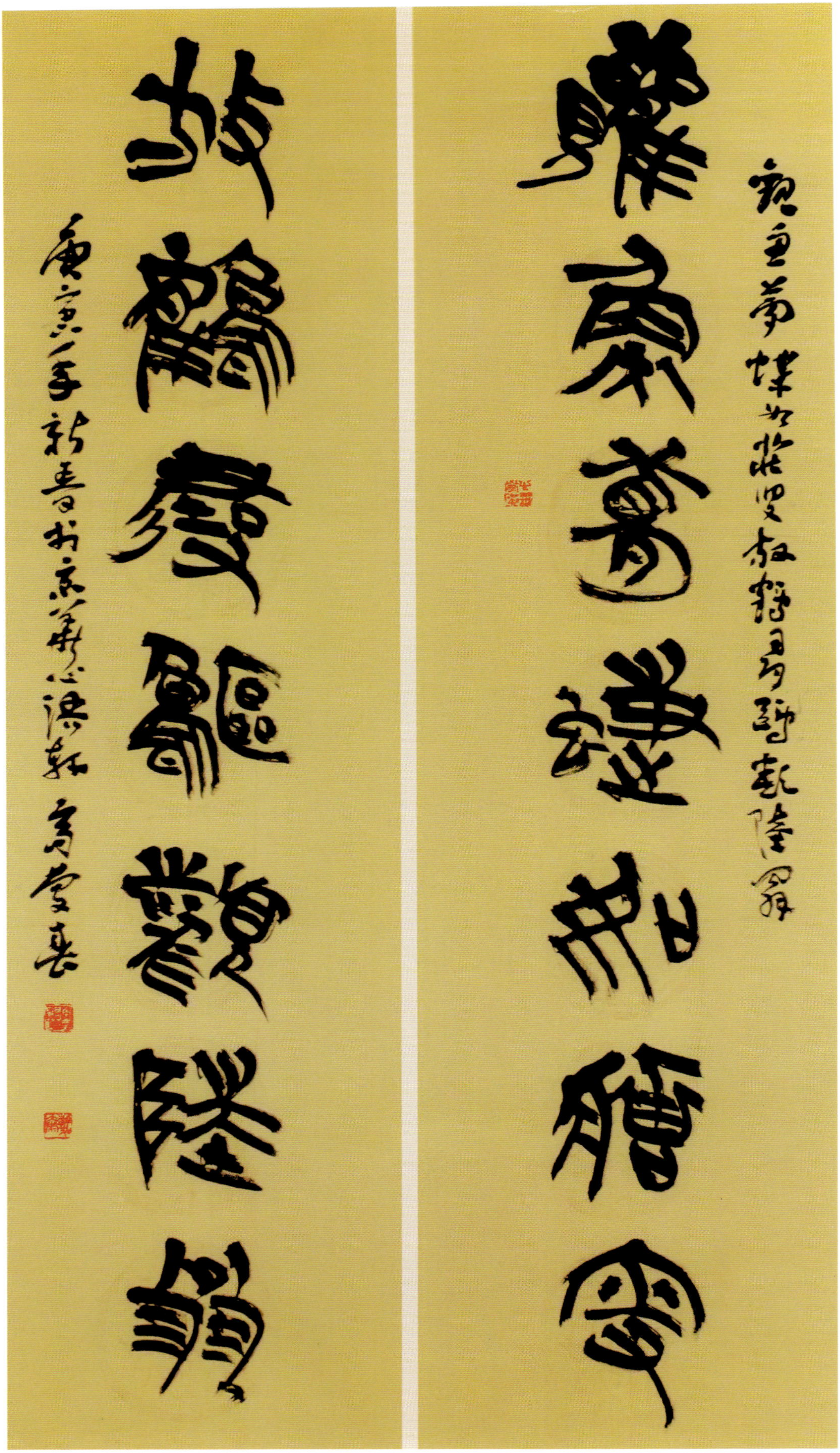

高庆春

中国书法家协会理事、《中国书法通讯》报执行主编

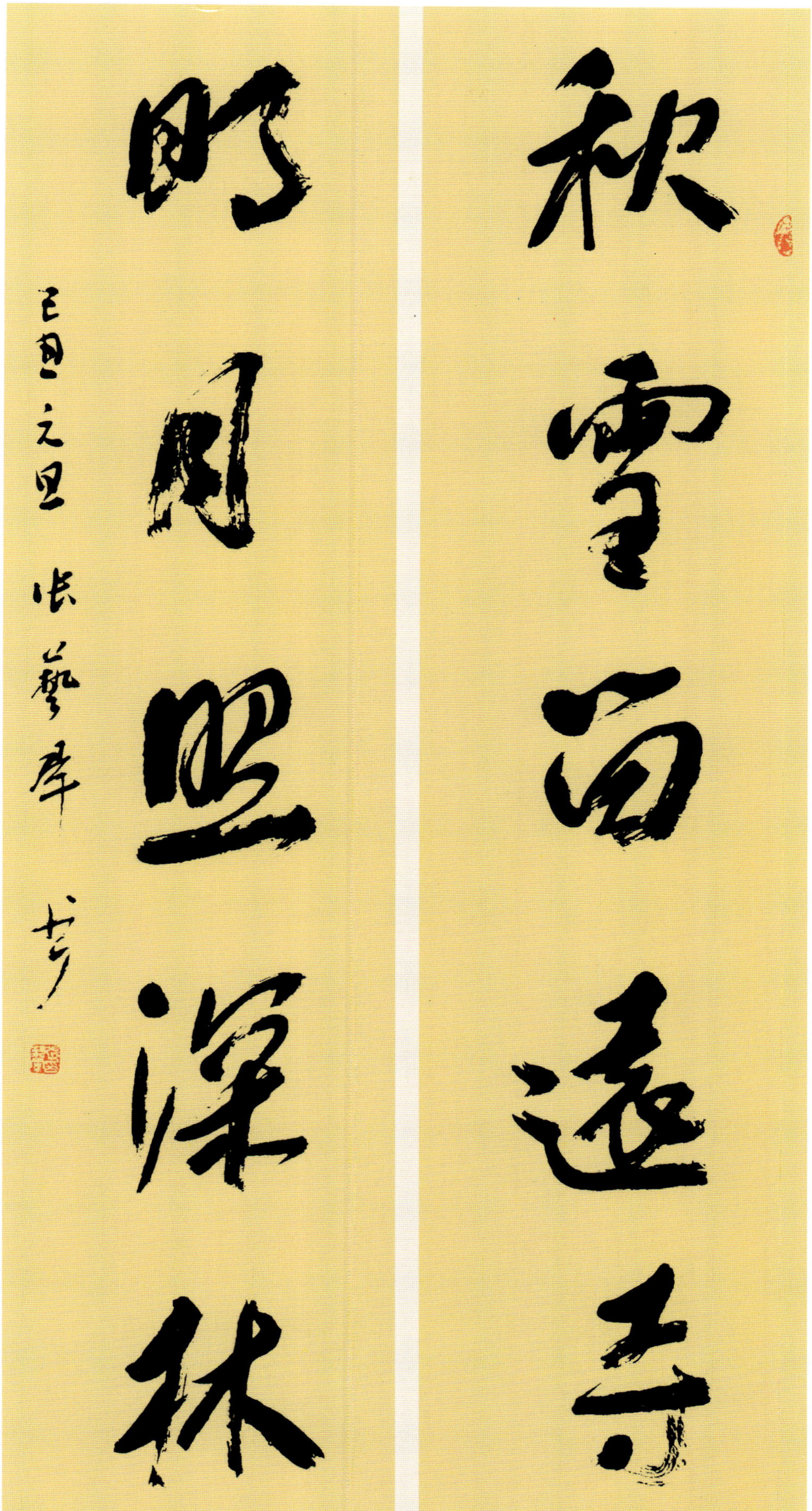

张艺群

中国书法家协会办公室主任

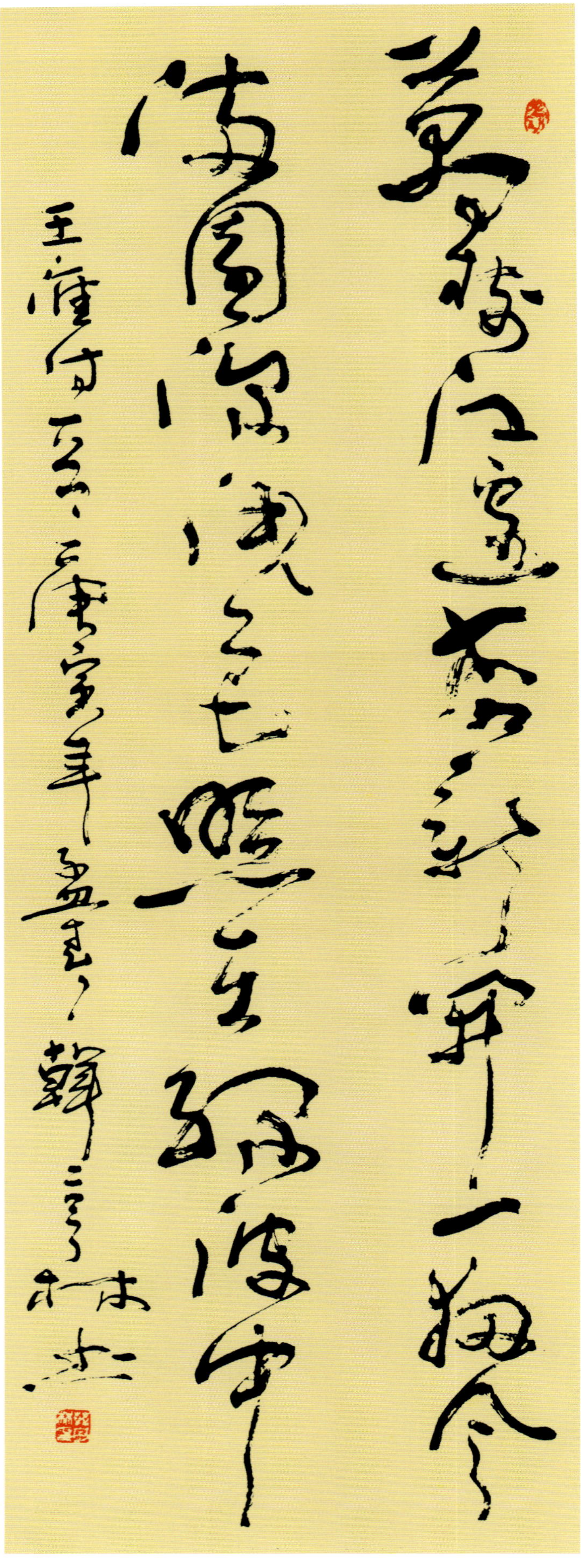

韩亨林

中国书法家协会理事

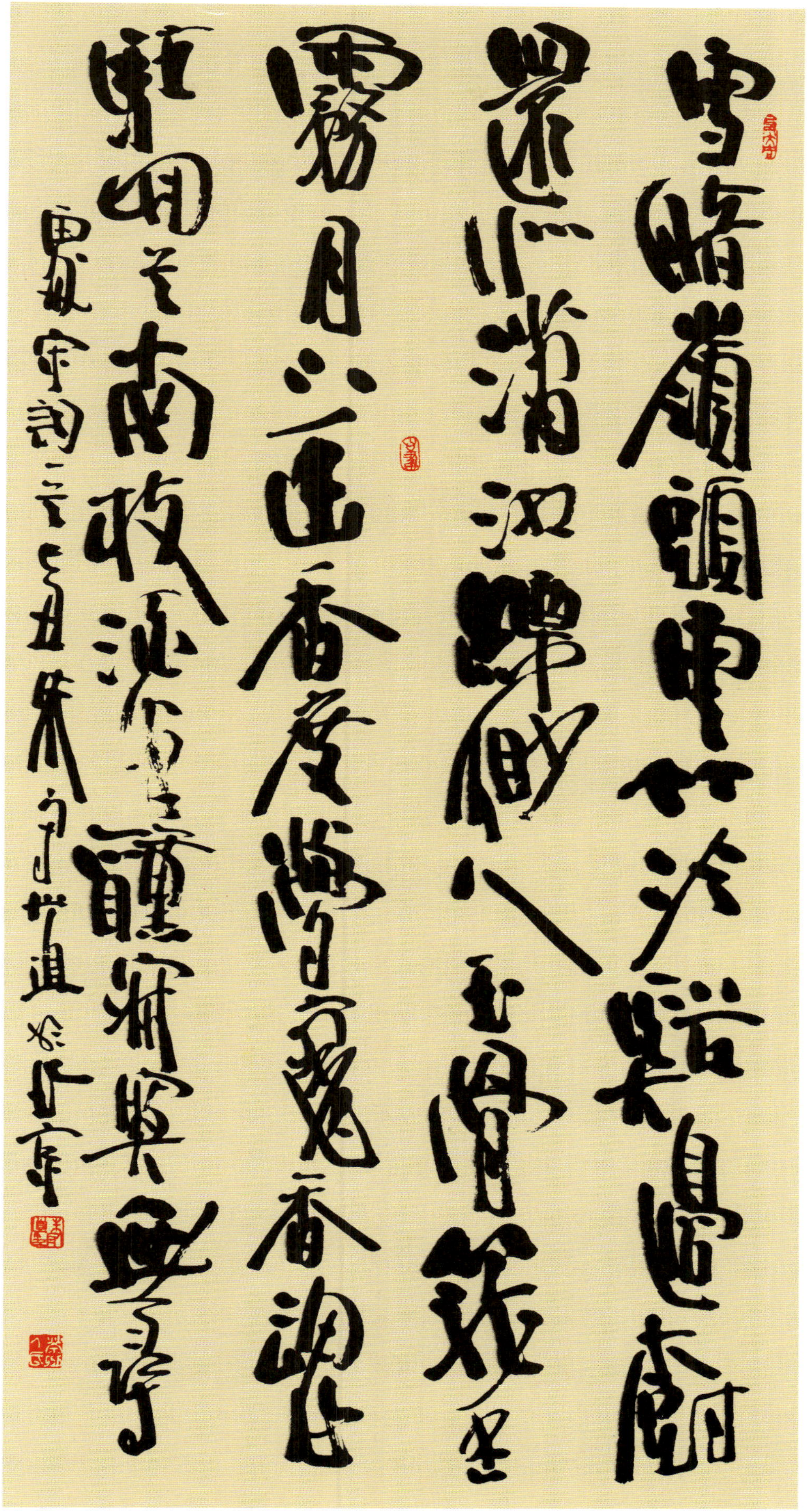

朱守道

中国书法家协会理事

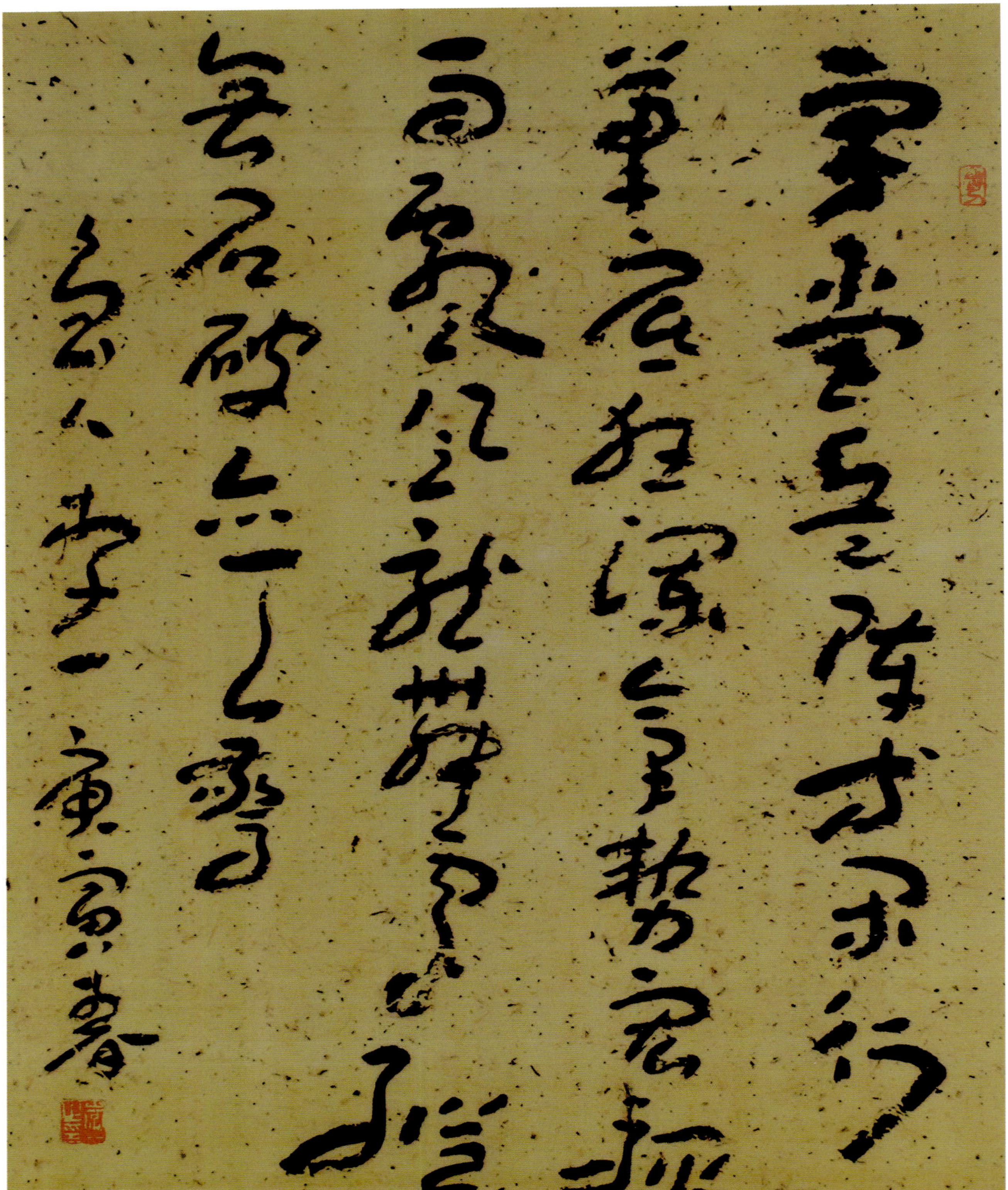

李 一　中国书法家协会理事

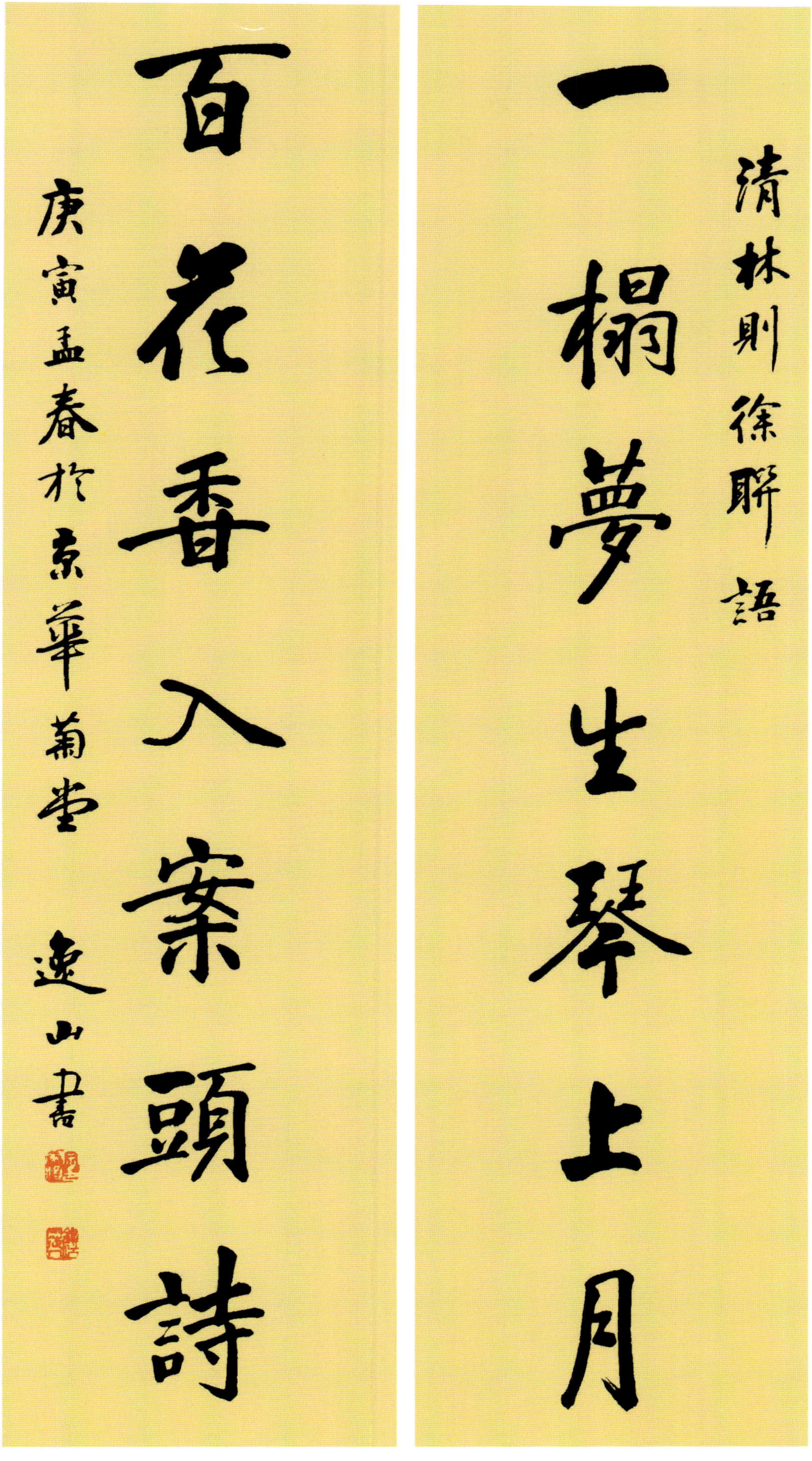

宗家顺

中国书法家协会理事

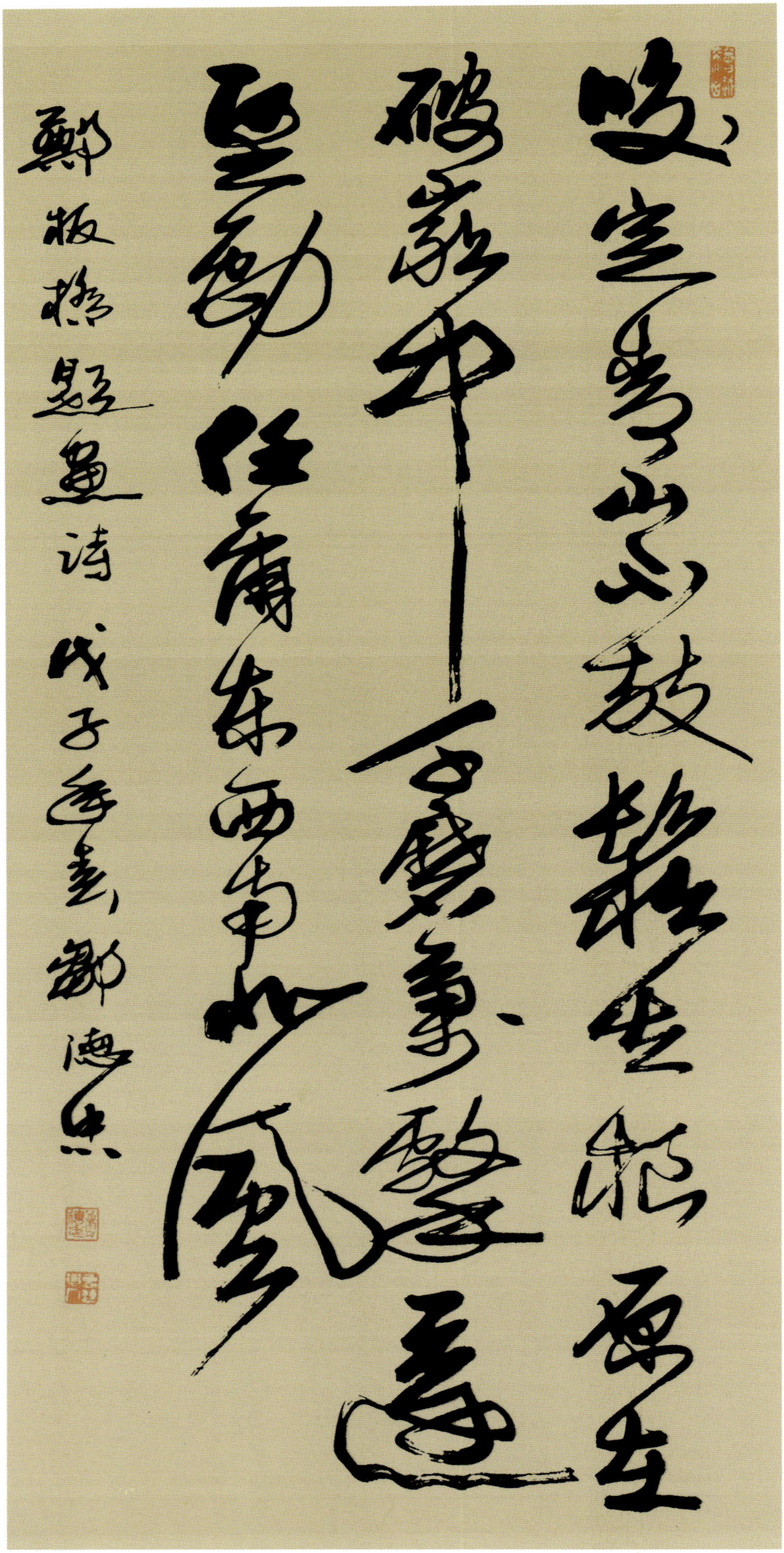

邹德忠

中国书法家协会原理事

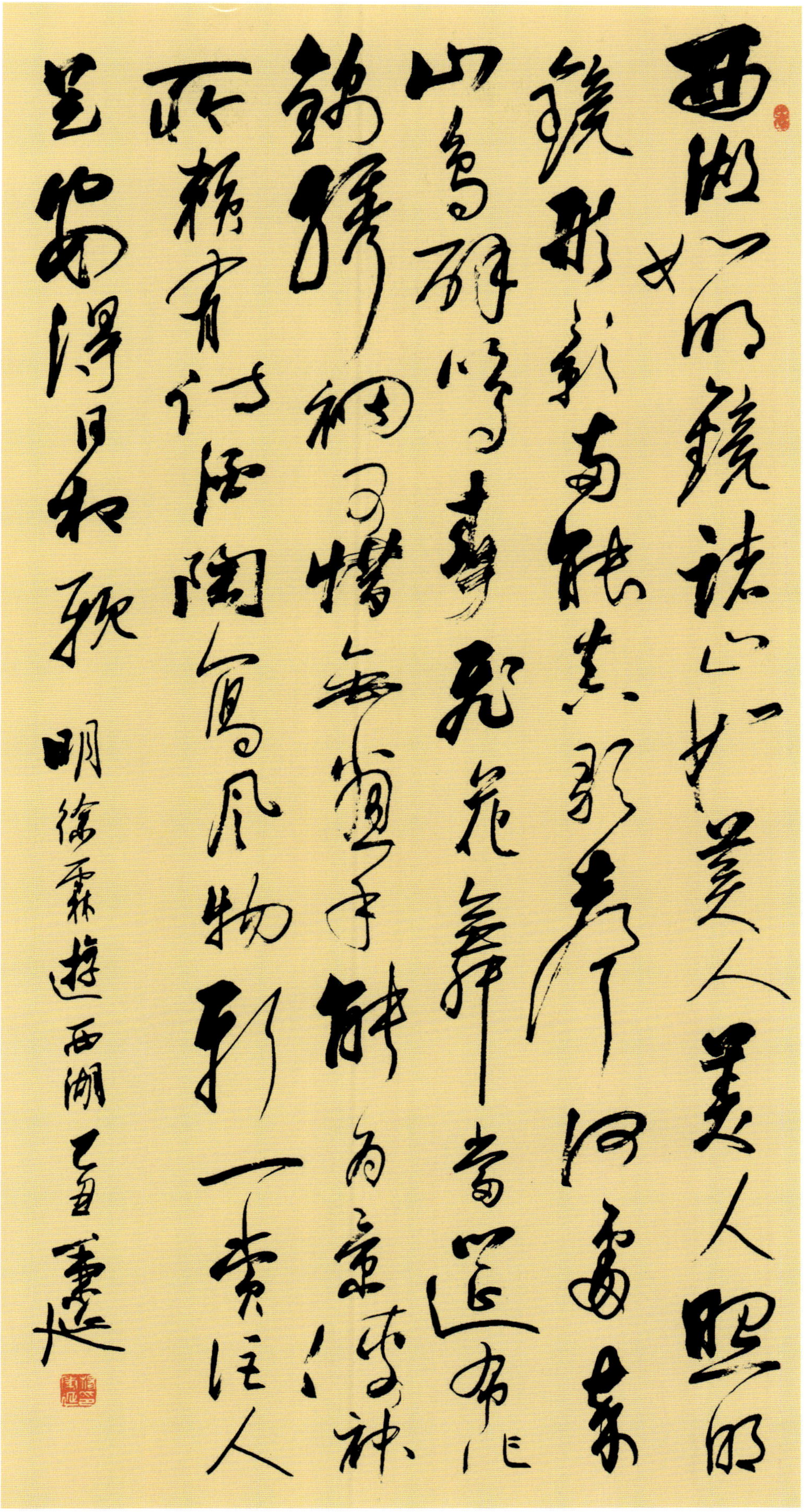

杨炳延

中国书法家协会理事

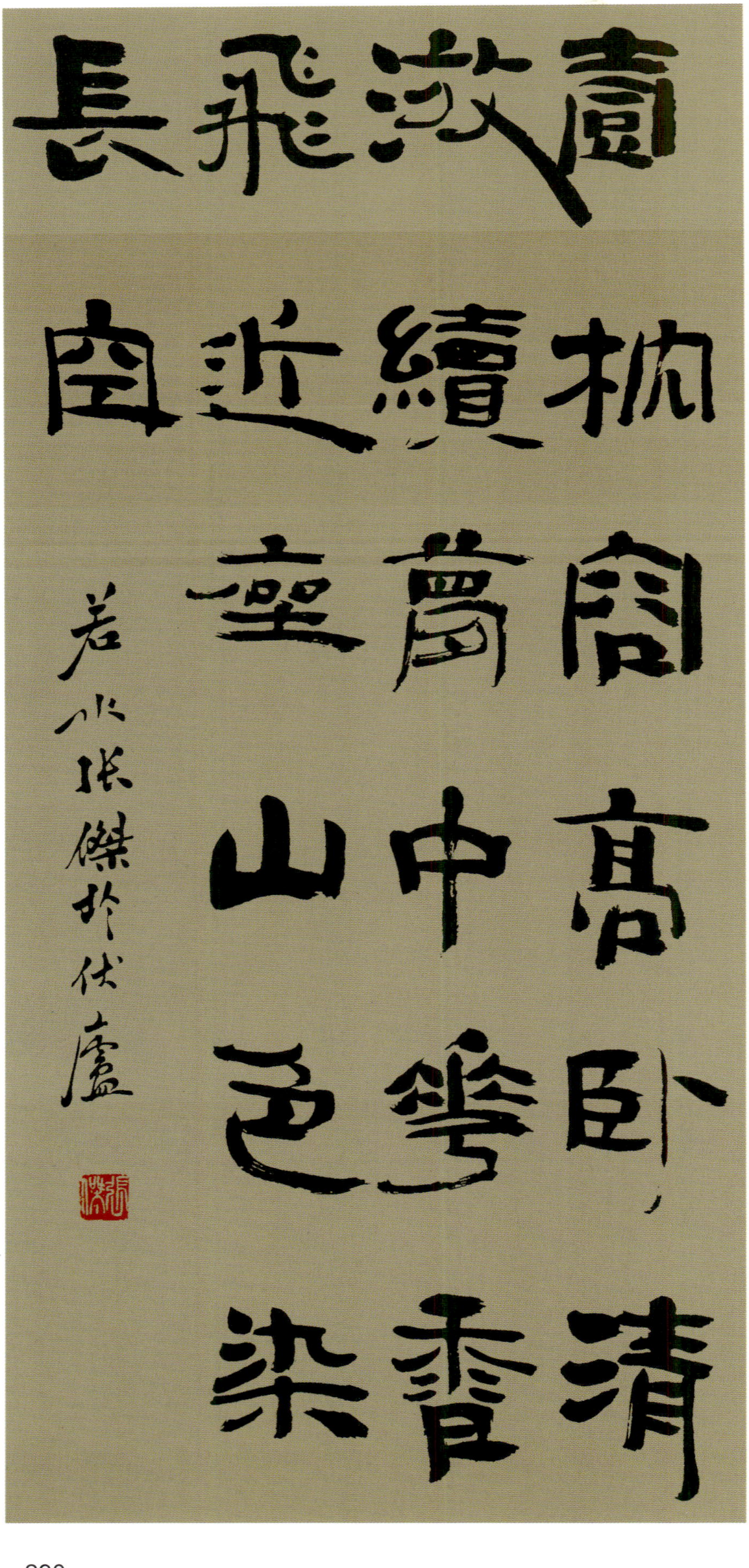

张杰

中国书法家协会理事

张原

中国书法家协会原展览部主任

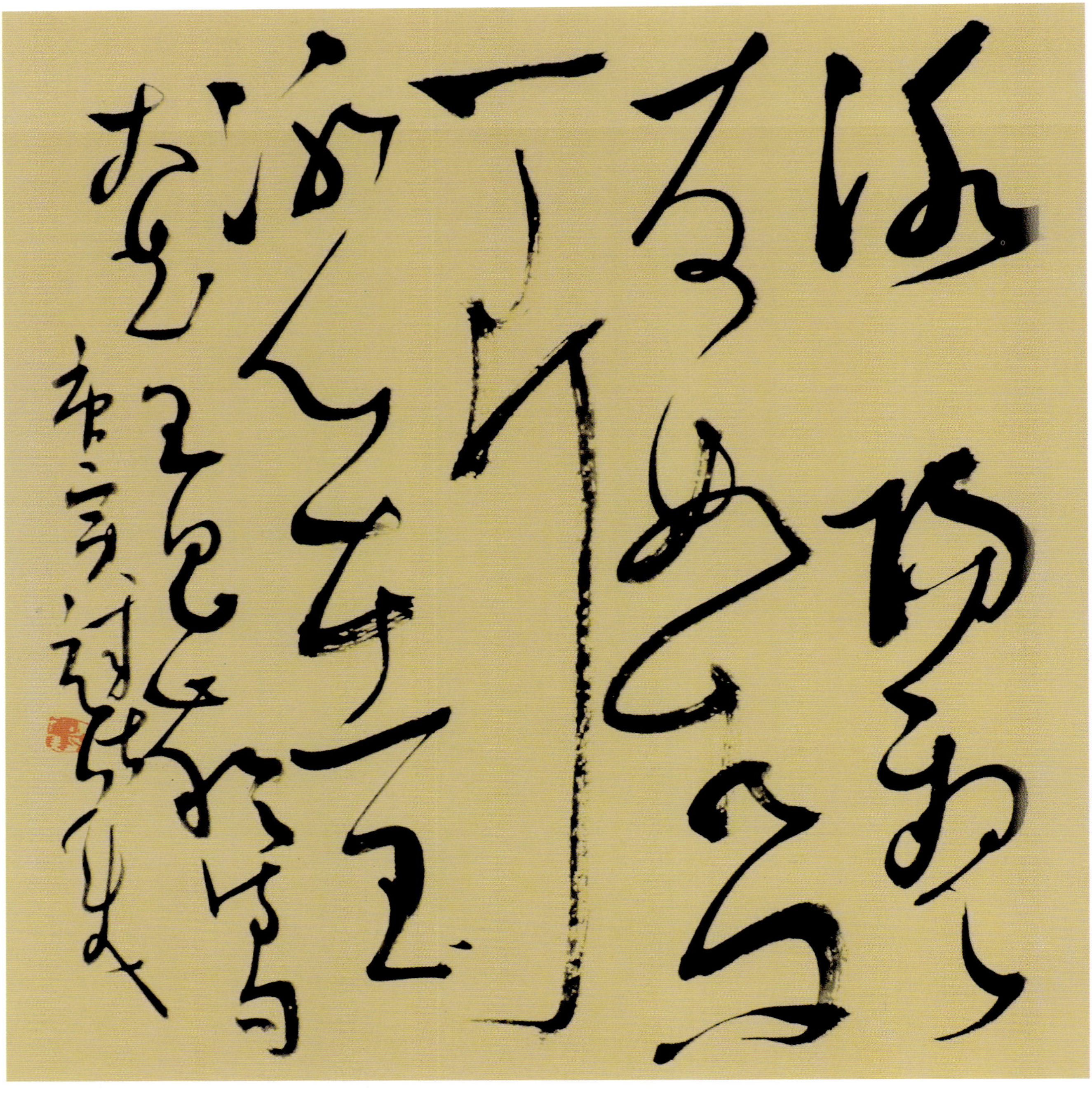

胡抗美　中国书法家协会理事

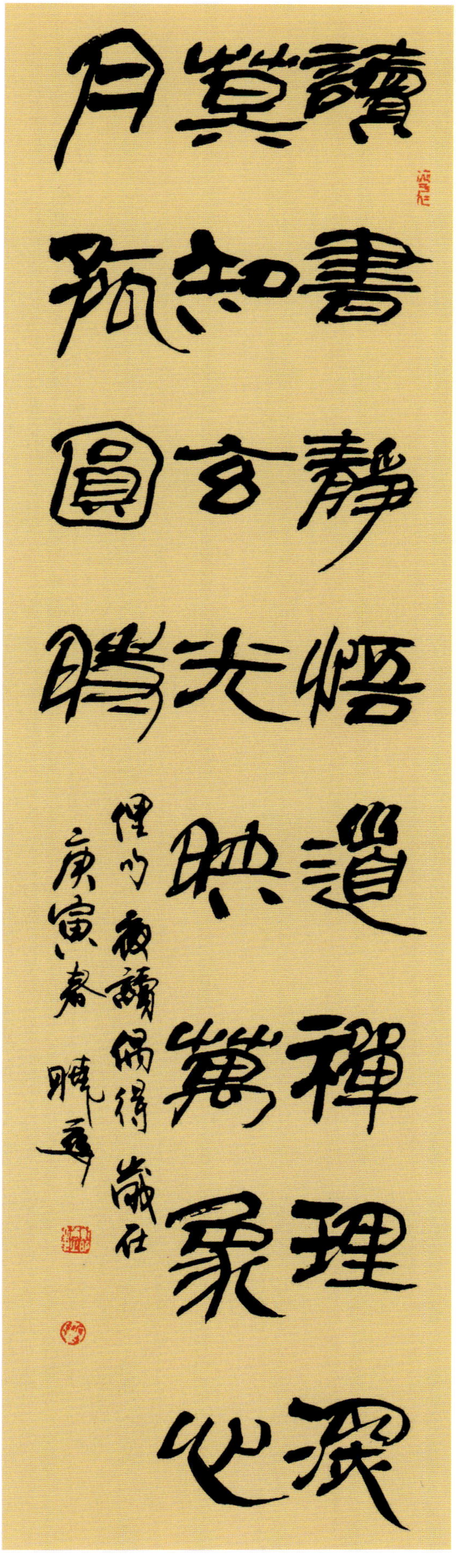

郑晓华 中国书法家协会理事

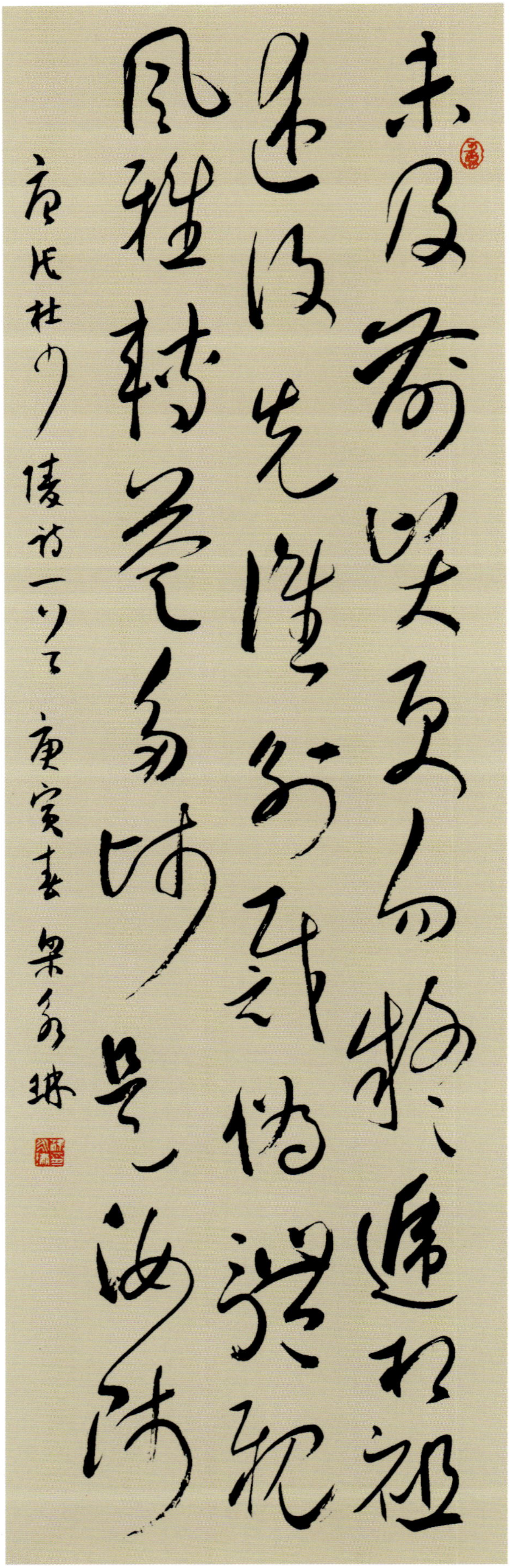

梁永琳　中国书法家协会理事

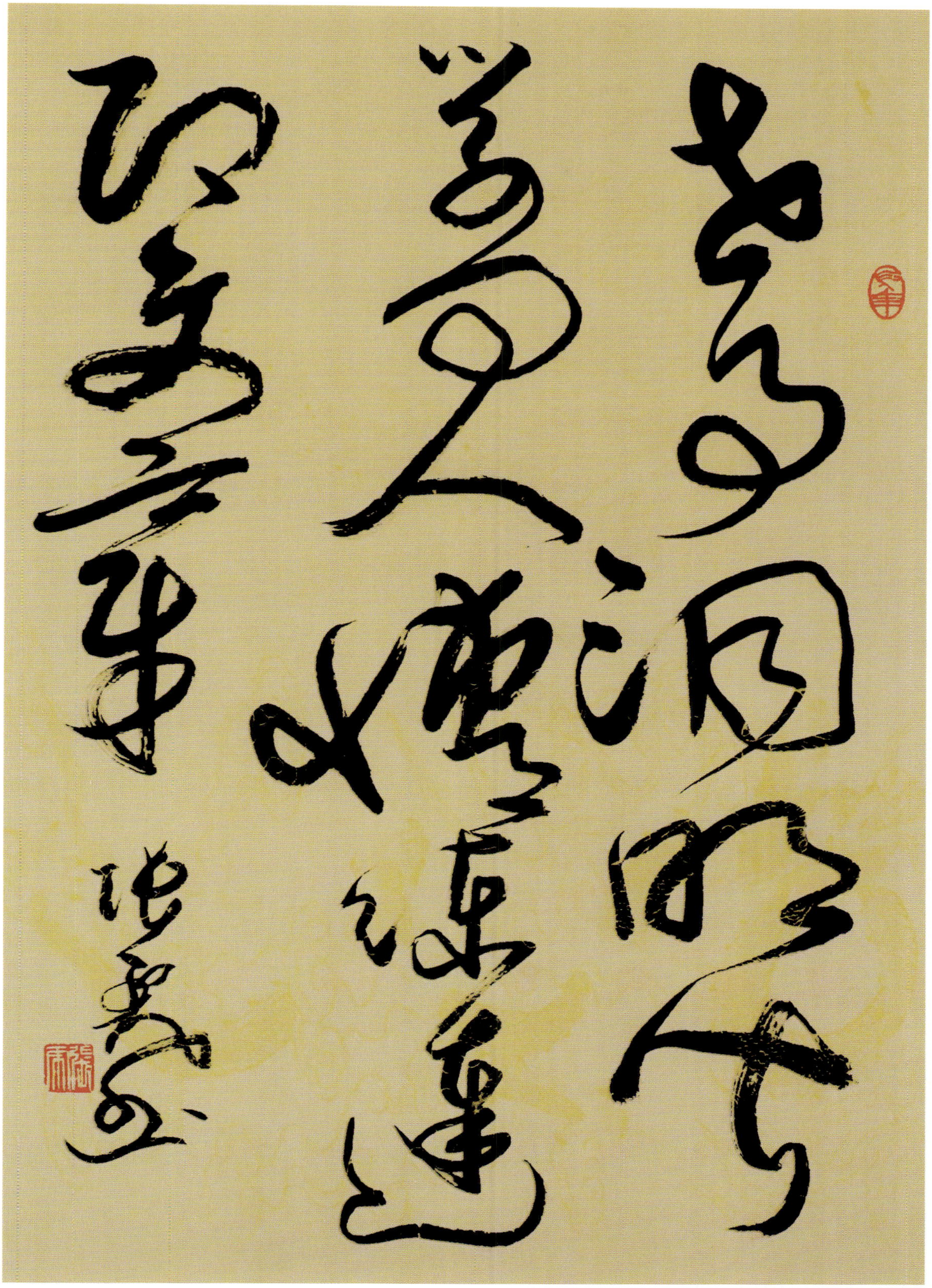

张 虎　中国书法家协会理事

罗杨

中国书法家协会理事

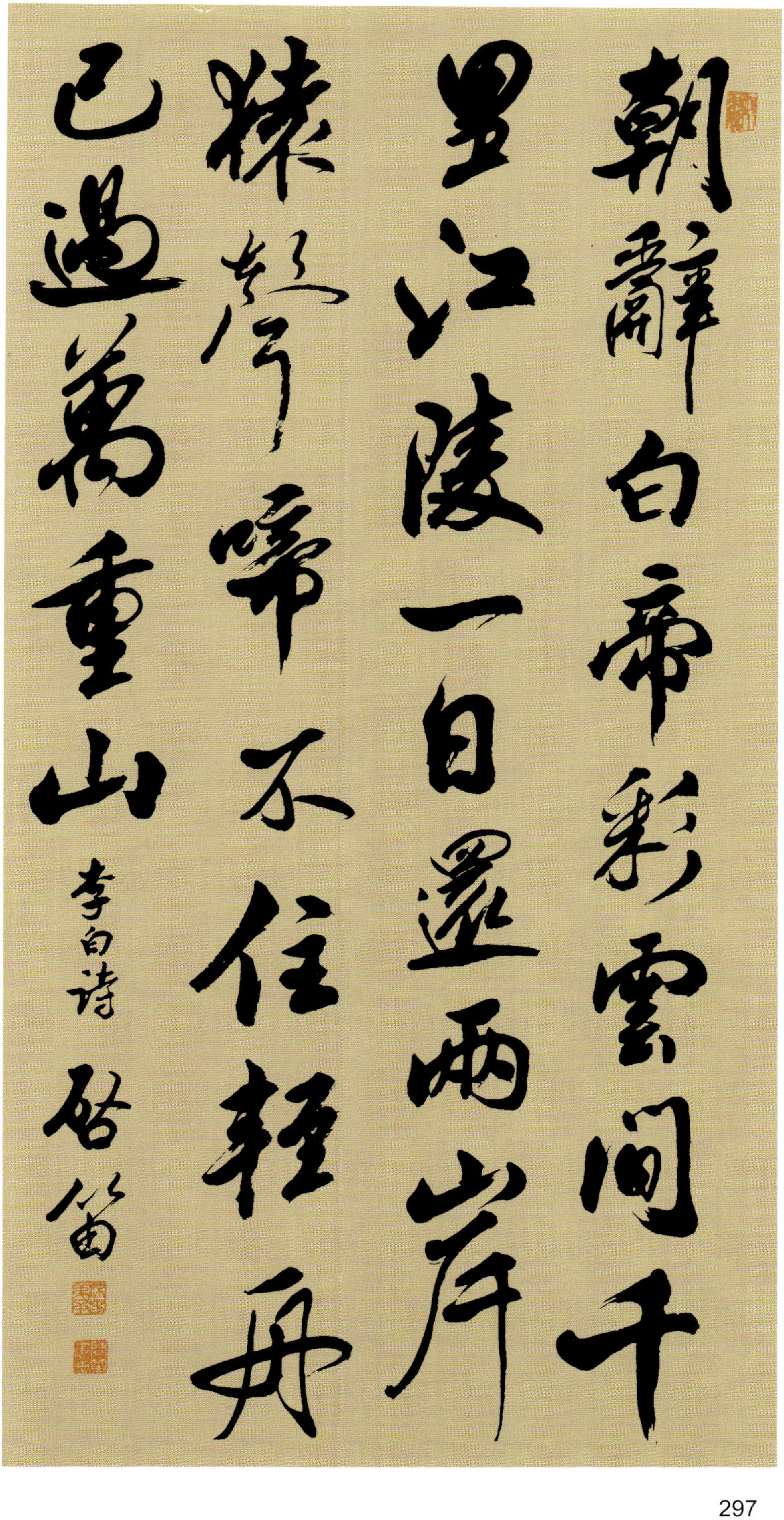

袁守启
中国书法家协会理事

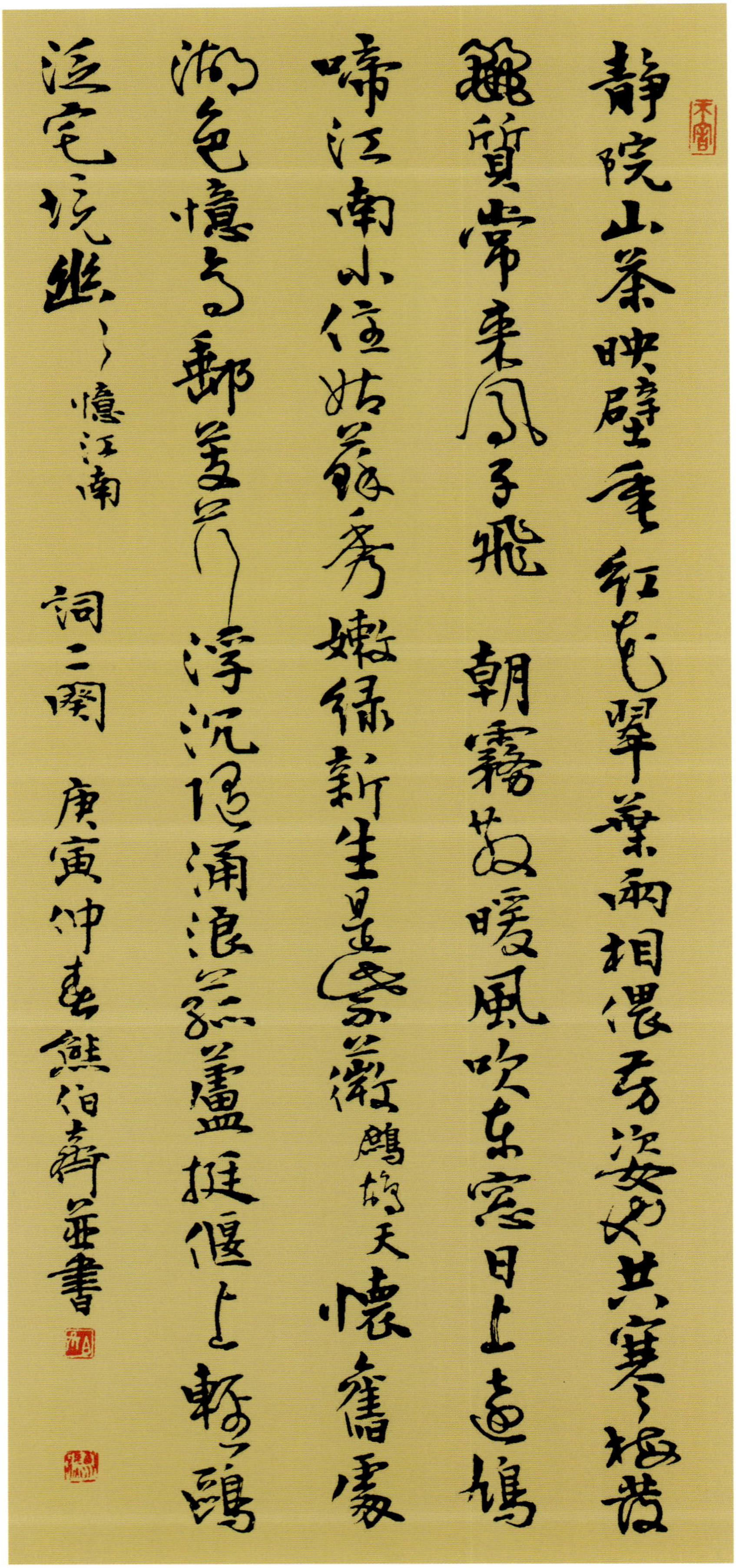

熊伯齐
中国书法家协会理事

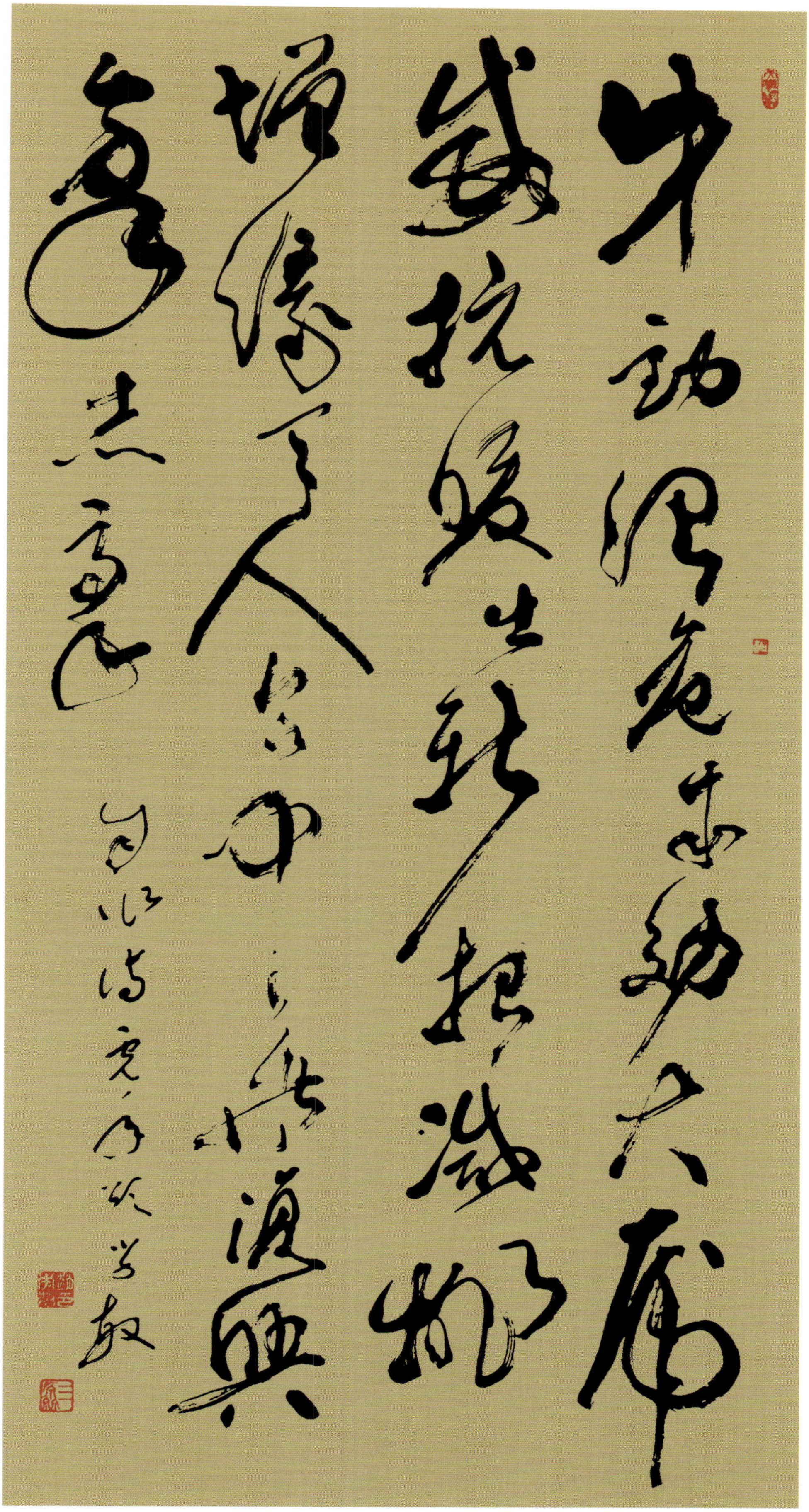

赵学敏

中国书法家协会理事

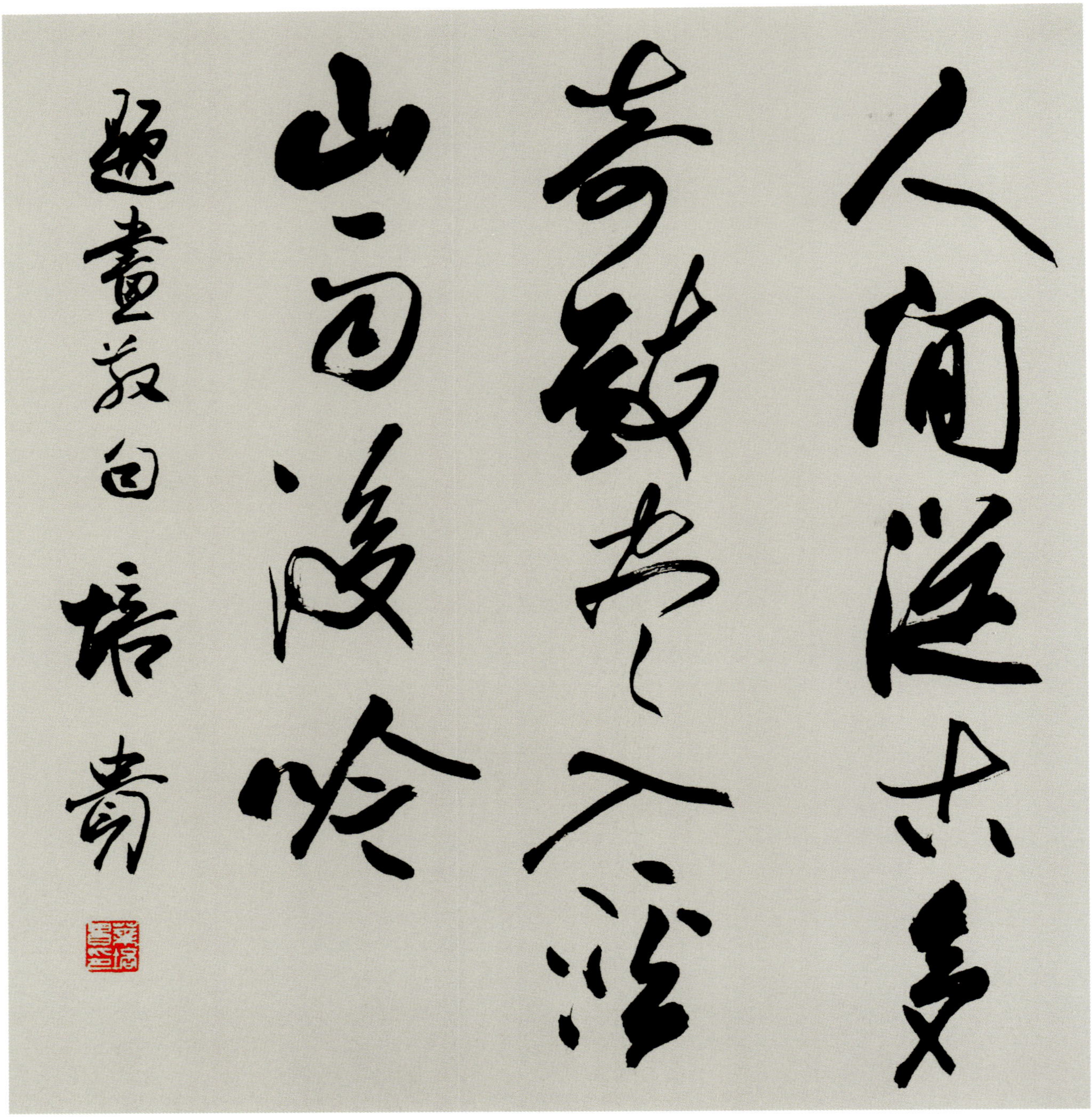

叶培贵　中国书法家协会理事

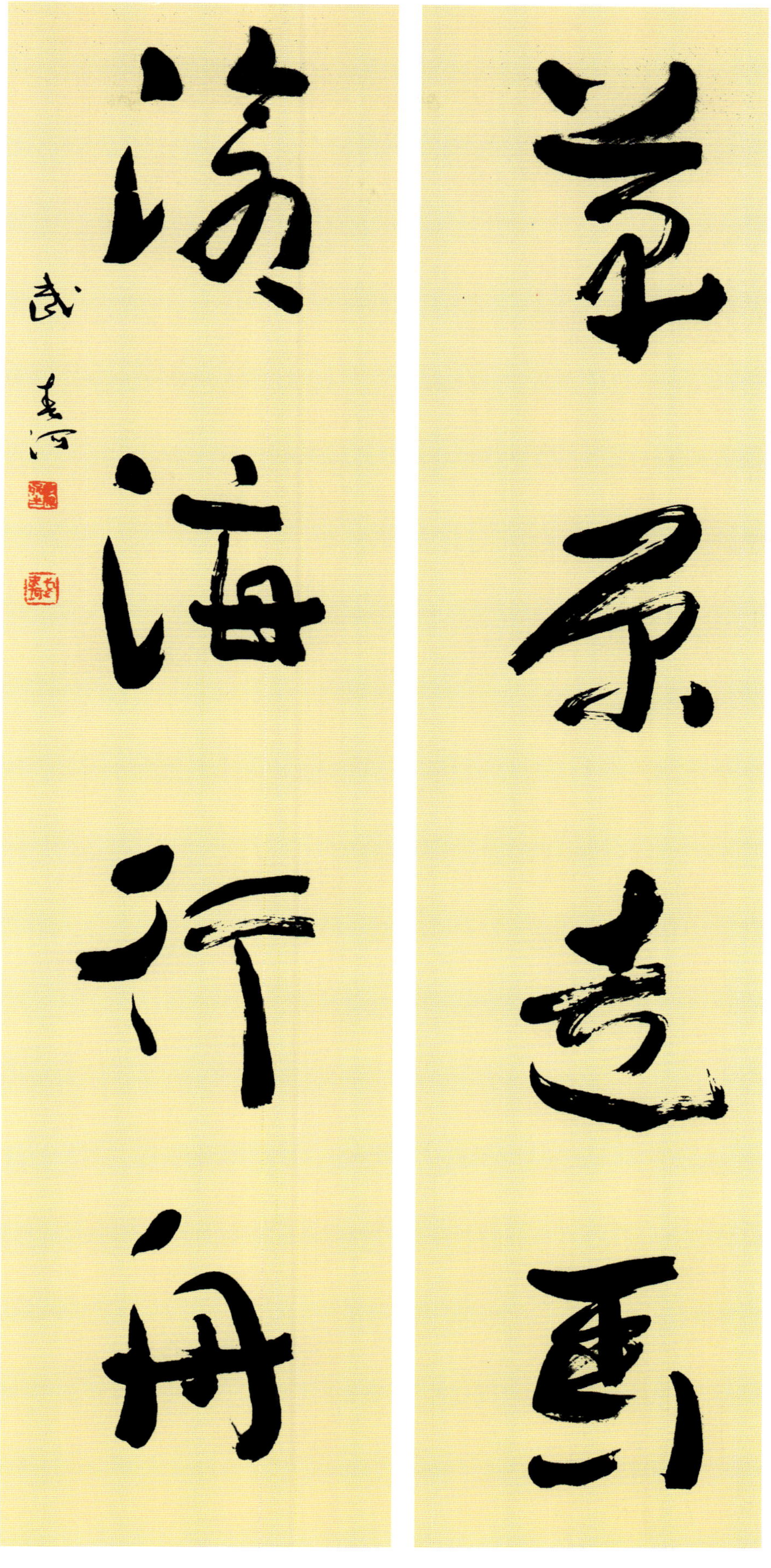

武春河

中国书法家协会理事

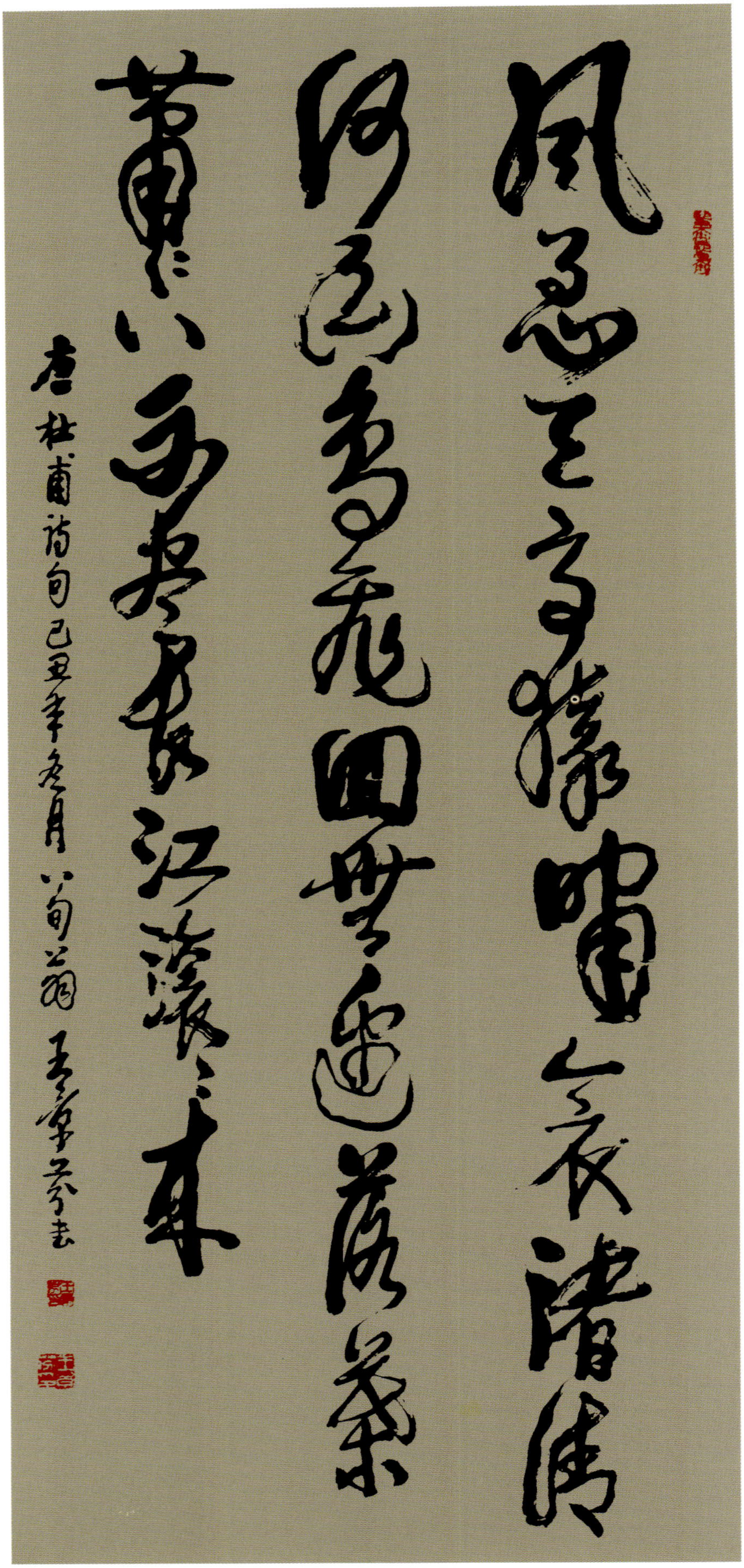

王景芬

中国书法家协会原研究部主任

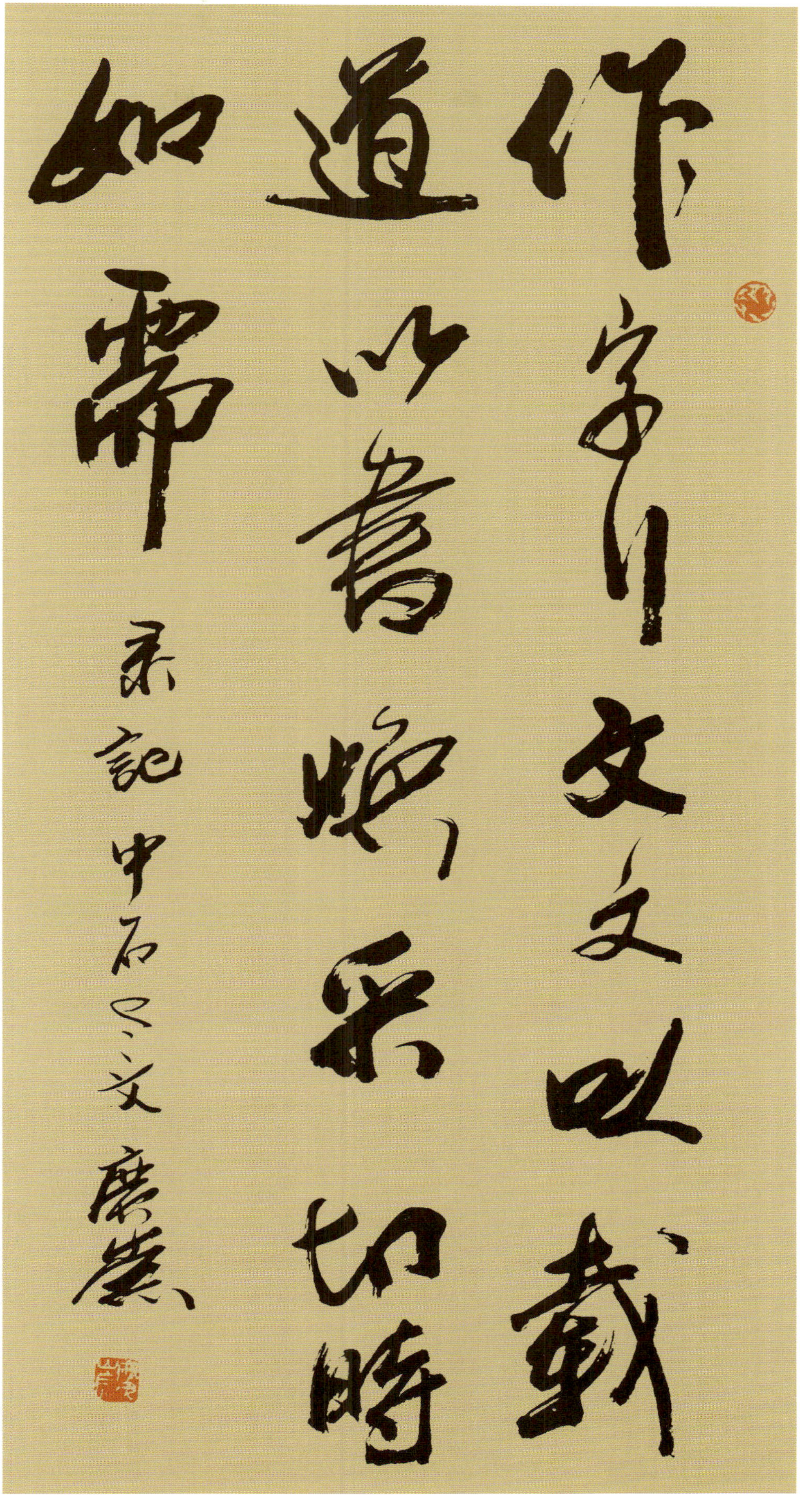

吴广崇

中央国家机关分会副秘书长

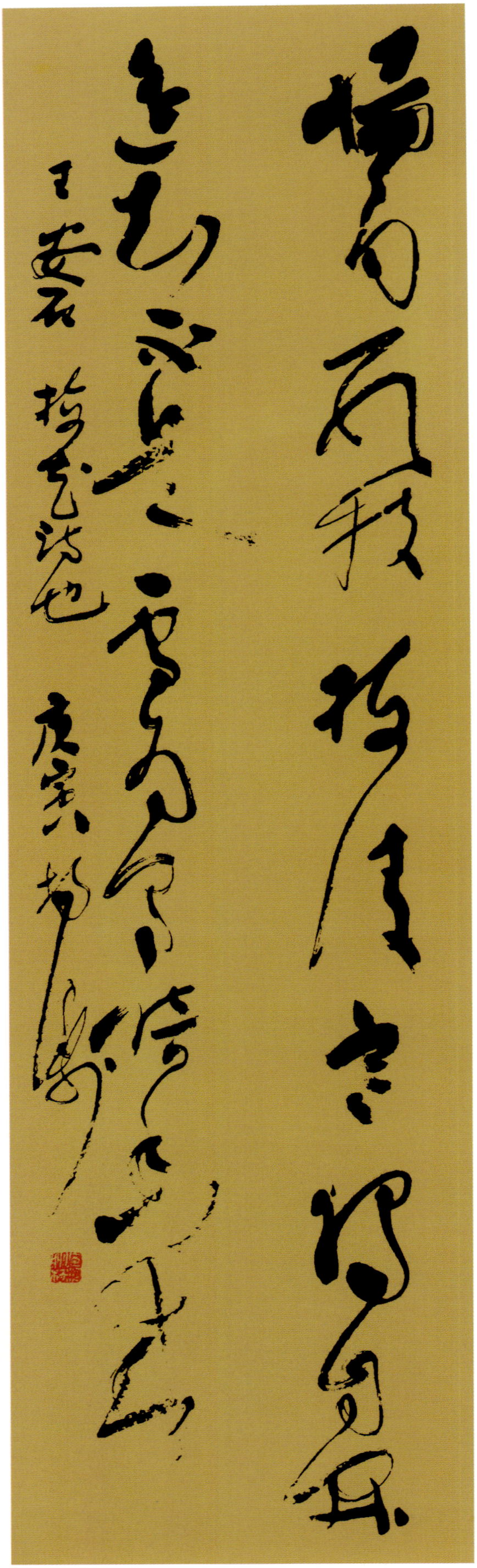

杨涛

中央艺术研究院副研究员

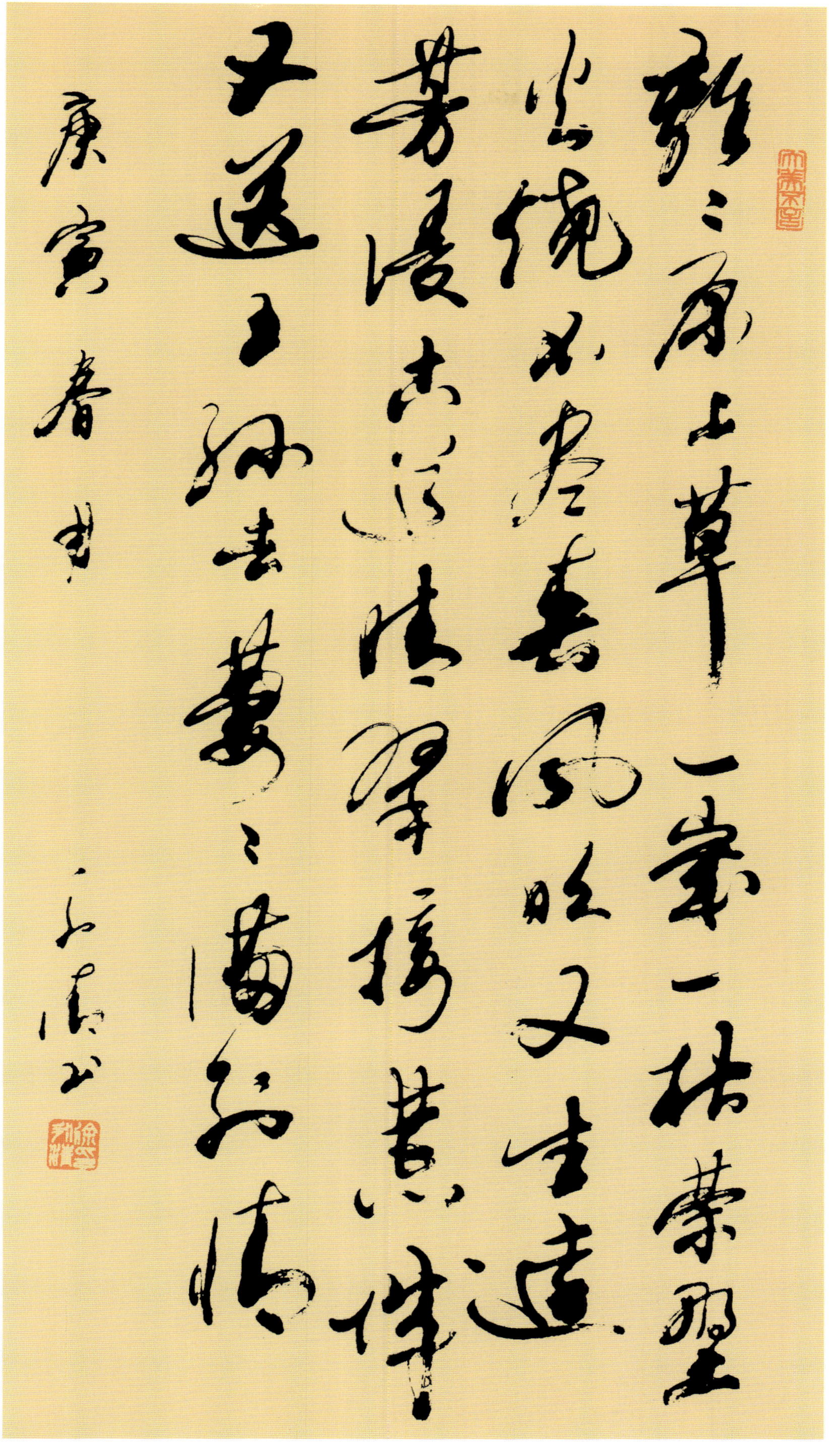

徐永清

中国人民武装警察部队原政委

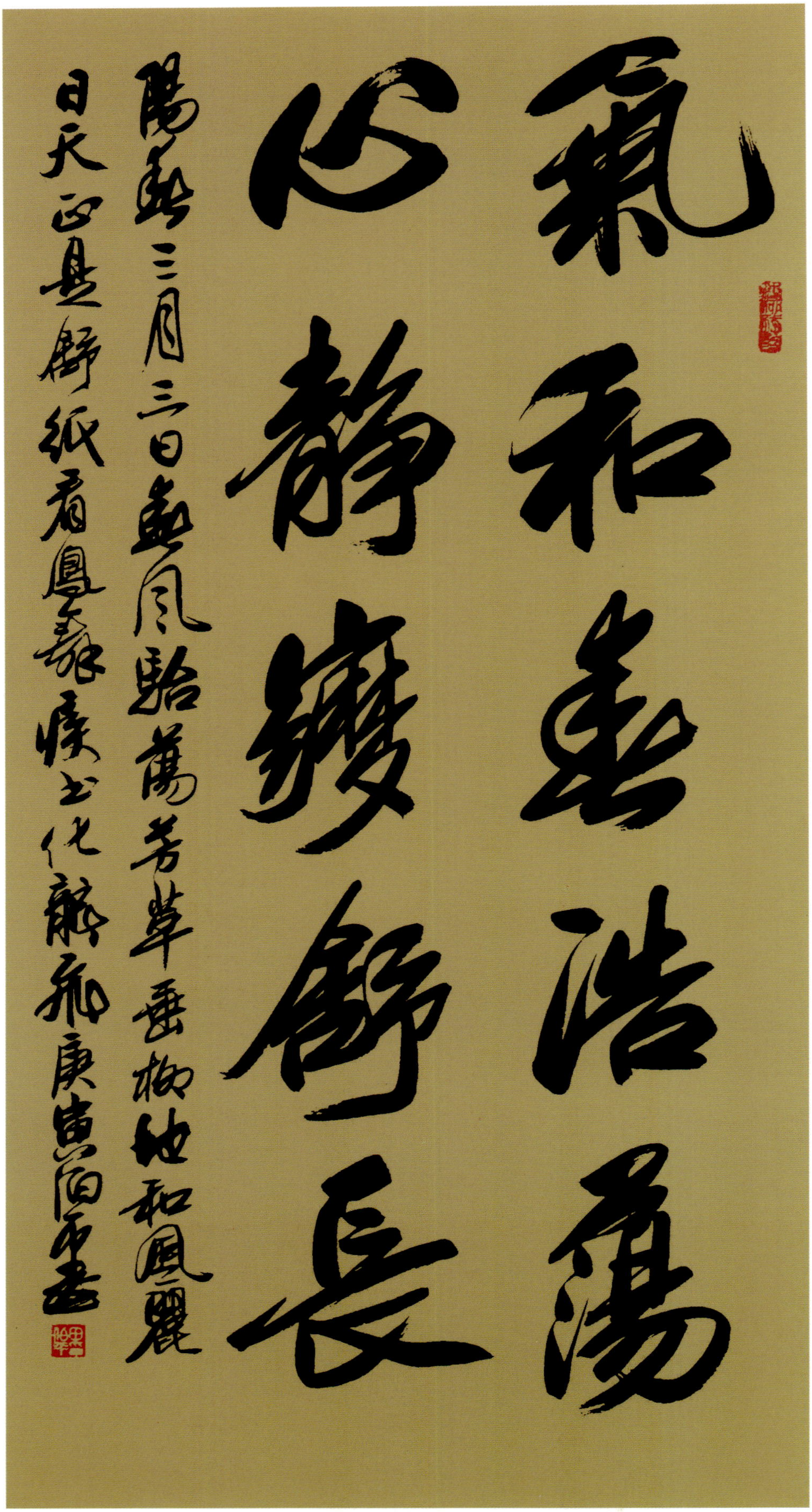

田伯平

中国书法家协会理事、北京书法家协会驻会副主席

戴小京　中国书法家协会理事、上海市书法家协会驻会副主席

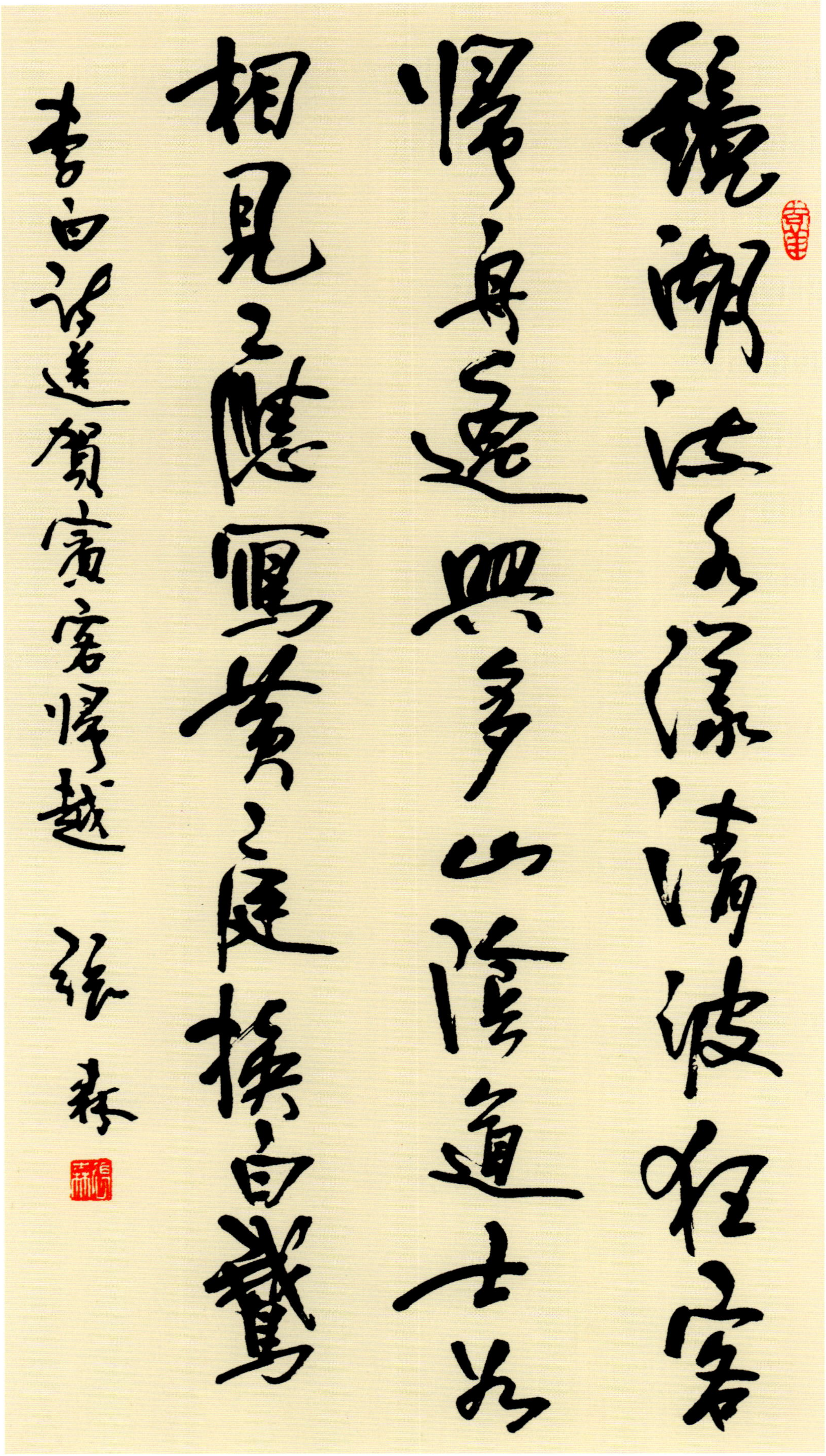

张森

中国书法家协会理事、上海市书法家协会副主席

刘一闻

中国书法家协会理事、上海市书法家协会副主席

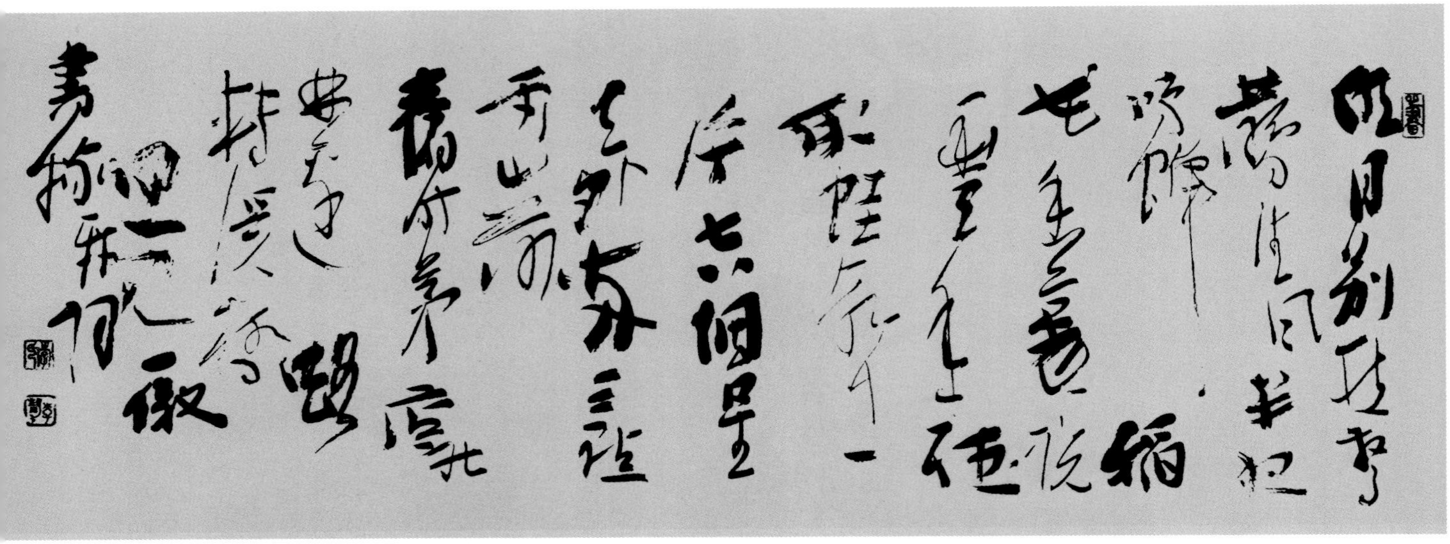

李 静　中国书法家协会理事、上海市书法家协会常务理事

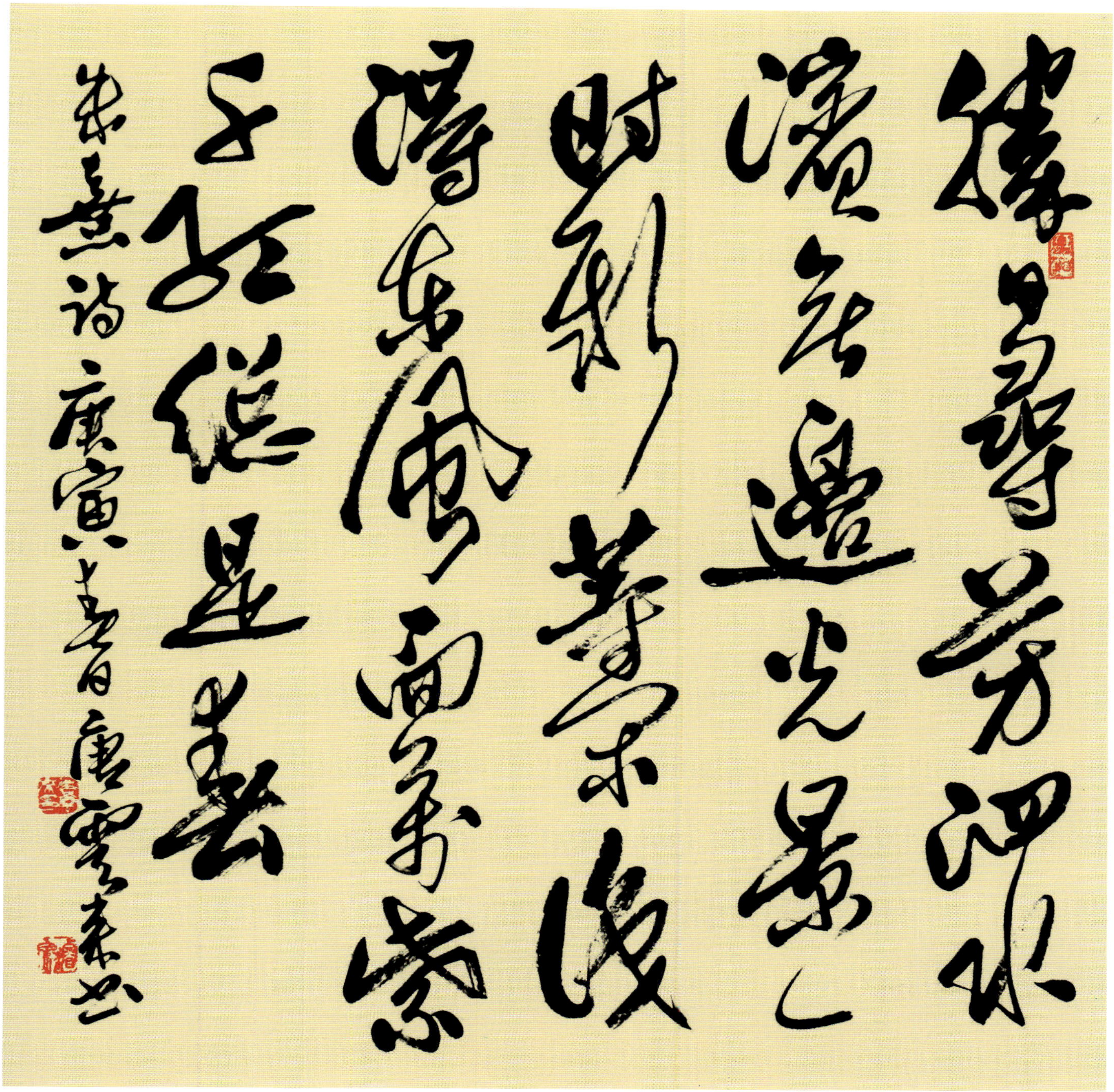

唐云来　中国书法家协会理事、天津市书法家协会主席

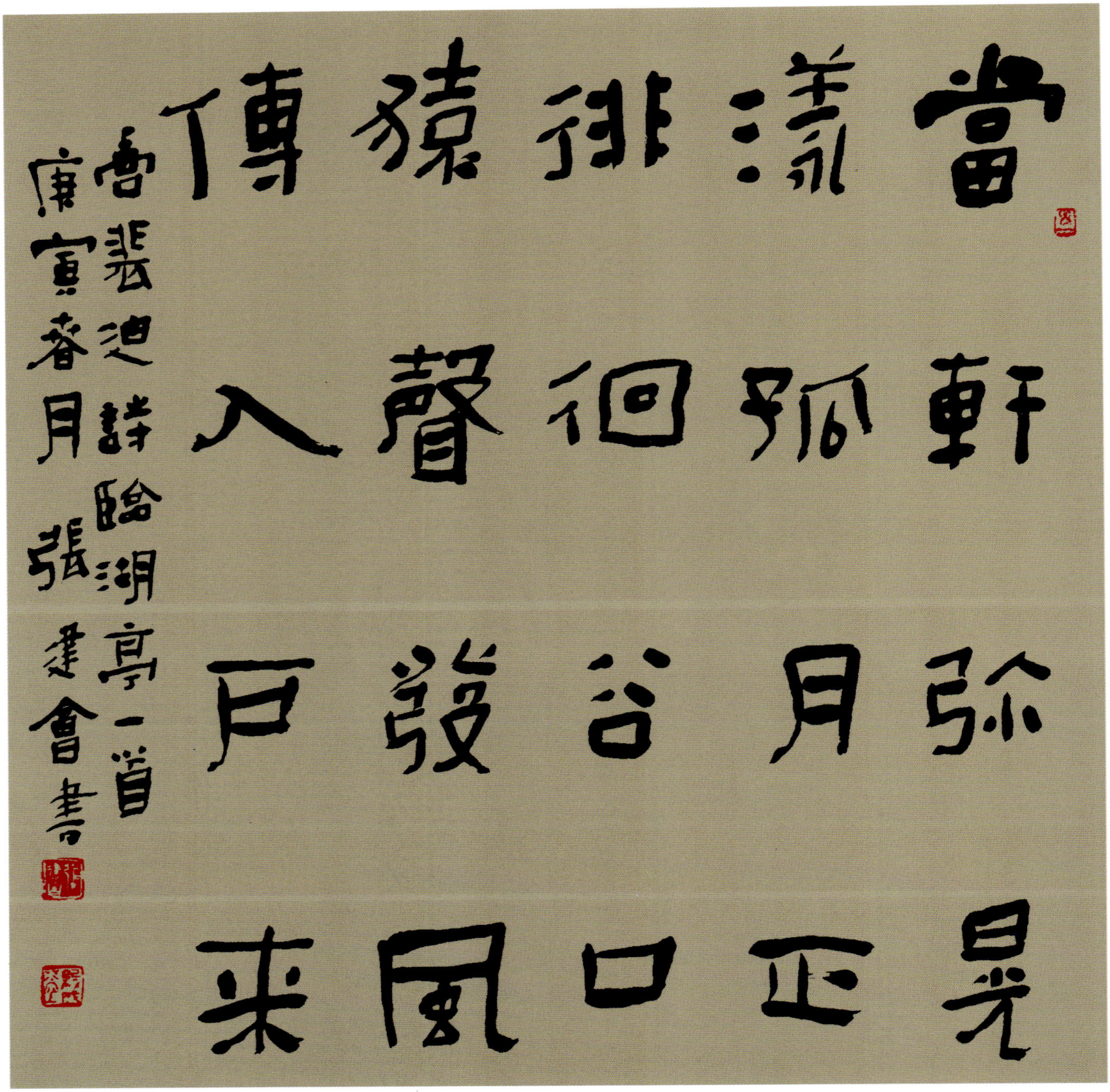

张建会　中国书法家协会理事、天津市书法家协会驻会副主席

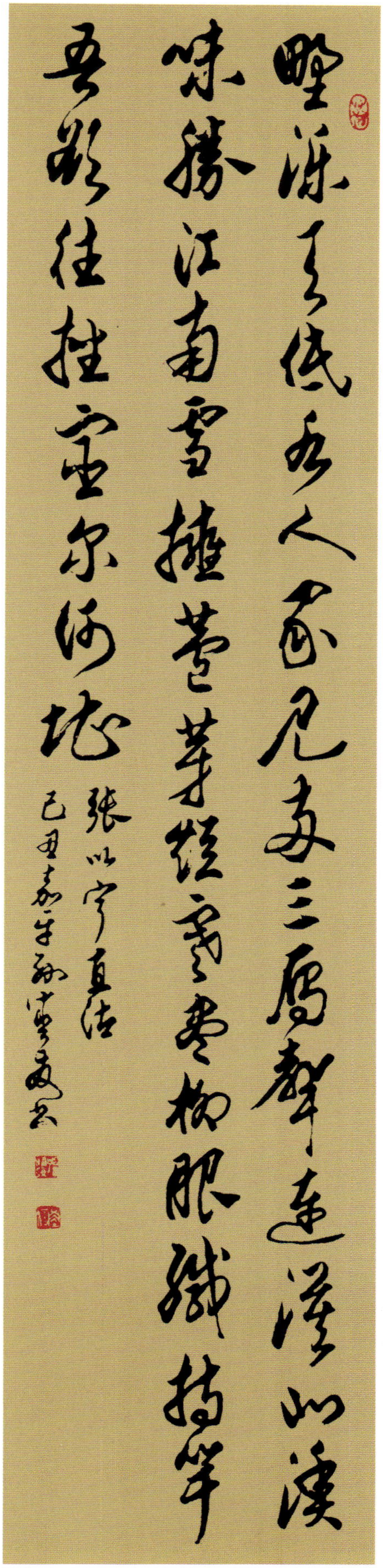

孙宝发

中国书法家协会理事、天津市书法家协会副主席

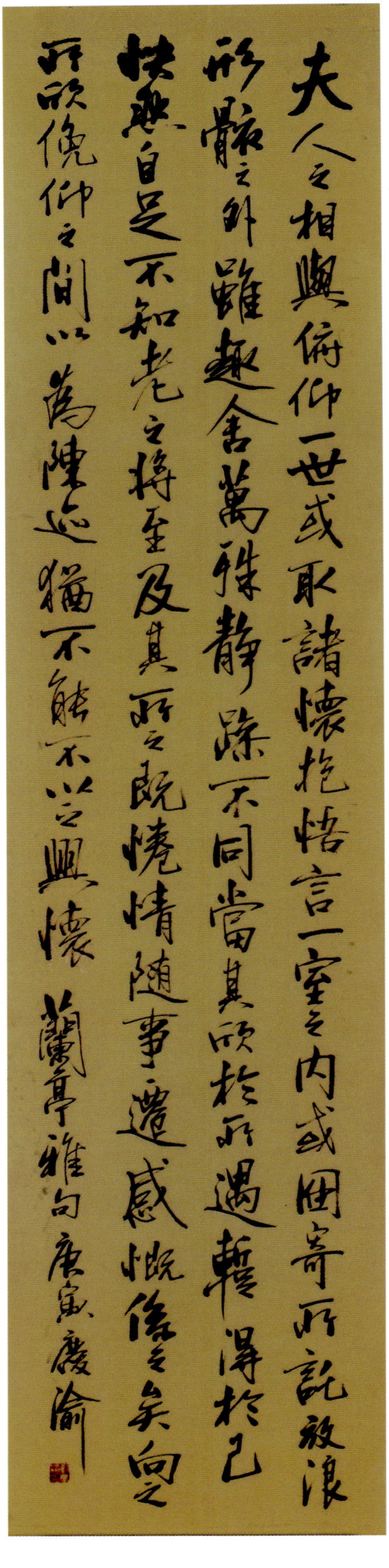

刘庆渝

中国书法家协会理事、重庆市书法家协会主席

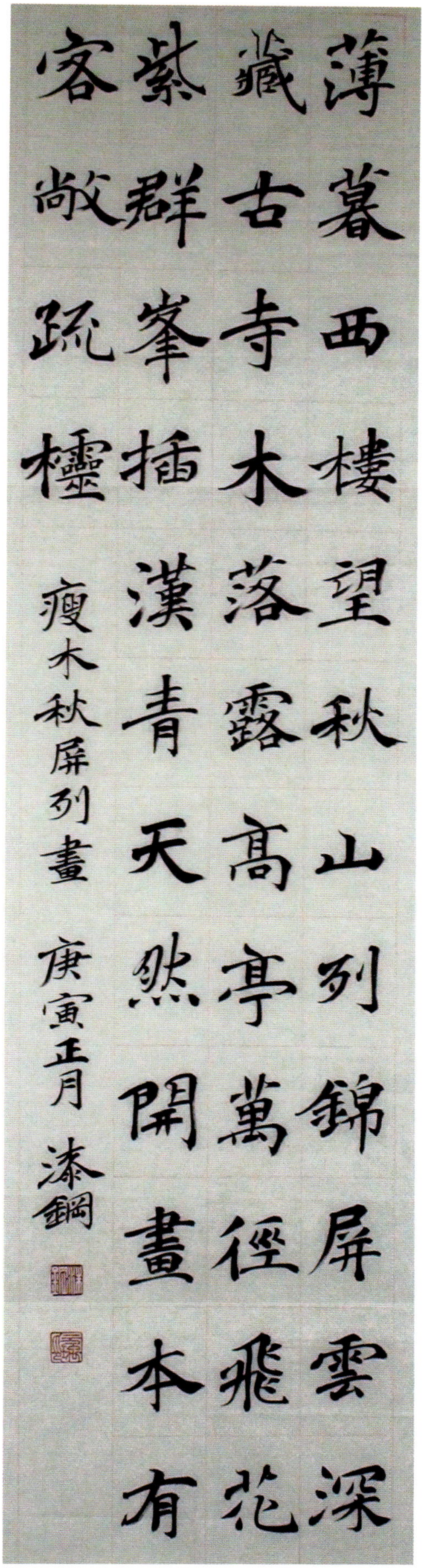

漆 钢

中国书法家协会理事、重庆市书法家协会驻会副主席

褚大伟

中国书法家协会理事、河北省书法家协会秘书长

李才旺

中国书法家协会理事、山西省书法家协会主席

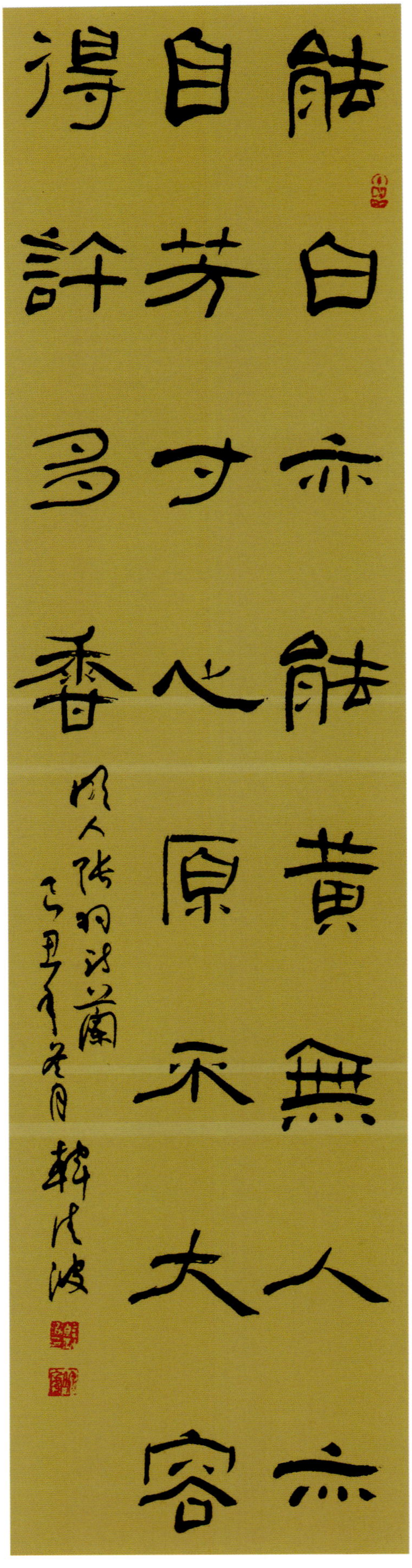

韩清波

中国书法家协会理事、山西省书法家协会驻会副主席

宋富盛　中国书法家协会理事、山西省书法家协会副主席

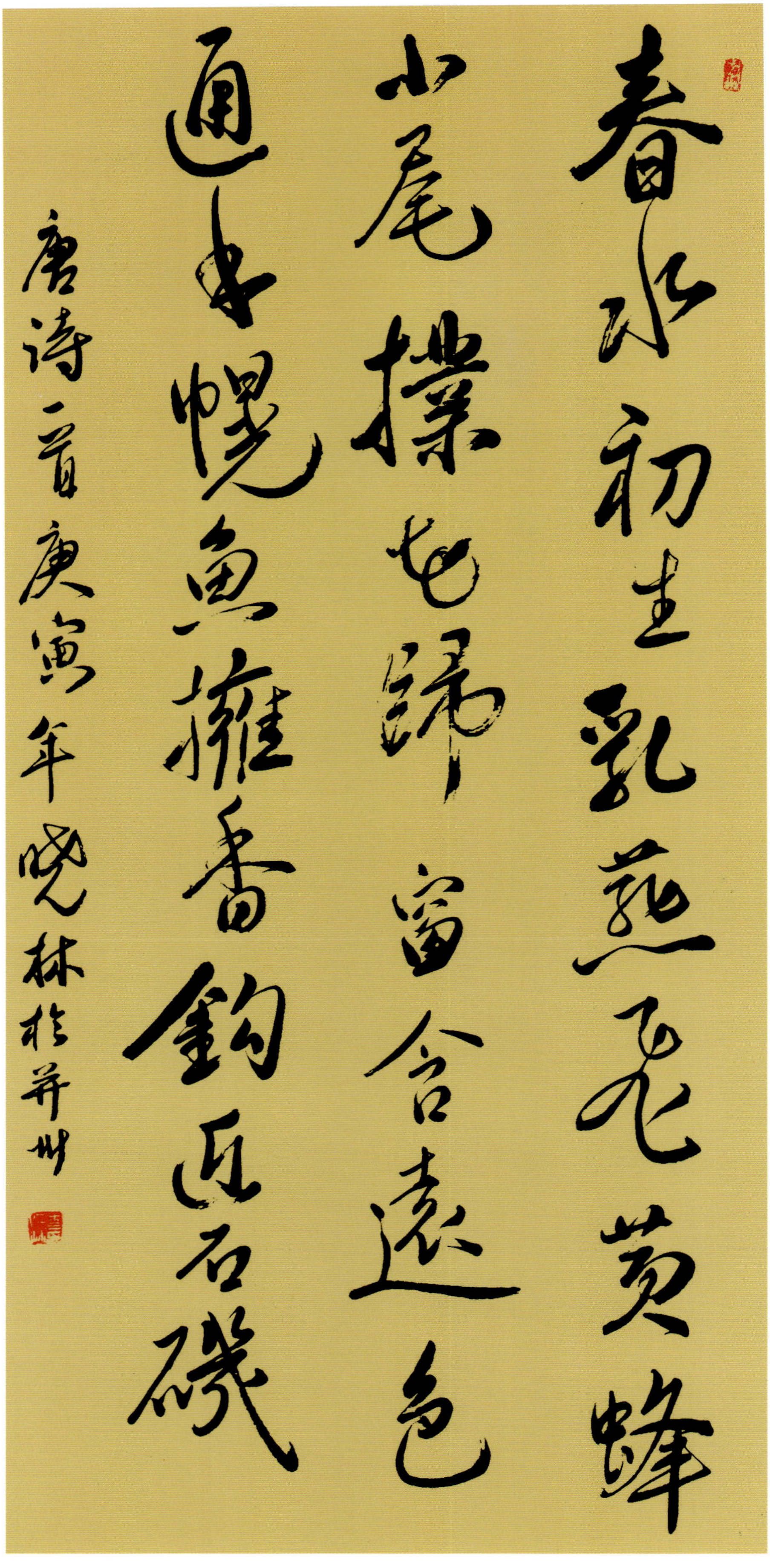

李晓林

山西省书法家协会副主席

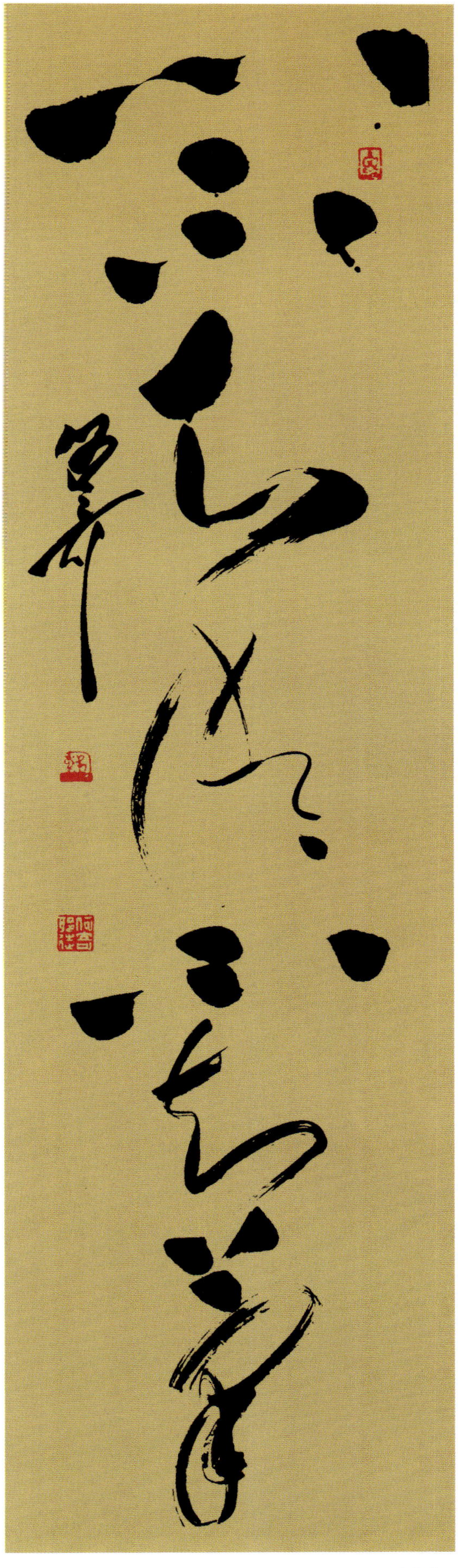

何奇耶徒

中国书法家协会理事、内蒙古自治区书法家协会主席

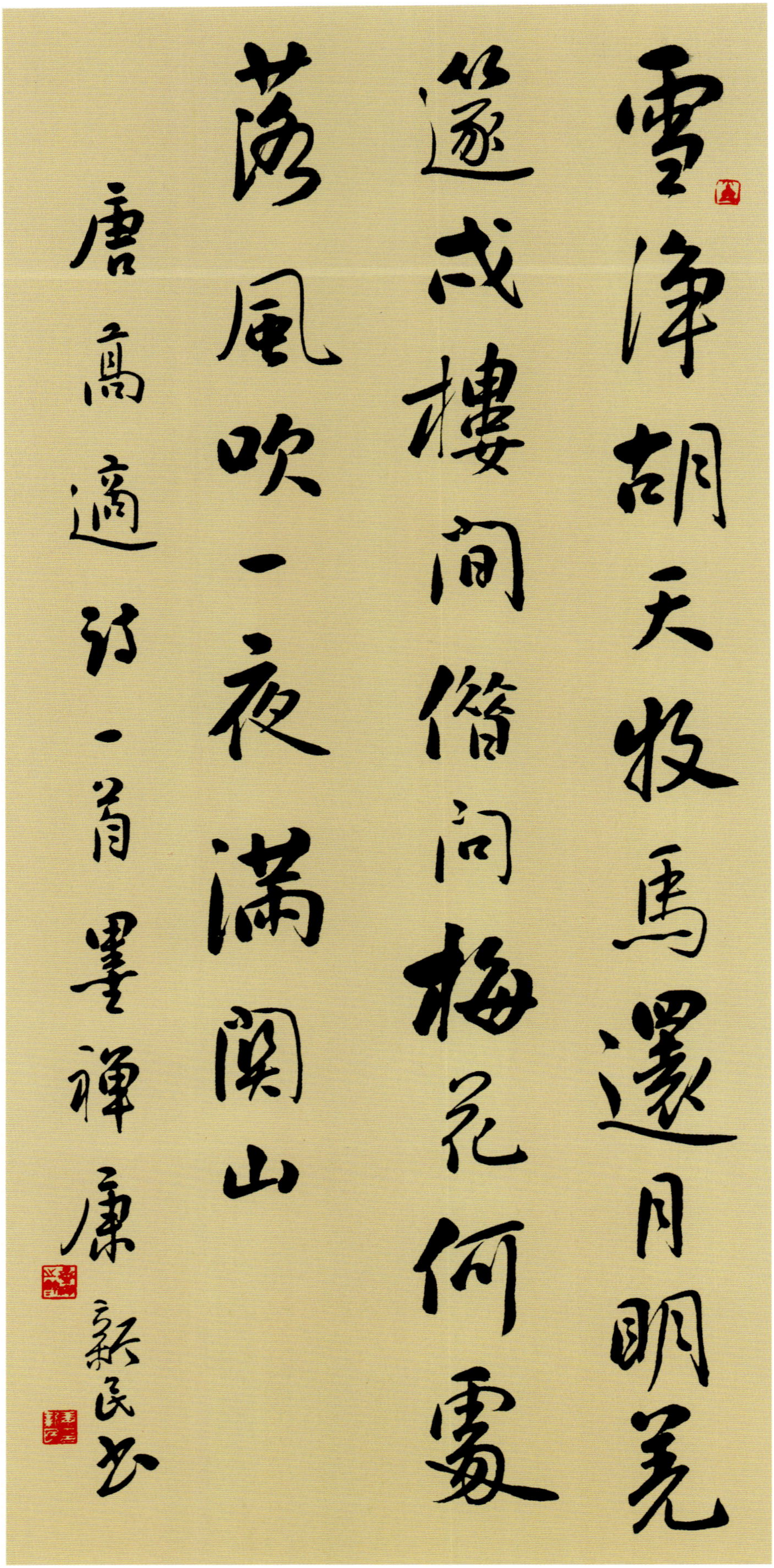

康新民

中国书法家协会理事、内蒙古自治区书法家协会副主席

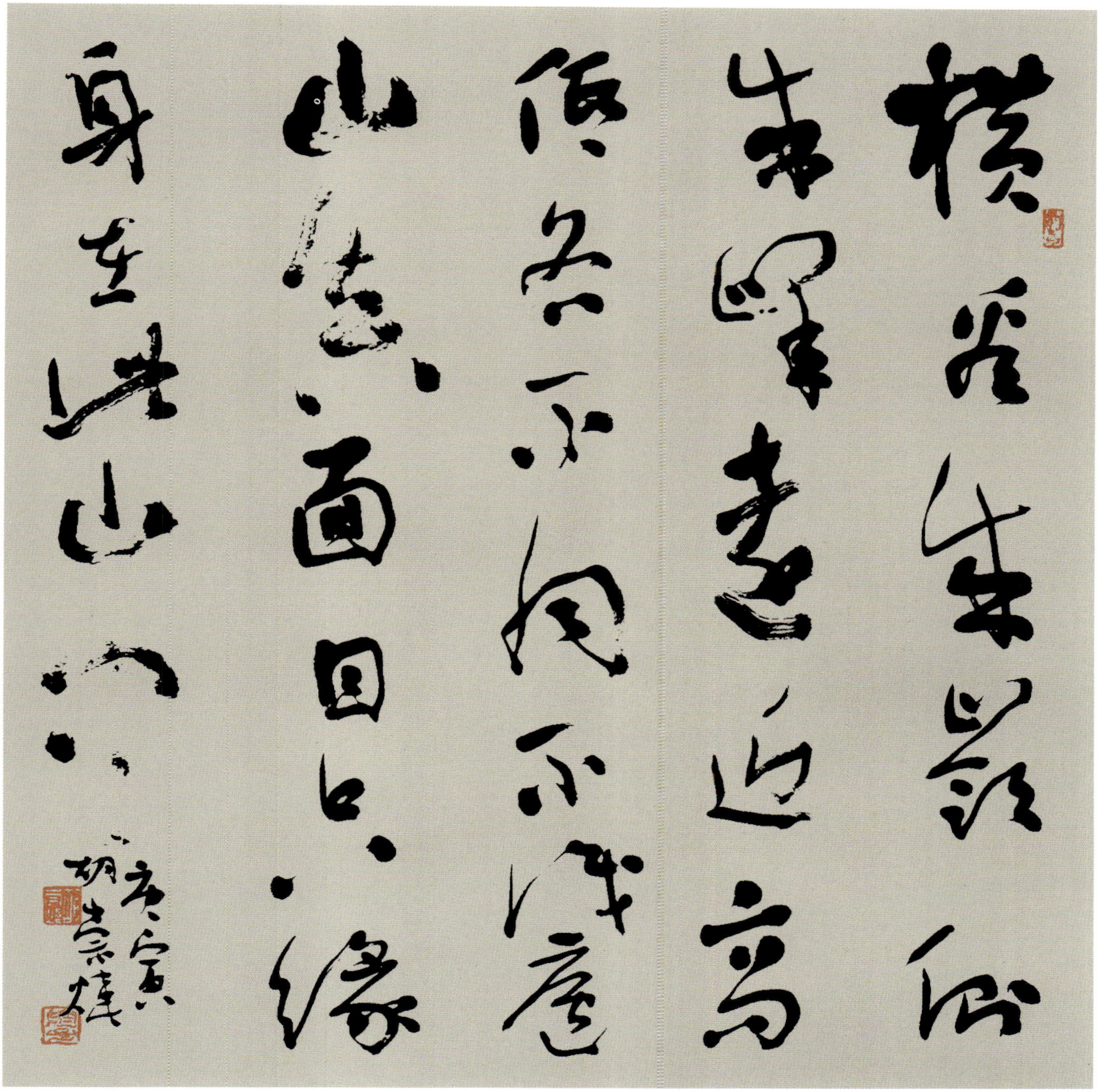

胡崇伟　辽宁省书法家协会秘书长

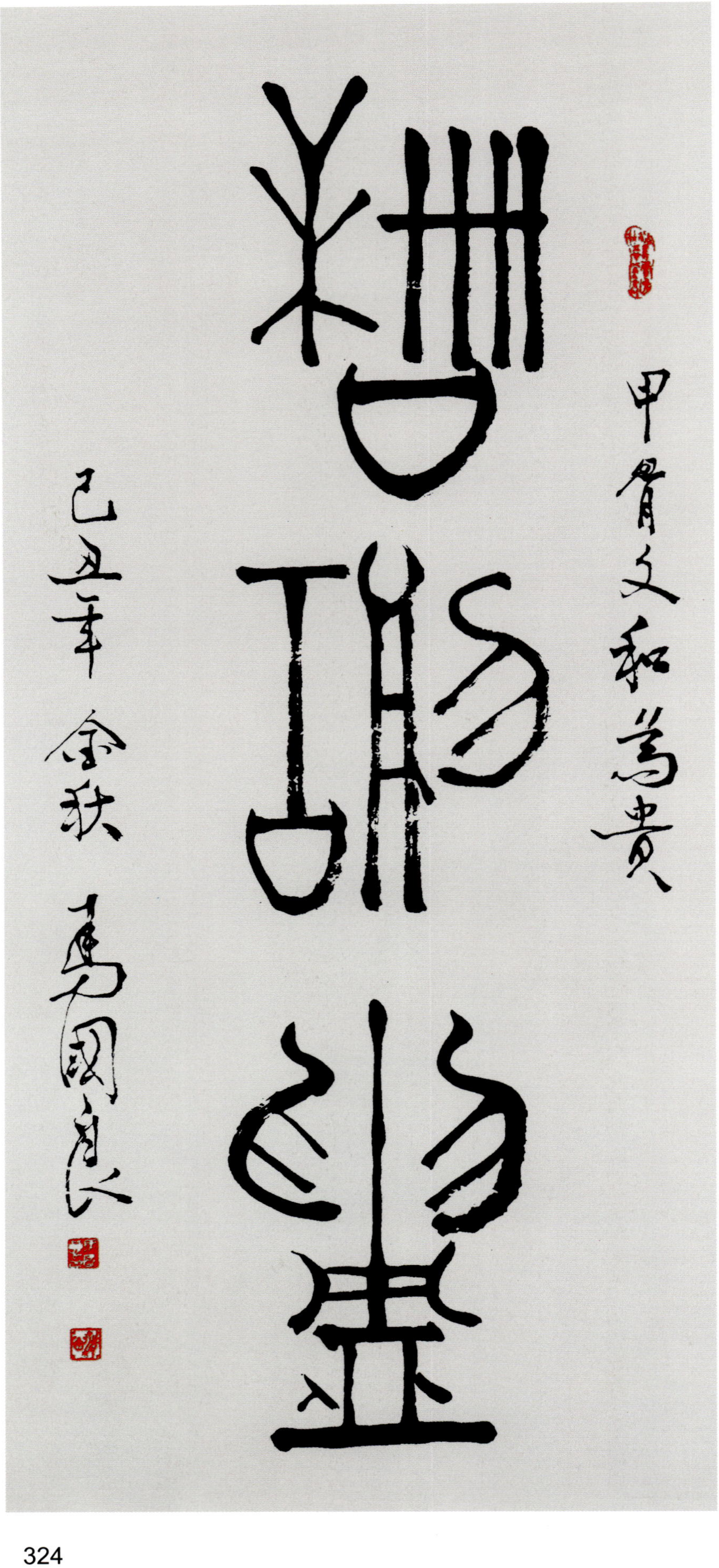

马国良

中国书法家协会理事、黑龙江省书法家协会主席

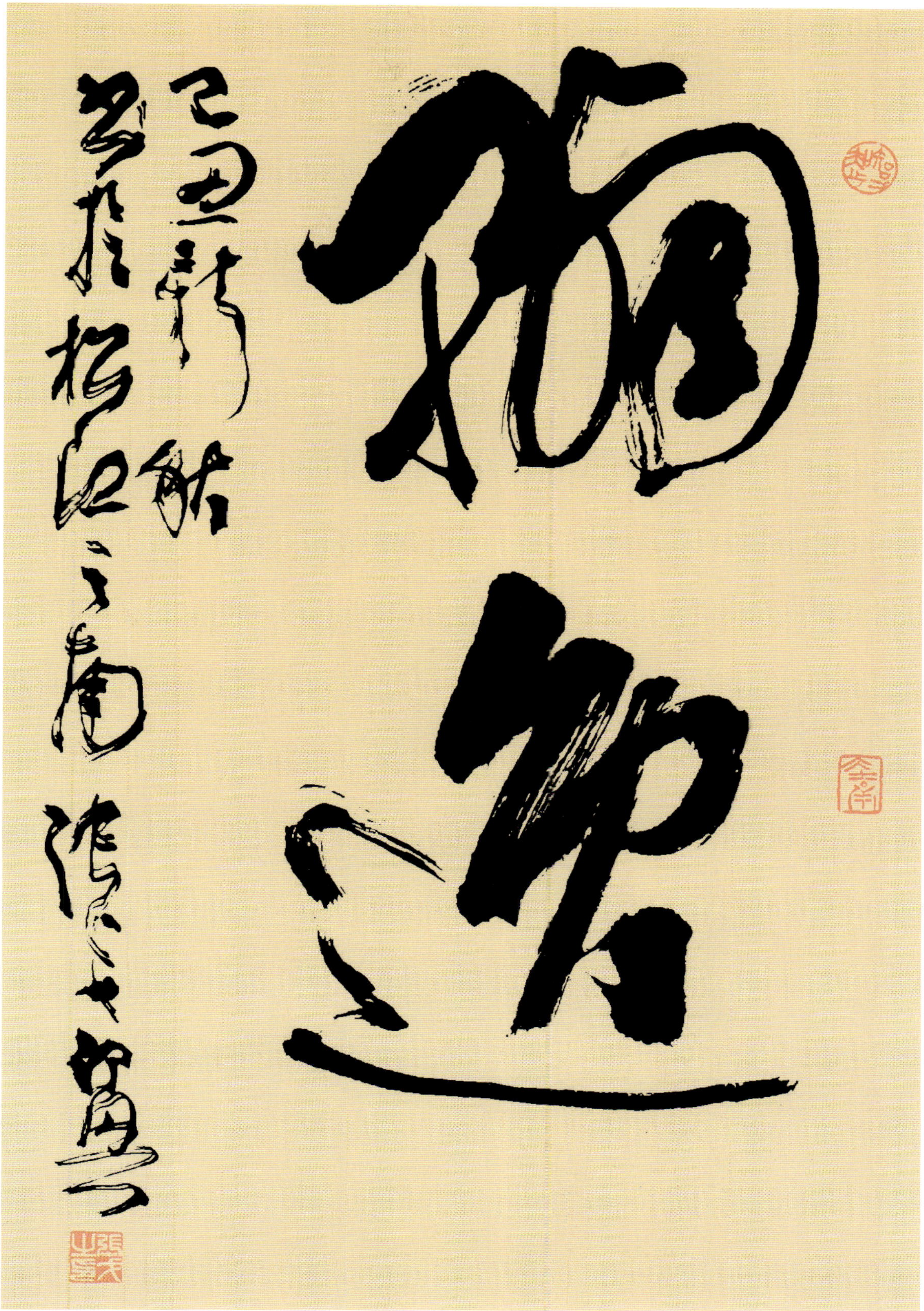

张 戈　中国书法家协会理事、黑龙江省书法家协会驻会副主席

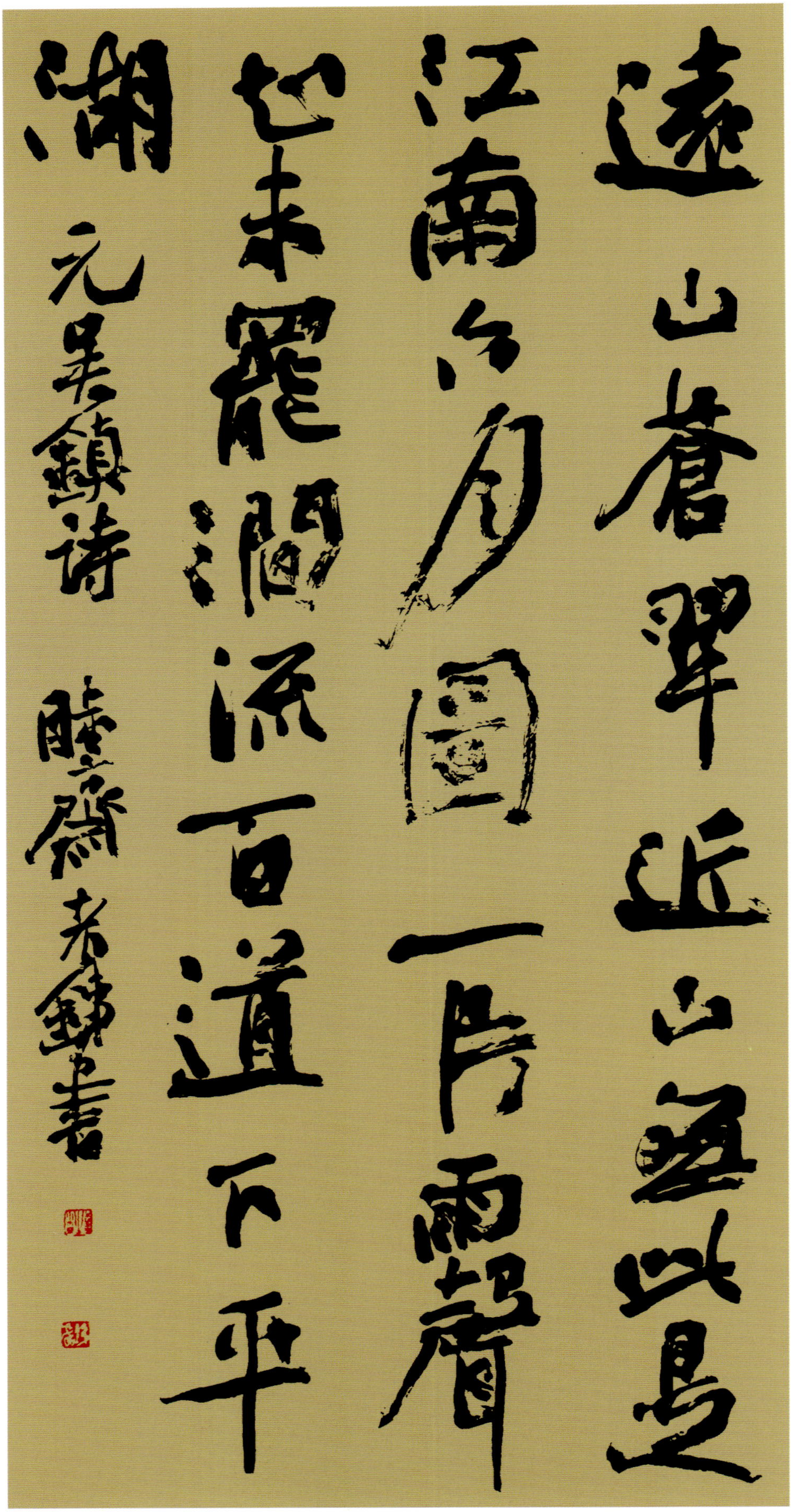

洪铁军

中国书法家协会理事、黑龙江省书法家协会副主席

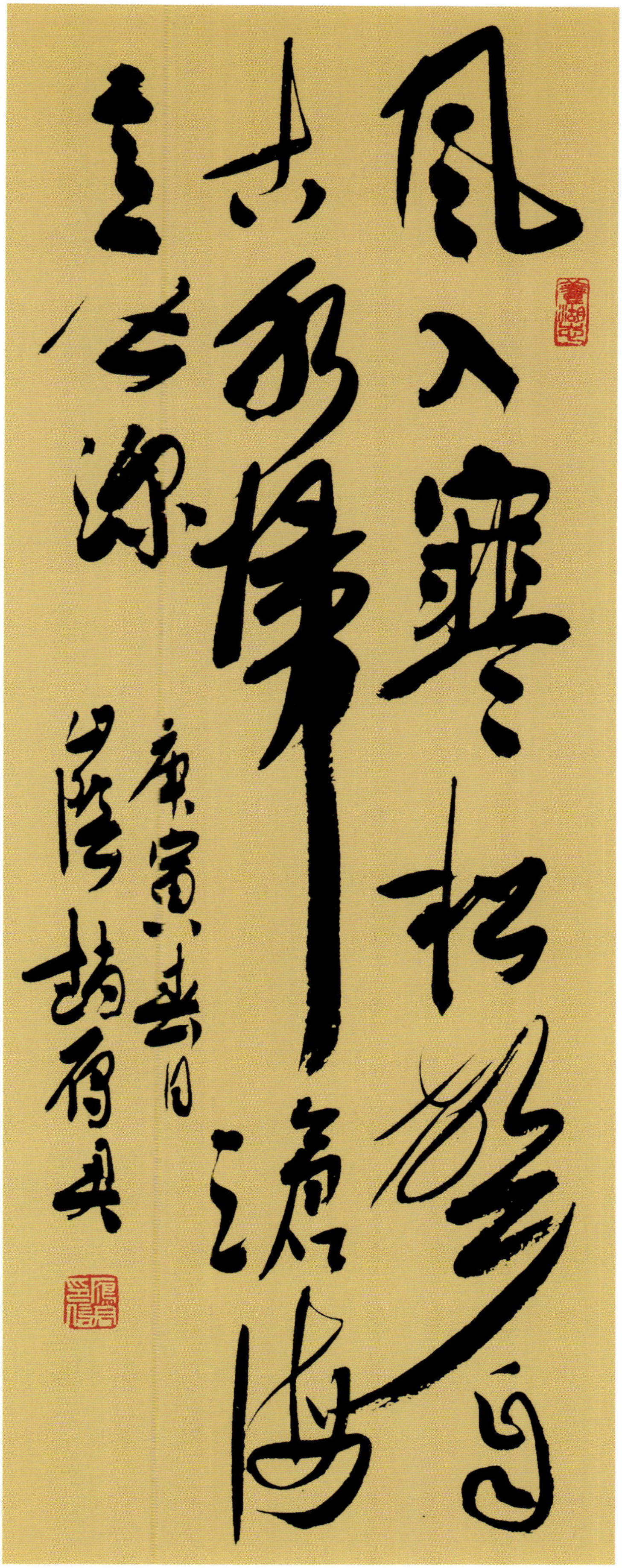

赵雁君

中国书法家协会理事、浙江省书法家协会驻会副主席

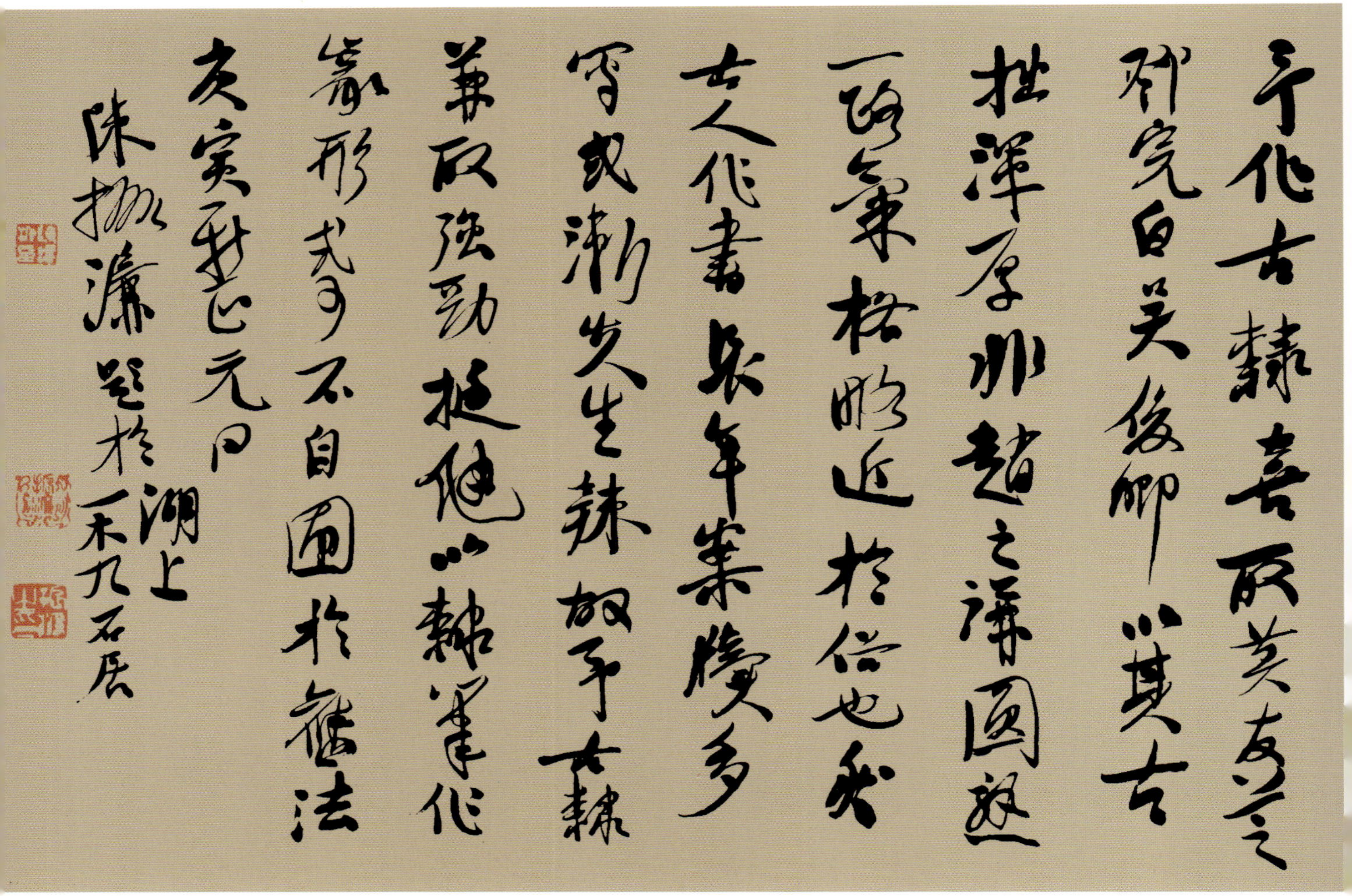

陈振濂　中国书法家协会理事、浙江省书法家协会副主席

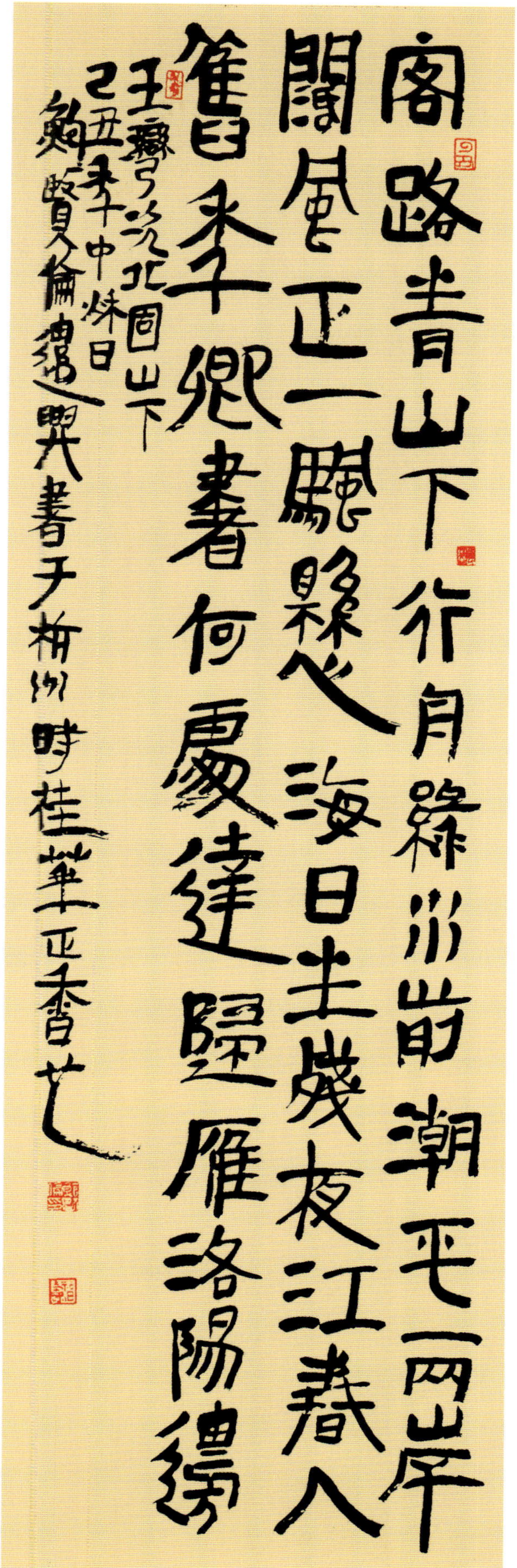

鲍贤伦

中国书法家协会理事、浙江省书法家协会副主席

杨西湖　中国书法家协会理事、浙江省书法家协会副主席

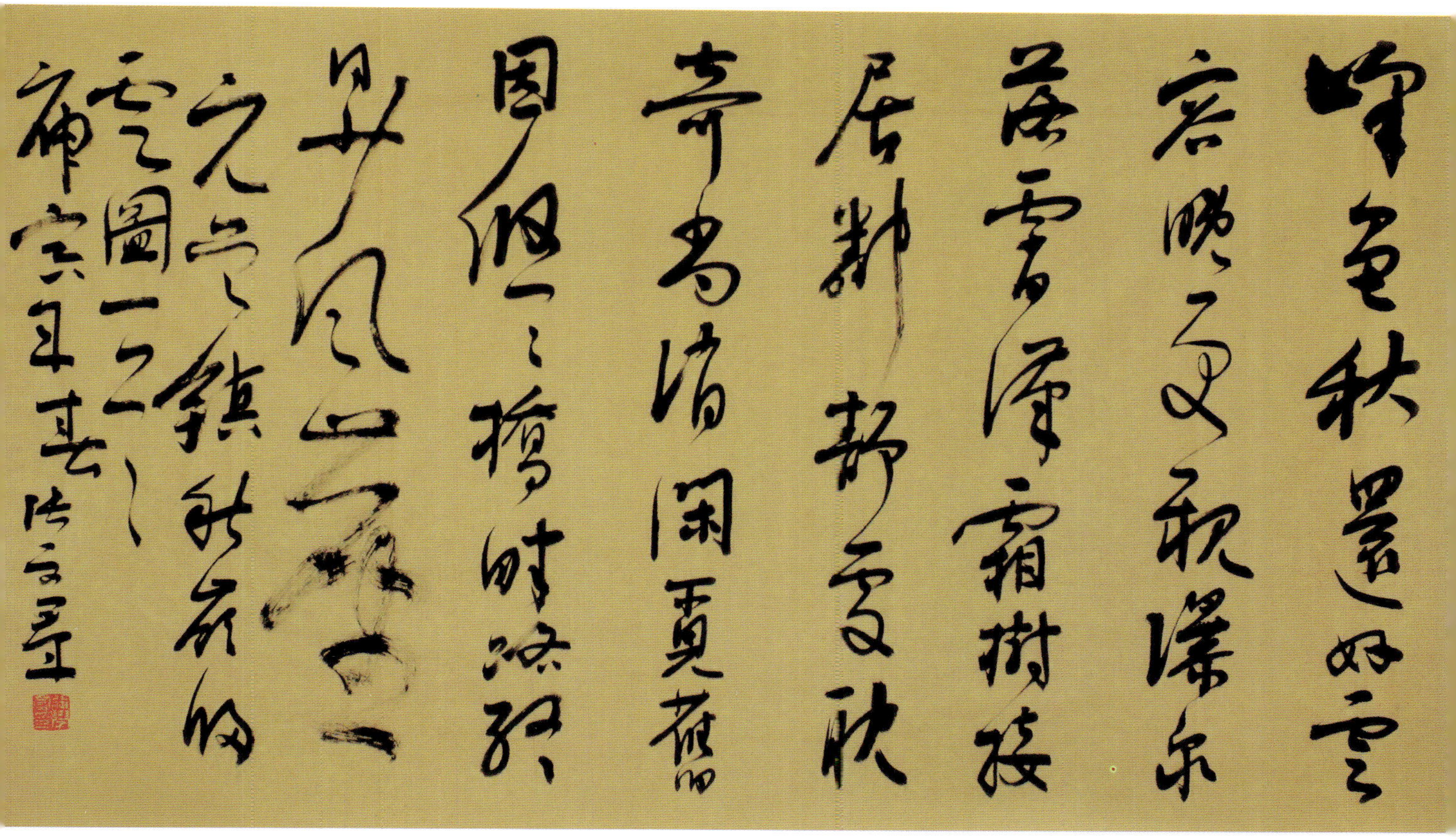

张学群　中国书法家协会理事、安徽省书法家协会主席

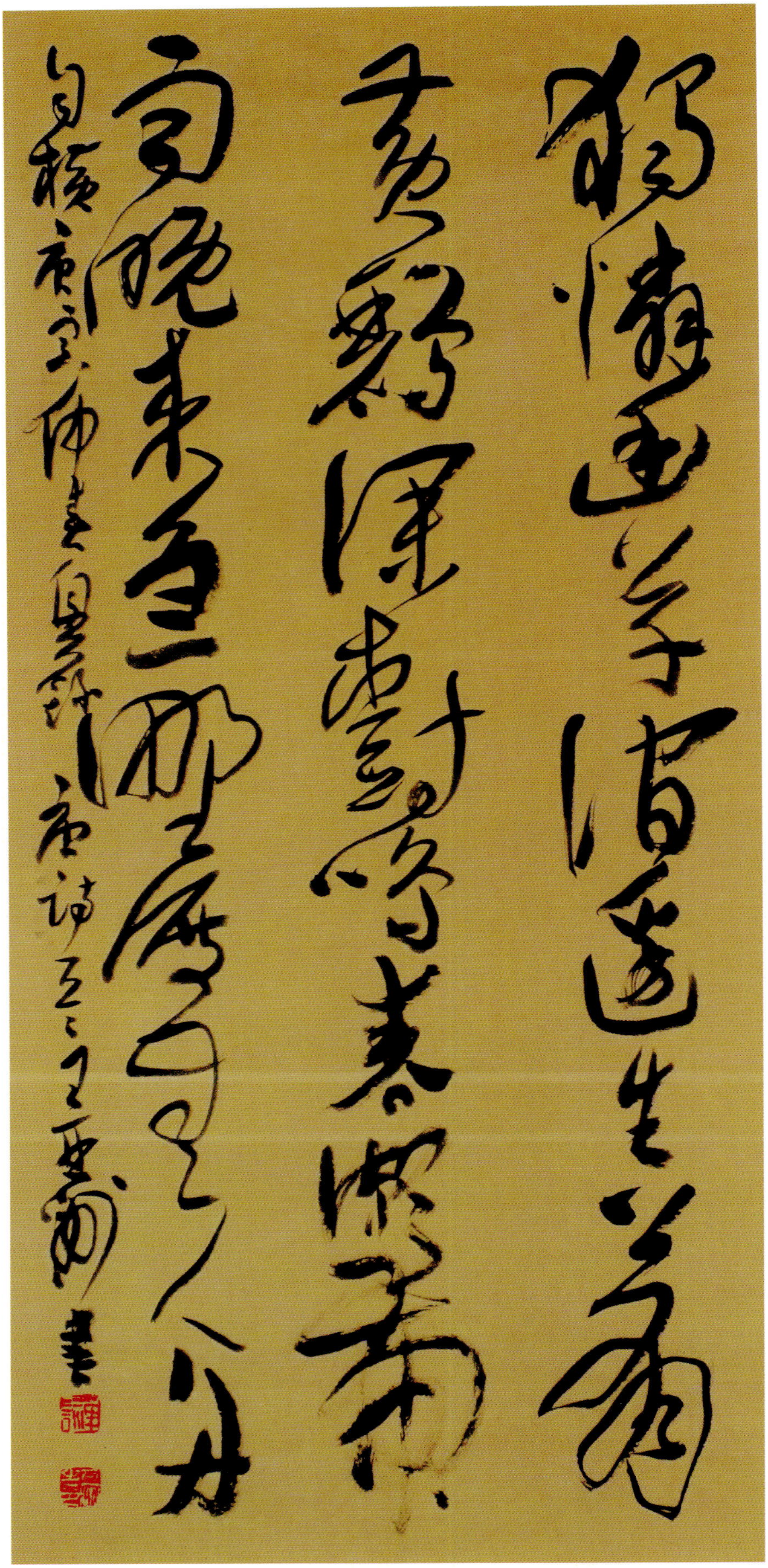

王亚洲

安徽省书法家协会驻会副主席

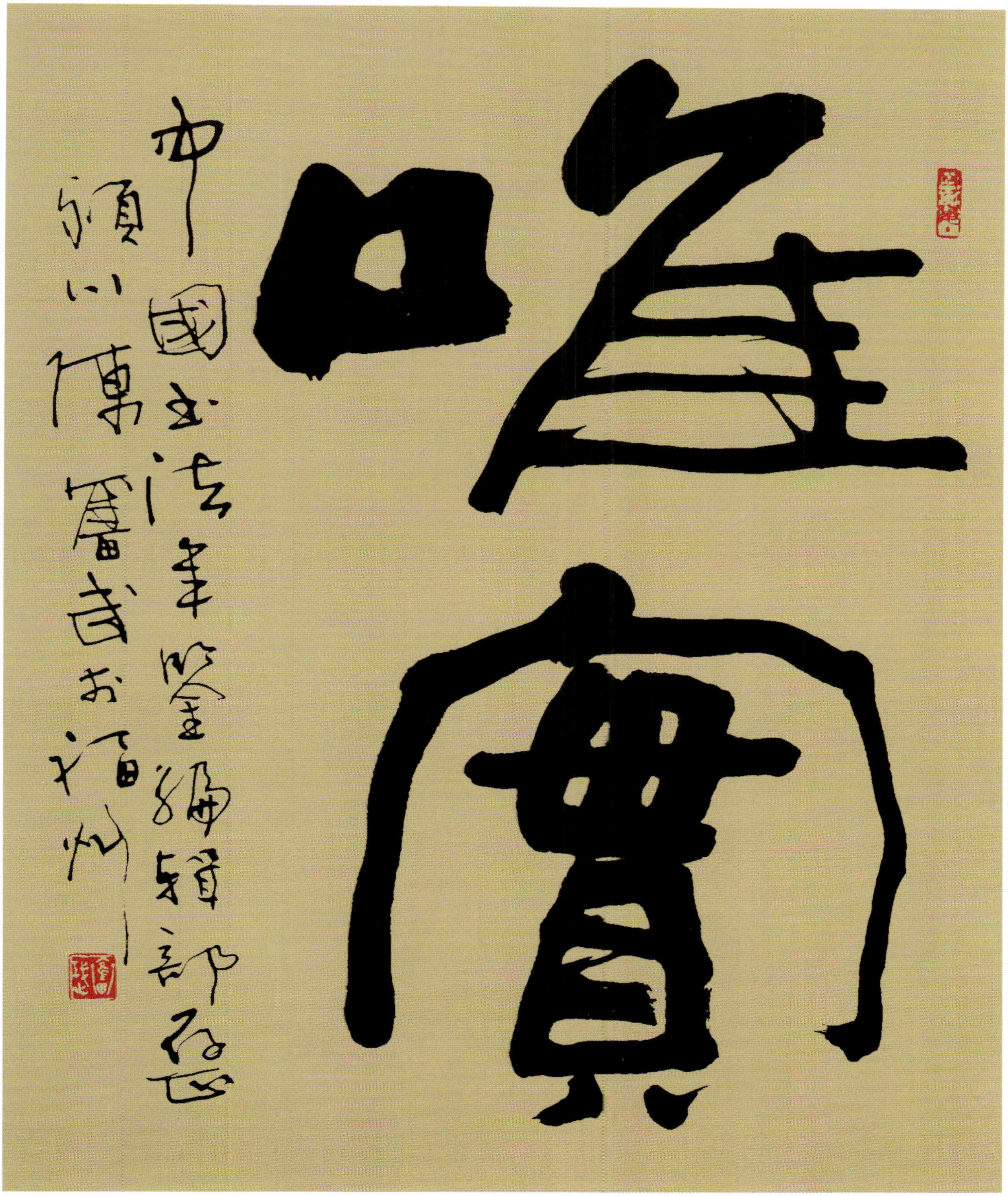

陈奋武　中国书法家协会理事、福建省书法家协会主席

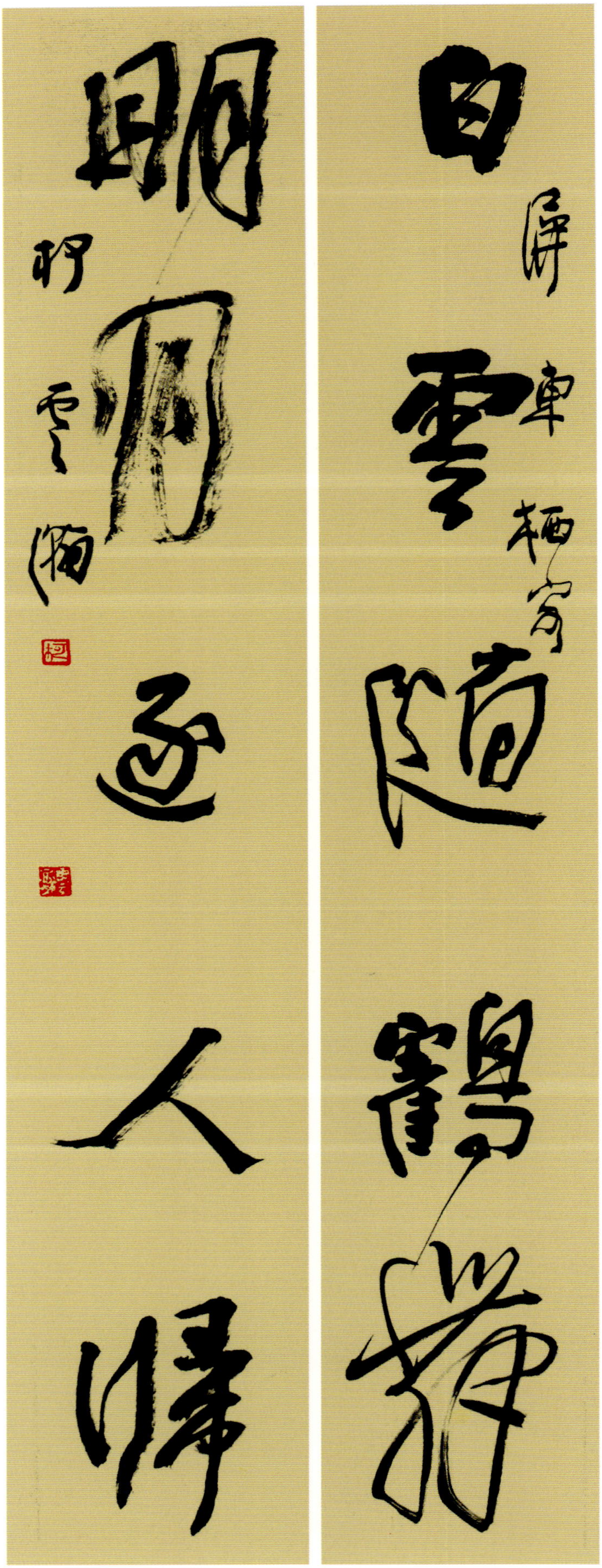

柯云翰　福建省书法家协会副主席

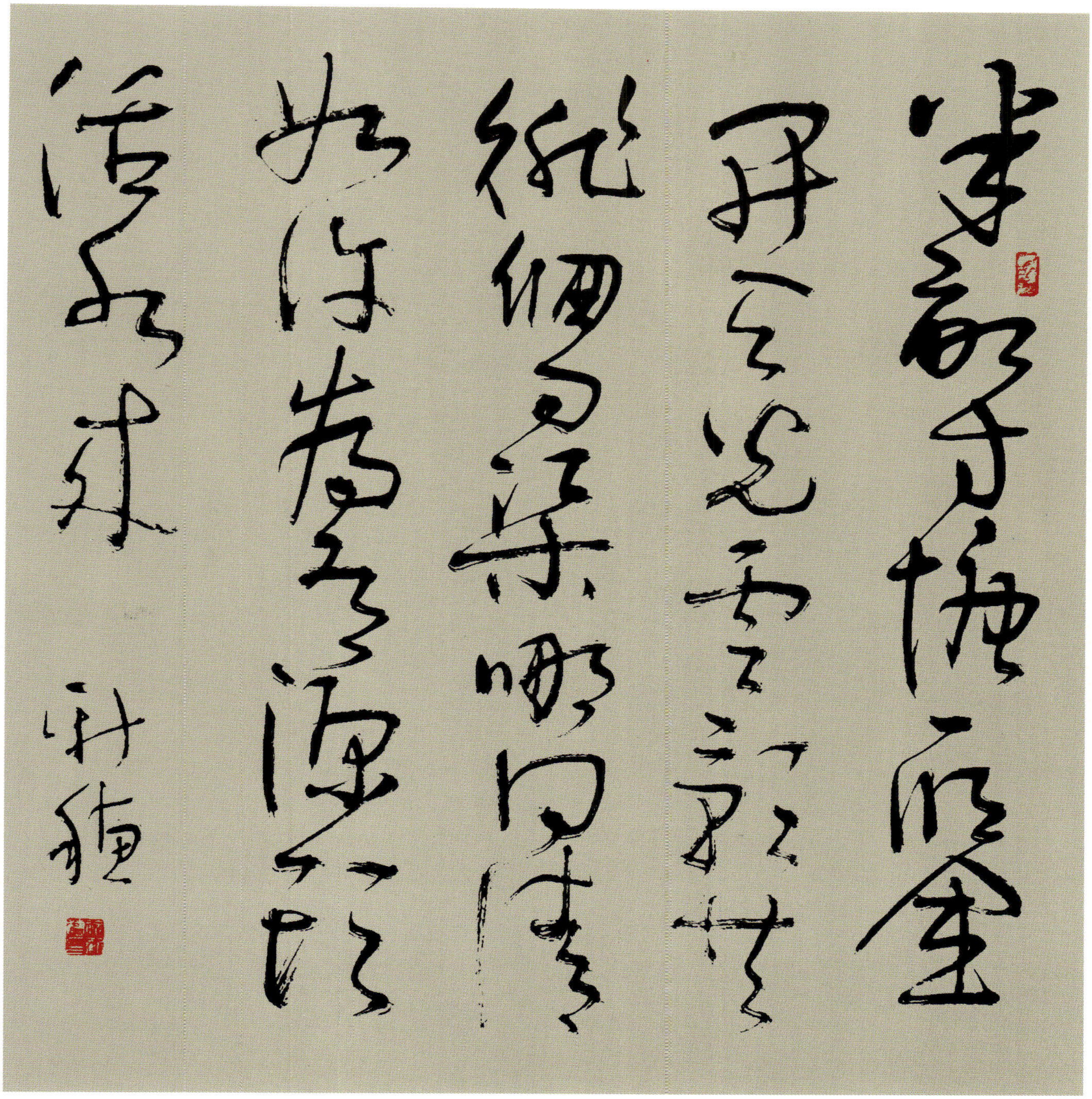

祝新穗　江西省书法家协会主席

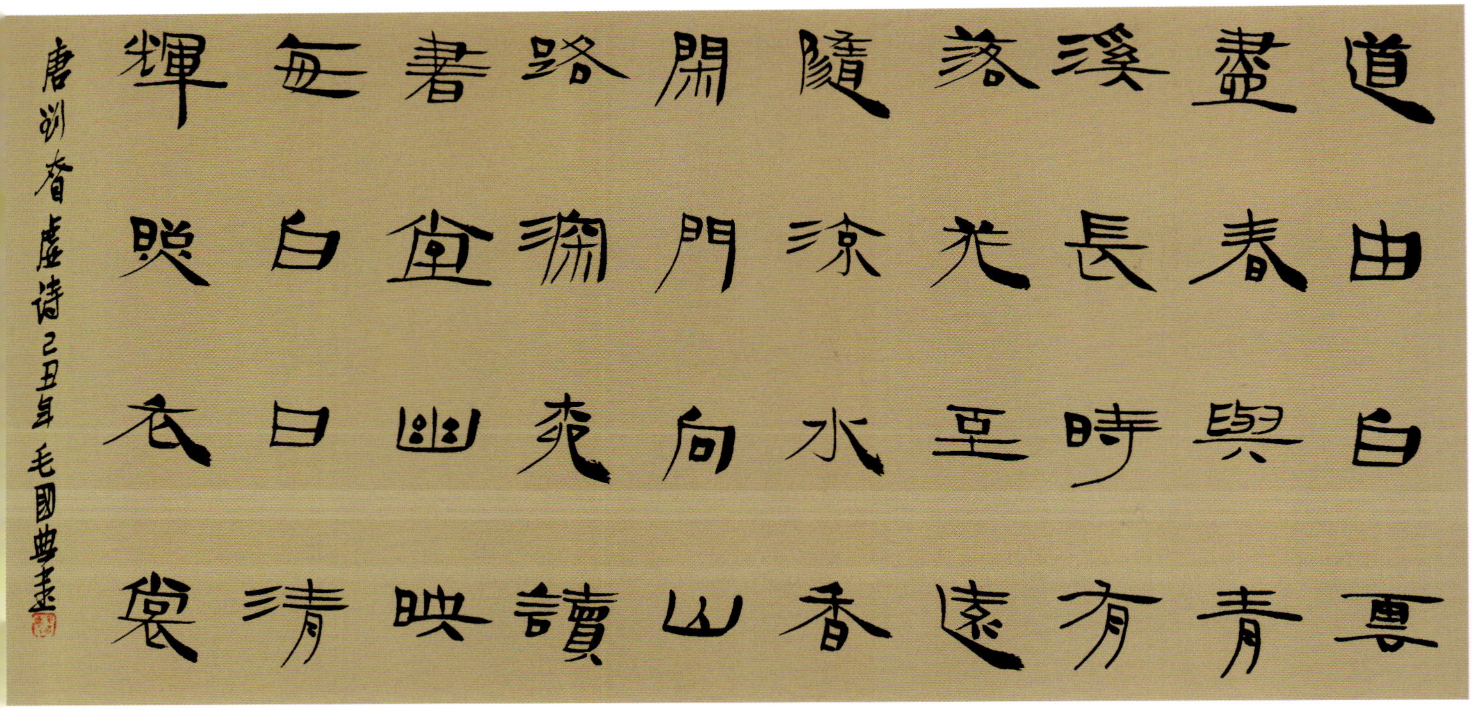

毛国典 中国书法家协会理事、江西省书法家协会秘书长

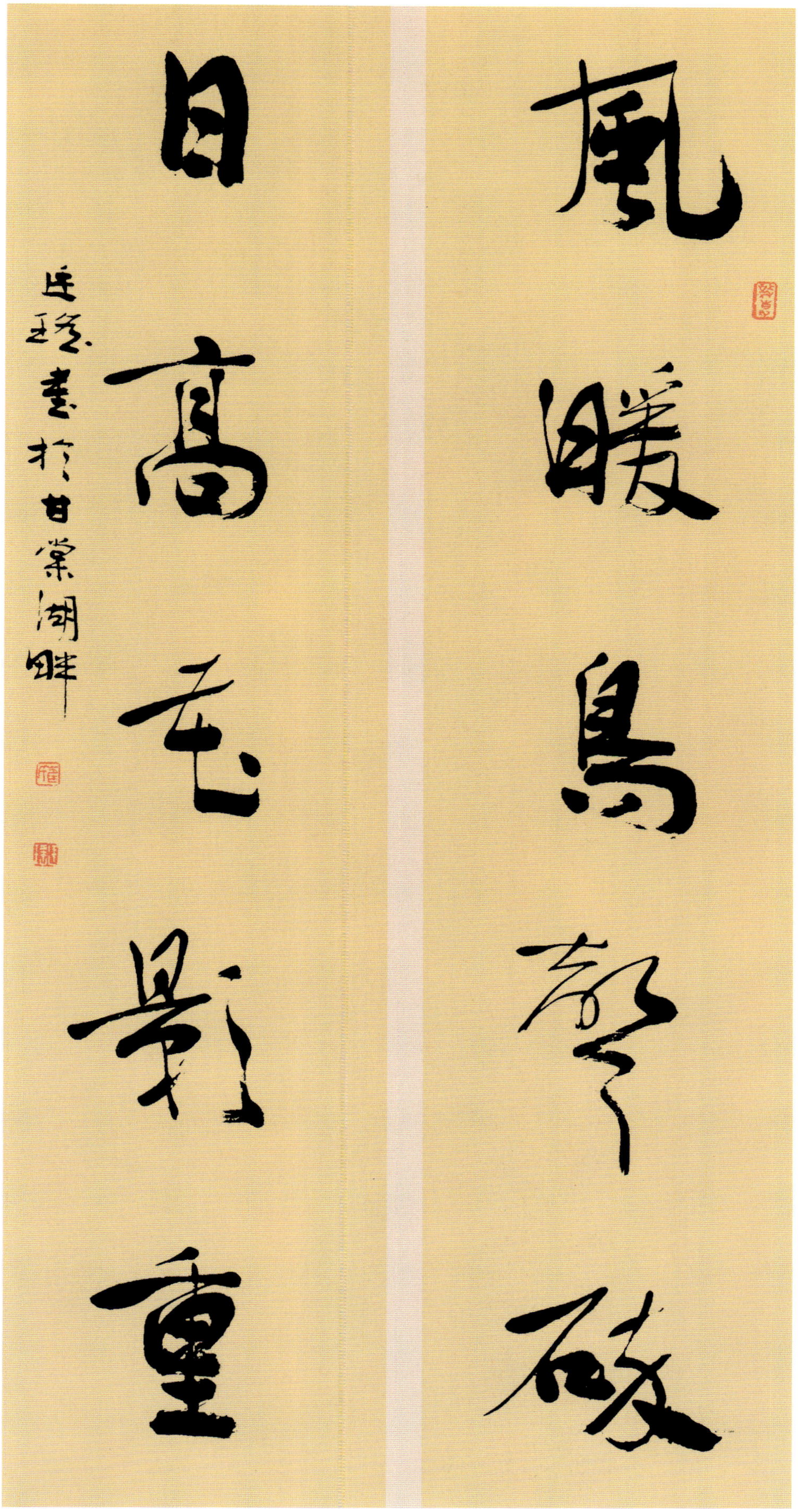

崔廷瑶

中国书法家协会理事、江西省书法家协会副主席

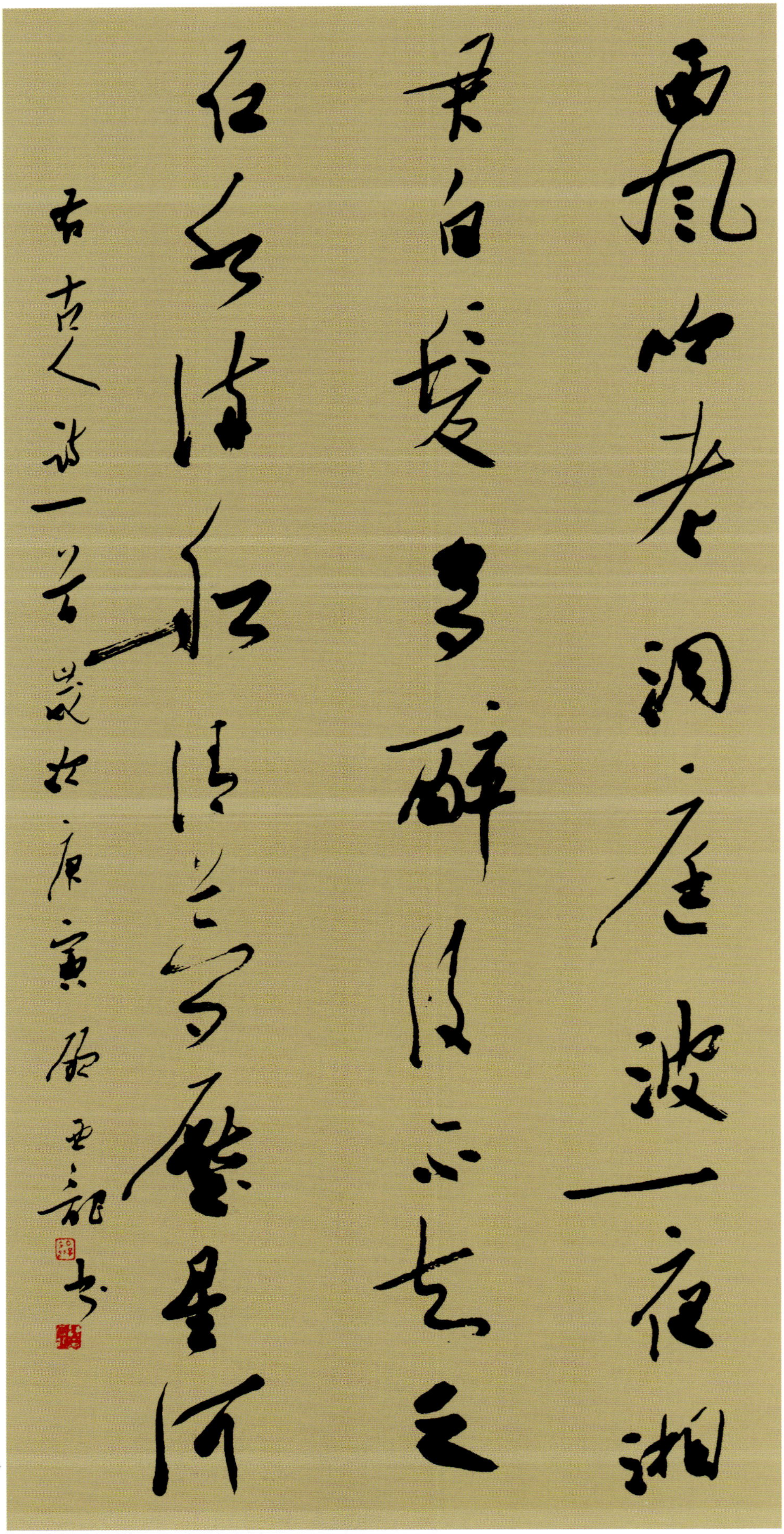

顾亚龙

中国书法家协会理事、山东省书法家协会驻会副主席

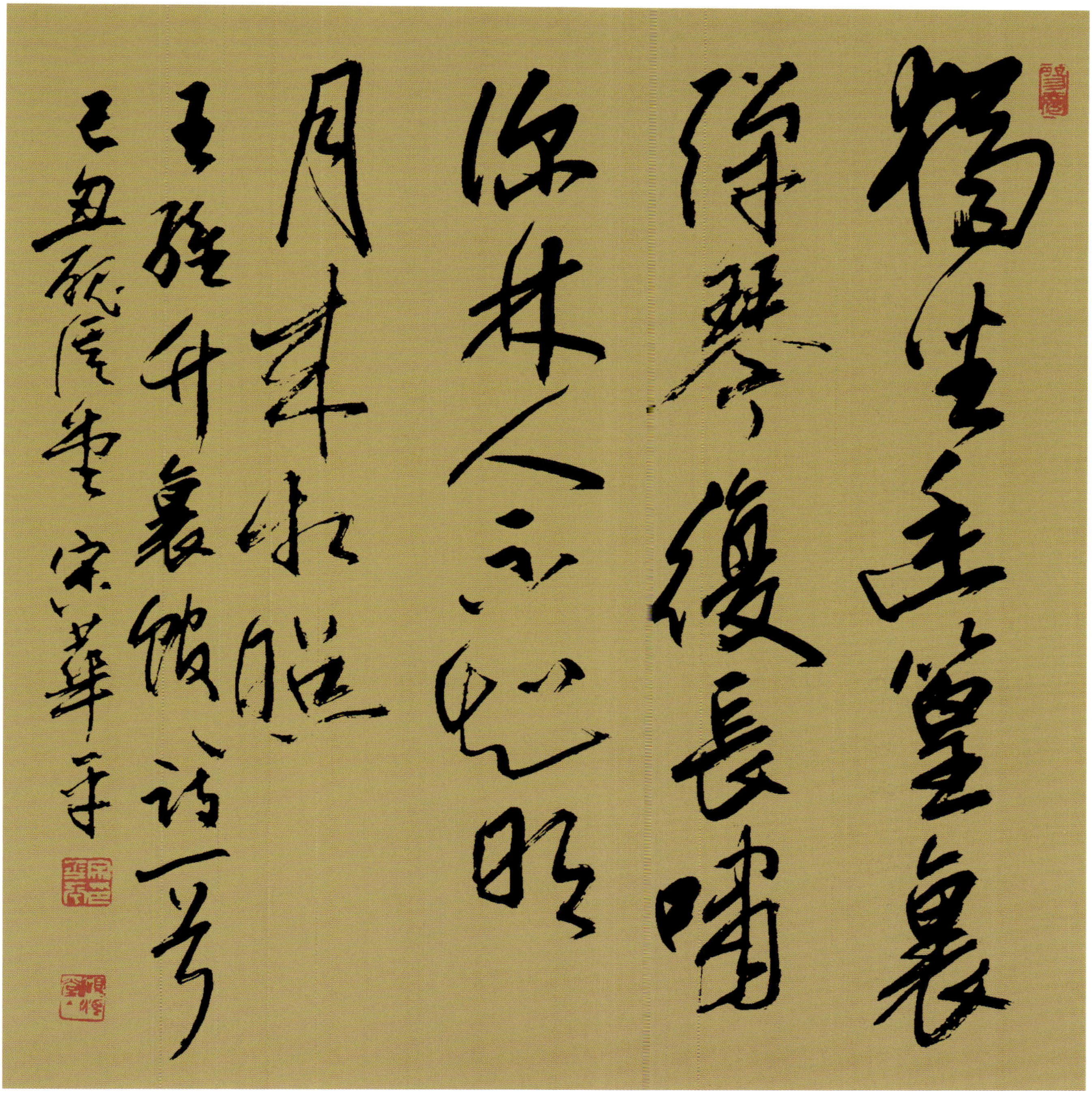

宋华平　中国书法家协会理事、河南省书法家协会主席

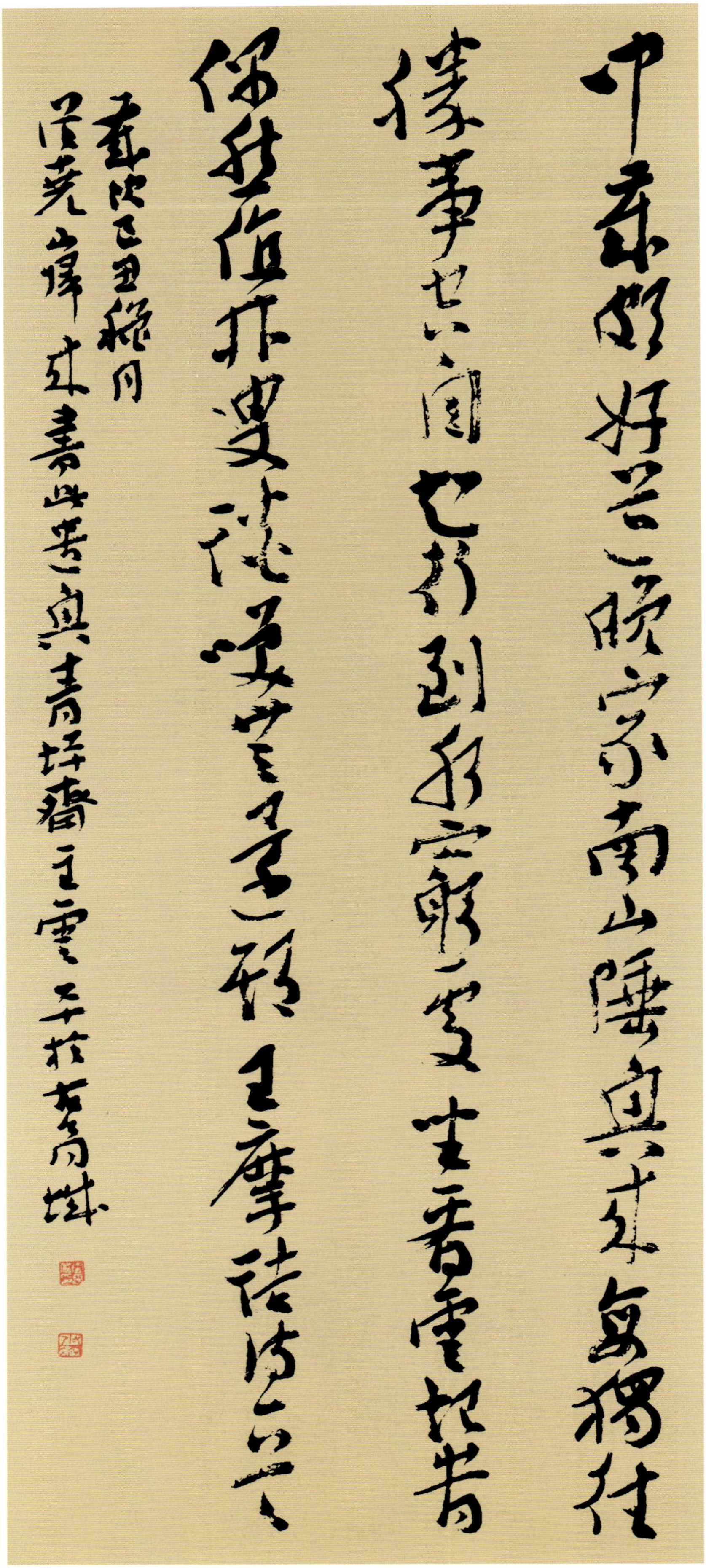

云平

河南省书法家协会副主席

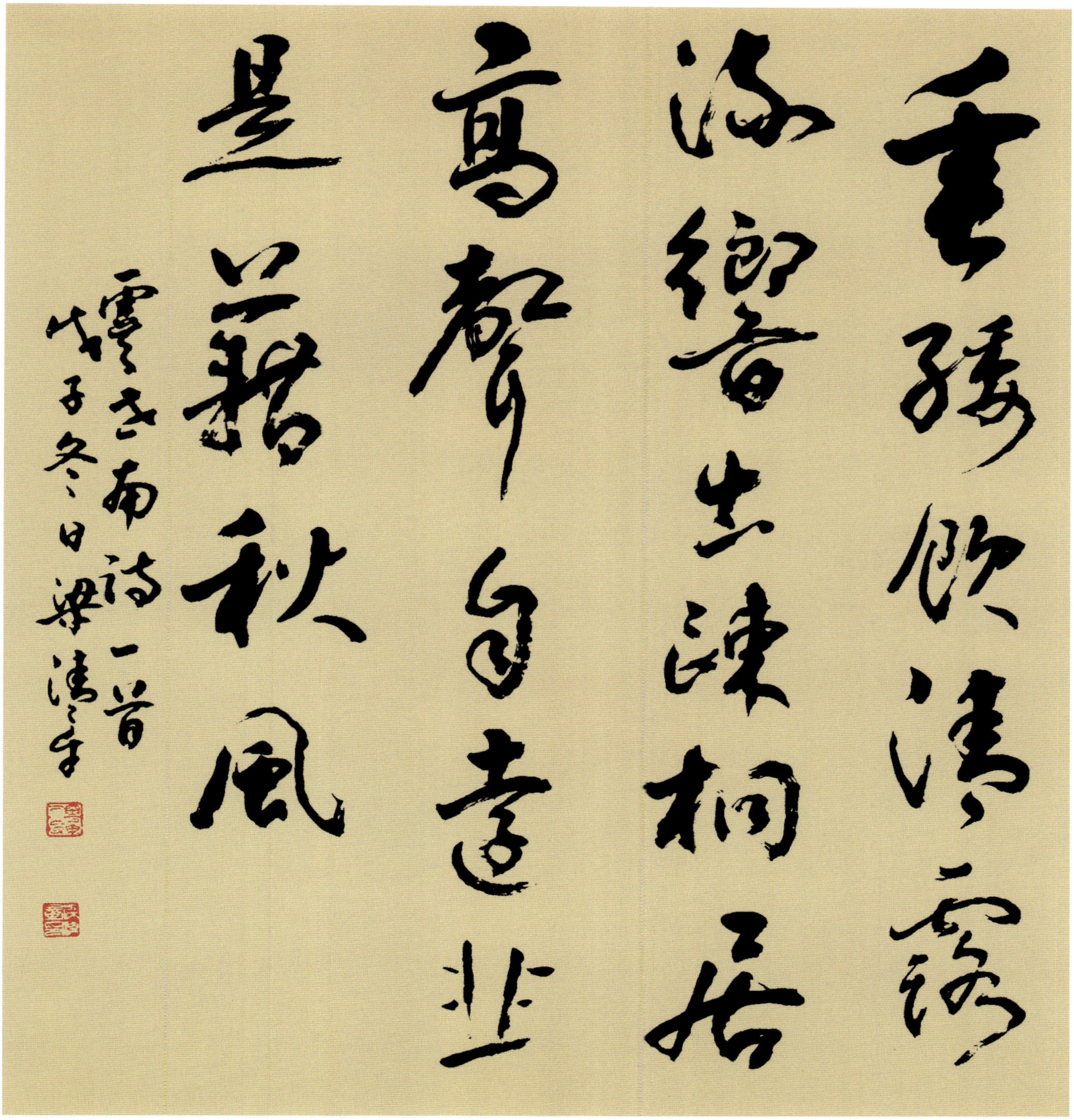

梁清章　中国书法家协会理事、湖北省书法家协会主席

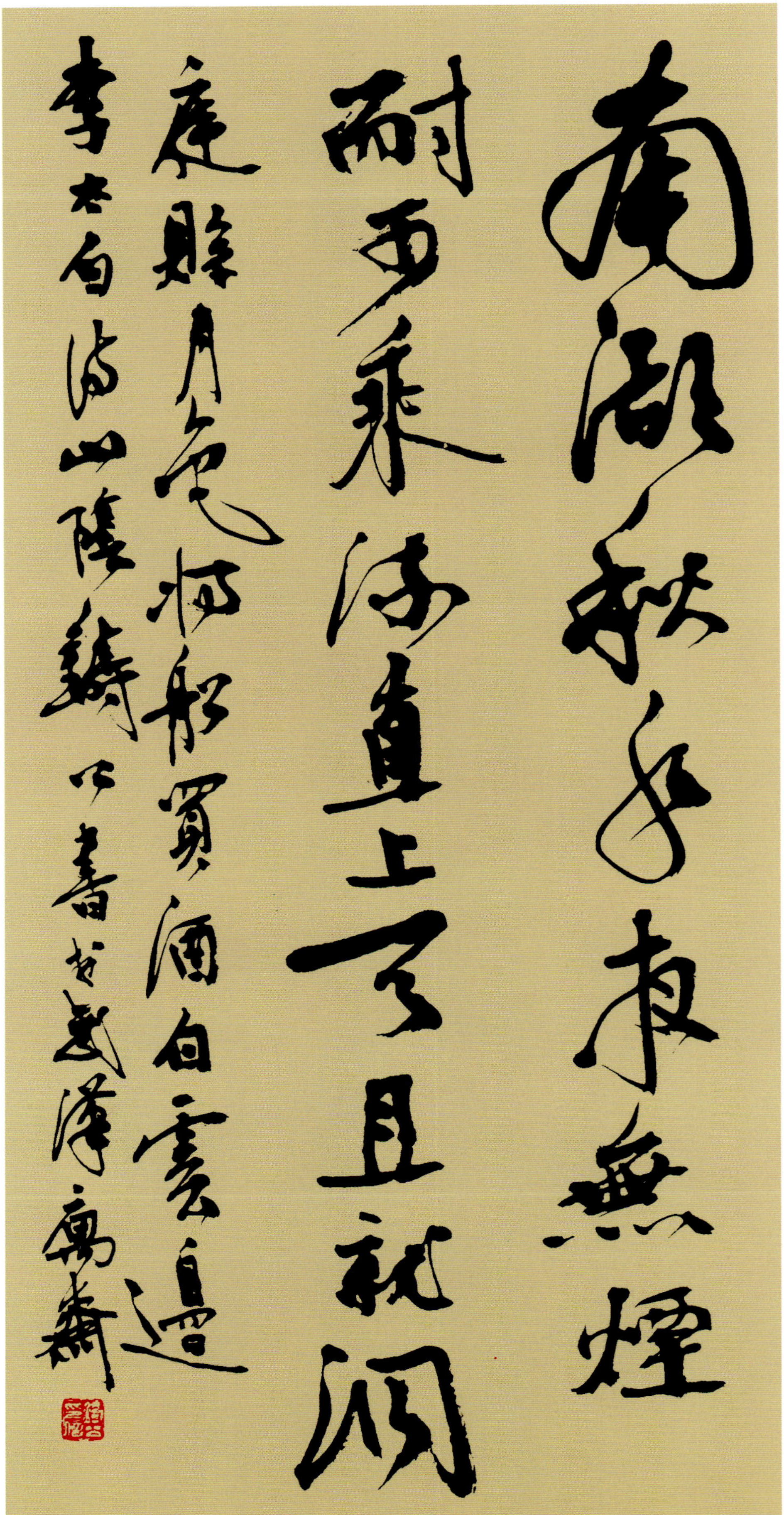

铸公

中国书法家协会理事、湖北省书法家协会驻会副主席

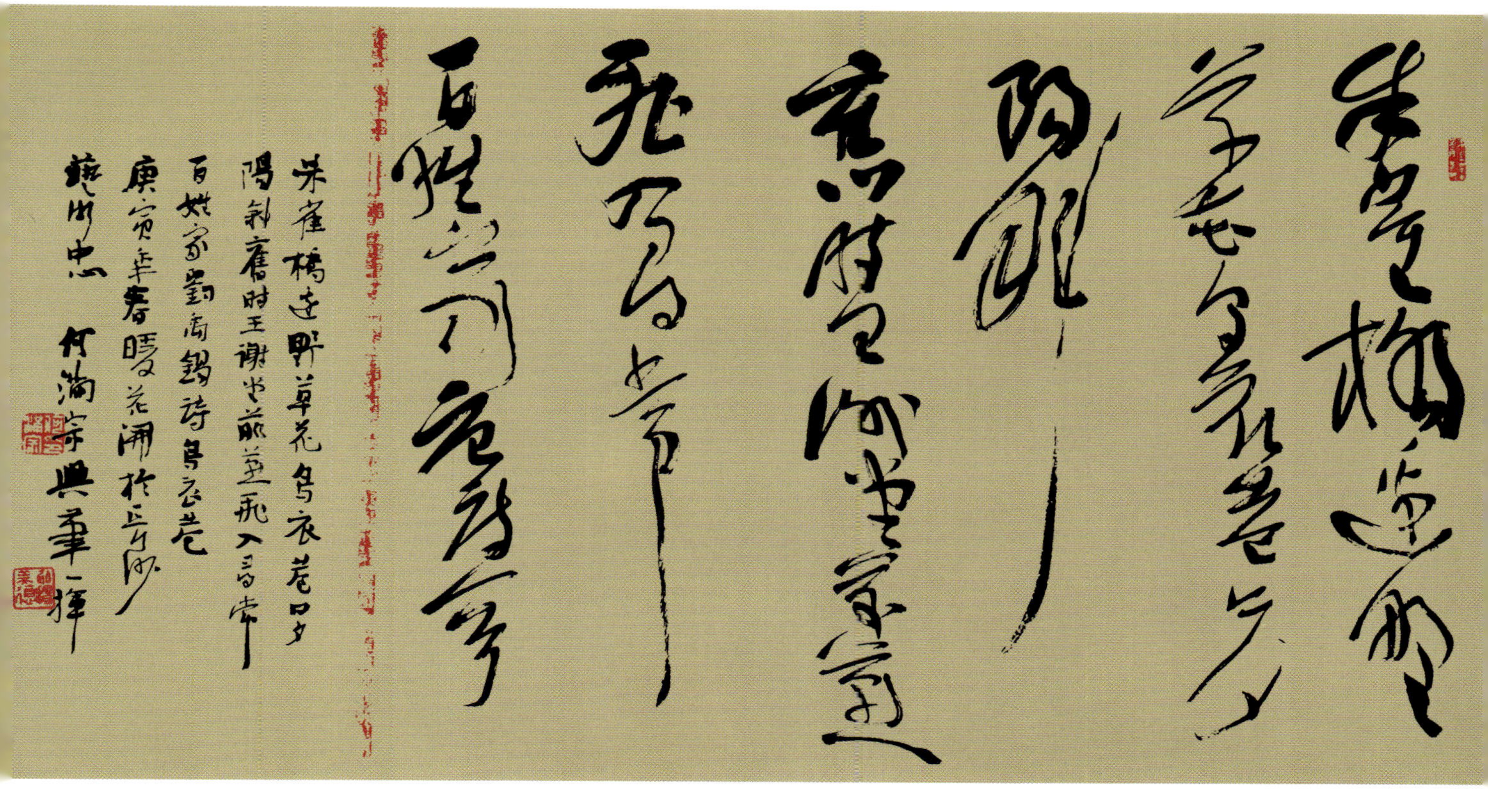

何满宗　中国书法家协会理事、湖南省书法家协会主席

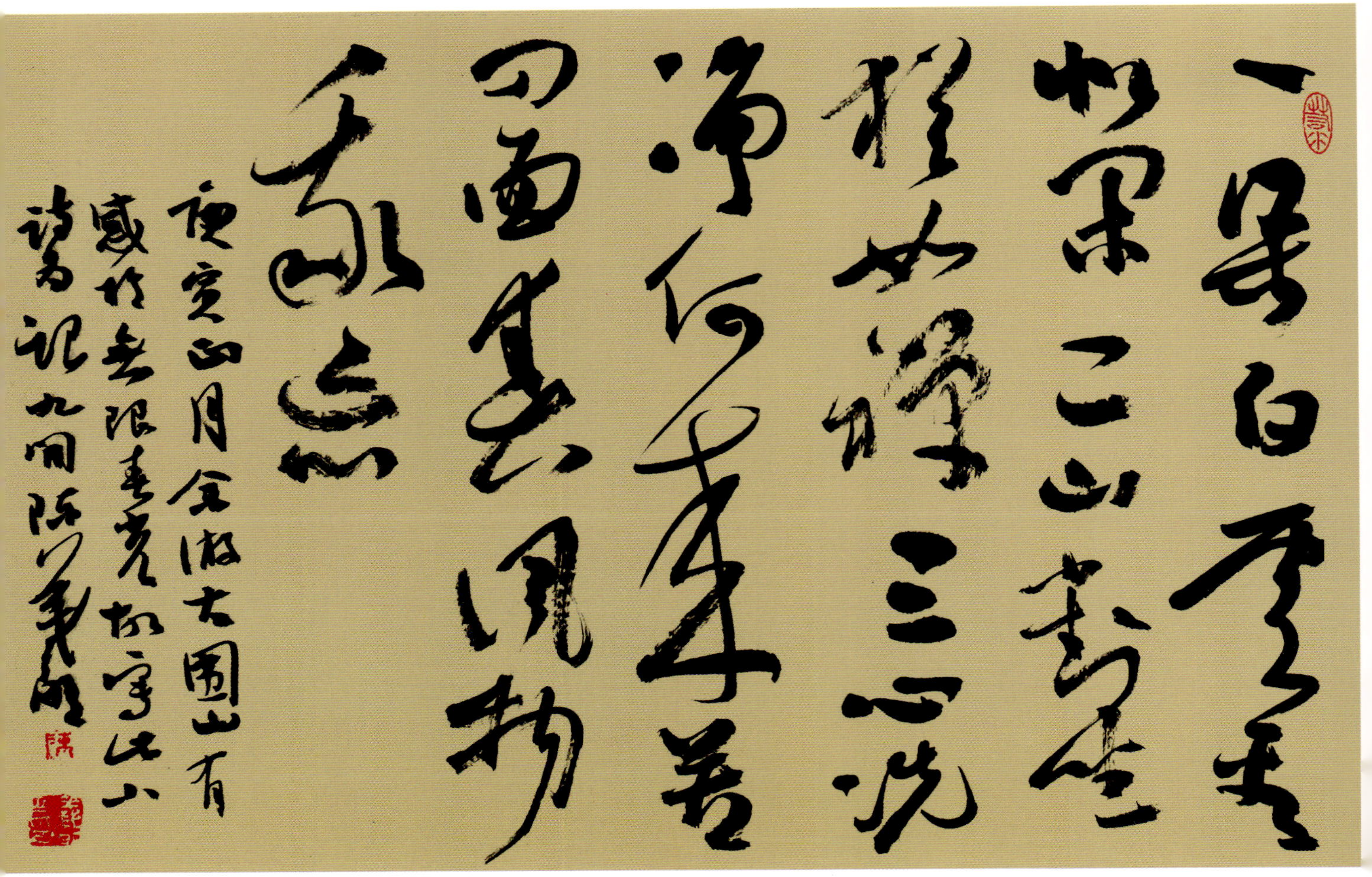

陈羲明　中国书法家协会理事、湖南省书法家协会驻会副主席

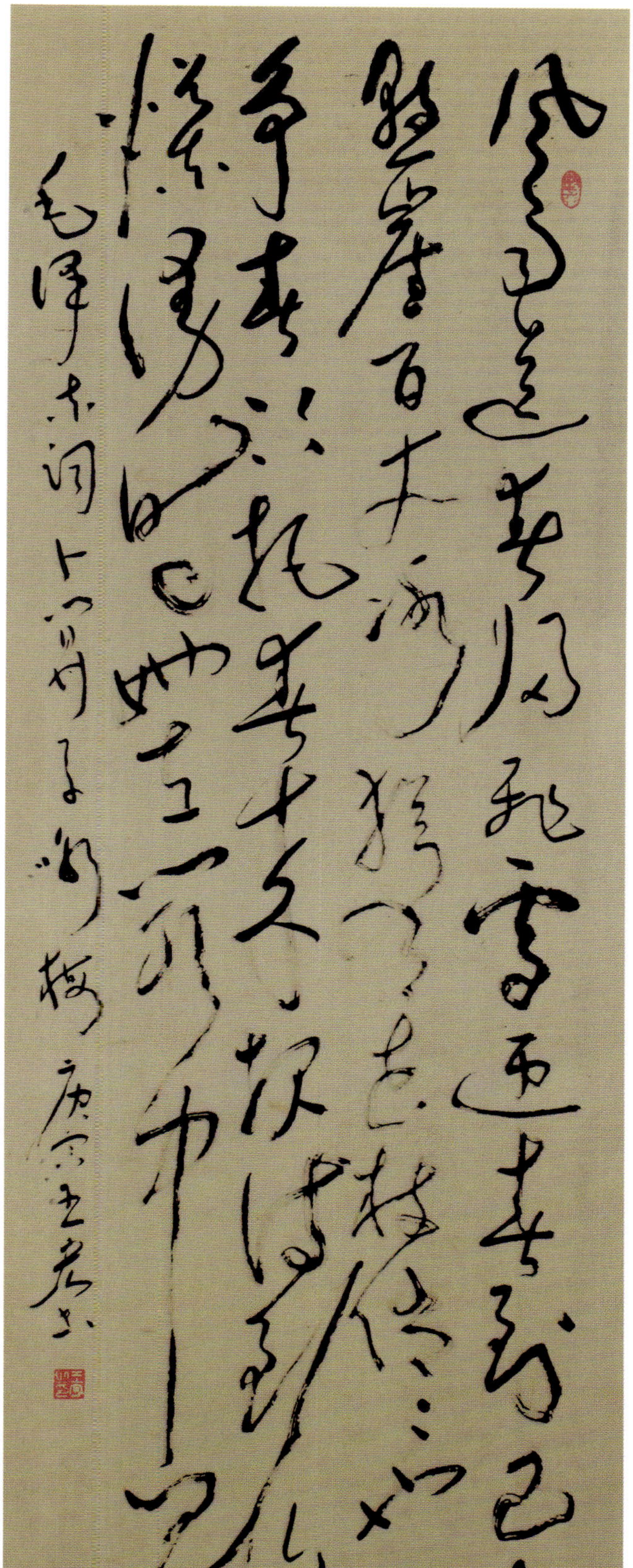

王宏

中国书法家协会会员

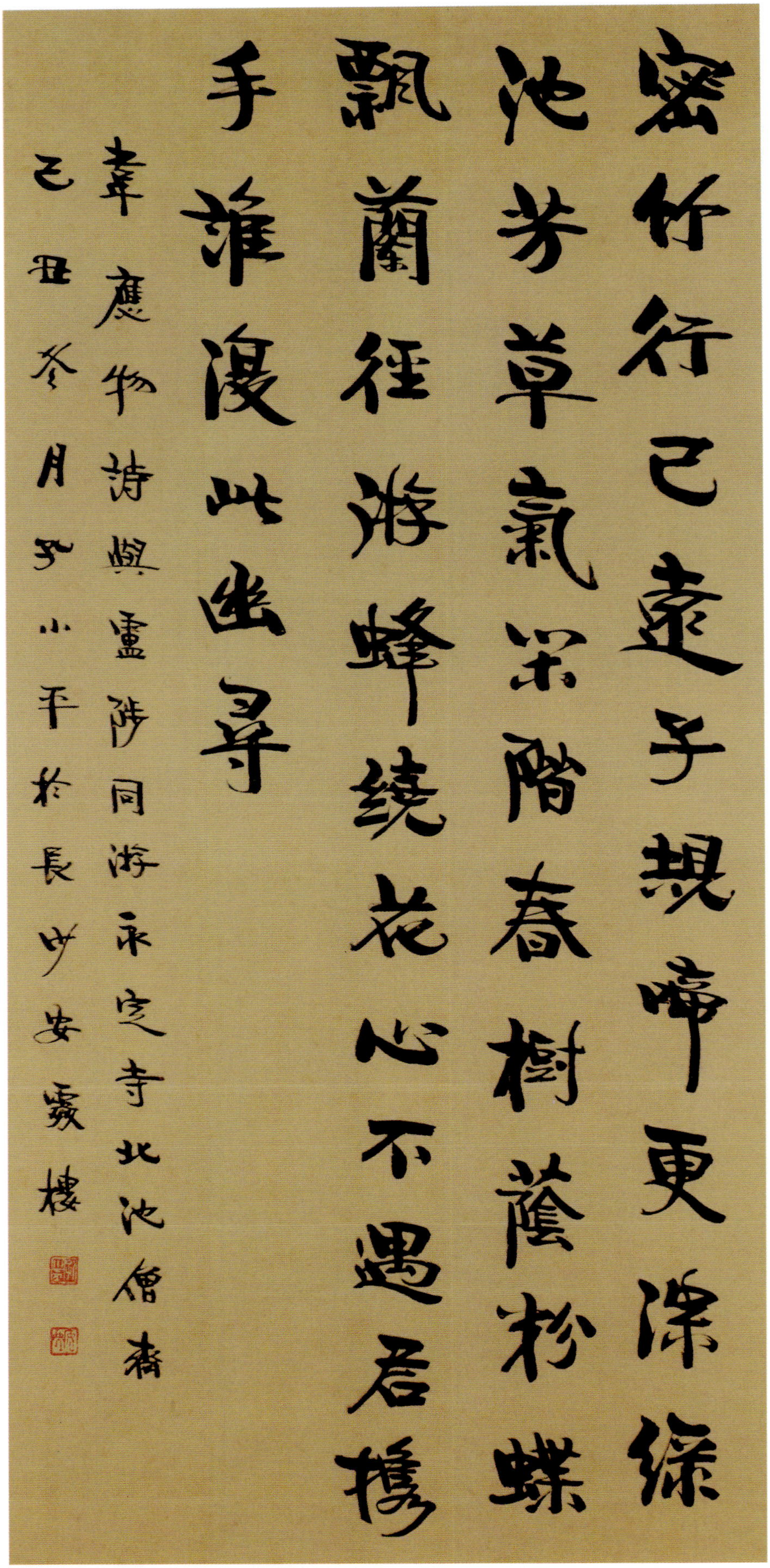

孔小平

湖南省书法家协会副主席

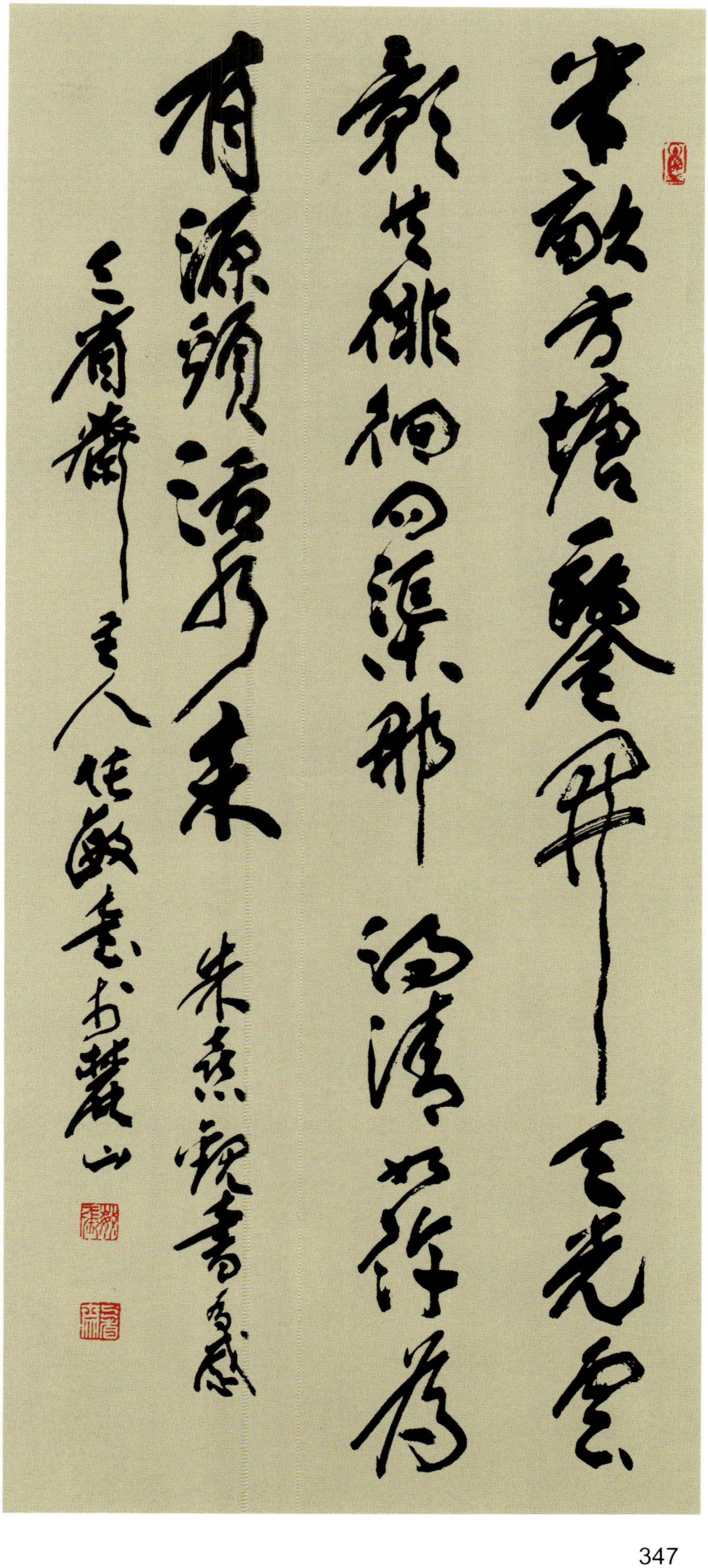

张敏

湖南省书法家协会副主席

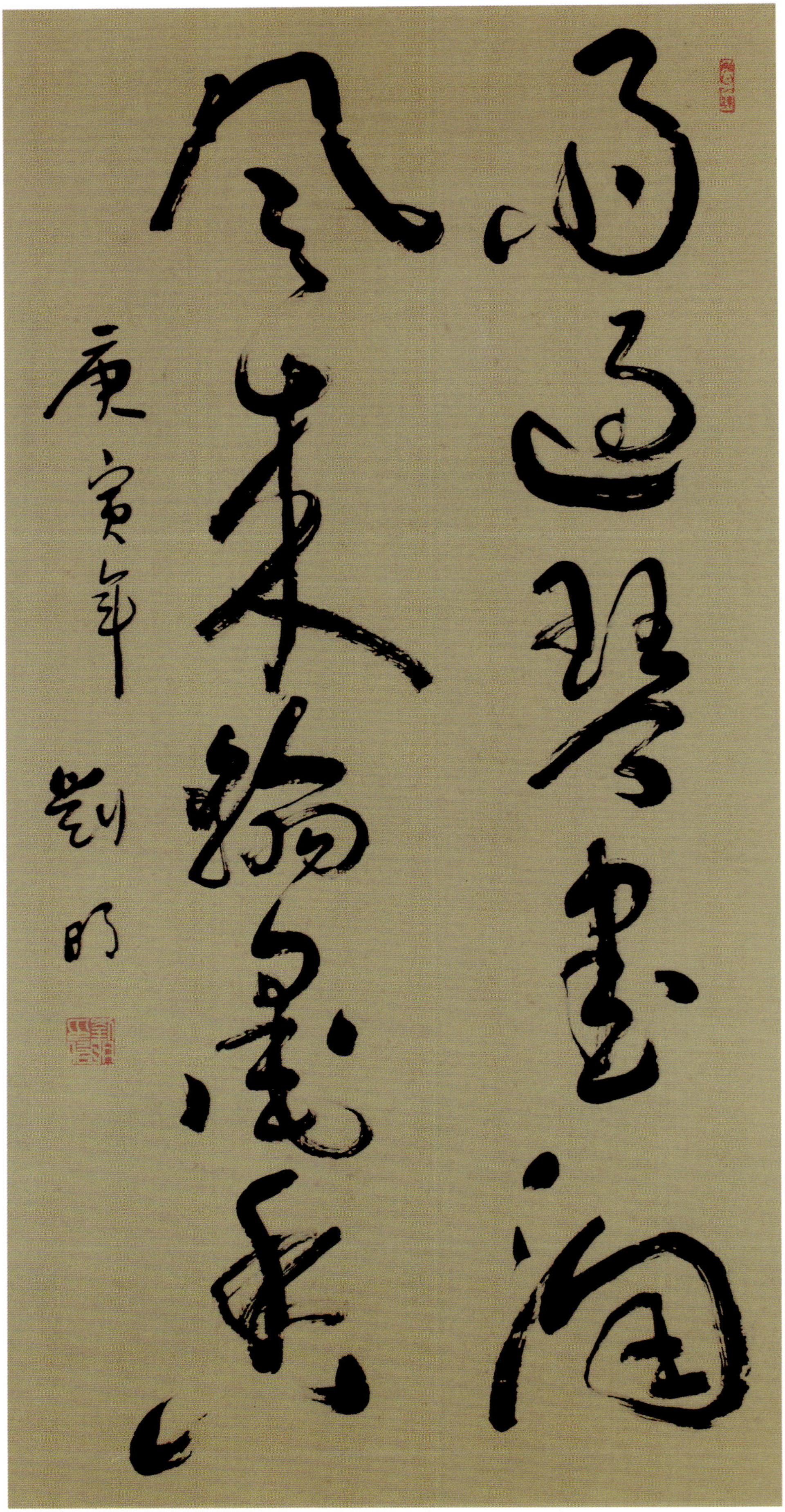

刘明

中国书法家协会会员

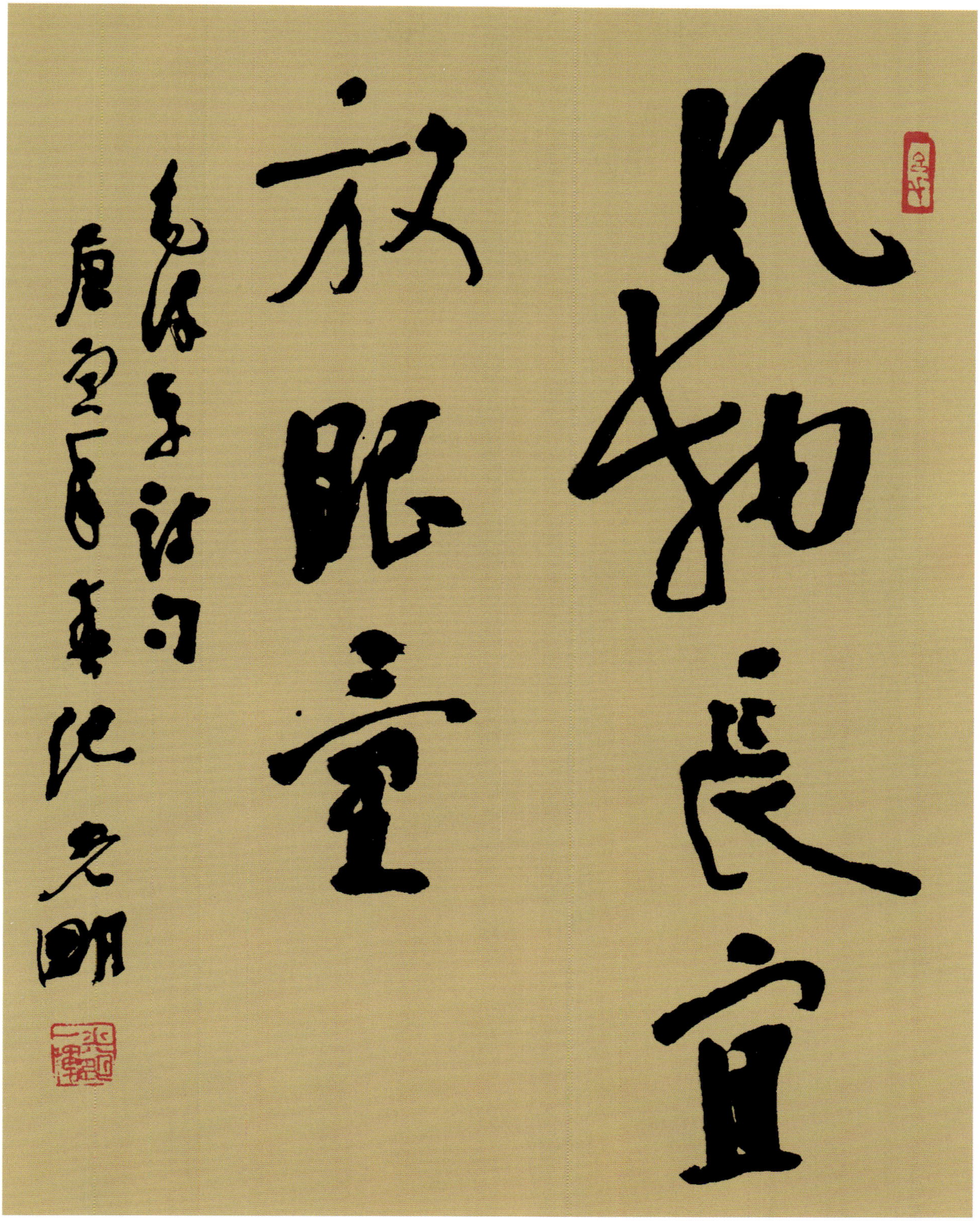

纪光明　中国书法家协会理事、广东省书法家协会驻会副主席

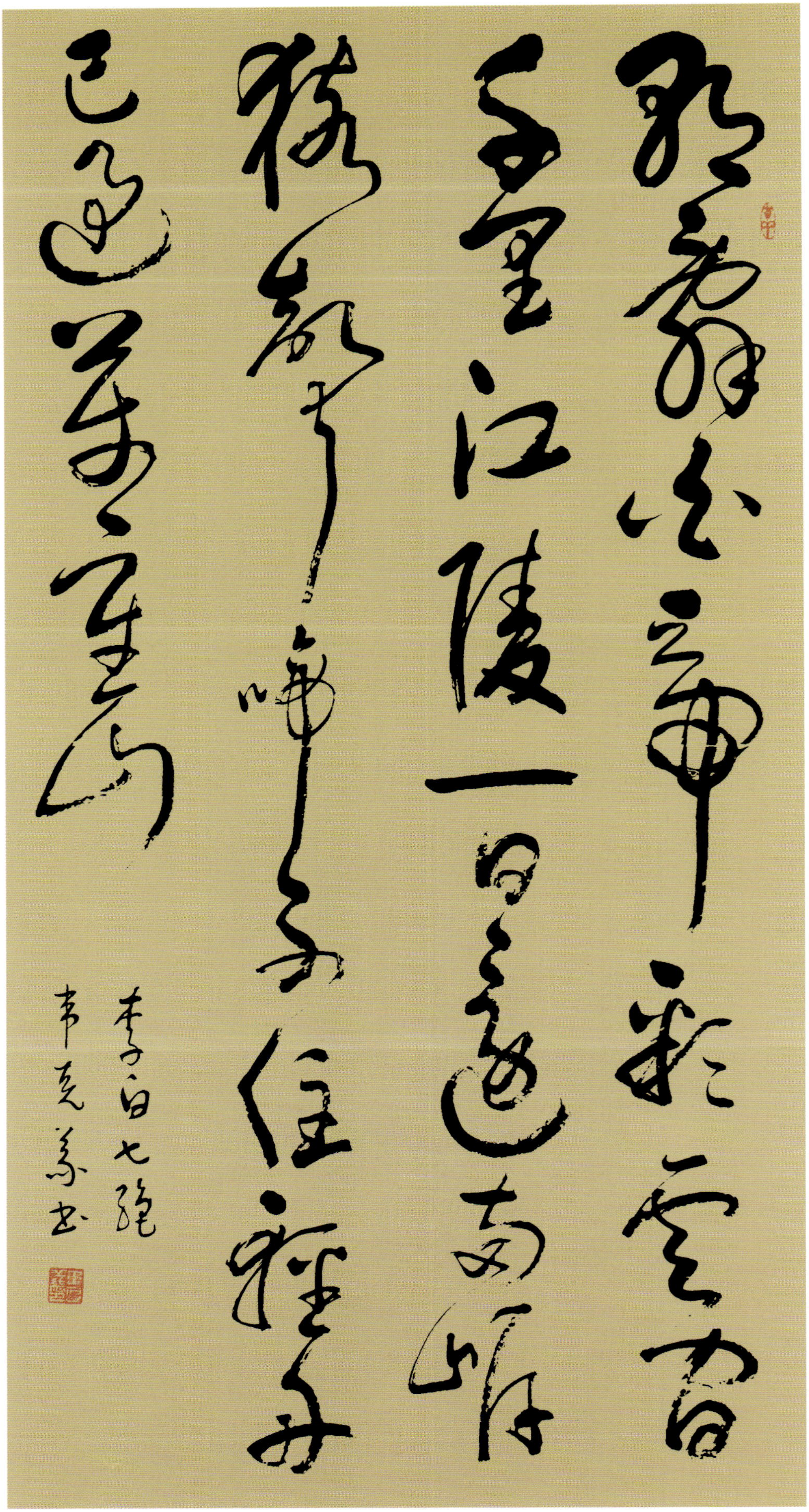

韦克义

中国书法家协会理事、广西壮族自治区书法家协会主席

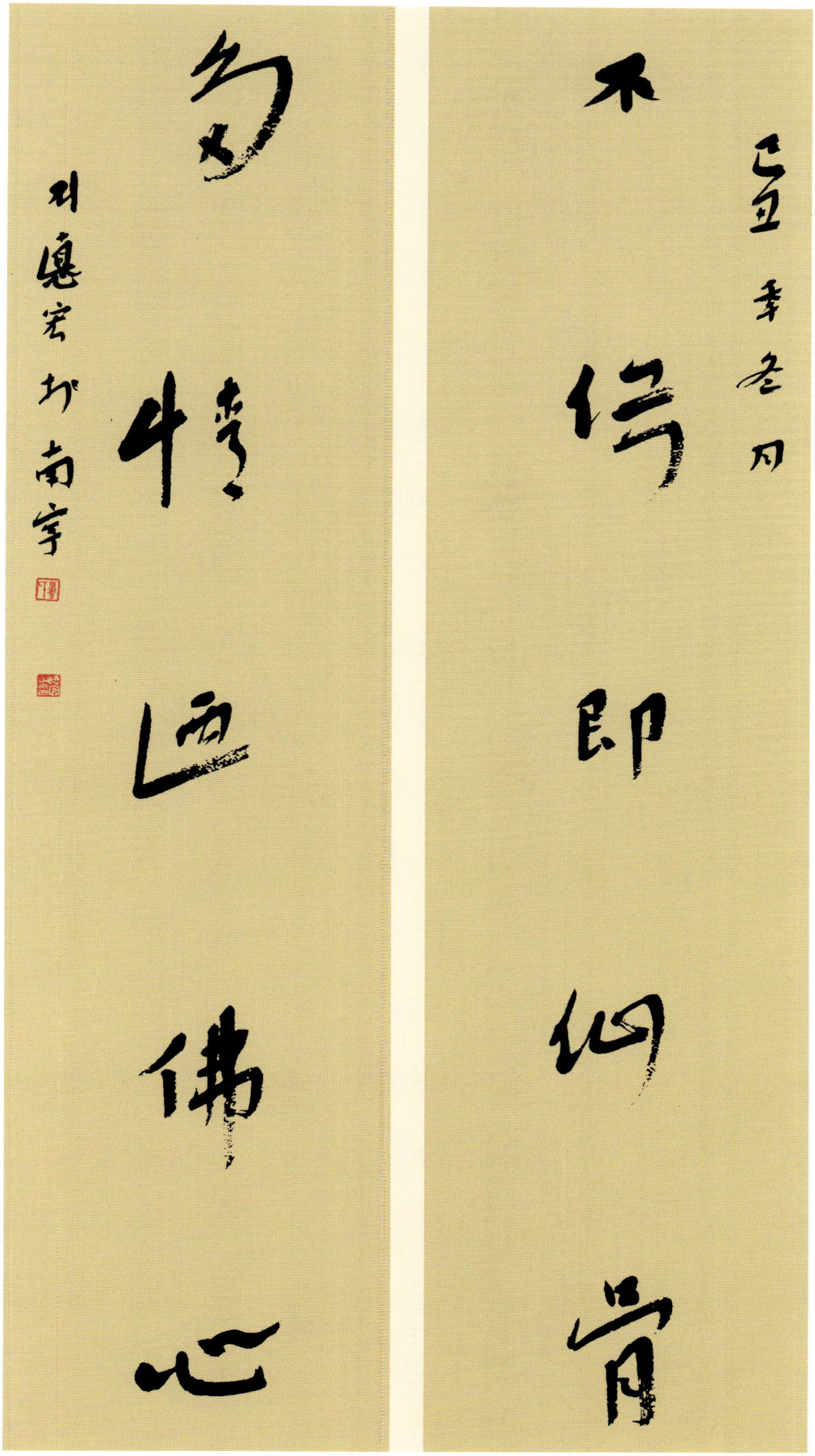

刘德宏

中国书法家协会理事、广西壮族自治区书法家协会驻会副主席

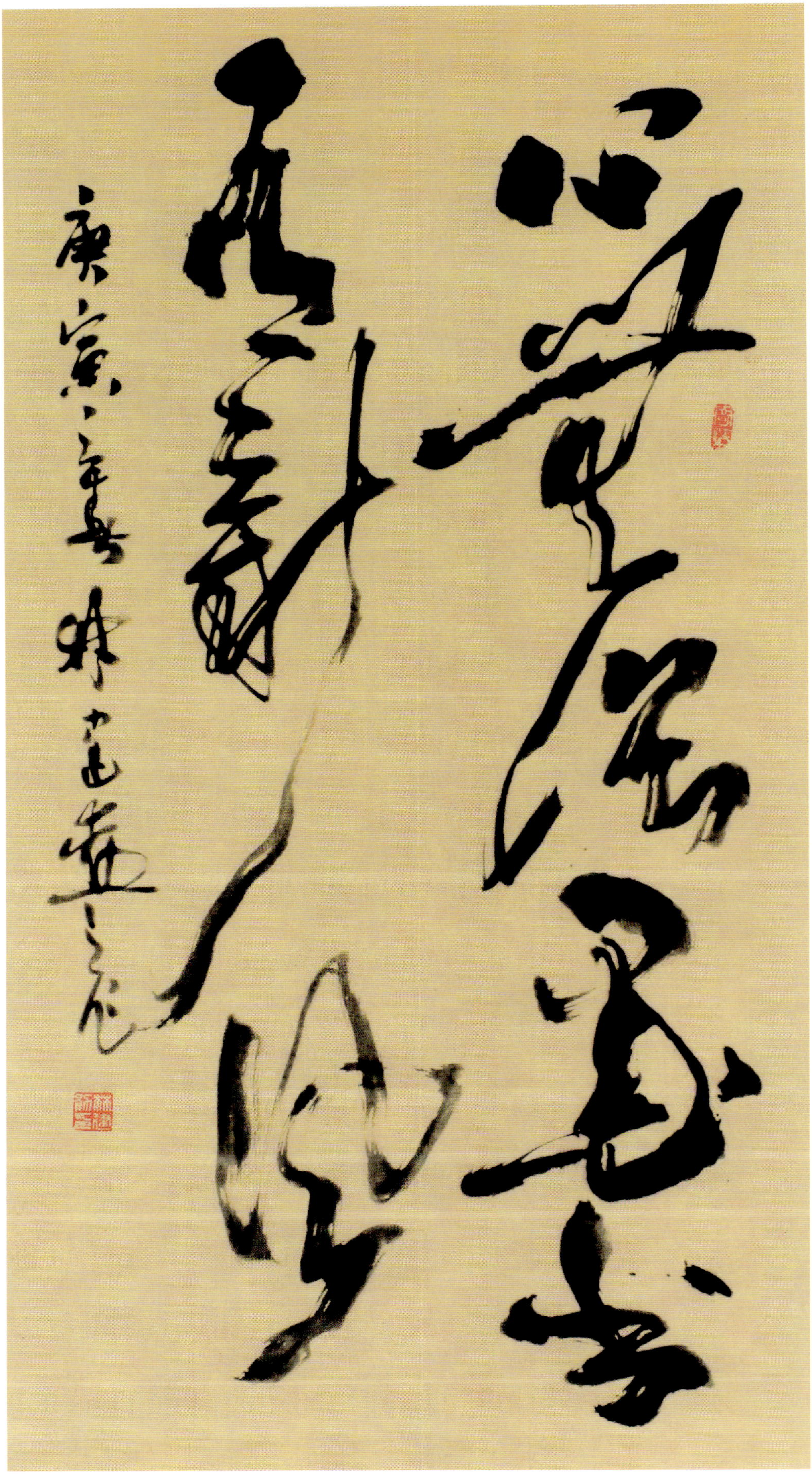

林建勋

中国书法家协会理事、广西壮族自治区书法家协会副主席

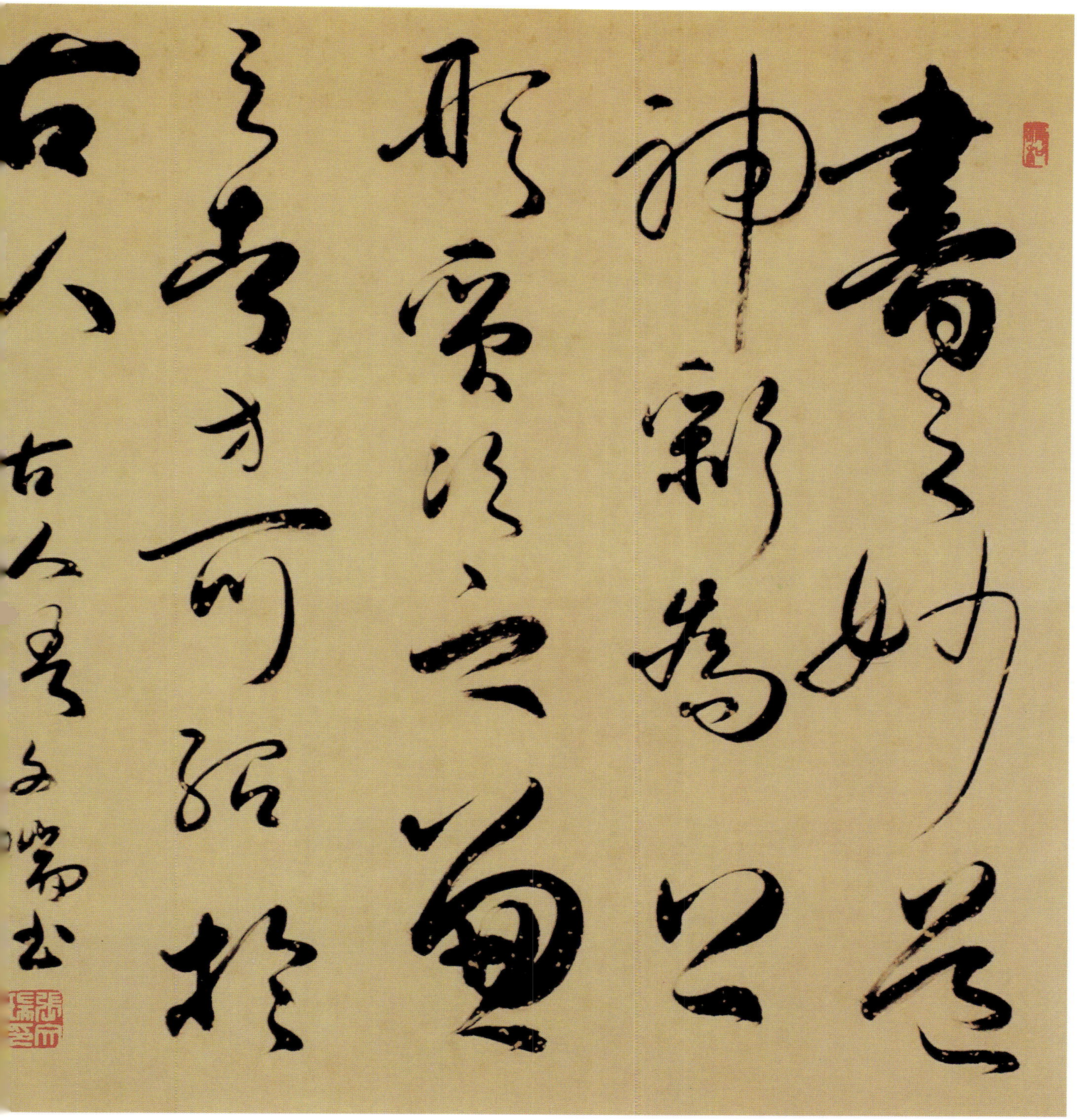

张文瑞 海南省书法家协会驻会副主席

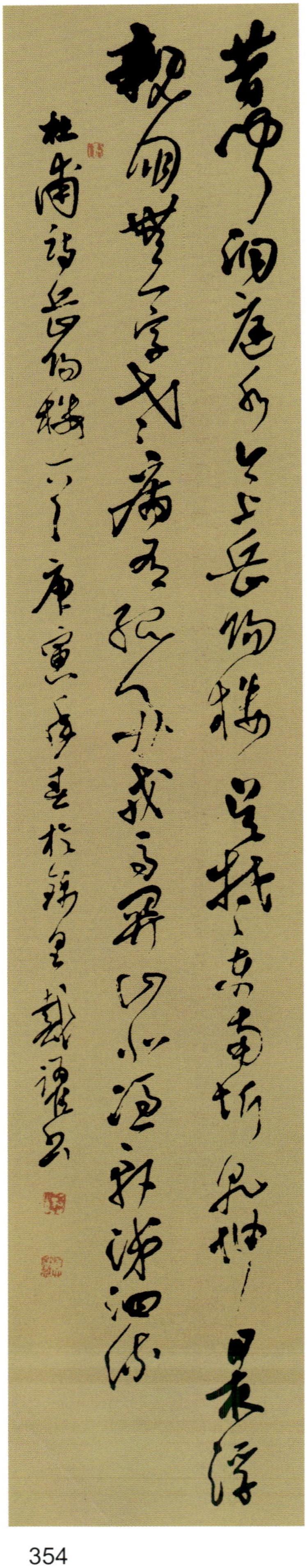

戴跃

中国书法家协会理事、四川省书法家协会驻会副主席

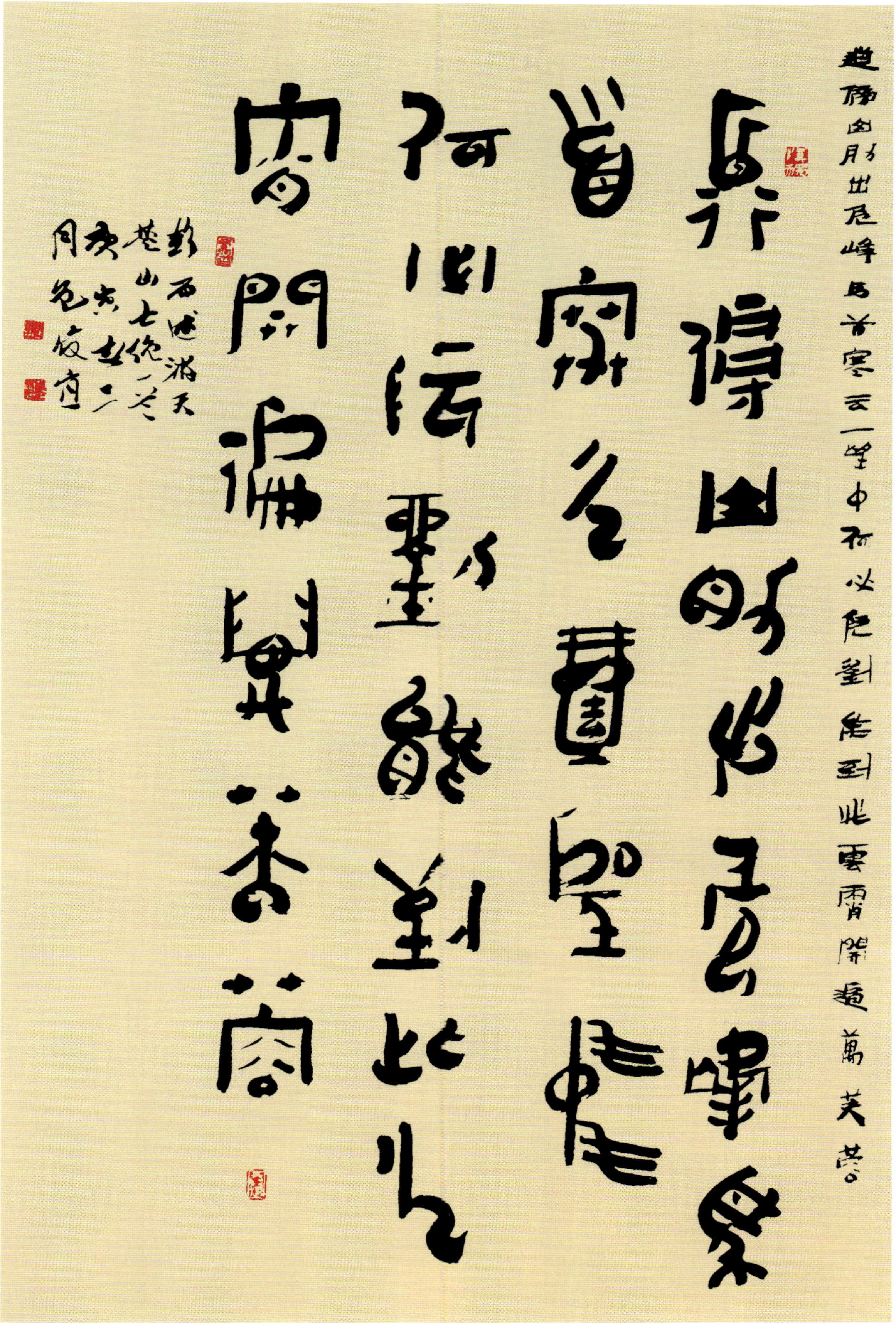

包俊宜 中国书法家协会理事、贵州省书法家协会主席

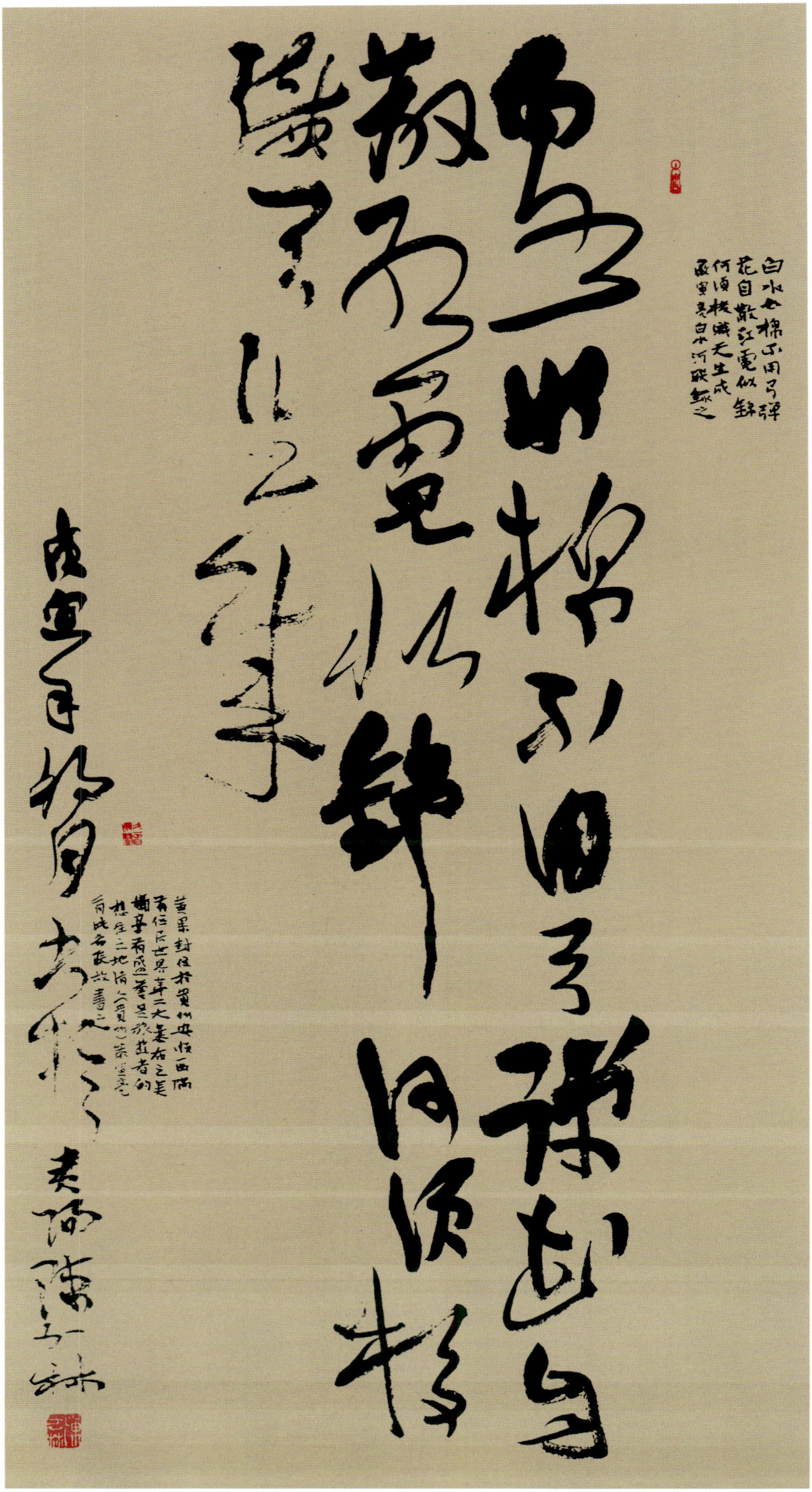

陈加林

中国书法家协会理事、贵州省书法家协会驻会副主席

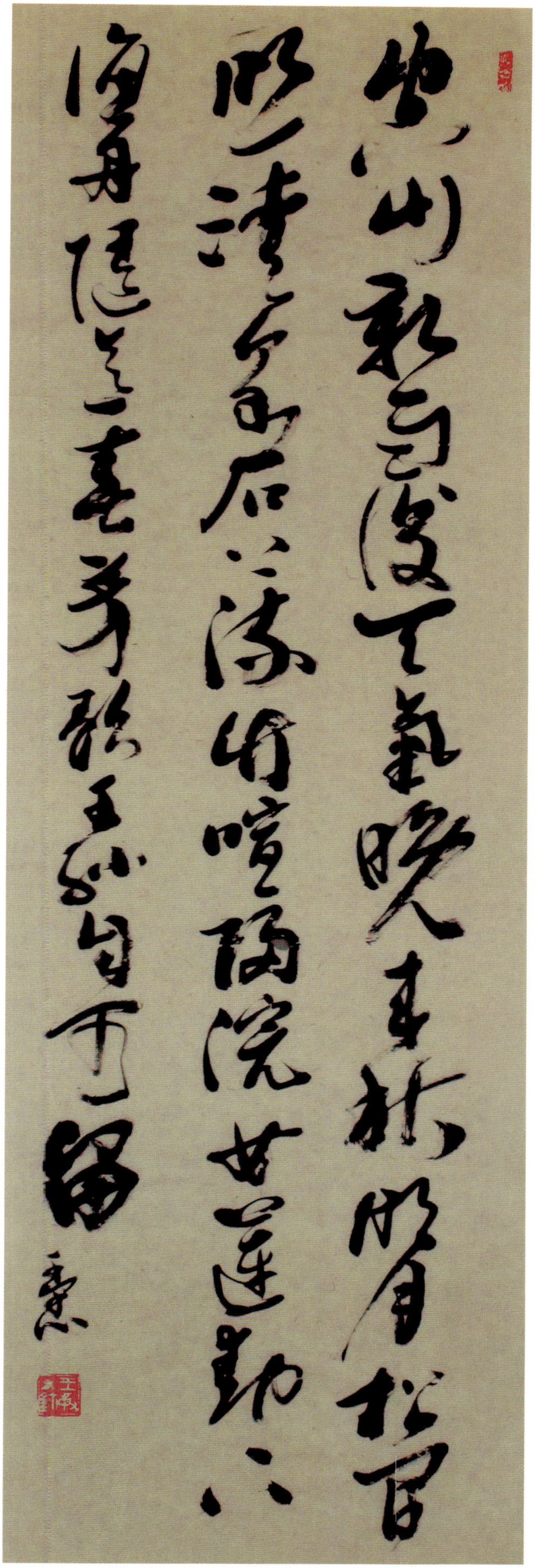

王敏

中国书法家协会理事、云南省书法家协会名誉副主席

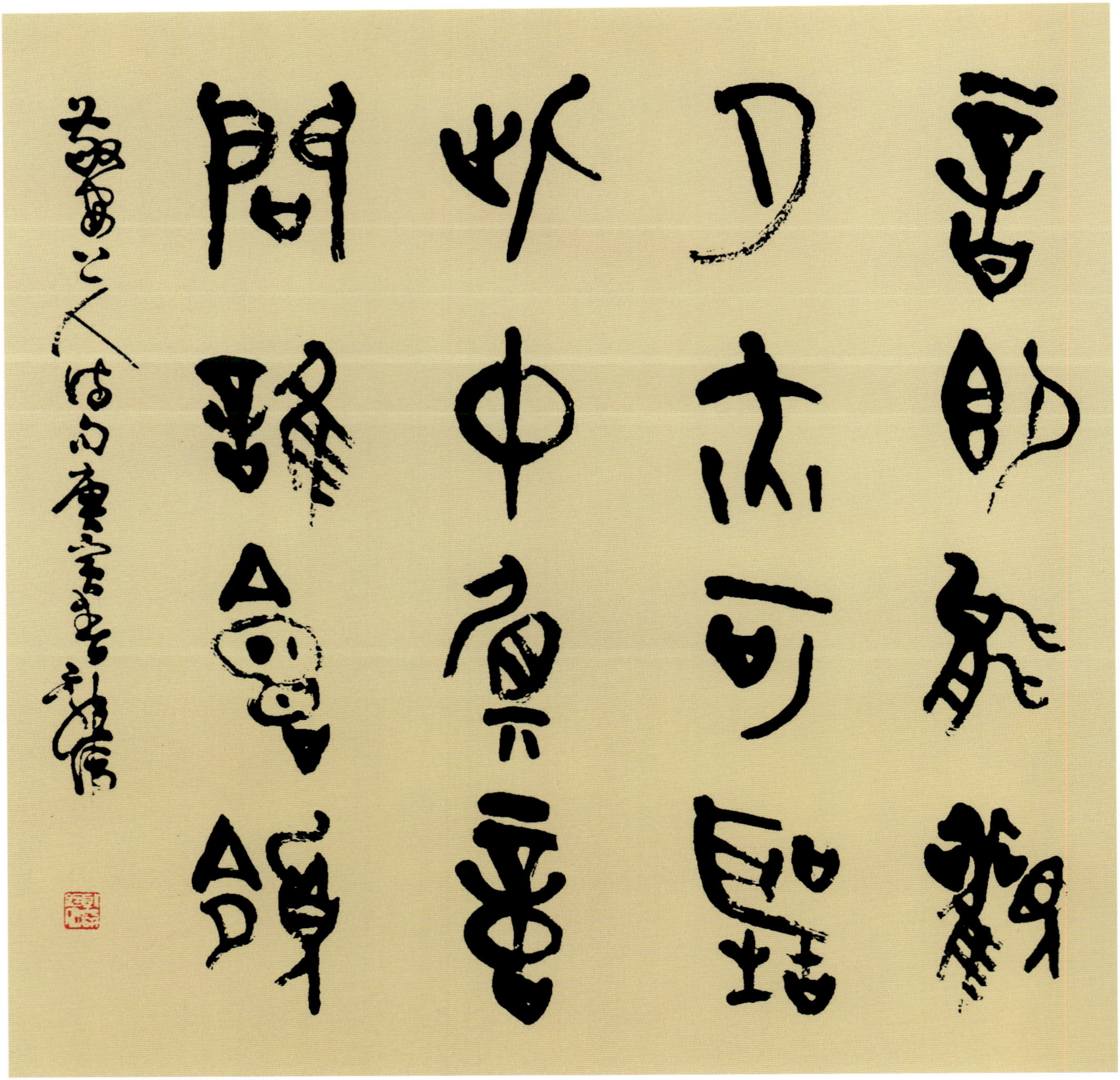

郭 伟 中国书法家协会理事、云南省书法家协会主席

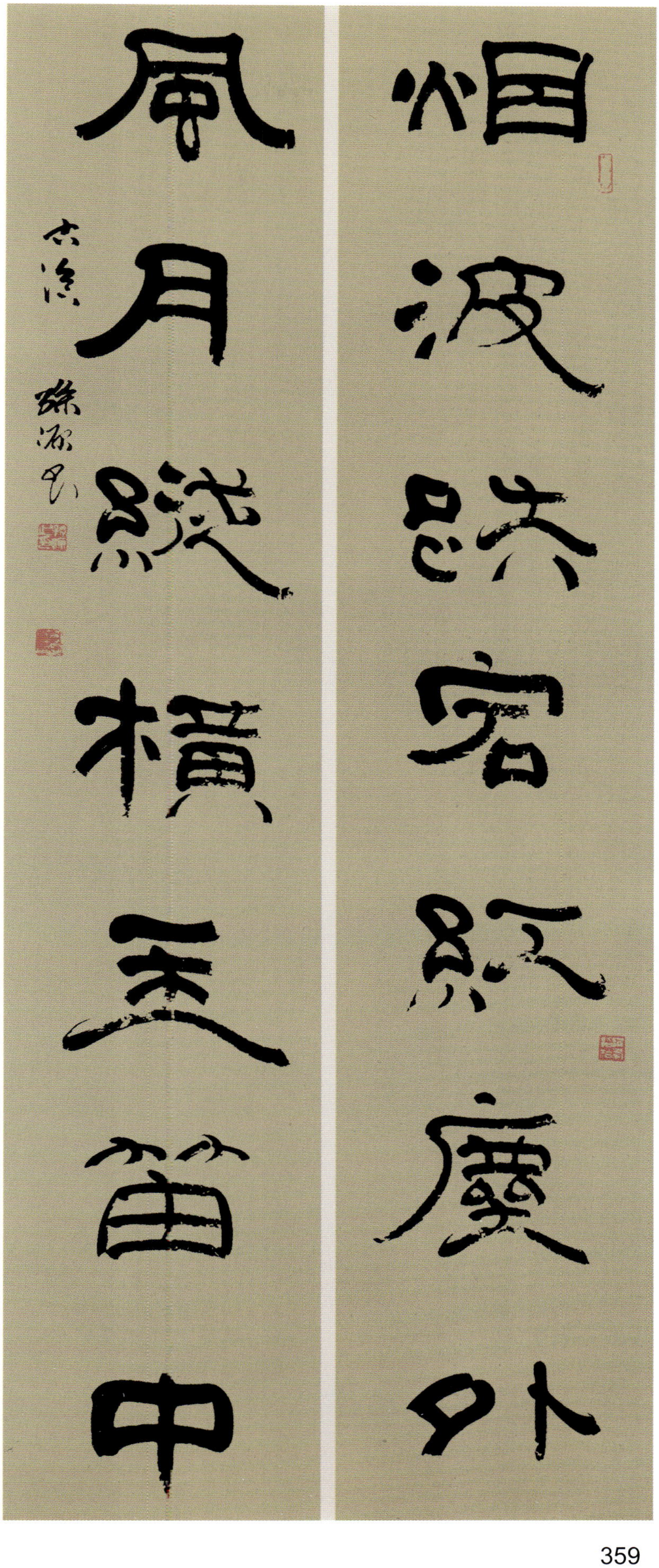

孙源

云南省书法家协会副主席

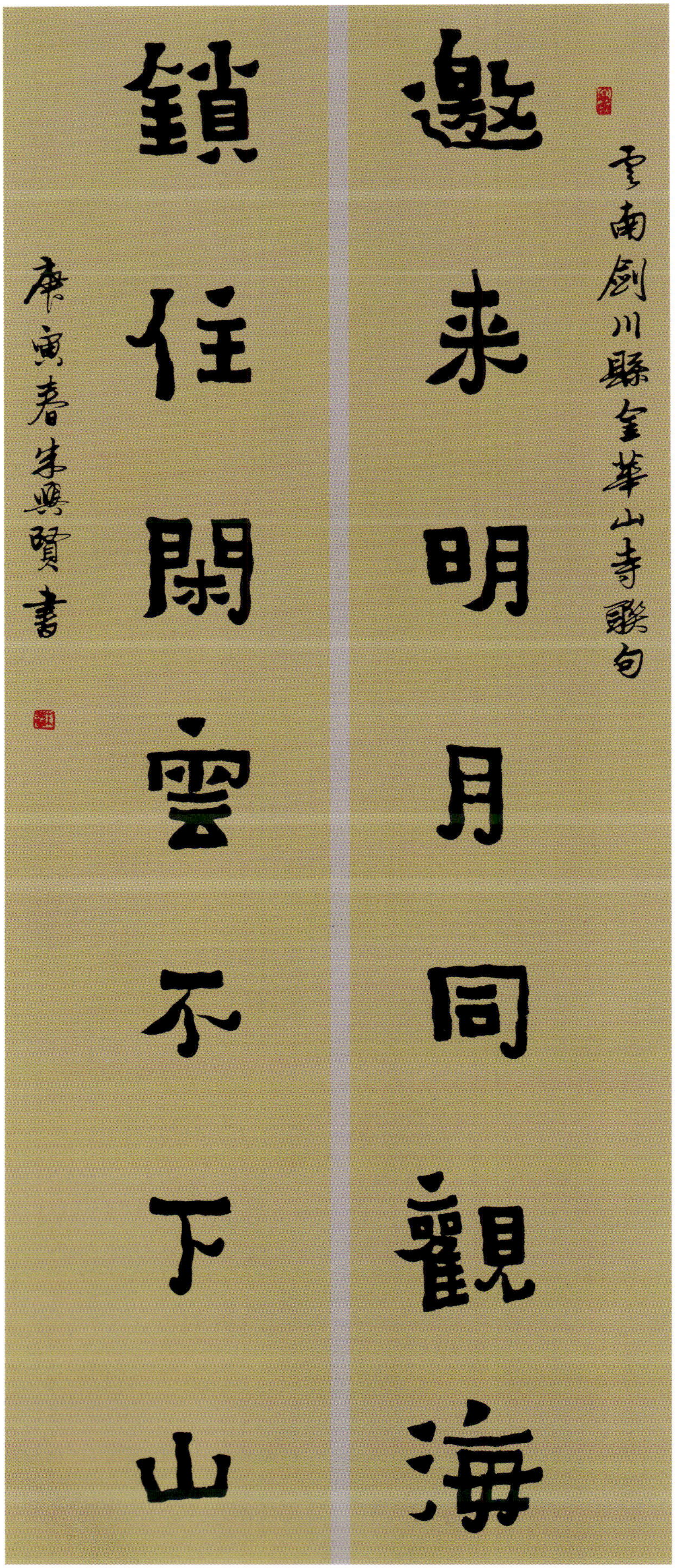

朱兴贤

云南省书法家协会秘书长

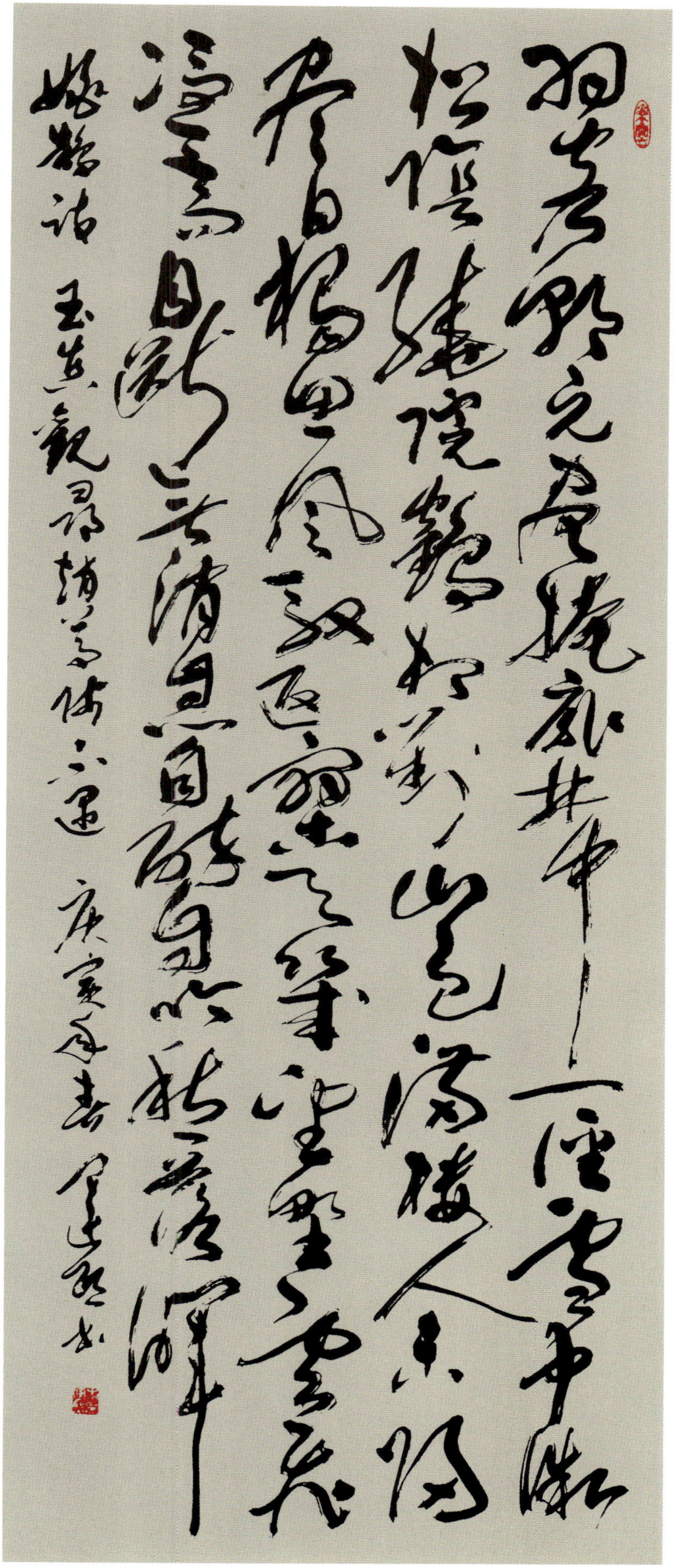

李运熙

中国书法家协会理事、西藏自治区书法家协会秘书长

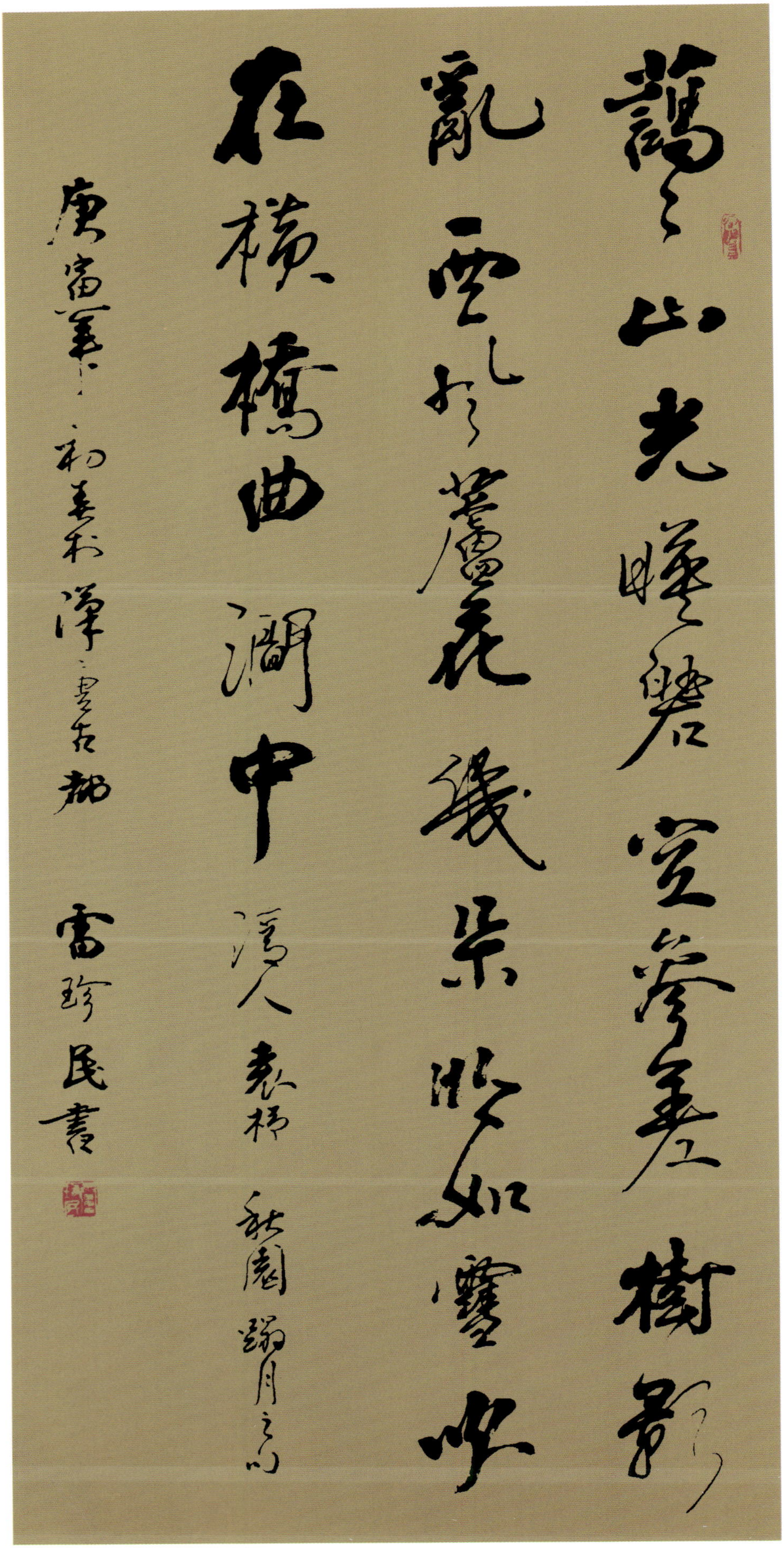

雷珍民

中国书法家协会理事、陕西省书法家协会主席

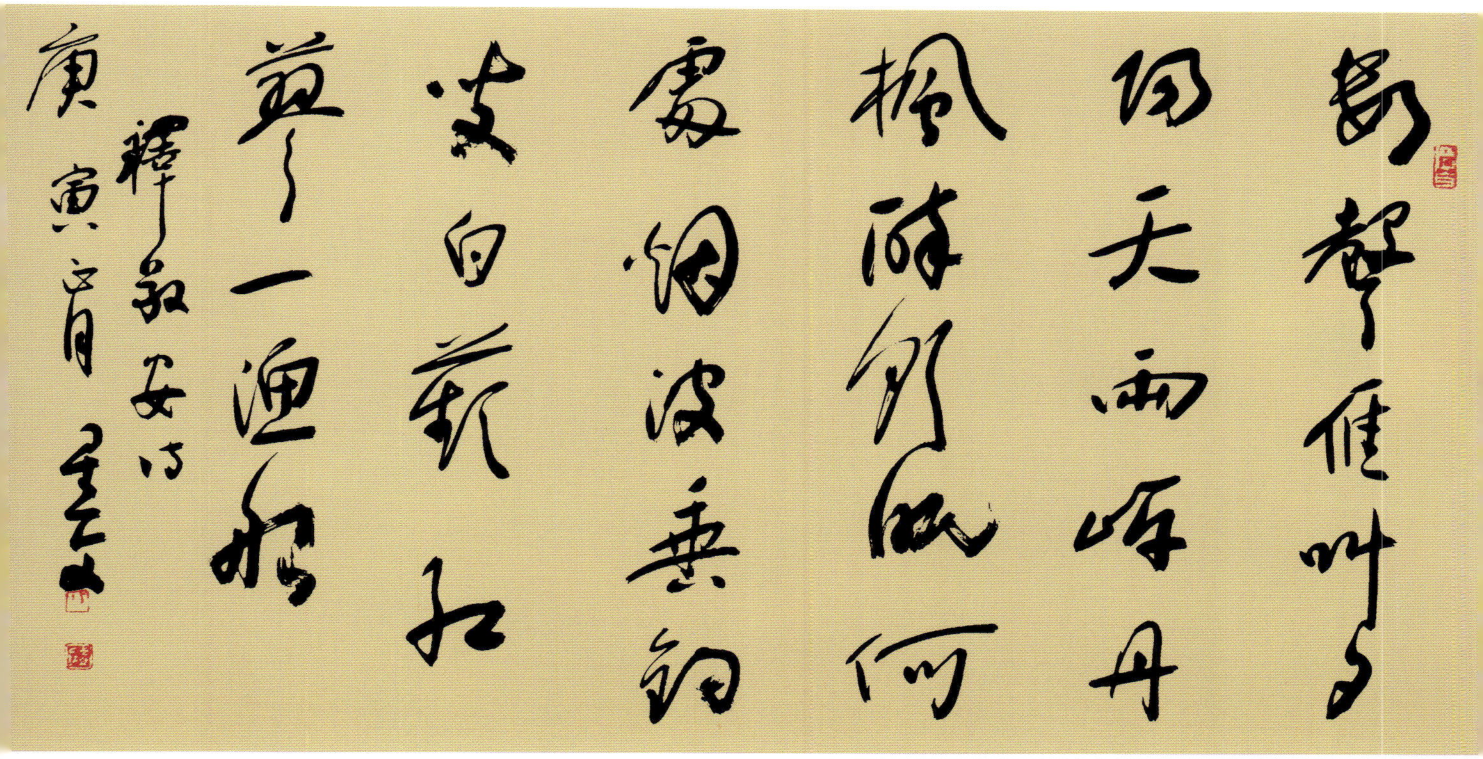

史星文　陕西省书法家协会驻会秘书长

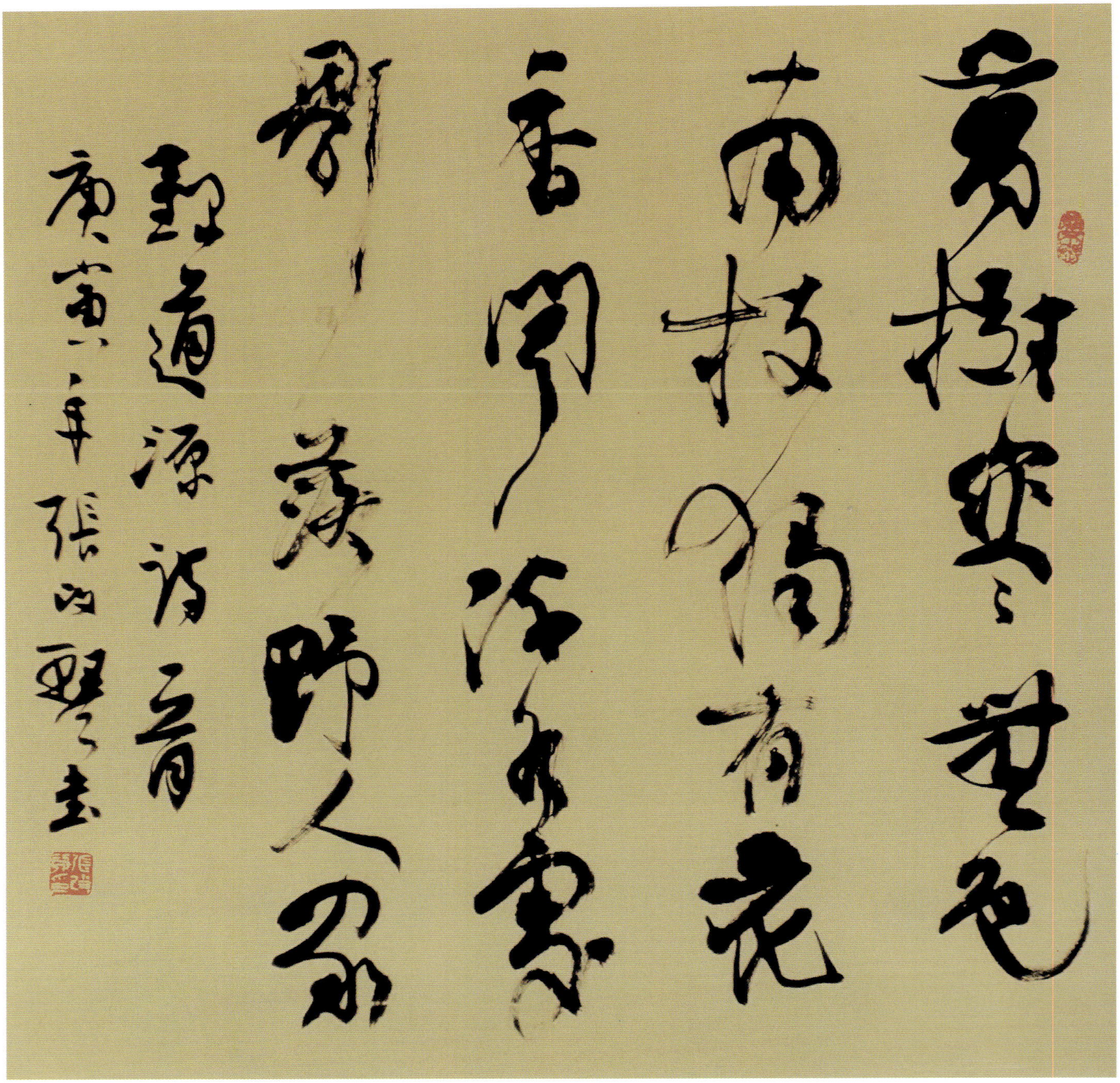

张改琴　中国书法家协会理事、甘肃省书法家协会主席

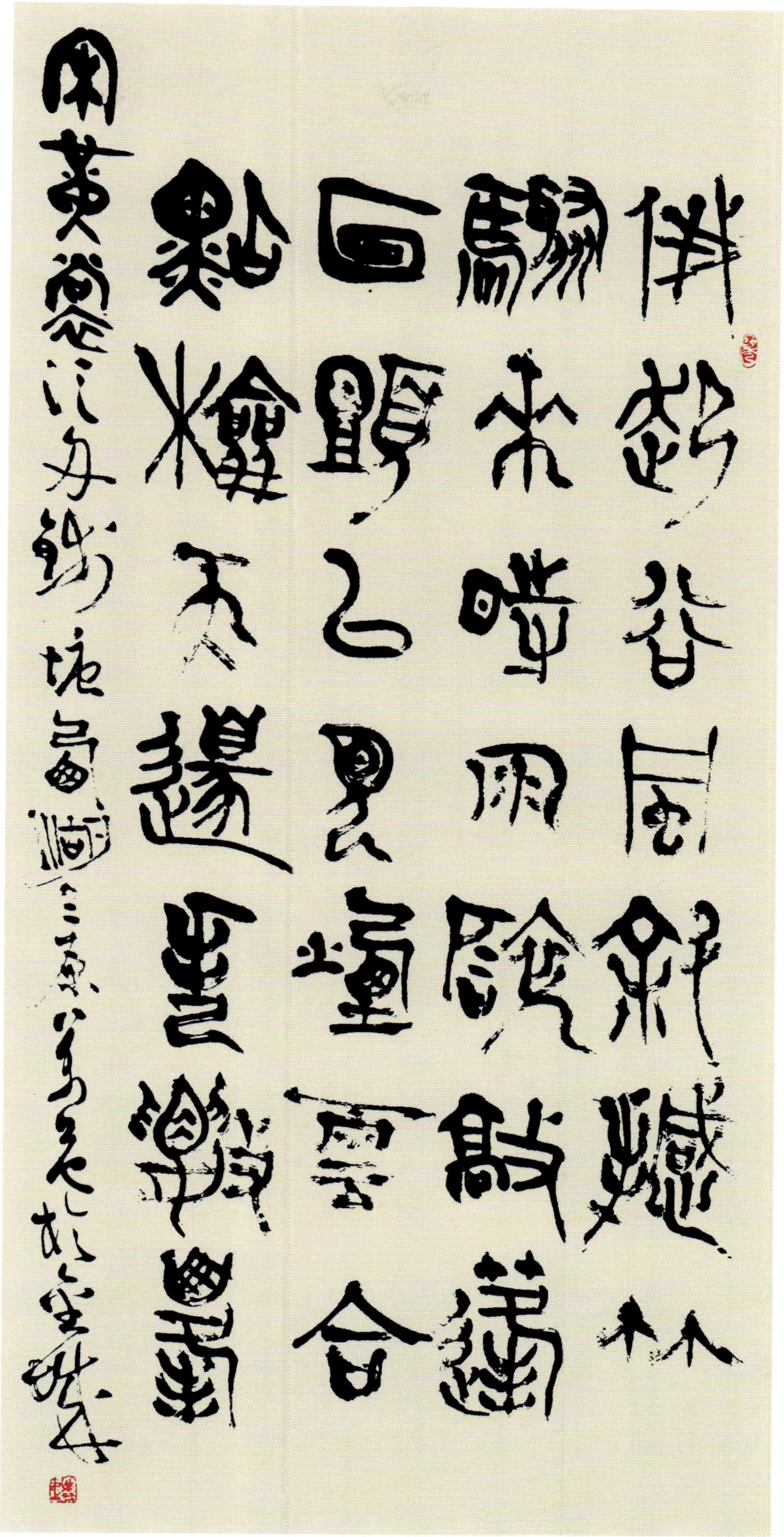

翟万益

中国书法家协会理事、甘肃省书法家协会驻会副主席

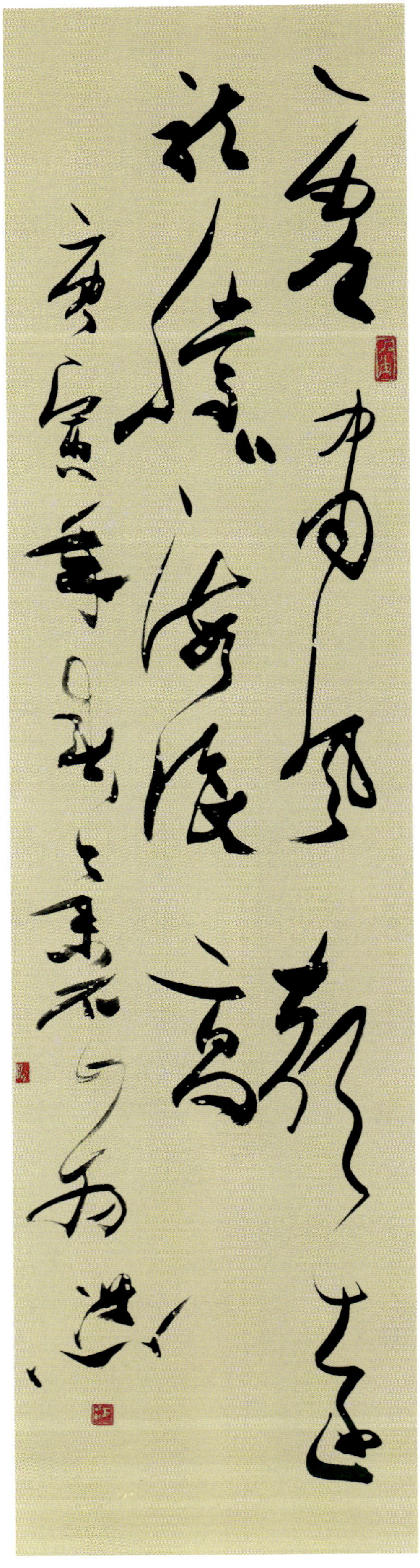

李洪义

中国书法家协会理事、宁夏回族自治区书法家协会驻会副主席

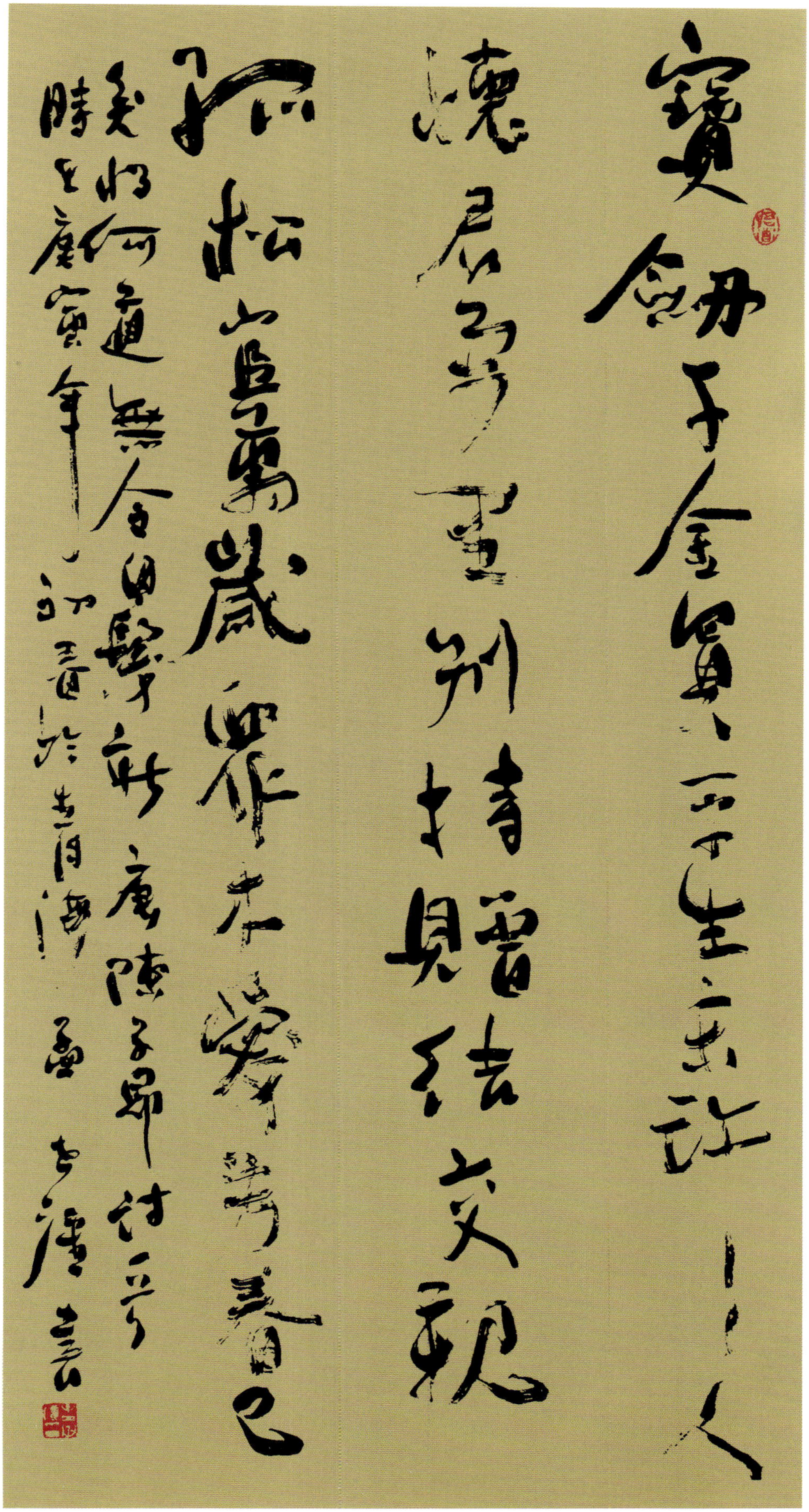

孟世强

中国书法家协会理事、青海省书法家协会主席

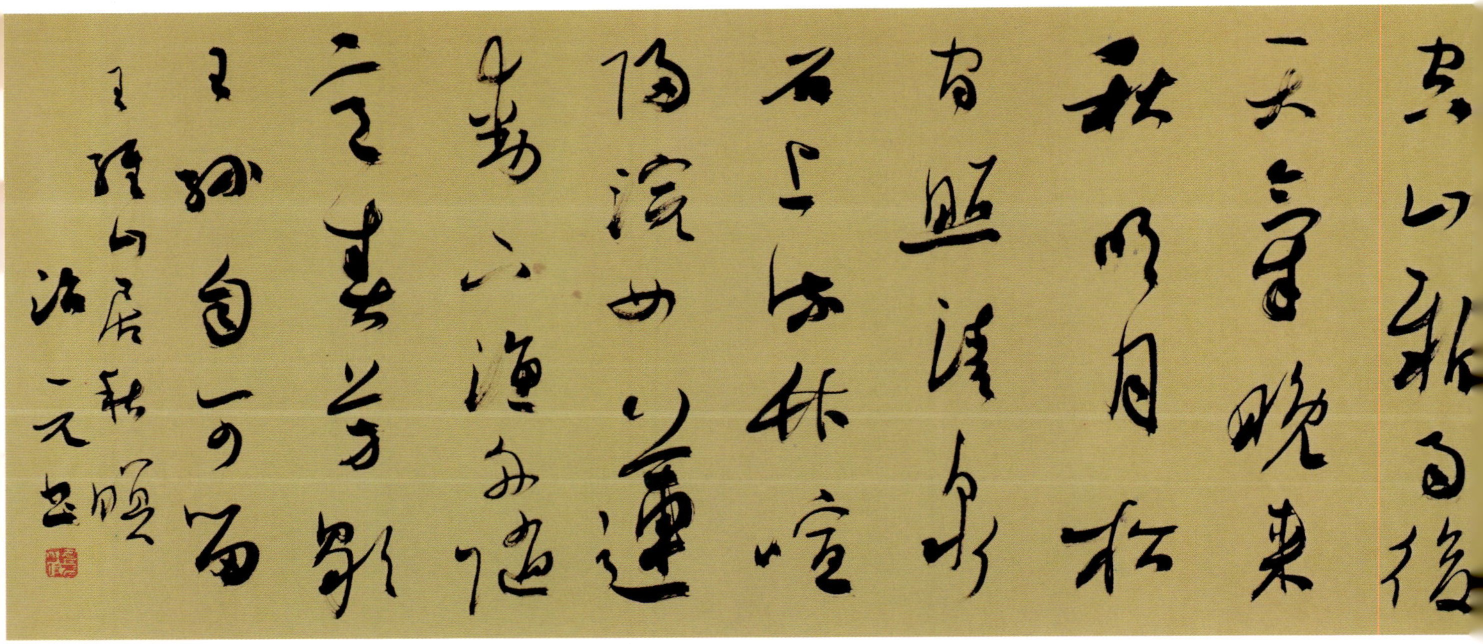

王庆元 中国书法家协会理事、青海省书法家协会副主席

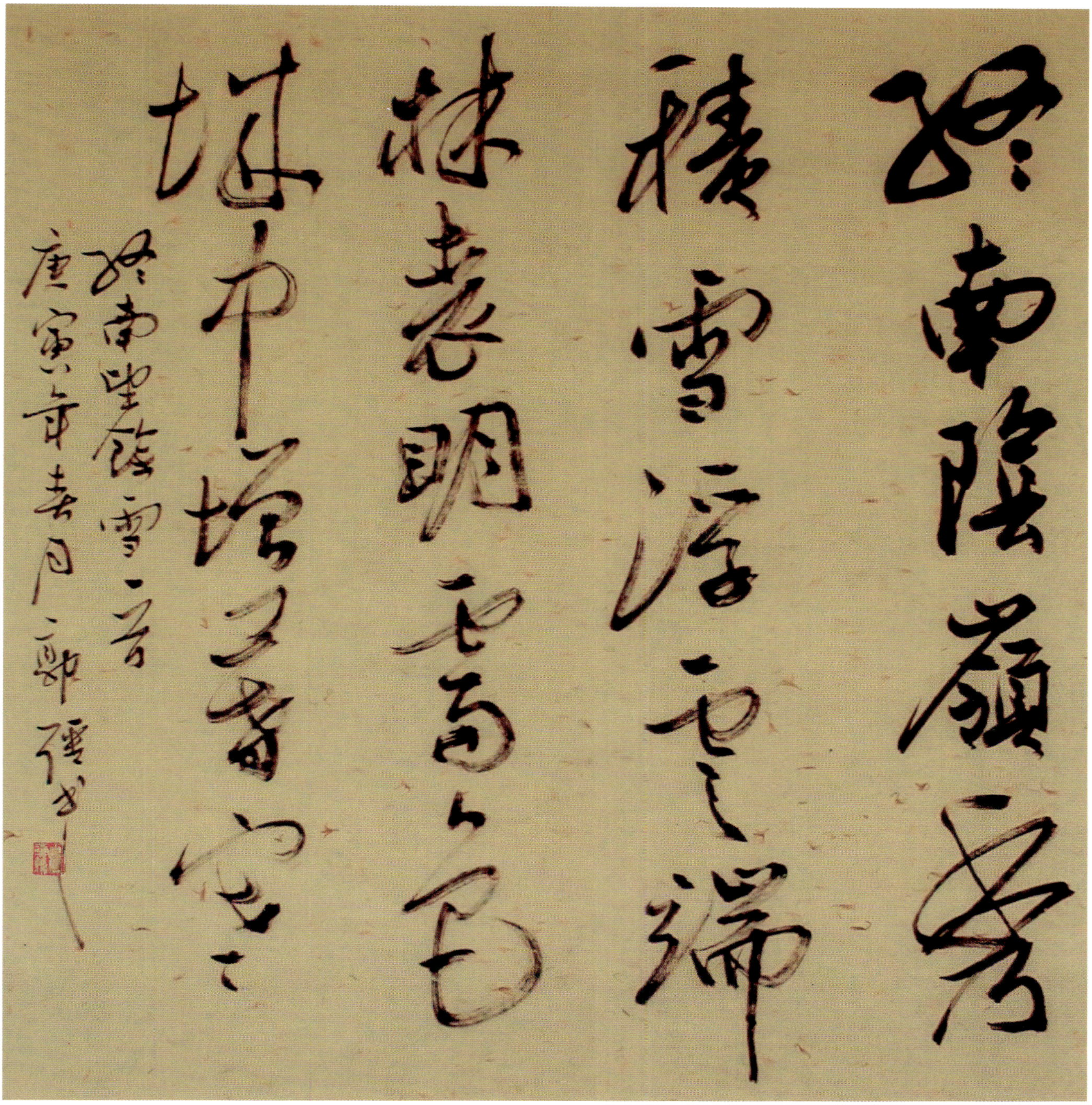

郭 强 青海省书法家协会秘书长

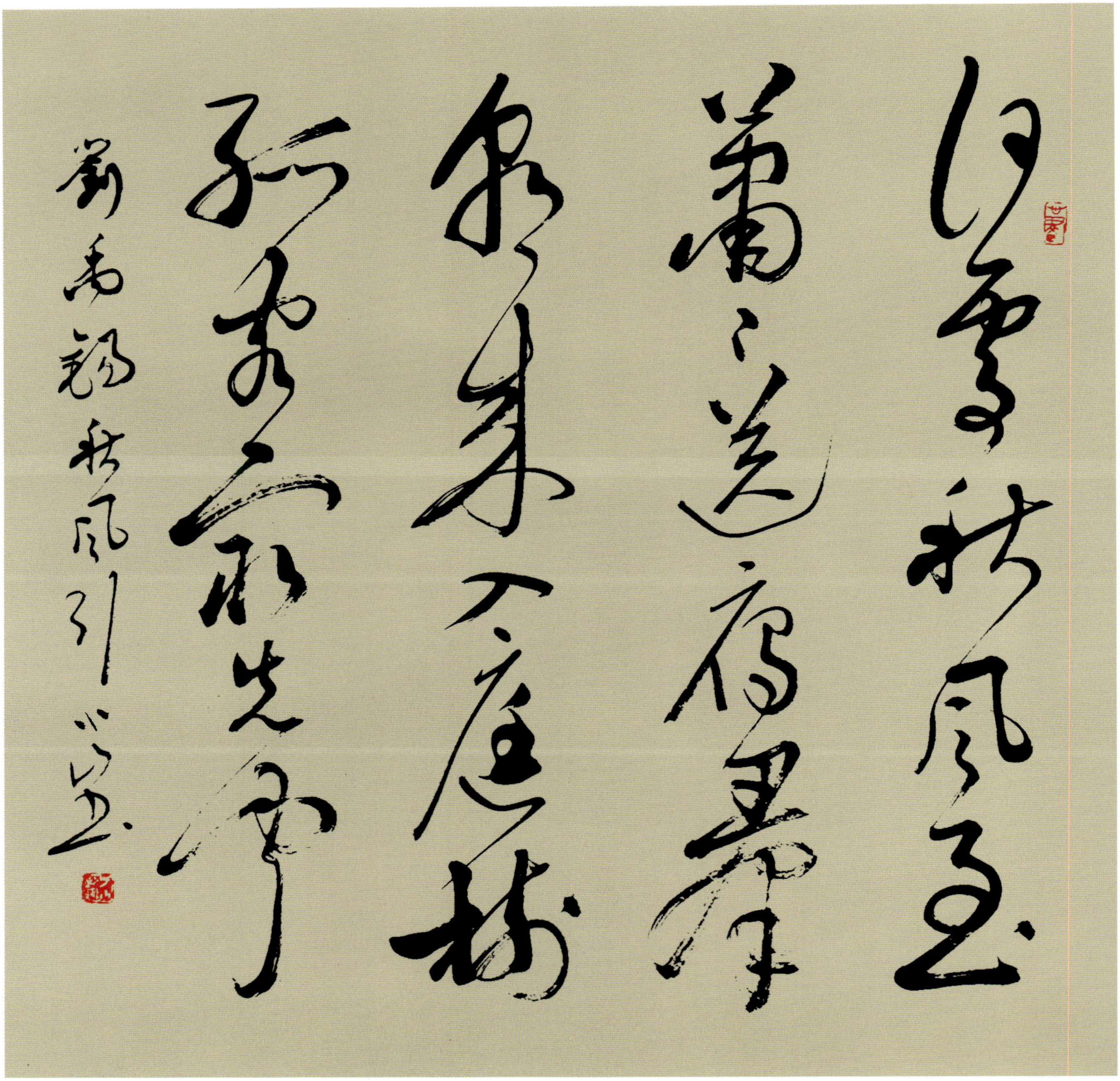

于小山 中国书法家协会理事、新疆维吾尔自治区书法家协会主席

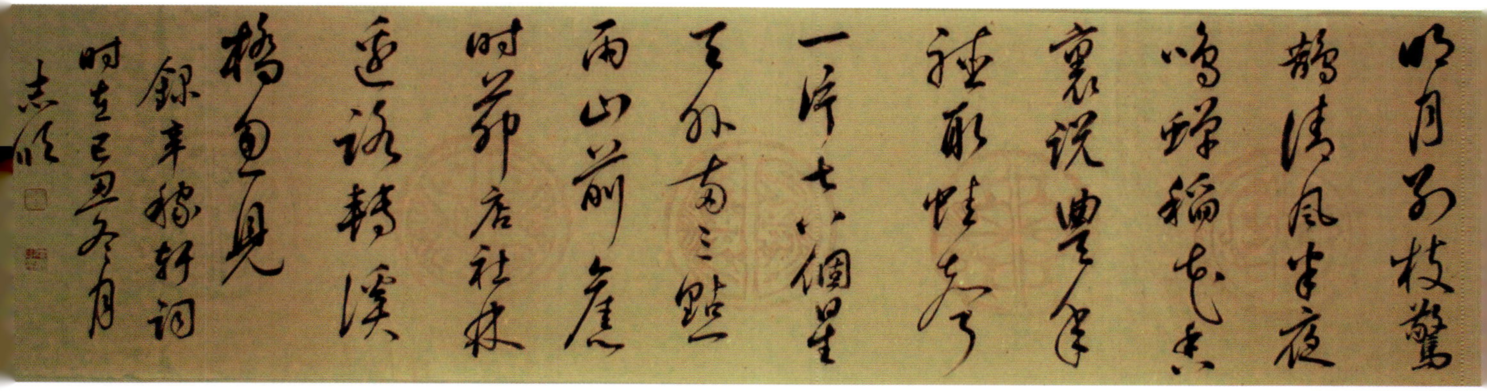

李志顺 新疆维吾尔自治区书法家协会秘书长

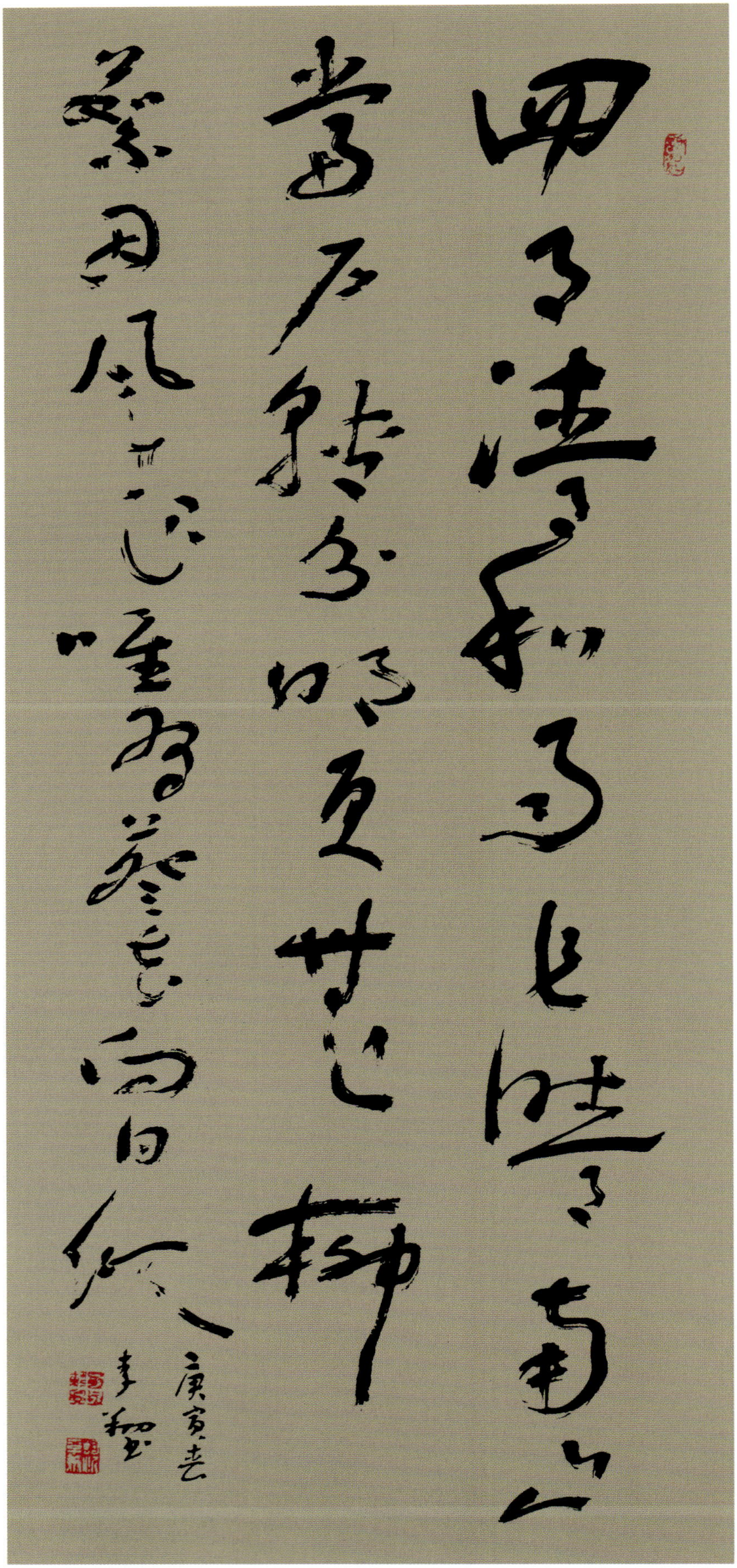

李翔

中国书法家协会理事

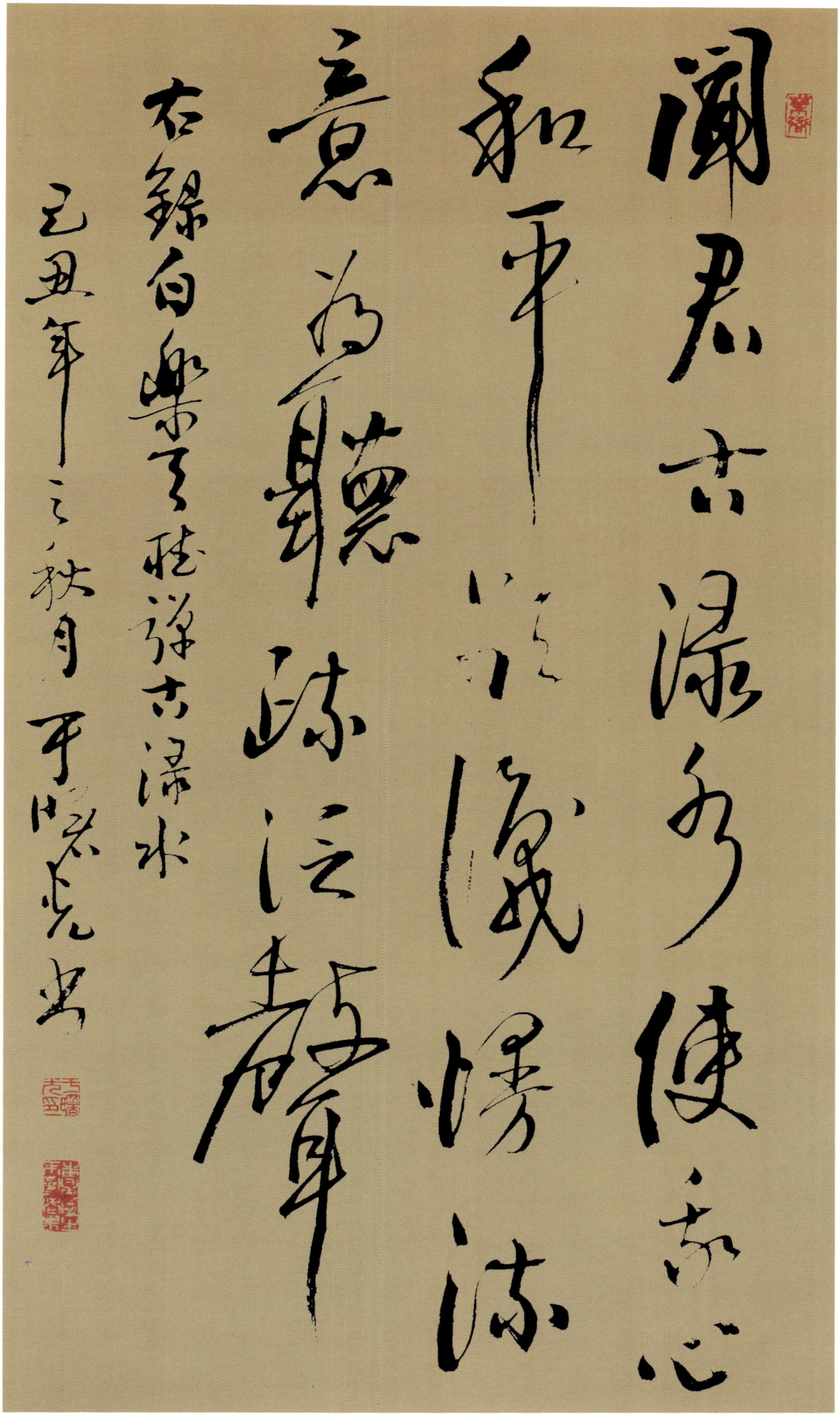

于曙光

中国书法家协会理事、中央国家机关分会副会长

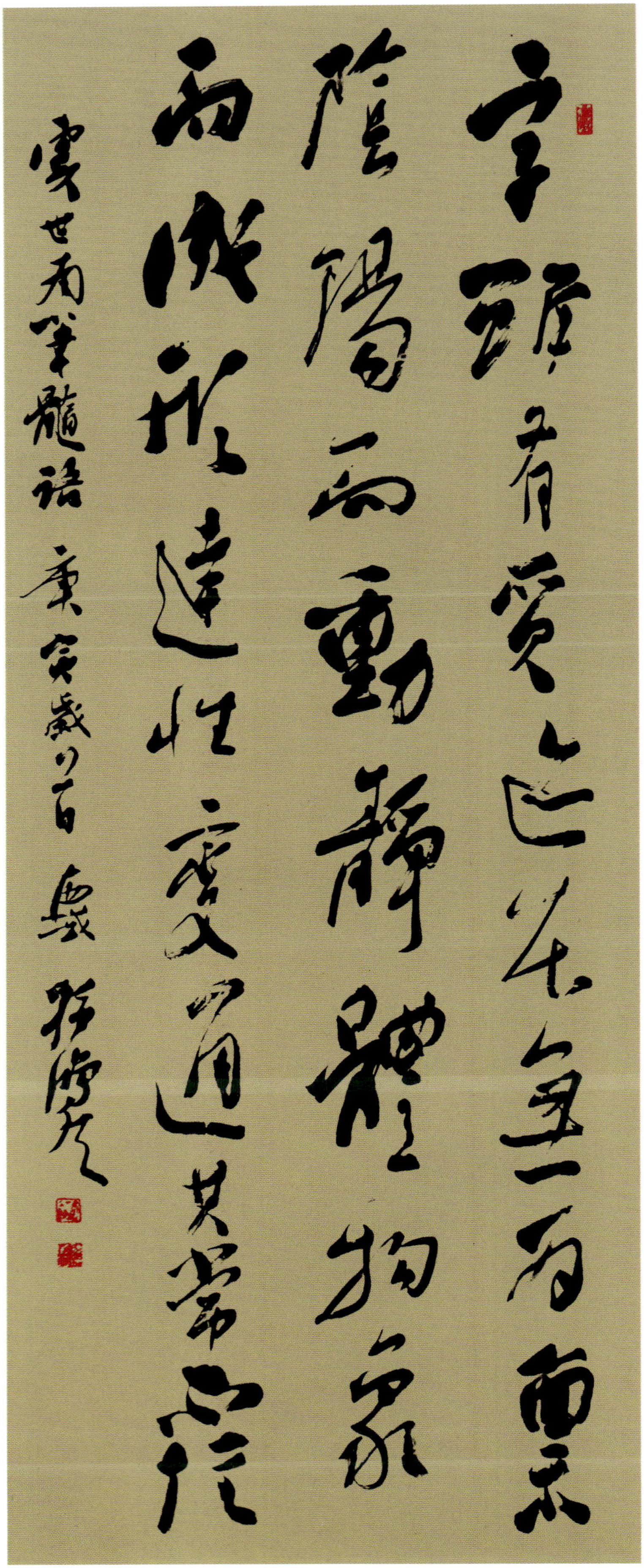

孙峰

中国书法家协会理事、新疆生产建设兵团书法家协会主席

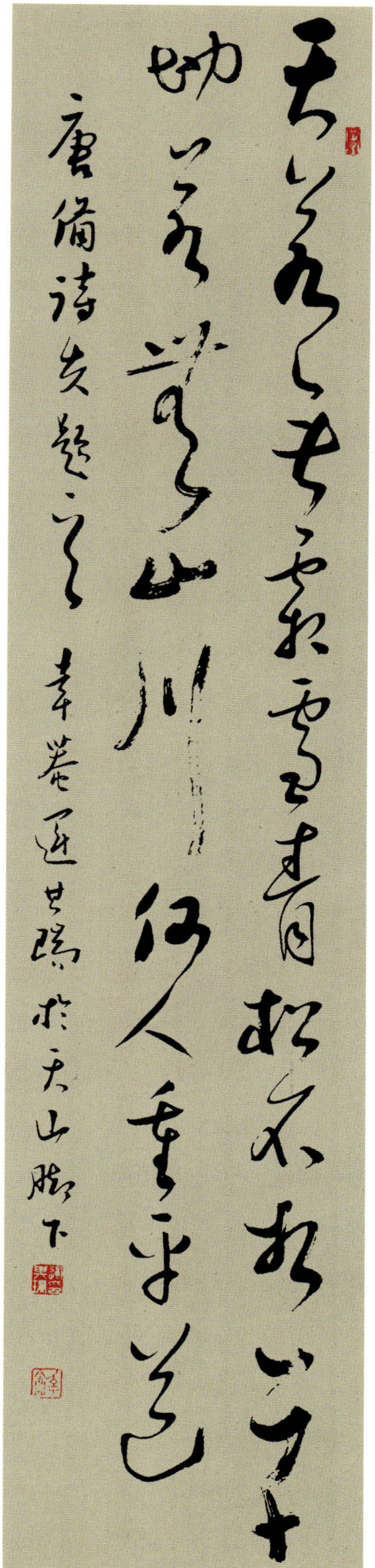

运其瑞

中国书法家协会理事、新疆生产建设兵团书法家协会秘书长

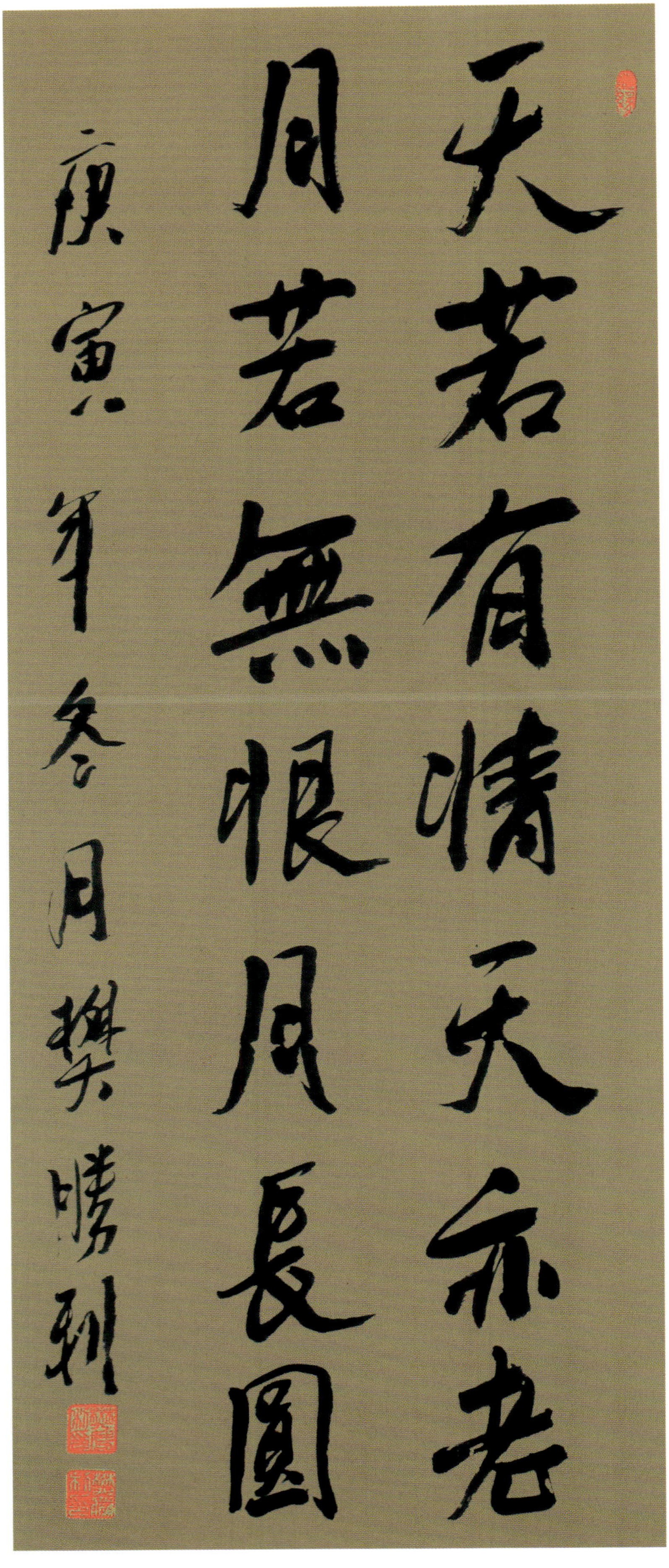

樊胜利

中国书法家协会理事、中国石油书法家协会主席

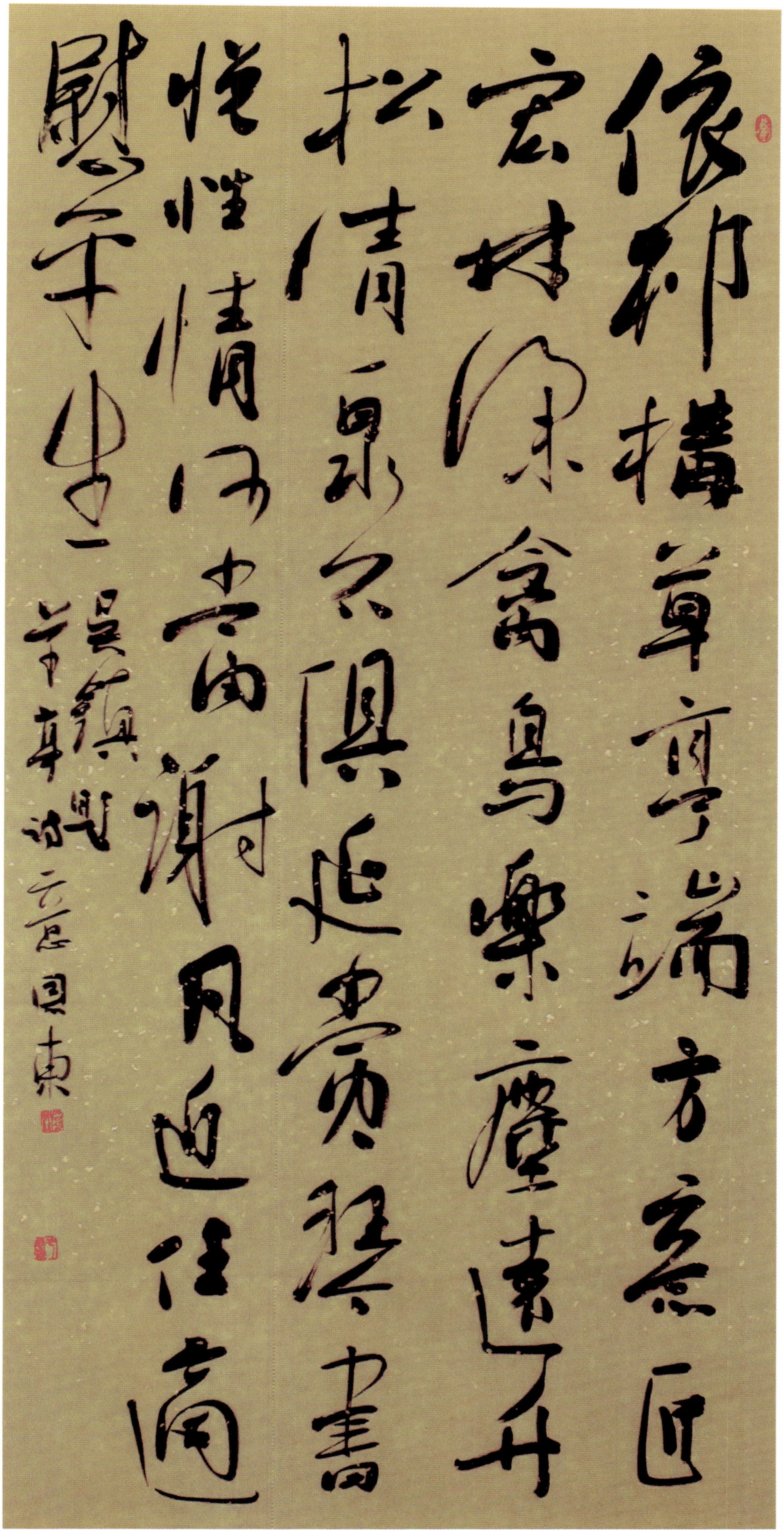

于恩东 中国书法家协会理事、中国石油书法家协会执行副主席

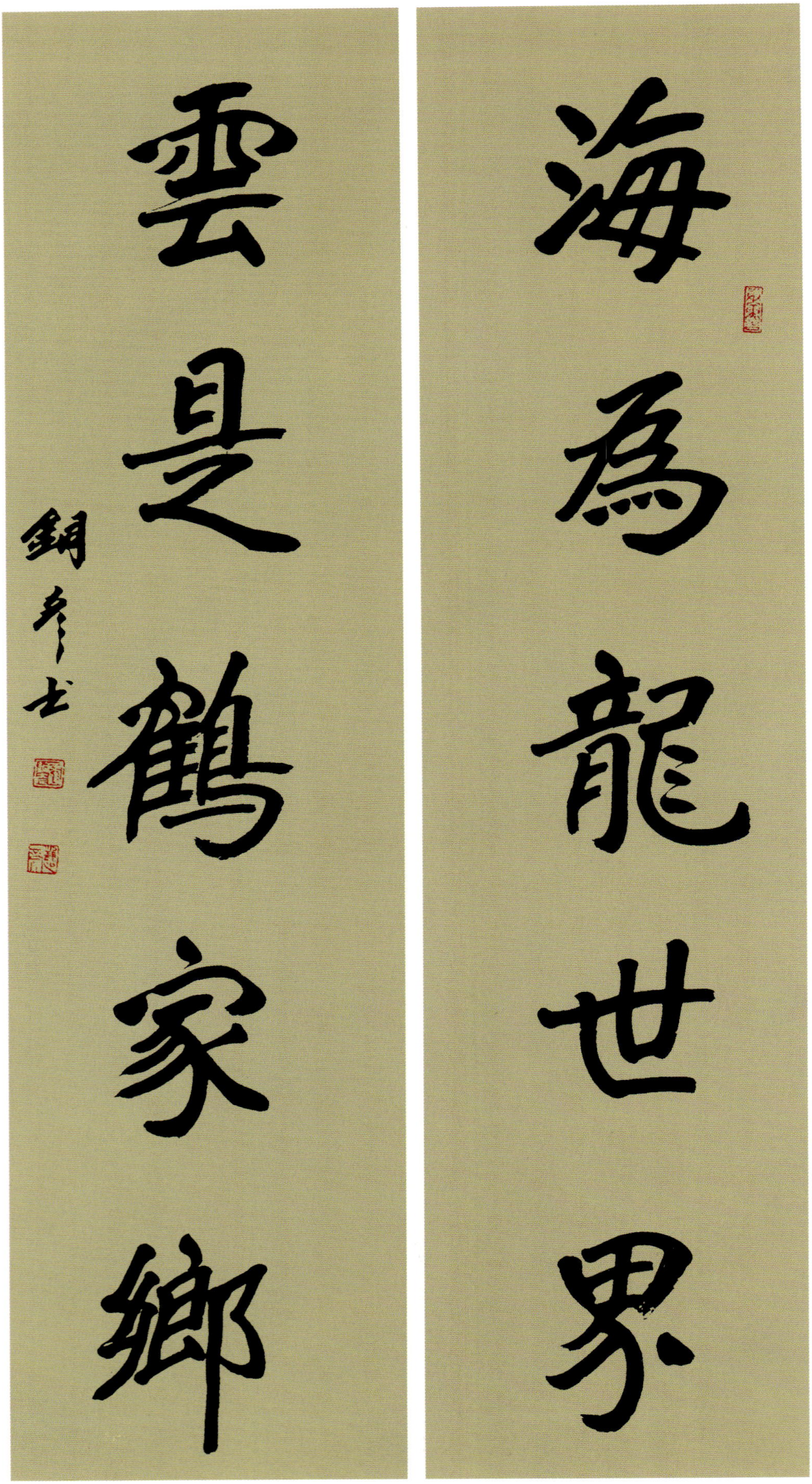

张铜彦

中国书法家协会理事、中国金融书法家协会主席

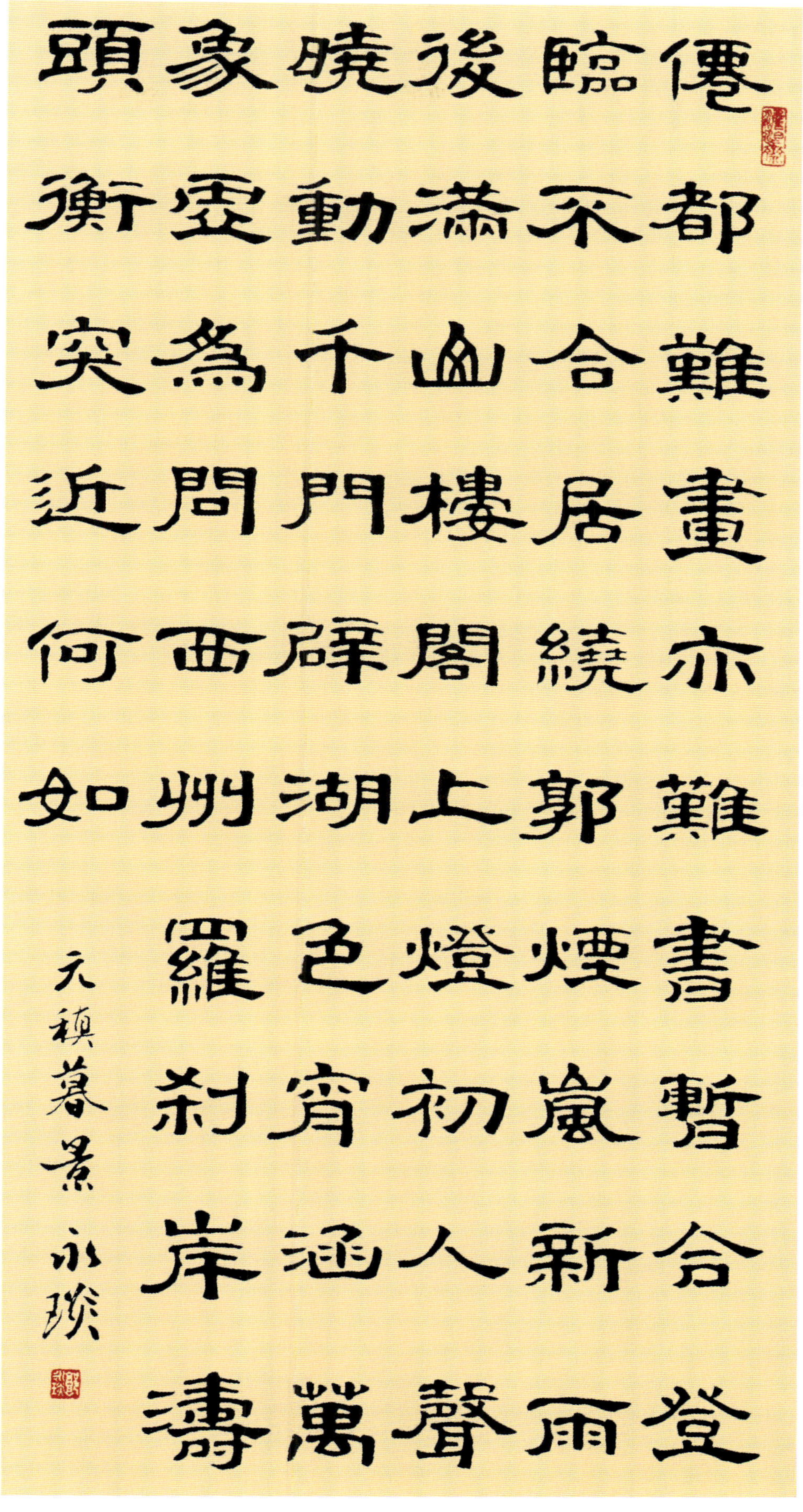

郭永琰　中国金融书法家协会常务副主席

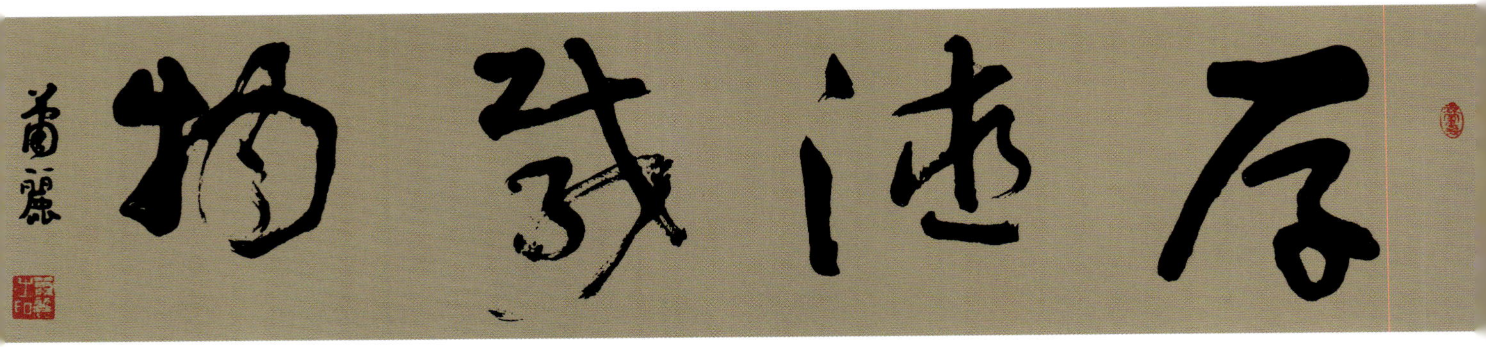

肖 丽 中国书法家协会理事、中国金融书法家协会副主席

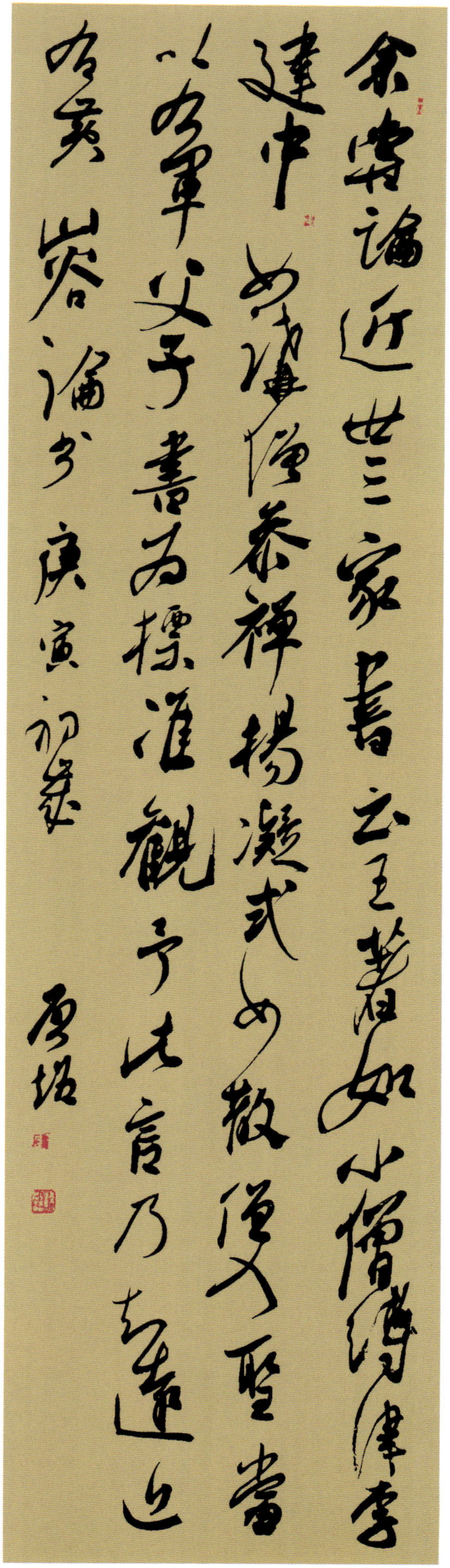

韩启超

中国金融书法家协会副主席兼秘书长

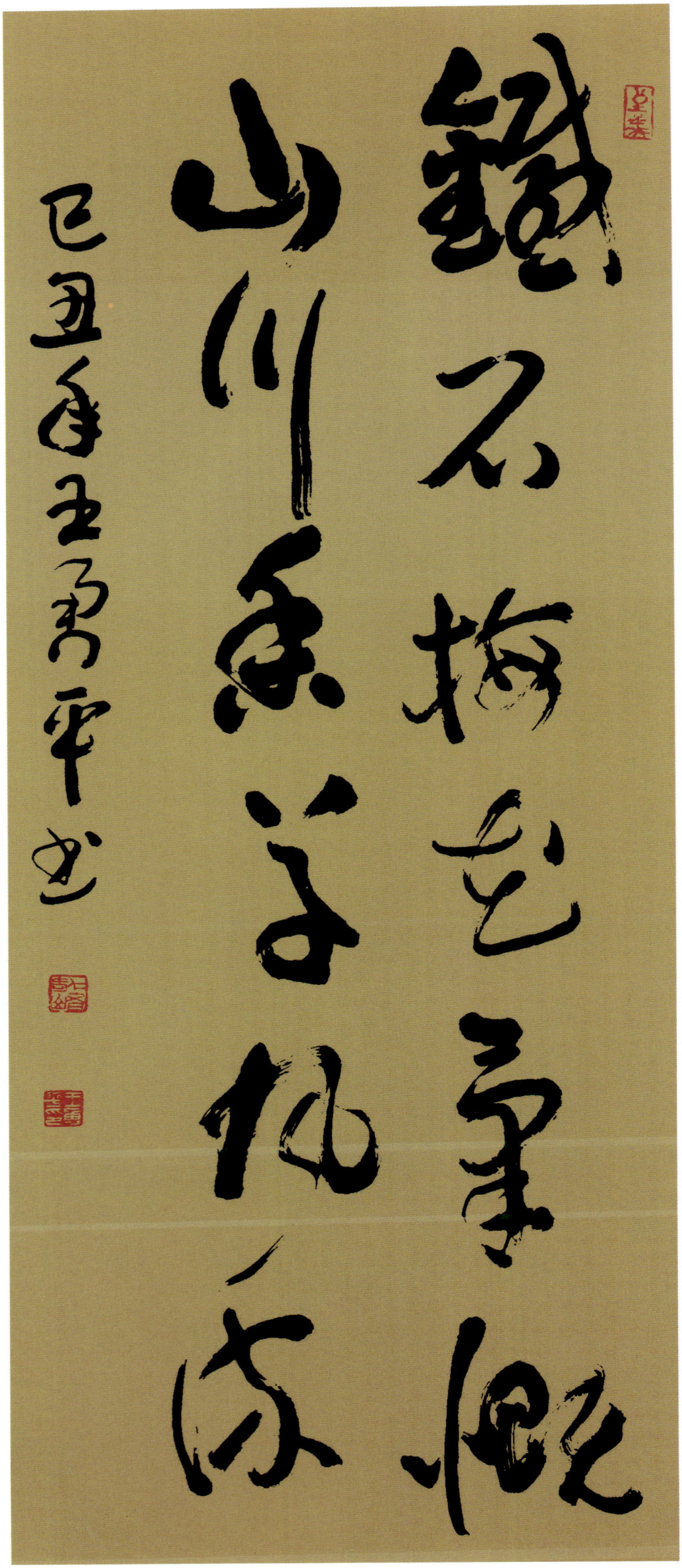

王勇平

中国书法家协会理事、中国铁路书法家协会主席

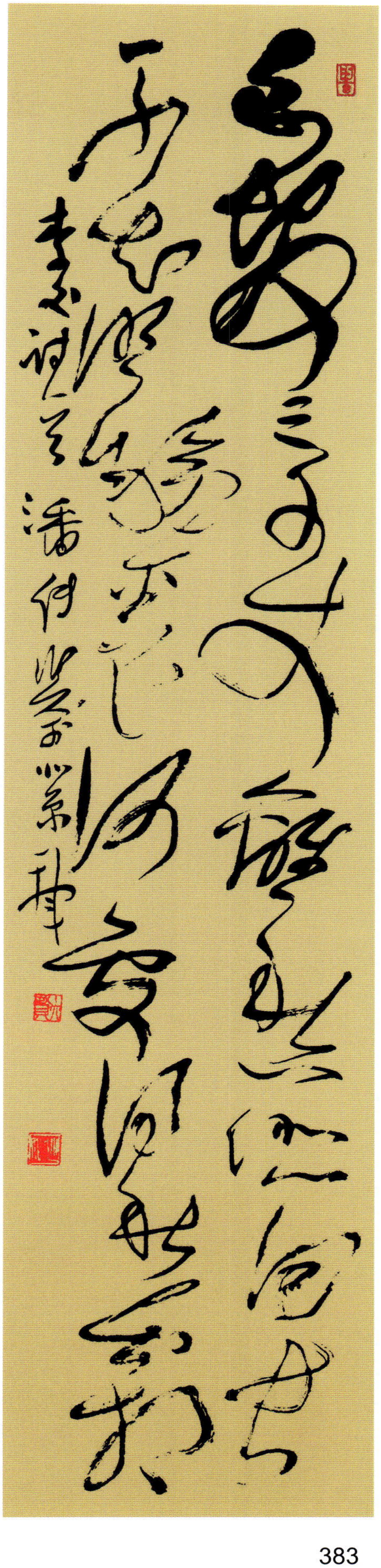

潘传贤

中国书法家协会理事、中国铁路书法家协会常务副主席

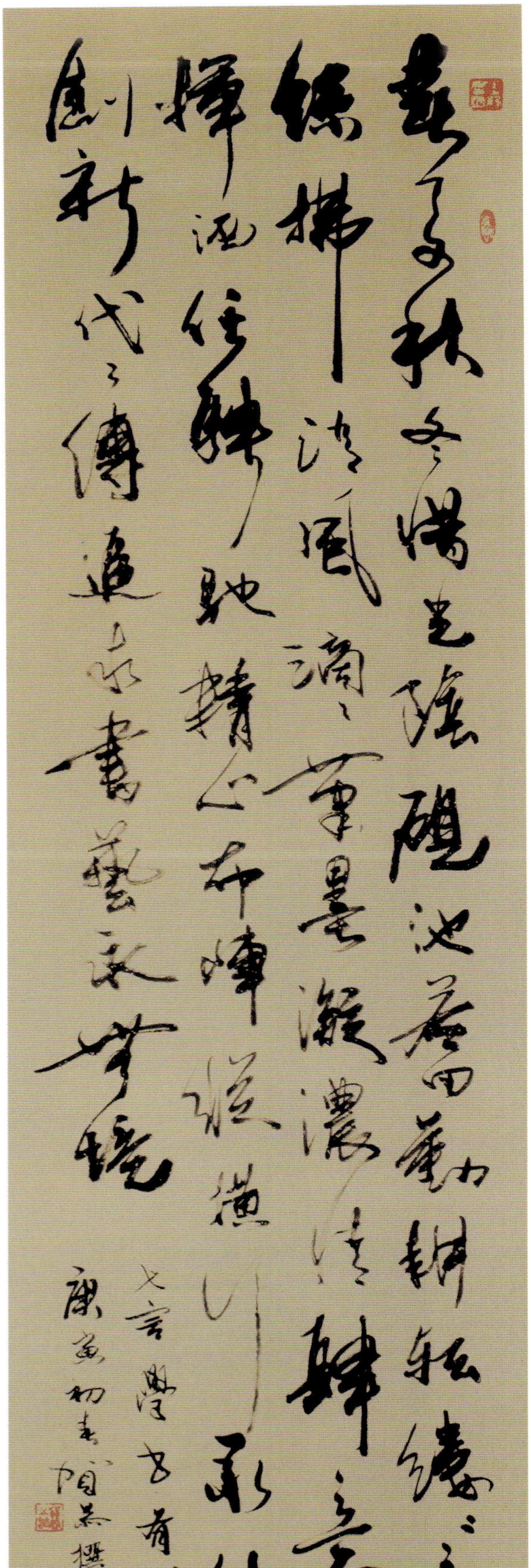

贺恭

中国书法家协会理事、中国电力书法家协会主席

后记

《中国书法年鉴（2009）》正式与大家见面了。《中国书法年鉴》是由中国书协编辑出版的年度刊物，自2006年至今已编辑出版了四部，《年鉴》真实记录本年度中国书协开展的各项工作，从而为广大书法工作者和书法爱好者提供有价值的参考资料，为书法事业的繁荣发展提供史料依据。

2009年，中国书协深入贯彻落实党的十七大、十七届四中全会、中国文联八届四次全委会精神和学习实践科学发展观的要求，按照中宣部、中国文联的总体部署，坚持“在全局中定位、在大局下行动、团结书法家跟党走”的工作理念，围绕中心，服务大局，认真履行职能，加强自身建设，圆满完成全年任务。在这一年中，中国书协为庆祝新中国和中国文联成立60周年，努力营造良好的文化氛围，精心组织，积极筹备，与中国文联共同举办了全国名家邀请展，举办了向祖国汇报——中国书法名城（之乡）国庆巡礼活动；继续深入开展中国书法进万家活动，先后命名10个中国书法之乡、6个创作培训基地，捐建兰亭小学8所、兰亭中学1所。这一年，中国书协以全面贯彻《中国书法发展纲要》为总抓手，营造多出精品，多出人才的良好环境；进一步健全展览评审机制，严格规范评审规则，成功举办了第三届中国书法兰亭奖评审、展览，及第二届青年书法展、第二届隶书届、第六届楹联书法展等专业展览；继续深化读书年、宣讲年活动，召开了全国第八届书学研讨会等学术活动，全面提升书法艺术的学术水平。2009年是国际书法交流年，中国书协努力加大对外交流力度，不断扩大中国书法环球行计划，在对外交流方面，特别是对外宣传中国书法魅力、提高书法国际地位方面取得巨大成果，“中国书法”、“中国篆刻艺术”被列入《人类非物质文化遗产代表作名录》，成为中国书协本年度工作的最大亮点。

《中国书法年鉴（2009）》注重图文并茂，指导性、资料性、学术性、可读性的办刊特色，全面地收录了中国书协2009年度各类具有指导意义的文件和领导讲话、理论文章和优秀学术成果；对中国书协全年举办的重大展览、主题活动等给予重点关注；各省团体会员本年度所开展的重点工作也都收录在册，使《年鉴》更具参考价值。此外，中国书协举办的各专业展览获奖作品和年度名家佳作选刊，更增加了此《年鉴》的观赏性和收藏价值。

《中国书法年鉴（2009）》在资料搜集、编辑出版过程中得到中国书协各部门、《中国书法通讯》报、《中国书法》杂志、中国书协网以及中国书协各团体会员的大力支持，北京航翔广告有限公司对本书提供出版赞助，在此一并表示感谢！

《中国书法年鉴》编辑部

2010年8月